SAP Fiori® – Administration und Konfiguration

SAP PRESS

SAP PRESS ist eine gemeinschaftliche Initiative von SAP SE und der Rheinwerk Verlag GmbH. Unser Ziel ist es, Ihnen als Anwendern qualifiziertes SAP-Wissen zur Verfügung zu stellen. SAP PRESS vereint das Know-how der SAP und die verlegerische Kompetenz von Rheinwerk. Die Bücher bieten Ihnen Expertenwissen zu technischen wie auch zu betriebswirtschaftlichen SAP-Themen.

Damit Sie nach weiteren Titeln Ihres Interessengebiets nicht lange suchen müssen, haben wir eine kleine Auswahl zusammengestellt.

Michael Englbrecht, Andreas Pflugrad

SAP Fiori® – Administration und Konfiguration

Rheinwerk
Publishing

Liebe Leserin, lieber Leser,

SAP-Landschaften sind komplex, und wir alle wissen, wie schnell sich Technologien und Anforderungen in der IT-Welt ändern. Genau da setzt SAP PRESS an: mit Büchern, die nicht nur Theorie vermitteln, sondern konkret im Alltag helfen.

In diesem Buch finden Sie direkt umsetzbare Ratschläge, praktische Beispiele und Lösungen für drängende Herausforderungen. Unsere Autor*innen sind Profis, die wissen, wo der Schuh drückt – und wie man Probleme effizient löst. Mit ihrer Erfahrung an Ihrer Seite können Sie Ihre SAP-Projekte gezielter angehen, fundiertere Entscheidungen treffen und die vielen Facetten von SAP besser meistern.

Ob Sie gerade erst beginnen oder schon lange im SAP-Umfeld tätig sind: Wir sind davon überzeugt, dass dieses Buch Ihnen hilfreiche Anleitungen und Tipps an die Hand gibt, um Ihre täglichen Aufgaben und Projekte erfolgreich zu meistern.

Wir freuen uns stets über Lob, aber auch über kritische Anmerkungen, die uns helfen, unsere Bücher zu verbessern. Zögern Sie also nicht, sich bei mir zu melden; Ihr Feedback ist jederzeit willkommen.

Wir wünschen Ihnen viele Aha-Momente und eine erfolgreiche Umsetzung mit diesem Buch!

Ihre Nicole Gürgens
Lektorat SAP PRESS

nicole.guergens@rheinwerk-verlag.de
www.rheinwerk-verlag.de
Rheinwerk Verlag · Rheinwerkallee 4 · 53227 Bonn

Auf einen Blick

Wir hoffen, dass Sie Freude an diesem Buch haben und sich Ihre Erwartungen erfüllen. Ihre Anregungen und Kommentare sind uns jederzeit willkommen. Bitte bewerten Sie doch das Buch auf unserer Website unter **www.rheinwerk-verlag.de/feedback**.

An diesem Buch haben viele mitgewirkt, insbesondere:

Lektorat Nicole Gürgens
Korrektorat Monika Klarl, Köln
Herstellung Ralf Kepnik
Typografie und Layout Vera Brauner
Einbandgestaltung Lisa Kirsch
Coverbilder shutterstock:1742839673 © Trish Flanders
Satz SatzPro, Krefeld
Druck Beltz Grafische Betriebe, Bad Langensalza

FSC
www.fsc.org
MIX
Papier | Fördert gute Waldnutzung
FSC® C089473

Dieses Buch wurde gesetzt aus der TheAntiquaB (9,35/13,7 pt) in FrameMaker.
Gedruckt wurde es mit mineralölfreien Farben auf chlorfrei gebleichtem, FSC®-zertifiziertem Offsetpapier (90 g/m²).
Hergestellt in Deutschland.

Bibliografische Information der Deutschen Nationalbibliothek:
Die Deutsche Nationalbibliothek verzeichnet diese Publikation in der Deutschen Nationalbibliografie; detaillierte bibliografische Daten sind im Internet über *http://dnb.dnb.de* abrufbar.

ISBN 978-3-367-10168-9

1. Auflage 2025

Informationen zu unserem Verlag und Kontaktmöglichkeiten finden Sie auf unserer Verlagswebsite **www.rheinwerk-verlag.de**. Dort können Sie sich auch umfassend über unser aktuelles Programm informieren und unsere Bücher und E-Books bestellen.

Inhalt

4 SAP-Fiori-Inhalte on-premise bereitstellen

Einleitung

Die Administration von SAP-Systemen und IT-Infrastrukturen war schon immer eine herausfordernde und komplexe Aufgabe. Mit der Entscheidung von SAP vor mehr als zehn Jahren, moderne, einfach zu bedienende und mobilfähige Webanwendungen zur Verfügung zu stellen, wurde eine weitere Komplexität in die SAP-Infrastruktur eingeführt – anfangs noch in Form eines dedizierten sogenannten Frontend-Servers, der je nach Landschaft mit einer mehr oder weniger großen Anzahl von Backend-Servern verbunden war. In Zeiten der Cloud-first-Strategie besteht die Verbindung mittlerweile zu weiteren Systemen in der SAP Business Technology Platform (SAP BTP).

SAP-Fiori-Apps

Ziel der Infrastruktur war und ist es, den anwendenden Personen Anwendungen zur Verfügung zu stellen, mit deren Hilfe sie ihre Aufgaben einfacher und schneller erledigen können. Diese *SAP-Fiori-Anwendungen*, die in transaktionale, faktenbasierte und analytische Anwendungen unterteilt sind, hatten und haben das Ziel, die Arbeit in SAP-Systemen grundlegend zu verändern. Sie folgen dabei von SAP definierten Designvorgaben. Die Bereitstellung solcher Anwendungen führt je nach Unternehmen und Anforderungen zu weitreichenden Anpassungen der Infrastruktur. Neben der Infrastruktur hat SAP Fiori zudem erheblichen Einfluss auf die Umsetzung entsprechender Anwendungen. Die Nutzerinnen und Nutzer sowie deren Bedürfnisse stehen im Mittelpunkt; dies wirkt sich auf die Entwicklung der Lösungen aus. Das Verständnis der Implementierungstechniken und Technologien spielt auch für Administratoren und Administratorinnen eine wichtige Rolle, da die Bereitstellung der Anwendungen oft in den Aufgabenbereich der administrierenden Personen fällt. Auch ist bei auftretenden Problemen und Fehlern ein Verständnis der Technologien für die Fehleranalyse unverzichtbar. SAP-Fiori-Anwendungen verfolgen das Ziel, den Benutzern in einer Anwendung nur die Funktionen zur Verfügung zu stellen, die sie tatsächlich für die Bearbeitung einer konkreten Aufgabe benötigen. Die Aufgaben werden bestimmten Rollen zugeordnet. Damit hat SAP Fiori auch Einfluss auf das Rollen- und Rechtesystem im Unternehmen. Alle beschriebenen Aspekte nehmen großen Einfluss auf die Arbeit des Administrators oder der Administratorin. Dieses Buch soll Sie bei der Bewältigung dieser Aufgaben unterstützen.

Ziel des Buches

Das Ziel dieses Buches ist es, Ihnen einen guten und detaillierten Überblick über die Administration von SAP-Fiori-Systemlandschaften zu geben. Wir geben eine Übersicht über mögliche SAP-Fiori-Systemlandschaften und die hinter SAP Fiori liegenden Konzepte. Wir erläutern, welche Komponenten in einer SAP-Fiori-Systemlandschaft vertreten sein können, wie diese zusammenspielen und wie sie konfiguriert werden. Neben der reinen Konfiguration zeigen wir auch, wie Fehler behoben werden können und wie Anwendungen sowohl on-premise, in der SAP BTP oder über das mobile Endgerät genutzt werden können.

Zielgruppe des Buches

Dieses Buch richtet sich an Personen mit fundierten Kenntnissen in der Administration von SAP-Systemlandschaften. Auch für technische Berater und Entscheiderinnen ist das Buch eine gute Hilfe, um die Zusammenhänge und Möglichkeiten von SAP Fiori zu erlernen. Dieser Personenkreis muss nicht zwingend über SAP-Kenntnisse verfügen, es ist jedoch hilfreich, die grundlegenden technischen Aspekte moderner SAP-Landschaften zu kennen.

Aufbau des Buches

Das Buch ist in drei Teile gegliedert: Der erste Teil widmet sich der Einführung in SAP Fiori, ordnet für Sie die wichtigsten Begriffe und Themen rund um das Thema ein und gibt eine Einführung in den Einrichtungsprozess der SAP-Fiori-Komponenten. Im zweiten Teil des Buches gehen wir auf alle wichtigen Konzepte und Techniken des Frameworks ein und zeigen Ihnen detailliert, wie Sie SAPUI5-Anwendungen aufbauen. Wir geben Ihnen einen tieferen Einblick in die Technologie und zeigen Ihnen neben der Theorie auch den praktischen Einsatz anhand von Programmierbeispielen. Der dritte Teil des Buches gibt Ihnen einen Überblick über weiterführende Themen, die rund um das Thema SAPUI5 und für die SAPUI5-Entwicklung wichtig sind.

Kapitel 1, »Einführung in SAP Fiori«, führt Sie in die Welt von SAP Fiori ein. Wir erläutern, was SAP Fiori ist, und warum es wichtig ist, den Benutzer in den Mittelpunkt zu stellen. Wir geben eine Einführung in die Komponenten einer SAP-Fiori-Anwendung und erläutern abschließend die Arbeit mit der SAP Fiori Apps Reference Library.

Kapitel 2, »Systemlandschaft und deren Komponenten«, führt in die On-Premise-Infrastruktur ein. Dabei konzentrieren wir uns auf SAP S/4HANA und die integrierte Installation und geben auch entsprechende Hinweise für den Betrieb einer Hub-Installation. Im Rahmen des Kapitels zeigen wir Ihnen, wie Sie ein SAP-S/4HANA-System für SAP Fiori vorbereiten und welche Services und Artefakte aktiviert bzw. installiert und konfiguriert werden müssen.

Kapitel 3, »Objektmodell«, gibt einen Überblick über das zugrundeliegende Objektmodell von SAP Fiori. Das Kapitel erläutert das Konzept von semantischen Objekten, Aktionen, Rollen, Katalogen, Gruppen, Seiten und Räumen. Das Kapitel schließt mit einer Einführung in das Common Data Model (CDM) von SAP Fiori. Dabei handelt es sich um ein einheitliches Datenmodell zur Beschreibung von SAP-Fiori-Artefakten. Dies ist besonders wichtig für Integrationsszenarien, in denen Inhalte aus einer On-Premise-Landschaft in die SAP Business Technology Platform und in die SAP Build Work Zone integriert werden.

Kapitel 4, »SAP-Fiori-Inhalte on-premise bereitstellen«, befasst sich mit der Bereitstellung von SAP Fiori in der On-Premise-Version von SAP S/4HANA. Wir zeigen Ihnen außerdem, wie Sie Inhalte über Rapid Content Activation bereitstellen können. Darüber hinaus geben wir einen Einblick in die Bereitstellung eigener Inhalte aus SAPUI5, Web Dynpro und Transaktionen für das SAP Fiori Launchpad. Das Kapitel schließt mit dem Thema Troubleshooting. Wir erklären Ihnen, wie Sie Fehler finden, wenn bestimmte SAP-Fiori-Kacheln fehlen, die eigentlich verfügbar sein sollten.

Die SAP BTP ist die innovative Zukunftsplattform von SAP. In **Kapitel 5**, »SAP Business Technology Platform«, geben wir eine Einführung in die SAP BTP. Wir erläutern Ihnen das Account-Konzept der SAP BTP und wie Sie SAP-BTP-Services in einem Subaccount zur Verfügung stellen.

Auch wenn die SAP BTP sehr zukunftsorientiert ist, ist der On-Premise-Betrieb immer noch sehr wichtig und der zentrale Dreh- und Angelpunkt. Daher ist es erforderlich, die SAP BTP mit der On-Premise-Landschaft zu verbinden. In **Kapitel 6**, »SAP BTP – Cloud und on-premise«, stellen wir Ihnen den Cloud Connector vor und zeigen Ihnen, wie Sie das Bindeglied zwischen der On-Premise-Landschaft und der SAP BTP aufbauen und eine entsprechende Verbindung herstellen.

Wie bereits in Kapitel 2, »Systemlandschaft und deren Komponenten«, erwähnt, ist es je nach Infrastruktur und Anforderungen wichtig, ein zentrales SAP Fiori Launchpad für die Integration der in der Cloud und on-premise verfügbaren Lösungen zu verwenden. In **Kapitel 7**, »Konfiguration von SAP

Build Work Zone«, stellen wir Ihnen das dafür vorgesehene Produkt SAP Build Work Zone vor. Wir zeigen Ihnen, wie Sie die Standard Edition von SAP Build Work Zone bereitstellen und die wichtigsten Konfigurationsschritte durchführen. Wir geben Ihnen einen Einblick in die Bereitstellung von in der Cloud installierten sowie von on-premise verfügbaren Inhalten. Das Kapitel endet mit einer Einführung in die Arbeit mit dem UI-Theme-Designer. Wir zeigen Ihnen, wie Sie die Webseiten in der SAP Build Work Zone, Standard Edition, an Ihr kundenspezifisches Design anpassen können.

Mobilität sowie der Zugriff auf SAP-Fiori-Anwendungen über mobile Endgeräte werden immer wichtiger. SAP bietet mit SAP Mobile Start die Möglichkeit, SAP-Fiori-Anwendungen über eine native Anwendung zu nutzen, die auf dem Endgerät installiert wird. **Kapitel 8**, »SAP Mobile Start«, führt die Leserinnen und Leser in SAP Mobile Start ein und zeigt zum einen, wie Sie Mitarbeitende onboarden, und zum anderen, wie Sie SAP Mobile Start zentral über eine Administrationsanwendung verwalten können.

Den Abschluss bildet **Kapitel 9**, »SAPUI5 Flexibility«, in dem wir Ihnen die Möglichkeiten der Anpassung von SAP-Fiori-Anwendungen vorstellen. Wir stellen Ihnen die SAP Flexibility Services vor und zeigen Ihnen, wie Sie sowohl Standardanwendungen als auch selbst implementierte Anwendungen mit geringem Aufwand über das Variantenmanagement von Anwendungen an die Bedürfnisse der Benutzer anpassen können.

Als Handbuch zum Thema SAP-Fiori-Administration dient dieses Buch einerseits als Nachschlagewerk zu bestimmten Themenkomplexen und ist andererseits ist so aufgebaut, dass Sie es von der ersten bis zur letzten Seite durcharbeiten können.

Symbole

Um Sie auf wichtige Informationen hinzuweisen und Ihnen so die Arbeit mit diesem Buch zu erleichtern, verwenden wir im Text Kästen mit den folgenden Symbolen:

[+] Kästen mit diesem Symbol geben Ihnen Empfehlungen zu Einstellungen oder Tipps aus der Berufspraxis.

[»] Dieses Symbol weist Sie auf zusätzliche Informationen hin.

[!] Mit diesem Symbol haben wir Warnungen oder Fallen gekennzeichnet.

Danksagung

Wir, die Autoren, möchten uns vor allem beim Team des Rheinwerk Verlags für die professionelle Arbeit bedanken. Namentlich erwähnen möchten wir vor allem die zuständige Lektorin, Nicole Gürgens, die das Buchprojekt auf den Weg gebracht und von Anfang an für eine klare Struktur gesorgt hat. Vielen Dank! Natürlich möchten wir uns auch bei unserem Arbeitgeber und bei unseren Kollegen aus der eXXcellent solutions GmbH bedanken. Die Zusammenarbeit mit den wirklich eXXcellenten Kollegen bringt sehr viel Spaß und erweitert tagtäglich den eigenen Horizont. Herzlichen Dank!

Michael Englbrecht bedankt sich bei seiner Frau Michaela und seinen Kindern Domenik und Sophie. Wenn man Menschen nach ihren Hobbys fragt, kommt oft die Antwort »meine Familie«. Ihr seid viel mehr als ein Hobby; ihr seid Leben! Ihr helft mir, mich nicht in meiner Arbeit zu verlieren und trotz vollen Kopfes die Leichtigkeit des Seins zu schätzen. Vielen Dank für Eure Geduld, Eure Rücksichtnahme und all die wunderbaren lustigen Stunden, in denen man so viel Quatsch machen kann. Vielen Dank für alles! Ohne Euch wäre mein Leben sehr viel weniger geprägt von Freude, Lust am Leben und davon, einfach mal »Fünfe gerade sein« zu lassen.

Andreas Pflugrad möchte sich bei seiner Frau und seinen Kindern bedanken. Ihr wart, auch und vor allem während der Zeit des Schreibens, ein steter Quell der Freude, der Erholung und der Motivation. Ihr habt durch die Entbehrungen in all den Zeiten, in denen die hier geschriebenen Zeilen Vorrang vor gemeinsam verbrachter Zeit hatten, zur Realisierung dieses Buches beigetragen. Dafür bin ich Euch aus tiefstem Herzen dankbar!

Kapitel 1
Einführung in SAP Fiori

Eine intuitive Benutzeroberfläche mit durchgängiger UX-Konzeption über Anwendungsgrenzen hinweg ist ein wichtiger Faktor, um auf dem Markt erfolgreich zu sein. Dies gilt auch für die Software von SAP. Mit SAP Fiori, dem Designsystem von SAP, sind solche intuitiven Benutzeroberflächen möglich.

Die Benutzeroberflächen von SAP waren jahrzehntelang funktionsorientiert und mit Standardsoftware für alle Eventualitäten überladen. Mit SAP Fiori, dem Designsystem von SAP, hat sich das geändert. Anwendungen werden benutzerzentriert entwickelt und »haben im Blick«, welche Aufgaben wirklich benötigt werden. Das klingt zwar einfach, erfordert im Unternehmen aber eine ganzheitliche Einführung. Diese beginnt in den Fachbereichen und endet bei der SAP-Basis. In diesem Kapitel führen wir in die Grundlagen des nutzerzentrierten Anwendungsdesigns ein und erläutern die unterschiedlichen Begriffe wie Usability und User Experience (siehe Abschnitt 1.1 und Abschnitt 1.2). In Abschnitt 1.3 wenden wir uns dem SAP Fiori Design System und den SAP Fiori Design Guidelines zu. Nach einem Überblick über die Designvorgaben der SAP Fiori Design Guidelines besprechen wir in Abschnitt 1.4 das SAP Fiori Launchpad. Wir zeigen Ihnen die wichtigsten Komponenten und wie Sie mit dem SAP Fiori Launchpad arbeiten. In Abschnitt 1.5 besprechen wir die Technologie und deren Verwendung im Kontext der SAP-Fiori-Anwendungsentwicklung. Wir führen sowohl in die Frontend-Technologien als auch in die Backend-Technologien ein. In Abschnitt 1.6 zeigen wir die unterschiedlichen Anwendungstypen und deren Anforderungen an die jeweilige Infrastruktur. In Abschnitt 1.7 geben wir Handlungsempfehlungen zur Einführung von SAP Fiori in das Unternehmen. Der Abschluss des Kapitels wendet sich in Abschnitt 1.8 der SAP Fiori Apps Reference Library zu. Wir zeigen Ihnen, wie Sie mit der SAP Fiori Apps Reference Library arbeiten, und wie wir z. B. Upgrades der im Unternehmen genutzten Anwendungen planen.

1.1 Vereinfachung von Geschäftsanwendungen durch nutzerzentrierte Ansätze

Wir alle nutzen unsere Smartphones und Tablets täglich im privaten Bereich, ohne viel darüber nachzudenken. Wir müssen nicht erst eine Schulung besuchen oder ein Trainingsvideo ansehen, bevor wir eine App nutzen können. Warum sollte das bei Geschäftsanwendungen anders sein? Warum müssen diese immer besonders mit Funktionen überladen sein? Oft sind dies sogar Funktionen, die man für die Erledigung seiner Aufgaben gar nicht benötigt, die den Benutzer sogar nur überfordern und keinen Mehrwert für seine Arbeit bieten.

Die Art zu Denken

Hinzu kommt, dass der Mensch nicht dafür geschaffen ist, hochkomplexe Aufgaben, Maschinen oder Alltagsgegenstände zu durchdenken oder zu bedienen. Dies hat viel mit unserer Art zu denken, zu urteilen und zu entscheiden zu tun. Nach den Forschungsergebnissen von Dr. Daniel Kahnemann und Richards Heier Jr. haben wir Menschen dafür zwei Arten oder Systeme. Das erste System funktioniert schnell, weitgehend mühelos und ohne willentliche Steuerung. Das zweite System wird bei anstrengenden geistigen Aktivitäten eingesetzt. Diese Aktivitäten gehen oft mit dem subjektiven Erleben von Handlungsmacht, Entscheidungsfreiheit und Konzentration einher (Kahnemann, Daniel (2011): Schnelles Denken, langsames Denken, S. 33).

Einfluss unserer Instinkte

Der Einfluss dieser beiden Systeme ist groß und wird durch die Instinkte noch verstärkt, die wir Menschen in uns tragen. Unser Fluchtreflex ist, auch wenn wir nicht mehr vor Säbelzahntigern oder ähnlichen wilden Tieren flüchten müssen, im Alltag immer noch ausgeprägt. Wir flüchten vor Komplexität. Wir arbeiten einfach sehr viel lieber mit System 1. Wenn System 2 aktiviert werden muss, z. B. weil wir etwas Neues lernen, anwenden oder entscheiden müssen, setzt häufig der Fluchtreflex ein. Wir versuchen, uns der Situation zu entziehen. Dies kann entweder durch die Suche nach einem anderen Weg oder durch Verweigerung geschehen.

Die Sache mit der Aufmerksamkeitsspanne

Im Jahr 2015 hat Microsoft Kanada eine Studie durchgeführt (siehe *http://s-prs.de/v1016801*), aus der hervorgeht, dass die Aufmerksamkeitsspanne der Menschen zurückgegangen ist und wir eine kürzere Aufmerksamkeitsspanne als der Goldfisch haben. Was ist die *Aufmerksamkeitsspanne*? Es ist die Zeit, die wir uns, ohne abzuschweifen, einem Vorgang widmen können – sei es, indem wir zuhören, zusehen oder einfach nur etwas tun. Natürlich gab es nach der Studie und der Veröffentlichung der Ergebnisse ein großes Medienecho. Natürlich gab es Zweifel und Kritik an der Studie und diverse Gegenstudien. Wir wollen an dieser Stelle auch gar nicht näher auf die Studie eingehen, sondern den Blick auf die Aufmerksamkeitsspanne richten. Was wir mit Sicherheit feststellen können, entweder an uns selbst oder aber an unseren Mitmenschen, ist, dass durch den Medienkonsum und die daraus resultierende Konditionierung die Menschen immer weniger fähig sind, sich zu konzentrieren. Dies und die Tatsache, dass wir eher mit System 1 arbeiten, führt dazu, dass Menschen Komplexität eher scheuen.

Einfluss auf die Software

Die soeben beschriebenen Punkte führen dazu, dass bei der Implementierung von Benutzeroberflächen andere Wege beschritten werden müssen. Benutzeroberflächen müssen einfacher werden. Um dies zu erreichen, muss sich die Art, wie Software entwickelt wird, ändern. Die Nutzer und Nutzerinnen der Software mit ihren Bedürfnissen müssen in den Mittelpunkt gestellt werden. Der Weg muss weg von einer funktionsorientierten Denkweise führen, bei der immer mehr Funktionen in eine Softwarelösung integriert werden – Funktionen, die letztlich niemand benötigt oder die nur in Spezialfällen angewendet werden. Lösungen müssen von den Nutzern und Nutzerinnen gedacht werden.

1.2 User Centered Design

Produkte des täglichen Lebens dürfen nicht nur um ihrer selbst willen geschaffen werden; Produkte, die nur existieren, damit sie existieren, werden am Markt keinen Erfolg haben. Der Ist-Zustand soll verbessert und einem Soll-Zustand angenähert werden. Dabei ist es aber immens wichtig, dass man das zu lösende Problem auch verstanden hat. Dies klingt nun relativ banal, ist es aber bei Weitem nicht. Es muss hier differenziert darauf geschaut werden, was Wahrnehmung und was Wunschvorstellung ist. Zwischen diesen beiden Punkten kann eine große Lücke klaffen. Und genau hier liegt das Problem, das es zu lösen gilt. Oft genug werden nur Symptome behandelt und nicht das eigentliche Problem. Um zu verstehen, welches Problem gelöst werden soll, müssen die Nutzer und Nutzerinnen in den Vordergrund rücken.

1.2.1 Usability

Produkte und Systeme sollen Nutzer und Nutzerinnen effektiv und effizient bei ihrem Handeln in einem bestimmten Kontext unterstützen. Sie sollen also gebrauchstauglich sein – eine *Usability* haben. Der Begriff Usability ist in der Norm DIN EN ISO 9241-11:2018 wie folgt definiert: »Ausmaß, in dem ein System, ein Produkt oder eine Dienstleistung durch bestimmte Benutzer in einem bestimmten Nutzungskontext genutzt werden kann, um bestimmte Ziele effektiv, effizient und zufriedenstellend zu erreichen.«

Nutzer und Nutzerinnen im Fokus

Wie man aus der Definition ableiten kann, steht bei der Usability der Benutzer mit bestimmten Zielen in einem Nutzerkontext im Mittelpunkt. Er soll diese Ziele effektiv, effizient und zufriedenstellend erreichen. Damit Nutzerinnen und Nutzer ihr Ziel effektiv, d. h. vollständig, mit der erforderlichen Effizienz, also mit überschaubarem Einsatz von Ressourcen, erreichen können, muss bei der Herstellung des entsprechenden Produkts oder Systems sehr genau hingeschaut werden, wie man die Nutzer und Nutzerinnen in die Lage versetzt, dies zu erreichen.

Messbarkeit

Effektivität und Effizienz können objektiv gemessen werden. Um die Effektivität zu messen, kann man prüfen, ob eine Prüfgruppe die gestellte Aufgabe mit dem Produkt oder System korrekt löst und wie viele Fehler bei der Bearbeitung der Aufgabe unter der Verwendung des Produkts bzw. Systems gemacht wurden. Es kann das Verhältnis zwischen den Nutzern und Nutzerinnen, die die Aufgabe ohne Fehler, und denen, die die Aufgabe nicht fehlerfrei lösen konnten, betrachtet werden. Zur Messung von Effizienz kann die Zeit gemessen werden, die zur Lösung der Aufgabe benötigt wurde, und beispielsweise aufgezeichnet werden, wie oft und welche Art von Fehlern gemacht wurden. Ebenso kann betrachtet werden, wie häufig die Nutzerinnen und Nutzer externe Unterstützung benötigen.

Zufriedenheit

Neben Effektivität und Effizienz spielt es auch eine Rolle, wie zufrieden die Nutzerin oder der Nutzer mit dem Produkt oder System ist. Zufriedenheit ist eine sehr subjektive Größe und beschreibt im Grunde den Grad, inwieweit das Produkt oder das System die Benutzererfordernisse und die Benutzererwartung erfüllt hat. Emotionen, kognitive und physische Reaktionen sind hierbei entsprechende Einflussfaktoren.

1.2.2 User Experience

Wenn man sich dem Thema SAP Fiori zu nähern versucht, begegnet man schnell der Aussage »SAP Fiori ist die neue User Experience von SAP«. Doch was ist User Experience – oder kurz UX – konkret? Laut DIN EN ISO 924111:2018 wird User Experience definiert als »Wahrnehmen und Reaktion einer Person, die aus der tatsächlichen und/oder der erwarteten Benutzung eines Systems, eines Produkts oder einer Dienstleistung resultiert.« Anders als bei der Usability geht es bei der User Experience um eine Betrachtung von Faktoren, die nicht direkt mit der Verwendung des Produkts oder des Systems in Verbindung stehen. Es stehen Faktoren wie Einstellung, Emotion oder Vorlieben sowie physische und psychologische Reaktionen des Nutzers oder der Nutzerin im Fokus. Wichtig ist dabei auch, dass neben der tatsächlichen auch die erwartete Nutzung betrachtet wird. Die User Experience ist immer ganzheitlich zu betrachten; sie ist daher das Erlebnis eines Systems, eines Produkts oder einer Dienstleistung. Die Gestaltung von User Experience hängt u. a. von den Grundbedürfnissen und persönlichen Aufgaben der Nutzerinnen und Nutzer ab. Alle Menschen erleben Produkte, Systeme oder Dienstleistungen anders. Ein Indikator für eine gute User Experience könnte die Bindung von Nutzern und Nutzerinnen an ein System oder ein Produkt sein.

1.2.3 Design Thinking

Lösungen für Probleme zu finden, ist kein einfaches Unterfangen. Neben der Kreativität, eine optimale oder annähernd optimale Lösung für ein Problem zu finden, muss auch das auch Problem richtig erkannt werden. Dem Problem auf den Grund zu gehen und aus einer großen Menge von Lösungsmöglichkeiten die beste Lösung zu finden, ist allerdings nicht einfach und bedarf etwas Übung. Dabei kann die Methodik des *Design Thinking* helfen. Diese Methodik erfordert die Beantwortung von drei Fragen: Wer? Was? Wie?

Wer?

Design Thinking stellt den Menschen in den Mittelpunkt und ist ein humanzentrierter Ansatz. Dies bedeutet, dass sowohl die Bedürfnisse der Nutzerinnen und Nutzer als auch die des umsetzenden Teams berücksichtigt werden. Um verschiedene Perspektiven zu vereinen, ist es wichtig, dass das Team interdisziplinär aufgestellt ist und Mitglieder über ein breites (T) und tiefes Wissen in einem spezifischen Bereich verfügen. Mit einem breiten T ist hierbei das sogenannte T-Shaped-Modell gemeint. Es bezeichnet einen Mitarbeitenden, der die Stärken eines Generalisten und einer Spezialistin in sich vereint.

Was?

Ein zentraler Aspekt des Design Thinking ist es sicherzustellen, dass das Team an einer sinnvollen Problemlösung arbeitet. Dazu gehört die Schaffung eines gemeinsamen Problembewusstseins im Team. Es ist entscheidend, die Komplexität des Problems anzuerkennen und angemessene Lösungsansätze zu entwickeln, anstatt simplen Lösungen nachzugehen.

Wie?

Im Gegensatz zum reinen Brainstorming folgt Design Thinking einem strukturierten Ablauf und nutzt bestimmte Methoden, um die Perspektive der Nutzerinnen und Nutzer einzunehmen und ihre Probleme zu lösen. Es ist von Bedeutung, Ideen visuell zu veranschaulichen, um ein gemeinsames Verständnis zu ermöglichen und darauf basierend Prototypen zu entwickeln. Design Thinking setzt auf Handlung und praktische Umsetzung, aber weniger auf lange Diskussionen. Es ist wichtig, den Prozessfortschritt transparent im gesamten Team zu halten – sei es durch Skizzen, Prototypen, Nutzerstudien oder Umsetzungen.

Design Thinking in der Umsetzung

Design Thinking besteht aus zwei Zyklen: dem *Makrozyklus*, der den Problemraum und den Lösungsraum umfasst, und dem *Mikrozyklus*. Problem und Lösungsraum werden häufig wie in Abbildung 1.1 rautenförmig dargestellt. Dies verdeutlicht die Vorgehensweise, zunächst breit zu denken (divergentes Arbeiten), um eine Vielzahl von Perspektiven und Ideen zu erfassen und dann die vielversprechendste Idee vertieft zu untersuchen (konvergentes Arbeiten). Innerhalb dieses Makrozyklus wird der Mikrozyklus durchlaufen, der aus sechs Schritten besteht. Der Prozess beginnt im Problemraum, in dem im ersten Schritt das konkrete Problem definiert wird, um sicherzustellen, dass es alle an der Problemlösung beteiligten Personen vollständig verstehen. Im nächsten Schritt werden durch Beobachtung die Nutzerinnen und Kunden ermittelt, wo also genau ihre Bedürfnisse liegen. Geachtet wird darauf, das gemeinsame Verständnis aus dem ersten Schritt zu validieren. Im dritten Schritt werden die gewonnenen Erkenntnisse zusammengeführt und beispielsweise in verschiedenen Personas oder Empathy Maps festgehalten, um einen gemeinsamen Ausgangspunkt für die weitere Arbeit zu schaffen. Bis hierhin wird das zu lösende Problem betrachtet, ohne über Lösungsansätze zu sprechen. In dieser Phase wird sowohl divergent als auch konvergent gearbeitet.

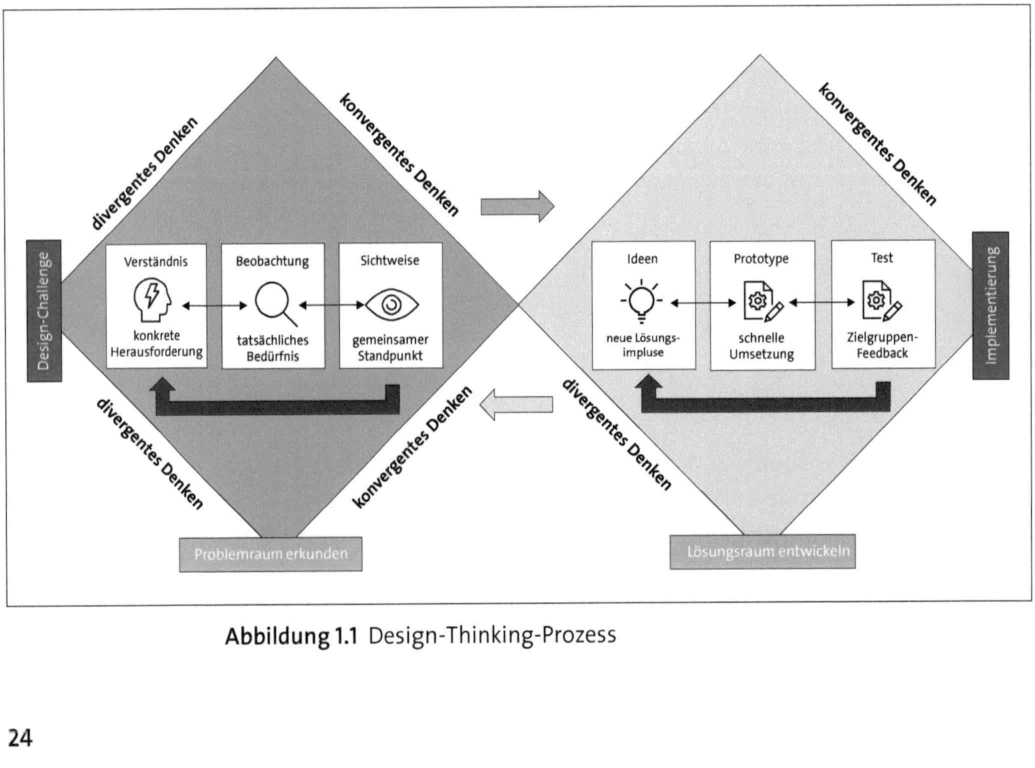

Abbildung 1.1 Design-Thinking-Prozess

Danach erfolgt der Übergang in den Lösungsraum, in dem ebenfalls zunächst divergent gearbeitet wird, um eine Vielzahl von Ideen zur Lösung des Problems zu generieren. Anschließend werden die vielversprechendsten Ideen mithilfe von Prototypen evaluiert. Prototypen können je nach Detaillierungsgrad unterschiedlich aussehen, von einer Geschichte mit Bildern bis hin zu einem funktionalen Modell. Diese Prototypen werden dann im letzten Schritt getestet. Sind die Ergebnisse zufriedenstellend, kann der Prototyp weiter verfeinert werden. Falls dies nicht der Fall ist, können entweder alternative Ideen evaluiert oder das Problem erneut untersucht werden. Der Mikrozyklus verläuft dabei nicht linear, sondern es wird so lange zwischen den Schritten iteriert, bis ein zufriedenstellendes Ergebnis erzielt wird.

Die beschriebene Vorgehensweise scheint einen hohen zeitlichen und damit auch finanziellen Aufwand zu erfordern. Es ist allerdings schon viel gewonnen, wenn die Sichtweise und Herangehensweise in den Projekten verändert wird. Es ist daher durchaus möglich, auch nur Teile des Design Thinking einzusetzen. Wichtig ist jedoch, dass sich das Unternehmen bewusst auf die Nutzerinnen und Nutzer und ihre kontextbezogenen Anforderungen konzentriert und an den tatsächlich zu lösenden Problemen arbeitet, und nicht nur an den Symptomen. Kommen wir nun zu SAP Fiori und finden heraus, was der benutzerzentrierte Ansatz mit diesem System zu tun hat.

1.3 SAP Fiori

Ein immer wiederkehrendes Design von Oberflächen erleichtert die Verwendung von Software. SAP hat die Zeichen vor einiger Zeit erkannt und ein eigenes Designsystem geschaffen: *SAP Fiori*. Hierbei ist es sehr wichtig zu verstehen, dass SAP Fiori keine Technologie ist, sondern lediglich eine Reihe von Designrichtlinien, die vorgeben, wie Oberflächen je nach Anwendungsfall und Arbeitsweise implementiert werden sollen.

1.3.1 SAP Fiori, das Designsystem

Die Basis für die Entwicklung von SAP-Fiori-Apps stellt das SAP Fiori Design System dar. Bei einem Designsystem handelt es sich um einen systematischen Designansatz, der Richtlinien, Prinzipien, Philosophien, Code sowie fertigerstellte Vorlagen und Beispiele umfasst. Alle diese Komponenten bilden gemeinsam eine Art »Single Point of Truth«, in dem sämtliche Elemente vereint sind. Dadurch wird es Teams ermöglicht, digitale Produkte gemeinsam zu entwerfen, umzusetzen und weiterzuentwickeln.

Das Designsystem

Das SAP Fiori Design System wird unter *https://experience.sap.com/fiori-design-web/sap-fiori/* ausführlich von SAP beschrieben. Abbildung 1.2 zeigt die Komponenten des SAP Fiori Design Systems. Dieses Designsystem besteht im Grunde aus drei Schichten:

- Die erste Schicht definiert die Werte, Prinzipien und Vorgehensweisen.
- Die zweite Schicht legt die SAP-Fiori-Designsprache fest. Hier werden die Designvorgaben beschrieben.
- Die dritte Schicht enthält die Technologien, Werkzeuge und Komponenten, mit denen SAP-Fiori-Apps entwickelt werden.

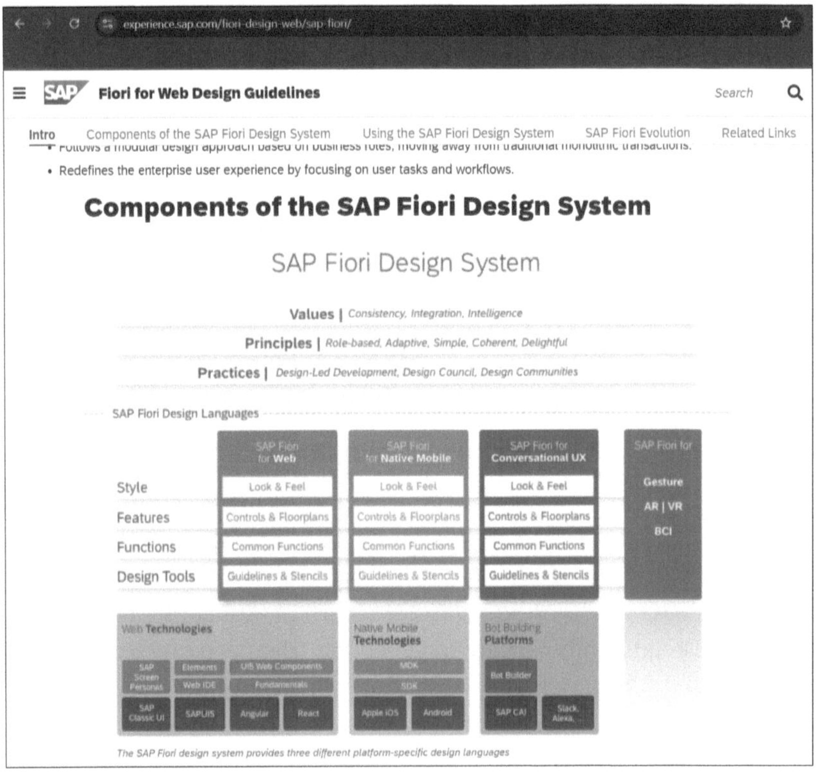

Abbildung 1.2 Komponenten des SAP Fiori Design Systems

SAP-Fiori-Design-Prinzipien

Über die jeweiligen Buttons können Sie zu den einzelnen Guidelines abspringen. Zudem sehen Sie in Abbildung 1.3 die fünf wichtigsten Designprinzipien von SAP Fiori:

- **Rollenbasiert**
  SAP-Fiori-Apps werden so gestaltet, dass die Anwendung genau die Funktionalität und Daten bereitstellt, die die Nutzerinnen und Nutzer in einer bestimmten Rolle benötigen, um entsprechend mit der Anwendung zu arbeiten bzw. um den Anwendungsfall erfolgreich zu meistern.
- **Kohärent**
  SAP-Fiori-Apps sind so zu implementieren, dass sie eine einheitliche und intuitive Nutzung ermöglichen. Dies bedeutet, dass zum einen die Designregeln einzuhalten sind, und zum anderen, dass identische Informationen und Aktionen auch immer identisch dargestellt und bereitgestellt werden müssen.
- **Adaptiv**
  SAP-Fiori-Apps müssen so implementiert werden, dass die Anwendungen optimal auf unterschiedlichen Endgeräten und Endgerätarten verwendet werden können. Die Anwendungen müssen entsprechend genauso effizient und effektiv auf einem Mobiltelefon genutzt werden können, wie auf einem Desktop. Ist die Darstellung einer großen Grafik nicht möglich, weil die Bildschirmgröße dies einfach nicht zulässt, muss eine andere Form der Darstellung gewählt werden.
- **Einfach**
  Die zuvor genannten Regeln müssen dazu beitragen, dass SAP-Fiori-Apps einfach in der Handhabung sind. Es bedarf keiner großen Erläuterung, ganz so, wie wir es auch bei anderen Anwendungen auf unseren mobilen Endgeräten gewohnt sind.
- **Entzückend**
  Das letzte Prinzip (auf Englisch *delightful*) soll lediglich beschreiben, dass die Nutzung einer SAP-Fiori-App entsprechend Freude bereiten soll. Am Ende der Nutzung soll ein positives Gefühl beim Nutzer oder bei der Nutzerin zurückbleiben.

Zumindest die ersten vier Prinzipien sollten bei der Entwicklung eigener Anwendungen stets bedacht und eingehalten werden. Dass die Anwendung letztendlich den Nutzer oder die Nutzerin zufriedenstellt, ist zu hoffen, zumindest sollte jedoch nach der Nutzung ein positives Gefühl zurückbleiben.

1.3.2 SAP Fiori Design Guidelines

Die Designvorgaben von SAP Fiori werden detailliert in den *SAP Fiori Design Guidelines* beschrieben. Dieses Regelwerk ist Teil des Designsystems. Im Grunde dürfen nur Anwendungen, die diesen Regeln folgen, als SAP-Fiori-

Apps bezeichnet werden. Die Designregeln können über die URL *https://experience.sap.com/fiori-design/* abgerufen werden. Abbildung 1.3 zeigt das Einstiegsbild der Webseite. Wie Sie es der Abbildung entnehmen können, wurden zum Zeitpunkt des Schreibens dieses Buches drei Design Guidelines für SAP Fiori angeboten:

- Web
- Apple iOS
- Android

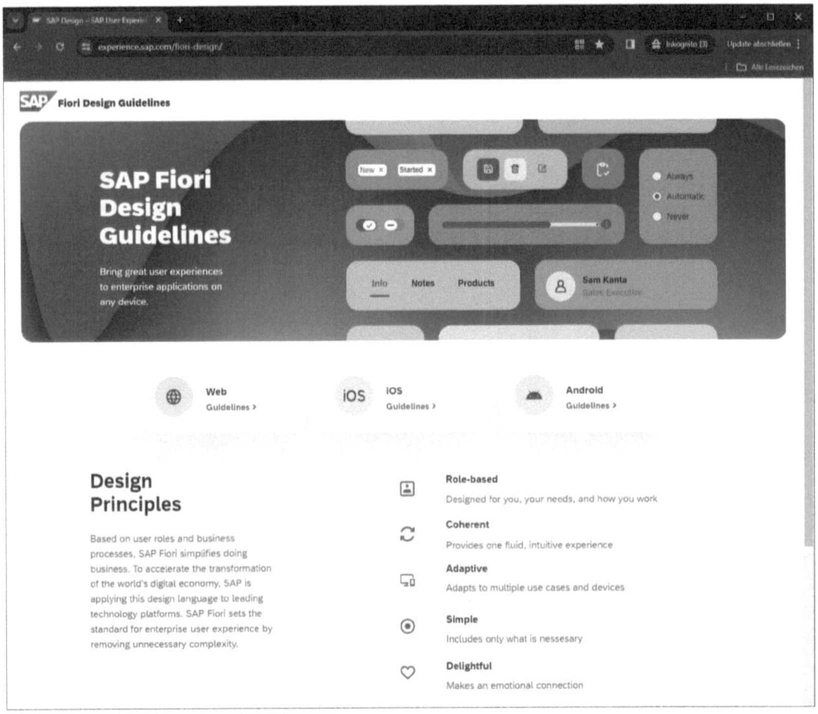

Abbildung 1.3 SAP Fiori Design Guidelines

SAP Fiori Web Guidelines

Designvorgaben für Webanwendungen

Wenn Sie auf den Button **Web Guidelines** klicken, gelangen Sie zu den Regeln für die Implementierung von SAP-Fiori-Apps, die über den Browser genutzt werden können. Wir tauchen an dieser Stelle nicht zu tief in diese Regeln ab, sondern erläutern nur grundsätzlich ein paar Aspekte.

Der Bereich **SAP Fiori for Web Design Guidelines** (siehe Abbildung 1.4) ist in einige Unterabschnitte unterteilt. Über das Menü auf der linken Seite können Sie beispielsweise im Bereich **Look, Feel and Wording** Informationen über das Arbeiten mit Icons in SAP-Fiori-Anwendungen sowie über die Themen Typographie, Farbgebung und Design Tokens erhalten. Interessant ist sicherlich der relativ neue Bereich **AI and Joule Design**. In dem Bereich wird über zukünftige, aber wegweisende Themen rund um Business AI berichtet.

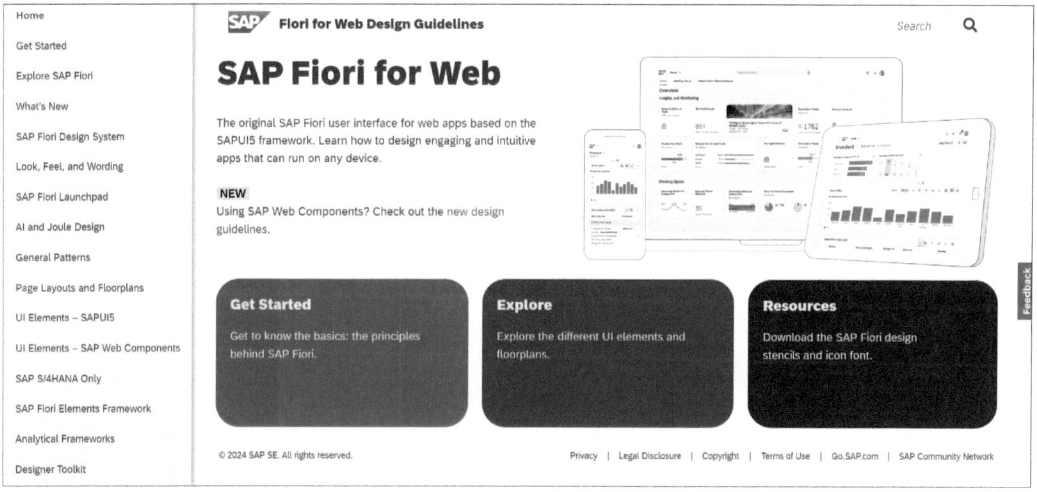

Abbildung 1.4 SAP Fiori for Web Design Guidelines

Guidelines für iOS und Android

SAP beschreibt neben den SAP-Fiori-Designregeln für Webanwendungen auch Regeln für Apple iOS bzw. Android. Die dort beschriebenen Designvorgaben sind als Erweiterungen der Regelwerke durch die jeweiligen Hersteller gedacht. So erweitern die SAP-Regeln für iOS die Human Interface Guidelines von Apple (siehe *https://developer.apple.com/design/human-interface-guidelines*) sowie für Android die Regeln von Google, das sogenannte Material Design (siehe *https://m2.material.io/design/guidelines-overview*).

Wenn Sie im Seitenmenü auf den Eintrag **Page Layouts and Floorplans** klicken, gelangen Sie in den Bereich, der insbesondere für die Implementierung von SAP-Fiori-Apps interessant ist (siehe Abbildung 1.4). Dieser Bereich ist deshalb interessant, weil bei der Implementierung einer Anwendung zunächst die Frage zu beantworten ist, wie der allgemeine Aufbau der Anwendung gestaltet soll, also das Layout.

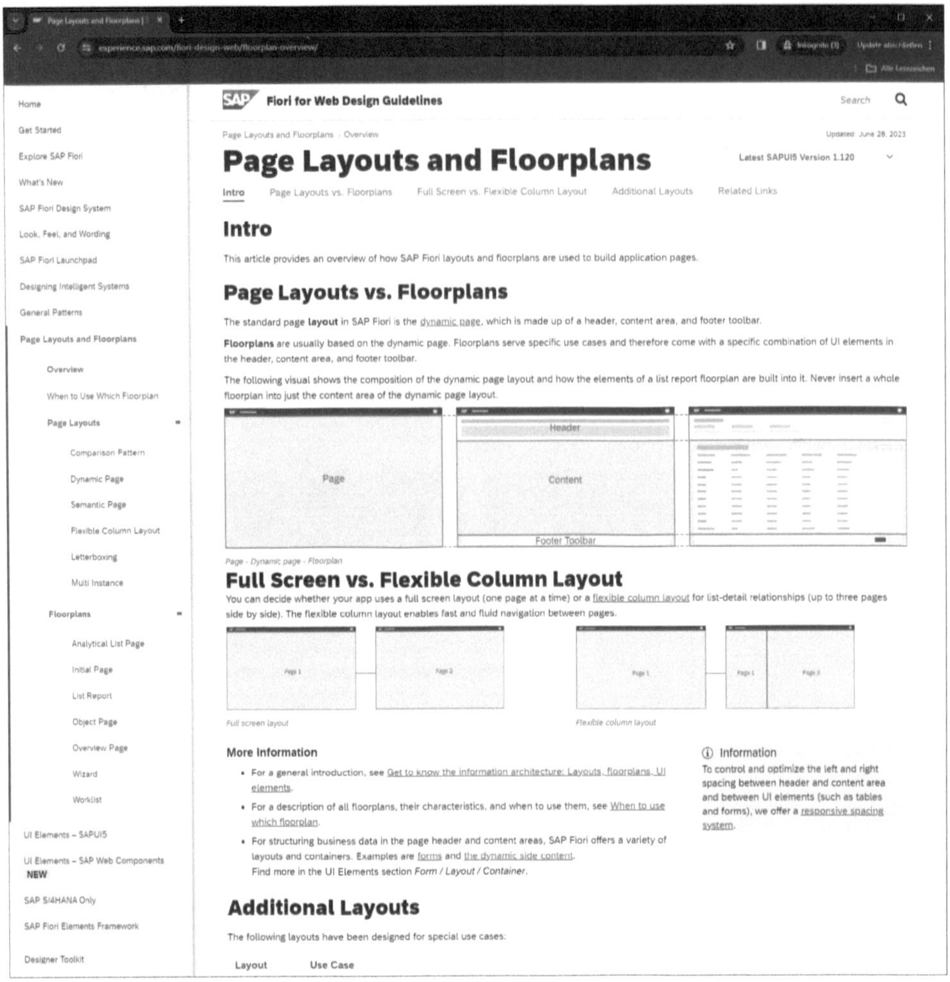

Abbildung 1.5 Seitenlayout und Floorplan

Die Guidelines beschreiben zwei Basislayouts:

- Dynamic Page
- Flexible Column Layout

Layout »Dynamic Page«

Das Layout *Dynamic Page* beschreibt ein Layout, bei dem die Anwendung die gesamte Seite einnimmt und jeweils eine Maske angezeigt wird. Abbildung 1.6 zeigt ein Beispiel aus der SAP-Dokumentation. Das Layout unterteilt die Seite in zwei Teile. Im oberen Teil, dem sogenannten *Header*, werden wichtige Informationen zum dargestellten Objekt angezeigt. Im darunterliegenden Teil werden weitere Informationen dargestellt. Diese Informationen können kategorisiert werden und diese Kategorien in verschiedene Sektionen unterteilt werden. In Abbildung 1.5 werden beispielsweise vier Sektionen – **Products, Attachments, Notes** und **People** – verwendet. Diese Sektionen sind anwählbar, sodass direkt zu den darin enthaltenen Informationen navigiert werden kann. Scrollen Sie in einer Sektion nach unten und erreichen deren Ende, wechseln Sie in die nachfolgende. Es handelt sich dabei somit um eine Single-Page-Anwendung.

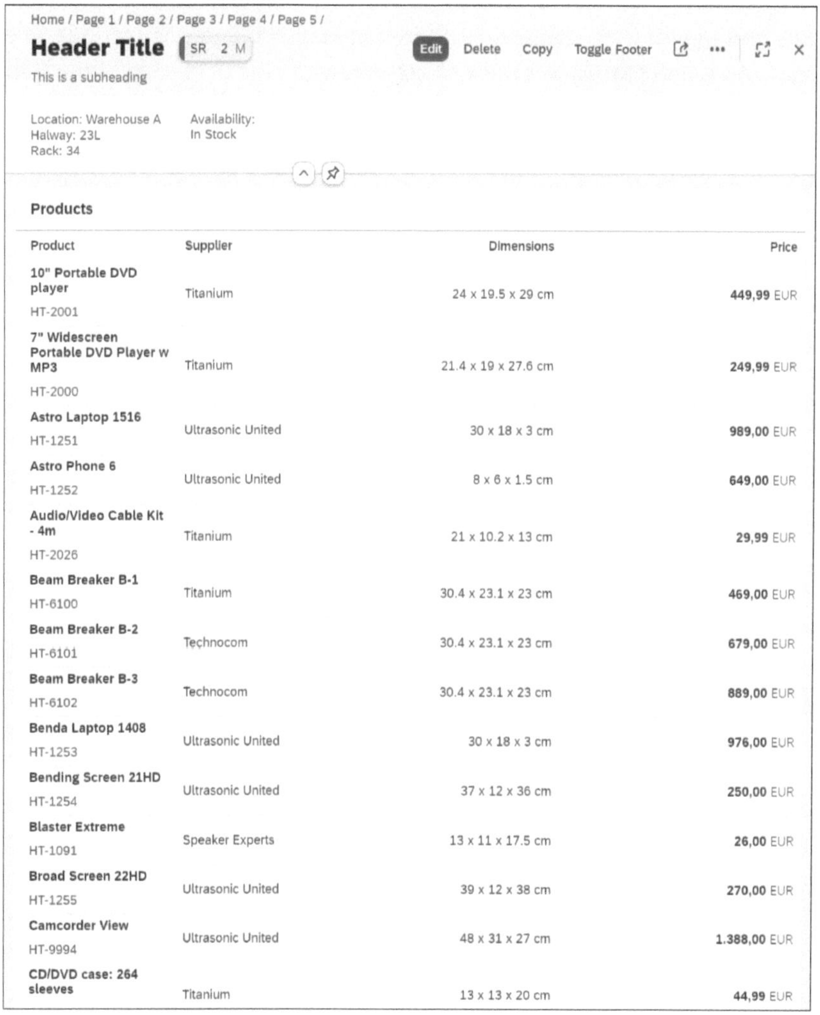

Abbildung 1.6 Dynamic Layout

Layout »Flexible Column«

Neben dem einseitigen Layout stellt SAP mit dem Layout **Flexible Column** ein Layout bereit, das in seiner maximalen Ausprägung eine dreispaltige Darstellung ermöglicht. Abbildung 1.7 zeigt das Layout mit drei sichtbaren Spalten. Anwendungen, die dieses Layout nutzen, zeigen bei deren Start sehr häufig zunächst eine Liste an. Wählt der Nutzer oder die Nutzerin aus der Liste einen Eintrag, wird die Darstellung auf zwei Spalten erweitert. In der ersten Spalte bleibt die zuvor angezeigte Liste sichtbar, und in der zweiten Spalte werden die Details des ausgewählten Objekts dargestellt. Die Detailseite bietet meist auch die Option der Vollbilddarstellung an. Der Nutzer oder die Nutzerin kann entsprechend zwischen den Darstellungsoptionen wechseln. Wie Sie es Abbildung 1.7 entnehmen können, bietet die gezeigte Anwendung im Detailbild eine weitere Liste an. Wählt der Nutzer oder die Nutzerin einen Eintrag aus dieser Liste aus, wird eine dritte Spalte mit den Details angezeigt. Das Layout ist vollständig responsiv.

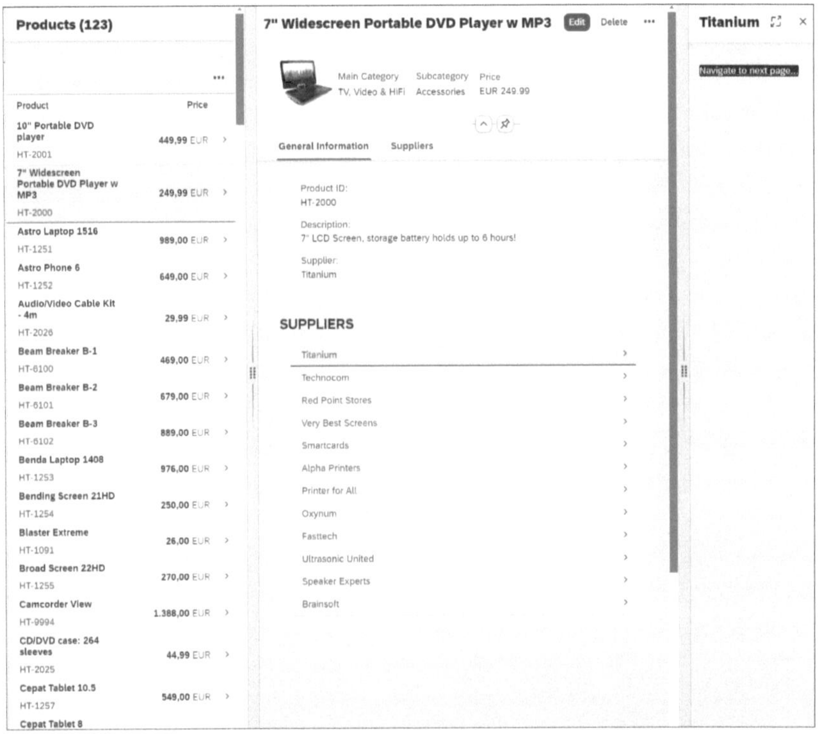

Abbildung 1.7 Maximale Ausprägung des Layouts »Flexible Column«

Floorplans

Der Aufbau von Anwendungen unterscheidet sich grundsätzlich je nach Anwendungsfall. Eine Anwendung für die Auswertung von Absatzzahlen unterscheidet sich merklich von einer Anwendung zum Erfassen und Bearbeiten von Bestellungen. Weil dies so ist, beschreibt SAP Fiori sieben sogenannte *Floorplans*, also Muster, wie die UI-Elemente auf einer Seite einer Anwendung angeordnet und kombiniert werden sollen. Diese Muster können dann, je Anwendungsfall und Muster, miteinander kombiniert werden. Aktuell werden sieben Floorplans beschrieben:

- List Report
- Worklist
- Analytical List Page
- Object Page
- Wizard
- Initial Page
- Overview Page

1.4 SAP Fiori Launchpad

Die Neuausrichtung von SAP im Hinblick auf einen stärkeren Fokus auf Benutzerfreundlichkeit und die Einführung von Design Guidelines wirkt sich nicht nur auf die Anwendungen selbst aus. Auch der Zugriff auf die SAP-Fiori-Apps ändert sich. Bisher wurde in den meisten Anwendungsfällen über das SAP GUI auf Transaktionen zugegriffen. Ebenfalls war es möglich, Web-Dynpro-ABAP-basierte Anwendungen über den Browser aufzurufen, allerdings ohne eine den Berechtigungen entsprechende Einstiegsseite. Das ändert sich mit SAP Fiori. SAP führte mit SAP Fiori das *SAP Fiori Launchpad* ein. Über das SAP Fiori Launchpad werden den Nutzern oder Nutzerinnen alle für sie relevanten Anwendungen bereitgestellt. Nutzerinnen und Nutzer können das SAP Fiori Launchpad entweder über Transaktion /n/UI2/FLP oder direkt über die URL *<Protokoll>://<server>:<port>/sap/bc/ui2/flp* aufrufen. Nach dem Aufruf wird der Nutzerin oder dem Nutzer, je nachdem, ob Single Sign-On (SSO) konfiguriert ist, die Anmeldemaske des SAP Fiori Launchpads angezeigt (siehe Abbildung 1.8).

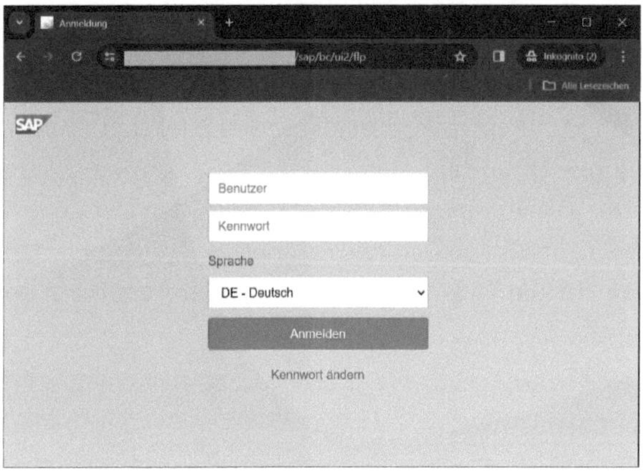

Abbildung 1.8 Anmeldemaske des SAP Fiori Launchpads

Nach der Anmeldung erhalten die Nutzerinnen und Nutzer Zugriff auf alle Anwendungen, die sie auch tatsächlich benötigen. Die Bereitstellung erfolgt dabei über das Berechtigungsmanagement. Die Anwendungen werden, je nach Konfiguration, in Form von Kacheln oder Hyperlinks dargestellt. Durch einen Klick wird die gewählte Anwendung aufgerufen. Die Darstellung der Anwendung erfolgt normalerweise innerhalb der gleichen Browserregisterkarte, in der auch das SAP Fiori Launchpad gestartet wurde. Durch die sogenannte Cross-App-Navigation ist es möglich, dass die Nutzerinnen oder Nutzer von einer Anwendung zu einer anderen Anwendung navigieren. Durch eine sinnvolle Kombination unterschiedlicher Anwendungen kann dadurch, je nach Bedarf, ein sehr hoher informativer Mehrwert geschaffen werden.

Beispiel

Betrachten wir einmal als Beispiel ein Unternehmen aus dem Maschinenbau. Die Fertigung der Maschinen läuft an einem Band, von denen jedes über mehrere Takte verfügt. An einem Takt wird ein Vorgang eines Fertigungsauftrags bearbeitet. Natürlich werden unterschiedliche Varianten der Maschine gebaut. Fehlende Teile an einem oder mehreren Takten führen zu Standzeiten. Hierbei müssen die Mitarbeitenden aus der Arbeitsvorbereitung sicherstellen, dass an den Takten die nötigen Bauteile auch entsprechend vorliegen. Sie müssen somit wissen, welcher Takt aktuell welche Maschine fertigt, welche Bauteile benötigt werden usw. Wie lässt sich dieses Szenario nun gemäß SAP Fiori implementieren. Denkbar wäre Folgendes:

- Um eine Übersicht über alle relevanten Informationen zu erhalten, erstellt man eine Anwendung, die den Overview Page Floorplan implementiert. Über darin enthaltene Karten erhalten die Mitarbeitenden eine Übersicht über alle relevanten Informationen. Beispielweise könnte man darstellen, welche Bauteile aktuell fehlen, welcher Takt gerade eine Standzeit hat oder welcher Auftrag gerade an welchem Takt bearbeitet wird.
- Von Zeit zu Zeit kann es vorkommen, dass die Mitarbeitenden weitere Informationen zu einem Auftrag benötigen. Hierzu stellt man wiederum eine Anwendung bereit. Diese implementiert einerseits den List Report Floorplan für die Übersicht aller aktuellen Fertigungsaufträge und den Object Page Floorplan für die Darstellung der Detailinformationen zu einem Fertigungsauftrag.
- Die Mitarbeitenden können nun aus einer Übersichtskarte einen konkreten Fertigungsauftrag auswählen und zu der soeben beschriebenen Anwendung navigieren. Hierbei wird direkt die Object Page mit den Details des Auftrags dargestellt.

- Anderseits kann es relevant sein, eine Übersicht über alle Fertigungsaufträge zu erhalten oder einen konkreten Fertigungsauftrag zu suchen. Hierzu können die Mitarbeitenden die Anwendung direkt über eine Kachel aufrufen und erhalten dann die Liste von Fertigungsaufträgen, die nun via Filterfunktionen die relevanten Aufträge darstellt.

So wird durch die geschickte Kombination von unterschiedlichen Floorplans eine einheitliche User Experience über Anwendungsgrenzen hinweg möglich. Abbildung 1.9 zeigt exemplarisch, wie eine solche Vernetzung aussehen könnte. Wie Sie es Abbildung 1.7 entnehmen können, werden Anwendungen immer so implementiert, dass sie zunächst einmal direkt verwendet werden können. Es ist allerdings immer möglich, eine Anwendung so zu implementieren, dass sie aus einer anderen Anwendung heraus aufgerufen werden kann. Ob eine Parameterübergabe und Weiterarbeitung der Anwendung in der gewünschten Form möglich ist, ist natürlich von Anwendung zu Anwendung verschieden und muss im Vorfeld geprüft werden.

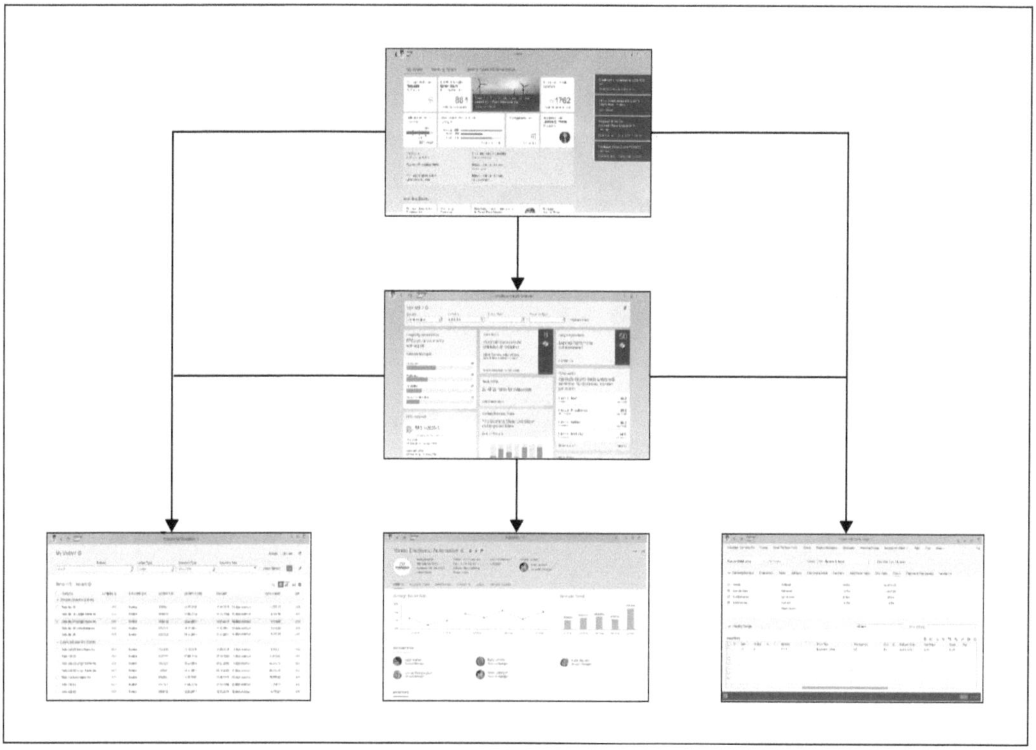

Abbildung 1.9 Anwendungsnetz im SAP Fiori Launchpad

[»]

Benutzerzentriert

Damit ein solches Netz von Anwendungen entstehen kann und entsprechenden Mehrwert für den Nutzer oder die Nutzerin liefert, ist es unabdingbar, sich mit den Bedürfnissen und der Arbeitsweise der Nutzer und Nutzerinnen auseinanderzusetzen. Eine sinnvolle Konzeption ist ansonsten kaum denkbar.

1.4.1 Komponenten des SAP Fiori Launchpads

Da es sich bei SAP-Fiori-Apps um Webanwendungen handelt, werden die Anwendungen über den Browser konsumiert. Die Anwendungen werden zudem über das sogenannte SAP Fiori Launchpad bereitgestellt. Hierbei handelt es sich um eine Webanwendung, die als Container für die Bereitstellung von SAP-Fiori-Apps dient. Anwendungen im SAP Fiori Launchpad werden in Form von anwählbaren Kacheln oder Links bereitgestellt. Abbildung 1.10 zeigt das SAP Fiori Launchpad. Nutzern und Nutzerinnen werden im SAP Fiori Launchpad die Anwendungen angezeigt, für die sie berechtigt sind. Die Berechtigung erfolgt gemäß des SAP-Standards über PFCG-Rollen.

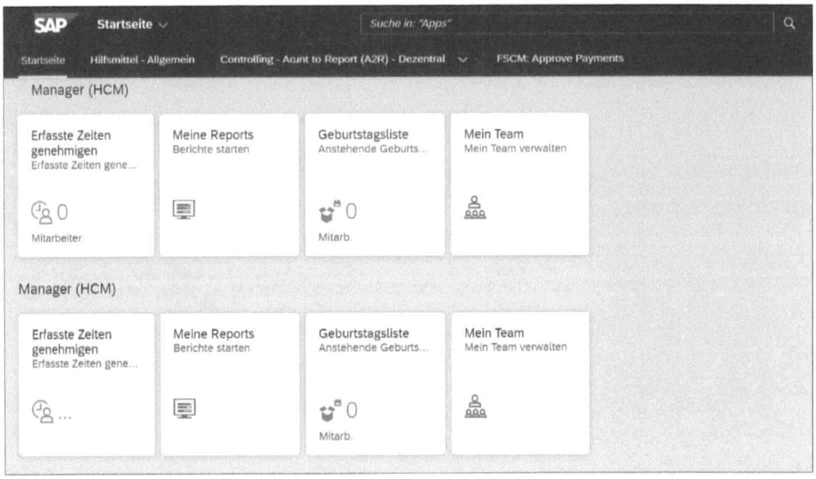

Abbildung 1.10 SAP Fiori Launchpad

SAP Fiori Launchpad – on-premise und in der SAP BTP

Das SAP Fiori Launchpad gibt es sowohl on premise als auch in der SAP Business Technology Platform (SAP BTP). In der SAP BTP wird es als eigener Service angeboten und trägt den Namen SAP Build Work Zone, das Teil der Produktfamilie *SAP Build* ist.

Über die im SAP Fiori Launchpad dargestellten Kacheln oder Verweise können Nutzer und Nutzerinnen je nach anstehender Aufgabe die benötige Anwendung aufrufen. Abbildung 1.11 zeigt die SAP-Standardanwendung **Mein Team** (App-ID F4941).

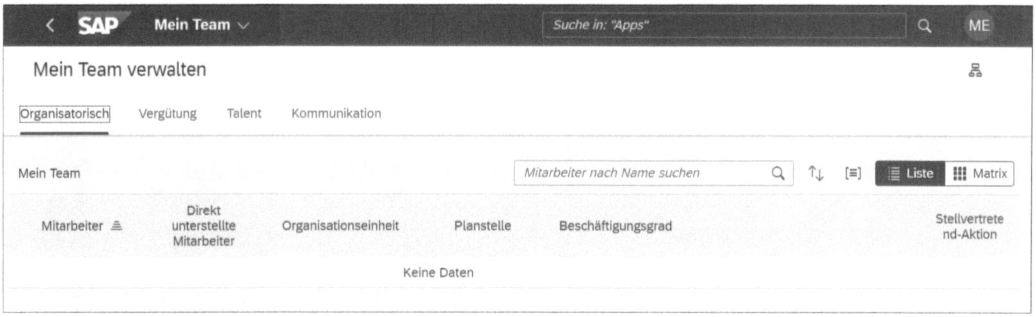

Abbildung 1.11 SAP-Fiori-App im SAP Fiori Launchpad

SAP unterstützt Nutzerinnen und Nutzer des SAP Fiori Launchpads und der dort zur Verfügung gestellten Anwendungen außerdem über ein Hilfe-System. Über die Funktionstaste [F1] können die Nutzerinnen und Nutzer die Hilfe aktivieren (siehe Abbildung 1.12).

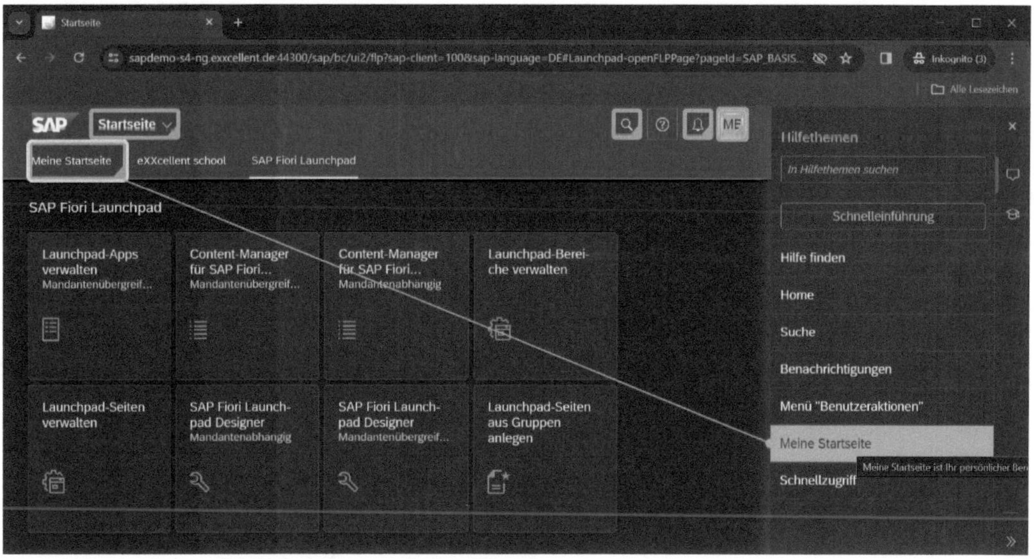

Abbildung 1.12 Hilfe-Funktion im SAP Fiori Launchpad

Das SAP Fiori Launchpad besteht aus verschiedenen Komponenten, auf die wir in diesem Abschnitt im Einzelnen eingehen.

Benutzermenü

In der rechten oberen Ecke werden die Initialen bzw. – je nach Konfiguration – ein Bild der Nutzerin oder des Nutzers angezeigt – dies ist das *Benutzermenü*. Durch einen Klick gelangen Sie in ein Auswahlmenü, über das kontextspezifische Benutzeraktionen angeboten werden. In Abbildung 1.13 ist das Aktionsmenü dargestellt.

Abbildung 1.13 Kontextspezifisches Menü

Einstellungen

Wenn Sie im Aktionsmenü den Eintrag **Einstellungen** wählen, gelangen Sie in die benutzerspezifischen Konfigurationsmöglichkeiten des SAP Fiori Launchpads. Je nach Konfiguration und Berechtigung werden hier unterschiedliche Bereiche angezeigt. Abbildung 1.14 zeigt einen beispielhaften Einstellungsdialog. Wie Sie sehen, sind auf der linken Seite des Dialogs unterschiedliche Kategorien aufgelistet.

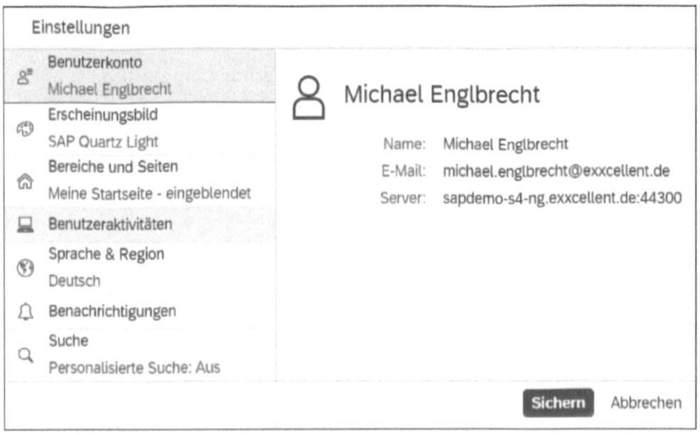

Abbildung 1.14 Einstellungen im SAP Fiori Launchpad

Enterprise Search

Enterprise Search im SAP Fiori Launchpad

Im Kopf des SAP Fiori Launchpads wird ein Suchfeld angeboten. Man spricht hierbei von der sogenannten *Enterprise Search*. Wie Sie es Abbildung 1.15 entnehmen, können Sie hierüber Anwendungen, aber auch Geschäftsobjekte finden. Das Suchfeld bietet direkt bei der Eingabe Vorschlagswerte, passend zu der bis dahin eingegebenen Zeichenkette. Nachdem der Suchbegriff eingegeben worden ist, kann die Suche allerdings auch über die Taste [↵] oder über einen Klick auf den Lupen-Button [Q] gestartet werden. Im Anschluss an die Suche kann die Anwendung mit einem Klick auf den passenden Eintrag gestartet bzw. das Geschäftsobjekt angezeigt werden.

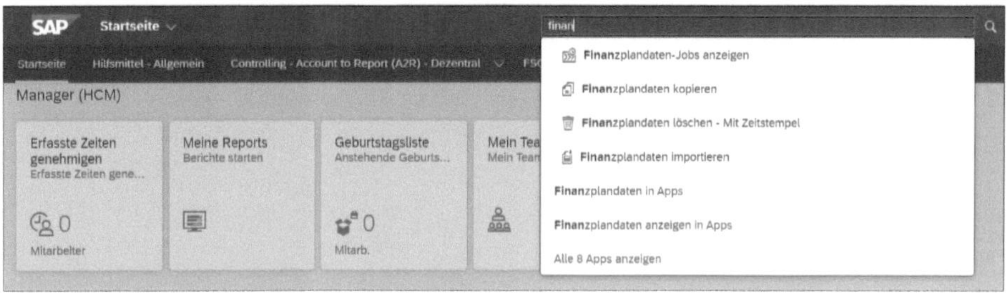

Abbildung 1.15 Suche im SAP Fiori Launchpad

Nachdem Sie den Suchvorgang gestartet haben, wird Ihnen, wie in Abbildung 1.16 gezeigt, die Ergebnisliste angezeigt. Benutzer können durch die Auswahl eines Treffers in die Object-Page-basierte Anwendung abspringen oder, falls der Treffer eine SAP-Fiori-App direkt referenziert, diese entsprechend aufrufen.

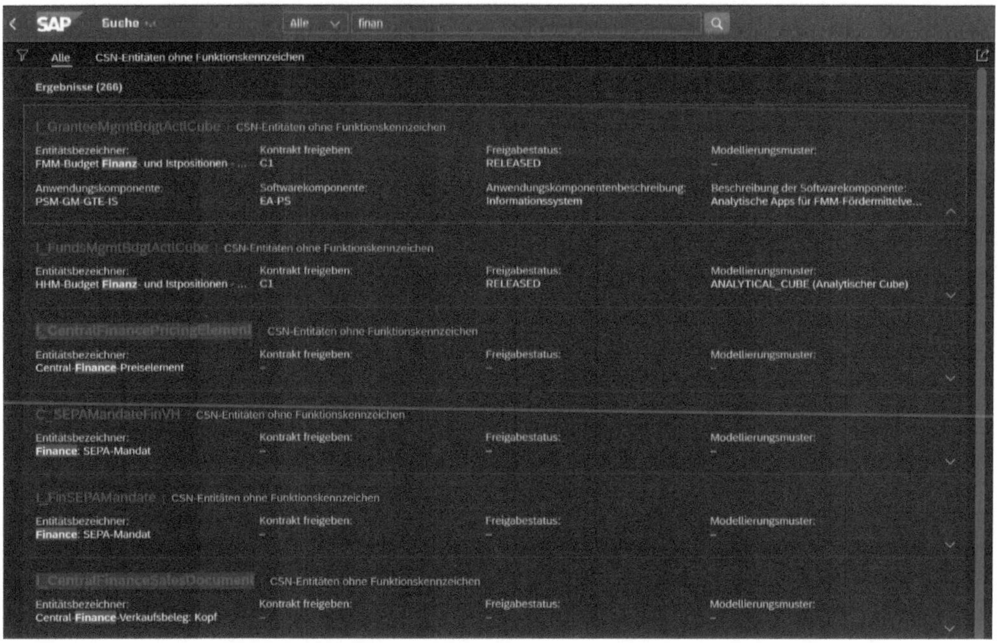

Abbildung 1.16 Suchergebnis der Enterprise Search

1.4.2 Technische Perspektive

Um ein besseres Verständnis der Arbeitsweise des SAP Fiori Launchpads zu erhalten, blicken wir in diesem Abschnitt kurz »unter die Motorhaube« des Launchpads (siehe Abbildung 1.17). Wie bereits geschildert, ist das Launchpad eine Webanwendung.

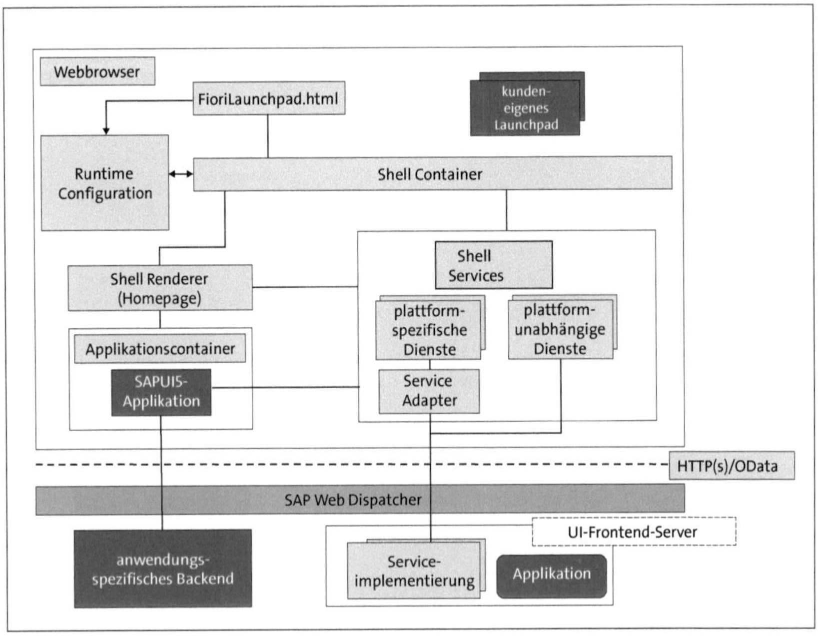

Abbildung 1.17 Technische Betrachtung des SAP Fiori Launchpads

Technischer Aufbau

Der technische Aufbau eines Launchpads basiert auf einem zentralen Container, dem sogenannten *Shell Container*. Dieser Container ist eine wesentliche Komponente, die für die Verwaltung der Shell Services und des Renderers verantwortlich ist. Er wird durch eine Laufzeitkonfiguration mit allen relevanten Informationen für Laufzeit und Ablauf versorgt.

Plattformunabhängiges Adapterkonzept

Da das System plattformunabhängig gestaltet ist, muss für die zentralen Dienste, die über das SAP Fiori Launchpad bereitgestellt werden, ein Adapterkonzept implementiert werden. Dieses Konzept ermöglicht es, eine stabile clientseitige API für den Zugriff auf die Dienste zu nutzen. Dadurch können SAP-Fiori-Anwendungen unabhängig davon, auf welcher Plattform sie gehostet werden, über dieselbe Serviceschnittstelle auf die benötigten Dienste zugreifen. Falls erforderlich, können plattformabhängige Implementierungen auf der Clientseite vorgenommen werden, jedoch bleibt dieser Vorgang für die Nutzer der Schnittstellen vollkommen transparent.

Darstellung der Unified Shell

Die Darstellung der *Unified Shell* ist von der Shell selbst sowie von den Shell Services unabhängig. Sie basiert auf dem SAPUI5-Renderer-Konzept und verwendet den sogenannten *Shell Renderer*. Die Integration von Anwendungen zur Laufzeit erfolgt durch den Application Container. Dank der losen Kopplung dieses Containers ist eine Wiederverwendbarkeit der Komponente gewährleistet.

Backend-Systeme und Serviceschnittstellen

Die Backend-Systeme, die die Anwendungen mit Daten versorgen, übermitteln diese an die UI-Anwendungen über eine Serviceschnittstelle. Es ist ratsam, eine 1:1-Beziehung zwischen dem UI-relevanten und dem servicebezogenen Teil der Anwendung zu schaffen. Das bedeutet, dass für jede SAP-Fiori-Anwendung nur ein Service im Backend implementiert wird. Optimalerweise sollten OData-basierte Dienste genutzt werden. Diese Fokussierung auf einen einzelnen Dienst erleichtert die Übersicht und sorgt für eine klare Trennung zwischen verschiedenen SAP-Fiori-Anwendungen.

[«]

SAP Build Work Zone

SAP bietet in der SAP Business Technology Platform (SAP BTP) einen, mit dem SAP Fiori Launchpad vergleichbaren Cloud-Service an. Mit SAP Build Work Zone erhalten die Kunden einen zentralen Einstiegspunkt in die Cloud. Wir gehen in Kapitel 2, »Systemlandschaft und deren Komponenten«, und in Kapitel 8, »SAP Mobile Start«, auf das Produkt und dessen Administration ein.

1.5 Technologien

Nachdem wir das SAP Fiori Launchpad näher betrachtet haben, betrachtet dieser Abschnitt nun die Technologien für die Implementierung von SAP-Fiori-Apps. SAP-Fiori-Apps bestehen grundsätzlich immer aus zwei Teilen: dem UI-Teil und dem Daten- und Funktionsteil. Man bezeichnet die beiden Teile auch als Frontend und Backend.

Frontend-Technologien

Aktuell gibt es drei für die Programmierung des Frontends relevante UI-Technologien:

- Dynpro
- Web Dynpro ABAP
- SAPUI5

Dynpro- und Web-Dynpro-Oberflächen interagieren ganz klassisch über Funktionsbausteine, ABAP-Klassen und BAPIs mit dem SAP-System. SAPUI5-Anwendungen interagieren mit dem SAP-System über das sogenannte OData-Protokoll.

Wie Sie es Abbildung 1.18 entnehmen können, können klassische Dynpro-Anwendungen über SAP Logon, über den SAP Business Client oder den Webbrowser konsumiert werden. Im SAP Business Client und auch über den Webbrowser kommt das *SAP GUI für HTML* zum Einsatz. Web-Dynpro-ABAP- und auch SAPUI5-Anwendungen können lediglich über den SAP Business Client oder den Webbrowser genutzt werden.

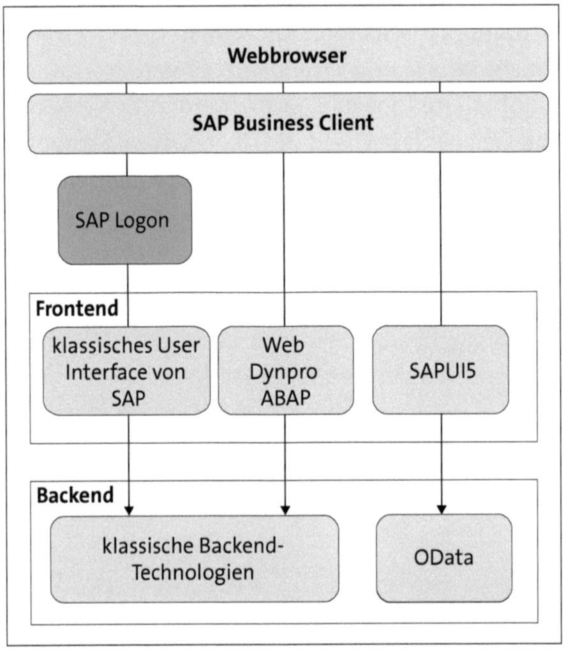

Abbildung 1.18 SAP-Technologien für SAP Fiori

Backend-Technologien

Daten und Funktionen werden bei SAP-Fiori-Apps, je nach UI-Technologie, unterschiedlichen ausgeprägt. Für Dynpros und Web-Dynpro-basierte Anwendungen werden diese Aspekte klassisch mittels ABAP-implementiert und entsprechend auch über die klassischen Protokolle konsumiert. Für SAPUI5-basierte SAP-Fiori-Apps erfolgt die Kommunikation zwischen Frontend und Backend über das OData-Protokoll.

Wir sehen uns in diesem Abschnitt die beiden Teilaspekte etwas genauer an.

1.5.1 UI-Technologie

Oberflächen, die den SAP-Fiori-Designvorgaben folgen, werden mit einem von SAP entwickelten Framework implementiert. Das Framework trägt den

Namen *SAPUI5*. Bei SAPUI5 handelt es sich um ein JavaScript-basiertes Framework für die Implementierung von Webanwendungen, die dem Model-View-Controller-Muster (kurz MVC-Muster) folgen. Die Dokumentation von SAPUI5 können Sie über die URL *https://ui5.sap.com* aufrufen.

Model View Controller

Das Model-View-Controller-Muster wird in SAPUI5 verwendet, um die Darstellung von Informationen von der Benutzerinteraktion zu trennen. Diese Trennung erleichtert die Entwicklung und den unabhängigen Austausch von Teilen. Wie aus dem Namen des Musters abzuleiten ist, besteht es im Wesentlichen aus drei Teilen (siehe Abbildung 1.19). Der *View* implementiert die Oberfläche einer Anwendung. Der *Controller* enthält die Implementierung der von der Oberfläche benötigten Funktionen. Zum einen können das Funktionen sein, die direkt durch die Interaktion des Nutzers oder der Nutzerin mit der Anwendung aufgerufen werden, beispielsweise durch einen Klick auf einen Button auf der Oberfläche. Anderseits kann es sich um Funktionen handeln, die indirekt genutzt werden, beispielsweise um eine Funktion, die ausgelagerten Code enthält, um diesen aus verschiedenen Funktionen zu konsumieren oder einfach die Komplexität einer Funktion zu reduzieren. Das *Model* ist für die Datenhaltung zuständig.

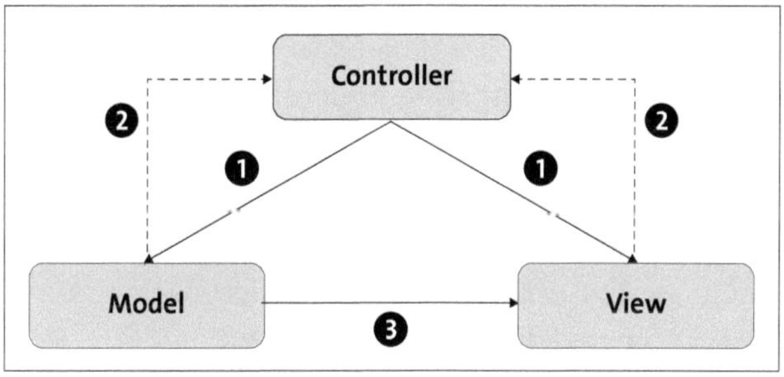

Abbildung 1.19 Bestandteile des MVC-Musters

Zwischen den drei Bestandteilen des MVC-Musters gibt es die folgenden Verbindungen:

❶ Der Controller kann den View und auch das Model ändern. Die Änderung erfolgt über Funktionsaufrufe des jeweiligen Bestandteils. Beispiele können sein, dass der Nutzer oder die Nutzerin eine Aktion auf der Oberfläche auslöst, diese im Controller verarbeitet wird und dies dazu führt, dass im Model ein Wert gesetzt werden muss. Auch kann es erforderlich sein, dass im View wegen der Nutzerinteraktion ein neues UI Control eingefügt werden muss.

❷ SAPUI5 verfügt über eine Event-API. Die Mehrzahl der Bestandteile des Frameworks können Events (Ereignisse) auslösen. Andere Bestandteile können sogenannte Event Handler für ein bestimmtes Events implementieren. Wird das Event z. B. durch die Nutzerin oder den Nutzer ausgelöst, wird der Event Handler aufgerufen und die Funktion entsprechend ausgeführt. Events können sowohl durch das Model als auch durch Views ausgelöst werden. Im Controller werden dann die für das Ereignis registrierten Event Handler implementiert. Der Vollständigkeit halber sei an dieser Stelle auch gesagt, dass natürlich auch im Controller selbst über eine Event-API Ereignisse ausgelöst werden können.

❸ Die Datenhaltung findet in SAPUI5 in Modellen statt. Für den Datenaustausch zwischen View und Model bietet SAPUI5 das sogenannte *Data Binding* (Datenbindung) an. Hierbei wird bei einem Attribut eines UI Controls der Pfad einer Eigenschaft aus einem Model angegeben. SAPUI5 bietet drei verschiedene Modi für das Data Binding an:

- **One Way Binding**
  Der Wert aus dem Datenmodell wird aus dem Model gelesen und in das angebunden Attribut des UI Controls geschrieben. Wird der Wert geändert, wird die Änderung nicht automatisch in das Datenmodell zurückgeschrieben. Ist eine Änderung gewünscht, muss diese durch den Entwickler oder die Entwicklerin implementiert werden. Wird in einem späteren Schritt der Wert im Model beispielsweise über eine Funktion des Models geändert, wird diese Änderung auch in der Oberfläche entsprechend sichtbar.
- **Two Way Binding**
  Das Two Way Binding funktioniert ähnlich wie das One Way Binding, allerdings mit dem großen Unterschied, dass Änderungen automatisch zurück in das Datenmodell geschrieben werden.
- **One Time Binding**: Beim One Time Binding wird der Wert aus dem Model einmalig ausgelesen und an das angebundene Attribut übergeben. Wird in einem nächsten Schritt der Wert im Model beispielsweise über einen Funktionsaufruf geändert, wird das angebundene Attribut des Controls nicht über die Änderung informiert.

Wir nehmen einmal an, dass wir das Attribut `value` des UI Controls `sap.m.Input` an ein Attribut `firstname` aus einem Model gebunden haben. Des Weiteren nehmen wir an, dass das Model das Two Way Binding unterstützt. Zur Laufzeit passiert nun Folgendes: Nachdem der View geladen worden ist, wird der Wert aus dem Model im Eingabefeld angezeigt. Ändert der Nutzer oder die Nutzerin nun den Wert des Eingabefeldes, wird der Wert direkt in das Model übertragen.

Eine SAPUI5-Anwendung besteht üblicherweise aus mehreren Views. Ein *View* besitzt immer einen für den View zuständigen Controller – wobei es möglich ist, dass Funktionen, die in mehreren Controllern benötigt werden, in einer Basisklasse vereint werden und die Controller entsprechend von dieser Basisklasse erben. Des Weiteren kann eine SAPUI5-Anwendung auch mehrere Model-Instanzen verwenden.

Model-Typen

SAPUI5 unterstützt aktuell die folgenden fünf Model-Arten:

- JSON Model
- OData Model V2
- OData Model V4
- XML Model
- Resource Model

Beim *JSON Model* können Daten in der sogenannten JavaScript Object Notation (kurz JSON) beschrieben werden. SAPUI5 bietet für die Datenhaltung solcher Daten die Model-Klasse `sap.ui.model.json.JSONModel` an. Bei diesem Model handelt es sich um ein sogenanntes clientseitiges Model. Dies bedeutet, dass die Anwendung zunächst die Daten über einen Funktionsaufruf laden muss, bevor auf die Daten zugegriffen werden kann. SAPUI5 unterstützt mit der Klasse `sap.ui.model.odata.v2.ODataModel` das *OData-Protokoll in Version 2*. Das OData Model ist ein serverseitiges Model. Dies bedeutet, dass die Daten auf Basis des Data Bindings vom Server geladen werden und nicht aktiv durch Entwickler oder Entwicklerinnen durch einen Funktionsaufruf. Ab Version 1.37.0 von SAPUI5 unterstützt das Framework das *OData-Protokoll in der Version 4*. Die entsprechende Klasse heißt `sap.ui.model.odata.v4.ODataModel`. Daten können auch im *XML-Format* beschrieben worden sein, beispielsweise, wenn mit Webservices gearbeitet wird. Hierzu bietet SAPUI5 die Klasse `sap.ui.model.xml.XMLModel` an. SAPUI5 bietet zudem die Möglichkeit, internationale, also sprachunabhängige, Anwendungen zu implementieren. Dies bedeutet, dass in der Anwendung selbst keine Textliterale hart im Code implementiert werden. Die Textliterale werden stattdessen in Textdateien, also sogenannten Property-Dateien implementiert. Die Standardsprache wird dabei üblicherweise in einer Datei **i18n.properties** implementiert. Der Aufbau der Datei ist key-value-basiert. Für jede von der Anwendung unterstützte Sprache wird eine Textdatei zur Verfügung gestellt. Die Dateinamen tragen dann entsprechend das ISO-Sprachkürzel, für Englisch beispielsweise **i18n_en.properties**. Die benötige Datei wird beim Start der Anwendung eingelesen und in einer Instanz der Klasse `sap.ui.model.resource.ResourceModel` bereitgestellt.

Komponentenorientiert

Das SAPUI5-Framework ermöglicht es, dass Anwendungen bzw. Teile einer Anwendung einfach integriert werden können und entsprechend auch wiederverwendbar sind. Hierzu ist es erforderlich, dass eine SAPUI5-Anwendung als Komponente implementiert ist. Das Framework selbst stellt hierzu, je nachdem ob man eine UI-Komponente, oder eine Faceless-Komponente implementierten möchte, entsprechende Basisklassen bereit. Eine Komponente wird hierbei immer in einer Datei mit dem Namen **Component.js** implementiert. Je nachdem, welche Art von Komponente implementiert werden soll, findet die Ableitung von der entsprechenden Basisklasse statt. Möchten Sie eine Komponente beispielsweise zur Einbettung in das SAP Fiori Launchpad nutzen, müssen Sie sie eineindeutig adressieren. Hierzu weisen Sie einer Komponente einen eindeutigen Namensraum zu.

Listing 1.1 zeigt die Standardimplementierung einer Komponente.

```
sap.ui.define([
        "sap/ui/core/UIComponent",
        "sap/ui/Device",
        "de/exxcellent/demo/sapui5demo/model/models"
    ],
    function (UIComponent, Device, models) {
        "use strict";
        return UIComponent.extend("de.exxcellent.demo.sapui5demo.
Component", {
            metadata: {
                manifest: "json"
            },
    init: function () {
        UIComponent.prototype.init.apply(this, arguments);
        this.getRouter().initialize();
        this.setModel(models.createDeviceModel(), "device");
            }
        });
    }
);
```

Listing 1.1 Standardimplementierung einer Komponente

Wie Sie es Listing 1.1 entnehmen können, ist die Implementierung einer Komponente relativ übersichtlich. Die zu implementierende Komponente wird von der Basisklasse `sap.ui.core.UIComponent` abgeleitet und implementiert eine `init`-Funktion. Diese wiederum initialisiert die Navigationsklasse sap.m.routing.Router und erstellt und setzt eine Device-Model-Instanz. Über die init-Funktion werden ein literales Objekt mit dem Namen metadata definiert und ein Attribut manifest mit dem Wert json angelegt. Hierdurch wird der sogenannte Application Descriptor konfiguriert.

Application Descriptor

Eine SAPUI5-Anwendung sollte immer über Metadaten vollumfänglich beschrieben werden. Diese Beschreibung erfolgt über die Implementierung einer Datei mit dem Namen **manifest.json** (siehe Listing 1.2).

```
{
  "_version": "1.59.0",
  "sap.app": {
    "id": "de.exxcellent.demo.sapui5demo",
    "type": "application",
    "i18n": "i18n/i18n.properties",
    "applicationVersion": {
      "version": "0.0.1"
    },
    "title": "{{appTitle}}",
    "description": "{{appDescription}}",
    "resources": "resources.json",
    "sourceTemplate": {
      "id": "@sap/generator-fiori:basic",
      "version": "1.12.1",
      "toolsId": "c554774a-da8a-4215-9898-a3c3f44809b1"
    },
    "dataSources": {
      "mainService": {
          "uri": "/sap/opu/odata/SAP/GWSAMPLEBASIC/",
          "type": "OData",
          "settings": {
              "odataVersion": "2.0",
              "localUri": "localService/metadata.xml"
          }
      }
  }
  },
  "sap.ui": {
    "technology": "UI5",
    "icons": {
      "icon": "",
      "favIcon": "",
      "phone": "",
      "phone@2": "",
```

```
        "tablet": "",
        "tablet@2": ""
      },
      "deviceTypes": {
        "desktop": true,
        "tablet": true,
        "phone": true
      }
    },
    "sap.ui5": {
      "flexEnabled": true,
      "dependencies": {
        "minUI5Version": "1.120.3",
        "libs": {
          "sap.m": {},
          "sap.ui.core": {},
          "sap.f": {},
          "sap.suite.ui.generic.template": {},
          "sap.ui.comp": {},
          "sap.ui.generic.app": {},
          "sap.ui.table": {},
          "sap.ushell": {}
        }
      },
      "contentDensities": {
        "compact": true,
        "cozy": true
      },
      "models": {
        "i18n": {
          "type": "sap.ui.model.resource.ResourceModel",
          "settings": {
            "bundleName": "de.exxcellent.demo.sapui5demo.i18n.i18n"
          }
        },
        "": {
          "dataSource": "mainService",
          "preload": true,
          "settings": {
              "defaultBindingMode": "TwoWay"
          }
        }
      },
```

```
"resources": {
  "css": [
    {
      "uri": "css/style.css"
    }
  ]
},
"routing": {
  "config": {
    "routerClass": "sap.m.routing.Router",
    "viewType": "XML",
    "async": true,
    "viewPath": "de.exxcellent.demo.sapui5demo.view",
    "controlAggregation": "pages",
    "controlId": "app",
    "clearControlAggregation": false
  },
  "routes": [
    {
      "name": "RouteApp",
      "pattern": ":?query:",
      "target": [
        "TargetApp"
      ]
    }
  ],
  "targets": {
    "TargetApp": {
      "viewType": "XML",
      "transition": "slide",
      "clearControlAggregation": false,
      "viewId": "App",
      "viewName": "App"
    }
  }
},
"rootView": {
  "viewName": "de.exxcellent.demo.sapui5demo.view.App",
  "type": "XML",
  "async": true,
  "id": "App"
```

```
      }
    }
}
```

Listing 1.2 Application Descriptor »manifest.json«

Projektstruktur

Projektaufbau einer SAPUI5-Anwendung

Die Projektstruktur einer SAPUI5-Anwendung besteht aus diversen Ordnern und Implementierungsartefakten. Abbildung 1.20 zeigt die Basisstruktur im Entwicklungswerkzeug *Visual Studio Code*.

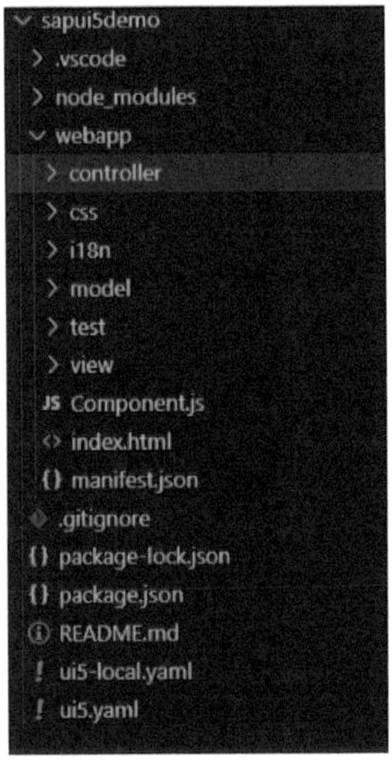

Abbildung 1.20 Projektstruktur eines SAPUI5-Projekts

Das Hauptverzeichnis, in dem die Entwicklungsartefakte enthalten sind, trägt den Namen **webapp**. In diesem Ordner liegen zunächst die bereits beschriebenen Dateien **Component.js** und **manifest.json** sowie eine Datei mit dem Namen **index.html**. Diese Datei wird zum einen für den direkten Aufruf der Anwendung genutzt, z. B. zum lokalen Testen der Anwendung oder für den direkten Aufruf im SAP-System. Im **view**-Ordner werden die unterschiedlichen UI-Implementierungen der Anwendung abgelegt. Im **controller**-Ordner werden wiederum die zu den Views gehörenden Controller-Implementierungen abgelegt. Der **css**-Ordner kann für die Implementierung eigener Layout-Konfigurationen verwendet werden. Der **model**-Ordner enthält oft JavaScript-Klassen, die sich um etwaig benötigte Datenbeschaffung und Datenbereitstellung über Models kümmern. Im **i18n**-Verzeichnis legen Sie die bereits erwähnten Texte zur Internationalisierung ab. Der **test**-

Ordner enthält die Implementierung von sogenannten Testklassen. Hier werden Entwicklertests abgespeichert, über die jederzeit die Implementierung getestet werden kann.

Entwicklungsumgebung

Für die Entwicklung von SAP-Fiori-Apps können prinzipiell alle Entwicklungsumgebungen, sogar simple Texteditoren verwendet werden. Es bietet sich allerdings an, eine Entwicklungsumgebung zu wählen, die ein gewisses Maß an Werkzeugunterstützung bietet. Da die Entwicklung von SAP-Fiori-Apps je nach Kontext aus unterschiedlichen Aspekten bestehen kann, beispielsweise wenn man eine native Cloud-Anwendung mit SAP-Fiori-Frontend implementieren muss, bietet es sich an, ein Werkzeug zu wählen, das dafür den höchstmöglichen Komfort bietet. SAP bietet für die Implementierung von SAPUI5-Freestyle-Anwendungen und SAP-Fiori-Apps das Werkzeug *SAP Business Application Studio* an. Dieses Werkzeug ist eine auf dem gleichen Kern wie Microsoft Visual Studio Code basierende integrierte Entwicklungsumgebung (Integrated Development Environment, IDE). Da beide Umgebungen auf dem gleichen Kern basieren, können Erweiterungen, die SAP für SAP Business Application Studio entwickelt, ebenfalls in Microsoft Visual Studio Code bereitgestellt und installiert werden. SAP Business Application Studio wird durch SAP als Cloud-Service in der SAP BTP angeboten und kann dort kostenpflichtig lizenziert werden. Für die Erzeugung von SAP-Fiori-Apps bietet SAP Business Application Studio einige Projektvorlagen an. Je nachdem, mit welcher UI-Technik Sie entwickeln möchten, wählen Sie die entsprechende Vorlage aus. Abbildung 1.21 zeigt einen Auszug aus den Projektvorlagen in SAP Business Application Studio. Sie werden Schritt für Schritt durch die Anlage des SAP-Fiori-Projekts geführt, und alle relevanten Aspekte des Projekts werden durch Assistenten abgefragt.

Im Rahmen der Erzeugung des Projekts werden dann alle erforderlichen Basisartefakte angelegt. Durch weitere Assistenten für die Vereinfachung der Entwicklung kann dann die SAP-Fiori-App implementiert werden. Am Ende der Entwicklung der Anwendungsoberfläche muss diese Anwendung auf dem entsprechenden SAP-System installiert werden. Man spricht hierbei auch von deployen. Im Rahmen des *Deployments* wird für die Anwendung auf dem SAP-System ein neues BSP Repository angelegt. BSP steht für Business Repository Object. Hierbei handelt es sich um eine veraltete, aber noch unterstützte Technologie zur Implementierung von dynamischen, interaktiven Webanwendungen für SAP. Die Nutzung des Repositories für SAP Business Server Pages, bot sich in den Anfängen von SAPUI5 an, wobei zu sagen ist, dass im Rahmen des Deployments keine BSP-Anwendung aus der SAPUI5-Anwendung generiert wird, also eine Art Codeumwandlung stattfindet. Der Code wird 1:1 so, wie er beim Deployen an das SAP-System geschickt wird, in dem neu angelegte Repository abgelegt. Über Transaktion SE80 kann die Anwendung dann auch eingesehen werden. Von einer Modifikation über Transaktion SE80 (Object Navigator) ist allerdings dringend abzuraten. Neben dem Repository-Eintrag werden zusätzlich noch zwei neue ICF-Services angelegt, einer unterhalb von **/sap/bc/bsp/sap/** und einer unterhalb von **sap/bc/ui5_ui5/sap/**, wobei lediglich der letztgenannte Pfad aktiv sein muss. Auch hier ist wiederum der Knoten unterhalb des BSP-Knotens historisch bedingt.

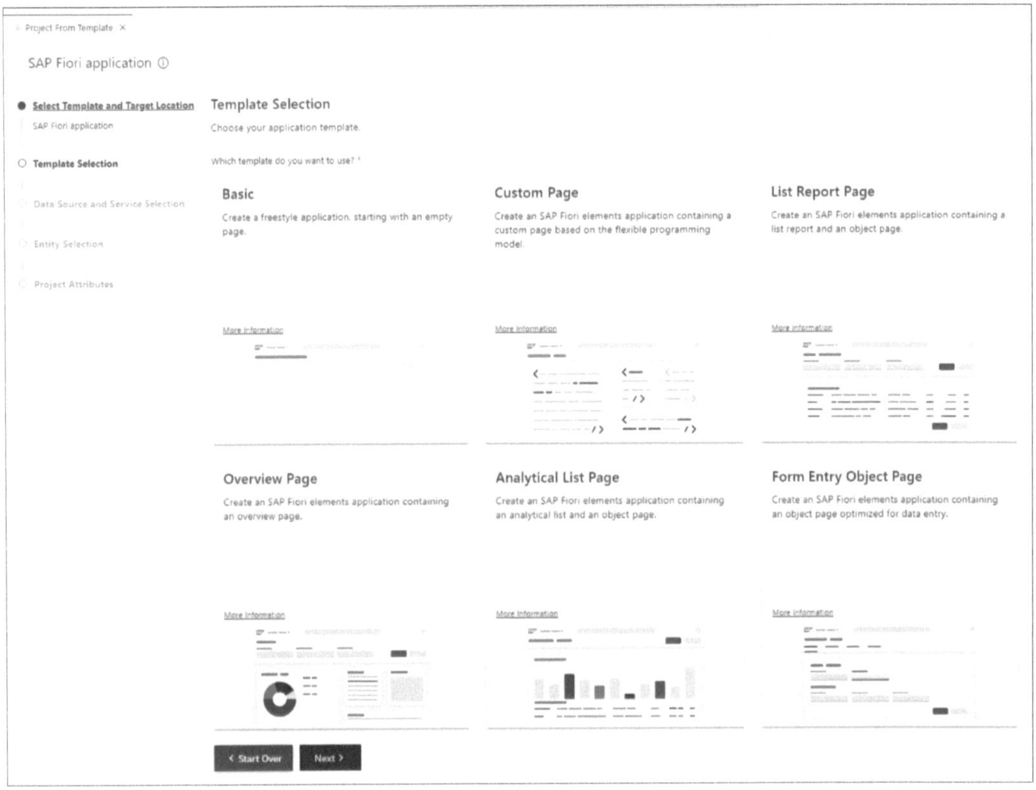

Abbildung 1.21 Projektvorlagen für die SAP-Fiori-Entwicklung

[»]

ICF

ICF steht für Internet Communication Framework. Es handelt sich hierbei um eine Programmierschnittstelle für die Kommunikation zwischen dem ABAP-Applikationsserver und externen Kommunikationspartnern.

1.5.2 SAP Fiori Elements

Die Implementierung von SAP-Fiori-Oberflächen folgt stets den SAP Fiori Design Guidelines. Wie Sie es in Abschnitt 1.5.1, »UI-Technologie«, gesehen haben, ist der Aufwand für die Entwicklung mit SAPUI5 zum einen aufwendig, und zum anderen benötigen die Entwicklerteams zur Entwicklung von Webanwendungen Kenntnisse in den modernen Technologien. Wie beschrieben, folgen SAP-Fiori-basierte Anwendungen den SAP Fiori Design Guidelines. Man kann sich vorstellen, dass die Basisimplementierung bei den vielen SAP-Fiori-Apps sehr ähnlich ist und entsprechend wiederkehrende Codestrecken identisch bzw. sehr ähnlich sind. Um diese schlechten Skaliierungseffekten entgegenzuwirken, arbeitet SAP daran, die Entwicklung von SAP-Fiori-Apps effizienter zu gestalten. Das Ergebnis ist *SAP Fiori Elements*.

Die Technologie von SAP Fiori Elements basiert auf drei wesentlichen Aspekten:

- OData-Services
- Vokabularien
- XML View Templates

Die Basis für die Verwendung von SAP Fiori Elements ist ein OData-Service. Die Metadaten des OData-Service liefern bereits eine Menge an Informationen, die innerhalb einer SAPUI5-Anwendung verwendet werden können, beispielsweise die Länge einer Eigenschaft einer Entität oder die Feldbeschreibung. Diese Metadaten können einfach in einer Anwendung verwendet werden. Zur Laufzeit erhält der Konsument des Dienstes die Metadaten über die Datei **metadata.xml**. SAP Fiori Elements geht dabei noch ein Stück weiter. Die Entwicklerin oder der Entwickler annotiert Entitäten und Eigenschaften von Entitäten über Sprachelemente. Diese Elemente, auch *Terms* genannt, werden in den *Vokabularien* beschrieben. Terme werden im Code über sogenannte Annotationen verwendet. Mit einer Annotation kann beschrieben werden, dass beispielsweise ein Attribut eines OData-Dienstes ein Währungskennzeichen oder einen Geldbetrag enthält. Annotationen können entweder auf Serverseite im Rahmen der OData-Service-Entwicklung eingesetzt werden oder aber auch clientseitig. Clientseitige Annotationen werden hierbei in SAP Business Application Studio oder in Microsoft Visual Studio Code in einer entsprechenden Datei angelegt. Ebenso ist es möglich, beide Optionen miteinander zu kombinieren und damit die serverseitigen Annotationen zu übersteuern oder nur anzureichern. Listing 1.3 zeigt einen Auszug aus einer Annotationsdatei für die Entität `SalesOrder` aus dem OData-Service `GWSAMPLE_BASIC`. Wie Sie anhand des Programmbeispiels sehen können, wird über den Term UI.LineItem beschrieben, dass die darauffolgenden Attribute des entsprechenden OData-Service vom Typ UI.DataField sind. Die Felder werden dabei zu einer Collection zusammengefasst. Dieser Term wird im Rahmen eines List Reports genutzt und die innerhalb des Ausdrucks definierten DataFields auf Basis ihrer Reihenfolgen in der Liste des List Reports angezeigt. Der Ausdruck UI.HeaderInfo wird verwendet, um die Überschrift über der Liste mittels TypeNamePlural zu beschreiben. Die Eigenschaft Title wird dazu genutzt, in einer Object Page das Titelfeld zu befüllen. Die jeweils angegeben Werte im Feld Path sind Felder der verbundenen Entitätstypen aus dem OData-Service.

```
<Annotations Target="GWSAMPLE_BASIC.SalesOrder">
 <Annotation Term="UI.LineItem">
 <Collection>
    <Record Type="UI.DataField">
       <PropertyValue Property="Value" Path="CustomerID"/>
     </Record>
     <Record Type="UI.DataField">
       <PropertyValue Property="Value" Path="CustomerName"/>
     </Record>
     <Record Type="UI.DataField">
       <PropertyValue Property="Value" Path="GrossAmount"/>
     </Record>
     <Record Type="UI.DataField">
       <PropertyValue Property="Value" Path="NetAmount"/>
     </Record>
  </Collection>
 </Annotation>
 <Annotation Term="UI.HeaderInfo" >
       <Record Type="UI.HeaderInfoType">
       <PropertyValue Property="TypeName"
       String="{@i18n>salesorder}"/>
     <PropertyValue Property="TypeNamePlural"
                    String="{@i18n>salesorders}"/>
      <PropertyValue Property="Title">
      <Record Type="UI.DataField">
         <PropertyValue Property="Value" Path="CustomerID" />
      </Record>
    </PropertyValue>
   </Record>
   </Annotation>
</Annotations>
```

Listing 1.3 Auszug aus einer Annotationsdatei

Verarbeitung der Annotationen

Für die Verarbeitung der Annotationen definiert SAP sogenannte *XML View Templates*. Die Templates definieren in ihrer Struktur, wo und wie welche Annotation visualisiert werden soll. Bei der Erzeugung eines SAP Fiori Elements mit SAP Business Application Studio oder einem mit den entsprechenden Erweiterungen versehenen Visual Studio Code können Entwicklerteams nun ein SAP-Fiori-Elements-Projekt anlegen und festlegen, welche-SAP-Fiori-Templates verwendet werden sollen, also beispielsweise `ListReport` inklusive `ObjectPage`. Hierbei ist entsprechend darauf zu achten, dass die Templates zu den Annotationen passen. Wird die so erstellte Anwendung aufgerufen, werden die Annotationsdatei bzw. die Dateien geladen und die in der Anwendung festgelegten Templates mit den dazu passenden Annotationen verbunden. Abbildung 1.22 zeigt die unterschiedlichen Artefakte und deren Zusammenspiel.

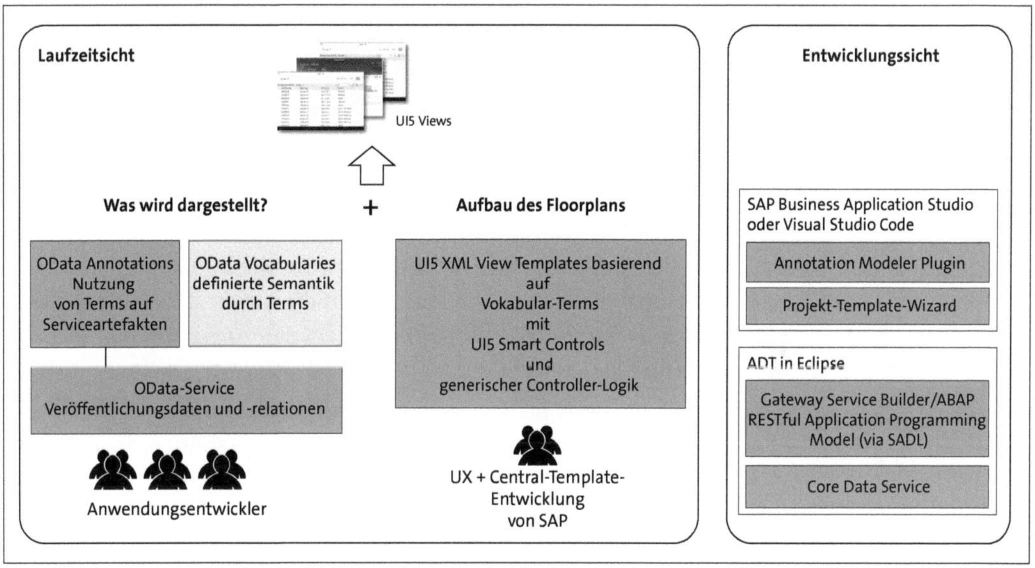

Abbildung 1.22 Grundprinzip von SAP Fiori Elements

Zentrale Templates

SAP stellt über das SAPUI5-Framework zum Floorplan Klassen bereit, die den grundsätzlichen Aufbau des entsprechenden Floorplans implementieren. Hierbei wird beispielsweise beschrieben, wo das Variantenmanagement oder die Suche dargestellt werden soll. Des Weiteren werden im SAPUI5-Framework sogenannte Smart Controls bereitgestellt. Hierbei handelt es sich um UI Controls, die mittels Annotationen im Prinzip konfiguriert werden können. Diese werden, wie beschrieben, im Rahmen von Vokabularien von SAP bereitgestellt.

Aufgabe der Entwicklerinnen und Entwickler im Rahmen der Implementierung einer SAP-Fiori-App ist die Entwicklung eines OData-Service. Dessen Implementierung kann beispielsweise mithilfe des SAP-ABAP-RESTful-Application-Programming-Model-Frameworks erfolgen. Im Rahmen der Implementierung nutzt der Entwickler oder die Entwicklerin nun die Vokabularien, die zu den zuvor im Rahmen von Designworkshops erarbeiteten User Interfaces passen. Nach der Implementierung des OData-Service wird mithilfe von Microsoft Visual Studio Code oder SAP Business Application Studio ein SAP-Fiori-Elements-Projekt angelegt. Hierbei wird das zu den genutzten Annotationen passende Template verwendet.

1.5.3 Backend-Technologie

Das Backend der überwiegenden Mehrzahl von SAP-Fiori-Apps ist auf einem ABAP-Stack implementiert. Für die Kommunikation zwischen dem SAP-Backend und einer auf SAPUI5-basierten Oberfläche wird das Open Data Protocol (kurz OData) verwendet.

Open Data Protocol

Die Architektur des Internets beruht grundsätzlich auf der Verwendung von abstrakten Strukturen und Schnittstellen für die Kommunikation zwischen Kommunikationspartnern. Damit sich die Kommunikationspartner unterhalten können, nutzen sie konkrete Ausprägungen für die Interaktion. Diese Ausprägung ist der Vertrag, der zwischen den beiden Partnern definiert ist. Die Voraussetzung ist hierbei lediglich, dass sich auf der Client- und auf der Serverseite entsprechende Konnektoren befinden, die die Kommunikation in die jeweiligen konkreten internen Repräsentationen des Clients bzw. des Servers übersetzen.

Das *Open Data Protocol* ist ein solcher Kommunikationsvertrag zwischen zwei Kommunikationspartnern. OData wurde ursprünglich von Microsoft entwickelt und wird heute als Standard von der gemeinnützigen und nicht gewinnorientierten Organization for the Advancement of Structured Information Standards (kurz OASIS) gepflegt und weiterentwickelt (siehe *https://www.oasis-open.org/*). OData basiert auf dem *Atom Publishing and Atom Syndication Standard* und verwendet XML zur Beschreibung der Informationen sowie HTTP bzw. HTTPS als Transferprotokoll. Ziel von OData ist es, eine herstellerunabhängige und webbasierte API zu beschreiben, die vollständig auf den Designprinzipien von REST basiert. REST steht dabei für Representational State Transfer. Es handelt sich hierbei um ein Paradigma für die Implementierung von verteilten Systemen auf der Basis von Webdiensten. Der OData-Standard erlaubt es Unternehmen, die ihre eigenen Produkte implementieren, die Erweiterung des Standards. SAP hat dies beispielsweise getan, indem es SAP-spezifische Metadaten als zusätzliche Informationen an den Konsumenten oder die Konsumentin eines OData-Service ausgibt.

Unterschiedliche Versionen

Der OData-Standard ist in den Versionen 2, 3 und 4 verfügbar. Die Versionen werden auch als V2, V3 und V4 bezeichnet. Die jeweilige nachfolgende Version beruht auf der Vorgängerversion und erweitert diese. Version 2 wird seit der AS-ABAP-Version 7.0 und Version 4 seit AS-Version 7.50 von SAP unterstützt. Version 3 wurde von SAP nicht berücksichtigt.

Ein OData-Service wird über ein Set an Metadaten beschrieben. Für die Beschreibung der Metadaten definiert der Standard ein eigenes Typsystem, das sogenannte *Entity Data Model* (kurz EDM). Das Entity Data Model besteht aus Entities, Entity Sets, komplexen Datenstrukturen (Complex Types) und einfachen Typen (Scalar Types). Mit einer Entity lässt sich eine komplexe Struktur beschreiben. Die Struktur kann unterschiedliche Eigenschaften haben. Diese Eigenschaften sind typisiert. Bei der Typisierung kommen komplexe Datentypen oder einfach Datentypen zum Einsatz. Für die Typisierung verfügt OData über eigene Datentypen, beispielsweise `EDM.Boolean` oder `EDM.String`.

Modellierung anhand eines Beispiels

Denkbar wäre es, dass man z. B. eine Entität `BusinessPartner` beschreibt. Ein Geschäftspartner soll beispielweise einen Namen, eine Kundennummer, eine Adresse und weitere Eigenschaften besitzen. Die Eigenschaft **Name** wird mit einem einfachen Datentyp modelliert. Die Kundennummer wird ebenfalls als Eigenschaft mit einem einfachen Datentyp modelliert, allerdings mit dem Zusatz, dass es sich bei der Kundennummer um ein Schlüsselattribut handelt. Die Adresse besteht wiederum aus den Eigenschaften **Straße**, **Hausnummer**, **Postleitzahl** und **Ort**. Hierzu modelliert man einen komplexen Datentyp und weist diesen dann der Eigenschaft zu. Mehrere Instanzen einer Entität können über ein sogenanntes Entity Set zusammengefasst werden. Möchte ein Konsument einen konkreten Kunden aus der Menge an Kunden adressieren, verwendet er dazu die Schlüsseleigenschaft **Kundennummer**.

Unterstützte Operationen

Je nach Implementierung des OData-Service können Entitäten erzeugt (`CREATE`), gelesen (`READ`), geändert (`UPDATE`) und gelöscht (`DELETE`) werden. Man spricht hier auch von CRUD-Operationen. Bei der Abfrage kann, wie beschrieben, entweder eine Menge von Entitäten oder aber eine konkrete Entität erfragt werden. Zusätzlich ist es möglich, Abfragen mit Filter-, Gruppier- oder Sortierkritierien durchzuführen. Wenn diese Query-Operationen die CRUD-Operationen vervollständigen, spricht man von CRUDQ. Für die

Übertragung der Kommunikation zwischen Client und Server kommt HTTP bzw. HTTPS zum Einsatz. Die CRUDQ-Operationen nutzen dabei die entsprechenden HTTP-Verben für die Kommunikation. Abfragen (Read inkl. Query) werden über `GET`, die Anlage (`CREATE`) über `POST`, Änderungen mit `PUT` und das Löschen mit dem HTTP-Verb `DELETE` durchgeführt.

SAP Gateway

Damit ein SAP-System über das OData-Protokoll kommunizieren kann, benötigt es eine Komponente, die dieses Protokoll beherrscht. SAP hat zu diesem Zweck *SAP Gateway* implementiert. SAP Gateway bietet einerseits eine Laufzeitumgebung und andererseits ein Framework für die Entwicklung von OData-Services. Für SAP-Fiori-Apps, die mit SAPUI5 implementiert werden, stellt es einen integralen Bestandteil der SAP-Fiori-Landschaft dar.

Die Implementierung eines OData-Service kann je nach Plattform und Version unterschiedlich erfolgen. Wir betrachten im nächsten Abschnitt eine Möglichkeit dazu, allerdings weniger mit dem Fokus auf die Implementierung als vielmehr mit dem Fokus auf das grundsätzliche Konzept der Datenmodellierung.

[»]

Weiterführende Informationen zu SAP Gateway und OData

Falls Sie weiterführende Informationen zu den unterschiedlichen Implementierungsmöglichkeiten von OData-Services benötigen, empfehlen wir das Buch »SAP Gateway und OData« von Bönnen et al. (4., aktualisierte und erweiterte Auflage, SAP PRESS 2024, siehe *www.sap-press.de/5795*).

SAP Gateway Service Builder

Der SAP Gateway Service Builder (Transaktion SEGW) ist eine Design-Time-Umgebung, die Entwicklerinnen und Entwicklern einfach zu bedienende Werkzeuge zur Erstellung von Services zur Verfügung stellt. Der codebasierte OData-Kanal konsumiert sie und unterstützt Entwicklerinnen und Entwickler während des gesamten Entwicklungslebenszyklus eines Service. Wenn Ihr System über den SAP Gateway Service Builder 7.40 oder eine höhere Version verfügt, muss die Kernkomponente `SAP_GWFND` standardmäßig installiert sein und den Funktionsumfang der Komponenten `IW_BEP` enthalten.

Nachdem Sie die Transaktion aufgerufen haben, kann über den Menüpfad **Projekt • Öffnen** ein bestehendes Projekt geöffnet werden. Für unser Beispiel wollen wir das Gateway-Projekt `/IWBEP/GWSAMPLE_BASIC` öffnen. Geben

Sie in den Öffnen-Dialog den Wert ein, und bestätigen Sie ihn. Im Anschluss wird das Projekt angezeigt. Durch einen Klick auf den Projektknoten öffnet sich die oberste Stufe des Projekts. Abbildung 1.23 zeigt das geöffnete Projekt mit weiter aufgeklappter Ordnerstruktur.

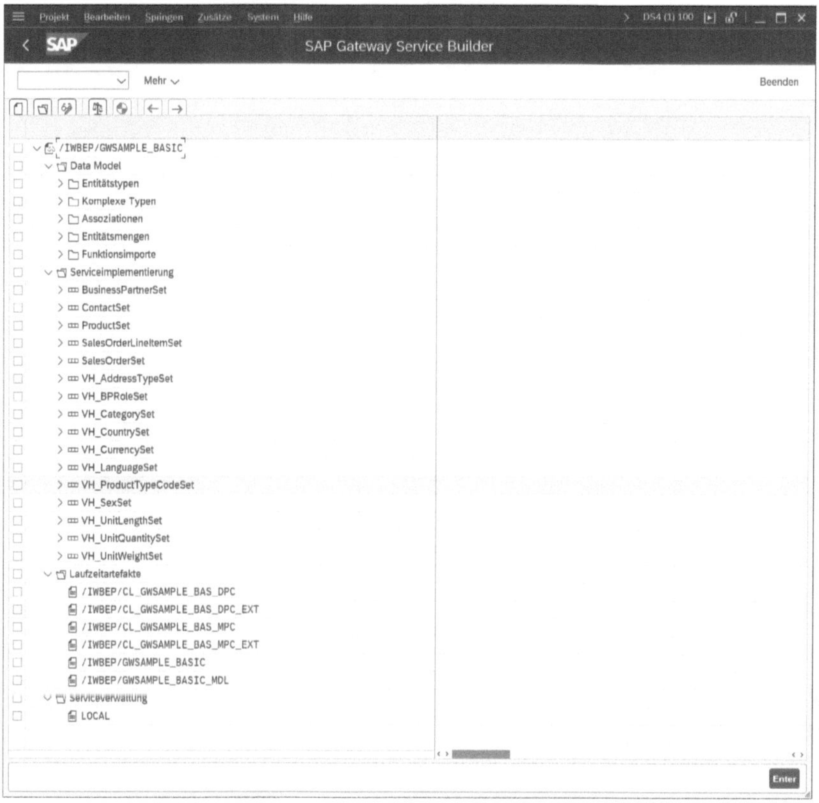

Abbildung 1.23 Das Projekt /IWBEP/GWSAMPLE_BASIC

Der Bereich **Data Model** enthält die Modellierung des Entitätsmodells. Das Entitätsmodell enthält die für den OData-Service erstellten Entitäten.

Abbildung 1.24 zeigt die Entität `SalesOrder`. Entitäten verfügen über typisierte Attribute.

Bei der Typisierung wird das EDM-eigene Typsystem verwendet, das bei der Kommunikation zwischen dem OData-Service und dessen Konsumenten genutzt wird. Wie Sie aus der Spalte **ABAP-Feldname** entnehmen können, nutzt der ABAP-Applikationsserver im Hintergrund selbstverständlich Typen aus dem ABAP Dictionary. Wie Sie es ebenfalls in Abbildung 1.24 sehen können, können Attribute als Schlüsselattribute deklariert werden. Über diese Schlüssel werden zur Laufzeit entsprechend Objekte eineindeutig referenziert. Zudem können noch diverse weitere Eigenschaften festgelegt werden. Entitäten können über Navigationseigenschaften verbunden werden. Dadurch ist es dann zur Laufzeit möglich, beispielsweise die zu einer Bestellung gehörende Bestellpositionen abzufragen. Im unteren Bereich des Projektbaums sehen Sie den Knoten **Entitätsmengen**. Hier finden Sie die für den OData-Service konfigurierten Entity Sets.

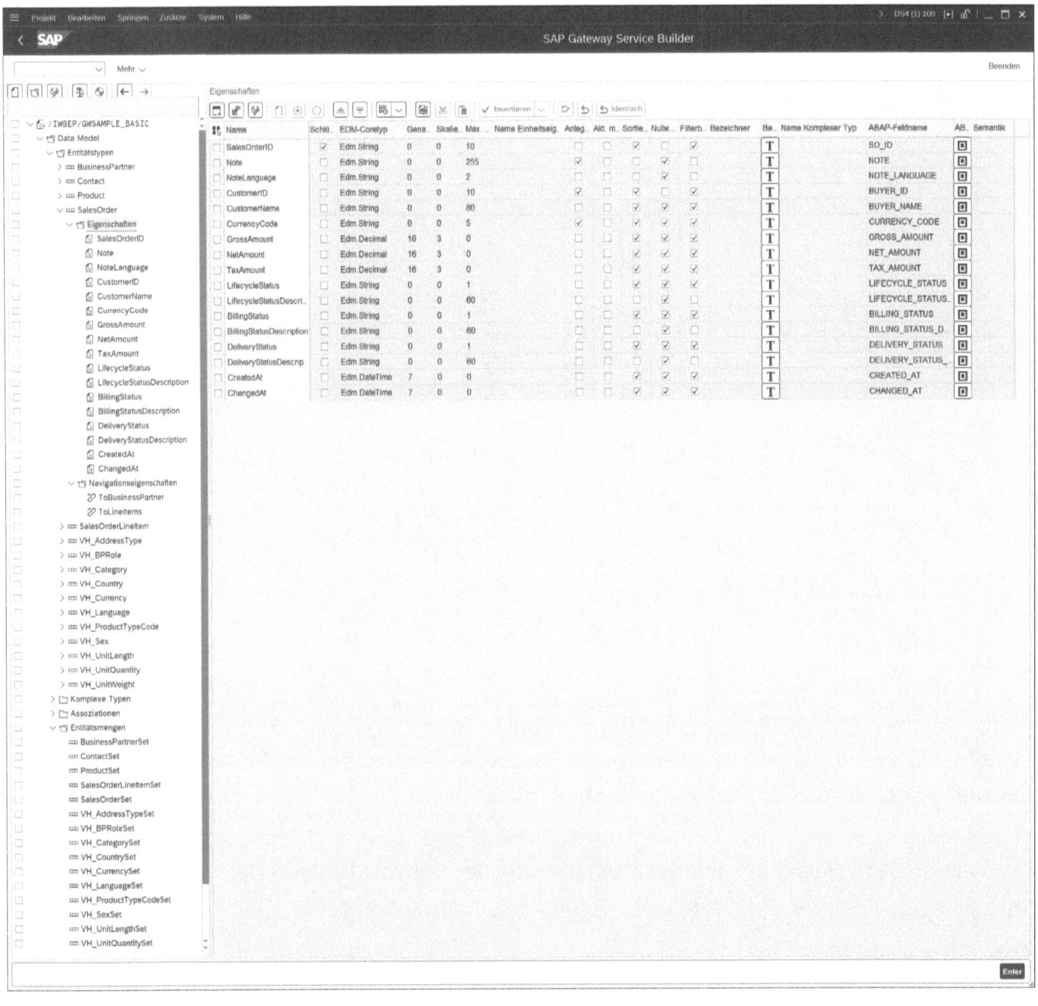

Abbildung 1.24 Entitätsdefinition SalesOrder im SAP Gateway Service Builder

Verwaltung von OData-V2-Diensten

Zur Verwaltung von OData-V2-Diensten bietet SAP Transaktion /IWFND/MAINT_SERVICE an. Die Administratoren und Administratorinnen können über diese Transaktion OData-Dienste auf dem konkreten System bereitstellen bzw. die bereitgestellten Dienste zentral administrieren und auch von hier zu anderen Verwaltungsanwendungen navigieren (siehe Abbildung 1.25). Wir gehen auf diese Transaktion in Kapitel 4, »SAP-Fiori-Inhalte on-premise bereitstellen«, detailliert ein.

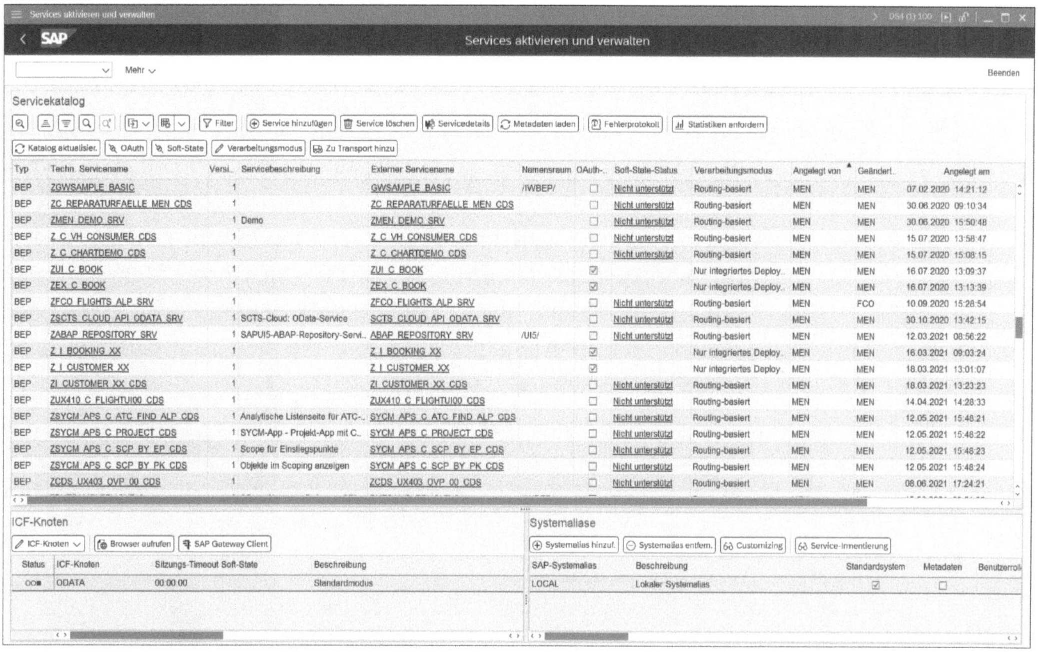

Abbildung 1.25 OData-Services verwalten

Verwalten von V4-OData-Diensten

Für die Administration von OData-Diensten in Version 4 stellt SAP die Anwendung **SAP-Gateway-Service-Administration** zur Verfügung. Zum Start der Anwendung können Sie Transaktion /IWFND/V4_ADMIN verwenden (siehe Abbildung 1.26).

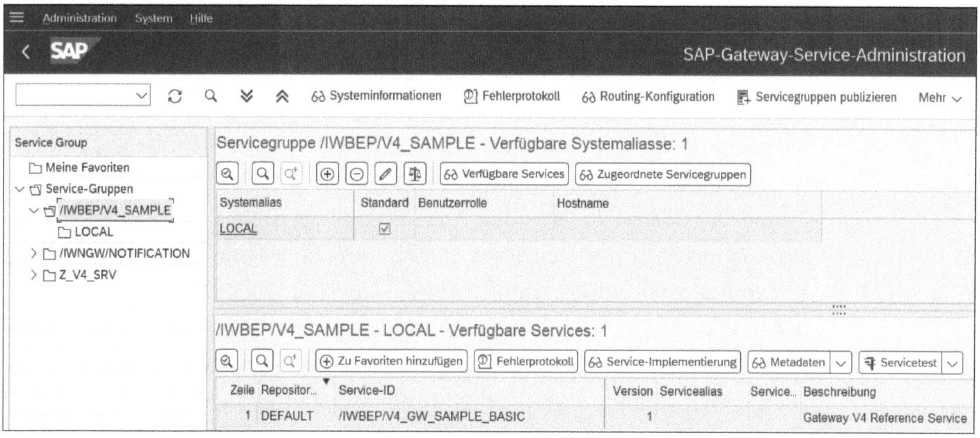

Abbildung 1.26 V4-OData-Dienste verwalten

Die Anwendung kann dazu verwendet werden, noch nicht publizierte OData-Dienste zur Verfügung zu stellen, oder bereits veröffentlichte Dienste zu administrieren.

ICF-Knoten

OData-Services werden, wie bereits beschrieben, über HTTP oder HTTPS aufgerufen. Endpunkte dieser Art erhalten im SAP-System einen ICF-Knoten. Über Transaction SICF können Sie einen OData-Service entsprechend konfigurieren, aktivieren, deaktivieren oder auch testen. V2-Dienste werden im ICF über den Pfad **/sap/opu/odata** und V4-Dienste unter **/sap/opu/odata4** registriert. Abbildung 1.27 zeigt den ICF-Knoten des OData-Service `gwsample_basic`. Wie man anhand des Pfades erkennen kann, handelt es sich um einen OData-V2-Service.

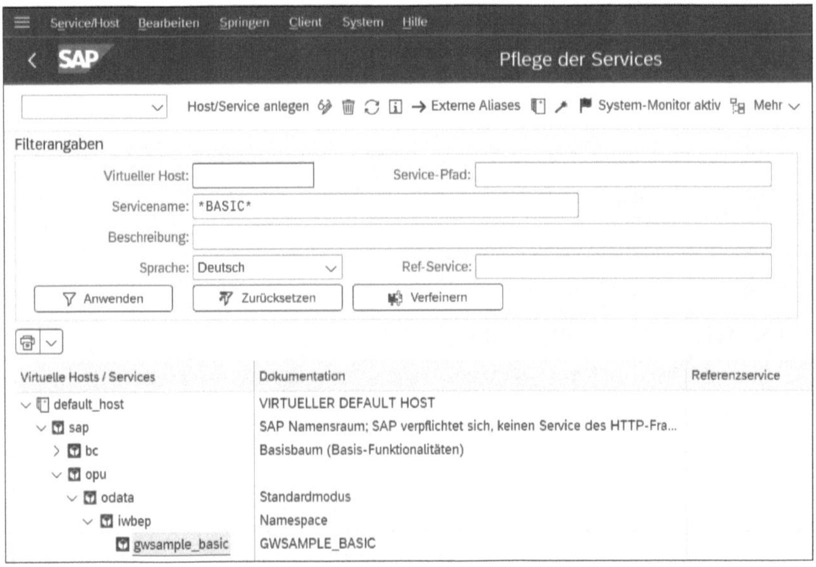

Abbildung 1.27 ICF-Knoten in Transaktion SICF

Nach einem Doppelklick auf den Serviceeintrag `gwsample_basic` gelangen Sie in die Details des ausgewählten Dienstes. Abbildung 1.28 zeigt z. B. die Details des OData-Dienstes `GWSAMPLE_BASIC`. Der OData-Service kann, wie Sie anhand des Attributpfads erkennen können, über **/sap/opu/odata/iwbep/gwsample_basic** aufgerufen werden. Über die Registerkarte **Anmelde-Daten** können Sie, falls gewünscht, die Anmeldekonfiguration des Dienstes anpassen, z. B, ob der Service nur über HTTPS aufgerufen werden darf, oder auch, welche Reihenfolge für die Anmeldeverfahren genutzt werden soll.

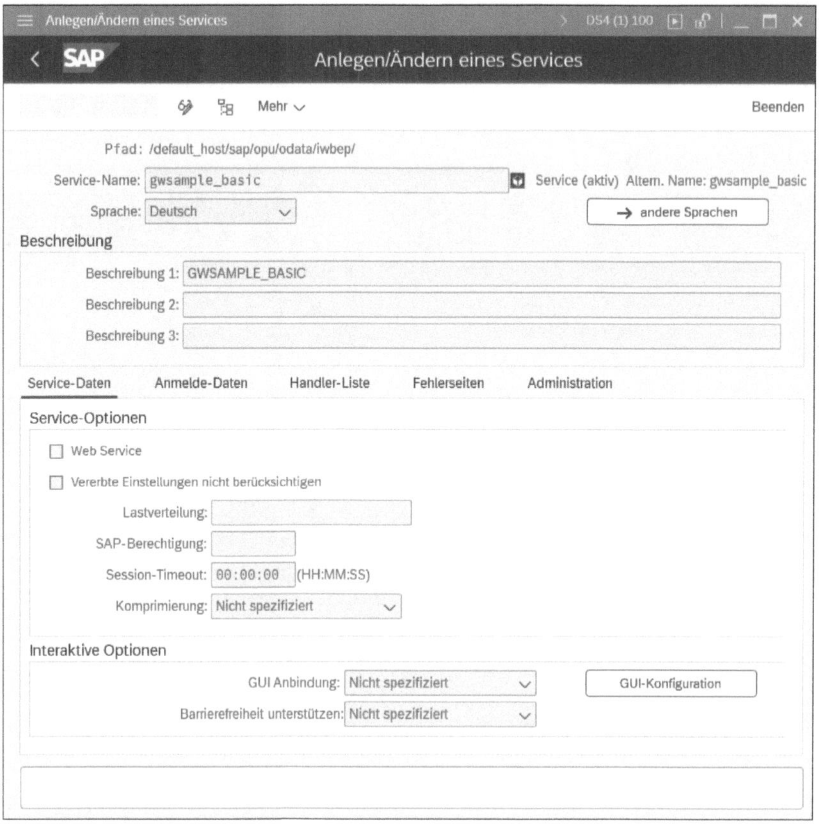

Abbildung 1.28 Administration von ICF-Diensten

Testen von OData-Diensten

Nicht selten ist es notwendig, OData-Services zu testen. Gründe hierfür könnten sein:

- Während der Entwicklung eines Dienstes soll geprüft werden, ob der Service bzw. der aktuelle Entwicklungsstand korrekt arbeitet.
- Der Dienst ist vollständig implementiert, und es sollen Testfälle erstellt werden, die bei Anpassungen des Dienstes reproduzierbar ausgeführt werden können.
- Es besteht ein Interesse, den Service unabhängig von der etwaig vorhandenen Oberfläche näher kennenzulernen.
- Nutzerinnen oder Nutzer melden Fehler in einer SAP-Fiori-App. Zur Eingrenzung der Fehlerursache soll der OData-Service unabhängig von der Oberfläche geprüft werden.

Für einen integrativen Test auf dem SAP-System bietet SAP den *SAP Gateway Client* an. Abbildung 1.29 zeigt die Transaktion. Wie Sie sehen, enthält der Eingabebereich **Request-URL** die URL des OData-Service. Oberhalb des Feldes werden die bekannten HTTP-Methoden `GET`, `POST`, `PUT`, `MERGE`, `DELETE` und `HEAD` angeboten.

Abbildung 1.29 SAP Gateway Client

Service verwalten

Der Aufruf des SAP Gateway Clients ist auch über die Anwendung **Service verwalten** möglich (Transaktion /IWFND/MAINT_SERVICE). Nutzen Sie dort den Button **Service testen** (siehe Abbildung 1.25). Der Vorteil beim Aufruf des SAP Gateway Clients über diesen Weg ist, dass Sie die URL des Dienstes nicht manuell in das Feld **Request URI** eintragen müssen, da dort automatisch der Pfad zum Servicedokument des OData-Dienstes eingefügt wird.

Servicedokument

Ausgangspunkt des OData-Dienstes ist das *Servicedokument*. Das Servicedokument wird über die Basis-URL des Dienstes abgerufen. Für den Service `GWSAMPLE_BASIC` lautet diese: */sap/opu/odata/IWBEP/GWSAMPLE_BASIC*. Wie Sie es in Abbildung 1.30 sehen können, verfügt der Service über einige Entity Sets, z. B. das Entity Set `SalesOrderSet`. Wie Sie der Definition entnehmen können, liefert das Servicedokument die Metainformation `sap:updatable` mit dem Wert `false`. Das Attribut selbst gibt dem Konsumenten einen Hinweis darauf, ob Änderungen an diesem Entity Set möglich sind.

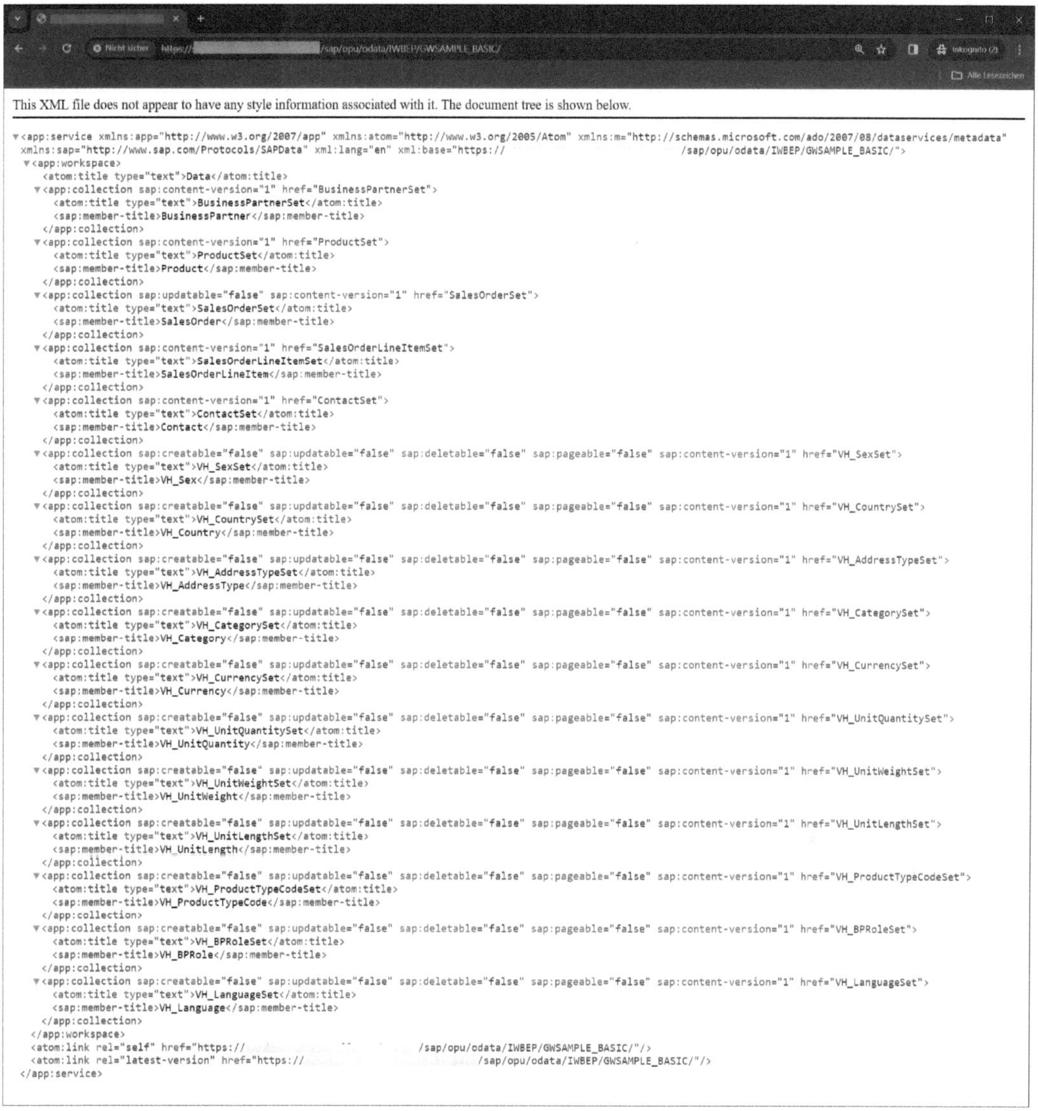

This XML file does not appear to have any style information associated with it. The document tree is shown below.

```
<app:service xmlns:app="http://www.w3.org/2007/app" xmlns:atom="http://www.w3.org/2005/Atom" xmlns:m="http://schemas.microsoft.com/ado/2007/08/dataservices/metadata"
 xmlns:sap="http://www.sap.com/Protocols/SAPData" xml:lang="en" xml:base="https://                    /sap/opu/odata/IWBEP/GWSAMPLE_BASIC/">
  <app:workspace>
    <atom:title type="text">Data</atom:title>
    <app:collection sap:content-version="1" href="BusinessPartnerSet">
      <atom:title type="text">BusinessPartnerSet</atom:title>
      <sap:member-title>BusinessPartner</sap:member-title>
    </app:collection>
    <app:collection sap:content-version="1" href="ProductSet">
      <atom:title type="text">ProductSet</atom:title>
      <sap:member-title>Product</sap:member-title>
    </app:collection>
    <app:collection sap:updatable="false" sap:content-version="1" href="SalesOrderSet">
      <atom:title type="text">SalesOrderSet</atom:title>
      <sap:member-title>SalesOrder</sap:member-title>
    </app:collection>
    <app:collection sap:content-version="1" href="SalesOrderLineItemSet">
      <atom:title type="text">SalesOrderLineItemSet</atom:title>
      <sap:member-title>SalesOrderLineItem</sap:member-title>
    </app:collection>
    <app:collection sap:content-version="1" href="ContactSet">
      <atom:title type="text">ContactSet</atom:title>
      <sap:member-title>Contact</sap:member-title>
    </app:collection>
    <app:collection sap:creatable="false" sap:updatable="false" sap:deletable="false" sap:pageable="false" sap:content-version="1" href="VH_SexSet">
      <atom:title type="text">VH_SexSet</atom:title>
      <sap:member-title>VH_Sex</sap:member-title>
    </app:collection>
    <app:collection sap:creatable="false" sap:updatable="false" sap:deletable="false" sap:pageable="false" sap:content-version="1" href="VH_CountrySet">
      <atom:title type="text">VH_CountrySet</atom:title>
      <sap:member-title>VH_Country</sap:member-title>
    </app:collection>
    <app:collection sap:creatable="false" sap:updatable="false" sap:deletable="false" sap:pageable="false" sap:content-version="1" href="VH_AddressTypeSet">
      <atom:title type="text">VH_AddressTypeSet</atom:title>
      <sap:member-title>VH_AddressType</sap:member-title>
    </app:collection>
    <app:collection sap:creatable="false" sap:updatable="false" sap:deletable="false" sap:pageable="false" sap:content-version="1" href="VH_CategorySet">
      <atom:title type="text">VH_CategorySet</atom:title>
      <sap:member-title>VH_Category</sap:member-title>
    </app:collection>
    <app:collection sap:creatable="false" sap:updatable="false" sap:deletable="false" sap:pageable="false" sap:content-version="1" href="VH_CurrencySet">
      <atom:title type="text">VH_CurrencySet</atom:title>
      <sap:member-title>VH_Currency</sap:member-title>
    </app:collection>
    <app:collection sap:creatable="false" sap:updatable="false" sap:deletable="false" sap:pageable="false" sap:content-version="1" href="VH_UnitQuantitySet">
      <atom:title type="text">VH_UnitQuantitySet</atom:title>
      <sap:member-title>VH_UnitQuantity</sap:member-title>
    </app:collection>
    <app:collection sap:creatable="false" sap:updatable="false" sap:deletable="false" sap:pageable="false" sap:content-version="1" href="VH_UnitWeightSet">
      <atom:title type="text">VH_UnitWeightSet</atom:title>
      <sap:member-title>VH_UnitWeight</sap:member-title>
    </app:collection>
    <app:collection sap:creatable="false" sap:updatable="false" sap:deletable="false" sap:pageable="false" sap:content-version="1" href="VH_UnitLengthSet">
      <atom:title type="text">VH_UnitLengthSet</atom:title>
      <sap:member-title>VH_UnitLength</sap:member-title>
    </app:collection>
    <app:collection sap:creatable="false" sap:updatable="false" sap:deletable="false" sap:pageable="false" sap:content-version="1" href="VH_ProductTypeCodeSet">
      <atom:title type="text">VH_ProductTypeCodeSet</atom:title>
      <sap:member-title>VH_ProductTypeCode</sap:member-title>
    </app:collection>
    <app:collection sap:creatable="false" sap:updatable="false" sap:deletable="false" sap:pageable="false" sap:content-version="1" href="VH_BPRoleSet">
      <atom:title type="text">VH_BPRoleSet</atom:title>
      <sap:member-title>VH_BPRole</sap:member-title>
    </app:collection>
    <app:collection sap:creatable="false" sap:updatable="false" sap:deletable="false" sap:pageable="false" sap:content-version="1" href="VH_LanguageSet">
      <atom:title type="text">VH_LanguageSet</atom:title>
      <sap:member-title>VH_Language</sap:member-title>
    </app:collection>
  </app:workspace>
  <atom:link rel="self" href="https://                    /sap/opu/odata/IWBEP/GWSAMPLE_BASIC/"/>
  <atom:link rel="latest-version" href="https://                    /sap/opu/odata/IWBEP/GWSAMPLE_BASIC/"/>
</app:service>
```

Abbildung 1.30 Servicedokument eines OData-Dienstes

Metainformationen abrufen

Damit ein Konsument eines OData-Dienstes auch weiß, welche Datenstrukturen ein Dienst anbietet und wie eine Datenstruktur aufgebaut ist, liefert der OData-Dienst seine Schnittstellenbeschreibung durch die *Metadaten*. Die Abfrage der Metadaten erfolgt, indem Sie der URL des Service den Ausdruck »$metadata« anhängen. Abbildung 1.31 zeigt einen Teilauszug aus den Metadaten. Wie Sie es erkennen können, enthält die Entität `SalesOrder` einige Eigenschaften. Jede Eigenschaft hat einen eindeutigen Namen und einen EDM-Typ. Des Weiteren sehen Sie auch Attribute, die mit dem Präfix sap: beginnen. Hierbei handelt es sich um Attribute, die nicht im OData-Standard enthalten, sondern von SAP hinzugefügt worden sind. Konsumenten des Dienstes können diese Metainformationen auslesen und entsprechend bei der Steuerung oder der Anzeige im User Interface nutzen. Neben den normalen Eigenschaften enthalten die Metadaten auch die Navigation-Property-Beschreibungen. Mit dieser Information kann zu den zum Objekt abhängigen bzw. gehörenden Entitäten navigiert werden.

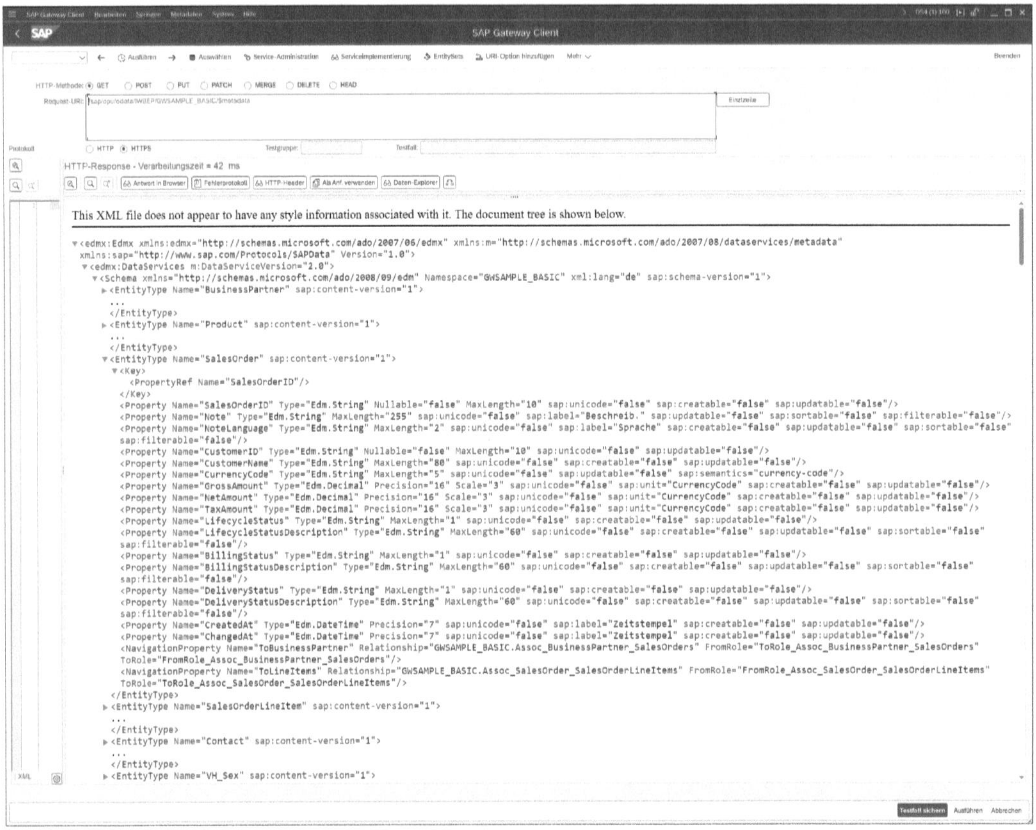

Abbildung 1.31 Auszug aus den Metadaten des OData-Dienstes GWSAMPLE_BASIC

Am Ende der Metadatenantwort werden die entsprechend definierten Entity Sets beschrieben. Diese Entity Sets sind Collections von mehreren Entitäten eines konkreten Entity-Typs. Konsumten von OData-Diensten können auf den Entitäten, je nach Implementierung, lediglich CREATE-, READ-, UPDATE-, DELETE- und QUERY-Operationen aufrufen. Um andere Funktionen bereitzustellen, bietet der OData-Standard *Aktionen* an. Diese können gebunden oder ungebunden sein. Gebundene Aktionen werden auf einem konkreten Entitätstyp ausgeführt, und ungebundene Aktionen ohne jeglichen Entitätsbezug. Für den Konsumenten stellen sich die Aktionen als *Funktionsimporte* dar.

[«]

Entwicklungsinfrastruktur

Für die Entwicklung von SAP-Fiori-Apps benötigen Sie im Unternehmen die entsprechende Entwicklungsinfrastruktur. Auf dieses Thema gehen wir in Kapitel 2, »Systemlandschaft und deren Komponenten«, näher ein.

ABAP RESTful Application Programming

Im Rahmen der Weiterentwicklung der Programmiermodelle für SAP Fiori wurde mit Release SAP S/4HANA 1809 ein neues Programmiermodell für die Entwicklung von OData-Services und von Anwendungen, die auf SAP Fiori Elements basieren, eingeführt. Seit SAP S/4HANA 1909 ist dieses Modell auch on-premise verfügbar. Gemeint ist das *ABAP RESTful Application Programming Model* (inoffiziell oft mit RAP abgekürzt).

Architektur des ABAP RESTful Application Programming Models

Die Architektur des ABAP RESTful Application Programming Models besteht aus drei Hauptbestandteilen, die sich wiederum in einzelne Aspekte untergliedern. Wie es in Abbildung 1.32 zu sehen ist, stellt die Basis die Definition die Modellierung des Domänenmodells dar. Das Domänenmodell wird durch das Definieren von Business-Objekten und deren transaktionalem Verhalten zunächst beschrieben. Das konkrete Verhalten kann dann entsprechend mittels ABAP-Code ausgeprägt werden. Das transaktionale Verhalten gibt an, ob ein Objekt angelegt, geändert oder gelöscht werden kann. Business-Objekte werden über ABAP-Core-Data-Services-Entitäten beschrieben und folgen somit dem bereits bekannten Paradigma. Dadurch werden auch die bekannten Query-Operationen wie Sortieren, Gruppieren oder Filtern unterstützt. Über eine *Servicedefinition* wird angegeben, welche Artefakte an den Aufrufer zurückgegeben werden. Hier werden beispielsweise die Entitäten angegeben, die über den Service konsumiert werden können. Über der Servicedefinition liegt das Service Binding. Denn anders als bei der Implementierung von OData-Diensten über Transaktion SEGW, bei der man sehr viel über das OData-Protokoll wissen muss, ist die Servicedefinition nicht an ein Protokoll gebunden. Das Verbinden einer Servicedefinition an ein Protokoll geschieht erst über das Service Binding. Im Rahmen der Erstellung des Service Bindings wird festgelegt, ob es sich bei der Anwendung um einen reinen OData-Service handelt, oder ob auch UI-Aspekte mittels SAP Fiori Elements genutzt werden und somit die Annotationsdatei zur Verfügung gestellt werden muss. Ebenso wird hier festgelegt, ob es sich um einen OData-Service V2 oder V4 handelt.

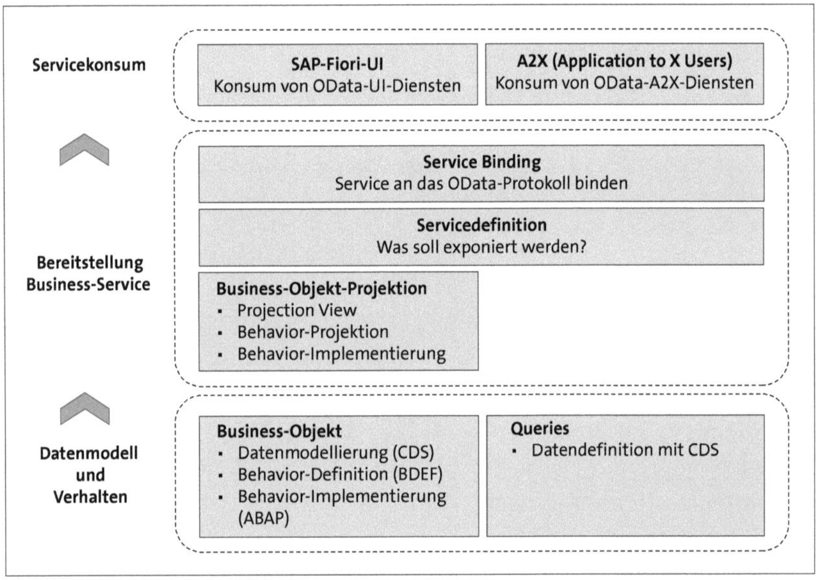

Abbildung 1.32 Übersicht über die Artefakte des ABAP RESTful Application Programming Models

Das Programmiermodell ABAP RESTful Application Programming Model ist *das* Programmiermodell für die Entwicklung auf SAP S/4HANA. Dies gilt sowohl im Kontext von SAP Fiori als auch bei der Implementierung von reinen OData-Diensten und anderer Geschäftslogik. Durch die *Entity Manipulation Language* (EML) ist es nämlich möglich, ABAP-RESTful-Application-Programming-Artefakte auch z. B. innerhalb eines SAP-Programms zu verwenden oder in einer API-Klasse. Daher ist es anzuraten, immer ein Auge darauf zu haben, auf welche Weise die Anwendungsentwicklung im Kontext von SAP S/4HANA im Unternehmen durchgeführt wird.

1.6 SAP-Fiori-Anwendungstypen

Die ersten SAP-Fiori-Apps werden von SAP seit Mitte 2014 ausgeliefert. 2014 war SAP S/4HANA zwar schon am Horizont sichtbar, aber bei Weitem noch nicht verfügbar – SAP HANA hingegen schon. SAP-Anwendungslandschaften waren entsprechend von Unternehmen zu Unternehmen unterschiedlich aufgebaut, ebenso wie die Anforderungen an die SAP-Fiori-Apps selbst. Dies führte dazu, dass SAP-Fiori-Apps in unterschiedliche Anwendungstypen unterteilt wurden. Je Anwendungstyp sind unterschiedliche infrastrukturelle Aspekte erforderlich. Somit wurden auch drei Architekturtypen eingeführt:

- transaktionale Anwendungen
- Object Page/Fact Sheet
- analytische Anwendungen

Dieser Abschnitt gibt eine Einführung in die Anwendungs- und -Architekturtypen. Weiterführende Details zur Infrastruktur finden Sie in Kapitel 2, »Systemlandschaft und deren Komponenten«.

1.6.1 Transaktionale Anwendungen

SAP-Fiori-Apps werden anwendungsfallspezifisch konzipiert und entwickelt. In den meisten Anwendungsfällen werden Datensätze neu erfasst und bestehende Datensätze bearbeitet oder einfach nur eingesehen. Das Erstellen und Bearbeiten von Datensätzen sind transaktionale Tätigkeiten. Am Ende des Prozesses werden die Daten persistiert. Treten beim Speichern Fehler auf, werden diese dem Benutzer zur Behebung des Problems angezeigt. Für eine erfolgreiche Speicherung muss die Fehlersituation behoben werden. Die Interaktionsmuster sind wenig komplex, ebenso wie Daten, die angezeigt und verarbeitet werden. Anwendungen, die diesem Schema folgen, werden als *transaktionale Anwendungen* bezeichnet. Transaktionale Anwendungen stellen keine besonderen Anforderungen an die Infrastruktur, und sie benötigen selten hardwareintensive Operationen, wie beispielsweise komplexe Berechnungen oder Datenbankabfragen. Daher benötigen diese Anwendungen grundsätzlich keine SAP-HANA-Datenbank, sondern können mit jeder Art von Datenbank arbeiten. Für das User Interface werden meist die Floorplans **Initial Page**, **Wizard**, sowie **List Report** und **Worklist**, oder beide in Kombination mit **Object Page** eingesetzt. Abbildung 1.33 zeigt die transaktionale Anwendung **Manage Outbound Deliveries** (App-ID F0867A). Im Zentrum der Anwendung steht eine listenbasierte Darstellung unter Verwendung des Floorplans **List Report**.

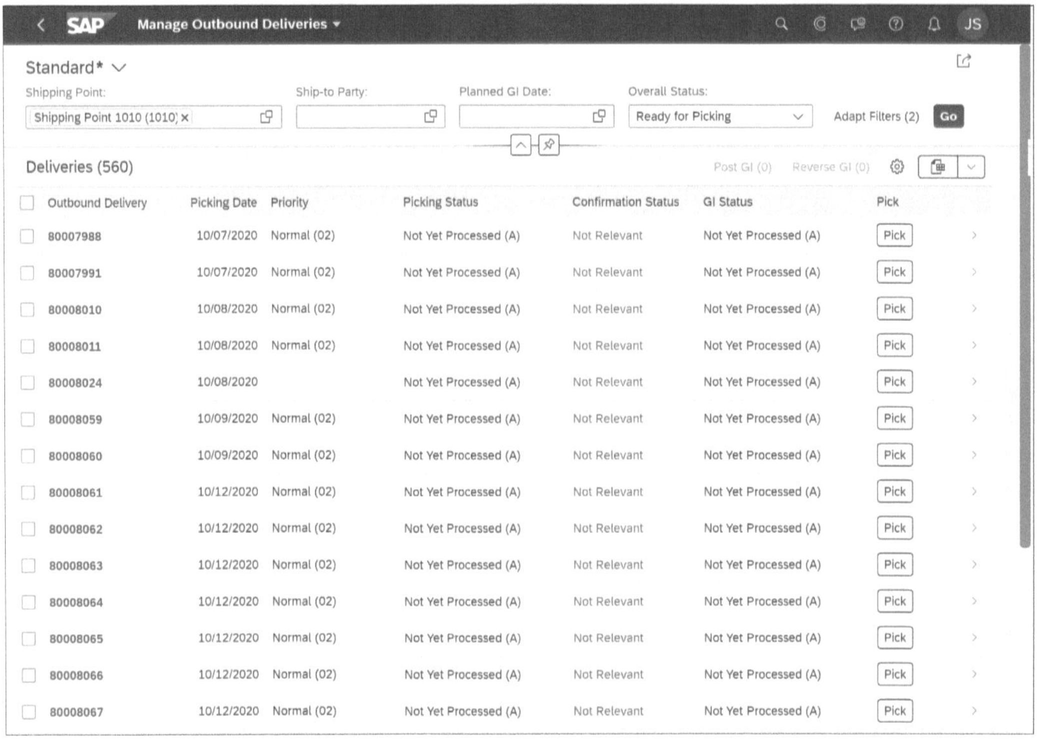

Abbildung 1.33 Die transaktionale Anwendung »Manage Outbound Deliveries«

1.6.2 Fact-Sheet-/Object-Page-Anwendungen

Für Benutzer, die lediglich Details zu einem konkreten Geschäftsobjekt suchen, ohne diese im weiteren Verlauf ändern zu wollen, ist die Nutzung einer transaktionalen Anwendung zu aufwendig. Nach dem Anklicken einer Kachel muss mindestens ein Filter angewendet oder eine Suche durchgeführt werden. Je nach zugrundeliegendem Anwendungsfall müssen gegebenenfalls noch weitere Einstellungen vorgenommen werden, bevor der gesuchte Datensatz angezeigt werden kann – abgesehen von eventuellen Berechtigungsthemen. Sehr viel einfacher ist es, die Suche des SAP Fiori Launchpads zu verwenden, dort das Suchergebnis zu erhalten und den Datensatz auszuwählen. Für diese Anwendungsfälle bietet SAP den Anwendungstyp **Object Page** (in der Vergangenheit auch als Fact Sheet oder Infoblatt bezeichnet). Dieser Anwendungstyp hat höhere Anforderungen an die zugrundeliegende Infrastruktur. Zwingend vorausgesetzt ist der Einsatz einer SAP-HANA-Datenbank sowie die Aktivierung der Enterprise-Suche. Für den jeweilige Geschäftsobjekttyp muss ein sogenanntes Suchmodell konfiguriert sein. Abbildung 1.34 zeigt die SAP-Fiori-App **Customer Return** (App-ID F1815). Es handelt sich dabei um ein Fact-Sheet-Anwendung, die die Kundenrückläufer darstellt.

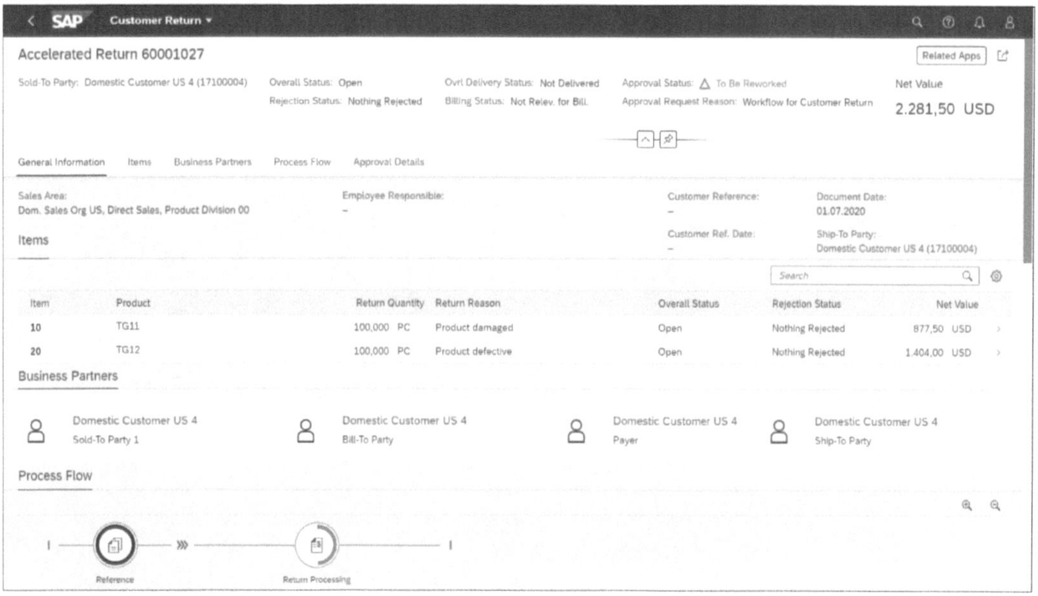

Abbildung 1.34 Beispiel einer Fact-Sheet-Anwendung

1.6.3 Analytische Anwendungen

Es heißt, dass Daten das neue Gold sind. Um Informationen auszuwerten, zu verdichten und tiefer einzutauchen, sind transaktionale Anwendungen oder Factsheets wenig geeignet. Hierzu bietet SAP Fiori einen eigenen Anwendungstyp: *analytische Anwendungen*. Analytische Operationen auf großen Datenmengen mit entsprechenden Drilldown-Möglichkeiten stellen hohe Anforderungen an die Plattform, auf der die Daten und Funktionen bereitgestellt werden. Es werden viele Lese-, Rechen- und gegebenenfalls Schreiboperationen durchgeführt. Lange Wartezeiten sind dabei nicht erwünscht. Die Verlagerung der Datenhaltung in den Speicher, wie es In-Memory-Datenbanken ermöglichen, ist dabei ein echter Hebel. SAP bietet mit der Datenbank SAP HANA genau diesen Hebel an. Aus diesem Grund stellen analytische SAP-Fiori-Apps schon seit 2014 die Anforderung an die Infrastruktur, dass sie nur dann betrieben werden können, wenn SAP HANA genutzt wird. Abbildung 1.35 zeigt ein Beispiel für eine einfache analytische Anwendung (Analyze Dunning Locks, App-ID F1655).

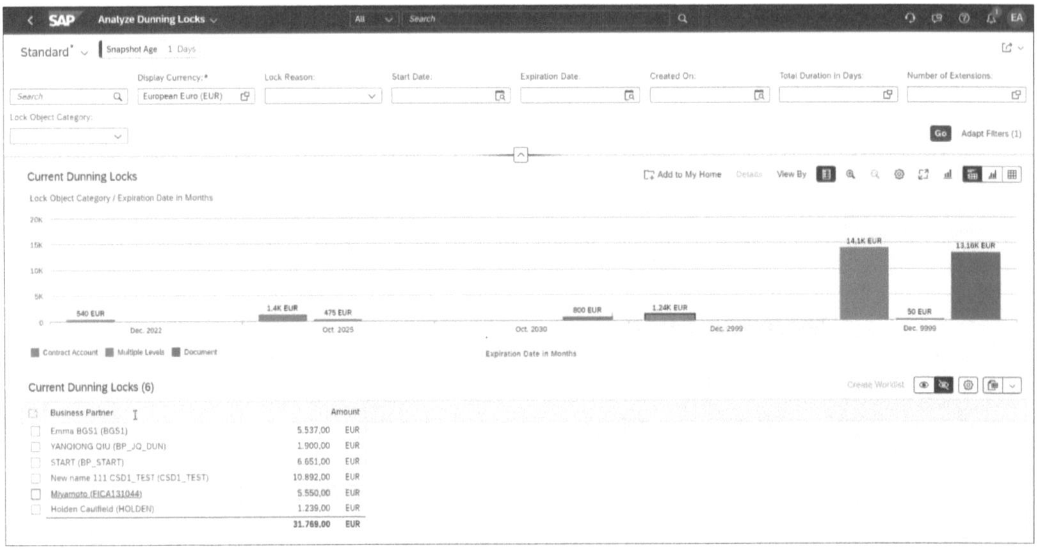

Abbildung 1.35 Beispiel einer analytischen Anwendung

SAP-Fiori-Architekturtypen

SAP Fiori und SAP-Fiori-Apps wurden von SAP eingeführt, bevor es SAP S/4HANA gab, das heißt, zu einer Zeit, in der noch SAP-Systeme mit SAP Business Suite on any DB oder SAP Business Suite on SAP HANA eingesetzt wurden. Damals war bei den Kunden ein eher heterogenes Umfeld vorzufinden. Die drei genannten SAP-Fiori-Anwendungstypen hatten allerdings unterschiedliche Anforderungen an die Infrastruktur. Um zu prüfen, ob eine Anwendung auch tatsächlich zur eingesetzten SAP-Installation und -Konfiguration der Kunden passte oder noch weitere Komponenten installiert werden müssen, wurden sogenannte *Architekturtypen* eingeführt. In Kapitel 2, »Systemlandschaft und deren Komponenten«, gehen wir auf die SAP-Fiori-Infrastruktur und deren Komponenten noch näher ein.

1.7 SAP Fiori in Unternehmen einführen

Wie Sie den vergangenen Abschnitten des Kapitels entnehmen konnten, ist SAP Fiori in erster Linie zunächst kein rein technisches Thema. Es geht nicht darum, lediglich ein Upgrade von einem SAP-System durchzuführen. SAP Fiori hat direkten Einfluss auf die tägliche Arbeit mit dem SAP-System und den Produkten von SAP. In diesem Abschnitt beleuchten wir, auf welche Stolperfallen geachtet werden muss.

1.7.1 Nutzerinnen oder Nutzer beteiligen

SAP Fiori ist als die User Experience von SAP ein wesentlicher Innovationstreiber bei der Nutzung von SAP-Produkten. Erstmals wird bei der Entwicklung von SAP-Software berücksichtigt, welche Funktionen die Nutzerinnen oder Nutzer bei der Arbeit mit SAP wirklich benötigen und welche nicht. Echte SAP-Fiori-Lösungen sind sowohl auf dem Desktop als auch auf Tablet und Mobiltelefonen lauffähig. Damit eröffnen sich neue Wege in der Gestaltung von Unternehmensprozessen. Generationen, die mit digitalen Technologien aufgewachsen sind – die sogenannten Digital Natives –, werden mit der Verwendung von SAP-Fiori-basierten Anwendungen gezielt angesprochen, da sie die Verwendung von Apps bereits aus ihrem Privatleben gewohnt sind. Nutzerinnen oder Nutzer, die seit Jahren mit SAP GUI arbeiten und ihre Arbeitsweise an die Gegebenheiten angepasst haben, werden mit SAP-Fiori-basierten Anwendungen eher fremdeln. Auch das sollte bereits bei der Einführung und Umstellung berücksichtigt werden. Es ist daher unerlässlich, den zukünftigen Nutzerinnen oder Nutzer von SAP-Fiori-basierten Anwendungen zum einen den zukünftigen Nutzern transparent zu erläutern, und zum anderen aufzuzeigen, was SAP Fiori ist und welche Idee und Konzepte dahinter stecken. Auch muss der Prozess der Implementierung und Einführung neuer Lösungen neu diskutiert und gestaltet werden. Bei beiden Punkten geht es darum, die späteren Nutzerinnen und Nutzer so früh wie möglich in den Prozess einzubinden und zu beteiligen. Beteiligung führt zu Partizipation und damit zu eigenen Lösungen. Eigene Lösungen werden eher selten kritisiert oder gänzlich infrage gestellt. Zudem kann das Wissen der beteiligten Personen maßgeblich dazu beitragen, eine tatsächlich passende Lösung zu implementieren.

1.7.2 Individuelle Entwicklung berücksichtigen

Wie bereits in Abschnitt 1.3.2, »SAP Fiori Design Guidelines«, erläutert, bestehen die SAP Fiori Design Guidelines aus einer Vielzahl von Regeln und Punkten, die es bei der Implementierung von Anwendungen zu beachten gilt. Diese Regeln müssen sowohl den Fachabteilungen und Business Consultants als auch den Entwicklerinnen und Entwicklern in der IT-Abteilung geläufig sein. Nur durch ein gemeinsames Verständnis kann die Einführung, Implementierung und Beibehaltung von SAP-Fiori-Designprinzipien im Unternehmen etabliert und gelebt werden. Im Rahmen der Anforderungsanalyse und dem damit einhergehenden Verständnis des Problemraums, also des zu lösenden Geschäftsproblems, leiten die beteiligten Personen die Rollen, das Layout sowie die erforderlichen Floorplans gemäß der Design Guidelines ab. Dieser Top-down-Ansatz unterstützt maßgeblich das Fundament für die Entwicklung der daraus resultierenden Anwendung bzw. Anwendungen. Denn das Verständnis, welche Objekte mit welchen Attributen angezeigt und mit welchen Funktionen ausgestattet sein sollen, führt zu einem klaren Bild für die Entwicklung. Dieses wird dann bottom-up aufgebaut. Das bedeutet, dass auf Basis der Erkenntnisse das Virtual Data Model (VDM) unter der Verwendung von CDS-Entitäten erstellt bzw. ein bestehendes Modell genutzt wird. Hierdurch entstehen ein klarer Designansatz und eine stabile Architektur. Ausgehend von einem klaren Verständnis der beteiligten Akteure für das zu lösende Problem beginnt die Implementierung. Beim Top-down-Ansatz wird noch nicht in Technologie oder Datenbanktabellen gedacht, sondern einzig der Geschäftsprozess bzw. Prozessschritt aus Sicht des Nutzers oder der Nutzerin in den Fokus gestellt. Es ist zudem empfehlenswert, eine Qualitätssicherung für die User Experience (kurz UX) der Individuallösungen zu etablieren. Dieses UX-Gate ist einerseits immer Ansprechpartner bei Fragen rund um das SAP-Fiori-Design und andererseits auch die Qualitätssicherung in Bezug auf die Einhaltung der Designentscheidungen bei SAP-Fiori-Eigenentwicklungen. Die Mitarbeitenden aus diesem Bereich sind die Stelle im Unternehmen, die entsprechend grünes Licht für den Start der Implementierung geben und auch Änderungen am Konzept freigeben müssen. Abbildung 1.36 veranschaulicht das beschriebene Vorgehen noch einmal.

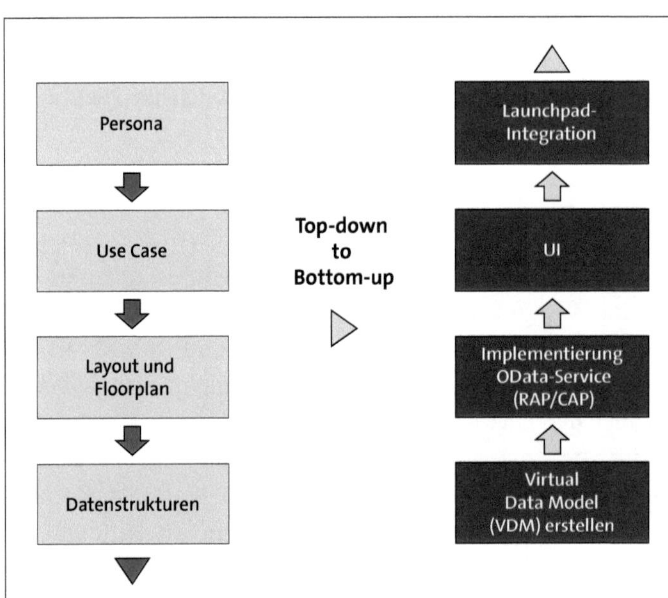

Abbildung 1.36 Vom Top-down-Design zur Bottom-up-Entwicklung

1.8 SAP Fiori Apps Reference Library

SAP implementiert und liefert eine Vielzahl von SAP-Fiori-Apps aus. Um als Kunde oder Dienstleister die Übersicht über die zur Verfügung stehenden Anwendungen zu behalten oder nach bestimmten Anwendungen zu suchen, benötigen Sie die Unterstützung von SAP.

SAP Fiori Apps Reference Library

SAP bietet mit der SAP Fiori Apps Reference Library eine Webseite, über die die aktuellen SAP-Fiori-Apps dokumentiert sind. Sie finden diese unter der URL *http://s-prs.de/v1016802*. Abbildung 1.37 zeigt die Einstiegsseite. Wie Sie sehen, werden Anwendungen in die folgenden Kategorien unterteilt:

- alle Anwendungen
- alle Anwendungen für SAP S/4HANA
- alle Anwendungen für SAP S/4HANA Cloud
- SAP-Fiori-Apps für SAP S/4HANA
- SAP-Fiori-Apps für die SAP Business Suite
- SAP Fiori für Lighthouse-Anwendungen
- SAP-Fiori-Apps für die SAP BTP

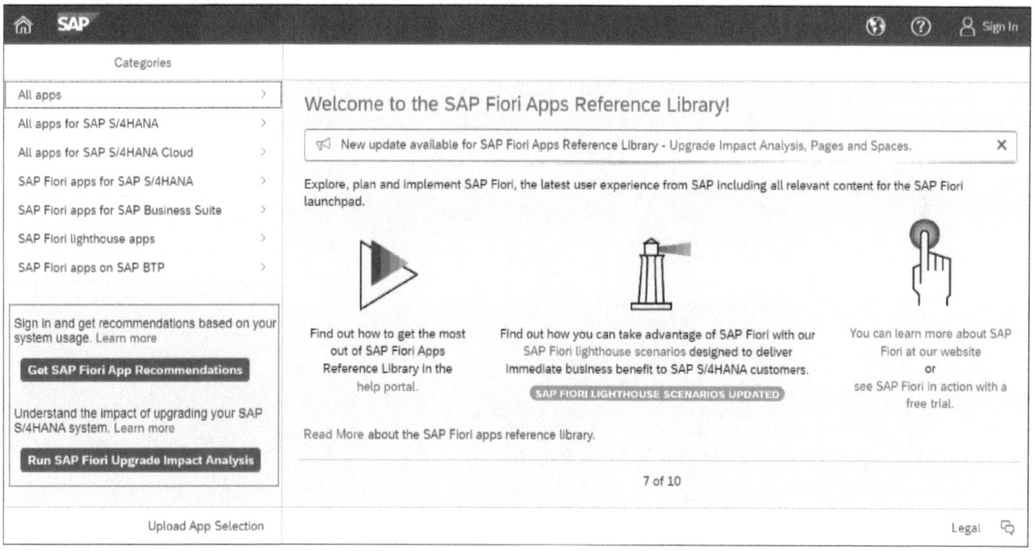

Abbildung 1.37 Startbild der SAP Fiori Apps Reference Library

Nachdem Sie eine Kategorie ausgewählt haben, sehen Sie eine Liste der verfügbaren Anwendungen. Wählen Sie nun beispielsweise den Eintrag **All apps** aus, werden Ihnen alle in der Bibliothek enthaltenen SAP-Fiori-Apps angezeigt; zum Zeitpunkt des Schreibens dieses Buches waren es 16.500. Etwas Vorsicht ist an dieser Stelle mit dem Begriff »SAP-Fiori-App« geboten.

Nicht alle Anwendungen, die gelistet sind, sind Anwendungen, die mit SAPUI5 implementiert sind und den SAP Fiori Guidelines folgen. Es werden, je nach Plattform, auch SAP-Transaktionen und SAP-Web-Dynpro-ABAP-basierte Anwendungen gelistet.

Filterfunktion der Bibliothek

Die SAP Fiori Apps Reference Library bietet in der linken Fußzeile eine Filterfunktion (Button [▽]). Wie Sie Abbildung 1.38 entnehmen können, gibt es eine Vielzahl von Filtermöglichkeiten.

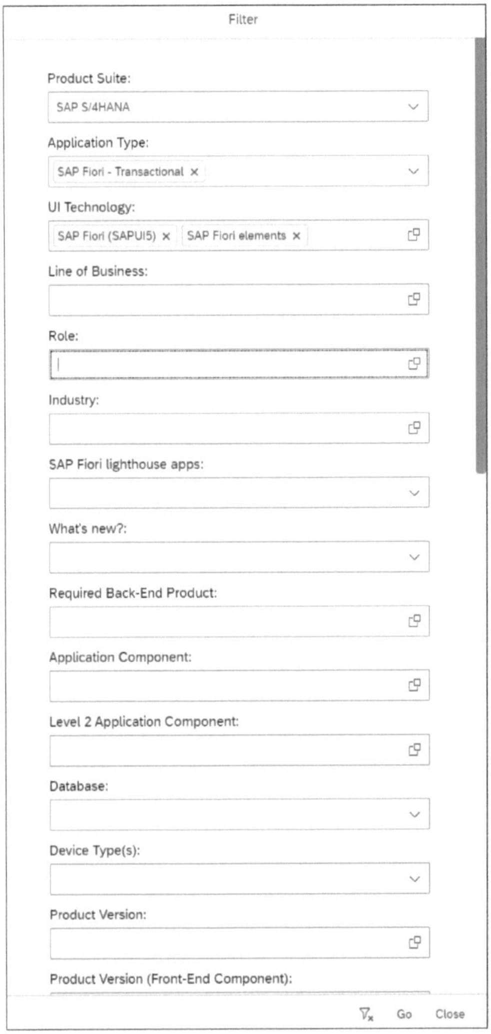

Abbildung 1.38 Filterfunktion der SAP Fiori Apps Reference Library

Über das Dropdown-Menü im Feld **Product Suite** können Sie z. B. nach der Plattform filtern. In unserem Beispiel schränken wir auf das Produkt **SAP S/4HANA** ein. Im zweiten Filter wählen wir aus der Auswahlliste den Anwendungstyp (Feld **Application Type**) aus. Hier stehen beispielsweise die in Abschnitt 1.6 eingeführten Anwendungstypen zur Verfügung: **SAP Fiori – Transactional, SAP Fiori – Analytical** oder auch **SAP Fiori Object page/Fact sheet**. Des Weiteren ist eine Einschränkung der Auswahl im Hinblick auf die UI-Technologie möglich.

Über den Button [Filter zurücksetzen] können die gesetzten Filter zurückgesetzt werden. Der Button mit der Beschriftung **Go** startet den Filterprozess. Mit einem Klick auf **Close** schließen Sie den Dialog, ohne die Filterkriterien anzuwenden. Nachdem Sie auf **Go** geklickt haben, erhalten Sie die gefilterte Liste. Im nächsten Schritt klicken Sie beispielhaft auf die Anwendung **Create Inbound Delivery** (App-ID F1705) und erhalten die Informationen zur Anwendung, wie in Abbildung 1.39 gezeigt.

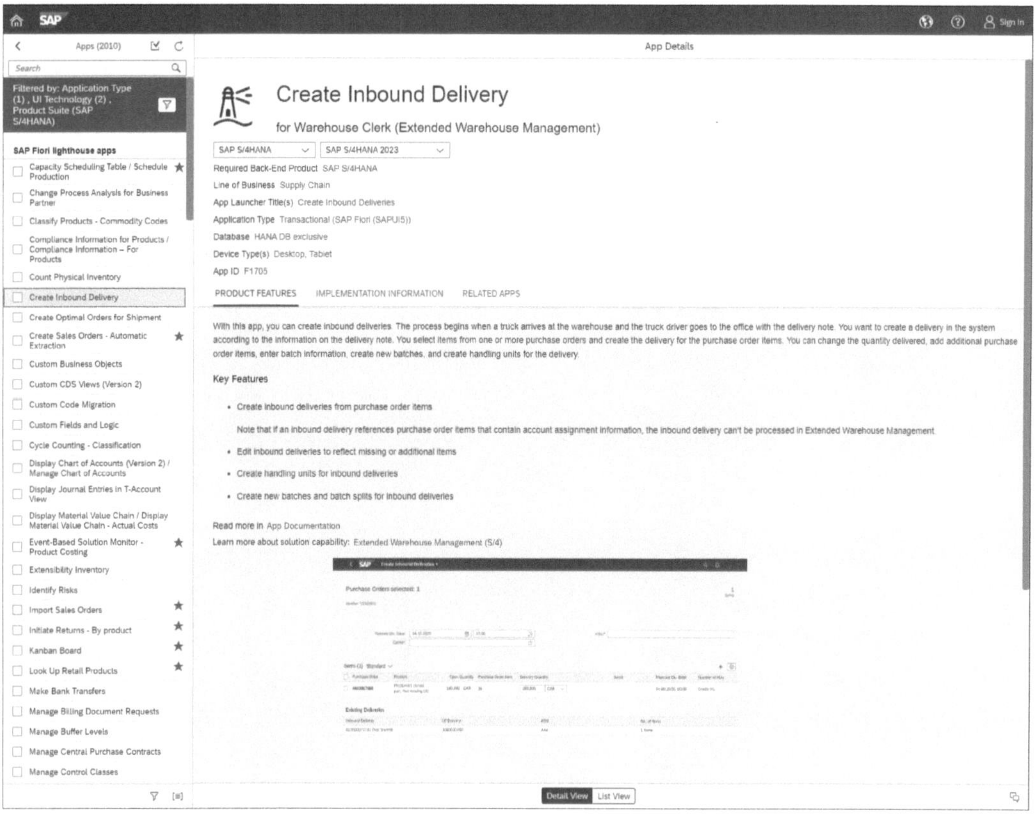

Abbildung 1.39 Anwendungsdetails der Anwendung »Create Inbound Delivery«

Wie Sie sehen, werden im Kopf der Seite diverse Basisinformationen (**Product Features**) aufgelistet. So werden beispielsweise der Anwendungstyp und die UI-Technologie angezeigt. Für den Betrieb der Anwendung **Create Inbound Delivery** wird eine SAP-HANA-Datenbank benötigt. Diese Vorgabe

Basisinformationen zur Anwendung

ist jetzt wenig verwunderlich, haben wir doch den Filter **Product Suite** auf SAP S/4HANA eingestellt.

Product Features

Unter den Basisinformationen folgt ein kurzer Abriss des Produkts. Hier können Sie sich einen Eindruck über die Anwendung verschaffen. Je nach Anwendung werden an dieser Stelle manchmal mehr und manchmal weniger Details aufgelistet. In manchen Fällen werden einzelne Bildschirmabgriffe eingebettet.

Implementierungsdetails

Auf der zweiten Registerkarte **Implementation Information** werden die technischen Details der ausgewählten Anwendung gelistet.

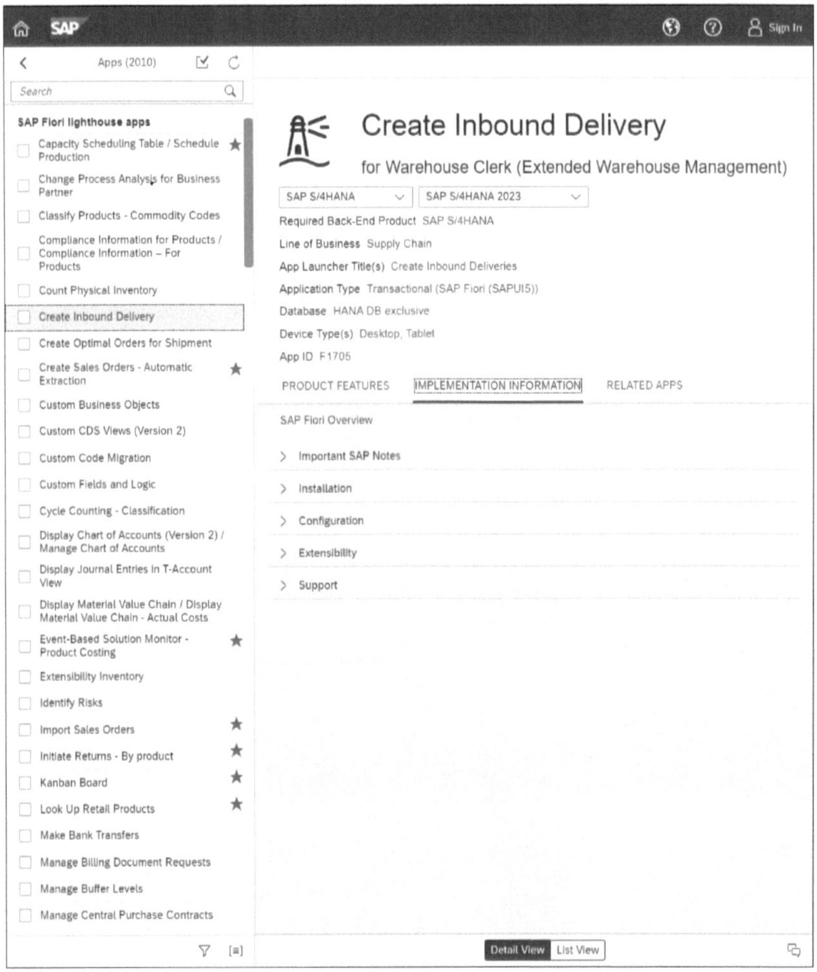

Abbildung 1.40 Implementierungsdetails

Diese Informationen sind in die folgenden Bereiche unterteilt (siehe Abbildung 1.40):

- wichtige SAP-Hinweise
- Installation
- Konfiguration
- Erweiterung
- Support

SAP-Hinweise

Im Bereich **Important SAP Notes** werden, falls vorhanden, die für die Anwendung aktuellen und zu beachtenden Hinweise von SAP aufgelistet. Diese werden in Frontend- und Backend-Hinweise unterteilt.

Installation

Unter den wichtigsten Anwendungshinweisen werden die zu installierenden Komponenten im Bereich **Installation** detailliert beschrieben (siehe Abbildung 1.41).

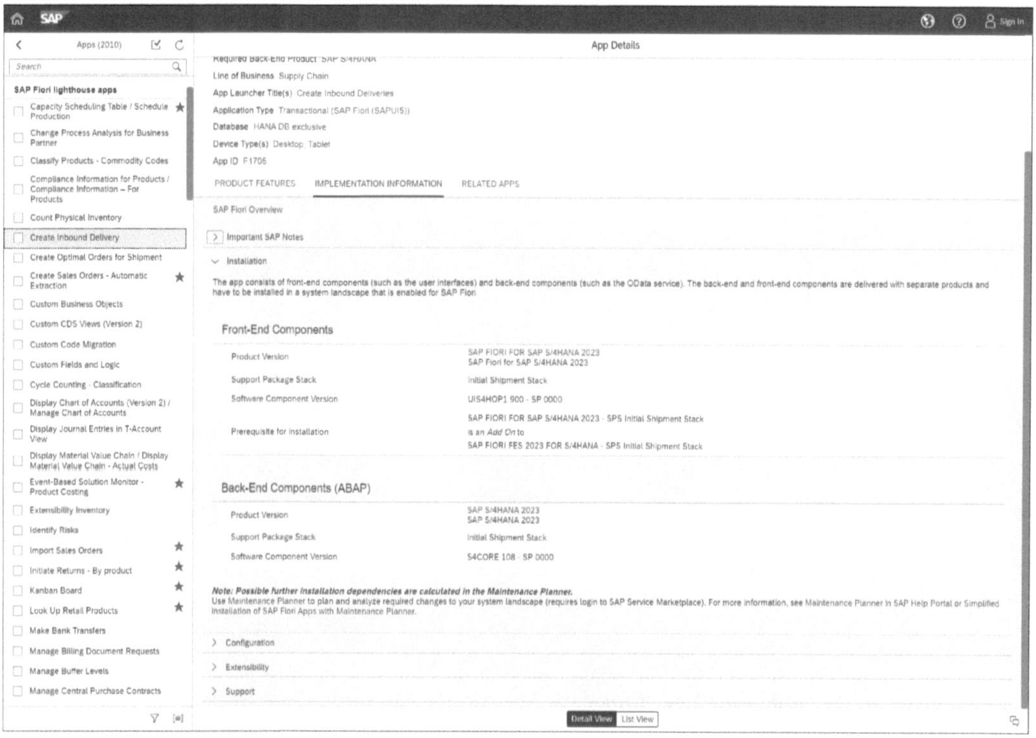

Abbildung 1.41 Installationsvoraussetzungen der Anwendung »Create Inbound Delivery«

Auch hier wird zwischen Frontend- und Backend-Komponenten unterschieden. Es ist abzulesen, welche Vorrausetzungen hinsichtlich der installierten SAP-Produktversion an das SAP-System gestellt werden und in welcher Softwarekomponente und Version die entsprechende Anwendung enthalten ist.

Konfiguration

Im Bereich **Configuration** werden die technischen Bestandteile und die für die Konfiguration wichtigen Aspekte beschrieben. Abbildung 1.42 zeigt die Konfiguration für die Anwendung **Create Inbound Delivery**.

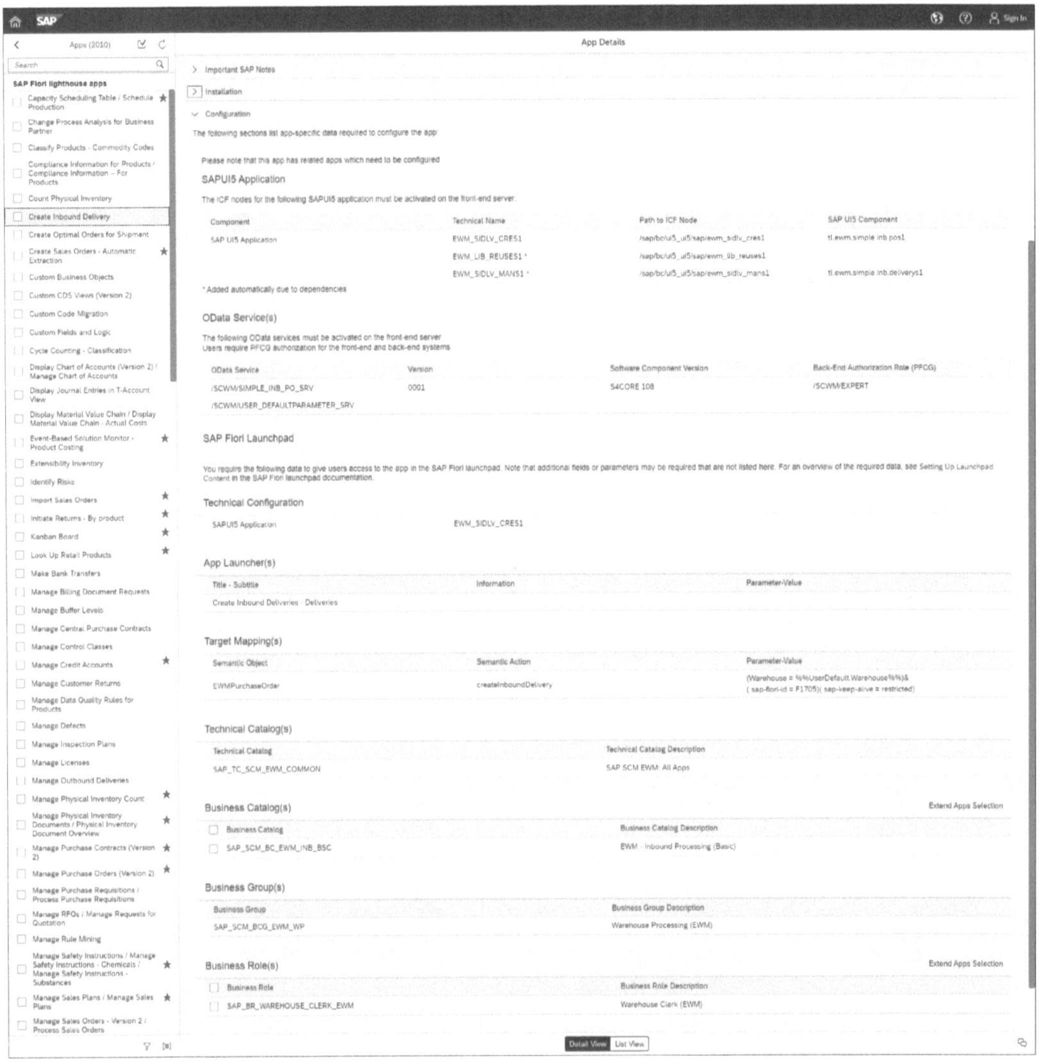

Abbildung 1.42 Informationen zur Konfiguration der Anwendung

Wie Sie es in der Abbildung sehen, besteht die Anwendung im Grunde aus drei SAPUI5-Anwendungen. In der Spalte **Path to ICF Node** wird der Pfad des ICF-Knotens der Anwendungen aufgelistet. Diese Knoten müssen entsprechend aktiv sein, damit die Oberfläche einer SAP-Fiori-App aufrufbar ist. Über den Eintrag in der Spalte **SAP UI5 Component** erhalten Sie Auskunft über den eineindeutigen Anwendungsnamen. Über diese ID kann die Anwendung eindeutig identifiziert werden. Diese Information ist entsprechend wichtig für das Verständnis der Konfiguration und die Bereitstellung von SAP-Fiori-Apps im SAP Fiori Launchpad. Im Bereich **OData Service(s)** werden die für die ausgewählte Anwendung relevanten OData-Services aufgelistet, und in der Spalte **OData Service** wird der Name des OData-Service angegeben. Diese Dienste müssen auf dem entsprechenden System aktiv sein. Die Spalte **Back-End-Authorization (PFCG)** enthält die Information, welche Berechtigung die Nutzerinnen und Nutzer erhalten müssen, um den OData-Service auch tatsächlich konsumieren zu können. Die folgenden Bereiche **SAP Fiori Launchpad**, **App Launcher(s)**, **Target Mapping(s)**, **Technical Catalog(s)**, **Business Catalog(s)**, **Business Group(s)** und **Business Role(s)** beschreiben, in welchen Artefakten die Anwendungen von SAP konfiguriert und bereitgestellt werden (siehe Kapitel 3, »Objektmodell«).

Erweiterbarkeit

Im Bereich **Extensibility** dokumentiert das SAP-System, wie die ausgewählte Anwendung an kundenindividuellen Anforderungen angepasst werden kann. Die hier gelisteten Informationen sind in aller Regel wichtig für die Entwicklungsabteilung. So werden hier beispielsweise sogenannte Extension Points für Views oder Controller-Erweiterungen dokumentiert. Diese können dann durch die Verwendung von Adaption Projects mit SAP Business Application Studio oder Microsoft Visual Studio Code mit den entsprechenden Erweiterungen implementiert werden. Dies erfolgt modifikationsfrei. Kapitel 9, »SAPUI5 Flexibility«, geht zum einen auf diese Möglichkeit und zum anderen auf die Möglichkeiten der Erstellung von Anwendungsvarianten mithilfe der SAPUI5 Flexibility ein. Neben den beschriebenen Erweiterungsmöglichkeiten für die konkrete Anwendung wird in dem Bereich ebenfalls auf die *Guided Answers* verwiesen, die Sie auch unter dieser URL aufrufen können: *http://s-prs.de/v1016803*. Bei einem Großteil der Anwendungen wird zusätzlich auch auf die Dokumentation zur Anwendung im SAP Help Portal verwiesen.

1.8.1 Empfohlene SAP-Fiori-App

Die schiere Anzahl an SAP-Fiori-Apps in der SAP Fiori Apps Reference Library kann die Entscheidung, welche Anwendung(en) für das Unternehmen relevant sind bzw. welche Anwendungen als Ersatz für aktuell im Einsatz befindliche SAP-Programme infrage kommen durchaus verkomplizieren. SAP bietet über die Funktion **Get SAP Fiori App Recommendations** in der SAP Fiori Apps Reference Library die Möglichkeit an, auf Basis der aktuell in Verwendung befindlichen Programme eine Liste von Empfehlungen zu erzeugen.

Vorbereitungen

Damit die Anwendung auch entsprechende Empfehlungen aussprechen kann, müssen die folgenden Informationen vor der Nutzung zusammengetragen werden:

- *Exportieren der verwendeten Anwendungen*: Um die Liste der genutzten Anwendungen zu erstellen, rufen Sie den Pfad **Workload Monitor • Transaktion ST03** auf. Hier exportieren Sie die Liste, indem Sie zunächst **Systemlast • Total** wählen. Im Anschluss wählen Sie **Analysesichten • Transaktionsprofil • Standard** aus und exportieren die angezeigte Liste nach Microsoft Excel. Da für die Analyse lediglich die Transaktionsnamen von Relevanz sind, öffnen Sie die Datei und entfernen alle Spalten bis auf **Report- oder Transaktionsname**. Das Ergebnis wird nun in einer CSV-Datei gespeichert.
- *Exportieren des Systemprofils*: Exportieren Sie über den Systemstatus die installierten Softwarekomponentenversionen in einer CSV-Datei.

Nachdem die Vorarbeit abgeschlossen ist, rufen Sie die Anwendung über den Button **Get SAP Fiori App Recommendations** auf. Es wird die entsprechende Webanwendung gestartet. Die Anwendung führt Sie nun Schritt für Schritt durch die Erstellung der Empfehlungsliste. Im ersten Schritt wählen Sie, ob eine bestehende Analyse eingesehen (**Display existing analysis**) oder eine neue Analyse (**Create new analysis**) erstellt werden soll. Wählen Sie die Option **Create new analysis**, und klicken Sie auf den Button mit der Aufschrift **Step 2**. Im nächsten Schritt laden Sie über **Upload new Profile** die soeben erstellte CSV-Datei in die Anwendung. Abbildung 1.43 zeigt die beschriebenen Schritte 1 und 2.

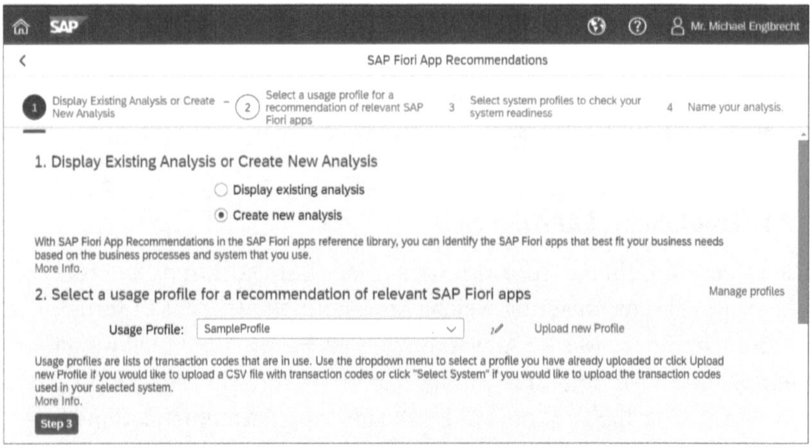

Abbildung 1.43 Neue Analyse zur Empfehlung von Apps erstellen

Nach dem Anlegen des Profils bestätigen Sie Schritt 2 über einen Klick auf **Step 3**. Im dritten Schritt werden die relevanten Systeminformationen abgefragt. Hier wählen Sie zunächst über die Auswahlliste **Analyses for Product**

Suite aus, für welche Plattform die Empfehlung ausgesprochen werden soll. Es stehen u. a. SAP S/4HANA, SAP S/4HANA Cloud, die SAP Business Suite und Apps on SAP BTP zur Auswahl. Nachdem wir in unserem Beispiel die Empfehlung für SAP S/4HANA erhalten wollen, wählen wir auch hier den entsprechenden Eintrag aus. Danach müssen Sie das vorbereitete Systemprofil Ihres aktuellen Systems hochladen. Da in unserem Beispiel ein Embedded System vorhanden ist, also ein System, auf dem sich gleichzeitig Front- und Backend-System befinden, laden wir unser Profil zunächst für das **Front-End System Profil** unter der Verwendung des Buttons **Upload new Profile** hoch. Im Rahmen dieses Schrittes vergeben wir an das Profil den Namen »BESystemprofile«. Nach dem Hochladen stellen Sie sicher, dass das Systemprofil aus der Liste ausgewählt ist. Als Nächstes wählen Sie aus der Auswahlliste für **Back-End System Profile** ebenfalls die Option **BESystemprofile** aus. Abbildung 1.44 zeigt Schritt 3 und die entsprechenden eingegebenen Informationen. Zum Abschluss bestätigen Sie Ihre Eingaben mit einem Klick auf **Step 4**.

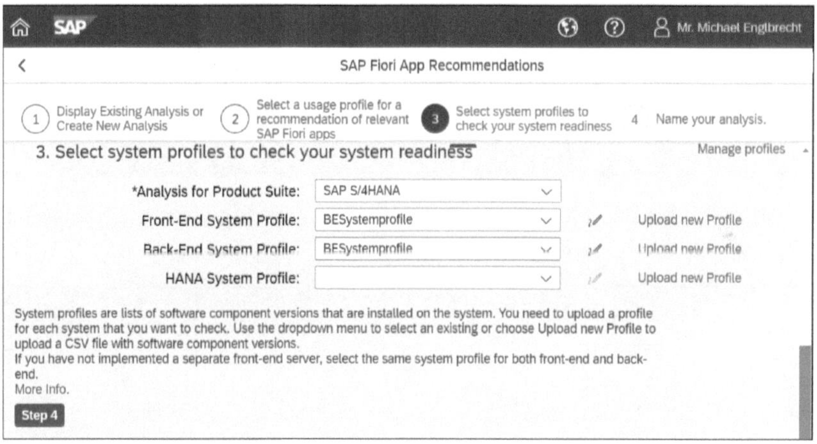

Abbildung 1.44 Systemprofile auswählen

Im letzten Schritt des Assistenten geben Sie, wie in Abbildung 1.45 gezeigt, nur noch den Namen »SampleAnalysis« in das Feld **Name** ein. Falls Sie in diesem Schritt noch etwaige Fehler aus den vorherigen Schritten feststellen, hätten Sie hier noch die Gelegenheit, über den Button in den jeweiligen Schritt zurück zu wechseln und die erforderlichen Anpassungen durchzuführen. Nach der Prüfung auf Korrektheit klicken Sie auf den Button **Get SAP Fiori App Recommendation**, um die Analyse zu starten.

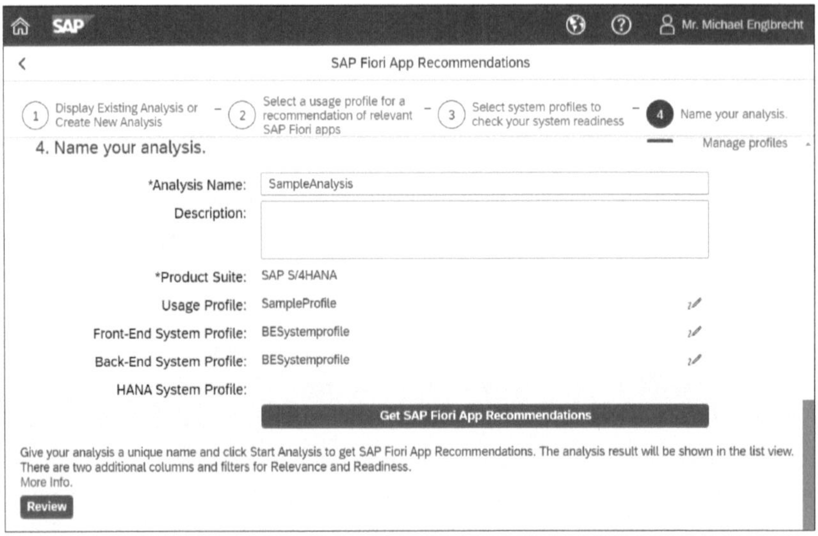

Abbildung 1.45 Analysenamen eingeben und Eingaben prüfen

Das Erzeugen der Empfehlungsliste kann je nach Umfang der verwendeten Anwendungen einige Augenblicke benötigen. Nach Abschluss wird das Ergebnis der Analyse angezeigt (siehe Abbildung 1.46).

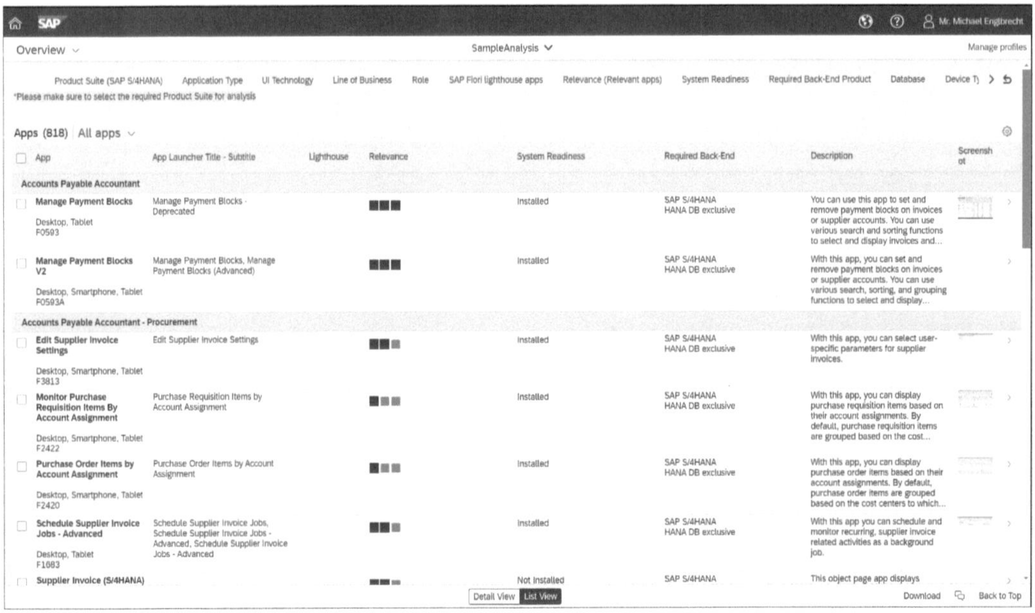

Abbildung 1.46 Analyseergebnis

Über die über der Liste angezeigten Filter kann die Ergebnisliste beispielsweise mithilfe des Filters **UI Technology** auf Anwendungen einer ausgewählten Technologie eingeschränkt werden. Über den Zahnrad-Button können die in der Tabelle angezeigten Eigenschaften anpasst werden. Die Filter und Anpassungen an der Tabellendarstellung können als Selektions- und Präsentationsvarianten gespeichert werden. Durch einen Klick auf die Anwendung in der Liste kann direkt zu den Details der Anwendung navigiert werden. Mittels des Buttons **Detail View** kann in die bekannte Darstellung der SAP Fiori Apps Reference Library gewechselt werden. Über den Button kann, falls es im Rahmen der Empfehlungsanwendung zu einem Fehler gekommen ist, ein Ticket bei SAP angelegt werden. Über den gleichen Button ist es möglich, eine E-Mail zu verfassen. Über den Download-Button kann schließlich die Empfehlungsliste als CSV-Datei auf den lokalen Rechner geladen werden.

1.8.2 Einfluss eines SAP-Fiori-Upgrades

Ein System-Upgrade ist meist ein von langer Hand geplanter Schritt. Im Kontext von SAP Fiori sind ebenfalls ein paar Aspekte zu berücksichtigen. Beispielsweise muss geprüft werden, welchen Einfluss ein Upgrade von einem SAP-S/4HANA-Release auf eine höhere Version hat. Gibt es beispielsweise bereits neue Versionen einer SAP-Fiori-App oder ist die Anwendung beispielsweise gar nicht mehr verfügbar und durch eine andere ersetzt worden? Die SAP Fiori Apps Reference Library bietet auch hierbei Unterstützung. Über den im Startbild angebotenen Button **Run SAP Fiori Upgrade Impact Analysis** kann anhand einer hochgeladenen Liste von SAP-Fiori-App-IDs geprüft werden, welchen Einfluss ein Upgrade auf diese Anwendungen hat. Nach einem Klick auf den Button werden Sie über einen Dialog aufgefordert, zum einen eine CSV-Datei mit App-IDs hochzuladen und zum anderen der Analyse einen Namen zu geben. Abbildung 1.47 zeigt den Dialog mit entsprechend ausgefüllten Feldern. Nach der Eingabe der relevanten Informationen klicken Sie auf den Button **Upload** und erhalten in wenigen Augenblicken das Ergebnis.

Abbildung 1.48 zeigt das Ergebnis einer beispielhaften Analyse. Über die Auswahlliste **Target Release Version** kann die Upgrade-Zielsystemversion ausgewählt werden. Je nach Auswahl ändern sich auch die entsprechenden Hinweise. Die Hinweise werden in die Kategorien **nicht verfügbare Anwendungen**, **abgekündigte Anwendungen**, **Nachfolgeranwendungen**, **verfügbare** und **unbekannte Anwendungen** untergliedert. In unserem Beispiel haben wir eine Liste von elf Anwendungen hochgeladen und sehen, dass beispielsweise die Anwendungen **Monitor Material Coverage-Net Segments** und **Sales Order Fulfillment Issues** im Falle eines Upgrades auf SAP S/4HANA 2023 FPS01 nicht mehr verfügbar sind und durch Nachfolgeranwendungen bzw. durch eine neue Version ersetzt werden. Je nach Verfügbarkeit können Sie nun direkt zu einem SAP-Hinweis oder entsprechend über einen Link zu den Details der jeweiligen Anwendung in der SAP Fiori Apps Reference Library navigieren.

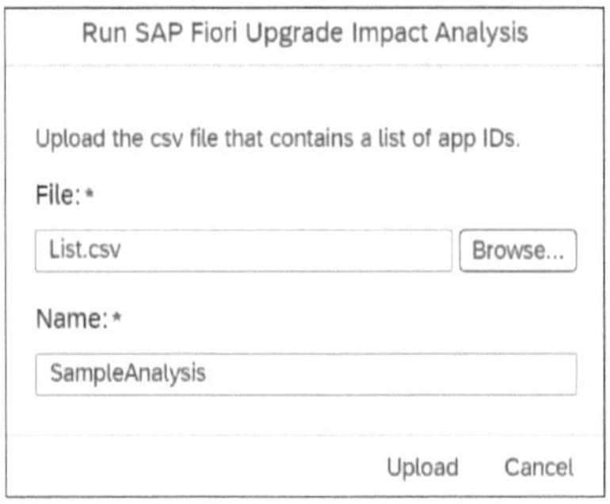

Abbildung 1.47 Einstieg in die Upgrade-Analyse

Abbildung 1.48 Ergebnis der Upgrade-Analyse

Kapitel 2
Systemlandschaft und deren Komponenten

SAP-Fiori-Systemlandschaften können mitunter komplex sein. Je nach gewachsener Struktur können eine Vielzahl von SAP-Backend-Systemen daran beteiligt sein.

Die ersten SAP-Fiori-Apps haben vor über zehn Jahren »das Licht der Welt erblickt«, zu einer Zeit, als das Thema Cloud bei SAP noch eher Zukunftsmusik war. Seitdem hat sich einiges im Produktportfolio und in der Ausrichtung von SAP getan, so auch im Kontext von SAP Fiori. Dieses Kapitel gibt nach einem kurzen Überblick in Abschnitt 2.1 über die potenziell eingesetzten Produkte einer SAP-Fiori-Landschaft Einblick in den Aufbau dieser Landschaft auf Basis der Empfehlungen von SAP. Abschnitt 2.2 führt in die Vorgehensweise bei der Aktivierung von SAP-Fiori-relevanten Systemkomponenten ein. Abschnitt 2.3 beschäftigt sich mit dem Aufsetzen der SAP-Fiori-Komponenten, wobei der Fokus auf dem sogenannten integrierten (Embedded) Deployment liegt. Im Anschluss beschreiben wir in Abschnitt 2.4, wie Sie Problemen von SAP-Fiori-Apps auf die Spur kommen und mit entsprechenden Werkzeugen arbeiten. Abschnitt 2.5 gibt schließlich noch Einblick in den Aufbau einer Entwicklungsinfrastruktur.

2.1 Komponenten einer SAP-Fiori-Infrastruktur

Eine SAP-Fiori-Systemlandschaft kann aus unterschiedlichen Systemen und Systemkomponenten bestehen. Die Komplexität einer solchen Landschaft ist von Unternehmen zu Unternehmen unterschiedlich und hängt entsprechend auch von der Unternehmensstruktur und den damit zusammenhängenden Anforderungen ab.

2.1.1 SAP Business Suite on SAP HANA

Das Kernprodukt von SAP trägt den Namen *SAP Enterprise Central Component* (kurz SAP ECC). Dieses System umfasst neun Module und bildet das Fundament des SAP-Systems. Diese Basis kann mit weiteren Modulen erweitert werden, beispielsweise dem Customer Relationship Management (CRM).

Die Bezeichnung *SAP Business Suite on SAP HANA* bezieht sich auf eine von SAP (Systeme, Anwendungen und Produkte in der Datenverarbeitung) entwickelte Enterprise-Resource-Planning-Software-Suite (ERP), die auf der In-Memory-Datenbankplattform SAP HANA läuft. *SAP HANA* ist eine leistungsstarke Datenbanktechnologie, die die Verarbeitung und Analyse großer Datenmengen in Echtzeit ermöglicht.

Die SAP Business Suite on SAP HANA vereint traditionelle Geschäftsanwendungen von SAP mit den Möglichkeiten der SAP-HANA-Datenbank und bietet dadurch eine verbesserte Leistung, Echtzeitanalysen und optimierte Geschäftsprozesse. Zu den wichtigsten Aspekten der SAP Business Suite on SAP HANA gehören:

- **In-Memory-Berechnung**
  Das In-Memory-Computing von SAP HANA ermöglicht die Speicherung von Daten im Hauptspeicher des Systems und damit eine schnellere Datenverarbeitung und -analyse im Vergleich zu herkömmlichen festplattenbasierten Datenbanken.
- **Echtzeitanalytik**
  Durch die Kombination von Business-Suite-Anwendungen und SAP HANA können Anwenderinnen und Anwender Echtzeitanalysen ihrer Betriebsdaten durchführen. Dies ist besonders wertvoll für Unternehmen, die aktuelle Erkenntnisse benötigen, um fundierte Entscheidungen zu treffen.
- **Verbesserte Leistung**
  Durch die Verwendung von SAP HANA als zugrundeliegende Datenbank wird die Leistung von SAP-Anwendungen erheblich gesteigert. Das Ergebnis sind schnellere Datenabrufe und Verarbeitungszeiten, was zu einer verbesserten Reaktionsfähigkeit des Systems insgesamt führt.
- **Vereinfachte IT-Landschaft**
  SAP Business Suite on SAP HANA kann zur Vereinfachung der IT-Landschaft beitragen, da keine separaten Data Warehouses und Analysesysteme mehr erforderlich sind. Diese Konsolidierung kann zu Kosteneinsparungen und zu einer schlankeren Infrastruktur führen.

- **Erweiterte Analytik**
  Die Integration mit SAP HANA ermöglicht fortschrittliche Analysefunktionen, einschließlich prädiktiver Analysen, maschinellem Lernen und räumlicher Verarbeitung, wodurch Unternehmen leistungsfähigere Tools für die Datenanalyse erhalten.

Der Support für die SAP Business Suite endet im Jahr 2027. Kunden können über die erweiterte Wartung und gegen erhöhte Gebühren bis 2030 Support erhalten.

2.1.2 SAP S/4HANA

SAP arbeitet kontinuierlich an der Weiterentwicklung seines Produktportfolios. Mit *SAP S/4HANA 1511* hat SAP die neue Version der ERP-Lösung auf den Markt gebracht. Hierbei handelt es sich um eine vollständige Neuimplementierung des SAP-ERP-Systems. Das System basiert auf SAP HANA. Seit dem ersten Release wurden viele weitere Versionen veröffentlicht. Zum Zeitpunkt des Schreibens dieses Buches war die Version SAP S/4HANA 2023 das aktuelle Release. Bei diesem Release handelt es sich um das sogenannte *Ankerrelease*. Das bedeutet, dass mit dieser Version die Lücke im Funktionsumfang zwischen dem SAP-ECC-System und SAP S/4HANA geschlossen wird. Darüber hinaus legt SAP mit diesem Release auch die Release- und Wartungsstrategie fest. Bisher wurde jedes Jahr eine neue Version veröffentlicht. Ab Version SAP S/4HANA 2023 wird nur noch jedes zweite Jahr eine neue Version veröffentlicht. Innerhalb dieser zwei Jahre werden halbjährlich neue sogenannte *Feature Packs* ausgeliefert. Im Rahmen dieser Pakete werden den Kunden neue Innovationen zur Verfügung gestellt. Kunden, die an den neuen Funktionen und Technologiesprüngen interessiert sind, müssen keinen Releasewechsel durchführen. Stattdessen steht ihnen eine einfachere und entsprechend günstigere Update-Möglichkeit zur Verfügung.

Cloud-Angebot

Im Gegensatz zu den Systemen der SAP Business Suite wird SAP S/4HANA auch als Cloud-Lösung angeboten. Hier gibt es unterschiedliche Angebote. Zunächst einmal gibt es SAP S/4HANA als Public-Cloud- und als Private-Cloud-Angebot. Kunden, die *SAP S/4HANA Cloud, Public Edition*, nutzen, verwenden das Produkt als Software-as-a-Service-Lösung (SaaS-Lösung). Dabei wird das SAP-System zentral gehostet, und der Kunde teilt sich im Prinzip die gleiche Hardware- und Netzwerkinfrastruktur. Damit Kunden das Produkt nutzen können, ist es notwendig, die vorkonfigurierten Standardprozesse zu nutzen. Es handelt sich somit um einen Greenfield-Ansatz. Beim Wechsel müssen Kunden die existierenden und etablierten Prozesse auf Standardkonformität hin prüfen und gegebenenfalls entsprechend an den Standard anpassen. Das Cloud-System wird durch den Infrastrukturanbieter entsprechend gewartet und mit Updates versorgt. Das SAP-S/4HANA-Cloud-System wird von SAP mit Updates versorgt. Hierbei kommt entsprechend der vorher beschriebene Versionszyklus zum Tragen. Dies hat auch zur Folge, dass die Updates für alle Kunden zur gleichen Zeit erfolgen, und nimmt auch direkten Einfluss auf die Möglichkeiten, das System zu individualisieren. Anpassungen des Standards sind nur sehr begrenzt möglich. Individuelle Lösungen werden in sogenannten Side-by-Side-Szenarien implementiert. Hierbei wird die individuelle Lösung nicht im SAP-System implementiert, sondern in der SAP Business Technology Platform (kurz SAP BTP, siehe Abschnitt 2.1.3). Mit *SAP S/4HANA Cloud, Private Edition*, erhalten die Kunden hingegen eine dedizierte SAP-S/4HANA-Installation, die für sie bereitgestellt wird. Die Aktualisierung des SAP-Systems wird von SAP in Abstimmung mit dem jeweiligen Kunden durchgeführt.

Die Rechenzentren für die Bereitstellung der Cloud-Angebote werden von bekannten Hyperscalern betrieben. Je nach Anforderungen der Kunden wird der Standort des Rechenzentrums gewählt, sodass die Daten gemäß den rechtlichen Rahmenbedingungen geschützt sind.

Vereinfachung des Umstiegs bzw. Einstiegs

Das Angebot von SAP für SAP S/4HANA Cloud wurde von den Kunden nicht in dem Maße genutzt, wie es sich SAP gewünscht hätte. Um dies zu ändern, hat SAP zwei Angebote entwickelt: Kunden, die bereits ein SAP-ERP-System in der On-Premise-Version nutzen und dieses in die Cloud migrieren möchten, erhalten mit *RISE with SAP* ein Paket, das die schnelle und effiziente Einführung von SAP S/4HANA Cloud ermöglicht. RISE with SAP ist entsprechend auch die Grundlage für den Umstieg in die SAP S/4HANA Cloud, Private Edition. Für Kunden, die noch kein SAP-ERP-System im Einsatz haben, wird *GROW with SAP* angeboten. Es handelt sich hierbei um ein Angebot für ein vorkonfiguriertes SAP-S/4HANA-Cloud-Public-Edition-System.

SAP Fiori und SAP S/4HANA

SAP Fiori ist aus SAP S/4HANA und entsprechend auch aus SAP S/4HANA Cloud nicht mehr wegzudenken. Mit dem Umstieg auf SAP S/4HANA ist die Nutzung von SAP-Fiori-Standardanwendungen und der Zugriff über das SAP Fiori Launchpad für die meisten Nutzerinnen und Nutzer Standard. Wie es aus Abbildung 2.1 ersichtlich ist, bot SAP zum Zeitpunkt des Schreibens dieses Buches 14.779 SAP-Fiori-Apps für SAP S/4HANA an.

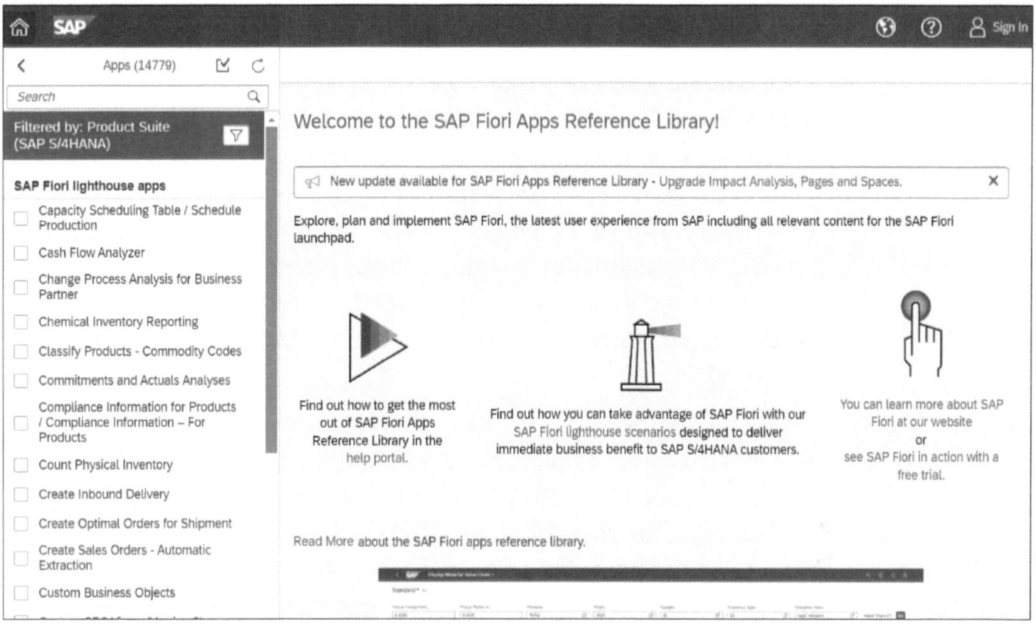

Abbildung 2.1 SAP-Fiori-Apps für SAP S/4HANA in der SAP Fiori Apps Reference Library

2.1.3 SAP Business Technology Platform

Der Fokus der IT-Branche und damit auch von SAP liegt seit Jahren auf den Cloud-Angeboten. SAP bietet daher seit vielen Jahren eine entsprechende Cloud-Plattform an. Zu Beginn noch unter dem Namen SAP Cloud Platform erschienen, trägt die Plattform seit 2021 den Namen *SAP Business Technology Platform* (SAP BTP).

Die SAP BTP wird als Platform-as-a-Service (PaaS) angeboten. SAP, Kunden und Drittanbieter können den Konsumenten in der SAP BTP Anwendungen, Dienste oder APIs zur Verfügung stellen. Die SAP BTP stellt somit einen zentralen Teil der IT-Landschaft dar.

Historie der SAP-Cloud-Umgebung

In der Geschichte der SAP BTP hat sich nicht nur der Name der Plattform geändert, sondern auch die Umgebungen haben sich verändert. Zunächst gab es zwei vollständige Cloud-Umgebungen für Cloud-Kunden: *SAP Cloud Platform, Neo Environment*, und *SAP Cloud Platform, Cloud Foundry Environment*. Die Neo-basierte Plattform war eine vollständig von SAP entwickelte, implementierte und betriebene Umgebung – im Prinzip ein SAP-eigener Standard. Die Cloud-Foundry-Umgebung war eine Umgebung, die auf dem gleichnamigen Standard basierte. Sie wurde nicht von SAP, sondern von den großen Cloud-Anbietern, sogenannten Hyperscalern, betrieben. Durch die Umbenennung der Plattform wurden beide Umgebungen mittlerweile umbenannt und sind unter den Namen *SAP BTP, Neo Environment*, und *SAP BTP, Cloud Foundry Environment*, bekannt. Es wurden außerdem weitere Umgebungen für ABAP, Kyma oder Kubernetes ergänzt. SAP spricht daher von der *Multi-Cloud Foundation*. Diese Multi-Cloud-Umgebung der SAP BTP ist mittlerweile das De-facto-Standardprodukt von SAP und Plattform für viele Produkte. Die SAP BTP, Neo-Umgebung, ist dementsprechend im sogenannten Sunset-Modus. Das bedeutet, dass es keine Innovationen mehr auf dieser Plattform gibt. Im Jahr 2028 wird die Plattform vollständig eingestellt (siehe SAP-Hinweis, unter *https://me.sap.com/notes/0003365019*).

Zielbild

Eine Frage, die man sich stellen könnte, ist, welchen Stellenwert die SAP BTP im SAP-Ökosystem einnimmt. SAP positioniert die SAP BTP als Parallelsystem zu SAP S/4HANA. Ziel ist ein standardisierter SAP-S/4HANA-Kern als Vorbereitung für die Public Cloud. Dabei gilt der Grundsatz *Keep the Core Clean*! Dies bedeutet, dass keine individuellen und kundenspezifischen Anpassungen am SAP-S/4HANA-System implementiert werden. Diese Individualisierung soll parallel auf der SAP BTP bereitgestellt werden. Das Konzept nennt sich Side-by-Side-Erweiterung.

2.1.4 SAP-Fiori-Systemlandschaft

Für den Aufbau von SAP-Fiori-Systemlandschaften gibt es unterschiedliche Möglichkeiten. Abhängig von den gewachsenen Unternehmensstrukturen, der gewachsenen Systemlandschaft, dem Zielbild der SAP-Systemlandschaft im Unternehmen und der Übergangsphase zwischen der Ist-Systemlandschaft und dem Zielbild kann es große Unterschiede geben. SAP bietet mit dem Leitfaden *SAP Fiori Deployment Options and System Landscape Recommendations*, abrufbar unter *http://s-prs.de/v1016804*, für die meisten Möglichkeiten eine passende Empfehlung.

Zentrales Hub Deployment in einer SAP-Business-Suite-Multisystemlandschaft

Für eine SAP-Systemlandschaft, die aus mehreren SAP-Business-Suite-Systemen besteht, ist die Verwendung eines zentralen Frontend-Servers das empfohlene Setup. Auf dem zentralen System sind die SAP-Fiori-UI-Komponenten, die SAP-Fiori-Launchpad-Inhalte sowie SAP Gateway installiert (siehe Abbildung 2.2). Da die SAP-Fiori-UI-Komponenten von SAP-Business-Suite-Systemen mit einigen Backend-Versionen kompatibel sind, ist es möglich, unterschiedliche Backend-Versionsstände mit einem zentralen SAP-Fiori-Frontend-Server zu verbinden. Die klassischen UIs, also SAP-Programme (Transaktionen) oder SAP-Web-Dynpro-Anwendungen werden weiterhin auf dem Backend-System bereitgestellt.

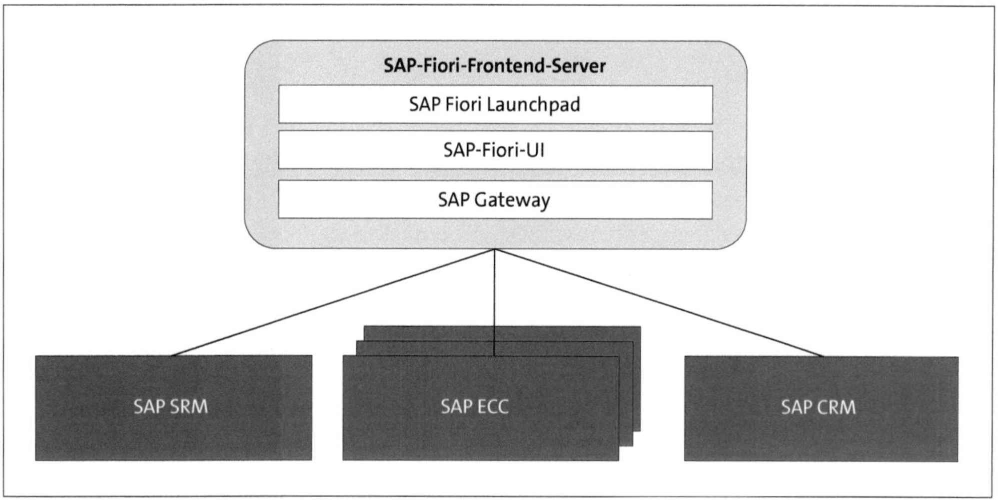

Abbildung 2.2 SAP-Business-Suite-Multisystemlandschaft

Zentrales Hub-Deployment in einer SAP-Business-Suite-Multisystemlandschaft mit einem SAP-S/4HANA-System

Solange, wie in Abbildung 2.3 dargestellt, nur ein einziges SAP-S/4HANA-System in Kombination mit weiteren auf der SAP Business Suite basierenden Systemen in der Systemlandschaft vorhanden ist, ist der Betrieb mit einem zentralen SAP-Fiori-Frontend-Server weiterhin möglich. Dabei ist allerdings zu beachten, dass der Frontend-Server in diesem Fall auf eine SAP-Fiori-Frontend-Version gebracht werden muss, die vom SAP-S/4HANA-System verlangt wird. Der Grund hierfür ist, dass die Frontend-Komponenten einer SAP-Fiori-App in SAP S/4HANA sehr viel stärker von den Backend-Komponenten abhängen.

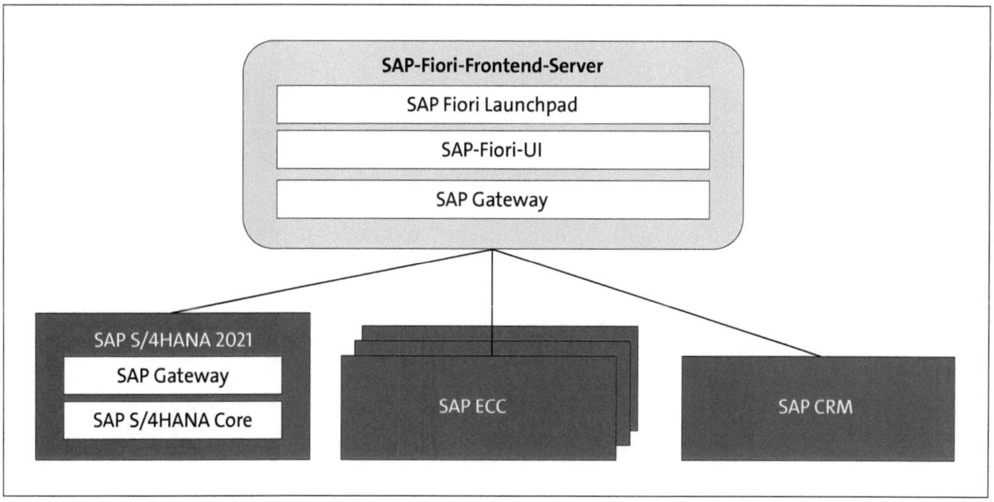

Abbildung 2.3 Multisystemlandschaft mit einem SAP-S/4HANA-System

Multisystemlandschaft mit mehr als einem SAP-S/4HANA-System

In diesem gemischten Szenario werden ein oder mehrere SAP-S/4HANA-Systeme zu einer bestehenden Systemlandschaft hinzugefügt, in der bereits ein zentraler SAP-Fiori-Frontend-Server als Hub vorhanden ist (siehe Abbildung 2.4). Für das neu hinzugefügte SAP-S/4HANA-System ist der eingebettete SAP-Fiori-Frontend-Server der empfohlene Ansatz. Die SAP-Fiori-UIs, der SAP-Fiori-Launchpad-Content und der SAP-Gateway-Server werden auf demselben Server wie die Backend-Komponenten bereitgestellt. Daher gibt es ein dediziertes SAP Fiori Launchpad für jedes zusätzliche SAP-S/4HANA-System. Um das zentrale SAP Fiori Launchpad mit dem systemlokalen SAP-S/4HANA-Launchpad zu verbinden, kann eine URL-Kachel definiert werden, die das lokale Launchpad oder eine App startet. Der Vorteil dieses Setups ist, dass der bestehende SAP-Fiori-Frontend-Server nicht beeinträchtigt wird. Der Nachteil ist sicherlich, dass es für den Benutzer einen Bruch in der Interaktion mit dem System gibt. Die Integration der Anwendungen aus dem SAP-S/4HANA-System über eine URL, um eine Anwendung oder das SAP Fiori Launchpad auf dem anderen System zu starten, ist keine 100-%-Integration.

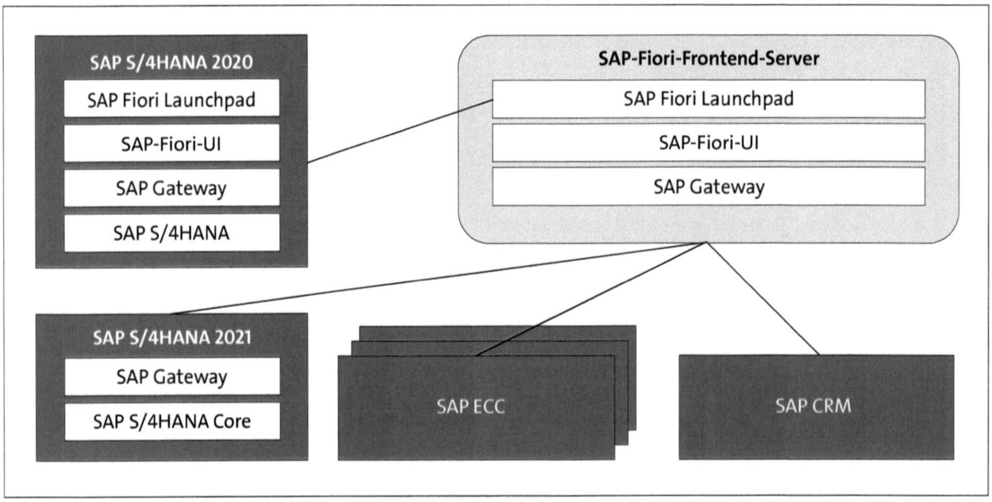

Abbildung 2.4 Multisystemlandschaft mit mehr mehreren SAP-S/4HANA-Systemen

Multisystemlandschaft mit SAP S/4HANA

Für Szenarien mit mehreren SAP-S/4HANA-Systemen ist das Embedded Deployment die empfohlene Konfiguration (siehe Abbildung 2.5). Die SAP-Fiori-Oberflächen, der SAP Fiori-Launchpad-Inhalt und der SAP-Gateway-Server werden zusammen mit den Backend-Komponenten auf demselben Server bereitgestellt. Auf dem zentralen Frontend-Server werden die kundenspezifischen Inhalte und die App **My Inbox** bereitgestellt.

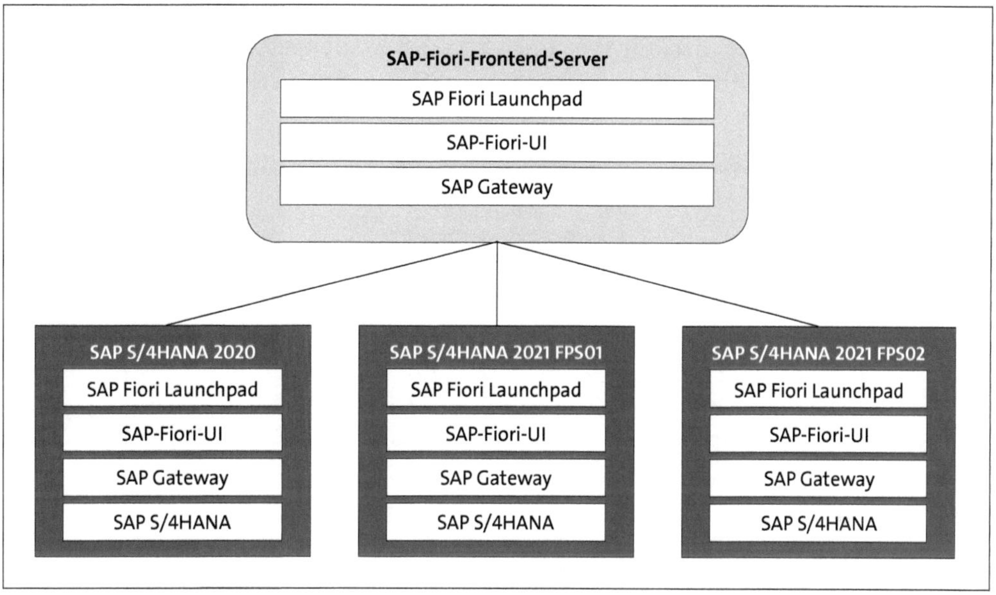

Abbildung 2.5 Multisystemlandschaft mit SAP S/4HANA

SAP bietet mit der SAP BTP und dem Produkt *SAP Build Work Zone* zwei zentrale Bausteine für eine durchgängige Benutzererfahrung (siehe Abbildung 2.6). Aus betrieblicher Sicht bleiben die angeschlossenen Lösungen und Systeme in Bezug auf Software Lifecycle Management, Berechtigungen und Business-Content-Struktur in sich geschlossen. Während jedes System weiterhin über eine lokale Homepage oder ein Launchpad als Einstiegspunkt verfügt, greifen Geschäftsanwender bevorzugt und komfortabel über SAP Build Work Zone auf alle für sie relevanten Anwendungen zu. Für Administratoren und Administratorinnen gibt es zwei Integrationsmöglichkeiten:

- **Manuelle Integration einzelner Anwendungen über Templates für gängige UI-Technologien wie SAPUI5, Web Dynpro ABAP oder SAP GUI for HTML**
  Webanwendungen können auch über den generischen (dynamischen) URL Launcher integriert werden. Sie können Anwendungen so konfigurieren, dass sie an Ort und Stelle (mit eingebettetem User Interface unter der Verwendung von iFrames) oder in einem neuen Tab geöffnet werden.
- **Erweiterte Content Federation**
  SAP-Produkte können als Content Provider dienen, indem sie ausgewählte Geschäftsinhalte wie Rollen, Anwendungen und zugehörige Metadaten bereitstellen. Der Datenaustausch basiert auf dem Format

Common Data Model (CDM), das zur generischen Beschreibung der Inhaltsstruktur verwendet wird. Jedes Anbietersystem ist dafür verantwortlich, seine Inhalte entsprechend dem CDM zu veröffentlichen.

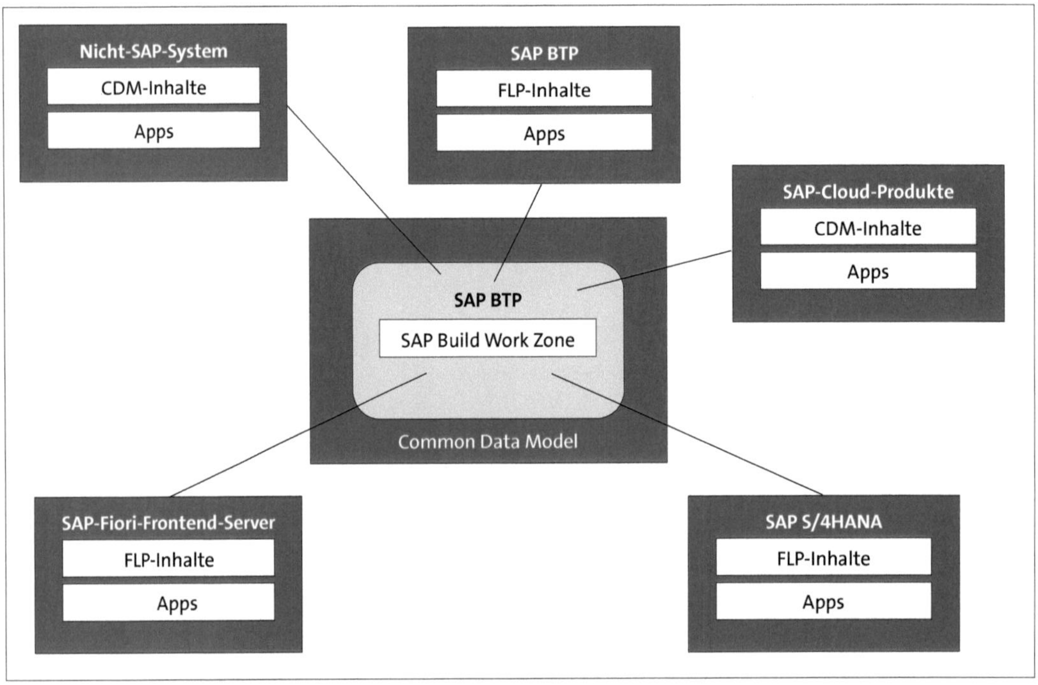

Abbildung 2.6 SAP Build Work Zone als zentraler Einstiegspunkt

[»]

Common Data Model

In Kapitel 3, »Objektmodell«, geben wir Ihnen einen etwas tieferen Einblick in das Common Data Model und seine Bestandteile sowie zu deren Zusammenspiel.

2.1.5 SAP Activate

Die Einführung von SAP-Software kann sehr komplex und zeitaufwendig sein. SAP bietet deshalb ein Framework zur Beschleunigung an: *SAP Activate*. SAP Activate bietet für SAP S/4HANA mit sofort einsatzbereiten digitalisierten Geschäftsprozessen, Implementierungswerkzeugen und Methoden eine Beschleunigung für den produktiven Einsatz an. Es unterstützt jeden Implementierungsmodus und arbeitet mit verschiedenen Ausgangspunkten, einschließlich Systemkonvertierung und Landschaftsumwandlung. SAP Activate besteht dabei aus den drei folgenden Aspekten:

- **Best Practices**
  SAP Activate liefert fertige Geschäftsprozesse, die für SAP S/4HANA optimiert sind. Diese Best Practices enthalten eine Referenzlösung in der Cloud sowie Details zur Erweiterbarkeit, wie Kunden, die die SAP-Prozesse am besten an die eigenen Bedürfnisse anpassen bzw. erweitern können.
- **Geführte Konfiguration**
  Eine Reihe von Werkzeugen für die unterstützte Implementierung, die von der anfänglichen Implementierung eines Projekts bis hin zum Go-live und darüber hinaus reichen. Geführte Konfigurationen ermöglichen es, Aktualisierungen an der bestehenden Konfiguration vorzunehmen. SAP-Innovationen können so einfach und unterbrechungsfrei eingeführt und gegebenenfalls angepasst werden. Die Ausrichtung erfolgt dabei immer entlang der Geschäftsprozesse. Die Orientierung an den Geschäftsprozessen ermöglicht die Zusammenarbeit zwischen Fachbereich und IT.
- **Methodik**
  Jede Implementierung beginnt mit Best Practices. Die Methodik verwendet einen konsistenten Ansatz, der für jeden gewählten Bereitstellungsmodus verwendet wird: Cloud, Hybrid, on-premise.

SAP Activate: Fazit

Kurz gesagt, diese Kombination aus SAP Best Practices, geführter Konfiguration und Methodik ermöglicht es Ihnen, intelligent zu bauen und einfach zu arbeiten. SAP Activate ermöglicht Kunden einen schnellen Start mit einer Referenzlösung, einschließlich SAP-Fiori-User-Experience. Die Lösung ist schlank (niedrigere Gesamtbetriebskosten und kontinuierliche Innovation), erweiterbar (integrierte Erweiterbarkeit zur Anpassung an Ihre Bedürfnisse) und flexibel. Weiterführende Informationen zu SAP Activate erhalten Sie beispielsweise unter *http://s-prs.de/v1016805*.

2.1.6 SAP Fiori und der Maintenance Planner

Die Planung, Bereitstellung und Wartung einer SAP-Landschaft ist bekanntermaßen eine komplexe und zeitaufwendige Aufgabe. SAP bietet mit dem cloudbasierte *Maintenance Planner* ein Werkzeug an, das SAP-Kunden bei der Planung und Wartung von Systemen in ihrer Landschaft unterstützt (siehe Abbildung 2.7). Damit können komplexe Aktivitäten wie die Installation eines neuen Systems oder die Aktualisierung bestehender Systeme geplant werden. Die Änderungen können so eingeplant werden, dass Sie zu einem günstigen Zeitpunkt durchgeführt werden können, um Ausfallzeiten zu minimieren. Der Maintenance Planner vereinfacht den Wartungsprozess, indem er kritische Aufgaben wie die Definition von Produktwartungsabhängigkeiten, die Implementierung von Änderungen durch die Generierung von Stack-Konfigurationen, das Herunterladen von Archiven usw. in einem einzigen Tool zusammenfasst. Der Maintenance Planner ist unter *https://apps.support.sap.com/sap/support/mp* verfügbar.

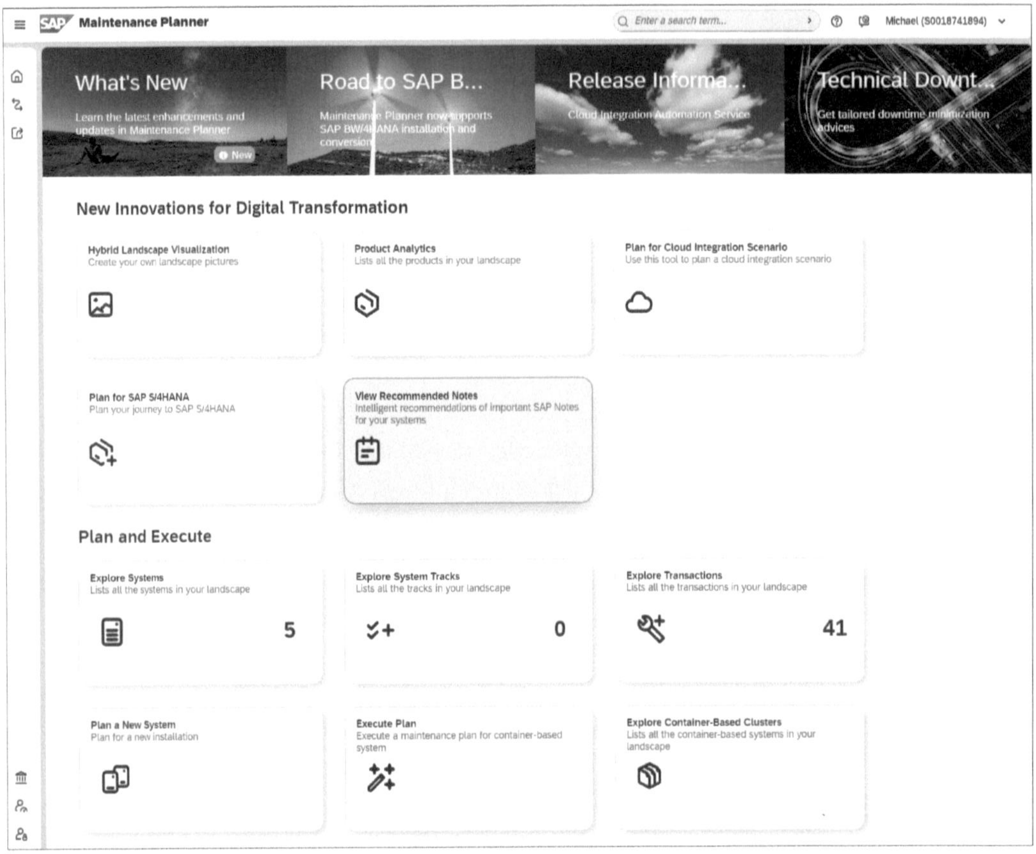

Abbildung 2.7 Maintenance Planner von SAP

Der Maintenance Planner kann bei den folgenden Aufgaben helfen:

- alle Systeme und System-Tracks in der Landschaft zu untersuchen
- eine neue Systeminstallation zu planen
- Update- oder Upgrade-Aktivitäten für ein bestehendes System zu planen
- Systeme in Tracks zu gruppieren und eine Sammelwartung durchzuführen
- die Analyse abhängiger, von Änderungen betroffener Systeme durchzuführen

- Änderungen an der Systemlandschaft zu identifizieren und zu bewerten
- ein neues SAP-S/4HANA-System oder die Migration eines bestehenden SAP-ERP-Systems in SAP S/4HANA zu planen

Maintenance Planner und SAP Fiori

Die Installation von SAP-Fiori-Apps erfordert eine umfassende Berücksichtigung der technischen Voraussetzungen. SAP-Fiori-Apps benötigen Frontend-, Backend- und gegebenenfalls SAP-HANA-Komponenten. Die benötigten Frontend- und Backend-Komponenten werden in separaten Produkten ausgeliefert und müssen in der Systemlandschaft installiert werden. Der Maintenance Planner berücksichtigt die Notwendigkeit der Installation von Frontend- und Backend-Komponenten, die in separaten Produkten geliefert werden, indem er alle Systemanforderungen für die Installation von SAP-Fiori-Apps berechnet.

Wenn man sich für eine Anwendungen entschieden, diese in der SAP Fiori Apps Reference Library ausgewählt und über den Button **Aggregate** aggregiert hat, kann über den in Abbildung 2.8 gezeigten Button **Prepare apps for planning with Maintenance Planner** geprüft werden, welche Anwendungen gemeinsam installiert werden können.

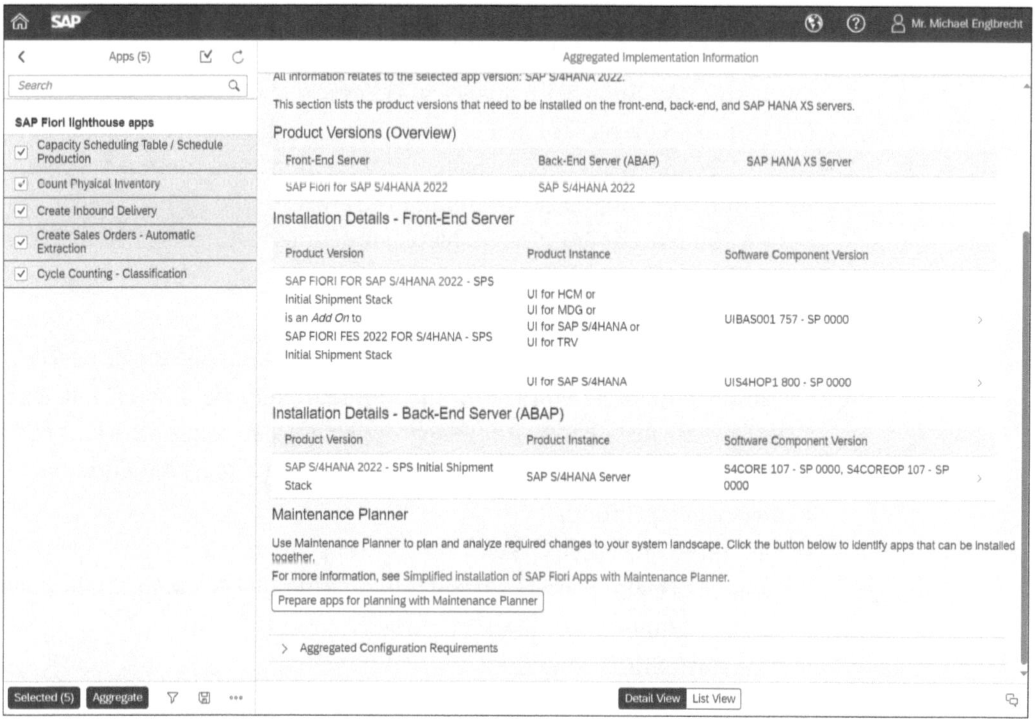

Abbildung 2.8 Planung von SAP-Fiori-Apps

Nach der Analyse wird ein Button mit der Aufschrift **Plan with Maintenance Planner** eingeblendet. Hierüber gelangen Sie in den Maintenance Planner und können dort die Installation weiter planen. Weiterführende Informationen und Voraussetzungen für die Arbeit mit dem Maintenance Planner entnehmen Sie Link, der in der SAP Fiori Apps Reference Library eingeblendet wird, oder direkt diesem Link *http://s-prs.de/v1016806*

2.2 System aufsetzen

Nachdem wir im vorangehenden Abschnitt über die Komponenten gesprochen haben, wendet sich der nachfolgende Abschnitt den wichtigsten Punkten beim Aufsetzen einer SAP-Fiori-Infrastruktur zu. Wir steigen dabei an dem Punkt ein, an dem das System entsprechend installiert und grundsätzlich aufgesetzt worden ist. Wir verwenden dabei eine integrierte SAP-S/4HANA-Installation, verweisen aber an den entsprechenden Stellen auch auf die Aspekte, die relevant sind, falls bei Ihnen eine Hub-Installation vorliegt.

2.2.1 ABAP-Aufgabenmanager

Mit dem ABAP-Aufgabenmanager für Lifecycle Management Automation (ABAP Task Manager) können Sie viele Konfigurationsaufgaben automatisieren. Der ABAP-Aufgabenmanager führt Sie mit vordefinierten Aufgabenlisten durch umfangreiche Konfigurationsprozesse, die Sie nach Bedarf anpassen können. Das SAP-System bietet vordefinierte Aufgabenlisten für die folgenden Anwendungsfälle:

- **ABAP-Erstinstallation**
  Nach der Installation eines neuen SAP-Systems müssen Sie das System für dessen Einsatz einrichten und konfigurieren. Sie müssen z. B. eine SAP-Lizenz installieren, Anmeldegruppen anlegen sowie das Transportmanagementsystem und die Sicherheitseinstellungen konfigurieren.
- **Sicherheitsprüfungen**
  Sie führen Sicherheitssystem-Smoke-Tests durch, wie z. B. die Überprüfung der Secure-Sockets-Layer-Konfiguration (SSL-Konfiguration) oder der Konfiguration des Basissystems.
- **SAP-Fiori-Einrichtung**
  Sie führen Systemkonfigurationsaufgaben für SAP Gateway oder das SAP Fiori Launchpad durch, beispielsweise grundlegende Konfigura-

tionsschritte für SAP Gateway, oder Sie aktivieren OData- und HTTP-Services des Launchpads auf einem Gateway-System.

- **Unternehmensweite Suche**
  Sie führen Konfigurationsaufgaben durch, um die Konfiguration und Verwaltung der Unternehmenssuche zu automatisieren.
- **ABAP-Post-Copy-Automatisierung**
  Vordefinierte Aufgabenlisten für die ABAP Post-Copy Automation sind nur verfügbar, wenn Sie eine Enterprise-Edition-Lizenz von SAP Landscape Management bzw. SAP Landscape Virtualization Management besitzen. Wenden Sie sich an Ihren SAP-Vertreter, um eine Lizenz zu erhalten, die diese Funktion verfügbar macht.

In den aktuellen Application-Server-ABAP-basierten SAP-Systemen sind mehr als 1.000 Arbeitsplanschritte verfügbar, mit denen Sie die Konfigurationsaufgaben mittels Transaktion STC01 automatisieren können. So können Sie neben den vordefinierten Arbeitsplänen auch eigene Pläne anlegen. Arbeitspläne verfügen über die folgenden Möglichkeiten zur Anpassung:

- Aufgabenlisten und enthaltene Aufgaben anzeigen
- Aufgaben in einem bestehenden Aufgabenplan hinzufügen, entfernen oder ändern
- nicht mehr benötigte Arbeitspläne löschen
- Aufgabenlisten kopieren
- einen Arbeitsplan ausführen (im Dialog oder als Hintergrundjob)
- eine Variante eines Plans erstellen (bei Aufgaben mit Parametern)
- Planvariante ausführen

Abbildung 2.9 zeigt eine selbst erstellte Aufgabenliste in Transaktion STC01. Nach dem Aufruf der Transaktion und der Vergabe eines eigenen Aufgabenlistennamens über das Feld **AufgListe** gelangen Sie über den Button [□] in die Bearbeitung der neuen Aufgabenliste. Über den Plus-Button [⊕] gelangen Sie in den Auswahldialog, über den sogenannte *Aufgabenklassen* zur Aufgabenliste hinzugefügt werden können. Nach dem Hinzufügen der Aufgabenklasse kann festgelegt werden, in welcher Automatisierungsphase die Aufgabenklasse ausgeführt werden soll. Über den Button **Attribute** geben Sie neben weiteren Informationen eine Beschreibung und, falls vorhanden, eine zugehörige Dokumentenklasse sowie ein Dokumentationsobjekt ein. Um die Erstellung abzuschließen, speichern Sie die neue Aufgabenliste über den Button **Speichern**.

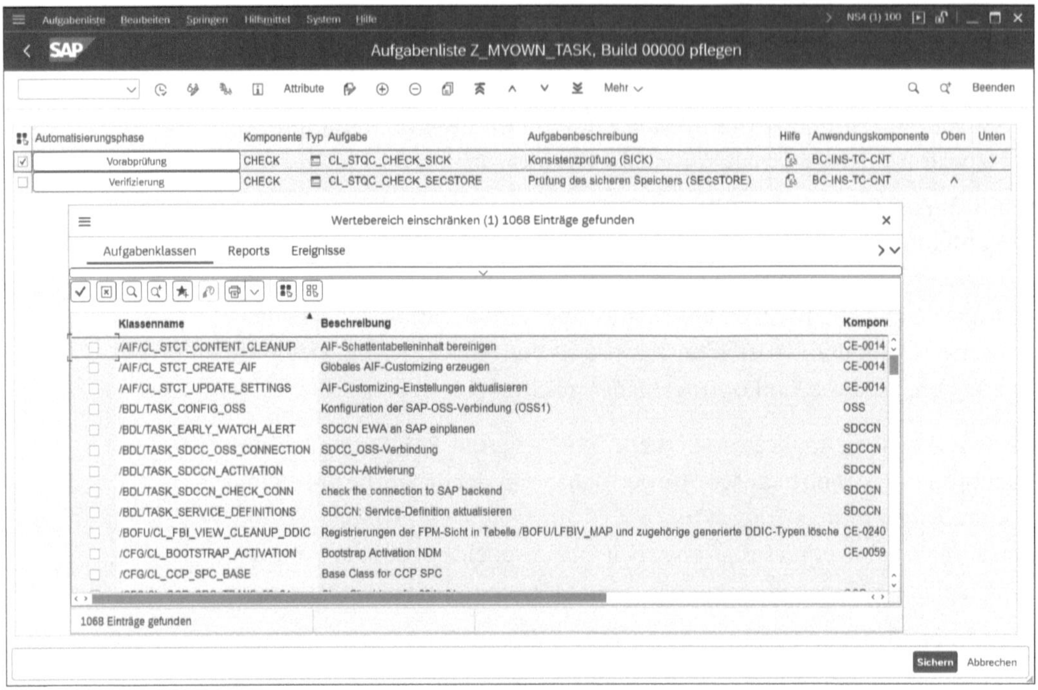

Abbildung 2.9 Eigene Aufgabenliste

Nachdem die eigene Aufgabenliste konfiguriert und gespeichert worden ist, kann sie ebenfalls über Transaktion STC01 ausgeführt werden. Nach der Auswahl der Aufgabenliste und einer je nach Aufgabenliste benötigten Parametrisierung kann die Aufgabenliste direkt über die Taste [F8] bzw. über einen Klick auf den Button oder aber im Hintergrund über die [F9]-Taste bzw. über den Button ausgeführt werden (siehe Abbildung 2.10). Nach Abschluss der Ausführung werden im Protokoll eventuell aufgetretene Abbruchmeldungen, Fehlermeldungen, Warnungen oder auch Erfolgsmeldungen angezeigt. Ein detailliertes Protokoll erhalten Sie über den Pfad **Aufgabenlistenlauf • Protokoll • Vollständiges Protokoll anzeigen**.

Der ABAP-Aufgabenmanager liefert zwar detaillierte Informationen über die ausgeführten Aufgabenlisten, bietet aber er keine Rückschau auf bereits abgearbeitete Aufgabenlisten, um z. B. die Fehlerursachen einzusehen oder zu überprüfen, ob eine bestimmte Aufgabenliste bereits ausgeführt und mit welchem Ergebnis die Ausführung beendet wurde. Um Details zu erhalten, bietet sich der Aufgabenlistenlauf-Monitor an, dessen Start über Transaktion STC02 erfolgt. Abbildung 2.11 zeigt das Einstiegsbild der Anwendung.

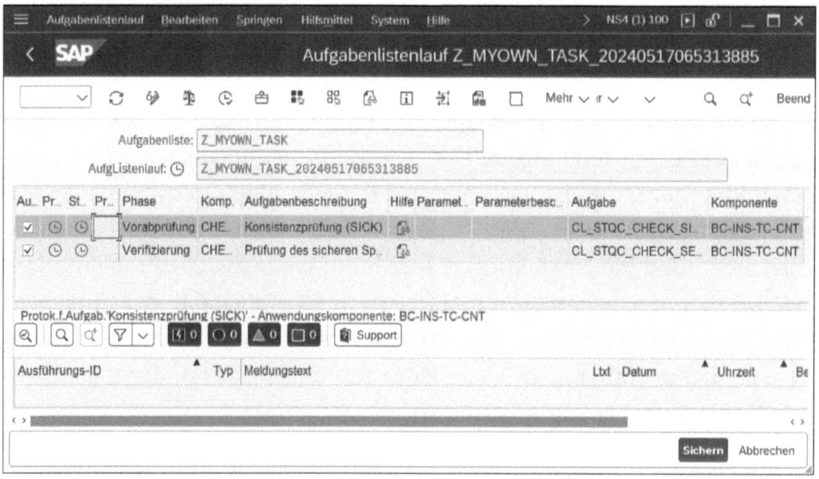

Abbildung 2.10 Aufgabenlisten pflegen

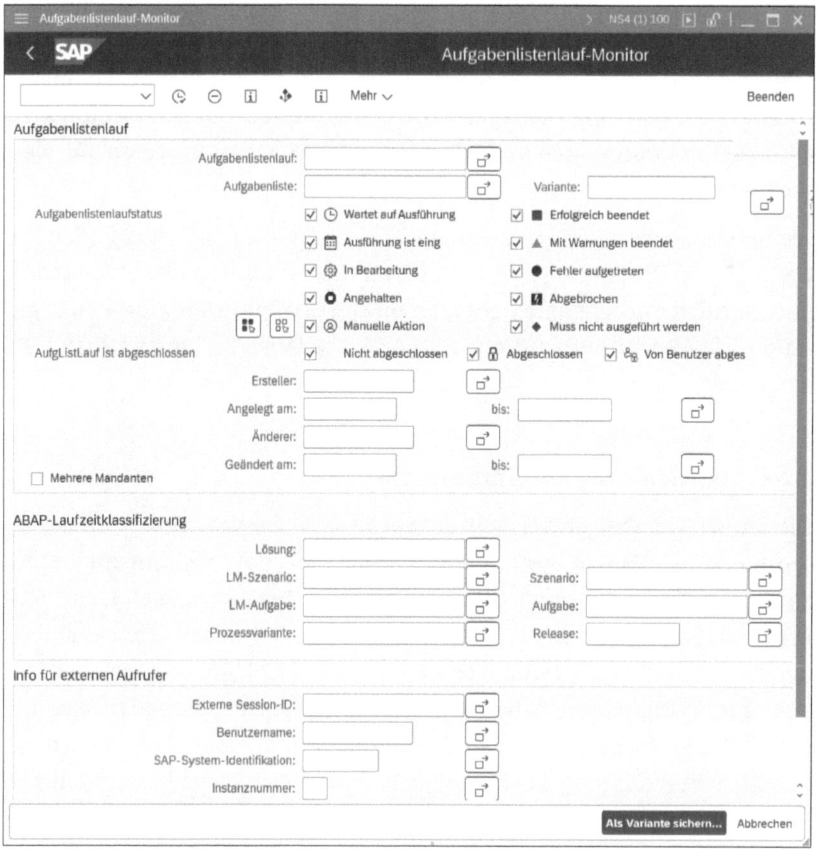

Abbildung 2.11 Transaktion STC02 – Aufgabenlistenlauf-Monitor

Über den Button (**Suche Start**) erhalten Sie eine Liste der ausgeführten Aufgabenlisten. Nach der Auswahl eines Eintrags werden die ausgeführten Aufgaben, deren Status und weitere Informationen angezeigt. Wählen Sie die Spalte **Status** der fehlgeschlagenen Aufgabe, um das Protokoll im unteren Teil des Bildes anzuzeigen. Der Eintrag enthält detaillierte Informationen und weitere Anweisungen. Wenn z. B. die Parametereinstellung fehlerhaft ist, können Sie in den Bearbeitungsmodus wechseln, dort die Parameter korrigieren und die Einstellungen speichern. Wenn Sie das Problem nicht beheben können, heben Sie die Markierung der Aufgabe in der Aufgabenliste auf, um sie zu überspringen. Der Konfigurationsschritt wird dann nicht in den Prozess einbezogen. Nach der Durchführung der Änderungen können Sie die Aufgabenliste erneut starten.

Weiterführende Informationen

Weitere Informationen über die Arbeit mit Aufgabenlisten im Allgemeinen und die erforderlichen Berechtigungen finden Sie im Dokument »Automatisierte Ersteinrichtung von Systemen auf Basis von SAP NetWeaver ABAP« unter *https://support.sap.com/sltoolset*, oder Sie folgen im System dem folgenden Pfad: **System Provisioning • System Provisioning Scenarios • Install a System using Software Provisioning Manager • Installation Option of Software Provisioning Manager 2.0 • Configuration Guides – Automated Initial Setup • Automated Initial Setup of ABAP Systems Based on SAP NetWeaver**.

Weitere Informationen zu Aufgabenlisten für SAP Fiori

Weitere Informationen zu Aufgabenlisten im Bereich SAP Fiori finden Sie, wenn Sie die Produktseite SAP Fiori Overview unter *https://help.sap.com/fiori* aufrufen und zu **Implement • Set up and Configure SAP Fiori • Configuration of SAP Fiori Infrastructure • Configure Using Automatic Task Lists** navigieren.

2.2.2 Aktivieren der Enterprise-Suche

Die SAP-Fiori-Suche ermöglicht die Suche nach Geschäftsobjekten im gesamten SAP-S/4HANA-System und die Suche nach Anwendungen im SAP Fiori Launchpad. Sie nutzt die *SAP Enterprise Search on HANA*. Mit SAP HANA als Basis greift die Suche direkt auf transaktionale Datenbanktabellen zu. Für wichtige Geschäftsobjekte stehen SAP-HANA-fähige Suchmodelle zur Verfügung. Sie haben eine einfache, tabellenbasierte Struktur, die eine hohe Performance bei der Ermittlung von Suchergebnissen ermöglicht. Wie in Abbildung 2.12 zu sehen, ist Enterprise-Suche Bestandteil von SAP S/4HANA. Die Suche muss zu deren Verwendung entsprechend aktiviert und konfiguriert worden sein.

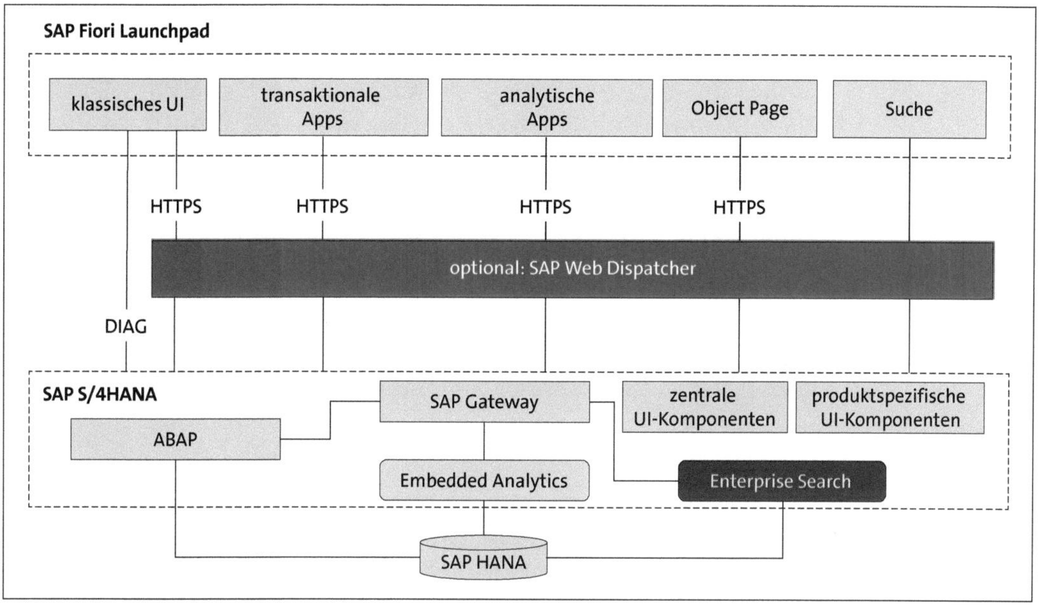

Abbildung 2.12 Unternehmenssuche in SAP S/4HANA

Um die SAP-Fiori-Suche im SAP Fiori-Launchpad zu aktivieren, befolgen Sie die folgenden Schritte. Die Suche nach Geschäftsobjekten wird durch die entsprechenden Suchmodelle ermöglicht.

1. Optional: SAP_ESH_RESET
2. SAP_ESH_INITIAL_SETUP_WRK_CLIENT
3. ESH_REFRESH_RUNTIME_BUFFER

Notwendige Berechtigungen für die Einrichtung der Enterprise-Suche

Der Benutzer, der die Aufgaben zum Einrichten der Enterprise-Suche durchführt, verfügt entweder über die Administratorrolle SAP_ESH_LOCAL_ADMIN oder über eine Rolle, die mindestens alle Berechtigungsobjekte der Rolle SAP_ESH_LOCAL_ADMIN enthält.

Enterprise-Suche zurücksetzen

Nach einem System-Upgrade oder, falls nicht sicher ist, wie der aktuelle Zustand der Enterprise-Suche auf dem System aussieht, kann es notwendig sein, die Enterprise-Suche zurückzusetzen. Um die Enterprise-Suche in den initialen Zustand zurückzusetzen, rufen Sie Transaktion STC01 auf. Geben Sie in das Feld **AufgListe** den Wert »SAP_ESH_RESET« ein, und generieren Sie die Aufgabenliste, indem Sie auf die Taste F8 drücken bzw. den Button anklicken. Anhand des aktiven Icons ist zu erkennen, dass diese Aufgabe die Eingabe von Parametern benötigt. Klicken Sie also darauf, und Sie werden in die Variantenpflege des Aufgabenschrittes geleitet. Aktivieren Sie das Kennzeichen **Zurücksetzen für diesen Mandanten bestätigt** aus, und belassen Sie es bei der Aktivierung des Kennzeichens **Kundenspezifisches Daten (Modelle, Anfangsvarianten etc.) behalten** (siehe Abbildung 2.13). Zum Abschluss speichern Sie Ihre Anpassung über einen Klick auf den Button **Sichern** und wechseln mit F3 in das Ausgangsbild zurück.

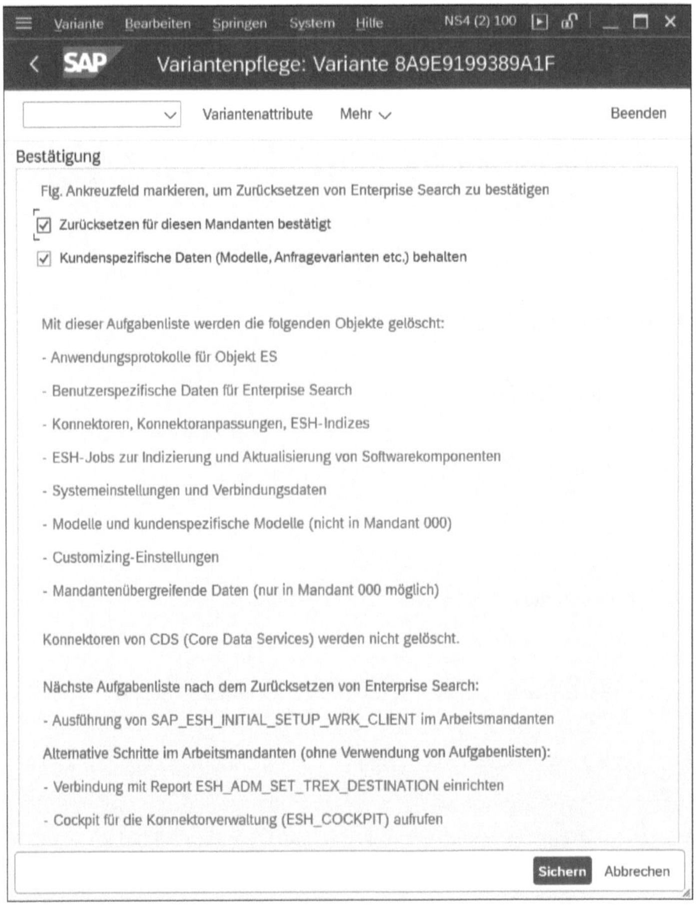

Abbildung 2.13 Variantenpflege

Um die Aufgabenliste zu starten, wählen Sie erneut den Button . Da die Abarbeitung der Aufgabenliste durchaus länger dauern kann, wählen Sie im daraufhin erscheinenden Dialog den Button **Hintergrund** und veranlassen so die Verarbeitung der Aufgabenliste als Hintergrundprozess. Um den aktuellen Stand der Verarbeitung zu erhalten, klicken Sie auf den Button .

Konfiguration zurücksetzen

Die Ausführung des Arbeitsplans SAP_ESH_RESET ist ein optionaler Schritt. Verwenden Sie diese Aufgabenliste, um Enterprise-Search-spezifische Daten und Konfigurationen zurückzusetzen. Nach der Abarbeitung der Aufgabe befindet sich die Enterprise-Suche im Auslieferungszustand. Eine Ausnahme gibt es jedoch: Kundenspezifische Modelle werden standardmäßig nicht gelöscht. Um die Enterprise-Suche ohne kundenspezifische Modelle in den Auslieferungszustand zu versetzen, sollten Sie die entsprechende Voreinstellung in der Parameteransicht dieser Aufgabe deaktivieren.

Aufgabenplan SAP_ESH_INITIAL_SETUP_WRK_CLIENT

Nachdem die Enterprise-Suche zurückgesetzt worden ist, setzen wir den Aufgabenplan SAP_ESH_INITIAL_SETUP_WRK_CLIENT fort. Dieser Aufgabenplan gewährleistet die automatische Ersteinrichtung der Enterprise-Suche im Arbeitsmandanten. Da der Prozess sehr zeitaufwendig sein kann, empfiehlt es sich, die Aufgabenliste im Hintergrund zu starten.

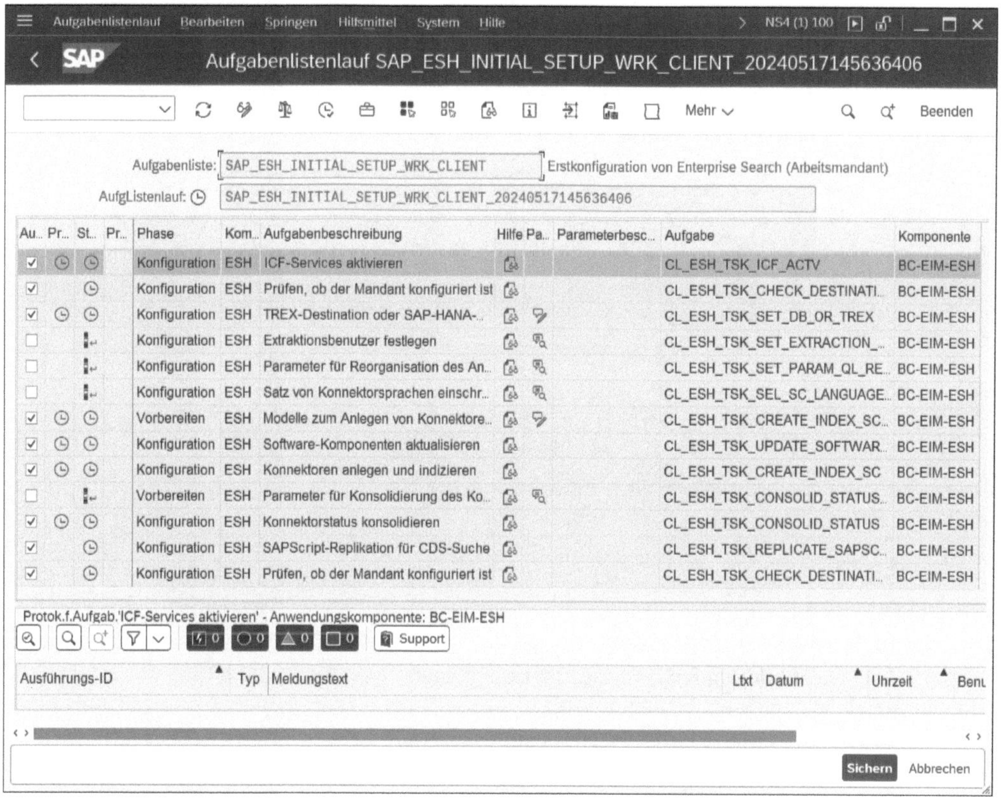

Abbildung 2.14 Aufgabenliste SAP_ESH_INITIAL_SETUP_WRK_CLIENT

Die Aufgabenlisten für die Enterprise-Suche können beträchtlichen Speicherplatz beanspruchen und je nach Anzahl der Suchkonnektoren mehrere Stunden dauern. Beachten Sie zudem SAP-Hinweis 2626107 (Wie führe ich den Arbeitsplan SAP_ESH_INITIAL_SETUP_WRK_CLIENT aus). Dieser Hinweis enthält auch Informationen zu älteren SAP_BASIS-Releases, bei denen der Arbeitsplan `SAP_ESH_INITIAL_SETUP_000_CLIENT` im Mandanten 000 ausgeführt werden muss, bevor der Aufgabenplan `SAP_ESH_INITIAL_SETUP_WRK_CLIENT` im Arbeitsmandanten gestartet werden kann. Abbildung 2.14 zeigt das Einstiegsbild der Aufgabenliste `SAP_ESH_INITIAL_SETUP_WRK_CLIENT`.

Da die Aufgabenliste nicht spezifisch für SAP S/4HANA ist, sondern auch für andere Installationsvarianten genutzt werden kann, müssen vor deren Ausführung noch einige Parameter festgelegt werden.

SAP-HANA-DB Verbindung

Öffnen Sie die Parameterpflege für die Aufgabe **RFC-Destination von TREX oder DB-Verbindung zu SAP HANA festlegen**, und stellen Sie sicher, dass für die vorliegende Installationsvariante der Parameter **Primäre DB-Verbindung von SAP HANA verwenden: STANDARD** gesetzt ist (siehe Abbildung 2.15). Die Optionen **TREX verwenden** und **Sekundäre DB-Verbindung von SAP HANA verwenden** gelten für SAP-Business-Suite-Systeme. Rufen Sie sich nochmals in Erinnerung, dass Object Pages bzw. Factsheets eine SAP-HANA-Datenbank benötigen und nur dann verwendet werden können.

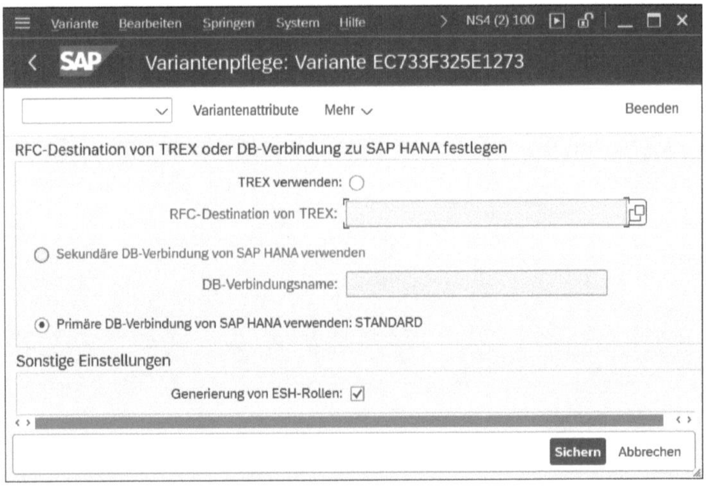

Abbildung 2.15 RFC-Destination pflegen

Um festzulegen, für welche Softwarekomponente Suchmodelle angelegt werden sollen, wählen Sie auf der Ebene des Eintrags **Modelle zum Anlegen**

von Konnektoren auswählen die Parameterpflege über den Button aus. Dort wählen Sie, wie in Abbildung 2.16 gezeigt, die Softwarekomponente **SAP-APPLH** aus. Um herauszufinden, welche Softwarekomponente für den jeweilige Kontext passend ist, werfen Sie einen Blick in SAP-Hinweis 2848050 (Suche nach Softwarekomponenten in SAP S/4HANA On-Premise). Nachdem Sie Ihre Auswahl getätigt haben, speichern Sie Ihre Anpassungen und wechseln mit F3 zurück in die Aufgabenliste.

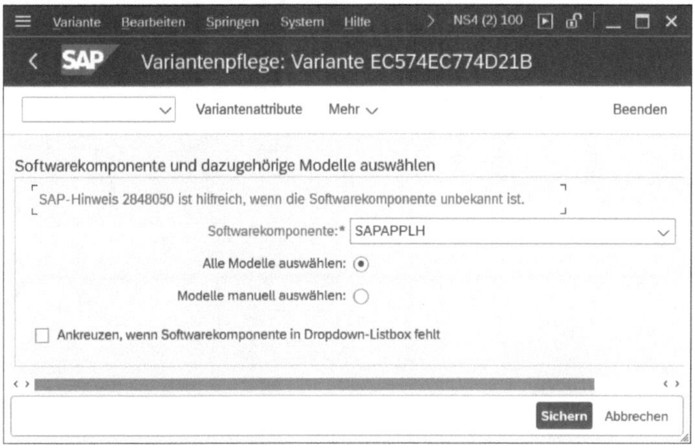

Abbildung 2.16 Softwarekomponente festlegen

Aufgabenliste starten

Da die Ausführung der Aufgabenliste eine gewisse Zeit in Anspruch nehmen kann, starten wir die Aufgabenliste nun im Hintergrund. Hierzu klicken wir auf den Button . Sollten Sie den Dialog weiterhin geöffnet haben, können Sie über den Button den aktuellen Status der Verarbeitung abfragen. Nachdem die Aufgabenliste abgearbeitet ist, erhält man, wie in Abbildung 2.17 gezeigt, eine Übersicht über den Beendigungsstatus der einzelnen Aufgaben.

Jobprotokoll prüfen

Sie können über das Jobprotokoll ebenfalls prüfen, wie der aktuelle Bearbeitungszustand der Aufgabenliste ist. Hierzu rufen Sie Transaktion SM37 auf, geben in das Feld **Jobname** den Wert »STCTM_*« ein und betätigen im Anschluss die Taste F8 auf Ihrer Tastatur, oder Sie klicken auf den Button **Ausführen**. Im Anschluss erhalten Sie, wie in Abbildung 2.18 gezeigt, den aktuellen Status. In unserem Beispiel ist die Verarbeitung erfolgreich abgeschlossen worden.

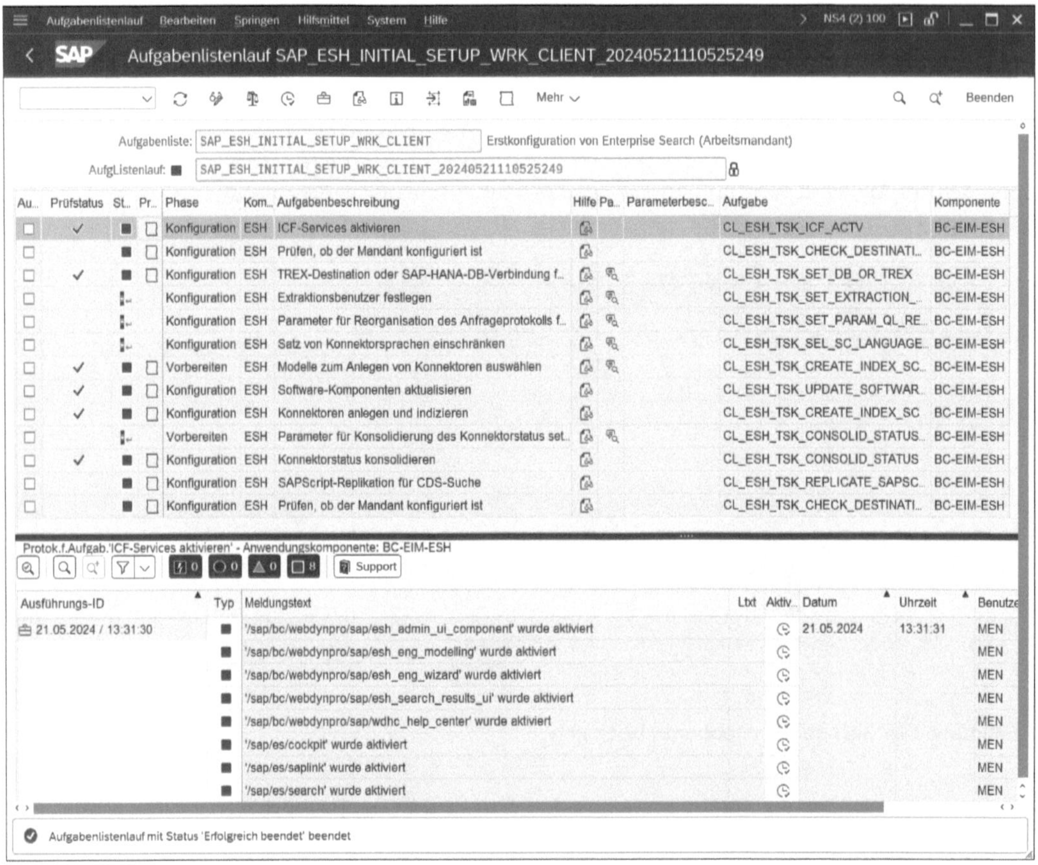

Abbildung 2.17 Erfolgreiche Ausführung der Aufgabenliste SAP_ESH_INITIAL_SETUP_WRK_CLIENT

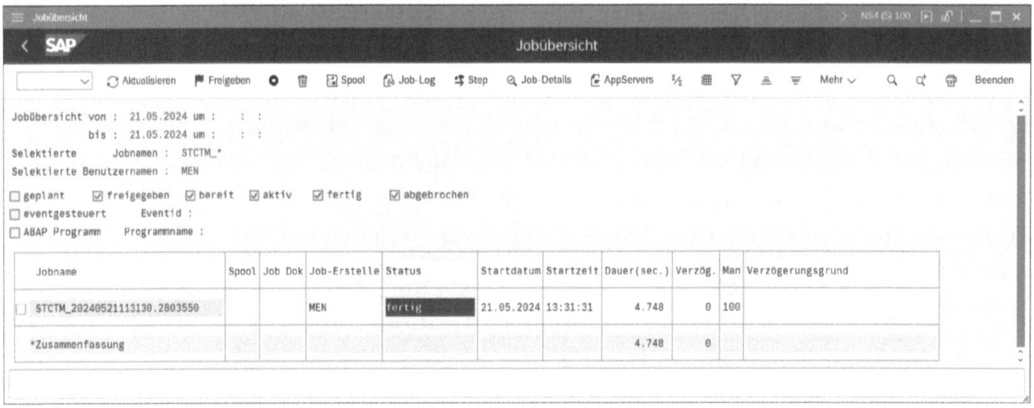

Abbildung 2.18 Jobübersicht in Transaktion SM37

Aufgabenliste SAP_ESH_CREATE_INDEX_SC

Die Durchführung der Aufgabenliste SAP_ESH_CREATE_INDEX_SC ist optional. Diese Aufgabenliste dient dazu, Suchkonnektoren zu erstellen und zu indizieren. Wie man es Abbildung 2.19 entnehmen kann, sind die Aufgaben von SAP_ESH_CREATE_INDEX_SC eine Teilmenge der Aufgaben von SAP_ESH_INITIAL_SETUP_WRK_CLIENT.

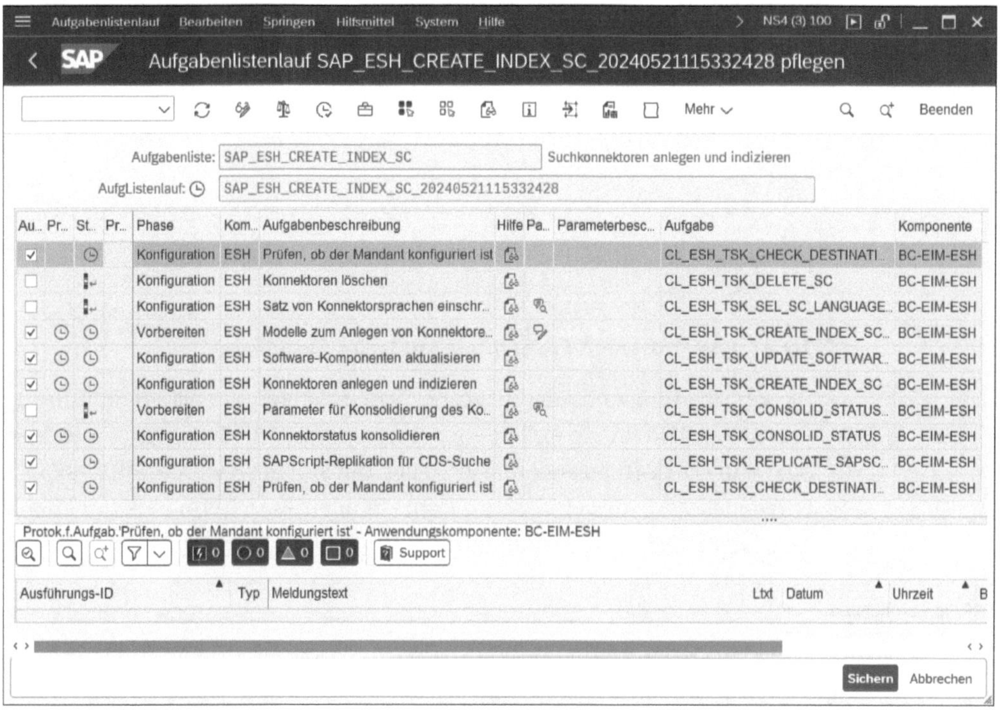

Abbildung 2.19 Aufgabenliste SAP_ESH_CREATE_INDEX_SC

Laufzeitpuffer aktualisieren

Nach Abschluss der Aufgabenliste SAP_ESH_INITIAL_SETUP_WRK_CLIENT sollte der Report ESH_REFRESH_RUNTIME_BUFFER ausgeführt werden, um den Laufzeitpuffer zu aktualisieren. Hierzu rufen Sie Transaktion SE38 auf, tragen in das Feld **Programm** den Namen des Programms ein und starten das Programm mit F8 oder mit einem Klick auf den Button (siehe Abbildung 2.20). Die Ausführung des Programms kann unter Umständen längere Zeit in Anspruch nehmen; daher bietet es sich an, es im Hintergrund auszuführen. Sie können das Programm über **Programm • Ausführen • Hintergrund** entsprechend auch als Background-Task starten.

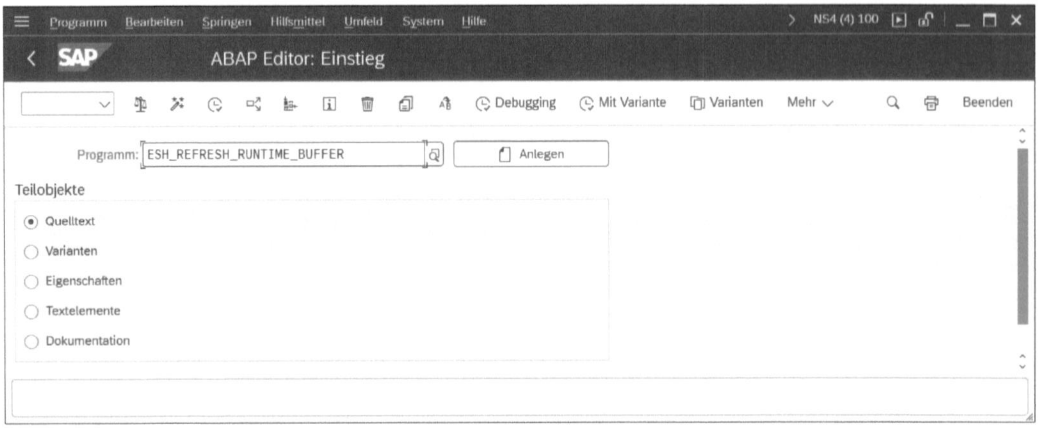

Abbildung 2.20 ABAP Editor zum Ausführen eines Programms

2.2.3 SAP S/4HANA Embedded Analytics aktivieren

Die Verarbeitung und Analyse großer Datenmengen war bis zur Einführung von SAP S/4HANA eigentlich eher Aufgabe von SAP Business Warehouse oder von Plattformen anderer Hersteller. Mit S/4HANA wurde SAP S/4HANA Embedded Analytics eingeführt. Dabei handelt es sich um eine integrierte Analyseplattform (siehe Abbildung 2.21).

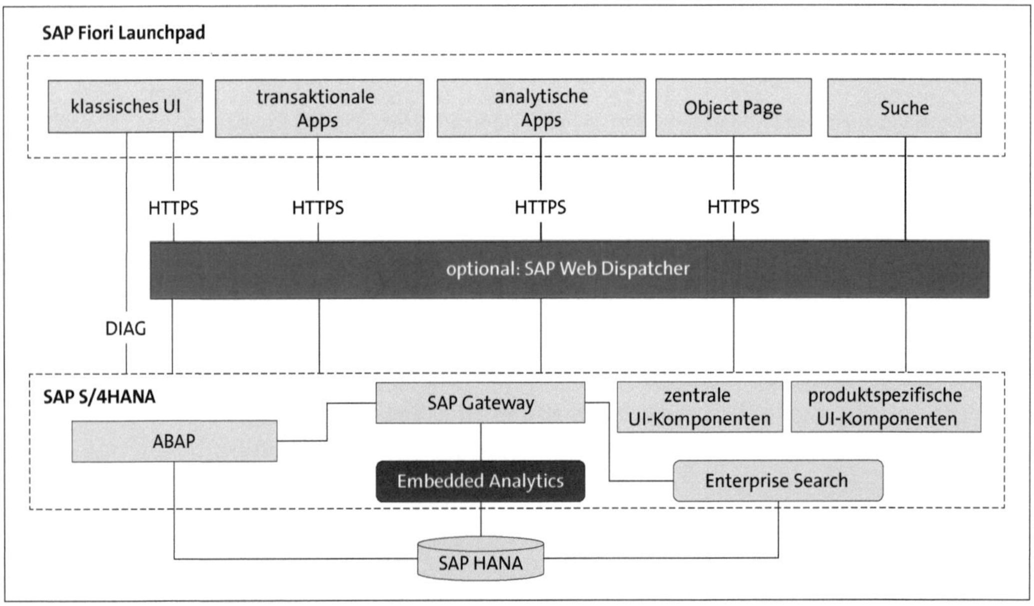

Abbildung 2.21 Embedded Analytics – zentraler Bestandteil von SAP S/4HANA

Die Integration in das SAP-S/4HANA-System ermöglicht eine direkte Einbettung in die Geschäftsprozesse. Kunden können umfassende Analysen erstellen, und Entscheidungen können anhand von Echtzeitdaten getroffen werden. Hierzu werden Dashboards, Berichte, Datenvisualisierungen und Werkzeuge bereits mit der Plattform ausgeliefert. Der passende SAP-Fiori-Floorplan ist dabei die SAP Fiori Analytical List Page (siehe, *http://s-prs.de/v1016807*). Um SAP S/4HANA Embedded Analytics nutzen zu können, muss nach dessen Installation die Plattform durch eine Konfiguration entsprechend aufgesetzt werden.

Weitere Details, um SAP S/4HANA Embedded Analytics aufzusetzen und zu konfigurieren, liefert SAP-Hinweis 2289865 (Konfigurationsschritte für SAP S/4HANA Analytics).

BW-Inhalte aktivieren

Bevor Sie mit der Installation des Business-Warehouse-Inhalts beginnen, lesen Sie SAP-Hinweis 2303900 (Aktuelle Informationen zur BW-Einrichtung in SAP-S/4HANA-Systemen). Dieser Hinweis beschreibt die notwendigen Schritte zur Konfiguration von SAP S/4HANA Embedded Analytics und bezieht sich auf die Aufgabenliste `SAP_BW_SETUP_INITIAL_S4HANA`. Im Anschluss rufen Sie den ABAP-Aufgabenmanager auf und geben in das Feld **AufgListe** den Wert »SAP_BW_SETUP_INITIAL_S4HANA« ein. Wir bestätigen unsere Eingabe und gelangen in die in Abbildung 2.22 gezeigte Aufgabenliste.

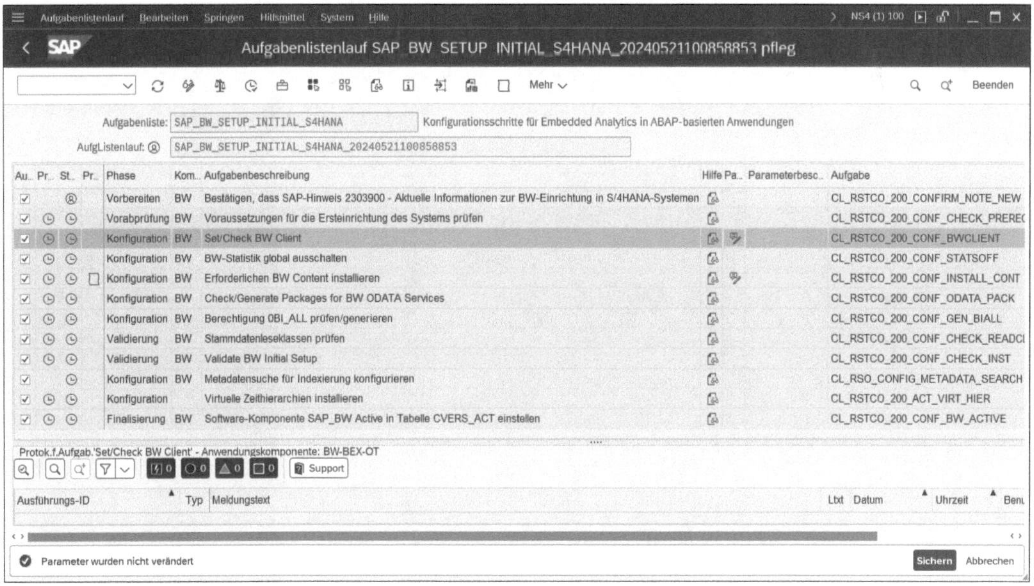

Abbildung 2.22 Aufgabenliste SAP_BW_SETUP_INITIAL_S4HANA

Bevor Sie die Aufgabenliste ausführen, müssen Sie sicherstellen, dass beim Arbeitsschritt **Set/Check BW Client** der korrekte Mandant als Parameter hinterlegt ist. Hierzu klicken Sie auf den Button und hinterlegen, falls erforderlich, den entsprechenden Mandanten. Wenn Sie sicherstellen wollen, dass die Installationen durchgeführt und etwaige zuvor ausgeführte Installationen von BW-Content überschrieben worden sind, aktivieren Sie den Parameter im Arbeitsschritt **Erforderlichen BW Content installieren** entsprechend. Vor dem Start ist es außerdem erforderlich, die erste Aufgabe zu bestätigen. Diese stellt sicher, dass Sie SAP-Hinweis 2303900 über aktuelle Informationen zur BW-Einrichtung in SAP-S/4HANA-Systemen gelesen haben. Zur Bestätigung klicken Sie bei der ersten Aufgabe auf den Button in der Spalte **Status**. Es öffnet sich ein Dialog, indem Sie bestätigen, dass Sie den genannten Hinweis gelesen haben. Starten Sie nun die Aufgabenliste mit einem Klick auf den Button .

Ereignisprotokoll

Das Ergebnis der Aufgabe **Install essential BW Content** kann über das Anwendungsprotokoll verfolgt werden. Hierzu rufen Sie zunächst Transaktion SLG1 auf und geben in das Feld **Objekt** den Wert »RSTCO_UT« ein. Je nach Auswertungswünschen, z. B. einem anderem Protokollzeitraum, können Sie noch Änderungen an den Filtereinstellungen durchführen. Im Anschluss klicken Sie auf den Button **Ausführen** oder drücken die Taste F8. Als Ergebnis erhalten Sie das in Abbildung 2.23 gezeigte Protokoll, gefiltert nach Einträgen für das Objekt RSTCO_UT. Wählt man einen Protokolleintrag aus, erhält man weitere Informationen zu diesem.

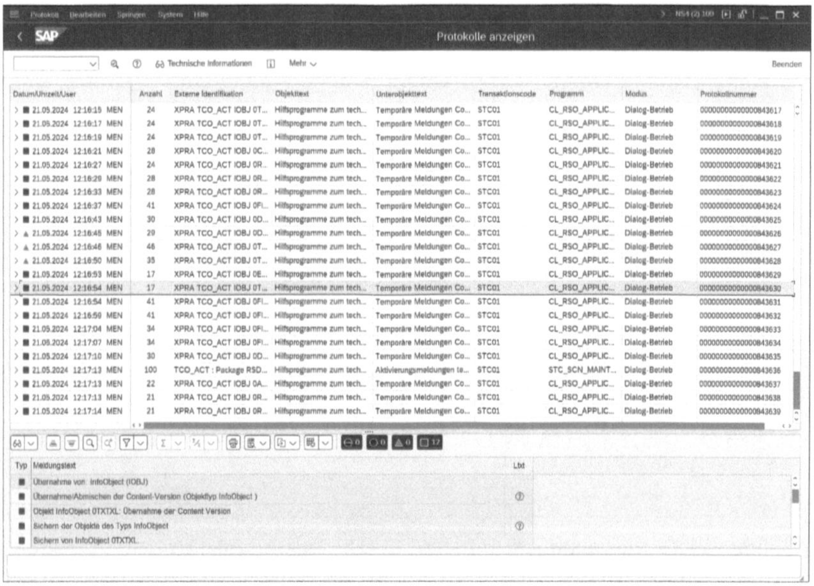

Abbildung 2.23 Ausführungsprotokoll

[«]

2

Design Studio

Die Konfiguration des Design Studios erfordert zusätzliche Aufgaben, die in diesem Buch nicht behandelt werden. Einzelheiten finden Sie in SAP-Hinweis 2356997 und auf den Wiki-Seiten unter *http://s-prs.de/v1016808*.

2.2.4 SAP Web Dispatcher

Der *SAP Web Dispatcher* ist zentraler Bestandteil der SAP-Systemlandschaft, der als HTTP(S)-Reverse-Proxy fungiert. Seine Hauptaufgabe besteht darin, eingehende HTTP-Anfragen von Benutzern oder externen Systemen entgegenzunehmen und sie an die entsprechenden SAP-Systeme weiterzuleiten. Im Folgenden finden Sie einige Hauptfunktionen des SAP Web Dispatchers:

- **Lastenausgleich**
  Der SAP Web Dispatcher verteilt eingehende Anfragen gleichmäßig auf mehrere SAP-Systeme, um die Last zu verteilen und die Leistung zu optimieren. Dies trägt dazu bei, Engpässe zu vermeiden und die Systemverfügbarkeit zu verbessern.
- **Sicherheit**
  Der SAP Web Dispatcher dient als Sicherheits-Gateway für den Zugriff auf SAP-Systeme von externen Netzwerken. Er ermöglicht die Implementierung von Sicherheitsrichtlinien sowie die Authentifizierung und Verschlüsselung, um die Integrität und Vertraulichkeit der Daten zu gewährleisten.
- **Routing und Weiterleitung**
  Basierend auf definierten Regeln und Konfigurationen kann der SAP Web Dispatcher Anfragen an unterschiedliche SAP-Systeme oder -Anwendungen weiterleiten. Dies ermöglicht eine flexible Architektur und die Integration verschiedener SAP-Komponenten.
- **Protokollierung und Überwachung**
  Der SAP Web Dispatcher bietet umfangreiche Protokollierungs- und Überwachungsfunktionen, um den Datenverkehr zu überwachen, Leistungsindikatoren zu erfassen und Probleme proaktiv zu erkennen und zu beheben.

Insgesamt spielt der SAP Web Dispatcher eine zentrale Rolle (siehe Abbildung 2.24) in der SAP-Systemlandschaft, indem er die Kommunikation zwischen Benutzern und SAP-Systemen erleichtert, die Sicherheit erhöht und die Leistung optimiert. Der SAP Web Dispatcher ist in einer SAP-Fiori-Hub-Installation, bei der ein Frontend- und mindestens ein Backend-Server zum

Einsatz kommen, zwingend erforderlich, da er die Routingzentrale für das Weiterleiten der Anfragen an das entsprechend korrekte System ist. In einer SAP-Fiori-Embedded-Installation ist er nicht zwingend erforderlich. Allerdings bietet er die genannten Fähigkeiten und die daraus abgeleiteten Vorteile bei dessen Einsatz.

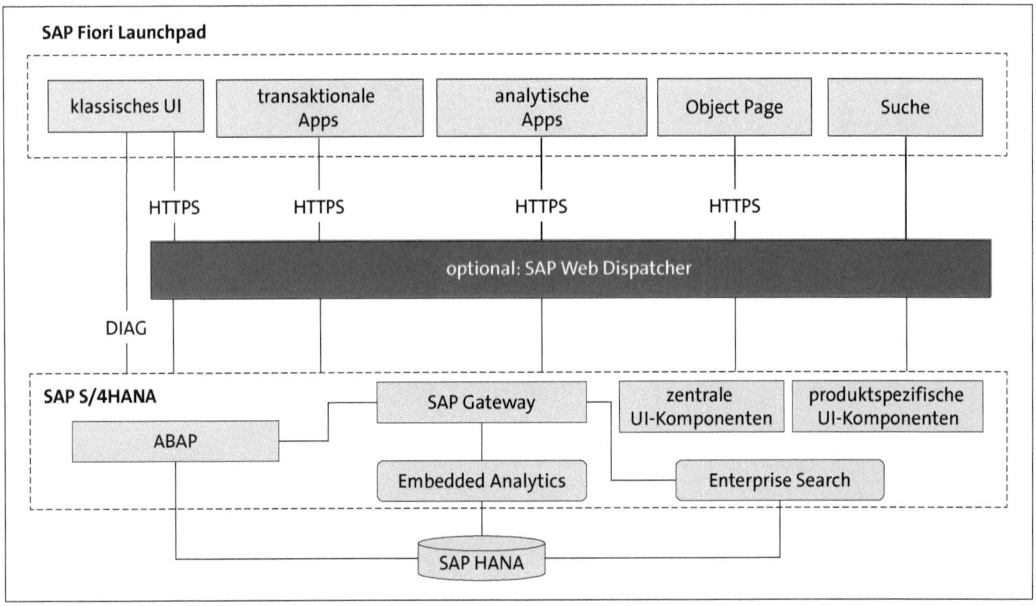

Abbildung 2.24 SAP Web Dispatcher

Wir gehen in diesem Abschnitt nicht näher auf die Installation und Konfiguration des SAP Web Dispatchers ein. Weiterführende Informationen zur Installation finden Sie unter *https://help.sap.com/viewer/nwguidefinder* sowie in SAP-Hinweis 908097 (SAP Web Dispatcher: Release, Installation, Patches, Dokumentation) unter diesem Link *https://me.sap.com/notes/908097*.

2.3 SAP-Fiori-Komponenten aufsetzen

Wie in Abschnitt 2.1.4 geschildert, setzt sich eine SAP-Fiori-Landschaft aus einigen Komponenten zusammen. All diese Komponenten müssen vor der ersten Verwendung zunächst aktiviert und konfiguriert werden. In diesem Abschnitt besprechen wir diese Schritte.

2.3.1 Rapid Content Activation

Der niederschwellige Einstieg in die Nutzung von SAP-Produkten ist seit einiger Zeit ein wichtiges Anliegen von SAP – gerade vor dem Hintergrund, dass Systemlandschaften immer komplexer werden und aus immer mehr Einzelteilen bestehen. Mit SAP Activate (siehe Abschnitt 2.1.5) bietet SAP die Möglichkeit eines solchen niederschwelligen Einstiegs. Auch für das Aufsetzen der SAP-Fiori-Infrastruktur gibt es von SAP eine Starthilfe, die den Namen *Rapid Content Activation* trägt. Es beginnt mit dem Aufsetzen der Infrastruktur und endet mit der Bereitstellung von SAP-Fiori-Standardlösungen. Ziel ist es, schnell und mit wenig Komplexität in die Nutzung von SAP Fiori und SAP-Fiori-Lösungen einzusteigen. Der Sammelhinweis 2902673 (Schnelle Aktivierung für SAP Fiori in SAP S/4HANA – Übersicht – SAP for Me) unter dem Link *https://me.sap.com/notes/2902673* gibt Ihnen alle relevanten Informationen darüber, was Sie bei der Bereitstellung von Inhalten beachten müssen.

2.3.2 SAP Gateway

Die Konfiguration von SAP Gateway in einer SAP-Fiori-Umgebung besteht aus einigen Einzelschritten. Für jeden Einzelschritt gibt es eine entsprechende Aufgabenliste:

- SAP_GATEWAY_BASIC_CONFIG
- SAP_FIORI_LAUNCHPAD_INIT_SETUP
- /UI5/SCHEDULE_JOB_UPDATE_CACHE
- SAP_GATEWAY_ACTIVATE_ODATA_SERV
- SAP_BASIS_ACTIVATE_ICF_NODES

Jede dieser Aufgabenliste müsste je nach Installationsvariante auf dem Frontend- oder Backend-Server für die Erstkonfiguration ausgeführt werden. Für die Installation eines Embedded-Systems bietet SAP die Aufgabenliste `SAP_GW_FIORI_ERP_ONE_CLNT_SETUP` an. Abbildung 2.25 zeigt die Aufgabenliste in Transaktion STC01. Nachdem Sie die Parameter bei den mit dem Button versehenen Aufgaben konfiguriert haben, kann die Aufgabenliste gestartet werden.

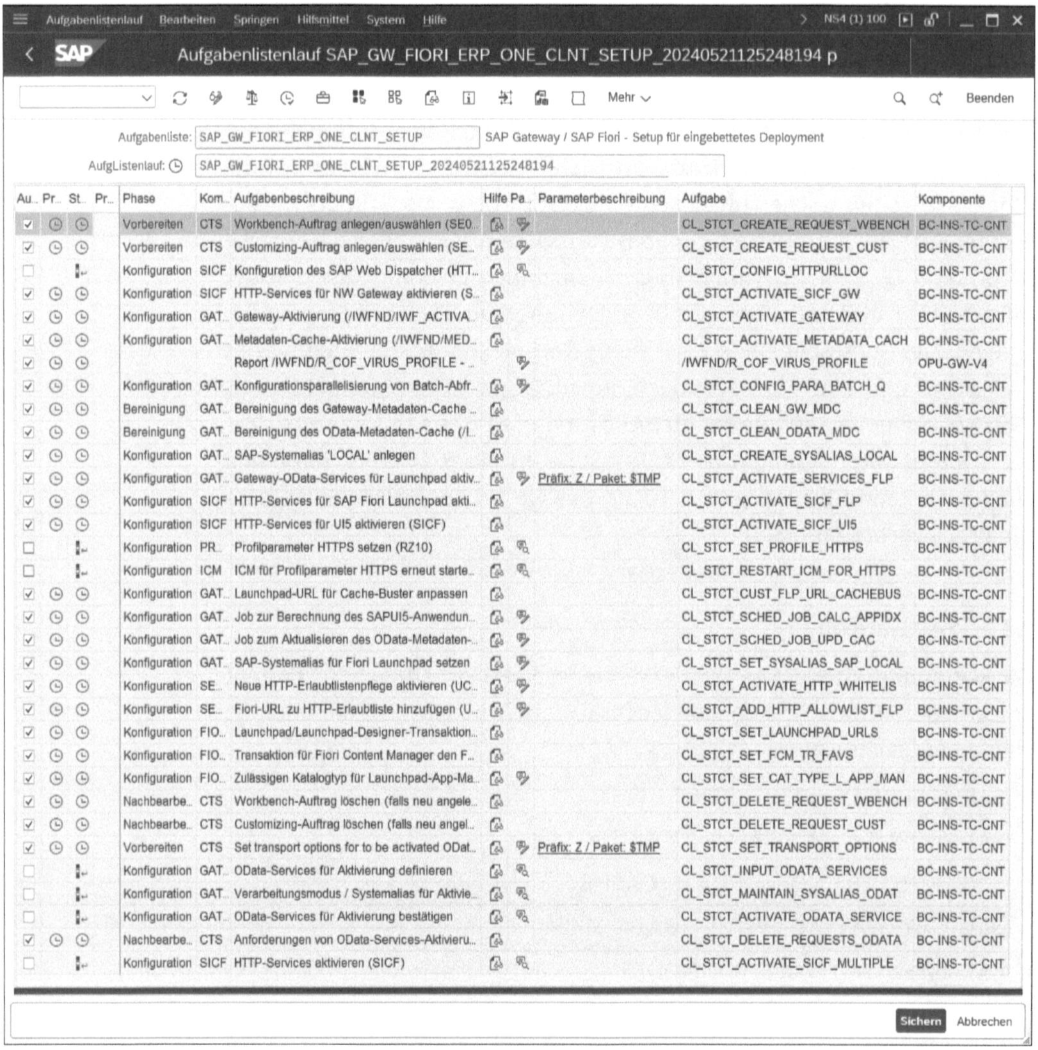

Phase	Kom...	Aufgabenbeschreibung	Parameterbeschreibung	Aufgabe	Komponente
Vorbereiten	CTS	Workbench-Auftrag anlegen/auswählen (SE0...		CL_STCT_CREATE_REQUEST_WBENCH	BC-INS-TC-CNT
Vorbereiten	CTS	Customizing-Auftrag anlegen/auswählen (SE...		CL_STCT_CREATE_REQUEST_CUST	BC-INS-TC-CNT
Konfiguration	SICF	Konfiguration des SAP Web Dispatcher (HTT...		CL_STCT_CONFIG_HTTPURLLOC	BC-INS-TC-CNT
Konfiguration	SICF	HTTP-Services für NW Gateway aktivieren (S...		CL_STCT_ACTIVATE_SICF_GW	BC-INS-TC-CNT
Konfiguration	GAT...	Gateway-Aktivierung (/IWFND/IWF_ACTIVA...		CL_STCT_ACTIVATE_GATEWAY	BC-INS-TC-CNT
Konfiguration	GAT...	Metadaten-Cache-Aktivierung (/IWFND/MED...		CL_STCT_ACTIVATE_METADATA_CACH	BC-INS-TC-CNT
		Report /IWFND/R_COF_VIRUS_PROFILE - ...		/IWFND/R_COF_VIRUS_PROFILE	OPU-GW-V4
Konfiguration	GAT...	Konfigurationsparallelisierung von Batch-Abfr...		CL_STCT_CONFIG_PARA_BATCH_Q	BC-INS-TC-CNT
Bereinigung	GAT...	Bereinigung des Gateway-Metadaten-Cache ...		CL_STCT_CLEAN_GW_MDC	BC-INS-TC-CNT
Bereinigung	GAT...	Bereinigung des OData-Metadaten-Cache (/I...		CL_STCT_CLEAN_ODATA_MDC	BC-INS-TC-CNT
Konfiguration	GAT...	SAP-Systemalias 'LOCAL' anlegen		CL_STCT_CREATE_SYSALIAS_LOCAL	BC-INS-TC-CNT
Konfiguration	GAT...	Gateway-OData-Services für Launchpad aktiv...	Präfix: Z / Paket: $TMP	CL_STCT_ACTIVATE_SERVICES_FLP	BC-INS-TC-CNT
Konfiguration	SICF	HTTP-Services für SAP Fiori Launchpad akti...		CL_STCT_ACTIVATE_SICF_FLP	BC-INS-TC-CNT
Konfiguration	SICF	HTTP-Services für UI5 aktivieren (SICF)		CL_STCT_ACTIVATE_SICF_UI5	BC-INS-TC-CNT
Konfiguration	PR...	Profilparameter HTTPS setzen (RZ10)		CL_STCT_SET_PROFILE_HTTPS	BC-INS-TC-CNT
Konfiguration	ICM	ICM für Profilparameter HTTPS erneut starte...		CL_STCT_RESTART_ICM_FOR_HTTPS	BC-INS-TC-CNT
Konfiguration	GAT...	Launchpad-URL für Cache-Buster anpassen		CL_STCT_CUST_FLP_URL_CACHEBUS	BC-INS-TC-CNT
Konfiguration	GAT...	Job zur Berechnung des SAPUI5-Anwendun...		CL_STCT_SCHED_JOB_CALC_APPIDX	BC-INS-TC-CNT
Konfiguration	GAT...	Job zum Aktualisieren des OData-Metadaten-...		CL_STCT_SCHED_JOB_UPD_CAC	BC-INS-TC-CNT
Konfiguration	GAT...	SAP-Systemalias für Fiori Launchpad setzen		CL_STCT_SET_SYSALIAS_SAP_LOCAL	BC-INS-TC-CNT
Konfiguration	SE...	Neue HTTP-Erlaubtlistenpflege aktivieren (UC...		CL_STCT_ACTIVATE_HTTP_WHITELIS	BC-INS-TC-CNT
Konfiguration	SE...	Fiori-URL zu HTTP-Erlaubtliste hinzufügen (U...		CL_STCT_ADD_HTTP_ALLOWLIST_FLP	BC-INS-TC-CNT
Konfiguration	FIO...	Launchpad/Launchpad-Designer-Transaktion...		CL_STCT_SET_LAUNCHPAD_URLS	BC-INS-TC-CNT
Konfiguration	FIO...	Transaktion für Fiori Content Manager den F...		CL_STCT_SET_FCM_TR_FAVS	BC-INS-TC-CNT
Konfiguration	FIO...	Zulässigen Katalogtyp für Launchpad-App-Ma...		CL_STCT_SET_CAT_TYPE_L_APP_MAN	BC-INS-TC-CNT
Nachbearbe...	CTS	Workbench-Auftrag löschen (falls neu angele...		CL_STCT_DELETE_REQUEST_WBENCH	BC-INS-TC-CNT
Nachbearbe...	CTS	Customizing-Auftrag löschen (falls neu angel...		CL_STCT_DELETE_REQUEST_CUST	BC-INS-TC-CNT
Vorbereiten	CTS	Set transport options for to be activated ODat...	Präfix: Z / Paket: $TMP	CL_STCT_SET_TRANSPORT_OPTIONS	BC-INS-TC-CNT
Konfiguration	GAT...	OData-Services für Aktivierung definieren		CL_STCT_INPUT_ODATA_SERVICES	BC-INS-TC-CNT
Konfiguration	GAT...	Verarbeitungsmodus / Systemalias für Aktivie...		CL_STCT_MAINTAIN_SYSALIAS_ODAT	BC-INS-TC-CNT
Konfiguration	GAT...	OData-Services für Aktivierung bestätigen		CL_STCT_ACTIVATE_ODATA_SERVICE	BC-INS-TC-CNT
Nachbearbe...	CTS	Anforderungen von OData-Services-Aktivieru...		CL_STCT_DELETE_REQUESTS_ODATA	BC-INS-TC-CNT
Konfiguration	SICF	HTTP-Services aktivieren (SICF)		CL_STCT_ACTIVATE_SICF_MULTIPLE	BC-INS-TC-CNT

Abbildung 2.25 Aufgabenliste SAP_GW_FIORI_ERP_ONE_CLNT_SETUP

Nachdem die Aufgabenliste ausgeführt worden ist, ist auch der ICF-Knoten für das SAP Fiori Launchpad aktiv. Abbildung 2.26 zeigt in Transaktion SICF den ICF-Knoten **/sap/bc/ui2/flp**. Das SAP Fiori Launchpad kann nun über *protokoll://server:port/sap/bc/ui2/flp* oder über Transaktion /ui2/flp aufgerufen werden.

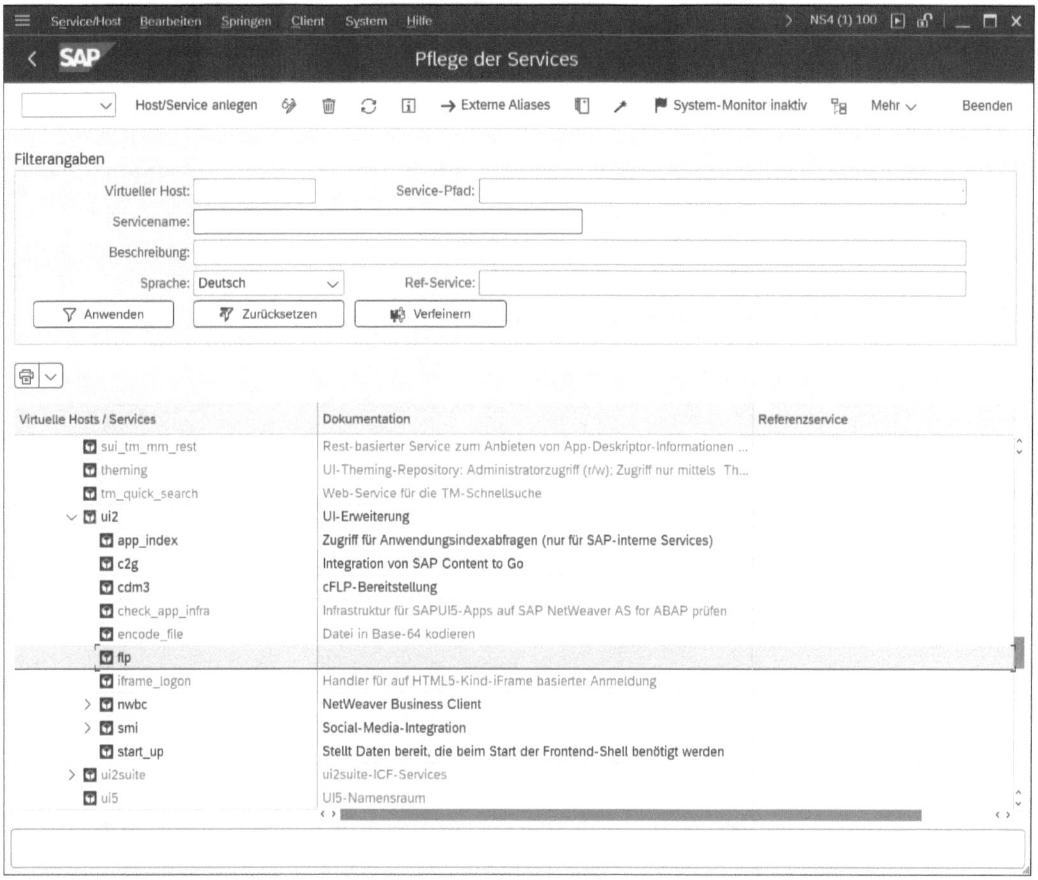

Abbildung 2.26 ICF-Knoten für das SAP Fiori Launchpad

Natürlich ist es ebenfalls möglich, einen externen Alias für den Aufruf des SAP Fiori Launchpads zu erstellen. Dies ist gegebenenfalls hilfreich für die Nutzerinnen und Nutzer, um sich den Pfad für den Aufruf leichter merken zu können. Hierzu nutzen wir den Button **Externe Aliases** in Transaktion SICF und gelangen so in die Konfiguration für einen externen Verweis. Nachdem Sie, wie es in Abbildung 2.27 zu sehen ist, die Felder **Externer Alias** und **Beschreibung 1** gefüllt und dort eine Dokumentation hinterlegt haben, rufen Sie die Registerkarte **Zielelement** auf. Wie in Abbildung 2.27 gezeigt, navigiert man im Baum zum Eintrag des Launchpads (**/sap/bc/ui2/flp**) und wählt diesen mittels Doppelklick aus.

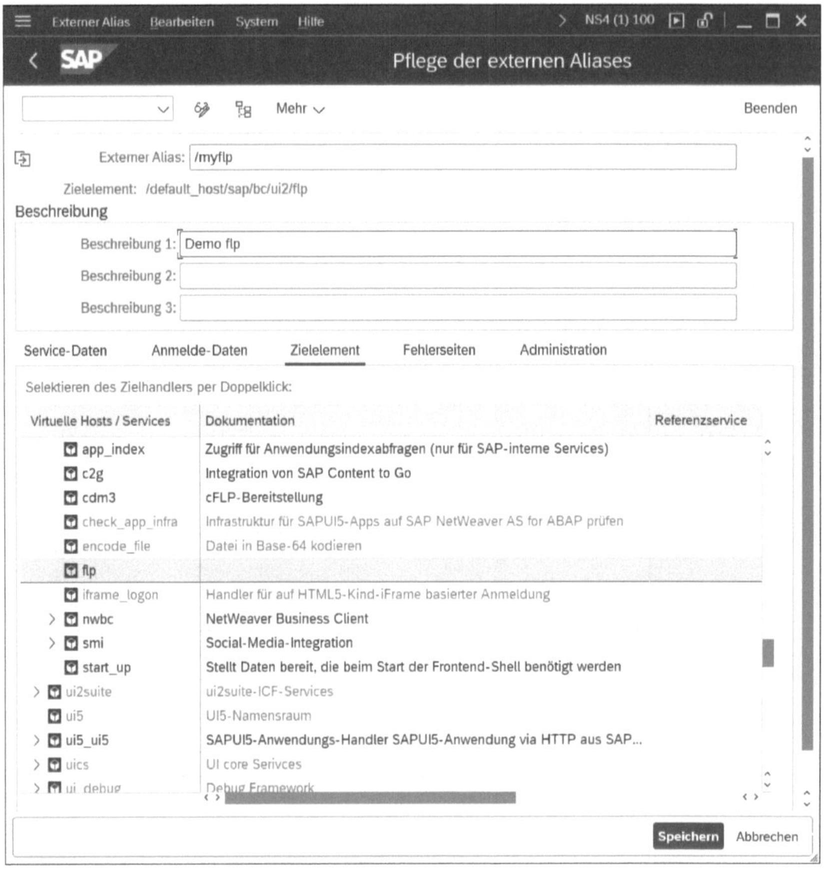

Abbildung 2.27 Externen Verweis konfigurieren

[»]

> **SAP-Fiori-Hinweise beachten**
>
> Stellen Sie sicher, dass Sie vor der Ausführung der Aufgabenliste SAP_GW_FIORI_ERP_ONE_CLNT_SETUP die SAP-Hinweise 2510134 und 2639552 beachtet und, falls nötig, umgesetzt haben.

2.3.3 SAP-Fiori-Foundation-Setup

Für das initiale Aufsetzen der SAP-Fiori-Infrastruktur bedarf es ebenfalls vieler Einzelschritte. Für die schnelle Bereitstellung bietet SAP ebenfalls eine Aufgabenliste an. Über die Aufgabenliste SAP_FIORI_FOUNDATION_S4 werden dem Administrator oder der Administratorin viele Aufgabenschritte abgenommen. Abbildung 2.28 zeigt die Aufgabenliste. In SAP-Hinweis 2712785 erhalten Sie eine gute Übersicht über die einzelnen Aufgaben.

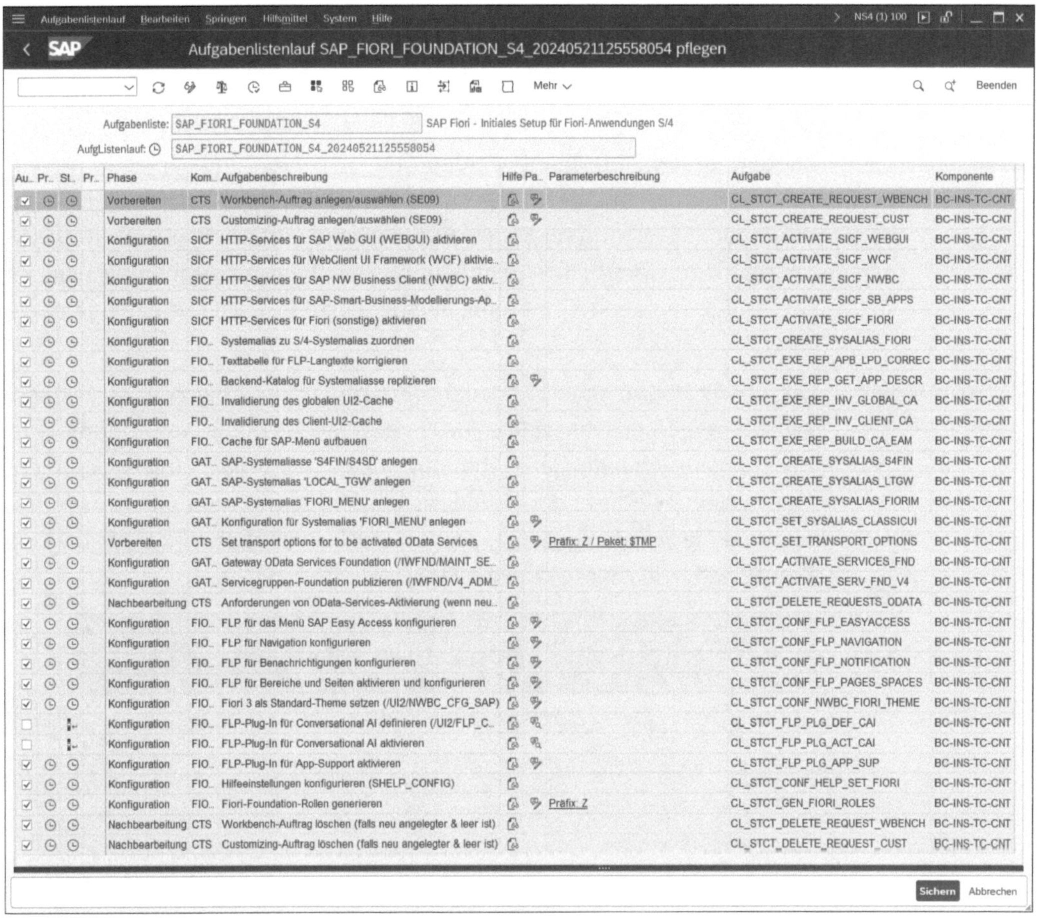

Abbildung 2.28 Aufgabenliste SAP_FIORI_FOUNDATION_S4

2.3.4 Vertrauensbeziehungen konfigurieren

SAP-Systeme können mittels Remote Function Calls (kurz RFC) interagieren. Besteht zwischen dem aufrufenden System und den aufgerufenen Systemen eine Vertrauensbeziehung und ist der Benutzer in beiden Systemen bekannt, wird für diese Kommunikation kein Passwort benötigt. Für die vertrauensbasierte Kommunikation muss das aufrufende SAP-System beim aufgerufenen SAP-System als *Trusted System* registriert sein. Vertrauensbeziehungen sind nicht wechselseitig. Dies bedeutet, dass sie nur in eine Richtung gelten. Sollen sich die beiden an der Kommunikation beteiligten Systeme vertrauen, muss in jedem System eine entsprechende Konfiguration definiert werden.

Vertrauen in Hub-Installationen

Für eine Hub-Installation bedeutet dies, dass auf dem SAP Frontend Server eine Vertrauensbeziehung zum SAP-Backend-System und eine Vertrauensbeziehung vom SAP-Backend-System zum SAP-Frontend-Server eingerichtet werden muss. Hintergrund hierbei ist, dass OData-Dienste, die auf dem Backend-System installiert werden, auf dem Frontend-Server registriert werden müssen und dort aufgerufen werden. Diese Aufrufe werden allerdings vom SAP-Frontend-Server zum Backend-System via RFC weitergeleitet und dort verarbeitet. Ebenfalls werden Benachrichtigungen, die im Backend-System erstellt werden, über RFC an den SAP-Frontend-Server gesendet.

Konfiguration von Vertrauensbeziehungen

Die Konfiguration einer Vertrauensbeziehung kann über zwei Arten angelegt werden. Über Transaktion SMT1 gelangen Sie in die Anwendung *Trusted-Trusting-Verbindungen*. Abbildung 2.29 zeigt das Einstiegsbild der Transaktion. Wie Sie es der Abbildung entnehmen können, gibt es zwei Sektionen: Eine Sektion **Systeme, deren Aufrufen vertraut wird** und eine Sektion **Systeme, die dem aktuellen System vertrauen**.

Abbildung 2.29 Vertrauensbeziehungen über Transaktion SM1 konfigurieren

In der erst genannten Sektion kann über den Button der Assistent zur Anlage einer Vertrauensbeziehung gestartet werden. Nachdem der Dialog angezeigt worden ist, werden Sie, wie es in Abbildung 2.30 auf der linken Seite zu sehen ist, in fünf Schritten durch die Erfassung geführt. Der erste Schritt **Beginnen** ist dabei lediglich informativ und kann nach dem Lesen des Textes oder direkt mit **Weiter** verlassen werden. In dem in Abbildung 2.30 gezeigten Schritt geben Sie die Verbindungsdaten des zu vertrauenden Systems ein. Es ist zu empfehlen, die Kommunikation über Secure Network Communication (SNC) durchzuführen. Hierzu geben Sie den SNC-Namen in das dafür vorgesehen Feld ein. In den vertrauenswürdigen Systemen werden automatisch Destinationen für vertrauenswürdige Systeme erstellt. Eine extra Anlage über Transaktion SM59 ist daher nicht erforderlich.

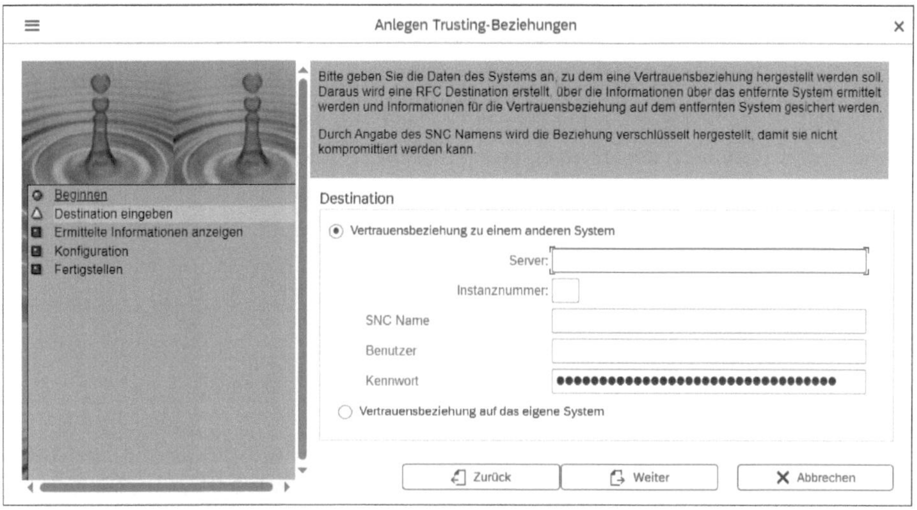

Abbildung 2.30 Konfigurationsassistent für Vertrauensbeziehungen

Neben dem direkten Aufruf von Transaktion SMT1 gelangen Sie über die Anwendung **Konfiguration der RFC-Verbindungen** (Transaktion SM59) über den Menüpfad **Zusätze • Trusted/Trusting** ebenfalls in die Anwendung zur Konfiguration von Vertrauensbeziehungen. Alternativ richten Sie Vertrauensbeziehungen über die Aufgabenliste SAP_SAP2GATEWAY_TRUSTED_CONFIG ein, die Abbildung 2.31 zeigt.

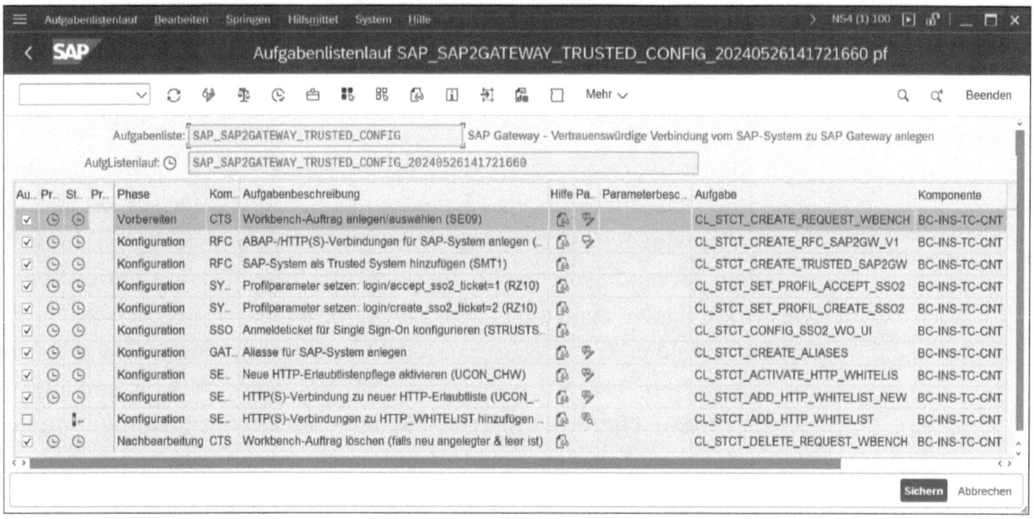

Abbildung 2.31 Aufgabenliste SAP_SAP2GATEWAY_TRUSTED_CONFIG

Über die Aufgabe **ABAP-/HTTP(S)-Verbindungen für SAP-System anlegen (SM59)** müssen zunächst die benötigten Verbindungsinformationen gepflegt werden. Über den Button gelangen Sie in den Pflegedialog. Nach der Eingabe der Parameter ist es ratsam, die Standardkonfigurationen zu den Aufgaben **Aliasse für SAP-System anlegen** und **Neue HTTP-Erlaubtlistenpflege aktivieren (UCON_CHW)** zu prüfen und, falls nötig, anzupassen.

Berechtigung

Der Benutzer, der den vertrauenswürdigen RFC verwendet, muss über die Berechtigungen im vertrauenswürdigen System verfügen. Das Berechtigungsobjekt lautet `S_RFCACL`. Eine Vorabprüfung, ob der Benutzer über das erforderliche Recht verfügt, ist über Funktionsbaustein `AUTHORITY_CHECK_TRUSTED_SYSTEM` möglich. Eine weitere Möglichkeit der Prüfung besteht über Transaktion SMT1.

2.3.5 SAP-Gateway-Alias festlegen

Innerhalb einer SAP-Fiori-Infrastruktur ist es notwendig, auf dem Frontend-Server einen logischen Namen für das System bzw. die Systemverbindung zu konfigurieren. Mittels dieses Alias wird dem SAP-Gateway-System mitgeteilt, an welches System eine eingehende OData-Anfrage weitergereicht werden soll. Je nach Systemlandschaft, also ob Embedded- oder Hub-Installation, kann die Anzahl an benötigten Alias variieren. Es wird allerdings mindestens ein Alias auf dem Frontend-Server benötigt, der als *lokaler GW* markiert ist, und für jedes Backend-System ist mindestens ein Alias mit der Softwareversion *Default* erforderlich. Zusätzlich ist es, falls im Unternehmen mit Workflows gearbeitet wird, notwendig, einen Alias mit Suffix `_TGW` anzulegen. Darauf basierend legt man somit einen Alias mit dem Namen `LOCAL` für den Frontend-Server an, und falls mit Workflows gearbeitet wird, einen Alias mit dem Namen `LOCAL_TGW`. Sollten Sie sich in einem Hub-Szenario befinden, wird auf dem Frontend-Server zusätzlich noch ein Alias für das Backend-System, z. B. mit dem Namen `S4HANA`, sowie, falls mit Workflow gearbeitet wird, ein Alias mit z. B. `S4HANA_TGW` angelegt. Bei den lokalen Alias wird als RFC-Destination `NON` angegeben, und bei Verbindungen zu einem Backend-System wird die zuvor angelegte RFC-Destination angegeben. Für das Anlegen eines Alias gibt es verschiedene Möglichkeiten. So können Sie einen Alias z. B. über das SAP-Customzing anlegen. Hierzu rufen Sie Transaktion SPRO auf, wählen dann **SAP Reference-IMG** aus und folgen dem Pfad **ABAP Platform • UI-Technologien • SAP Fiori • Erstkonfiguration • Verbindungseinstellungen (ABAP-Frontend-Server an ABAP-Backend-Server) • SAP-Systemalias definieren**. Eine weitere Möglichkeit, die es seit SAP NetWeaver 7.4 Support Package 6 gibt, bieten die Aufgabenlisten `SAP_GATEWAY_ADD_SYSTEM` und `SAP_GATEWAY_ADD_SYSTEM_ALIAS`. Für die Verwaltung der

Systemalias können auch die beiden Transaktionen /UI2/GW_SYS_ALIAS und /IWFND/ROUTING verwendet werden. Abbildung 2.32 zeigt diese Transaktion. Wie Sie es der Abbildung entnehmen können, handelt es sich bei dem gezeigten System um eine Embedded-SAP-S/4HANA-Installation. Das System enthält lediglich die Alias `LOCAL` und `LOCAL_TGW` und keine Alias für ein dediziertes Backend. Das Anlegen der besprochenen Alias wird bei den in den Abschnitten 2.3.2, »SAP Gateway«, und 2.3.3, »SAP-Fiori-Foundation-Setup«, beschriebenen Aufgabenlisten bereits durchgeführt.

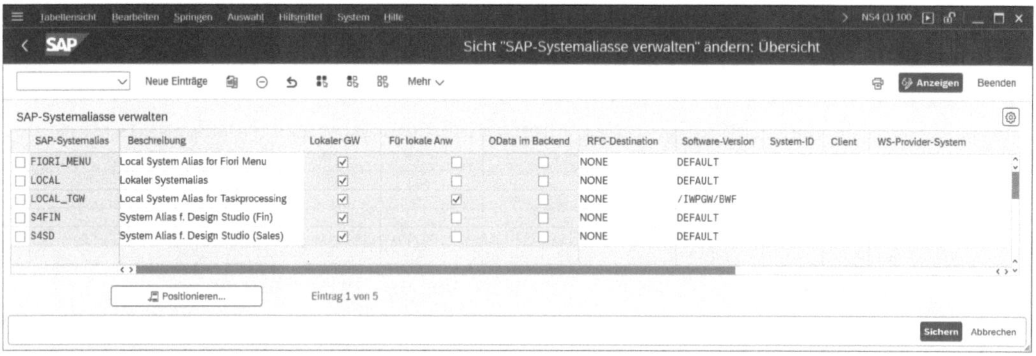

Abbildung 2.32 Systemalias verwalten

Eine Übersicht über die Gesamtkonfiguration bietet Transaktion /IWFND/ROUTING. Abbildung 2.33 zeigt die SAP-Fiori-App **SAP-Gateway-Routing-Konfiguration**.

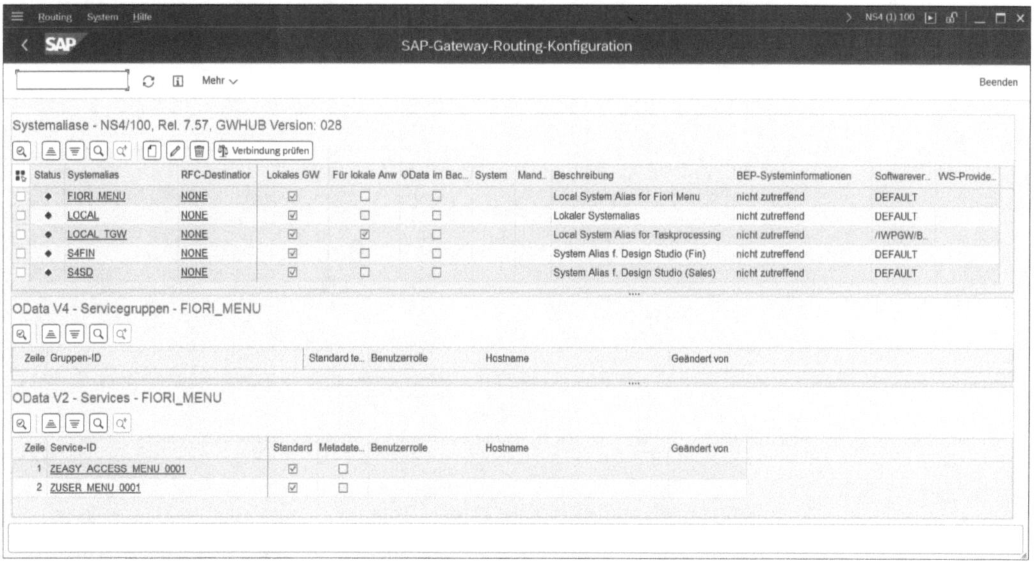

Abbildung 2.33 SAP-Fiori-App »SAP-Gateway-Routing-Konfiguration«

2.3.6 Benachrichtigungen konfigurieren

Das SAP Fiori Launchpad ist das zentrale Medium bei der Arbeit mit dem SAP-System. Daher darf eine wichtige Funktion nicht fehlen: das Informieren der Nutzerinnen und Nutzer über wichtige, für ihre Arbeit relevante Situationen, beispielsweise Bestellungen oder Urlaubsanträge, die auf die Freigabe im Rahmen eines Workflows warten. Das SAP Fiori Launchpad kann Benachrichtigungen vom SAP Gateway Notification Channel konsumieren. Dieser ist Teil der `SAP_GWFND`-Softwarekomponente. Der SAP Gateway Notification Channel ist ein Framework, mit dem Anwendungen Benachrichtigungen an die Nutzerinnen und Nutzer senden können. Nutzer und Nutzerinnen des SAP Fiori Launchpads werden über für sie relevante Benachrichtigungen im Benachrichtigungsbereich (Notification Center) des Launchpads informiert. Der Bereich ist als Glockensymbol im rechten oberen Bereich des SAP Fiori Launchpads zu sehen (siehe Abbildung 2.34). Die Grundarchitektur für Benachrichtigungen besteht aus drei Teilen:

- Das Notification Center zeigt die Benachrichtigungen an.
- Der Notification Hub sammelt die Benachrichtigungen und stellt sie im Notification Center zur Verfügung.
- Der Notification Provider stellt die Benachrichtigungen dem Notification Hub zur Verfügung.

Keiner der drei genannten Bereiche ist standardmäßig aktiv.

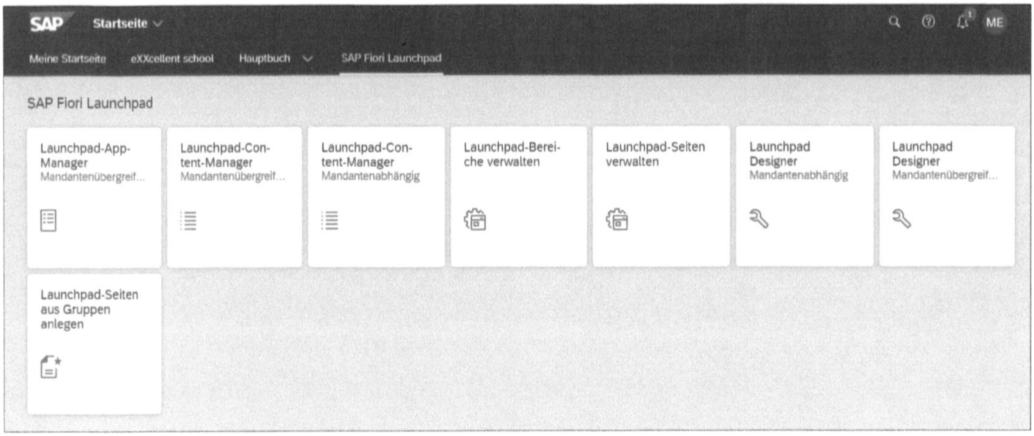

Abbildung 2.34 Benachrichtigungen im SAP Fiori Launchpad

Die Konfiguration des Notification Hubs

Wir beginnen zunächst mit der Konfiguration des Notification Hubs. Wie im SAP-Fiori-Kontext üblich, basiert die Interaktion zwischen dem SAP

Fiori Launchpad und dem SAP-System auf OData-Diensten, so auch die Benachrichtigungen. Ist es bei vielen Anwendungen noch eher üblich, dass OData im V2-Standard genutzt wird, ist dies beim Notification Framework anders. Dieses benutzt bereits V4. Es ist daher zunächst zu prüfen, ob der ICF-Knoten **/sap/opu/odata4** bereits aktiv ist. Wurde das System mittels Aufgabenliste SAP_GW_FIORI_ERP_ONE_CLNT_SETUP konfiguriert, ist dies bereits der Fall. Sicherheitshalber rufen wir jedoch Transaktion SICF auf und prüfen, wie in Abbildung 2.35 gezeigt, ob der Knoten **/sap/opu/odata4** aktiv ist. Sollte dies nicht der Fall sein, aktivieren wir den Knoten über den Menüeintrag **Service aktivieren** aus dem Kontextmenü.

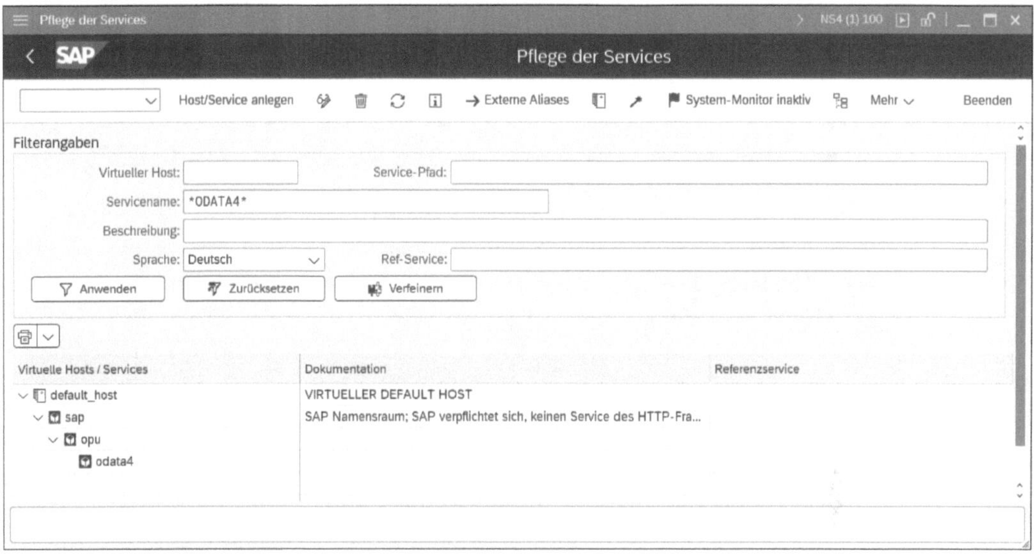

Abbildung 2.35 Der aktive ICF-Knoten /sap/opu/odata4

Benachrichtigungen werden über die Servicegruppe /IWNGW/NOTIFICATION bereitgestellt. Diese Servicegruppe muss zuvor veröffentlicht worden sein. Die Veröffentlichung von OData-V4-Servicegruppen erfolgt über Transaktion /IWFND/V4_ADMIN im Frontend-System (siehe Abbildung 2.36). Die Servicegruppe können analog zu V2-OData-Diensten von einem Backend-System bezogen und auf dem Frontend-Server publiziert werden. Die Servicegruppe /IWNGW/NOTIFICATION ist bei der Aufgabenliste SAP_FIORI_FOUNDATION_S4 bereits standardmäßig aktiviert. Wie Sie es Abbildung 2.36 entnehmen können, ist die Gruppe bereits vorhanden. Sollte die Servicegruppe nicht vorhanden sein, oder sollten Sie kein integriertes Szenario haben, können Sie die Servicegruppe /IWNGW/NOTIFICATION über den Button **Servicegruppe publizieren** einfach verfügbar machen. Nach dem Klick auf den

Button wird ein Dialog angezeigt. Über diesen Dialog können Sie den Systemalias Ihres Backend-Systems angeben und erhalten dann die Liste der verfügbaren Servicegruppen. Wählen Sie die entsprechende Servicegruppe aus, und klicken Sie dann auf den Button **Servicegruppe publizieren**.

Abbildung 2.36 Transaktion /IWFND/V4_ADMIN mit publizierter Notification-Servicegruppe

Damit die Glocke im SAP Fiori Launchpad im Notification Center sprichwörtlich klingelt, sind zwei Dinge notwendig: Zum einen muss das SAP Fiori Launchpad darüber informiert werden, dass Neuigkeiten vorliegen, und zum anderen muss im Anschluss der OData-Service `/IWNGW/NOTIFICATION` durch das SAP Fiori Launchpad aufgerufen werden, um die Benachrichtigungen zur Verfügung zu stellen. Nachdem die Servicegruppe im letzten Schritt verfügbar gemacht worden ist, müssen Sie im nächsten Schritt die Benachrichtigung des Launchpads konfigurieren. Diese basiert auf ABAP Push Channels (kurz APC). Der benötigte Push Channel heißt `notification_push_apc`. Dieser muss aktiviert werden. Hierzu rufen wir Transaktion SICF auf und suchen nach dem genannten Service. Wie in Abbildung 2.37 gezeigt, ist der Service inaktiv. Für die Aktivierung rufen Sie aus dem Kontextmenü **Service aktivieren** auf und bestätigen den darauffolgenden Dialog mit **Ja**. Der Name des Service wechselt die Farbe von eher Grau auf Schwarz, und damit ist der Service aktiv.

Im nächsten Schritt muss der Push Channel für die Benachrichtigungen konfiguriert werden. Rufen Sie hierzu Transaktion /IWNGW/VNPUSHP auf, und Sie gelangen in die in Abbildung 2.38 gezeigte Ansicht. In die gleiche Ansicht gelangen Sie auch, wenn Sie Transaktion SPRO aufrufen. Navigieren Sie anschließend über **ABAP Platform • Notification Channel • Notification Channel Hub • Administration • Push-Channel-Einstellungen • Push Channel aktivieren und pflegen**.

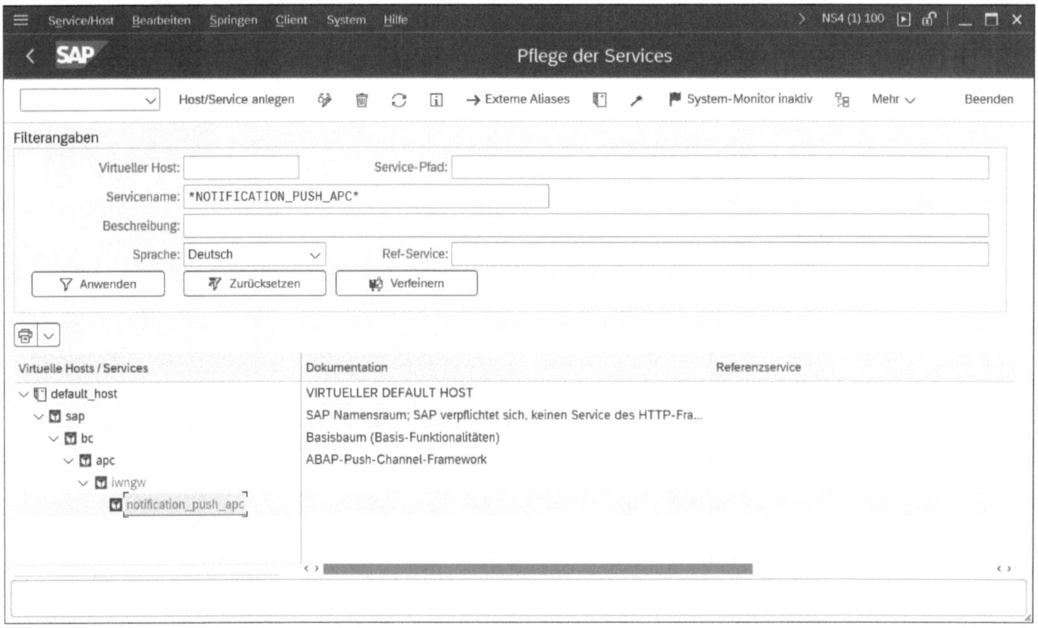

Abbildung 2.37 Der inaktive Push Channel notification_push_apc

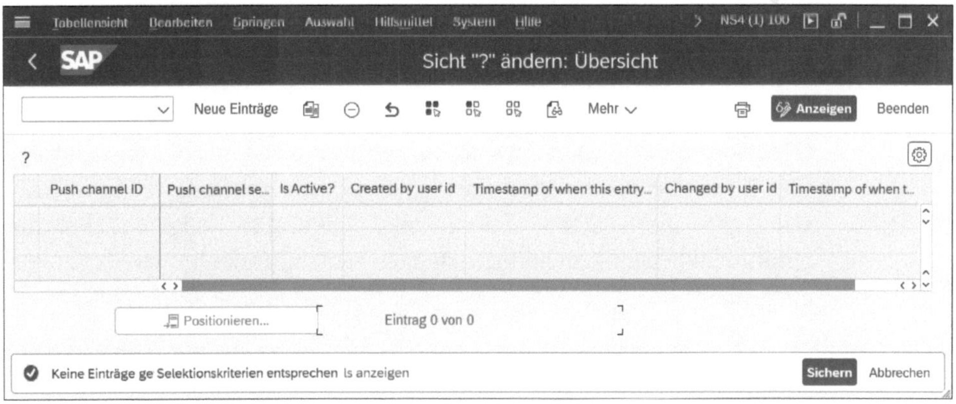

Abbildung 2.38 Push Channels verwalten

Um einen neuen Eintrag zu erstellen, klicken Sie auf **Neue Einträge**. Geben Sie nun, wie in Abbildung 2.39 gezeigt, in das Feld **Push channel ID** den Wert »SAP_WEBSOCKET« ein, und in das Feld **Push channel sequence number** tragen Sie den Wert »10« ein und wählen die Auswahlbox **Is Active?** aus. Speichern Sie Ihre Eingaben mit einem Klick auf **Sichern**.

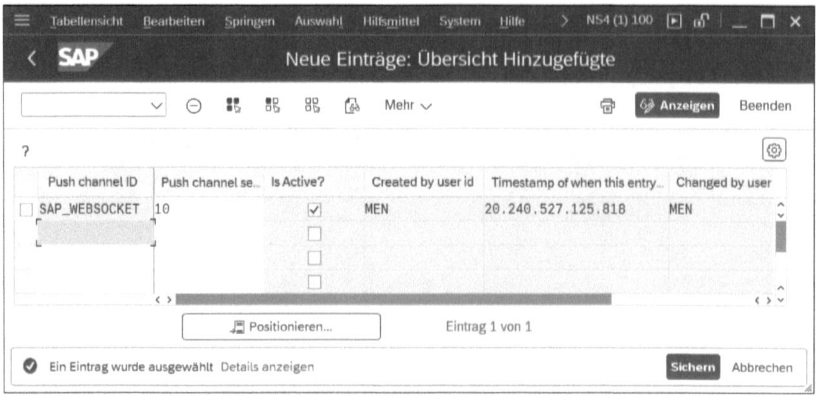

Abbildung 2.39 Push Channel SAP_WEBSOCKET erfassen

Konfiguration der Notification UI

Nachdem die Notification-Hub-Konfiguration abgeschlossen ist, stellen wir sicher, dass das Notification Center im SAP Fiori Launchpad auch aktiv ist. Dazu gibt es grundsätzlich zwei Möglichkeiten: Das gewünschte Resultat kann über die Konfiguration eines Target Mappings oder über die Verwendung der SAP-Fiori-Launchpad-Konfiguration erreicht werden. Wir nutzen die letztere Variante und rufen hierzu die, für die mandantenabhängige Konfiguration zu verwendende Transaktion /UI2/FLP_CUS_CONF auf. Die Sichtbarkeit der Benachrichtigungen besteht aus zwei Konfigurationsparametern. Sowohl der Parameter `NOTIFICATION` als auch der Parameter `NOTIFICATIONS_UI` müssen auf `true` gesetzt worden sein. `NOTIFICATION` steuert die Sichtbarkeit der Glocke und `NOTIFICATIOS_UI` die Sichtbarkeit der UI, in der Benachrichtigungen per Klick auf die Glocke sichtbar werden. Falls die Einträge noch nicht vorhanden sind, klicken Sie auf den Button **Neue Einträge** und fügen die beiden Parameter entsprechend in die Liste ein. Im Anschluss speichern Sie Ihre Änderungen. Abbildung 2.40 zeigt die FLP-Konfiguration. Wie Sie sehen können, sind die beiden Parameter jeweils auf `true` eingestellt.

[»]

Systemweite Konfiguration

Sollten Sie die Konfiguration systemweit durchführen wollen, nutzen Sie hierzu Transaktion /UI2/FLP_SYS_CONF.

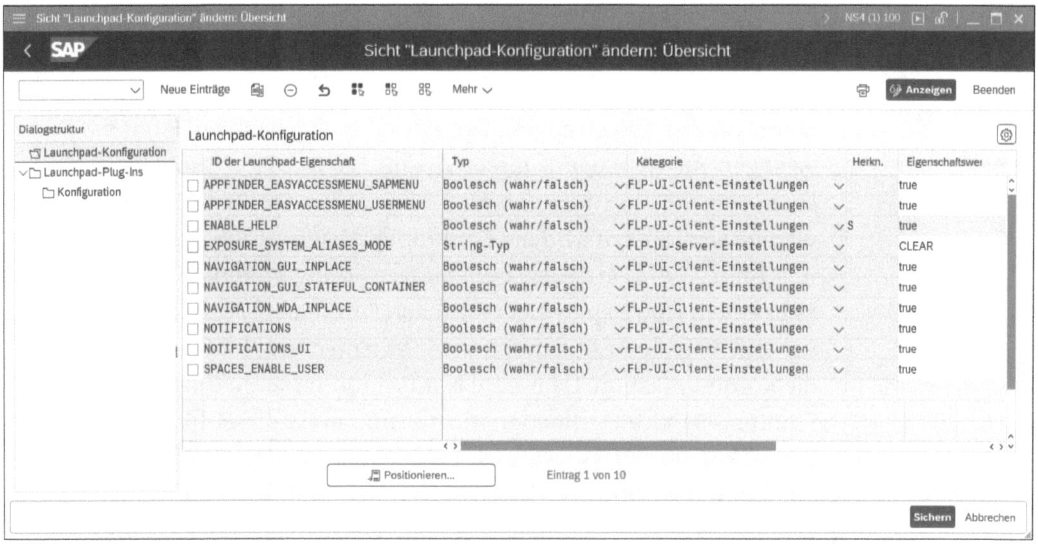

Abbildung 2.40 Mandantenspezifische SAP-Fiori-Launchpad-Konfiguration

Konfiguration des Notification Providers

Aktivitäten, die im Backend zu einer Benachrichtigung führen, senden ihre Systemalias an den Frontend-Server. Hintergrund ist, dass z. B. die Genehmigung eines Urlaubsantrags wiederum im Backend verarbeitet werden muss. Hierzu benötigt das Frontend die Information, wohin die Genehmigung aus dem User Interface geschickt werden soll. Der Systemalias kann entweder über den Pfad **SPRO ABAP-Platform • Notification Channel • Notification Channel Provider Enablement • Konfiguration • Verbindungseinstellungen • Backend-Systemalias** eingegeben oder aber über Transaktion /IWNGW/BEP_SET_ALIAS erfasst werden. Wir geben nun in das Feld **SAP Origin des Backend (Alias)** den Systemalias unseres Backends ein. Wie Sie in Abbildung 2.41 sehen können, lautet unser Backend-Alias `LOCAL`, da wir uns in diesem Beispiel in einem integrierten Deployment befinden.

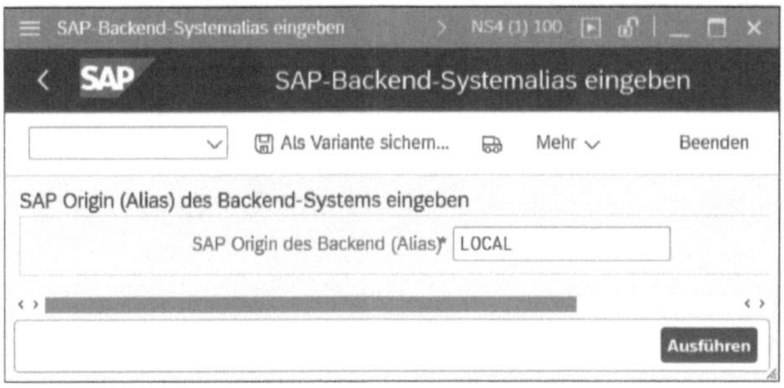

Abbildung 2.41 Backend-Alias konfigurieren

Nachdem Sie den Wert eingeben haben, bestätigen Sie mit einem Klick auf **Ausführen**. Es wird uns nun die Meldung »Aktualisierung für SAP Origin (Alias) des Backend-Systems abgeschlossen« angezeigt.

Da die im Backend erzeugten Benachrichtigungen an den Frontend-Server gelangen müssen, damit dieser sie an das SAP Fiori Launchpad senden kann, müssen sie zuvor entsprechend an den Frontend-Server geschickt worden sein. Hierzu wird die Kommunikation über RFC verwendet. Wie in Abschnitt 2.3.4, »Vertrauensbeziehungen konfigurieren«, beschrieben, gibt es in einem Hub Deployment zwischen Frontend-Server und Backend-Server eine Vertrauensbeziehung sowie entsprechend RFC-Destinationen für die Kommunikation. Da unsere Notification-Infrastruktur den Namen der Frontend-Service-Destination nicht kennt, muss dieser hinterlegt werden. Hierzu können wir entweder wieder über Transaktion SPRO gehen und dort über **ABAP-Platform • Notification Channel • Notification Channel Provider Enablement • Konfiguration • Verbindungseinstellungen • RFC-Destination des Notification Hub verwalten**, oder wir rufen Transaktion /IWNGW/BEP_SET_HUB_D auf. Wie in Abbildung 2.42 gezeigt, fügen Sie den Namen der RFC-Destination des Frontend-Servers in das Feld **RFC-Dest. des SAP-Gateway-Hubs** ein. In unserer Landschaft geben wir aufgrund des integrierten Deployments den Wert »NONE« ein. Nach der Eingabe klicken wir auf **Ausführen**, und es wird uns die Meldung »RFC-Destination des Gateway-Hub-Systems vollständig aktualisieren« angezeigt.

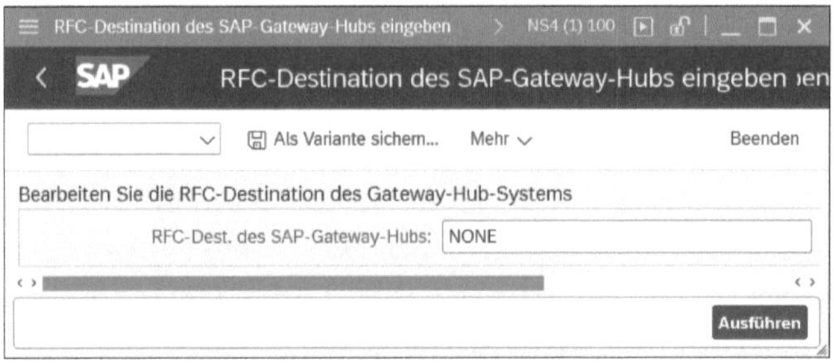

Abbildung 2.42 RFC-Destination des SAP-Gateway-Hubs konfigurieren

Der RFC-Service verwendet für das Versenden der Benachrichtigungen sogenannte Outbound Queues. Dies stellt sicher, dass keine Nachricht verloren geht. Die Nachrichten werden also zunächst in eine Warteschlange gelegt. Hierzu wird die Background-RFC-Technologie (bgRFC) verwendet. Diese wird über Transaktion SM59 oder über Transaktion SPRO und anschließend über den Pfad **ABAP-Platform • Notification Channel • Notification Channel Provider Enablement • Konfiguration • Verbindungseinstellungen • bgRFC-**

Destination anlegen konfiguriert. Das Anlegen einer solchen Destination ist lediglich für ein Hub Deployment notwendig. Abbildung 2.43 zeigt die Konfiguration einer solchen Destination mit der Bezeichnung `IWNGW_BGRFC`. Im Bereich **Spezielle Optionen** ist das **Outbound bgRFC Verhalten** auf **Konvertieren von Outbound bgRFC zu qRFC** eingestellt.

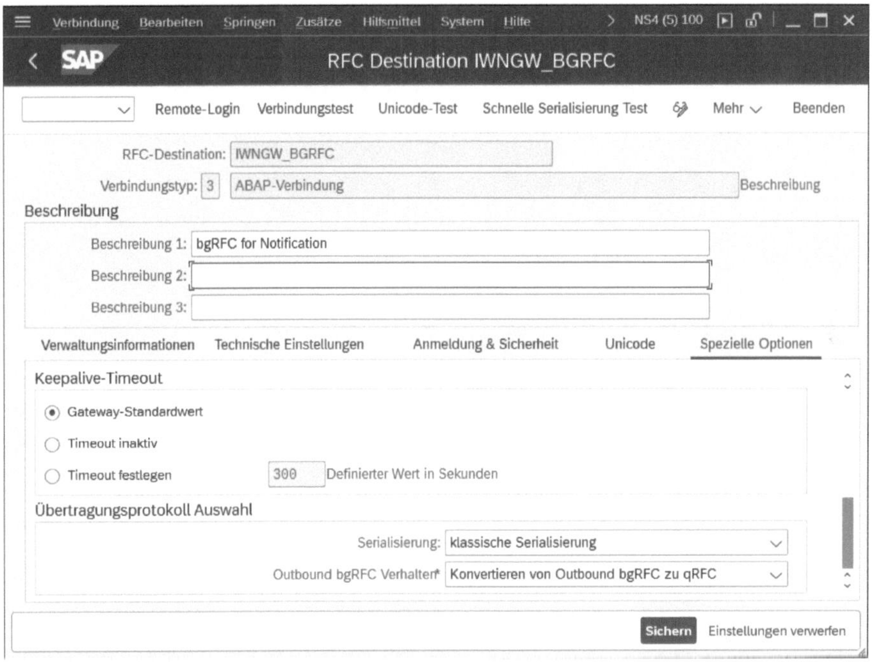

Abbildung 2.43 bqRFC-Destination konfigurieren

Benachrichtigungskanäle verwenden sogenannte Outbound-Queues für das Senden von Informationen. Hierzu ist es nur in einem Hub Deployment notwendig, eine Inbound-Verbindung mit dem Namen `IWNGW_BEP_OUT_BGRFC` auf dem Backend-System zu erstellen. Diese wird über Transaktion SBGRFCCONF oder über Transaktion SPRO und dort über den Pfad **ABAP-Platform • Notification Channel • Notification Channel Provider Enablement • Konfiguration • Verbindungseinstellungen • RFC-Destination für Hintergrundverarbeitung registrieren** hergestellt. Sie erhalten das in Abbildung 2.44 gezeigte Bild.

Um eine neue Konfiguration anzulegen, klicken Sie auf den Button [ ] und geben anschließend in das Feld **In. Dest. Name** den Wert »IWNGW_BEP_OUT_BGRFC« ein. Des Weiteren geben Sie in das Feld **Queuepräfix hinzufügen** den Buchstaben »Q« ein und klicken auf **Hinzufügen**. Abbildung 2.45 zeigt die erfassten Daten. Zum Abschluss klicken Sie auf **Übernehmen**.

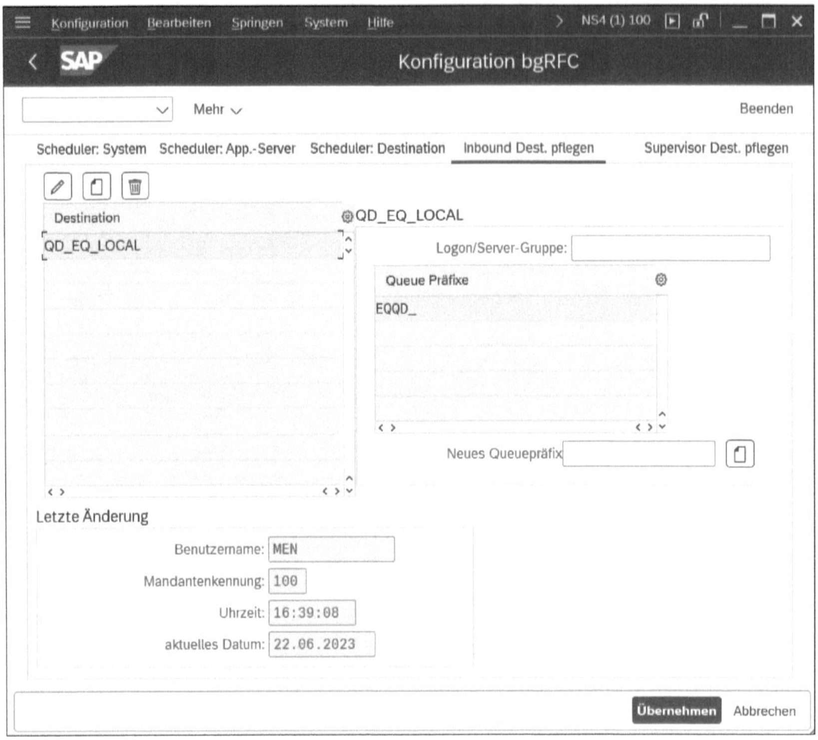

Abbildung 2.44 bgRFC-Destination konfigurieren

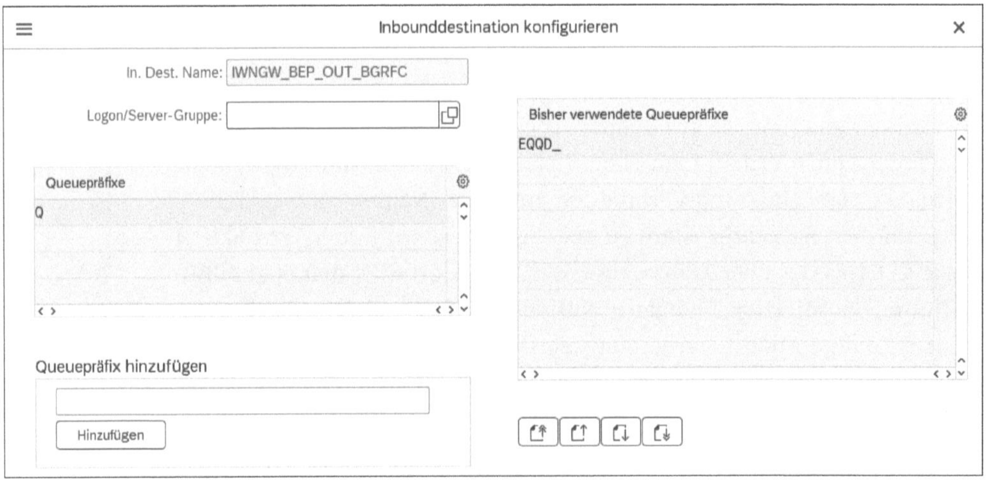

Abbildung 2.45 Neue Inbound Destination

Nach dem Übernehmen der Daten wird, wie in Abbildung 2.46 gezeigt, die neue Inbound Destination angezeigt.

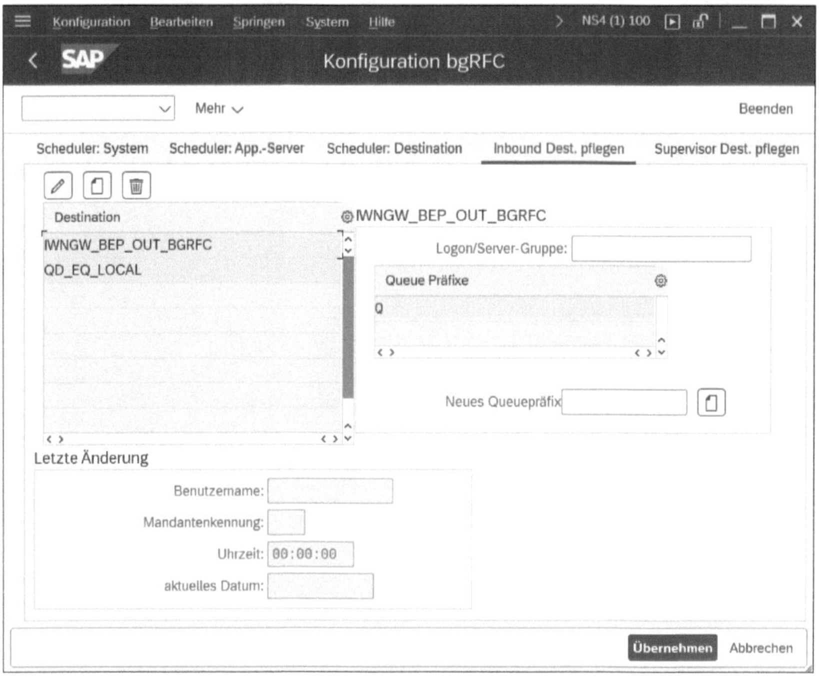

Abbildung 2.46 Neue Inbound Destination IWNGW_BEP_OUT_BGRFC

Die Basiskonfiguration ist nun erfolgt. Zum Abschluss wollen wir einen kleinen Test durchführen. Um Benachrichtigungen zu erstellen und zu versenden, benötigt man einen Erzeuger dieser Nachrichten. Diese werden als ABAP-Klasse unter der Verwendung der Notification-API implementiert. Nachdem die Nachrichten implementiert worden sind, ist es notwendig, einen sogenannten Provider zu registrieren. Dieser Provider wird mit der entsprechenden Provider-Klasse »verbunden«. Die Konfiguration erfolgt über Transaktion /IWNGW/BEP_NPREG oder über Transaktion SPRO und anschließend über den Pfad **ABAP-Platform • Notification Channel • Notification Channel Provider Enablement • Administration • Notification Provider-Einstellungen • Notification Provider registrieren**. Auf diese Weise gelangen Sie in die Anwendung **Backend-Benachrichtigung Provider-Registrierung**. Wie Sie es Abbildung 2.47 entnehmen können, sind auf dem SAP-System bereits einige Standard-Provider registriert, u. a. der ein Provider mit der Provider ID `/IWNGW/DEMO`, der mit der Provider-Klasse `/IWNGW/CL_DEMO_NOTIF_PROVIDER` verbunden ist. Es handelt sich um eine Bespielimplementierung von SAP, um einerseits nachvollziehen zu können, wie die Implementierung aussieht, und andererseits auch, um die Konfiguration einfach testen zu können. Sollten Sie einen eigenen Provider registrieren wollen, klicken Sie auf den Button [Symbol] und hinterlegen darüber die Provider-ID und die entsprechend Provider-Klasse, die für Ihr Szenario implementiert wurde.

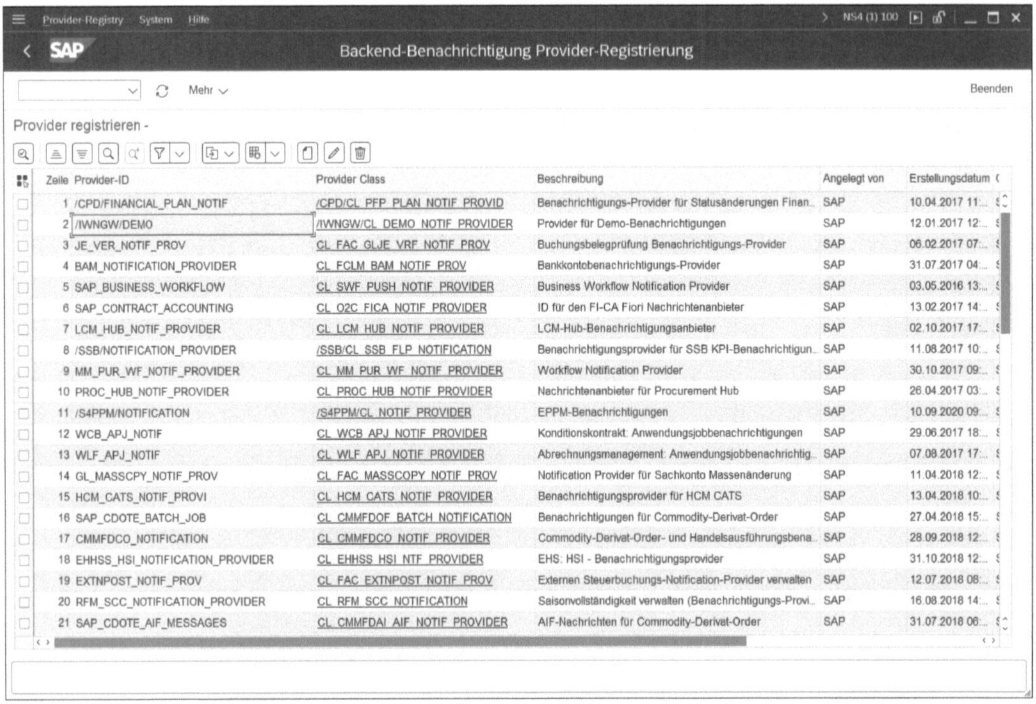

Abbildung 2.47 SAP-Fiori-App »Backend-Benachrichtigung Provider-Registrierung«

Nachdem der Provider registriert worden ist, muss er als Nächstes aktiviert werden. Denn nur aktive Provider können auch verwendet werden. Hierzu rufen Sie Transaktion /IWNGW/VB_REG_P auf, oder Sie verwenden Transaktion SPRO und navigieren anschließend über den Pfad **ABAP-Platform • Notification Channel • Notification Channel Provider Enablement • Administration • Notification Provider Einstellungen • Notification Provider verwalten**. Um einen neuen Provider anzulegen, klicken Sie auf **Neue Einträge** und nehmen einen Eintrag im Feld **Notification Provider ID** vor; in unserem Beispiel geben Sie »/IWNGW/DEMO« ein. Aktivieren Sie das Kennzeichen **Is Active?**, und bestätigen Sie Ihre Eingaben mit **Sichern**. Abbildung 2.48 zeigt die Übersicht über die aktiven und inaktiven Provider. Wie Sie es der Liste entnehmen können, ist der soeben angelegte Provider entsprechend auf **Aktiv** gesetzt.

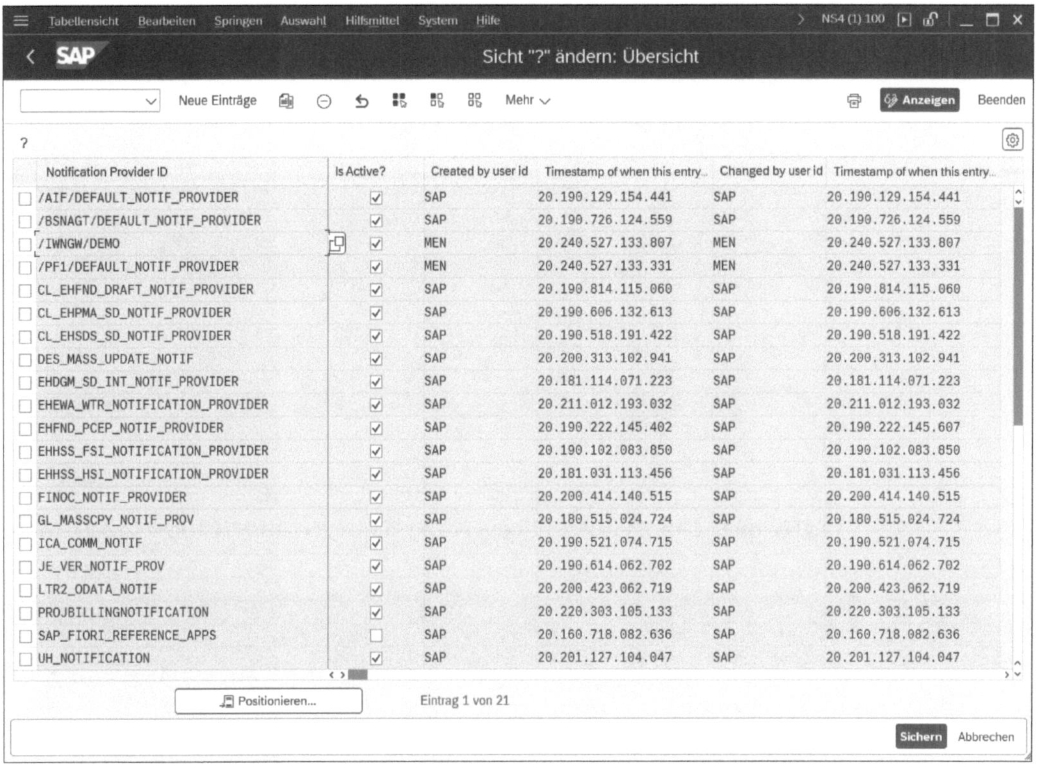

Abbildung 2.48 Übersicht über die aktiven und inaktiven Notification Provider

Für den abschließenden Test rufen Sie Transaktion /IWNGW/BEP_DEMO auf. Hierbei handelt es sich um eine Anwendung, mit der Sie den Versand von Benachrichtigungen testen können. Wählen Sie **Abwesenheitsantrag** als Benachrichtigungstyp aus, und geben Sie in das Feld **Provider-ID** die ID unseres Providers »/IWNGW/DEMO« ein (siehe Abbildung 2.49). Wir belassen es bei der Aktivierung des Kennzeichens **Prüfen ob Provider aktiv ist** und wählen zusätzlich noch **Beispielparameter generieren** aus. Zum Abschluss klicken wir auf den Button **Ausführen**.

Nachdem die Nachricht versendet worden ist, erhalten Sie eine Bestätigung darüber, dass versucht wurde, eine Benachrichtigung anzulegen. Wechseln Sie nun in das SAP Fiori Launchpad. Dort sehen Sie, wie in Abbildung 2.50 gezeigt, einerseits, dass das Notification Center angezeigt wird, und andererseits, dass eine neue Nachricht vorliegt.

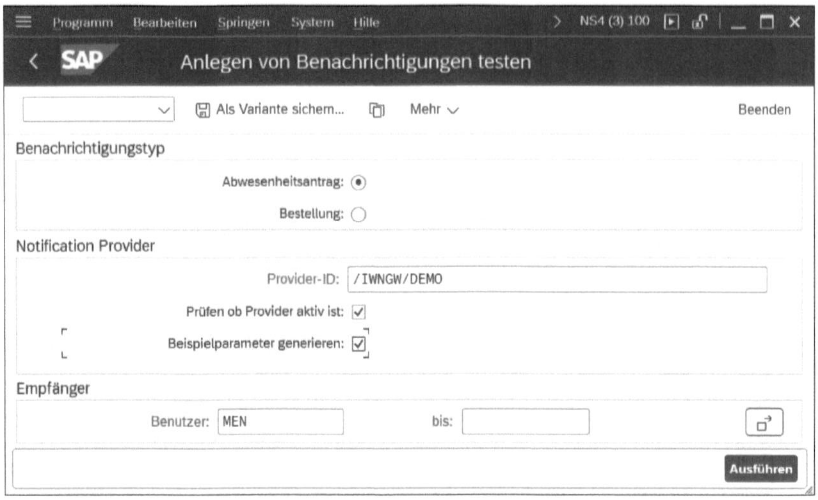

Abbildung 2.49 Benachrichtigungen in Transaktion /IWNGW/BEP_DEMO testen

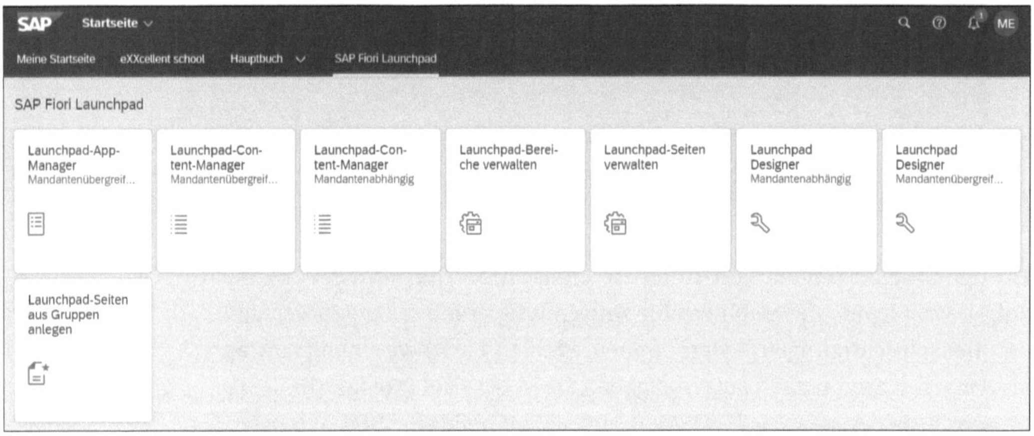

Abbildung 2.50 Neue Nachricht im Notification Center anzeigen

Klicken Sie nun auf den Button mit der Glocke ( ). Wie in Abbildung 2.51 gezeigt, werden Ihnen nun die Details zur Benachrichtigung angezeigt. Über den Button rechts neben dem Text können Sie die Aktionen **Genehmigen**, **Ablehnen** und **Schließen** ausführen. Wenn Sie die Nachricht anklicken, gelangen Sie, falls aktiv, in die SAP-Fiori-App **My Inbox**.

Abbildung 2.51 Benachrichtigungen im Notification Center anzeigen

2.3.7 SAP-Fiori-Content aktivieren

Da nun die relevanten Systeme entsprechend aufgesetzt sind, können die SAP-Fiori-Apps aktiviert werden. Wie in Kapitel 1, »Einführung in SAP Fiori«, beschrieben, steht hinter dem Designkonzept von SAP Fiori eine klar rollenbasierte Ausrichtung. Nutzern und Nutzerinnen werden Rollen zugewiesen, und diese wiederum beinhalten alle relevanten Abhängigkeiten zu den weiteren Artefakten (siehe Kapitel 3, »Objektmodell«). Zentraler Anlaufpunkt für Informationen dazu, welche SAP-Fiori-Apps von SAP bereitgestellt werden und wie diese konfiguriert werden müssen, erhalten Sie, wie in Kapitel 1, »Einführung in SAP Fiori«, beschrieben, in der SAP Fiori Apps Reference Library. Nachdem der Fachbereich die entsprechenden relevanten Anwendungen identifiziert hat, gilt es, diese bereitzustellen. Die Bereitstellung einer Anwendung besteht neben deren Installation aus den folgenden Schritten:

- Aktivieren der SAP-Fiori-App durch die Aktivierung der entsprechenden ICF-Knoten für die Anwendung(en) und des OData-Dienstes bzw. der OData-Dienste
- Erstellen von Kopien der für diese SAP-Fiori-App spezifischen Rollen, inklusive der Autorisierungsprofile
- Gegebenenfalls Erstellen von Test-Usern im System und Zuordnung der zuvor angelegten Rollenkopie

Für die Vereinfachung dieser Schritte bietet SAP ebenfalls eine Aufgabenliste an. Die Liste `SAP_FIORI_CONTENT_ACTIVATION` ermöglicht die Prozessierung der beschriebenen Punkte. Abbildung 2.52 zeigt die Aufgabenliste in Transaktion STC01.

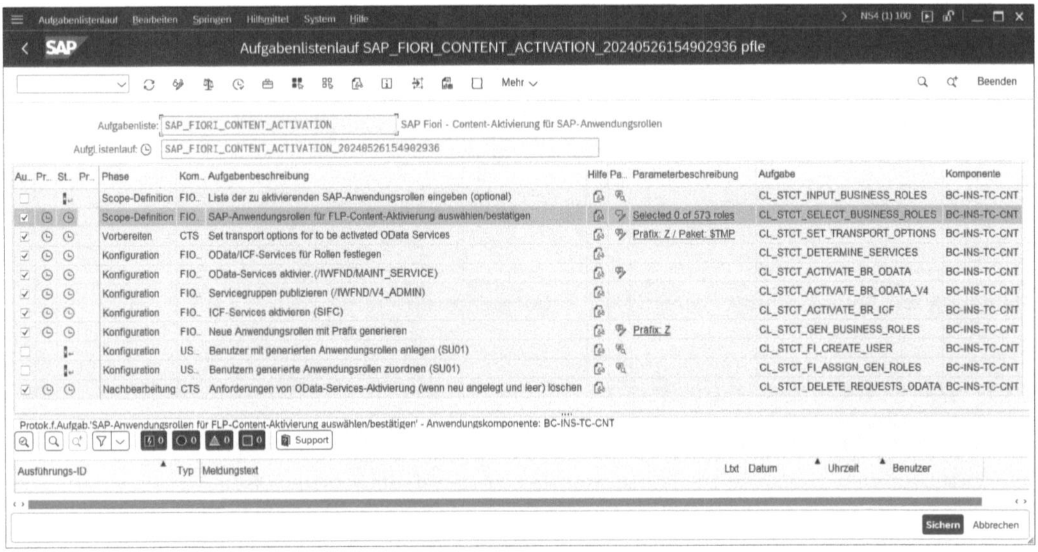

Abbildung 2.52 SAP-Fiori-Content mit der Aufgabenliste SAP_FIORI_CONTENT_ACTIVATION aktivieren

Über den Button [Icon] in der Zeile der Teilaufgabe **SAP-Anwendungsrollen für FLP-Content-Aktivierung auswählen/bestätigen** gelangen Sie in den in Abbildung 2.53 gezeigten Dialog.

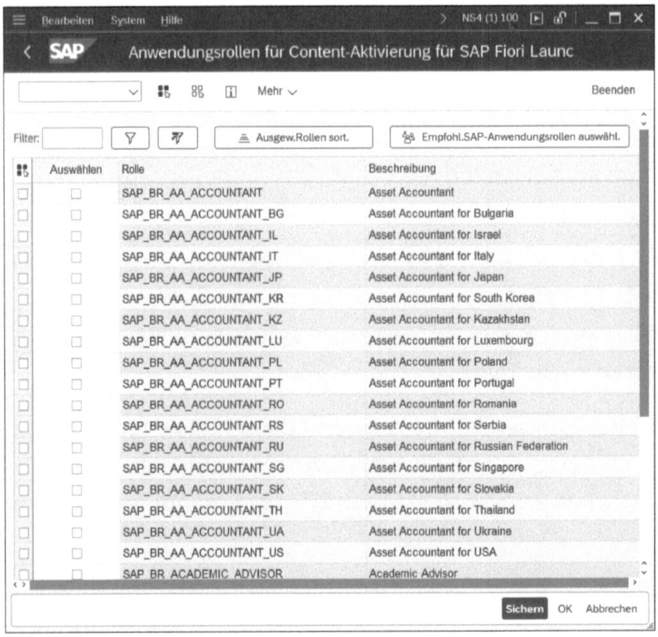

Abbildung 2.53 Anwendungsrollenauswahl für die Aktivierung von SAP-Fiori-Inhalten

Dort sehen Sie eine Liste aller auf dem System verfügbaren Anwendungsrollen, die für die Aktivierung bereitstehen. Wie Sie an dem Ausschnitt der Liste sehen können, werden nur Anwendungsrollen mit dem Präfix SAP_BR angeboten. Über das Suchfeld können Sie die Liste nach den für Sie relevanten Rollen filtern. Nachdem Sie die zu aktivierenden Rollen ausgewählt haben, klicken Sie auf den Button **Sichern** und kehren in das Ausgangsbild zurück.

Paketzuordnung und Transportaufträge

Anschließend können Sie noch über die Aufgabe **Set transport options for to be activated OData Services** das entsprechende kundeneigene Paket sowie, falls vorhanden, den Workbench- und Customizing-Auftrag auswählen. Falls Sie keine existierenden Aufträge haben, können diese auch durch das SAP-System angelegt werden.

Integriertes oder routingbasiertes Deployment auswählen

Mittels der Parametrisierung der Aufgabe **OData-Services aktivier.(/IWFND/MAINT_SERVICE)** können wir je nach Landschaft (embedded oder routingbasiert) festlegen, ob der OData-Dienst bzw. die OData-Dienste integriert oder routingbasiert aktiviert werden sollen.

Präfix für neue Anwendungsrolle setzen

Zu guter Letzt wählen wir über die Aufgabe **Neue Anwendungsrollen mit Präfix generieren**, mit welchem Präfix die neue Anwendungsrolle angelegt werden soll. Standardmäßig wird das Präfix Z_ vorgeschlagen.

[«]

Verwenden des Hintergrundmodus

Es ist ratsam, bei der Auswahl einer größeren Anzahl von Business-Rollen die Aufgabenliste **Hintergrundmodus** zu starten. Des Weiteren sollten Sie nicht mehr als 100 Rollen in einem Lauf auswählen. Bestimmte betriebswirtschaftliche Rollen haben besondere Voraussetzungen, die zu Aufgabenplan-Dumps führen können, insbesondere wenn die betriebswirtschaftliche Funktionalität durch einen Betriebsfunktionsschalter aktiviert werden muss. Wählen Sie nur die Rollen aus, die die Voraussetzungen erfüllen und die zur beabsichtigten Nutzung/zum Umfang des SAP-S/4HANA-Systems passen. Bestimmte Rollen können aufgrund von technischen Einschränkungen nicht aktiviert werden oder erfordern zusätzliche Aktivitäten.

Zur weiteren Arbeit und der Bereitstellung von SAP-Fiori-Inhalten sowie zu deren Konfiguration liefert Kapitel 4, »SAP-Fiori-Inhalte on-premise bereitstellen«, weitere Details.

2.4 Monitoring und Troubleshooting

Nachdem das System installiert und die erforderlichen SAP-Fiori-Komponenten aufgesetzt und konfiguriert worden sind, beginnen Wartung und Monitoring der Infrastruktur.

2.4.1 Das Plugin »App Support«

Mit der SAPUI5-Version 1.84 wurde von SAP ein SAP-Fiori-Launchpad Plugin namens *App Support* bereitgestellt. Das Plugin soll Sie bei der Fehleranalyse im SAP Fiori Launchpad unterstützen und ist mit den folgenden SAPUI-Komponenten verfügbar:

- SAPUI 7.54 SP06 in SAP S/4HANA 1909 SP04 oder Frontend Server 6.0 SP04
- SAPUI 7.55 SP02 in SAP S/4HANA 2020 FPS01 oder Frontend Server 2020 SP01
- SAPUI 7.56 in SAP S/4HANA 2021 oder Frontend Server 2021

Mithilfe des Plugins können direkt im SAP Fiori Launchpad sowohl Konfigurations- als auch Berechtigungsfehler erkannt werden. Diese können dann entweder direkt in der Anwendung eingesehen und analysiert oder als Excel-Datei heruntergeladen werden. Um Protokolle einzusehen und sie herunterladen zu können, benötigen Sie eine Berechtigung für das Objekt S_FLP_AS. Im Berechtigungsfeld SUI_ADEUS können Sie steuern, ob Benutzer die Protokolle anderer Benutzer sehen dürfen sollen. Der Wert CURRENT schränkt die Einsicht in die Protokolle anderer Benutzer ein, und der Wert ALL erlaubt Ihnen den Einblick in die Protokolle anderer Benutzer.

Plugin bereitstellen

Das Plugin wird über die Aufgabenliste SAP_FIORI_FOUNDATION_S4 aktiviert. Die Aufgabenliste erfüllt dabei die folgenden Aufgaben:

- Aktivierung der ICF-Knoten **/sap/bc/bsp/sap/sui_flp_app_sup** und **/sap/bc/ui5_ui5/sap/sui_flp_app_sup**
- Registrieren des OData-Service SUI_FLP_APP_SUP_SRV
- Aktivieren des SAP-Fiori-Launchpad-Plugins APP_SUPPORT

Selbstverständlich können Sie das Plugin auch manuell aktiveren. Hierzu aktivieren Sie die genannten ICF-Knoten und registrieren über Transaktion /IWFND/MAINT_SERVICE den OData-Service. Anschließend rufen Sie Transaktion /UI2/FLP_CONF_DEF auf. Wechseln Sie nun auf den Menüeintrag **Launchpad-Plug-Ins definieren**, und klicken Sie auf **Neue Einträge**. Geben Sie in das Feld **Launchpad-Plug-In-ID** den Wert »APP_SUPPORT« und in das Feld **Beschreibung** eine geeignete Dokumentation ein. Fügen Sie zum

Abschluss in das Feld **UI5-Komponenten-ID** den Wert »nw.core.flp.appdiagnostics« ein, und bestätigen Sie Ihre Eingaben. Das Ergebnis sehen Sie in Abbildung 2.54.

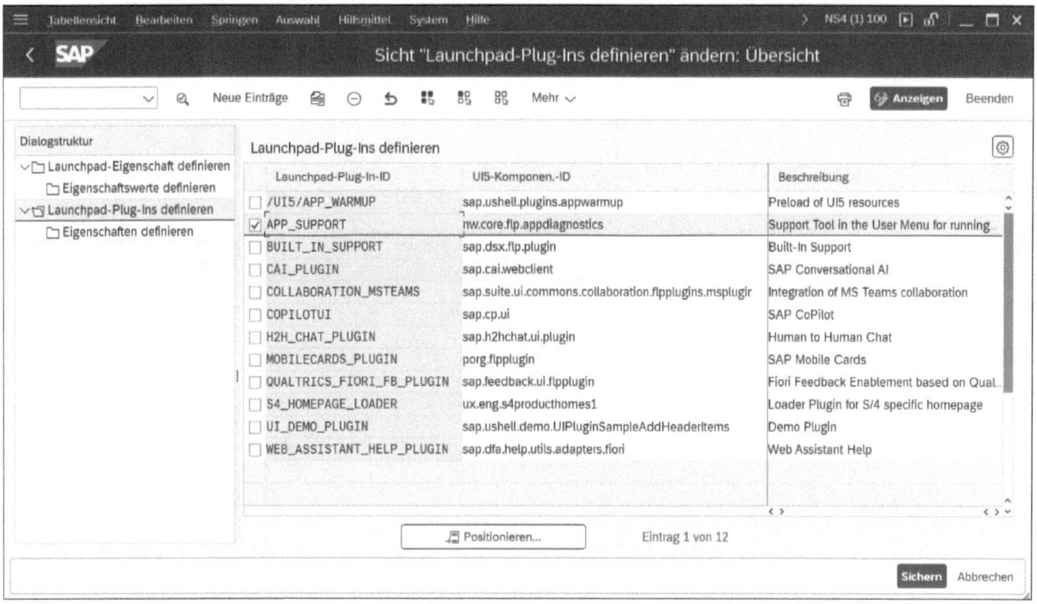

Abbildung 2.54 SAP-Fiori-Launchpad-Plugin App_Support konfigurieren

Rufen Sie nun Transaktion /UI2/FLP_CUS_CONF auf, um das SAP-Fiori-Launchpad-Plugin zu aktivieren. Klicken Sie anschließend auf **Neue Einträge**, und geben Sie in das Feld **Launchpad-Plug-In-ID** den Wert »APP_SUPPORT« ein (siehe Abbildung 2.55). Wählen Sie aus der Liste **Aktivitätsstatus** den Wert **Aktiv** aus, und speichern Sie Ihre Änderungen.

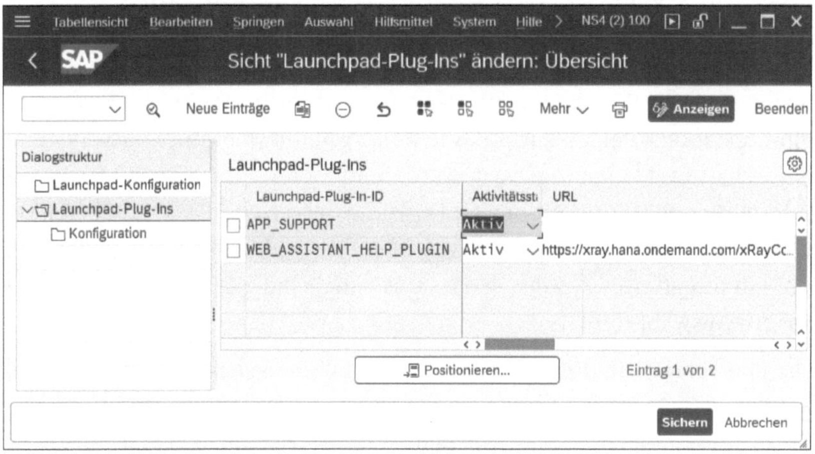

Abbildung 2.55 SAP-Fiori-Plugin APP_SUPPORT

Berechtigung

Die zuvor beschriebene Aktivierung allein reicht jedoch noch nicht aus, damit die Benutzer das Plugin auch tatsächlich verwenden können. Die Benutzer müssen entweder über die Rolle `SAP_FLP_ADMIN` oder über die Rolle `SAP_FLP_USER` verfügen. Weiterführende Informationen erhalten Sie im SAP Help Portal unter diesem Link *http://s-prs.de/v1016809*

Mit Plugin arbeiten

Als Beispiel für die Arbeit mit dem App-Support-Plugin betrachten wir die SAP-Fiori-App **Abstimmung zur Waren- und Rechnungseingang** (App-ID 3303). Nach dem Aufruf der Anwendung im SAP Fiori Launchpad erhalten Sie die in Abbildung 2.56 gezeigten Fehler.

Abbildung 2.56 Fehlersituation in der SAP-Fiori-App »Abstimmübersicht zu Waren- und Rechnungseingang«

Über das Benutzermenü rufen Sie die Anwendung **App Support** auf. Im Anschluss wird der in Abbildung 2.57 gezeigten Dialog mit den App-Support-Informationen zur App F3303 gezeigt. Im Bereich **App-Informationen** wird neben einigen anwendungsspezifischen Informationen wie z. B. die Anwendungsressource oder die SAP-Fiori-ID auch angezeigt, dass Fehler bei der Verarbeitung der Anwendung aufgetreten sind. Über den Link **laden Sie bitte die gesammelten Protokolle zur weiteren Bearbeitung herunter** oder über den Button **Protokolle herunterladen** können Sie alle Informationen, die im gesamten Dialog dargestellt werden, als Excel-Datei auf den lokalen Rechner laden. Die Datei kann dann im Unternehmen beispielsweise an eine zuständige Person zur Analyse weitergeleitet werden. Je nach Systemlandschaft und Berechtigungen werden im Menü unter dem Eintrag **App-Informationen** Informationen zu Frontend-Server und Backend-Server angezeigt. Bei dem von uns genutzten SAP-S/4HANA-System handelt es sich um ein integriertes System, sodass uns lediglich die Option **Frontend-Server** zur Auswahl steht.

Um die Fehlersituation direkt im Dialog zu analysieren, wählen Sie den Menüeintrag **Frontend-Server** aus. Sie erhalten die in Abbildung 2.58 gezeigten Systeminformationen sowie den Systemstatus.

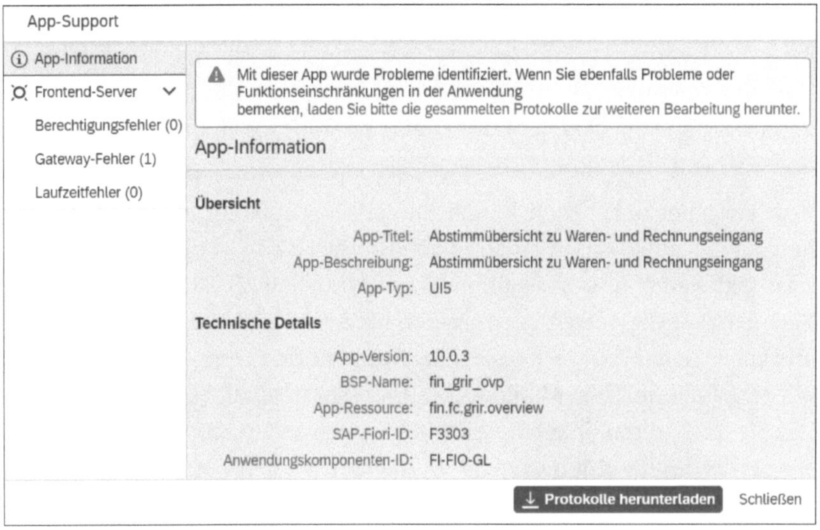

Abbildung 2.57 App-Support-Informationen zur Anwendung F3303

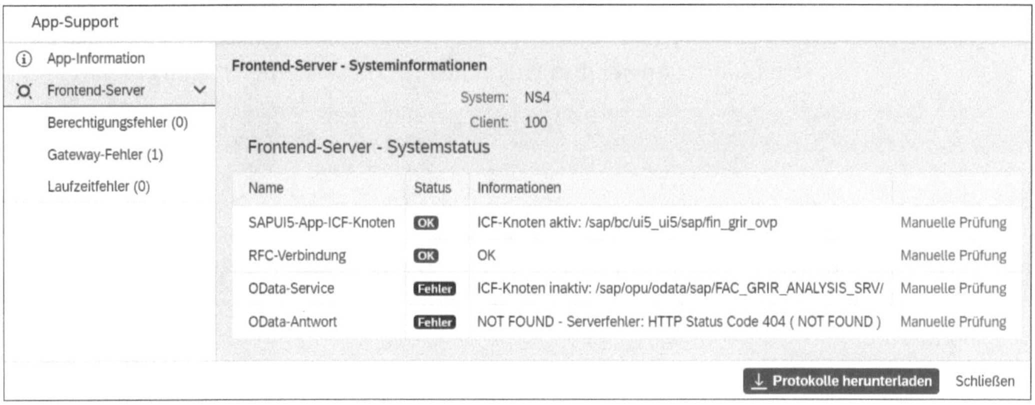

Abbildung 2.58 Systemstatus der SAP-Fiori-App F3303

Jeder der aufgelisteten Einträge verfügt über die Möglichkeit der manuellen Prüfung. Über den Link **Manuelle Prüfung** gelangen Sie jeweils in die entsprechende Transaktion, mit der Sie im Fehlerfall eine Prüfung im SAP-System vornehmen können. Wie Sie es in den Systemstatusinformationen sehen können, ist der ICF-Knoten für die Anwendung aktiv, und die Anwendungsressourcen konnten geladen werden. Zudem zeigt der zweite Eintrag, dass eine RFC-Destination in Transaktion SM59 entsprechend angelegt worden ist. Der dritte Eintrag in der Systemstatusliste – der Eintrag **OData-Service** – zeigt im Status einen Fehler an. Die dazugehörige Information zeigt, dass der zur Anwendung gehörende ICF-Knoten **/sap/opu/odata/sap/FAC_**

GRIR_ANALYSIS_SRV/ inaktiv ist. Der vierte Eintrag **OData-Antwort** ist auf Basis der Erkenntnis, dass der Service inaktiv ist, nicht mehr weiter erhellend und im Prinzip bereits im Ergebnis der dritten Meldung enthalten. Dieser Eintrag gibt an, dass der HTTP-Status der Anfrage an den OData-Service mit einer Fehlermeldung 404 beantwortet wurde.

Um den Fehler zu beheben, klicken Sie zunächst auf den Link **Manuelle Prüfung**. So gelangen Sie in einen neuen Browsertab in der Anwendung **Services aktivieren und verwalten** (Transaktion /IWFND/MAINT_SERVICE). Nachdem wir die Anwendung geladen haben, klicken wir auf Button **Filter** und geben in das Feld **Technischer Servicename** den Wert »*FAC*GRIR*« ein. Wir erhalten nun die in Abbildung 2.59 gezeigten Details zum OData-Dienst. Wie Sie im unteren linken Bereich ICF-Knoten sehen können, ist der aktuelle Status des ICF-Knotens nicht grün. Wenn Sie den Cursor über das Icon ▲ führen, wird die Meldung »Service nicht aktiv« angezeigt. Um den Service zu aktiveren, wählen Sie aus dem Aufklappmenü **ICF-Knoten** den Eintrag **Aktivieren** aus. Der Service wird daraufhin aktiviert und mit dem Status ■ angezeigt. Um sicherzugehen, dass die Anwendung jetzt ordnungsgemäß arbeitet, gehen Sie zurück in das SAP Fiori Launchpad und laden die Seite mit der Anwendung neu. Die Anwendung arbeitet nun korrekt.

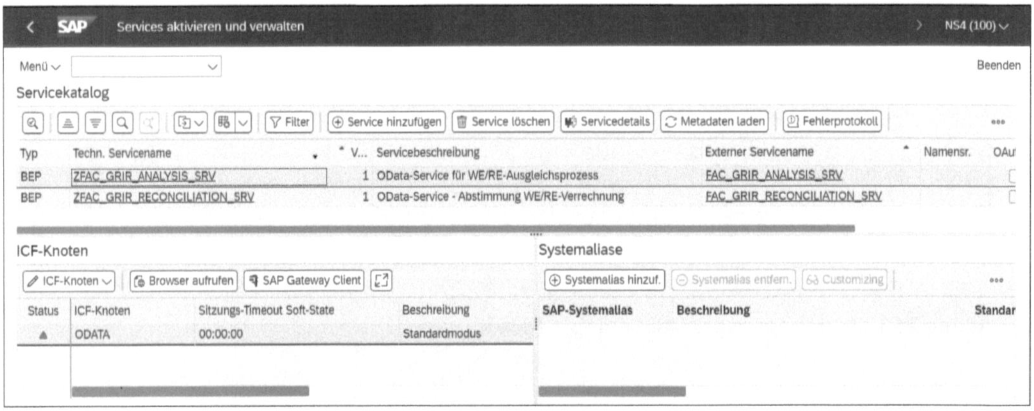

Abbildung 2.59 OData-Service ZFAC_GRIR_ANALYSIS_SRV

[»]

Verwenden von OData V4

Bei Anwendungen, die einen V4-OData-Service nutzen, beachten Sie SAP-Hinweis 3392675 ab SAP S/4HANA 2022 oder SAP-Hinweis 3319530 für SAP S/4HANA vor 2022.

2.4.2 Protokolle

Die Verwendung des `App_Support`-Plugins ist nicht immer ausreichend oder möglicherweise nicht verfügbar. In diesem Fall können die im Hintergrund erzeugten Protokolle zur Fehleranalyse herangezogen werden. Hier ist zunächst das Standardprotokoll über Transaktion SLG1 zu nennen. Für das Frontend-System können Sie die Liste nach dem Objekt `/IWFND/` und für das Backend-System nach dem Objekt `/IWBEP/` filtern. Abbildung 2.60 zeigt das nach `/IWFND/` gefilterte Anwendungslog.

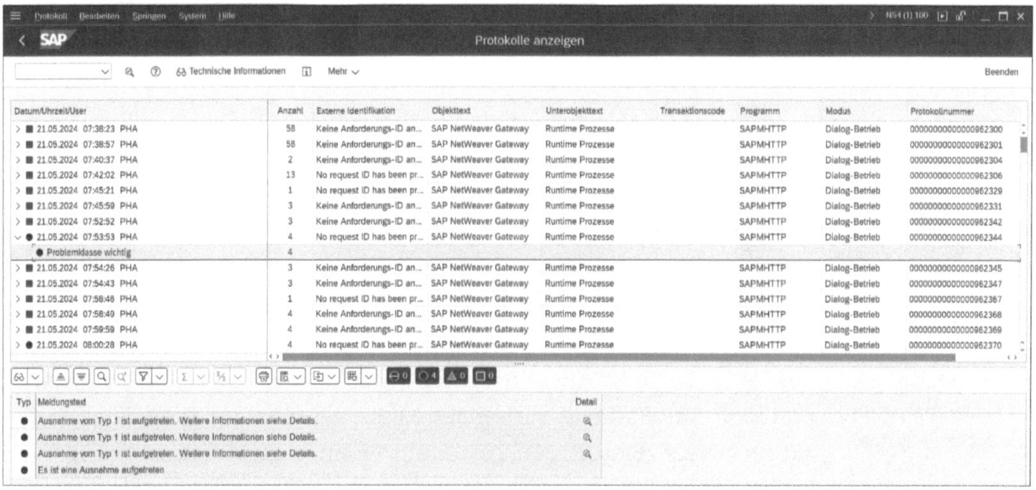

Abbildung 2.60 Transaktion SLG1– Standardprotokoll

Fehleranalyse von OData-Diensten

Ein OData-Service kann aus unterschiedlichsten Gründen fehlerhaft laufen. Einerseits kann es sich um Fehler handeln, die durch das Netzwerk an sich verursacht werden, durch fehlerhafte Anfragen, die an den Service gesendet werden, oder durch Fehler im Rahmen der Bearbeitung einer Anfrage durch den OData-Service. Zur Analyse dieser Fehler oder allgemein von Fehlern, die bei der Verarbeitung einer Anfrage auftreten, wird auf dem Frontend-Server das SAP-Gateway-Fehlerprotokoll verwendet. Der Zugriff zur Anwendung erfolgt über Transaktion /IWFND/ERROR_LOG. Abbildung 2.61 zeigt das SAP-Gateway-Fehlerlog, und die Tabelle in der Abbildung zeigt die protokollierten Log-Einträge. Wenn Sie einen Eintrag auswählen, werden Ihnen im unteren Bereich der Anwendung weitere Details zum aufgetretenen Fehler angezeigt.

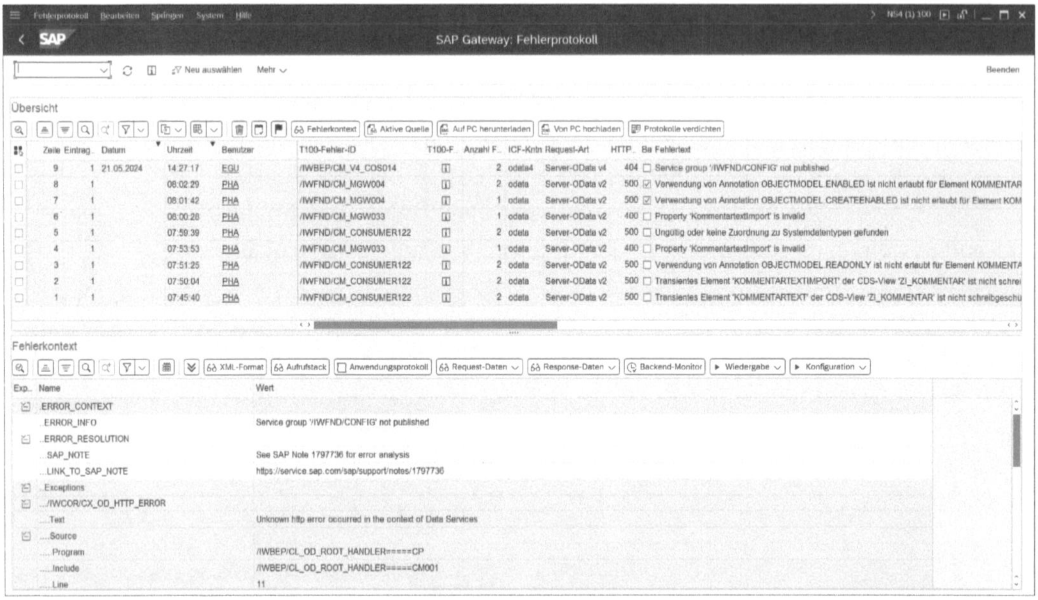

Abbildung 2.61 SAP-Gateway-Fehlerprotokoll für den Frontend-Server

OData-Service: Fehleranalyse im Backend-System

Für im Backend-System auftretende Fehler wird die SAP-Fiori-App **Fehlerprotokoll SAP-Backend** verwendet. Diese Anwendung kann über Transaktion /IWBEP/ERROR_LOG gestartet werden (siehe Abbildung 2.62). Auch in diesem Fehlerprotokoll werden die protokollierten Fehler in einer Tabelle dargestellt. Durch die Auswahl eines Eintrags werden im unteren Bereich weitere Details zum jeweiligen Fehler angezeigt. Über den Button **Serviceimplementierung** gelangen Sie in die Implementierung des OData-Service. Je nach Kenntnisstand kann man bei Fehlern in der Implementierung direkt die Anpassung durchführen. Über den Button **Aufrufstack** erhalten Sie Informationen darüber, in welchem konkreten Methodenaufruf der Fehler aufgetreten ist. Ebenso können Sie erkennen, wer in einer Methodenkaskade die fehlerverursachende Methode aufgerufen hat.

SAP-Gateway-Statistik

Um die Transparenz der Verarbeitungszeiten von SAP Gateway zu erhöhen, verwenden Sie die SAP-Gateway-Statistik-Transaktion /IWFND/STATS (siehe Abbildung 2.63). Auch bietet diese eine aggregierte Statistikansicht, um die Überwachung zu allen Zeiten und auf allen Ebenen zu erleichtern. Die SAP-Gateway-Statistik liefert eine tabellarische Übersicht. Die Zeiten beziehen sich auf Verarbeitungszeit und sind in Millisekunden angegeben. Je nach gewünschter Granularität können Sie die Einträge auf- oder zuklappen.

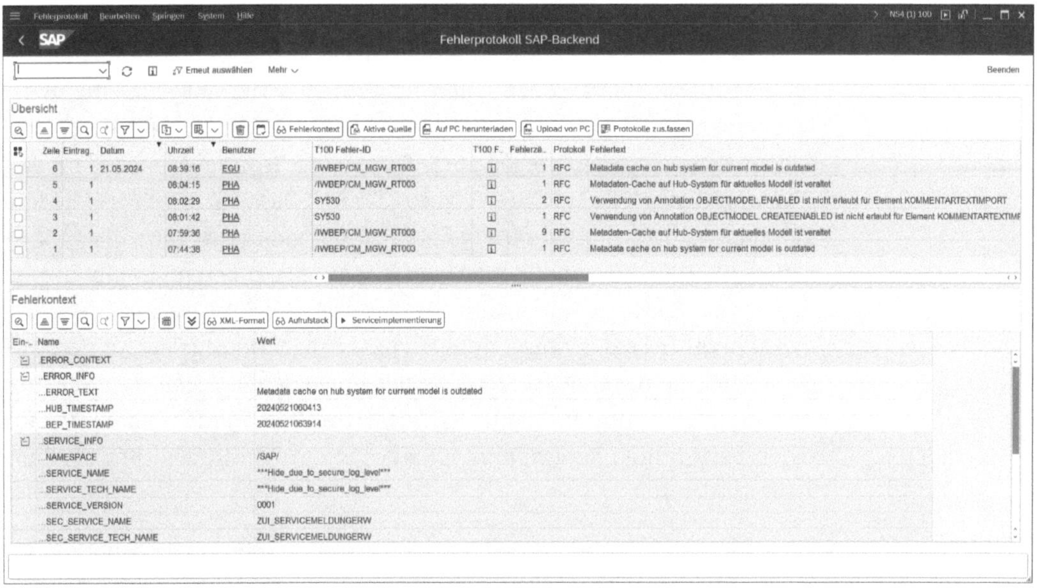

Abbildung 2.62 SAP-Fiori-App »Fehlerprotokoll SAP-Backend«

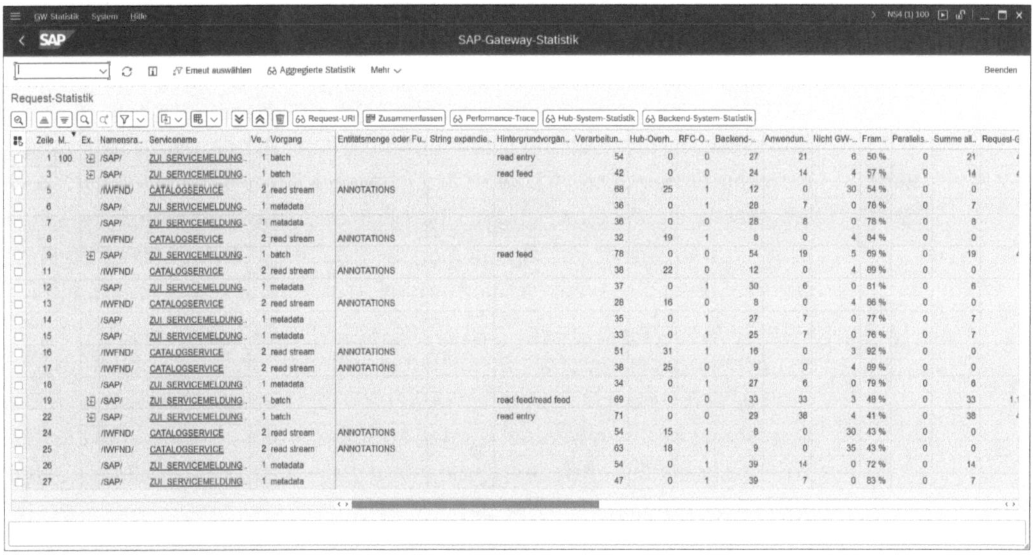

Abbildung 2.63 SAP-Fiori-App »SAP-Gateway-Statistik«

Performanceanalyse von OData-Services

SAP-Fiori-Apps wurden von Anfang an als langsam kritisiert, meist mit der verkürzten Unmutsäußerung »SAP Fiori ist langsam«. Wie bereits in Kapitel 1, »Einführung in SAP Fiori«, beschrieben, ist diese Aussage stark verkürzt. SAP Fiori selbst ist keine Technologie, sondern lediglich ein Regelwerk für Oberflächen. Sollte eine SAP-Fiori-App einmal nicht den Anforderungen an die

Perfomance gerecht werden, liegt dies immer an der Technologie. Diese kann in der Implementierung der Oberfläche liegen, in der Implementierung des OData-Service oder in den aufgerufenen Methoden, in Funktionsbausteinen oder Ähnlichem. Für die Analyse im SAP-System bietet SAP Fiori wiederum zwei Anwendungen an: **SAP Gateway: Tracing-Werkzeug für den Frontend-Server** und **Tracing-Werkzeug für SAP-Backend.** Die SAP-Fiori-App **SAP Gateway: Tracing-Werkzeug für den Frontend-Server** kann über Transaktion /IWFND/Traces aufgerufen werden. Auf der anderen Seit gibt es eine App für das Backend-System, mit der die OData-V2-Services analysiert werden können. In beiden Anwendungen muss zunächst festgelegt werden, was genau analysiert werden soll. Sie können entweder festlegen, dass alle Aufrufe eines bestimmten Benutzers mitgeschnitten werden, oder dass für einen bestimmten Service bzw. ICF-Knoten ein Performanceprotokoll erstellt werden soll.

2.4.3 Clientseitige Analyse

Performanceanalyse aus Sicht der Anwendungsoberfläche

Nicht nur der OData-Service kann im Hinblick auf die Performance ein »Flaschenhals« sein, sondern auch die Oberfläche oder die Oberfläche in Kombination mit dem OData-Service können die Performance beeinträchtigen. Um eine Einschätzung dessen zu erhalten, wo das Problem liegt, bieten die gängigen Browser in der Regel ebenfalls die Möglichkeit, die Kommunikation zwischen Browser und Server unter die Lupe zu nehmen. Mit den sogenannten *Entwicklerwerkzeugen* des Browsers kann der Netzwerkverkehr überwacht werden, um einen Überblick über die Interaktion zwischen Browser und Server im Allgemeinen zu erhalten: Welche Anfragen gehen an den Server? Wie lange dauern diese? Werden die Anfragen erfolgreich verarbeitet? usw. Über die [F12]-Taste oder über das Menü des verwendeten Browsers gelangen Sie in die entsprechende Ansicht. Abbildung 2.64 zeigt den Netzwerkverkehr einer SAP-Fiori-App. Neben den Ressourcen, die vom Server bezogen werden, werden auch die Größe der Datei und die Verarbeitungszeit der Anfrage angezeigt. Auf diese Weise können Sie erste Hinweise für die fehlende Performance finden.

SAPUI5 Diagnostics

Die SAPUI5-Laufzeit bietet ebenfalls die Möglichkeit, die Interaktion mitzuschneiden und die Performance zu analysieren. Mit dem in Abbildung 2.65 gezeigten Tool SAPUI5 Diagnostics können Sie die Interaktion und Performance einer Anwendung protokollieren. SAPUI5 Diagnostics erreichen Sie über die Tastenkombination [Strg] + [Alt] + [⇧] + [D].

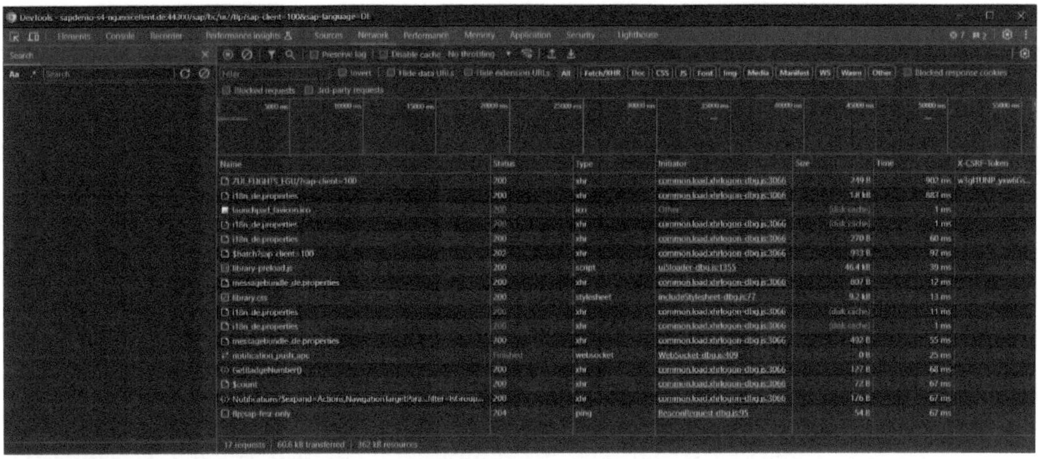

Abbildung 2.64 Netzwerkverkehr einer SAP-Fiori-App

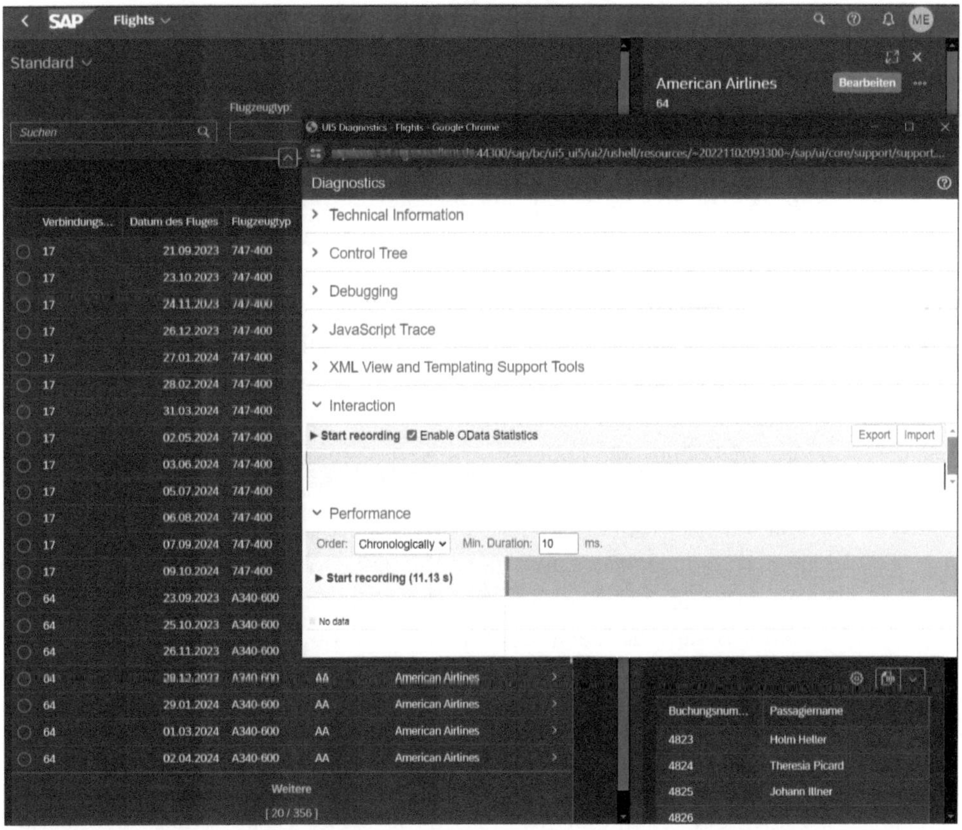

Abbildung 2.65 SAPUI5 Diagnostics

[»]

Weiterführende Informationen zur Fehleranalyse

Weitere Informationen zur Fehleranalyse und Fehlerbeseitigung finden Sie im SAP Help Portal unter *http://s-prs.de/v1016810* oder im Bereich **Support and Grow** in der SAP Fiori for SAP S/4HANA Community unter *https://community.sap.com/topics/fiori/s4hana*.

2.5 Entwicklungsinfrastruktur

Neben der reinen Infrastruktur für die Bereitstellung und den Betrieb von SAP-Fiori-Apps und -Diensten ist natürlich auch die Entwicklungsumgebung bzw. die Entwicklungsinfrastruktur ein wichtiger und relevanter Teil der SAP-Fiori-Infrastruktur. Nachdem wir in Kapitel 1, »Einführung in SAP Fiori«, kurz die Entwicklungsumgebung eingeführt haben, gehen wir in diesem Abschnitt auf die Entwicklungsinfrastruktur ein.

2.5.1 Versionsverwaltung

Unabhängig davon, mit welcher Entwicklungsumgebung man SAP-Fiori-Apps entwickelt, der Quellcode mit allen relevanten Artefakten liegt entweder auf der Festplatte des Entwicklers oder der Entwicklerin oder aber im DevSpace von SAP Business Application Studio. Neben dem Code selbst gibt es noch weitere wichtige Artefakte, wie die Projektkonfigurationsdateien, Codes für Tests oder auch Dateien für den lokalen Betrieb der Anwendung. Bei der Installation der Anwendung werden allerdings nur die Artefakte in das SAP-System geladen, die für den Betrieb der Anwendung zur Laufzeit erforderlich sind; alle anderen Artefakte verbleiben im Entwicklungswerkzeug. Hat die Festplatte einen irreversiblen Defekt oder die Entwicklerin oder der Entwickler bzw. der externe Dienstleister verlässt das Unternehmen, ist der Quellcode zwar noch mit einigem Aufwand aus dem SAP-System zu beziehen, allerdings sind die nicht deployten Artefakte verloren. Abhilfe schafft hier der Einsatz einer Quellcode-Verwaltungssoftware inklusive Versionierung. Produkte wie Git, GitHub, Azure DevOps, Bitbucket bieten entsprechende Dienste an. Die genannten Systeme verwalten den Quellcode in sogenannten *Repositories*. Innerhalb eines Repositorys können sogenannte Branches angelegt und verwaltet werden. Der Haupt-Branch bzw. Hauptentwicklungsstrang wird als *Main Branch* bezeichnet. Dies ist in der Regel der Codestand, der sich auch im SAP-Produktivsystem befindet. Für jede Fehlerbehebung oder die Entwicklung einer neuen Anforderung wird ein Entwicklungs-Branch angelegt, der im Grunde eine Kopie des Main Branch ist. In der Entwicklungsumgebung wird eine lokale Arbeitskopie dieses Entwicklungs-Branch angelegt und je nach Regelung von Zeit zu Zeit in den Remote Branch hochgeladen. Dabei werden nur die Deltas in den Branch übernommen. Ist die Entwicklung abgeschlossen, wird ein sogenannter Merge Request gestellt. Die damit verbundene Anfrage wird an einen Kollegen geschickt. Der Merge Request prüft die Entwicklung, und im besten Fall wird die Anfrage für den Merge positiv beantwortet. Denn dann wird der Entwicklungs-Branch in den Main Branch überführt. Der Vorteil bei dieser Art der Entwicklung ist, dass es keinen »Flaschenhals« mehr gibt. Wird während der Arbeit an einem neuen Feature ein Fehler festgestellt, kann einfach ein Branch auf Basis des Main Branch erstellt, der Fehler behoben und unabhängig von anderen Entwicklungen in das SAP-System übernommen werden. Es ist aus unserer Sicht nicht notwendig, Implementierungsaspekte aus der Weiterentwicklung zu kommentieren. Darüber hinaus ermöglicht der Einsatz einer solchen Versionsverwaltung natürlich auch das parallele Arbeiten mehrerer Entwicklerinnen und Entwickler. Die Versionsverwaltung bietet Möglichkeiten, um mögliche Kollisionen aufzulösen. Wichtig ist auch, dass externe Dienstleister die Versionsverwaltungssoftware des Auftraggebers nutzen und nicht ihre eigene Infrastruktur.

2.5.2 Continuous Integration and Delivery

Die Entwicklung von Software soll, ebenso wie in anderen Bereichen, effizient und transparent sein. In Nicht-SAP-Projekten haben sich daher über die letzten Jahre *Continuous Integration* (CI) und *Continuous Delivery* (CD) etabliert. Hierbei handelt es sich um zwei essenzielle Praktiken im Bereich der Softwareentwicklung, die dazu beitragen, den Entwicklungsprozess effizienter, transparenter und robuster zu gestalten.

Continuous Integration

Continuous Integration bezieht sich auf den Prozess, bei dem Codeänderungen regelmäßig in ein gemeinsames Repository integriert werden. Dies geschieht typischerweise mehrmals am Tag und ermöglicht es den Entwicklerinnen und Entwicklern, frühzeitig potenzielle Konflikte oder Fehler zu erkennen. Durch die Automatisierung von Tests und Build-Prozessen werden die Qualität des Codes verbessert und das Risiko von Fehlern minimiert. Continuous Integration fördert außerdem die Zusammenarbeit im Entwicklungsteam, da alle Mitglieder kontinuierlich an der Verbesserung des Codes arbeiten und Rückmeldungen geben können.

Continuous Delivery

Continuous Delivery baut auf den Prinzipien von Continuous Integration auf und erweitert sie, indem es den Prozess der Bereitstellung von Software automatisiert. Mit Continuous Delivery können Entwicklerinnen und Entwickler Codeänderungen schnell und zuverlässig in die Produktion bringen, indem sie auf automatisierte Tests, Builds und Bereitstellungen setzen. Dies ermöglicht es Teams, schneller auf Kundenfeedback zu reagieren, neue Funktionen effizienter bereitzustellen und die Time-to-Market zu verkürzen. Zusammen bieten Continuous Integration und Continuous Delivery eine agile und effektive Möglichkeit, um hochwertige Software zu entwickeln und auszuliefern. Indem sie manuelle Prozesse minimieren und auf Automatisierung setzen, tragen diese Praktiken dazu bei, die Entwicklungseffizienz zu steigern, die Softwarequalität zu verbessern und letztendlich die Kundenzufriedenheit zu erhöhen. CI/CD ist gängige Praxis bei der Entwicklung von Software.

CI/CD und die Versionsverwaltung

Die im Unternehmen eingesetzte CI-/CD-Lösung ist eng mit der Versionsverwaltung verzahnt. Die CI-/CD-Lösung reagiert aktiv auf Änderungen am Main Branch. Wenn Änderungen am Main Branch durch bestätigte Merge Requests durchgeführt werden, wird eine zuvor konfigurierte Pipeline aktiviert, die den Code des Main Branch aus der Versionsverwaltung bezieht. Eine Pipeline ist eine Art Aufgabenliste, in der definiert ist, welche Aktivitäten nach dem Auschecken des Main-Branch auf dem Quellcode durchgeführt werden sollen. Hier ist es zunächst einmal wichtig zu prüfen, ob der Code alle Qualitätskriterien bezüglich der gängigen und im Unternehmen definierten Richtlinien für z. B. SAPUI5 und JavaScript bei der Implementierung erfüllt. Wäre dies nicht der Fall, würde die Pipeline bereits mit einem Fehler abbrechen. Der zuständige Mitarbeitende würde informiert und müsste entsprechend dafür sorgen, dass der Code den Richtlinien entspricht. Als Nächstes könnte man sich vorstellen, dass Softwaretests ausgeführt werden, die Anwendung minimiert oder ähnliche Schritte prozessiert würden. Am Ende einer bis dahin erfolgreich abgearbeiteten Pipeline steht das Deployment des Pakets auf das SAP-System. Hier wird entsprechend der Transportauftrag angegeben, mit dem die Änderung aufgezeichnet und in die Folgesysteme transportiert wird.

CI/CD im Kontext von SAP Fiori

CI/CD bietet bei der individualen Entwicklung im SAP-Kontext ebenfalls große Vorteile, neben der Freestyle-Entwicklung natürlich auch im SAP-Fiori-Kontext – egal ob SAPUI5 in »Reinform« oder unter der Verwendung von SAP Fiori Elements verwendet wird. Das oben beschriebene automatische Deployment sowie die durchzuführende Prüfung der Codequalität ist ein wichtiger Schritt im täglichen Prozess. Dass die Entwicklerinnen oder Entwickler direkt aus dem Entwicklungswerkzeug auf das SAP-System deployen, sollte der Vergangenheit angehören. Die Nutzung von unterschiedlichen Werkzeugen und das etwaige mehrmalige Deployen eines jeweiligen unterschiedlichen Versionsstands auf die nachfolgenden SAP-Systeme kann zu chaotischen Zuständen führen. Ebenfalls kann die Infrastruktur sehr gut auch als Kontroll- und Qualitätssicherungswerkzeug beim Einsatz von externen IT-Dienstleistern sowie selbstverständlich auch für die eigenen Softwarequalität verwendet werden. Abbildung 2.66 zeigt die soeben beschriebenen Komponenten einer SAP-Fiori-Entwicklungsinfrastruktur. Wie Sie es der Abbildung entnehmen können, besteht als Bindeglied zwischen SAP BTP und SAP-System eine Cloud-Connector-Installation.

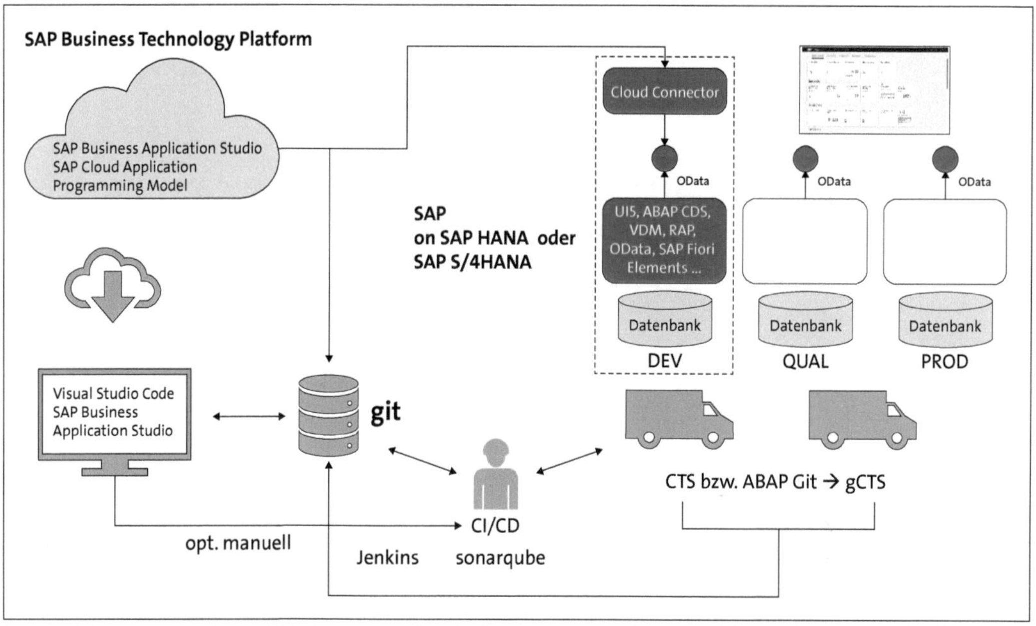

Abbildung 2.66 Entwicklungsinfrastruktur

Projekt »Piper«

Das Aufsetzen einer solchen Infrastruktur kann unter Umständen aufwendig und, falls man es noch nie gemacht hat, entsprechend komplex sein. SAP bietet mit dem *Projekt »Piper«* bereits vorkonfigurierte Pipelines und sogar Docker Images für das schnellere Aufsetzen einer solchen Infrastruktur an. Unter *https://www.project-piper.io/* erhalten Sie von SAP alle relevanten Informationen über den Einstieg und das Aufsetzen einer CI-/CD-Infrastruktur unter der Verwendung des Projekts »Piper«. Abbildung 2.67 zeigt die Einstiegsseite der Webseite des Projekts »Piper«. Wie man in der Abbildung erkennen kann, ist das Projekt »Piper« sowohl für die Entwicklung von On-Premise- als auch für die Entwicklung von SAP-BTP-Lösungen verwendbar.

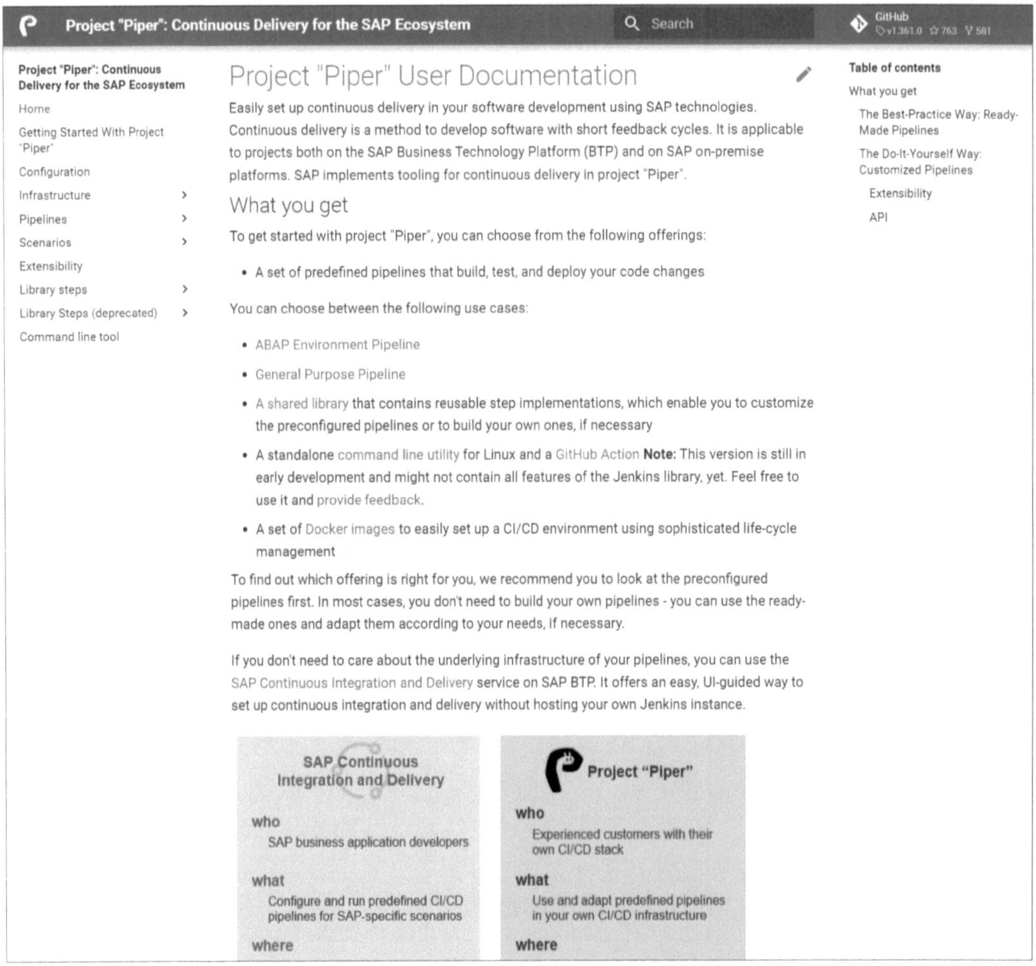

Abbildung 2.67 Einstiegsseite des Projekts »Piper«

[»]

Wiederverwendung von vorhandener Infrastruktur

Bevor man als SAP-Basis und Betrieb mit dem Aufsetzen einer dedizierten Entwicklungsinfrastruktur für die SAP-Fiori-Entwicklung beginnt, ist es ratsam, zu prüfen, ob die Nicht-SAP-Entwicklungsabteilung, falls vorhanden, bereits eine entsprechende Umgebung aufgesetzt und etabliert hat. Die existierende Infrastruktur kann dann ebenfalls, möglicherweise mit kleinen Anpassungen, wiederverwendet werden. Dies reduziert zum einen den Aufwand, und zum anderen ergibt sich bei der Nutzung eine gemeinsame Methodologie über Abteilungsgrenzen hinweg.

2.6 Weiterführende Informationen

SAP Fiori, die nötige Infrastruktur, sowie die Entwicklungswerkzeuge entwickeln sich ständig weiter. Um am Ball zu bleiben, bietet SAP unterschiedliche Quellen und Werkzeuge an. Zum Abschluss dieses Kapitels geben wir noch ein paar Hinweise, wo Sie weiterführende und aktuelle Informationen finden.

SAP-Fiori-Produktseite

SAP bietet für SAP Fiori eine zentrale Seite im SAP Help Portal an. Sie finden diese unter *https://help.sap.com/fiori* (siehe Abbildung 2.68). Über die Registerkarte **What's New**, **Implement**, **Use** und **Learn and Get Certified** findet man jeweils weiterführende und wichtige Informationen rund um SAP Fiori und die Implementierung von SAP-Fiori-Lösungen. Über die Produktseite gelangen Sie beispielsweise auch auf die Product Availability Matrix und können hierüber sehen, ab wann ein Produkt verfügbar ist bzw. auch, bis wann bestimmte Produkte verfügbar sind und in welcher Kombination diese eingesetzt werden können.

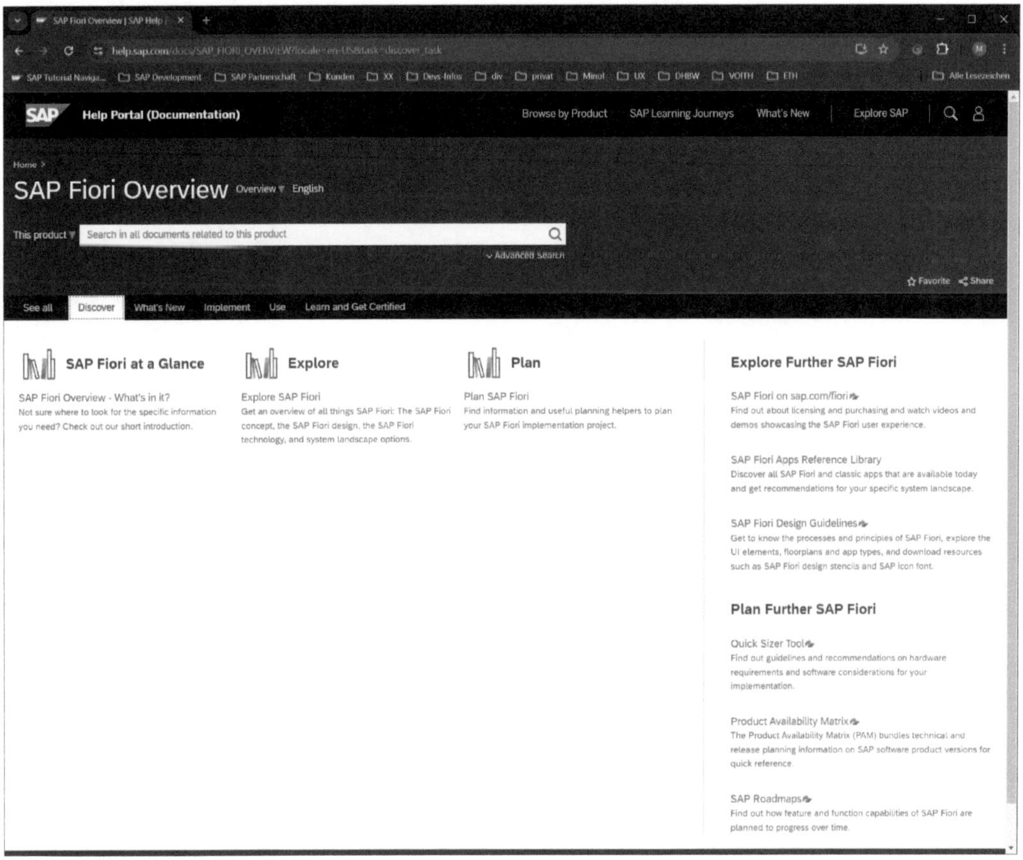

Abbildung 2.68 Produktseite von SAP Fiori

SAP Road Map Explorer

Mit dem SAP Road Map Explorer liefert SAP die aktuelle Planung von Innovationen und Änderungen. Sie finden den SAP Road Map Explorer unter *https://roadmaps.sap.com*. Nach dessen Aufruf können Sie über ein Suchfeld nach den für Sie relevanten und interessanten Informationen suchen (siehe Abbildung 2.69). Wie Sie sehen, haben wir nach »Sap Fiori« gesucht. Wir erhalten so einen Überblick über die Planung bis Q2 2025 im Kontext von SAP Fiori.

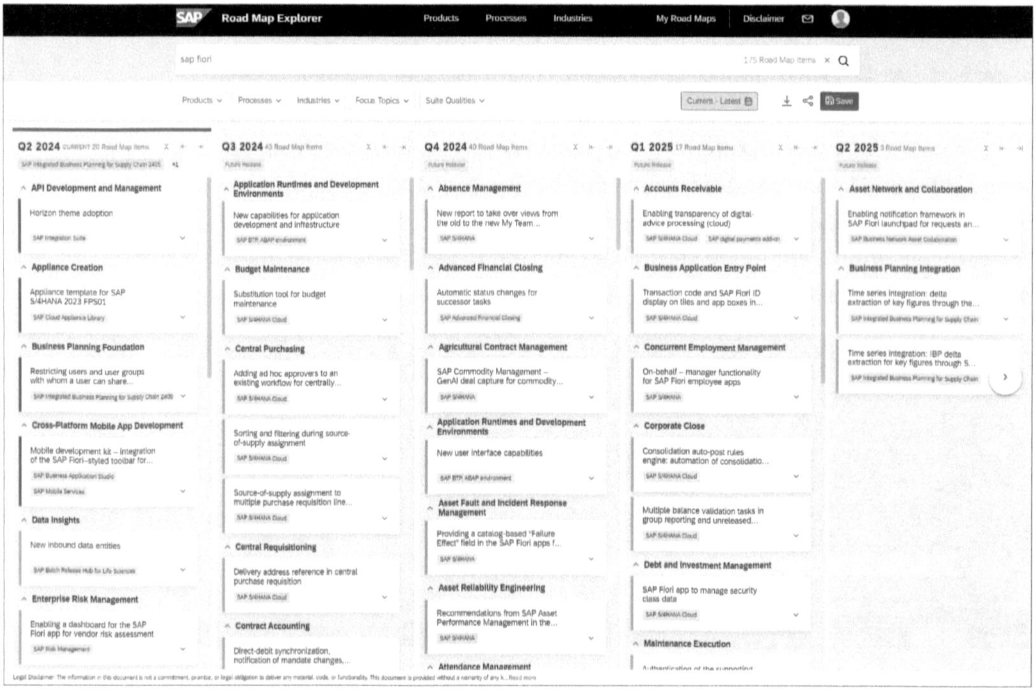

Abbildung 2.69 SAP Road Map Explorer

SAP Community für SAP Fiori

Unter *https://pages.community.sap.com/topics/fiori* gelangen Sie in die SAP Community für SAP Fiori (siehe Abbildung 2.70). Hier erhalten Sie zentrale Informationen über das Design, die Entwicklung und die Bereitstellung von SAP Fiori. Über den Bereich **Browse Topics** und den Link **SAP Fiori for S/4HANA** gelangen Sie zur Community-Seite für SAP Fiori unter SAP S/4HANA und erhalten Zugriff auf Blogs und Dokumentationen rund um Themen wie SAP Activate, die neue Homepage unter SAP S/4HANA 2023 FPS01 oder die Migration von Katalogen.

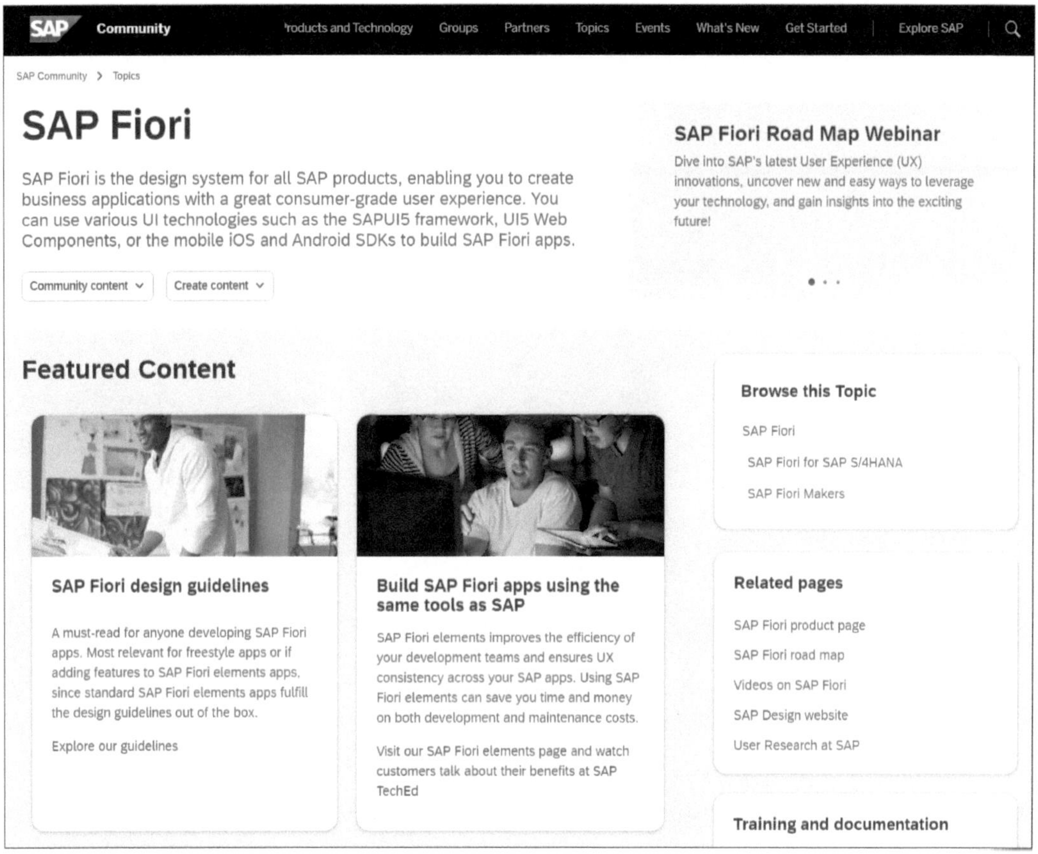

Abbildung 2.70 SAP Community für SAP Fiori

Kapitel 3
Objektmodell

Bei der Konfiguration von SAP-Fiori-Anwendungen werden unterschiedliche Artefakte angelegt. Diese beschreiben ein entsprechendes gemeinsames Objektmodell, das Gegenstand dieses Kapitels ist.

Nachdem in Kapitel 2, »Systemlandschaft und deren Komponenten«, die Komponenten einer SAP-Fiori-Infrastruktur eingeführt und erläutert worden sind, möchten wir in diesem Kapitel das Objektmodell der Konfiguration und Bereitstellung von SAP-Fiori-Anwendungen erläutern. Das Objektmodell definiert die Entitäten, die erstellt und konfiguriert werden müssen, um Benutzern SAP-Fiori-Inhalte im SAP Fiori Launchpad oder in SAP Build Work Zone zur Verfügung zu stellen. Die Entitäten aus dem Objektmodell sind einerseits wichtig, um die von SAP bereitgestellten Inhalte den Nutzergruppen im Unternehmen zur Verfügung zu stellen, und andererseits sind sie ebenso für die Bereitstellung eigener Inhalte von Bedeutung. Abschnitt 3.1 führt zunächst in die Navigation von SAP Fiori ein und erläutert das von SAP Fiori umgesetzte Konzept. In Abschnitt 3.2 gehen wir auf die SAP-Fiori-Kataloge ein, in Abschnitt 3.3 erläutern wir die Arbeit mit Berechtigungen mittels Rollen und in Abschnitt 3.4 die Gruppierung von Inhalten mithilfe von Gruppen bzw. in Abschnitt 3.5 mithilfe von Bereichen und Seiten – den Nachfolgern der Gruppen. Den Abschluss bildet in Abschnitt 3.6 das Common Data Model (CDM), mit dem SAP ein gemeinsames Datenmodell für die Inhalte für SAP Build Work Zone und SAP Start beschreibt.

3.1 Semantische Objekte und Aktionen

Die Benutzerführung im SAP Fiori Launchpad ist grundsätzlich sehr einfach. Benutzer sehen ausschließlich die Anwendungen im Launchpad, für die sie berechtigt sind. Die Anwendungen werden als Kacheln, Links oder Karten dargestellt. Doch bevor wir auf diese Thematik näher eingehen und die entsprechenden Begriffe erklären und in einen Kontext setzen, schauen wir uns in diesem Abschnitt zunächst an, wie die Navigation in SAP Fiori funktioniert, betrachten also, was geschieht, wenn der Benutzer auf eines der Objekte klickt.

Absichtsbezogene Navigation

SAP Fiori verwendet die *absichtsbezogene Navigation* (häufig auch als Intent-based Navigation bezeichnet). Die Intent-based Navigation beruht darauf, dass zwischen dem Akteur, der die Navigation startet, und dem Navigationsziel keine direkte Verbindung besteht. Dies bedeutet, dass eine Kachel oder ein Link im Grunde – bildlich gesprochen – gar nicht »wissen«, mit welcher konkreten Anwendung sie verbunden sind. Die Abstraktion zwischen Navigierendem und Ziel findet zunächst einmal durch die Trennung von Kachel und Zielanwendung statt. Die Verbindung zwischen den beiden Artefakten betrachten wir im folgenden Abschnitt.

3.1.1 Semantische Objekte

In SAP Fiori bezieht sich ein *semantisches Objekt* auf eine benutzerdefinierte Entität oder einen Geschäftsprozess, den Sie in Ihrer SAP-Fiori-Anwendung definieren. Semantische Objekte sind Teil des SAP-Fiori-Designs und werden durch einen eindeutigen Namen beschrieben. Diese Definitionen helfen SAP Fiori, die Navigation des Benutzers zu leiten und die entsprechenden Aktionen auszuführen, um bestimmte Aufgaben zu erledigen. Im Wesentlichen dient ein semantisches Objekt als Abstraktionsebene über die tatsächlichen Anwendungen und ermöglicht es den SAP-Fiori-Anwendungen, diese Objekte in einem kontextbezogenen und benutzerfreundlichen Format darzustellen. Konkret bedeutet dies, dass ein semantisches Objekt im Rahmen der Navigation nur ein Aspekt von zweien ist, um das konkrete Navigationsziel zu finden.

3.1.2 Aktionen

Neben dem semantischen Objekt ist der zweite Aspekt bei der Navigation die *Aktion*. Aktionen können Namen tragen wie **display**, **manage** oder **read**. Analog zum semantischen Objekt handelt es sich hierbei ebenfalls zunächst einmal um ein Wort ohne tatsächliche semantische Ausdruckskraft. Konkret bedeutet dies, dass eine Aktion, die den Namen **display** trägt, beispielsweise nicht automatisch eine Anwendung im Anzeigemodus startet. Die Kombination aus semantischem Objekt und Aktion ermöglicht es, kontextbezogene und intuitive Benutzeroberflächen zu erstellen. Durch die Verknüpfung von semantischen Objekten mit den entsprechenden Aktionen können Benutzer effizienter arbeiten, da sie direkt auf die relevanten Informationen und Funktionen zugreifen können, ohne zwischen verschiedenen Anwendungen oder Bildern wechseln zu müssen.

3.1.3 Zielzuordnung

Das semantische Objekt und die Aktion sind für sich genommen nur bedingt wertvoll. Ein wichtiger Aspekt für die Navigation ist die Verknüpfung von semantischen Objekten, Aktion und konkreter Anwendung. Die drei genannten Aspekte werden in der Definition des sogenannten *Target Mappings* (Zielzuordnung) zusammengeführt. Bei der Konfiguration einer Zielzuordnung kommen das semantische Objekt, die Aktion sowie die Referenz auf die konkrete Anwendung zusammen – egal ob SAPUI5-App, SAP Web Dynpro ABAP oder Transaktion.

Abbildung 3.1 zeigt schematisch, wie eine Navigationsanfrage an den Navigationsservice des SAP Fiori Launchpads verarbeitet wird. Der Auslöser der Navigation sendet die Anfrage mit der Struktur *SemantischesObjekt-Aktion?Parameter=Value* an den Navigationsdienst. Diese wird schließlich als Hash an die URL des Launchpads angehängt. Das bedeutet, dass die Struktur mit # beginnt, wobei dies für den Navigationsservice nicht von Bedeutung ist. Der Navigationsservice prüft nun, ob es für die Kombination aus semantischem Objekt und Aktion eine konfigurierte Zielzuordnung gibt, und berücksichtigt dabei auch gegebenenfalls bei der Zielzuordnung konfigurierte Parameter. Dabei kann es eine Rolle spielen, ob die Navigation auf dem Desktop oder auf einem mobilen Endgerät ausgeführt wird. Denn bei der Konfiguration einer Zielzuordnung kann festgelegt werden, auf welchem Endgerätetyp das Ziel angesteuert werden kann. Wird eine Übereinstimmung gefunden, wird das Navigationsziel aufgerufen. Durch diese Abstraktion wird eine hohe Flexibilität erreicht. Es handelt sich also eher um eine Absicht (einen Intent); das genaue Ziel ist quasi unbekannt. Daraus leitet sich der Begriff *Intent-based Navigation* ab.

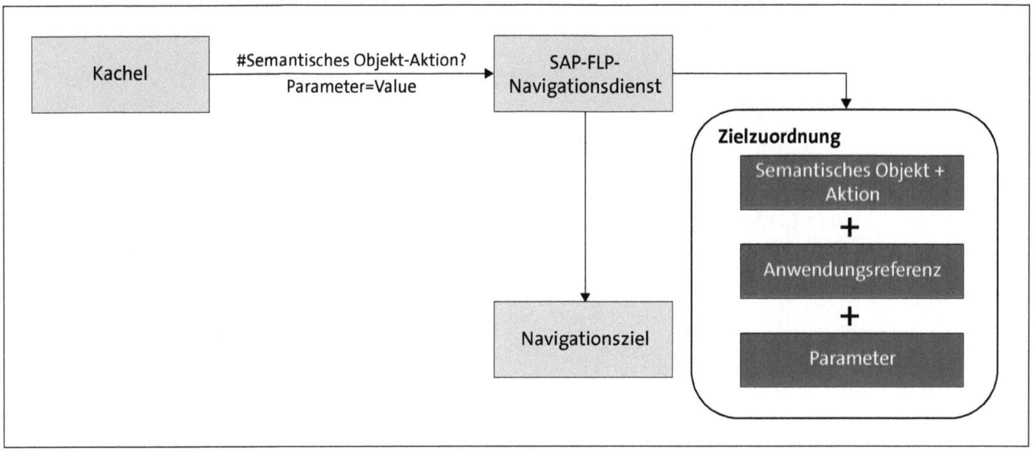

Abbildung 3.1 Schematische Verarbeitung einer Navigationsanfrage

Zielzuordnungen in SAP-Fiori-Standardanwendungen

Die Informationen zur Zielzuordnung von SAP-Fiori-Standardanwendungen finden Sie in der Beschreibung der jeweiligen Anwendung. Grundsätzlich spielen sie zunächst nur eine untergeordnete Rolle, da die vollständige Konfiguration aller Artefakte bereits durch SAP erfolgt ist und Kunden diese zunächst »nur« nutzen. Allerdings sind sie zu beachten, sobald man z. B. von einer kundenspezifischen SAP-Fiori-Anwendung auf eine Standardanwendung von SAP navigieren möchte.

Abbildung 3.2 zeigt beispielhaft die Informationen zur konfigurierten Zielzuordnung für die Anwendung **Post General Journal Entries** (App-ID F0718). Wie in der Abbildung zu sehen ist, gibt es Parameterwerte, die mit dem Präfix `%UserDefault.%` beginnen. Dabei handelt es sich um Parameter, deren Werte aus der Personalisierung des Benutzers ausgelesen werden und die entsprechenden Platzhalter ersetzen.

Target Mapping(s)

Semantic Object	Semantic Action	Parameter-Value
AccountingDocument	postGLDocument	(CompanyCode = %%UserDefault.CompanyCode%%)& (LedgerGroup = %%UserDefault.LedgerGroup%%)& (AccountingDocument =)& (sap-fiori-id = F0718)& (AccountingDocumentType = %%UserDefault.AccountingDocumentType%%)& (FiscalYear = %%UserDefault.FiscalYear%%)
AccountingDocument	submitGLDoc	(CompanyCode = %%UserDefault.CompanyCode%%)& (LedgerGroup = %%UserDefault.LedgerGroup%%)& (AccountingDocument =)& (sap-fiori-id = F0718)& (AccountingDocumentType = %%UserDefault.AccountingDocumentType%%)& (FiscalYear = %%UserDefault.FiscalYear%%)

Abbildung 3.2 Target-Mapping-Konfiguration für die Anwendung »Post General Journal Entries«

[»]

Navigation

Es sollte darauf geachtet werden, dass bei der Navigation zwischen Anwendungen – der Cross-App-Navigation – immer mit Intent gearbeitet wird und SAP-Fiori-Anwendungen, die im gleichen System verfügbar sind, niemals direkt aufgerufen werden. Durch den direkten Aufruf können Konfigurationsaspekte möglicherweise nicht verarbeitet werden, und auch der Ablaufkontext kann verloren gehen. Sowohl SAPUI5 als auch Web Dynpro ABAP bieten entsprechende Klassen und Funktionen an, um über Intents zu navigieren.

3.2 SAP-Fiori-Kataloge

SAP-Fiori-Launchpad-Inhalte werden in *Katalogen* organisiert. Hierbei wird auf rein semantischer Ebene zunächst einmal zwischen zwei verschiedenen Katalogarten unterschieden:

- technischen Katalogen
- Business-Katalogen

Technischer Katalog

Ein *technischer Katalog* enthält die Konfiguration von Kacheln und Zielzuordnung. Es ist wichtig, darauf zu achten, dass zusammengehörende Artefakte im gleichen Katalog konfiguriert sind und entsprechend immer als Einheit vorliegen. Dies gilt auch dann, wenn z. B. zwei Kacheln vorliegen, die auf eine Zielzuordnung zeigen. Im Rahmen der Konfiguration von Kacheln und Zielzuordnung spricht man auch vom Launchpad App Descriptor Item (LADI). Bei der Konfiguration von technischen Katalogen wird nicht zwischen Technologien unterschieden, sondern zwischen Lösungsbereichen. Das bedeutet, dass in einem technischen Katalog sowohl Konfigurationen für SAPUI5- als auch für SAP-Web-Dynpro-ABAP-Anwendungen oder Transaktionen enthalten sein können. Technische Kataloge sind zudem mandantenunabhängig, um eine größtmögliche Wiederverwendung zu erreichen. Sie erkennen technische Kataloge daran, dass in ihrer ID die Buchstabenkombination TC enthalten ist. Technische Kataloge haben stets die folgende Namenskonvention als Präfix *SAP_TC_<Bereich>*. Wobei *<Bereich>* hier ein Platzhalter für einen konkreten Geschäftsbereich ist, wie z. B. `SFIN` für Finance.

Business-Katalog

Neben den technischen Katalogen gibt es auch die *Business-Kataloge*. Business-Kataloge enthalten nur Referenzen auf Kacheln und Zielzuordnungen, die wiederum in technischen Katalogen enthalten sind. Es ist durchaus möglich, dass mehrere Business-Kataloge eine Referenz auf die gleiche Kachel bzw. Zielzuordnung enthalten. Der Schnitt der Inhalte ist also eher aufgabenbezogen. Business-Kataloge haben in ihrer ID die Buchstabenkombination BC. Business-Kataloge verwenden stets die folgende Namenskonvention als Präfix *SAP_<Bereich>_BC*.

[«]

Business-Rolle

In der Namenskonvention des Objektmodells der SAP Business Suite wird zwischen einer technischen Rolle mit dem ID-Bestandteil `TCR` für Technical Catalog Role und einer Business-Rolle mit dem ID-Bestandteil `BCR` für Business Catalog Role unterschieden. Diese werden nun zusammengefasst und durch eine Business-Rolle (BR) ersetzt.

Abbildung 3.3 zeigt die beschriebenen Aspekte im Zusammenhang mit dem semantischen Objekt und der Aktion (Intent).

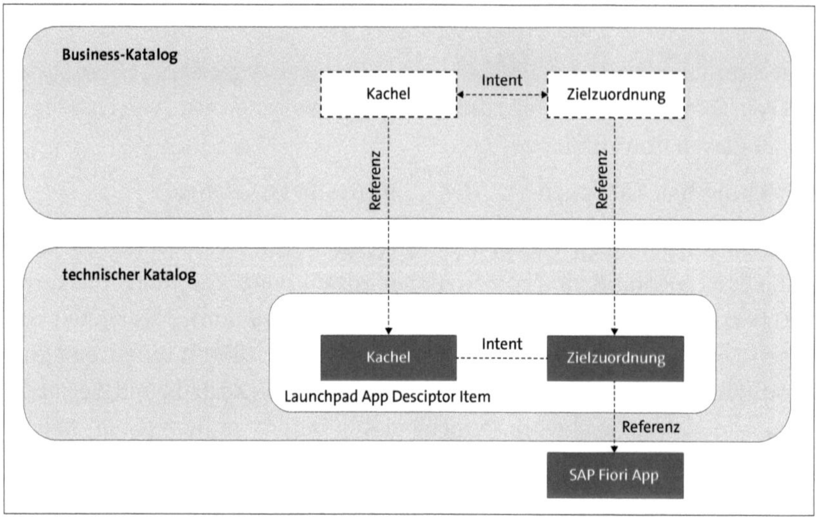

Abbildung 3.3 SAP-Fiori-Kataloge

Abbildung 3.4 zeigt die Konfiguration der Kataloge für die SAP-Fiori-Anwendung **Post General Journal Entries** (App-ID F0718). Wie Sie sehen, wird die Anwendung in mehreren Business-Katalogen referenziert.

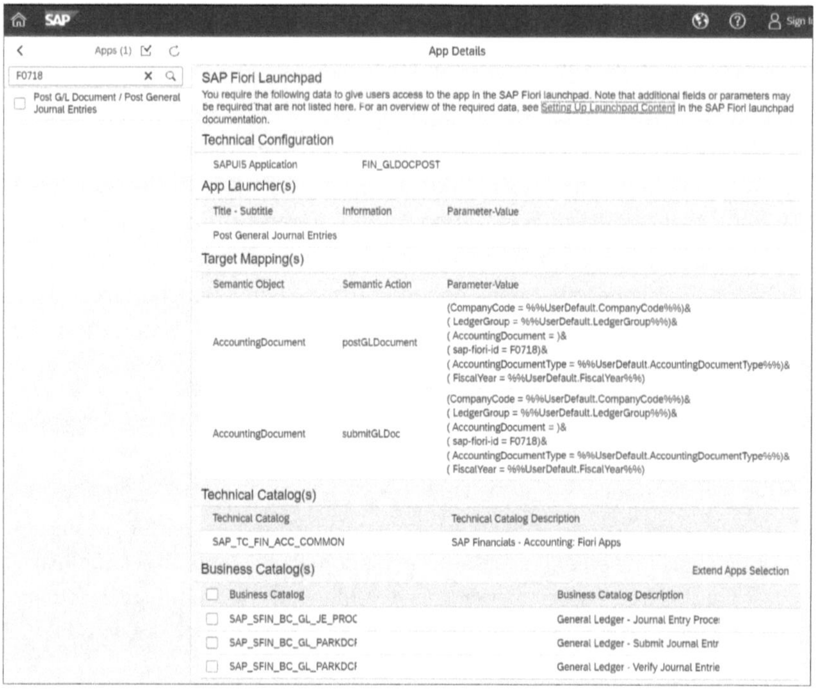

Abbildung 3.4 Die Anwendung »Post General Journal Entries« in der SAP Fiori Apps Reference Library

3.3 Rollen

Die Berechtigung, Inhalte eines SAP-Fiori-Katalogs zu nutzen, beruht auf Rollen – den sogenannten *Business-Rollen*. Nutzer, die Anwendungen eines Katalogs verwenden sollen, müssen einer konkreten Rolle zugewiesen werden. Anwender, die der Rolle zugeordnet sind, sind für den Zugriff auf die Inhalte des Katalogs berechtigt. Rein theoretisch ist es möglich, dass eine Rolle mehr als einen Katalog referenziert. Abbildung 3.5 veranschaulicht den Zusammenhang zwischen Rolle und Katalog. SAP-Fiori-Rollen tragen in der ID die Buchstabenkombination BR, und Standardrollen von SAP verwenden das Präfix SAP_BR_, gefolgt vom Rollenbezeichner.

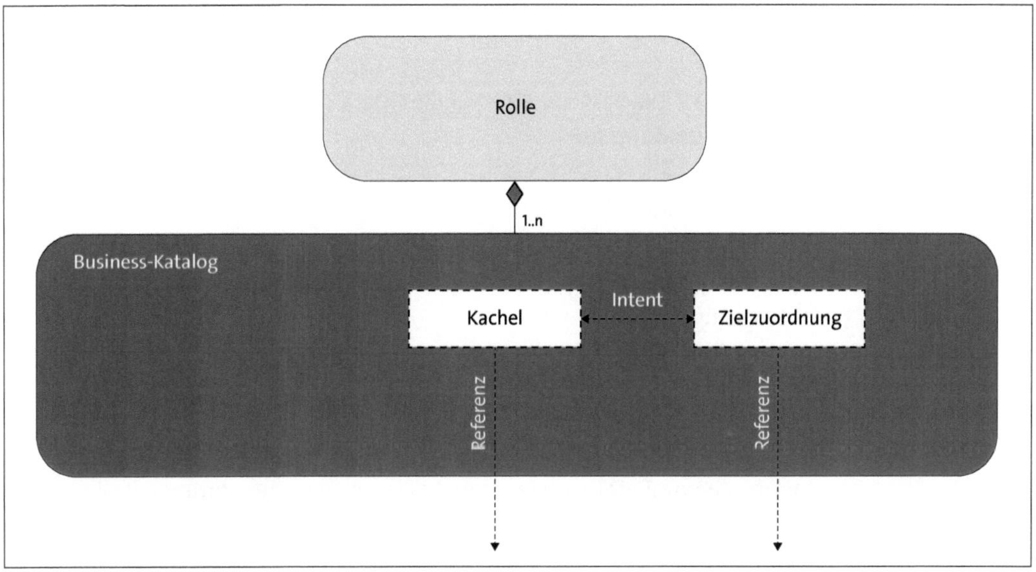

Abbildung 3.5 Rollen und deren Verbindung zu Katalogen

Abbildung 3.6 zeigt die Business-Rolle SAP_BR_GL_ACCOUNTANT, die die Anwendung **Post General Journal Entries** (App-ID F0718) beinhaltet.

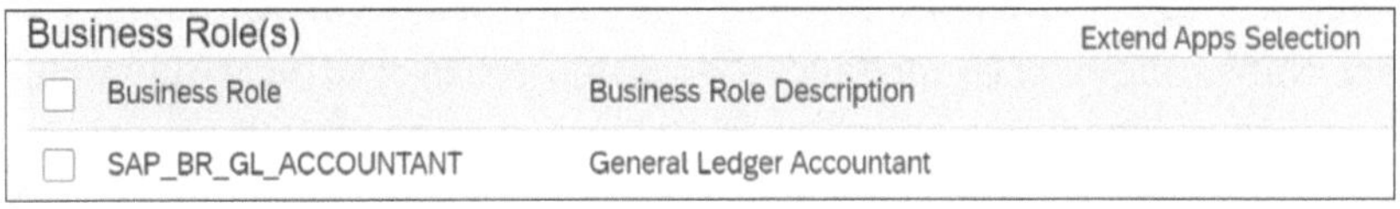

Business Role(s) — Extend Apps Selection

Business Role	Business Role Description
SAP_BR_GL_ACCOUNTANT	General Ledger Accountant

Abbildung 3.6 Rolle der Anwendung »Post General Journal Entries«

Backend-Berechtigung

Ob der Nutzer allerdings den OData-Service, der mit der Anwendung ausgeliefert wird und die Anwendung mit Daten und Funktionen versorgt, konsumieren darf, wird nicht über die Zuweisung der Frontend-Rolle gesteuert. Der OData-Service wird explizit über eine eigene Rolle abgesichert. Entsprechend wichtig ist, dass der Nutzer bei einer Hub-basierten Infrastruktur auch über die Berechtigung verfügt, Remote-Function-Module auf entfernten, aber vertrauenswürdigen Systemen aufzurufen (siehe Abschnitt 2.3.4, »Vertrauensbeziehungen konfigurieren«, und Kapitel 4, »SAP-Fiori-Inhalte on-premise bereitstellen«). Welche Daten der Nutzer allerdings verwenden darf, wird über Berechtigungsobjekte innerhalb der Anwendung gesteuert. Abbildung 3.7 zeigt die erforderliche Rolle für die OData-Dienste der Anwendung **Post General Journal Entries** (App-ID F0718).

OData Service(s)

The following OData services must be activated on the front-end server
Users require PFCG authorization for the front-end and back-end systems.

OData Service	Version	Software Component Version	Back-End Authorization Role (PFCG)
CV_ATTACHMENT_SRV	0001	S4CORE 101	
FAC_GL_DOCUMENT_POST_SRV			SAP_FIN_GLDOCPOST_APP

Abbildung 3.7 Die Backend-Rolle für die OData-Dienste der Anwendung »Post General Journal Entries«

Ist ein Anwender einer SAP-Fiori-Rolle zugewiesen, werden die Anwendungen nicht direkt im SAP Fiori Launchpad angezeigt, sondern Sie müssen über die App **Finder App** (siehe Kapitel 1, »Einführung in SAP Fiori«) manuell hinzugefügt werden.

3.4 Gruppen

Innerhalb von Katalogen werden Anwendungen zusammengefasst, die zu einer konkreten Rolle gehören. Dabei reicht es nicht aus, einen Benutzer einer Rolle zuzuordnen, damit die Anwendungen innerhalb des Katalogs auch direkt auf der Einstiegsseite des SAP Fiori Launchpads des Benutzers angezeigt werden. Um dies zu vereinfachen, hat SAP zu Beginn von SAP Fiori die sogenannten *Business Catalog Groups* eingeführt. Dadurch können Gruppen theoretisch Anwendungen aus unterschiedlichen Katalogen referenzieren. Sie stellen somit nur eine Untermenge von Anwendungen dar. Nutzer, die einer Gruppe zugeordnet sind, sehen die in der Gruppe enthaltenen Anwendungen direkt im SAP Fiori Launchpad. Sie müssen also nicht erst über den App Finder gehen. Es reicht jedoch nicht aus, dass der Benutzer einer Gruppe zugeordnet ist. Denn er muss auch der entsprechenden Benutzerrolle zugeordnet sein, die die Anwendung enthält. Gruppen werden seit SAP S/4HANA 2021 von SAP nicht mehr empfohlen und sind offiziell als **deprecated** gekennzeichnet; sie wurden durch Spaces ersetzt (siehe Abschnitt 3.5, »Pages and Spaces«). Aus Kompatibilitätsgründen und aufgrund der unterschiedlichen Systemlandschaften und der darin verwendeten Versionen, werden sie jedoch weiterhin ausgeliefert (Stand: Release SAP S/4HANA 2023 FPS01). Die IDs von Gruppen enthalten die Buchstabenkombination `BCG` (Business Catalog Group), und Gruppen von SAP tragen normalerweise das Präfix *SAP_<Bereich>_BCG* in der ID. Abbildung 3.8 zeigt die konfigurierte Gruppe `SAP_SFIN_BCG_GL_DOC_PROC` der Anwendung **Post General Journal Entries** (App-ID F0718) in der SAP Fiori Apps Reference Library.

Business Group(s)

Business Group	Business Group Description
SAP_SFIN_BCG_GL_DOC_PROC	Operational Processing

Abbildung 3.8 Die Backend-Rolle für die OData-Dienste der Anwendung »Post General Journal Entries«

3.5 Pages and Spaces

Mit Release 1.75 des SAPUI5-Frameworks bzw. mit SAP S/4HANA 2020 hat SAP das Konzept der *Pages* und *Spaces* eingeführt. Wie bereits im vorangegangenen Abschnitt erwähnt, ersetzen Spaces die SAP-Fiori-Gruppe.

3.5.1 Spaces

Ein *Space* (Bereich) dient als Einstiegspunkt für eine Geschäftsrolle und zeigt Informationen und Funktionen an, die dieser Geschäftsrolle zugeordnet sind. Ein Space wird als Navigationselement in der Top-Level-Navigation angezeigt. Damit Benutzer den Inhalt eines Bereichs im SAP Fiori Launchpad sehen können, muss der Bereich der Rolle zugeordnet sein, der auch bereits der entsprechende Katalog zugeordnet ist. Einem Benutzer können mehrere Bereiche zugeordnet sein, was zu mehreren Einträgen in der Einstiegsnavigation führt. Ein Bereich besteht aus einer oder mehreren Seiten, die zur weiteren Strukturierung des Bereichsinhalts dienen. Bereiche verwenden in ihrer ID die Buchstabenkombination `SP`. SAP-Bereiche folgen der Namenskonvention *SAP_<Bereich>_SP*. Abbildung 3.9 zeigt die Space-Informationen der Anwendung **Post General Journal Entries**.

Space(s)

Space	Space Description	Space Title
SAP_SFIN_SP_GL_ACC	General Ledger	General Ledger

Abbildung 3.9 Space für die Anwendung »Post General Journal Entries«

3.5.2 Pages

Eine *Page* (Seite) ist Teil eines Space (Bereich), und ein Bereich kann eine oder mehrere Seiten beinhalten. Mehrere Seiten ermöglichen die Strukturierung des Bereichs in mehrere, in sich geschlossene Arbeitskontexte. Wenn eine Rolle über eine überschaubare Anzahl von Anwendungen verfügt, ist die Verwendung einer Seite ausreichend. Bei einer großen Anzahl von Anwendungen kann es ratsam sein, mehrere Seiten zu verwenden. Eine Seite kann aus Sektionen bestehen. In Abbildung 3.10 sehen Sie die Seiten der Anwendung **Past General Journal Entries**.

Page(s)

Page	Page Description	Page Title
SAP_SFIN_PG_GL_DOC_ENTRY	Journal Entries	Journal Entries
SAP_SFIN_PG_GL_OVR	Overview	Overview

Abbildung 3.10 Pages der Anwendung »Post General Journal Entries«

Sektionen Eine *Sektion* strukturiert den Inhalt einer Seite semantisch. Um die Konsistenz zwischen den Seiten innerhalb eines Bereichs und zwischen den Bereichen zu gewährleisten, empfiehlt SAP die Verwendung einer Sektion **Schnellstarts**, in der die wichtigsten Anwendungen zusammengefasst werden. Wenn Analyseanwendungen vorhanden sind, empfiehlt SAP, eine Übersicht für die wichtigsten Anwendungen dieser Art zu erstellen und diese Anwendungen dort zu integrieren. Um die Seiten schlank zu halten, empfiehlt SAP zwischen zwei und fünf Sektionen pro Seite. Ein Abschnitt beinhaltet Kacheln, die den Inhalt eines Bereichs visualisieren.

Abbildung 3.11 veranschaulicht den Zusammenhang zwischen einer Rolle, den Katalogen, sowie den Bereichen und Seiten.

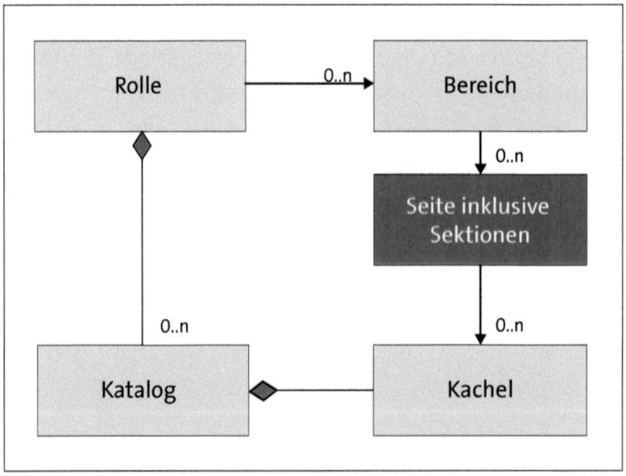

Abbildung 3.11 Zusammenhang zwischen Bereich, Seite und Inhalt

Im SAP Fiori Launchpad sieht das gerade Beschriebene wie folgt aus. Ein Benutzer, dem die Rolle SAP_BR_GL_ACCOUNTANT (oder eine Kopie davon) zugeordnet ist, hat sich an dem in Abbildung 3.12 dargestellten SAP Fiori Launchpad angemeldet. In der Top-Level-Navigation wird der Bereich **Hauptbuch** angezeigt. Wie in der Abbildung zu sehen ist, wird im Bereich aktuell eine Seite mit der Überschrift **Übersicht** angezeigt. Diese Seite beinhaltet zwei Sektionen: eine Sektion **Schnellstarts** und eine Sektion **Hauptbucheinblicke**.

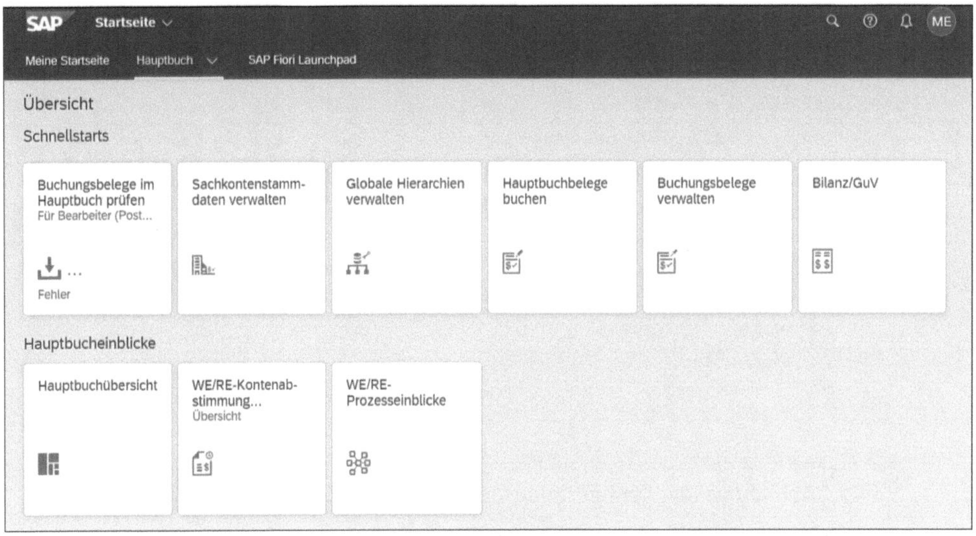

Abbildung 3.12 Rolle SAP_BR_GL_ACCOUNTANT im SAP Fiori Launchpad

Wie Sie in Abbildung 3.13 sehen können, verfügt der Bereich **Hauptbuch** über fünf Seiten. Diese werden angezeigt, wenn Sie in der Top-Level-Navigation das Dropdown-Menü öffnen.

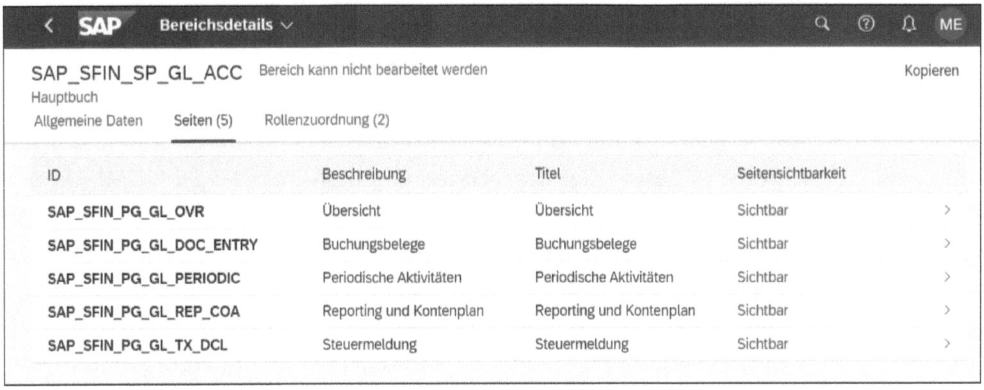

Abbildung 3.13 Bereich SAP_SFIN_SAP_GL_ACC

Betrachtet man die Konfiguration der ersten Seite mit der ID SAP_SFIN_PG_GL_OVR, sieht diese wie in Abbildung 3.14 aus. Die Konfiguration enthält erwartungsgemäß die entsprechenden Kacheln, die in Abbildung 3.12 im SAP Fiori Launchpad angezeigt werden.

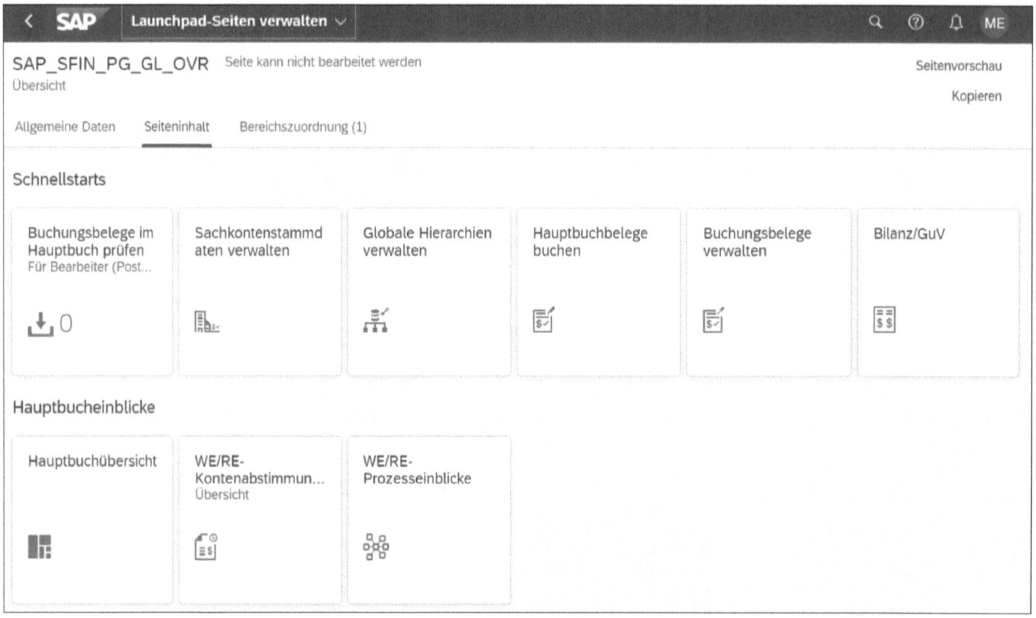

Abbildung 3.14 Konfigurationsdetails der Seite SAP_SFIN_PG_GL_OVR

3.6 Common Data Model (CDM)

In den letzten beiden Kapiteln haben wir bereits beschrieben, dass SAP-Systemlandschaften für den Betrieb und die Bereitstellung von SAP-Fiori-Anwendungen aus unterschiedlichen Systemen, Komponenten und Artefakten bestehen können. Für eine homogene und nahtlose Integration der Systeme und die durch die Systeme bereitgestellten SAP-Fiori-Inhalte ist es daher unabdingbar, dass es ein einheitliches Domänenmodell bzw. Datenmodell gibt. SAP hat daher ein zentrales, gemeinsames Datenmodell beschrieben. Dieses trägt den Namen *Common Data Model* (CDM). Derzeit wird das Common Data Model in SAP Start und SAP Build Work Zone verwendet (siehe Kapitel 7, »Konfiguration von SAP Build Work Zone«). Einige der Artefakte werden auch in SAP S/4HANA und allgemein in SAP Fiori verwendet, wie in den vorangehenden Abschnitten beschrieben. Sie tragen lediglich andere Namen oder sind innerhalb der für die Konfiguration verwendeten Werkzeuge gekapselt.

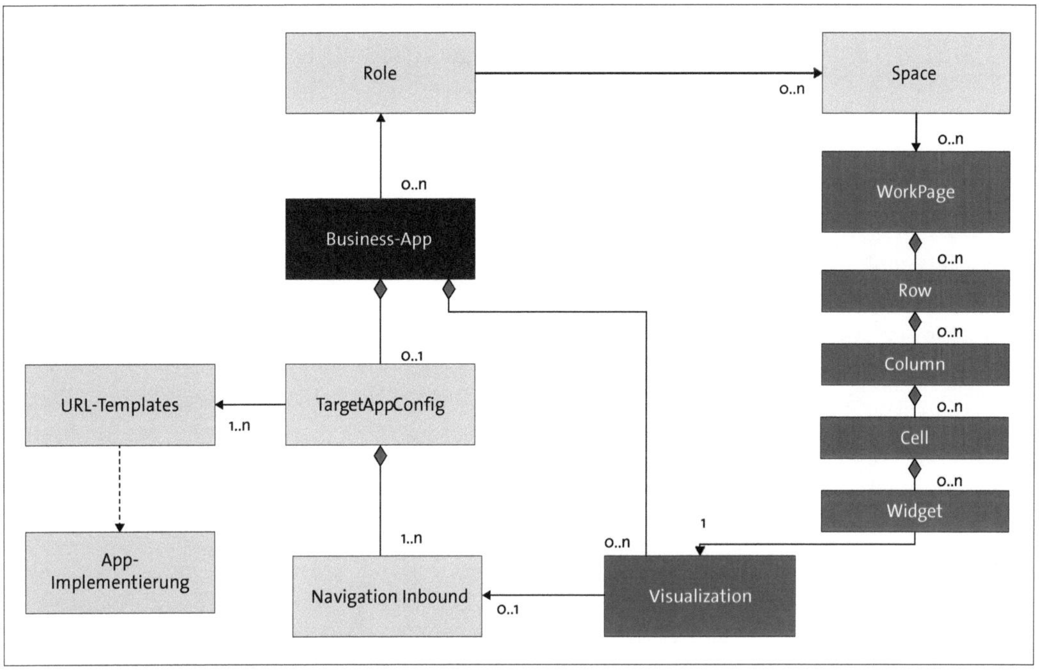

Abbildung 3.15 Artefakte des Common Data Models

Das CDM beinhaltet aktuell die folgenden Artefakte:

- **Roles**
  Rollen gruppieren Bereiche (Spaces) und Geschäftsanwendungen (Business-Apps). Wenn ein Benutzer oder eine Gruppe von Benutzern Zugriff auf die Geschäftsanwendungen bzw. auf Bereiche, in denen Geschäftsanwendungen integriert sind, erhält, wird die Benutzergruppe bzw. der Benutzer der Rolle zugeordnet.
- **Spaces**
  Ein Bereich (Spaces) fasst mehrere Workpages zusammen.
- **Workpages**
  Eine Workpage beschreibt die Struktur und den Inhalt einer Seite. Die Seite nutzt für das Layout Zeilen und Spalten. Jede Spalte kann mehrere Zellen beinhalten (GridLayout). Zellen enthalten Widgets, und ein Widget nutzt zur Darstellung eine konkrete Visualisierung, also z. B. eine Kachel oder Karte.
- **Business-Apps**
  Eine Geschäftsanwendung ist ein Art Composite, also eine Kombination aus zwei Entitäten: aus einer Visualisierung und aus einer TargetApp-Config. Die Visualisierung beschreibt, wie eine Anwendung auf einer Sei-

te dargestellt wird. Die TargetAppConfig beschreibt, wie eine Anwendung gestartet wird. Eine TargetAppConfig kann dabei mehrere Navigationseinstiegspunkte mit jeweils unterschiedlichen Parametern besitzen und eine Referenz auf ein URL-Template. Dieses beschreibt, welche Anwendung dadurch aufgerufen werden soll.

- **Catalog**
  Ein Katalog gruppiert Business Apps und deren Visualisierung, inklusive der semantischen Informationen.
- **URL-Templates**
  Diese Templates beschreiben den Aufbau einer URL mit Parametern. Der Aufbau folgt dem RFC 6750 (*https://www.rfc-editor.org/rfc/rfc6570.txt*). Diese Platzhalterparameter werden zur Laufzeit, also bei der konkreten Verwendung durch echte Werte ersetzt.

[»]

RFC

Die 1986 gegründete Internet Engineering Task Force (IETF) ist die wichtigste Organisation für die Entwicklung von Standards (SDO) für das Internet. Die IETF arbeitet freiwillige Standards aus, die häufig von Internetnutzern, Netzbetreibern und Geräteherstellern übernommen werden, und bestimmt so die Entwicklung des Internets mit. Die IETF kontrolliert oder überwacht das Internet in keiner Weise; sie veröffentlicht ihre technische Dokumentation als Requests for Comments (RFCs).

Das vorgestellte Common Data Model kann dann einfach innerhalb von Konfigurationsdateien verwendet werden. Auf diese Weise können Anwendungen bzw. komplette Pakete von Anwendungen und den hier erläuterten Objekten beschrieben werden. Genau diesen Ansatz verfolgen beispielsweise Content Packages (siehe Kapitel 7, »Konfiguration von SAP Build Work Zone«). Das in Listing 3.1 gezeigte Programmbeispiel zeigt einen Auszug aus einem Application Descriptor für ein Content Package. Im Konfigurationsbereich `identification` ist die Konfiguration einer Rolle gemäß des CDM beschrieben. Der Wert der Eigenschaft `title` wird über eine sprachspezifische Eigenschaftsdatei befüllt. Im Bereich `payload` wird wiederum ein Bereich konfiguriert und im weiteren Verlauf eine Anwendung beschrieben. Listing 3.1 zeigt nur einen sehr kleinen Auszug der Konfigurationsdatei. Einige der anderen besprochenen Artefakte werden ebenfalls konfiguriert, allerdings hier nicht weiter dargestellt.

```
"cdmEntities": [
 {
       "_version": "3.2.0",
       "identification": {
         "id": "my.company.ns.contentpackage.role1",
         "title": "{{ROLE_TITLE1}}",
         "entityType": "role"
       },
       "payload": {
         "spaces": [{
            "id": "my.company.ns.contentpackage.space1"
         }],
         "apps": [{
           "id": "my.company.ns.bubble.chart.card.app"
        },..
```

Listing 3.1 Auszug aus einem Applikation Descriptor eines Content Packages

Wie Sie in Kapitel 7, »Konfiguration von SAP Build Work Zone«, sehen werden, wird das Common Data Model auch bei der Integration von entfernten SAP-Inhalten über die Content Federation in SAP Build Work Zone verwendet.

Kapitel 4
SAP-Fiori-Inhalte on-premise bereitstellen

In diesem Kapitel werden die Bereitstellung von SAP-Fiori-Anwendungen im On-Premise-System und die dafür verfügbaren Werkzeuge vorgestellt. Hierbei werden sowohl Standard- als auch kundeneigene Applikationen betrachtet.

Nachdem Sie das grundlegende SAP-Fiori-System in Kapitel 2, »Systemlandschaft und deren Komponenten«, aufgesetzt und konfiguriert haben und in Kapitel 3, »Objektmodell«, das Objektmodell und dessen Bestandteile kennengelernt haben, befasst sich dieses Kapitel nun damit, die SAP-Fiori-Landschaft mit Inhalten, d. h. SAP-Fiori-Anwendungen zu befüllen, mit denen Ihre Endanwenderinnen und Endanwender letztendlich arbeiten sollen.

Hierzu wird in Abschnitt 4.1 zunächst die allgemeine Vorgehensweise für die Content-Bereitstellung erläutert, d. h., welche Schritte notwendig und welche Werkzeuge dafür zu empfehlen sind. Abschnitt 4.2 zeigt das Vorgehen zur schnellen Aktivierung von Inhalten. Anschließend werden die Bereitstellungswerkzeuge und die Arbeit damit in größerem Detail anhand verschiedener Beispiele beschrieben. Abschnitt 4.3 zeigt die Verwaltung von Bereichen und Seiten, auf denen Sie die Inhalte im SAP Fiori Launchpad für Anwender und Anwenderinnen verfügbar machen. Abschnitt 4.4 zeigt den Launchpad-App-Manager zur Verwaltung technischer Kataloge, während Abschnitt 4.5 den Launchpad-Content-Manager zur Verwaltung von Business-Katalogen behandelt. Abschnitt 4.6 und Abschnitt 4.7 befassen sich mit den Eckpunkten und Unterschieden bei der Bereitstellung verschiedener SAPUI5-Anwendungstypen und klassischer UIs. Zudem werden in Abschnitt 4.8 einige Grundlagen für die Problemanalyse und -behebung vorgestellt.

4.1 Vorgehen und Tools für die Content-Bereitstellung

Bei der Bereitstellung von SAP-Fiori-Inhalten können wir zunächst zwei Kategorien von Inhalten unterscheiden:

- Standardinhalte, d. h. direkt von SAP zusammen mit dem SAP-S/4HANA-System ausgelieferte bzw. über die SAP Fiori Apps Reference Library bezogene SAP-Fiori-Anwendungen
- kundeneigene Inhalte, d. h. Inhalte, die von Ihnen oder von Ihren Dienstleistern im kundeneigenen Namensraum entwickelt werden

Dazu kommen noch weitere Inhalte, wie beispielsweise SAP-GUI-Transaktionen oder Web-Dynpro-Anwendungen, die gleichermaßen unterschieden werden können.

Technische Kataloge und Business-Kataloge

Beide Arten von SAP-Fiori-Anwendungen werden in *technischen Katalogen* (siehe Abschnitt 3.2, »SAP-Fiori-Kataloge«), Standardinhalte in von SAP ausgelieferten technischen Katalogen mit dem Namensschema »SAP_TC_...« und kundeneigene Inhalte in entsprechend eigens angelegten technischen Katalogen vorgehalten. Die Anwendungen daraus werden wiederum von einem oder von mehreren *Business-Katalogen* referenziert. Business-Kataloge entstehen aus einer fachlichen Perspektive und fassen Anwendungen zusammen, die aus der Sicht einer bestimmten Benutzerrolle typischerweise zusammen verwendet werden. Von SAP ausgelieferte Standard-Business-Kataloge folgen dem Namensschema »SAP_BC_....« Ebenso wie bei technischen Katalogen können Sie kundeneigene Business-Kataloge anlegen, um individuelle App-Zusammenstellungen für Ihre unternehmensspezifischen Benutzerrollen zu erstellen. Abbildung 4.1 zeigt dabei das Schema der Zusammenhänge der Kataloge und Apps sowie deren Verwendung.

App-Referenzen auf technische Kataloge

Da die von SAP ausgelieferten Business-Kataloge lediglich Referenzen auf die Inhalte von technischen Katalogen abbilden, können Apps aus technischen Katalogen in unterschiedlichen Business-Katalogen wiederverwendet werden. Beim Erstellen von kundeneigenen technischen Katalogen und von Business-Katalogen ist es eine bewährte Praxis, dies ebenso zu halten. Erstellen Sie Ihre eigenen Anwendungen im Original ausschließlich in kundeneigenen technischen Katalogen, und nutzen Sie kundeneigene Business-Kataloge, um diese zu referenzieren. Selbstverständlich können Sie auch Standard-Apps aus von SAP ausgelieferten technischen Katalogen referenzieren, um Ihre eigenen Business-Kataloge mit allen für Ihre Benutzergruppen notwendigen Inhalten auszustatten.

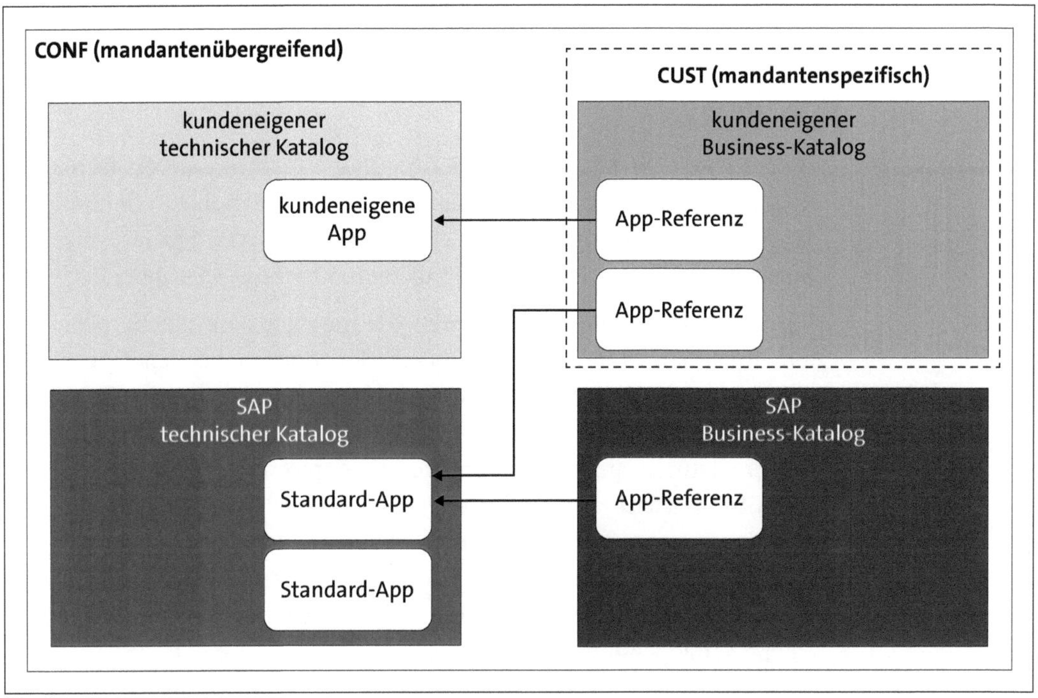

Abbildung 4.1 SAP-Fiori-Launchpad-Content – Kataloge und Apps (Quelle: SAP)

4.1.1 Vorgehensmodell zur Content-Bereitstellung

Schritte für die Content-Bereitstellung

Es lässt sich folgendes Vorgehen für die Bereitstellung von SAP-Fiori-Inhalten empfehlen:

1. Standardinhalte und -rollen entdecken und geeignete Anwendungen identifizieren
2. Kundeneigene technische Kataloge für darüber hinaus benötigte Inhalte erstellen
3. Kundeneigene fachliche Kataloge erstellen und Inhalte zusammenstellen
4. Inhalte für Endanwenderinnen und Anwender strukturieren
5. Rollen und Berechtigungen verwalten

Wir betrachten diese Schritte noch jeweils in etwas mehr Detail:

Schritt 1: Standardinhalte und -rollen entdecken und geeignete Anwendungen identifizieren

Geeignete Inhalte identifizieren

Sehr wahrscheinlich können auch für Ihr Unternehmen bereits viele Tätigkeiten mithilfe der von SAP ausgelieferten Standardinhalte ohne oder mit minimalen Anpassungen abgedeckt werden. Insofern lohnt es sich, die Standardinhalte frühzeitig kennenzulernen und geeignete Anwendungen und fachliche Kataloge für Ihre spezifischen Anforderungen zu identifizieren.

Hierzu bietet die schnelle Aktivierung (*Rapid Activation*) von fachlichen Rollen eine Möglichkeit, um Inhalte z. B. in einem Sandbox- oder Entwicklungssystem sehr schnell für solche Evaluationen verfügbar zu machen. Auf die Rapid Activation gehen wir daher in Abschnitt 4.2 näher ein.

Nutzen Sie die SAP Fiori Apps Reference Library und deren Suchmöglichkeiten, um anhand von fachlichen Rollen oder Geschäftsbereichen geeignete Apps und Kataloge zu finden. Aktivieren Sie die entsprechenden fachlichen Rollen und die darin enthaltenen Apps über Rapid Activation, und lassen Sie Ihre dafür ausgewählten Benutzer die Apps erkunden und evaluieren. Bedenken Sie, dass manche Anwendungen für mehrere Anwenderrollen infrage kommen und in mehreren fachlichen Katalogen enthalten sein können. Notieren Sie also nicht nur identifizierte relevante Anwendungen, sondern auch deren fachliche Kataloge, da diese einen Startpunkt für Ihre eigene Kataloggestaltung darstellen können.

Schritt 2: Kundeneigene technische Kataloge für darüber hinaus benötigte Inhalte erstellen

Technische Kataloge erstellen

Nutzen Sie den *Launchpad-App-Manager*, um eigene technische Kataloge im mandantenübergreifenden Geltungsbereich CONF zu erstellen. Dort können Sie Ihre eigenen Kacheln und Zielzuweisungen erstellen und dementsprechend Inhalte abbilden, die Sie über die Standard-Fiori-Apps hinausgehend benötigen. Sie können zudem *Launchpad App Descriptor Items* (LADIs) aus technischen Katalogen von SAP direkt anpassen, sofern keine substanzielleren Änderungen notwendig sind. Dies wird empfohlen, bevor Sie zu eigenen Inhalten und technischen Katalogen übergehen.

[»]

Best Practices für die Katalogverwaltung

Die Empfehlungen zur Handhabung von technischen und fachlichen Katalogen sowohl im Standard als auch auf kundeneigener Seite basieren auf den Best Practices von SAP, die Sie über diesen Link aufrufen können: *http://s-prs.de/v1016811*

Bei der Erstellung von technischen Katalogen ist noch zu beachten, dass Launchpad App Descriptor Items für klassische SAP-GUI- oder Web-Dynpro-Anwendungen zunächst repliziert werden müssen (siehe Abschnitt 4.7, »Klassische UIs bereitstellen«). Dies gilt sowohl bei einem Hub Deployment als auch bei einem Embedded Deployment. In Abschnitt 4.4 gehen wir noch genauer auf den Launchpad-App-Manager ein.

Schritt 3: Kundeneigene fachliche Kataloge erstellen und Inhalte zusammenstellen

Business-Kataloge erstellen

Das Herzstück der inhaltlichen Administration ist die Erstellung und Verwaltung von kundeneigenen fachlichen Katalogen und deren Referenzen. Bei der Erstellung eigener fachlicher Kataloge empfiehlt es sich, einen fachlichen Katalog von SAP zu kopieren und als Ausgangspunkt für eigene Anpassungen zu verwenden. In Schritt 1 haben Sie bereits geeignete Kataloge und Anwendungen identifiziert. Nutzen Sie den *Launchpad-Content-Manager* (FLPCM), um einen bestehenden Katalog zu kopieren und weitere Standard- bzw. eigenen Inhalte aus technischen Katalogen zu referenzieren. Den SAP Launchpad-Content-Manager betrachten wir in Abschnitt 4.5.

Schritt 4: Inhalte für Endanwender und Endanwenderinnen strukturieren

Bereiche und Seiten verwalten

Wenn Sie alle Inhalte in geeigneten fachlichen Katalogen zusammengetragen haben, können Sie die Inhalte der SAP-Fiori Launchpad-Seiten für die Endanwenderinnen und Endanwender ausgestalten. Nutzen Sie hierzu das mit SAP S/4HANA 2020 (SAPUI5 1.75) eingeführte Konzept der Launchpad-Bereiche (Spaces) und -Seiten (Pages), die Sie mit den beiden Anwendungen **Launchpad-Bereiche verwalten** und **Launchpad-Seiten verwalten** erstellen und anpassen. Auf beide Tools gehen wir in Abschnitt 4.3, »Launchpad-Bereiche und -Seiten verwalten«, ein.

Schritt 5: Rollen und Berechtigungen verwalten

Rollen pflegen

Den Abschluss dieses Prozesses bildet das Verwalten der Rollen und der Berechtigungen für die neu erstellten fachlichen Kataloge und Launchpad-Bereiche. Nutzen Sie hierzu die *Rollenpflege* (Transaktion PFCG).

4.1.2 Überblick der Werkzeuge zur Content-Bereitstellung

Übersicht der SAP-Fiori-Content-Tools

Wir haben in den zuvor gezeigten Schritten bereits die jeweils notwendigen bzw. bevorzugten Werkzeuge für die Bereitstellung von SAP-Fiori-Content benannt. Ergänzend dazu sollen hier noch einmal alle Tools als Übersicht dargestellt werden. Details zur jeweiligen Verwendung werden in den Folgeabschnitten behandelt.

SAP Fiori Apps Reference Library

Die SAP Fiori Apps Reference Library erlaubt Ihnen, die Standard-SAP-Fiori-Inhalte online zu erkunden, basierend auf fachlichen Rollen oder Geschäftsfeldern zu durchsuchen und die technischen Details zu den Apps, zu deren Installation, Konfiguration oder zu deren Erweiterungsmöglichkeiten zu betrachten. Zur SAP Fiori Apps Reference Library gelangen Sie über diesen Link: *https://fioriappslibrary.hana.ondemand.com/*

Rapid Activation

Die *schnelle Aktivierung* oder *Rapid Activation* von fachlichen Rollen und den damit verbundenen Apps ermöglicht es Ihnen, eine große Menge an SAP-Fiori-Inhalten schnell in Ihre Systemlandschaft einzubinden und durch Ihre Anwenderinnen und Anwender erkunden zu lassen, indem diese die Inhalte direkt nutzen und testen können. Dabei handelt es sich nicht um ein dediziertes Tool, sondern um die Aufgabenliste `SAP_FIORI_CONTENT_ACTIVATION`, die Sie mit Transaktion STC01 ausführen. Wir betrachten dies im Detail in Abschnitt 4.2, »Schnelle Aktivierung von Benutzerrollen«.

Launchpad-App-Manager

Der *Launchpad-App-Manager* ist die Weiterentwicklung des Tools *Mass Maintenance App Descriptor* und erweitert dessen Funktionsumfang, sodass es mit SAP S/4HANA 2020 zum primären Werkzeug für die Verwaltung technischer Kataloge avancierte und damit den *Launchpad Designer* weitestgehend ablöst. Zudem lassen sich damit Launchpad App Descriptor Items in direkt von SAP ausgelieferten technischen Katalogen direkt anpassen. Somit werden für einfache Änderungen – z. B. Umbenennungen von Kacheln – keine eigenen technischen Kataloge benötigt. Wir betrachten den Launchpad-App-Manager in Abschnitt 4.4.

Launchpad-Content-Manager

Mit dem *Launchpad-Content-Manager* verwalten Sie fachliche Kataloge und deren Referenzen zu den in den technischen Katalogen enthaltenen Kacheln und Zielzuweisungen für Anwendungen und Transaktionen. Wir gehen darauf genauer in Abschnitt 4.5 ein.

Launchpad Designer

Vor der Einführung des Launchpad-App-Managers und des Launchpad-Content-Managers war der *Launchpad Designer* das zentrale Werkzeug für die Verwaltung von Katalogen, Kacheln und Zielzuweisungen sowie der nun veralteten Gruppen für die Startseiten für Benutzer im SAP Fiori Launchpad. Mit der Umstellung auf die spezielleren Tools, die auch mit einer größeren Menge anzupassender Inhalte besser skalieren, kommt dem Launchpad Designer nur noch die Aufgabe zu, eigens angepasste Kacheln zu verwalten. Grob gesagt, können eigens angepasste Inhalte, die mit dem Launchpad Designer erstellt wurden, weiterhin mit diesem bearbeitet werden, während Standardinhalte mit den spezielleren Tools verwaltet werden sollten. Ebenso sollte von der bisherigen Gruppenstruktur der SAP-Fiori-Launchpad-Startseite auf die neue Bereichs- und Seitenstruktur umgestellt werden.

Launchpad-Bereiche/-Seiten verwalten

Die beiden zusammengehörenden Tools **Launchpad-Bereiche verwalten** und **Launchpad-Seiten verwalten** dienen der Administration dieser neuen Strukturen auf der Fiori-Launchpad-Startseite. Wir befassen uns damit in Abschnitt 4.3, »Launchpad-Bereiche und -Seiten verwalten«.

Berechtigungen verwalten (Transaktion PFCG)

Transaktion PFCG dient auch bei der Verwaltung von SAP-Fiori-Inhalten dazu, die Benutzerrollen für die Verwendung dieser Inhalte, d. h. der Kataloge und der Launchpad-Bereiche zu berechtigen und gegebenenfalls zu erstellen.

[«]

Dokumentation und Hilfe zur Content-Bereitstellung

Eine Übersicht über die relevanten Tools zur SAP-Fiori-Content-Bereitstellung finden Sie auch in der SAP-Hilfe unter: *http://s-prs.de/v1016812*

Zudem bietet der Blog-Beitrag »Overview of tools for maintaining custom launchpad content and layout« neben der Tool-Übersicht noch einiges an historischem Kontext: *http://s-prs.de/v1016813*

4.2 Schnelle Aktivierung von Benutzerrollen

Die Bereitstellung von SAP-Fiori-Content in einem SAP-S/4HANA-System kann über *Rapid Activation* erfolgen. Im Vergleich zur manuellen Bereitstellung individueller SAP-Fiori-Inhalte bringt Rapid Activation einen enormen zeitlichen und aufwandstechnischen Vorteil. Bei ersterem Vorgehen wird zunächst eine Auswahl relevanter Anwendungen erstellt, diese installiert bzw. aktiviert und deren jeweiligen Inhalte den infrage kommenden fachlichen Benutzerrollen zur Verfügung gestellt. Dies wiederum geschieht über das Erstellen bzw. Zuweisen entsprechender Geschäftskataloge und Berechtigungen. Insgesamt können diese Vorgänge einiges an Zeit benötigen, insbesondere bei einer potenziell großen Menge zu etablierender Anwendungen, z. B., um eine bestimmte Benutzerrolle (Business Role) mit allen notwendigen Apps zu versorgen, die die in dieser Rolle tätigen Endbenutzer zur Erfüllung ihrer Aufgaben benötigen.

Rapid Activation

Die Bereitstellung über Rapid Activation orientiert sich hingegen direkt an solchen Benutzerrollen und erlaubt es, direkt eine oder mehrere solcher Rollen und damit alle Apps, d. h. HTTP-Services/ICF-Knoten und OData-Services einer jeweiligen Rolle zu aktivieren.

Die Aktivierung einer Benutzerrolle geschieht mithilfe der Aufgabenlisten `SAP_FIORI_CONTENT_ACTIVATION` (für Benutzerrollen mit der Namenskonvention »SAP_BR*«, die mit SAP S/4HANA als Vorlagen ausgeliefert werden) und `SAP_FIORI_FCM_CONTENT_ACTIVATION` (für SAP-Benutzerrollen einer anderen Namenskonvention, die aber dennoch SAP-Fiori-Kataloge enthalten).

Zu beachten ist hierbei, dass die Rapid Activation nur innerhalb eines integrierten Deployments zur Verfügung steht. Informationen und versionsspezifische Sammelhinweise für die Rapid Activation können Sie SAP-Hinweis 2902673 (Schnelle Aktivierung für SAP Fiori in SAP S/4HANA – Übersicht) entnehmen.

Inhalte einer Benutzerrolle bereitstellen

Bevor Sie an die Aktivierung einer Benutzerrolle gehen, können Sie die SAP Fiori Apps Reference Library nutzen, um die seitens SAP verfügbaren Benutzerrollen und deren zugeordnete SAP Fiori Apps zu betrachten. Öffnen Sie hierzu die SAP Fiori Apps Reference Library unter *https://fioriapps-library.hana.ondemand.com/* Hier können Sie gezielt nach einer bestimmten Umgebung und Benutzerrolle suchen, wie in Abbildung 4.2 gezeigt.

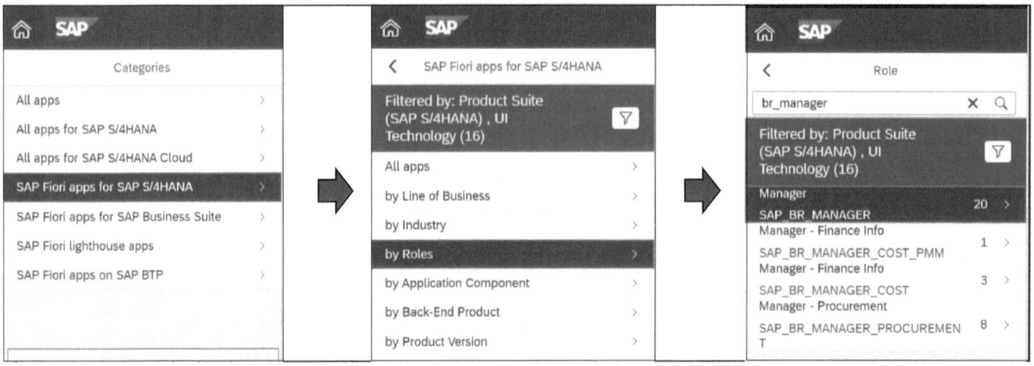

Abbildung 4.2 SAP Fiori Apps Reference Library – nach der Benutzerrolle filtern

Wir wollen nun beispielhaft per Rapid Activation die Benutzerrolle `SAP_BR_MANAGER` aktivieren. Abbildung 4.3 zeigt einige der verfügbaren Apps für diese Rolle.

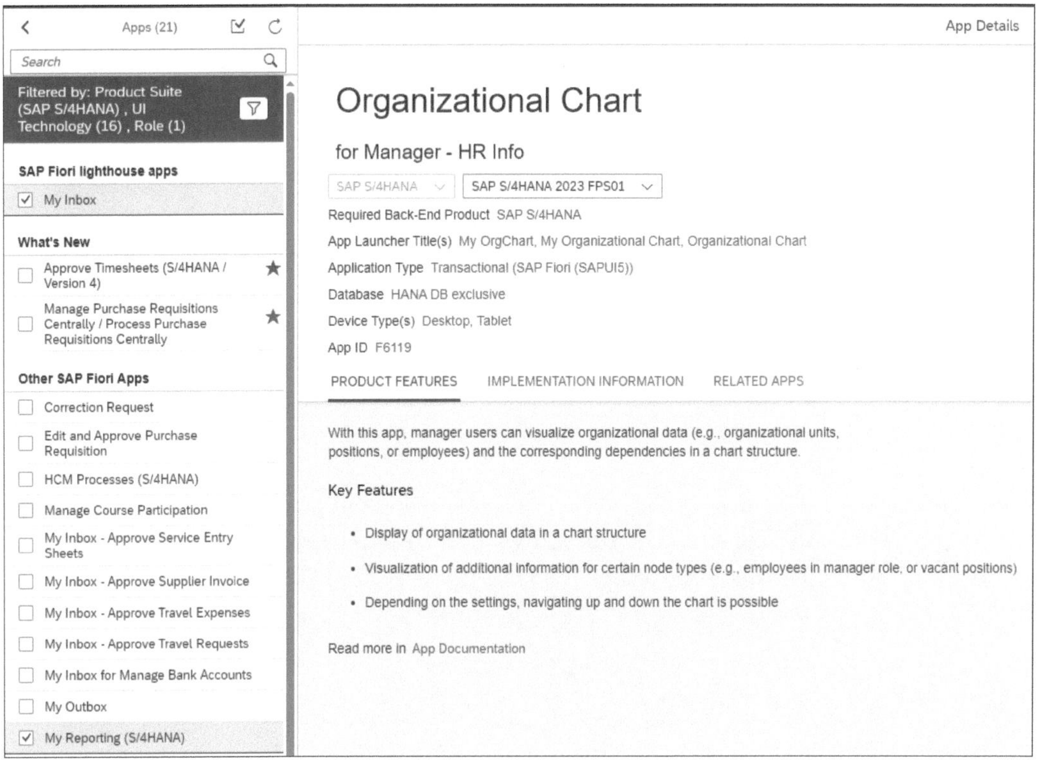

Abbildung 4.3 SAP Fiori Apps Reference Library – Apps für die Benutzerrolle SAP_BR_MANAGER

Aufgabenliste SAP_FIORI_CONTENT_ACTIVATION

Öffnen Sie Transaktion STC01, tragen Sie den Namen der Aufgabenliste ein, und wählen Sie das Icon, wie in Abbildung 4.4 gezeigt.

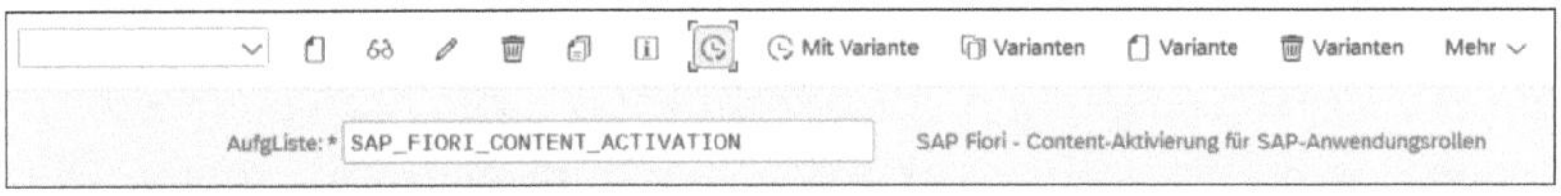

Abbildung 4.4 Transaktion STC01 – Aufgabenlistenlauf für SAP_FIORI_CONTENT_ACTIVATION generieren

Abbildung 4.5 zeigt den Initialzustand der Aufgabenliste mit den standardmäßig zur Ausführung vorgesehenen Schritten.

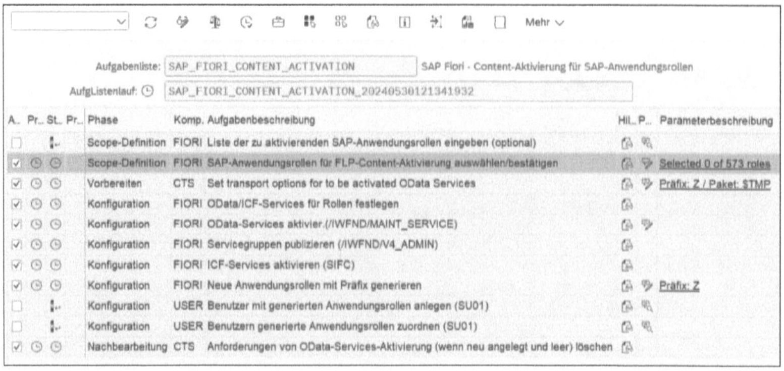

Abbildung 4.5 Transaktion STC01 – Standardschritte der Aufgabenliste SAP_FIORI_CONTENT_ACTIVATION

Anwendungsrollen auswählen/ definieren

Wählen Sie im ersten Schritt (**SAP-Anwendungsrollen für FLP-Content-Aktivierung auswählen/bestätigen**) die zu aktivierende(n) Benutzerrolle(n) mithilfe des entsprechenden Dialogs, wie in Abbildung 4.6 gezeigt.

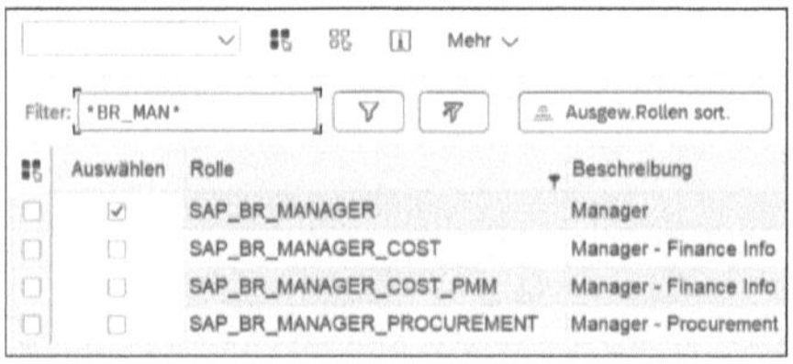

Abbildung 4.6 Aufgabenliste SAP_FIORI_CONTENT_ACTIVATION – Anwendungsrollen auswählen

Alternativ können Sie, wie in Abbildung 4.7 gezeigt, im optionalen Schritt darüber (**Liste der zu aktivierenden SAP-Anwendungsrollen eingeben (optional)**) eine durch Zeilenumbrüche getrennte Liste von Anwendungsrollen angeben bzw. diese aus einer Textdatei oder Ähnlichem. importieren. Dies eignet sich besonders für Szenarien, in denen Sie direkt eine bereits bekannte größere Liste an Rollen aktivieren möchten.

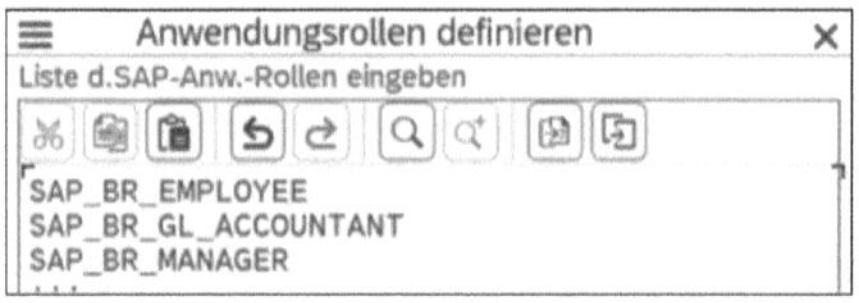

Abbildung 4.7 Aufgabenliste SAP_FIORI_CONTENT_ACTIVATION – Anwendungsrollen aus dem Text definieren (optional)

Paket und Transporte wählen

Im nächsten Schritt wählen Sie ein Paket und je einen Workbench- und Customizing-Transportauftrag, über die Sie die aktivierten Inhalte in nachgelagerte Systeme transportieren können. Wenn kein Transportauftrag bereitsteht, kann in diesem Schritt auch jeweils ein solcher angelegt werden. Abbildung 4.8 zeigt diesen Schritt für unser Beispiel.

Abbildung 4.8 Aufgabenliste SAP_FIORI_CONTENT_ACTIVATION – Paket und Transportaufträge wählen

Im Rahmen der Rapid Activation werden kundeneigene Benutzerrollen angelegt, die aus den gewählten SAP-Anwendungsrollen kopiert werden. Die kundeneigenen Rollen werden mit einem Präfix Ihrer Wahl versehen. Im letzten Pflichtschritt (**Neue Anwendungsrollen mit Präfix generieren**) prüfen Sie, ob das Präfix (Standard: Z) Ihren Anforderungen entspricht oder ändern es entsprechend.

Benutzer generieren

Sie können nun außerdem definieren, ob zu diesen generierten Benutzerrollen auch gleich je ein passender Benutzer angelegt werden soll. Hierzu merken Sie den Schritt (**Benutzer mit generierten Anwendungsrollen anlegen (SU01)**) mithilfe der Checkbox zunächst zur Ausführung vor und geben dann im dazugehörigen Parameterdialog die grundlegenden Daten für die jeweiligen Benutzer an (siehe Abbildung 4.9). Hierzu gehören ein Benutzerpräfix (Standard: T), ein Benutzertyp (Standard: **A**) sowie ein Initialkennwort. Zusätzlich können Sie bereits vorhandene Rollen wählen, die den neu angelegten Benutzern mit zugeordnet werden.

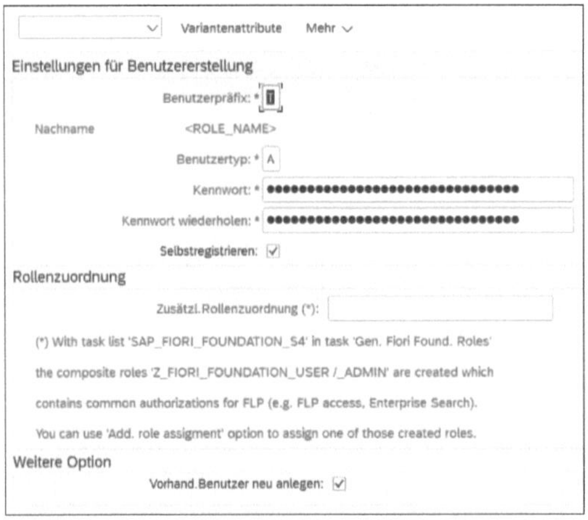

Abbildung 4.9 Aufgabenliste SAP_FIORI_CONTENT_ACTIVATION – Einstellungen für die Benutzererstellung

Generierte Rollen zuweisen

Andererseits können Sie im nächsten Schritt (**Benutzern generierte Anwendungsrollen zuordnen (SU01)**) bestehende Benutzer wählen, denen die im Rahmen der Aufgabenliste generierten, neuen Benutzerrollen zugeordnet werden, wie in Abbildung 4.10 gezeigt.

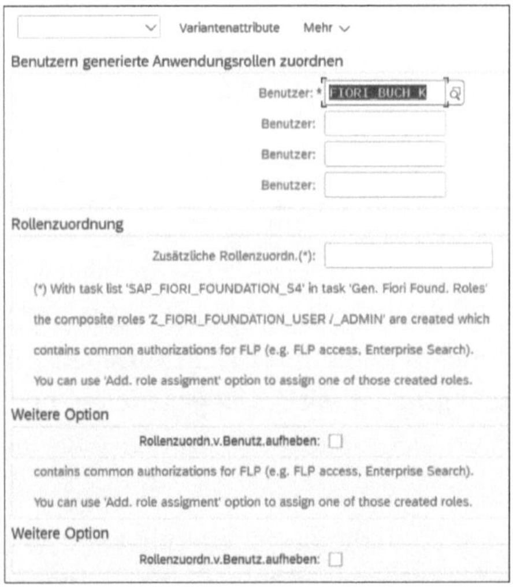

Abbildung 4.10 Aufgabenliste SAP_FIORI_CONTENT_ACTIVATION – Benutzern generierte Anwendungsrollen zuordnen

Abbildung 4.11 zeigt die Zusammenfassung der Aufgabenliste, wenn alle Parameter gesetzt sind. Auch in dieser Liste sind nicht alle Schritte erforderlich, und Sie können nicht benötigte Schritte deaktiviert lassen. In unserem Fall wurde die SAP-Anwendungsrolle manuell eingegeben, während der

Schritt zur Eingabe einer Liste für mehrere Rollen deaktiviert worden ist. Neben den Präfixen für den Transportauftrag und die zu generierenden Rollen ist auch das Paket gesetzt. Da wir hier keine neuen Benutzer mit den generierten Anwendungsrollen anlegen möchten, bleibt dieser Schritt ebenfalls deaktiviert.

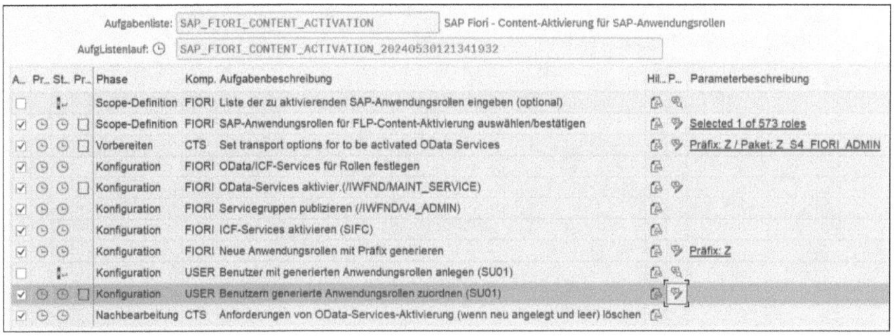

Abbildung 4.11 Aufgabenliste SAP_FIORI_CONTENT_ACTIVATION – alle Parameter gepflegt

Aufgabenlistenlauf ausführen

An diesem Punkt können Sie die Aufgabenliste ausführen lassen, indem Sie auf [F8] drücken. Bei einer einzelnen Rolle sollte die Aktivierung nach wenigen Minuten abgeschlossen sein. Wenn Sie eine größere Menge an Anwendungsrollen zur Aktivierung ausgewählt haben, empfiehlt es sich, die Ausführung mit dem Drücken von [F9] als Hintergrundjob zu starten. Es wird empfohlen, nicht mehr als 100 Rollen gleichzeitig zu aktivieren.

Achten Sie nach der Ausführung der Aufgabenliste auf das Ausführungsprotokoll, um zu prüfen, ob alle Schritte erfolgreich durchgeführt wurden. Abbildung 4.12 zeigt das Protokoll für unser Beispiel.

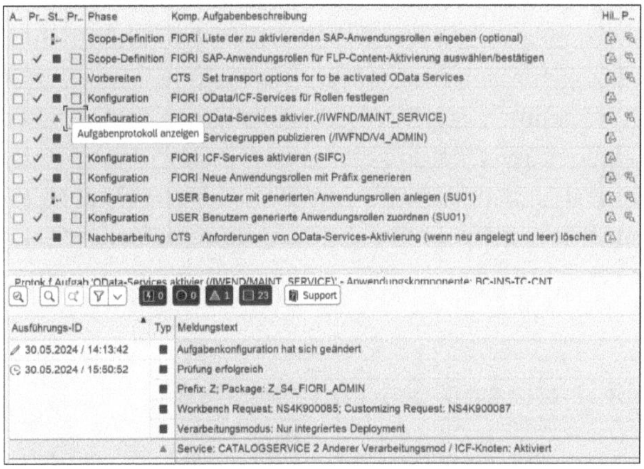

Abbildung 4.12 Aufgabenliste SAP_FIORI_CONTENT_ACTIVATION – Ausführungsprotokoll nach erfolgreichem Lauf

Abschließend zeigt Abbildung 4.13 das SAP Fiori Launchpad für den bei der Aktivierung angegebenen Benutzer, dem die generierte Rolle Z_BR_MANAGER zugewiesen wurde. Wir sehen, dass die erwartete Launchpad-Seite für die Rolle mit den entsprechenden Apps vorhanden ist.

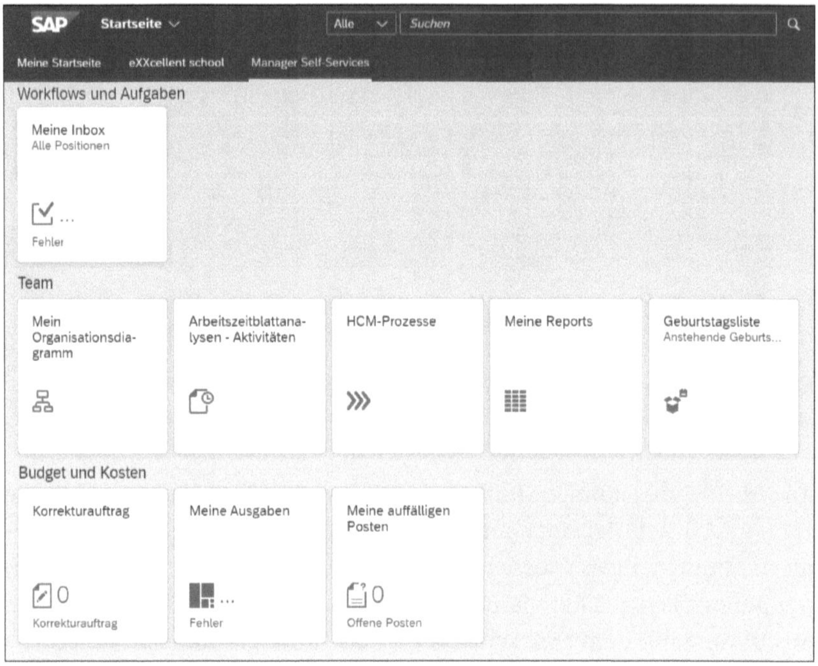

Abbildung 4.13 SAP Fiori Launchpad – Space/Page für die generierte Anwendungsrolle Z_BR_MANAGER

Der in Abbildung 4.13 gezeigte Launchpad-Bereich und die dazugehörige Launchpad-Seite gehören zu den vordefinierten Bereichen, die mit den vordefinierten SAP-Anwendungsrollen (hier: SAP_BR_MANAGER) verknüpft sind. Diese Rollen und die dazugehörigen Anwendungen sind unter Umständen nicht genau auf Ihr Unternehmen und Ihre Benutzer zugeschnitten. Daher können Sie mithilfe eigener Bereiche und Seiten eine zielgerichtete Startseite für Ihre Benutzer erstellen, die sowohl von SAP gelieferte als auch eigene Anwendungen enthalten kann. Der nächste Abschnitt befasst sich daher im Detail mit der Verwaltung von Launchpad-Bereichen und -Seiten.

4.3 Launchpad-Bereiche und -Seiten verwalten

Das grundlegende Konzept der Launchpad-Bereiche und -Seiten wurde in Kapitel 3, »Objektmodell«, beschrieben. Dieser Abschnitt befasst sich mit den Werkzeugen zur Verwaltung dieser Bereiche und zeigt Ihnen, wie Sie eigene Bereiche und Seiten aufsetzen können, um passgenaue Startseiten für Ihre Benutzer erstellen zu können.

Werkzeuge zur Bereichs-/Seitenverwaltung

Für SAP-Fiori-Administratorinnen und -Administratoren findet sich im SAP Fiori Launchpad ein gleichnamiger Bereich, der die Administrationswerkzeuge rund um das SAP-Fiori-Launchpad beinhaltet. Neben dem Launchpad-App-Manager und dem Launchpad-Content-Manager, die wir etwas später betrachten werden, finden sich hier die beiden Apps zur Verwaltung von Bereichen und Seiten: **Launchpad-Bereiche verwalten** und **Launchpad-Seiten verwalten** (siehe Abbildung 4.14).

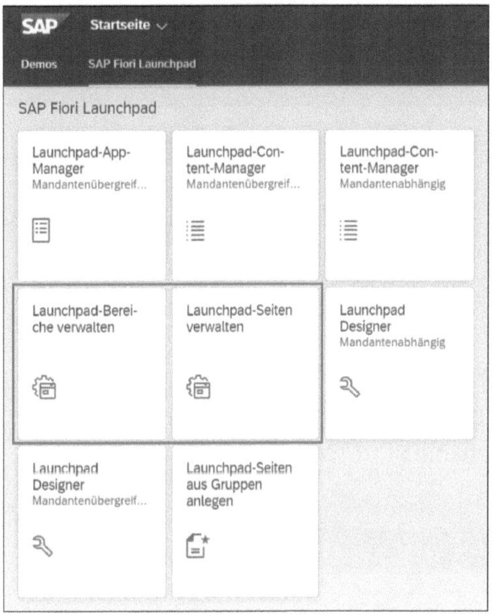

Abbildung 4.14 Werkzeuge zum Verwalten von Launchpad-Seiten und Launchpad-Bereichen

Launchpad-Bereiche verwalten

Die SAP-Fiori-App **Launchpad-Bereiche verwalten** ist die erste Anlaufstelle zum Verwalten der übergeordneten Ebene der SAP-Fiori-Launchpad-Struktur. Sie ist ihrerseits in zwei Listen unterteilt: **Von Kunden angelegt** zeigt die kundeneigenen Bereiche, also die von Ihnen selbst erstellten und gepflegten Bereiche. Die Liste **Vordefiniert** zeigt die Bereiche, die bereits von SAP ausgeliefert werden. Diese können direkt genutzt werden, wie bei uns durch die Rapid Activation geschehen, sind jedoch auch nicht direkt veränderbar. Wir tauschen hier also eine schnelle Verfügbarkeit gegen fehlende Flexibilität ein. Abbildung 4.15 zeigt die Liste der vordefinierten Bereiche in unserem Beispielsystem.

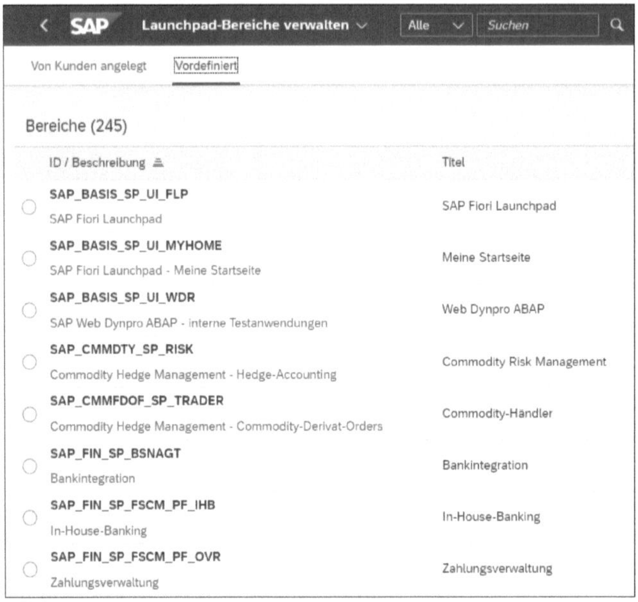

Abbildung 4.15 Launchpad-Bereiche verwalten – Liste der vordefinierten Bereiche

4.3.1 Mit vordefinierten Bereichen arbeiten

Jeder vordefinierte Bereich enthält eine oder mehrere vordefinierte Seiten. Abbildung 4.16 zeigt den Bereichsinhalt unserer Beispielrolle SAP_BR_MANAGER mit nur einer Seite.

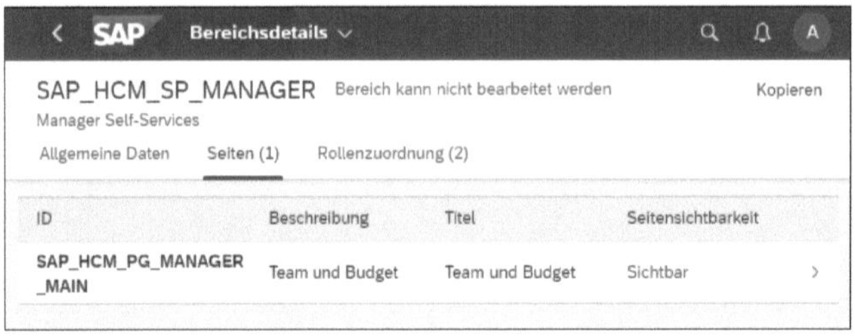

Abbildung 4.16 Launchpad-Bereiche verwalten – vordefinierter Bereich SAP_HCM_SP_MANAGER

Zum Betrachten des Seiteninhalts wechseln Sie per Klick auf einen Seiteneintrag automatisch in die SAP-Fiori-App **Launchpad-Seiten verwalten**. Wie in Abbildung 4.17 gezeigt, werden hier auf der Registerkarte **Seiteninhalt** die Bereiche und Kacheln einer Seite angezeigt, so wie sie auch für die jeweiligen Benutzer im SAP Fiori Launchpad zu sehen sind. Beim Klick auf eine

Kachel werden zudem Detailinformationen zur Kachel und zu der dazugehörigen Zielzuordnung angezeigt.

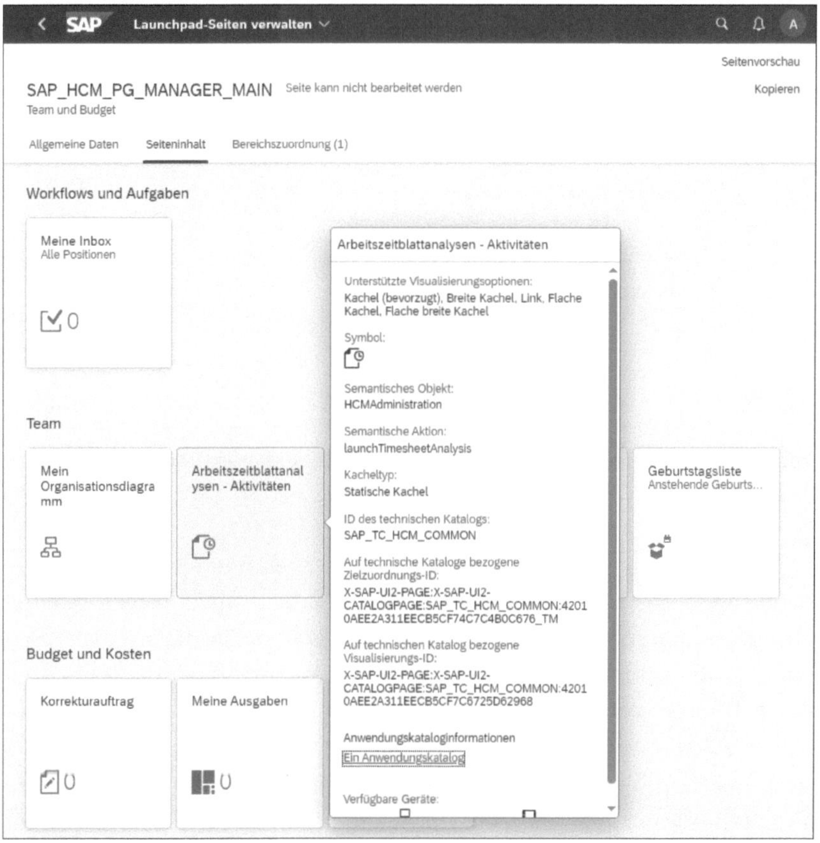

Abbildung 4.17 SAP-Fiori-Launchpad-Bereiche verwalten – Seiteninhalt für vordefinierten Bereich (SAP_HCM_PG_MANAGER_MAIN)

Vordefinierte Bereiche kopieren

Vordefinierte Bereiche und Seiten sind nicht veränderbar, können jedoch kopiert werden. Die Kopien wiederum unterliegen voll und ganz Ihrer Kontrolle und können beliebig angepasst werden. Somit können Sie einen vordefinierten Bereich als Vorlage für Ihren eigenen Bereich nehmen oder bedarfsweise kleinere Anpassungen vornehmen, beispielsweise eine weitere Anwendungskachel hinzufügen. Um einen vordefinierten Bereich zu kopieren, wählen Sie in dessen Bereichsdetails den Button **Kopieren** (siehe Abbildung 4.16). Im darauffolgenden Wizard können Sie im ersten Schritt die Details Ihrer Bereichskopie festlegen. Geben Sie eine eindeutige ID im kundeneigenen Namensraum, eine Beschreibung und einen Titel sowie einen Customizing-Transportauftrag an, wie in Abbildung 4.18 gezeigt.

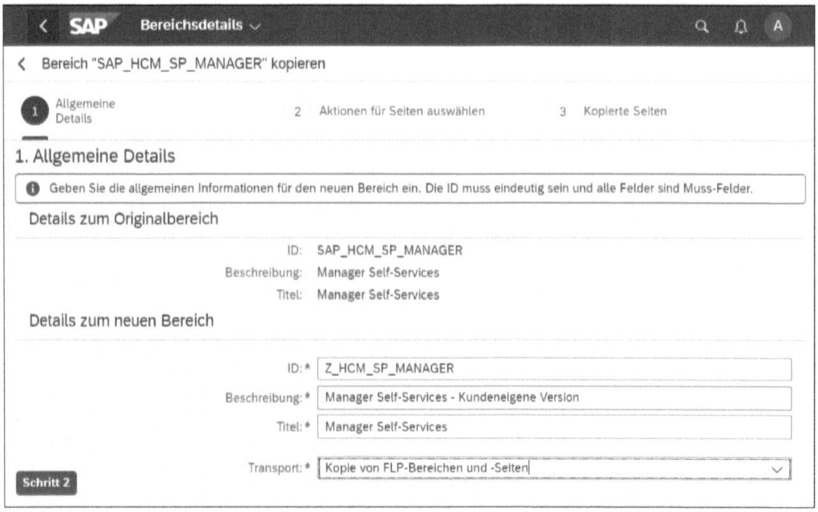

Abbildung 4.18 Vordefinierten Bereich kopieren – Angaben für den kopierten Bereich

Optionen für kopierte Seiten

Im zweiten Schritt wählen Sie für die im zu kopierenden Bereich enthaltenen Seiten, ob die originalen Seiten zugeordnet, ebenfalls kopiert oder ignoriert werden sollen (siehe Abbildung 4.19). Ordnen Sie die originalen Seiten über die Option **Zuordnen** zu, bleiben diese unveränderlich. Möchten Sie auch an den Seiten Anpassungen vornehmen, wählen Sie die Option **Kopieren**. Mit der Option **Ignorieren** wird die Seite nicht in den kopierten Bereich übernommen. Nutzen Sie diese Option, um nicht benötigte Seiten auszuschließen. Sie können die Optionen einzeln je Seite oder global für alle Seiten des Bereichs auswählen.

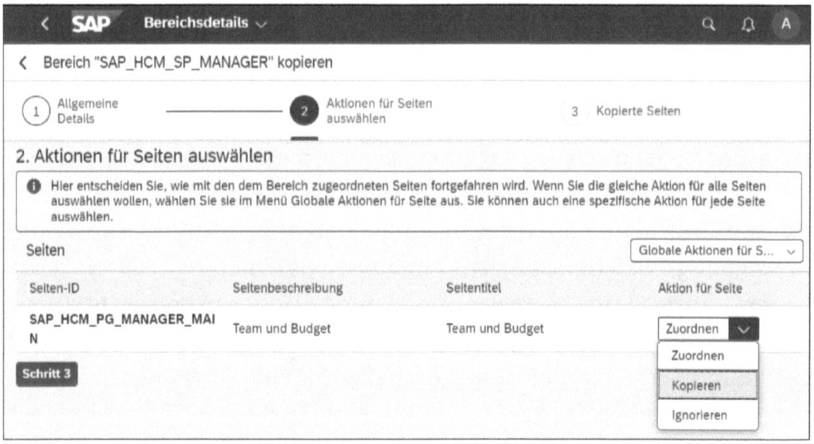

Abbildung 4.19 Vordefinierten Bereich kopieren – Aktion für die beinhalteten Seiten wählen

Wenn Sie die Option **Kopieren** für eine oder mehrere Seiten gewählt haben, machen Sie im dritten Schritt die Angaben für die kopierten Seiten (siehe Abbildung 4.20).

Abbildung 4.20 Vordefinierten Bereich kopieren – Angaben für die kopierten Seiten vornehmen

Bereichskopie sichern

Abschließend erhalten Sie eine Übersicht über den kopierten Bereich und dessen beinhaltete Seiten (siehe Abbildung 4.21). Wählen Sie den Button **Sichern**, um die Bereichskopie anzulegen.

Abbildung 4.21 Vordefinierten Bereich kopieren – abschließende Übersicht

Kopierten Bereich bearbeiten

Der kopierte Bereich wird im Anschluss angezeigt und kann von Ihnen bearbeitet werden. Sie können allgemeine Daten, wie dessen Titel und Beschreibung anpassen, dessen Seiten verändern sowie die aktuelle Rollenzuordnung und die zugeordneten Transportaufträge betrachten.

Rollen und Transporte sind hier nicht bearbeitbar

Die Registerkarten **Rollenzuordnung** und **Transports** in Abbildung 4.22 dienen nur der Übersicht. Eine Änderung der Werte ist in der App **Launchpad-Bereiche bearbeiten** nicht möglich. Diese erfolgt über die dafür geeigneten Transaktionen wie z. B. PFCG für die Rollenzuordnung.

Wir nutzen diese Bearbeitungsmöglichkeiten in unserem Beispiel, um eine weitere Launchpad-Seite hinzuzufügen. Auf der rechten Seite der App werden die verfügbaren Launchpad-Seiten angezeigt und können über den Button **Hinzufügen** unserem Bereich zugeordnet werden, wie in Abbildung 4.22 gezeigt.

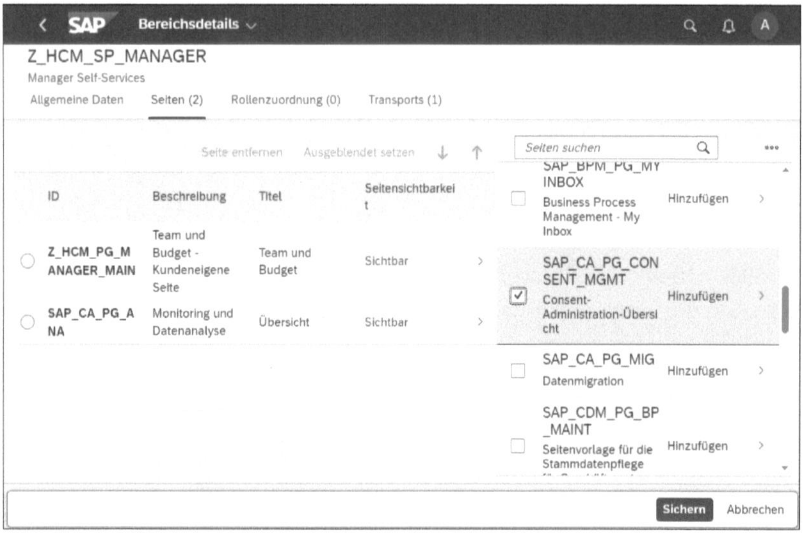

Abbildung 4.22 Launchpad-Bereiche verwalten – Details des kopierten Bereichs

Die weiteren Bearbeitungsmöglichkeiten an dieser Stelle umfassen das Umsortieren, das Ausblenden oder das gänzliche Entfernen von Launchpad-Seiten des Bereichs. Wir gehen an dieser Stelle nicht weiter auf die Details dieser Aktionen ein.

Kopierte Seite bearbeiten

Um eine kopierte Launchpad-Seite zu bearbeiten, klicken Sie auf die entsprechende Seite in der Liste. Dadurch navigieren Sie zur App **Launchpad-Seiten verwalten**, und die gewählte Seite wird angezeigt (siehe Abbildung 4.23). Im **Bearbeiten**-Modus stehen Ihnen die folgenden Möglichkeiten zur Verfügung:

- Allgemeine Daten ändern (Beschreibung und Titel)
- Abschnitte hinzufügen, ändern und entfernen ❶

- Kacheln hinzufügen ❷
- Kacheln verschieben (innerhalb eines Abschnitts und zwischen Abschnitten) ❸
- Informationen zu einer Kachel anzeigen ❸
- Kacheln entfernen ❹
- Seitenvorschau anzeigen ❺

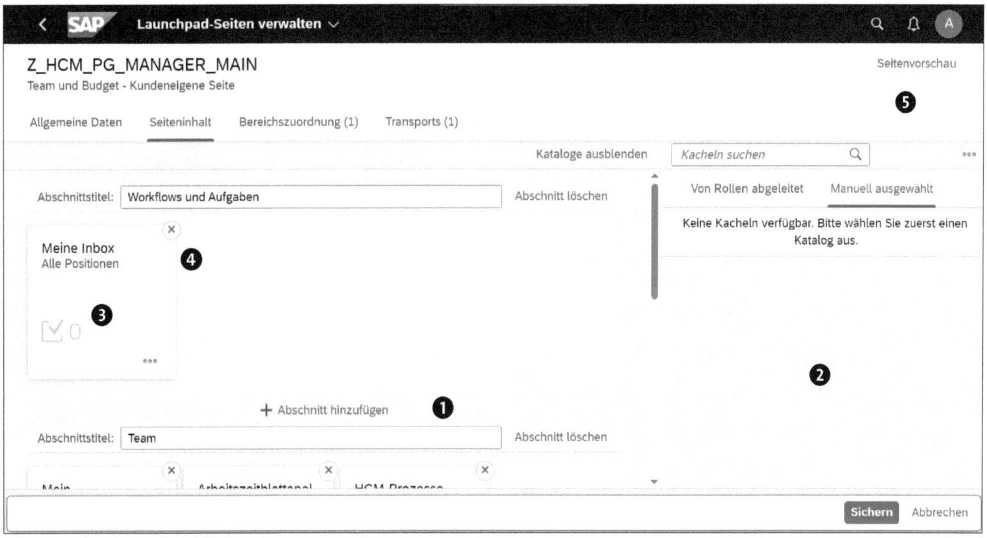

Abbildung 4.23 Launchpad-Seiten verwalten – Details der kopierten Launchpad-Seite

Anwendungen zur Seite hinzufügen

Die bedeutendsten Aktionen betreffen hier sicherlich das Arbeiten mit den Kacheln; wir werden daher insbesondere das Hinzufügen von Anwendungskacheln zu einer Launchpad-Seite noch etwas genauer betrachten. Um Kacheln aus einem Katalog auswählen zu können, muss dieser zunächst in den Auswahlbereich geladen werden. Öffnen Sie, wie in Abbildung 4.24 gezeigt, auf der Registerkarte **Seiteninhalt** das Menü für zusätzliche Optionen, und wählen Sie **Kataloge**.

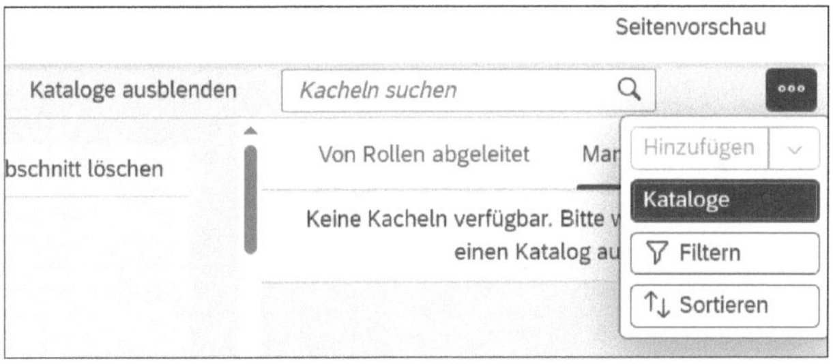

Abbildung 4.24 Launchpad-Seiten verwalten – Menü zur Katalogauswahl öffnen

Wählen Sie im Dialog **Kataloge auswählen** einen oder mehrere Anwendungskataloge aus, denen Sie Kacheln zur bearbeiteten Launchpad-Seite hinzufügen möchten. Es werden alle zur Verfügung stehenden Kataloge angezeigt. Um die Menge der Kataloge einzugrenzen, können Sie das entsprechende Suchfeld nutzen, wie in Abbildung 4.25 gezeigt.

Abbildung 4.25 Launchpad-Seiten verwalten – Anwendungskatalog hinzufügen

Anschließend werden die Anwendungskataloge und die darin verfügbaren Anwendungen in der Auswahlliste angezeigt, wie es in Abbildung 4.26 zu sehen ist.

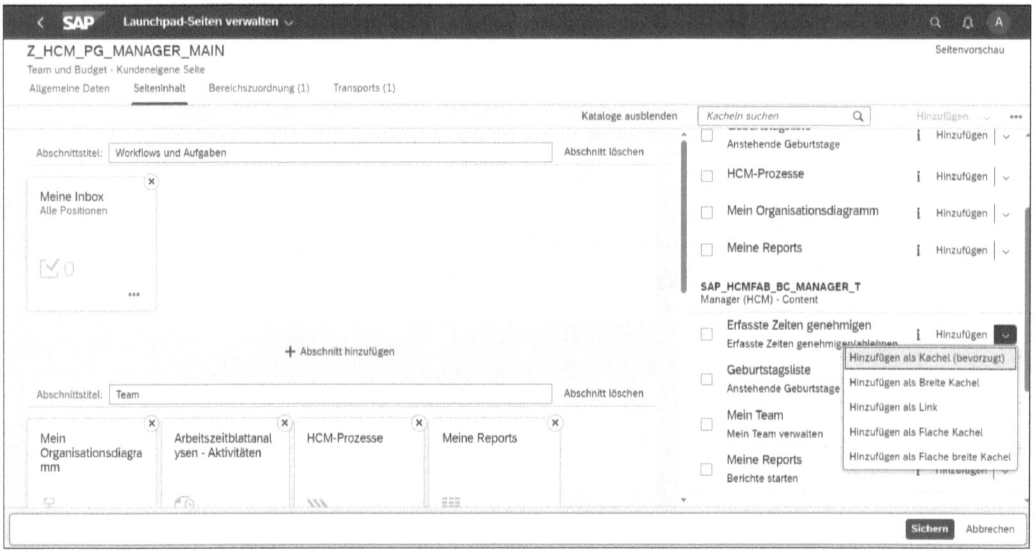

Abbildung 4.26 Launchpad-Seiten verwalten – Anwendungskachel aus dem Katalog hinzufügen

Hier können Sie die Anwendungen direkt per Drag & Drop einem Bereich der Launchpad-Seite als Kachel hinzufügen. Alternativ wählen Sie über das Menü **Hinzufügen** neben jeder Kachel speziellere Optionen, beispielsweise, um eine Anwendung als Link zu einem Bereich hinzuzufügen.

Kacheln verschieben und löschen

Sie können zudem per Drag & Drop Kacheln innerhalb eines Bereichs umsortieren oder eine Kachel von einem Bereich in einen anderen verschieben. Um eine Kachel aus einem Bereich zu löschen, entfernen Sie diese mit dem angezeigten Symbol ⊗ (**Entfernen**).

4.3.2 Eigene Bereiche und Seiten anlegen

Neben der Nutzung vordefinierter Bereiche und deren Kopien ist es Ihnen natürlich auch möglich, vollständig eigene Bereiche neu anzulegen und individuell mit Launchpad-Seiten zu befüllen.

Eigenen Launchpad-Bereich erstellen

Um einen neuen eigenen Bereich anzulegen, öffnen Sie die App **Launchpad-Bereiche verwalten**. Die Registerkarte **Von Kunden angelegt** ist standardmäßig geöffnet. Wählen Sie hier **Anlegen**, wie in Abbildung 4.27 gezeigt.

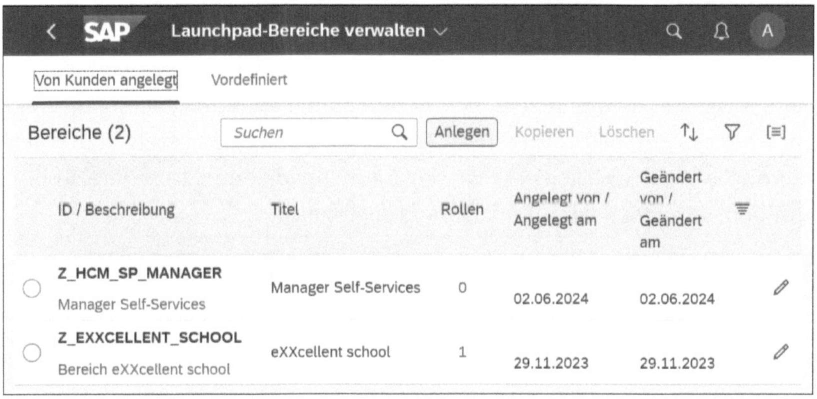

Abbildung 4.27 Launchpad-Bereiche verwalten – eigenen Bereich anlegen

Im darauffolgenden Dialog **Bereich anlegen** (siehe Abbildung 4.28) können Sie die grundlegenden Daten des neuen Bereichs angeben. Dazu gehören dessen ID, dessen Beschreibung und der im SAP Fiori Launchpad angezeigte Titel. Zudem müssen Sie einen Customizing-Transportauftrag angeben.

Zusätzliche Seite anlegen

An dieser Stelle können Sie über die Checkbox **Zusätzlich eine Seite anlegen** direkt ebenfalls eine neue kundeneigene Launchpad-Seite anlegen, die direkt dem anzulegenden Bereich zugeordnet ist. Für die anzulegende Seite sind ebenfalls Angaben für ID, Beschreibung und Titel notwendig.

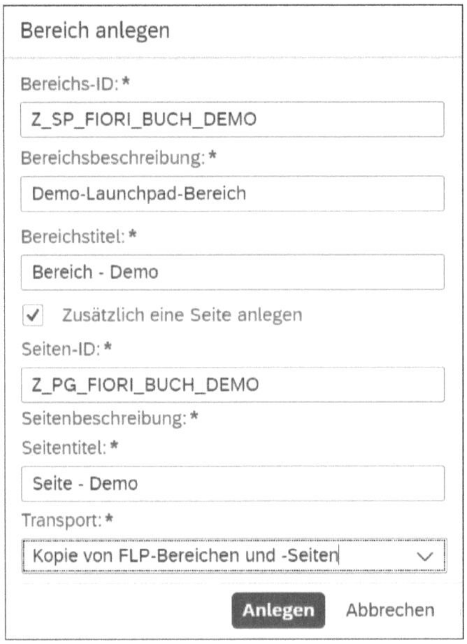

Abbildung 4.28 Launchpad-Bereiche verwalten – Daten für einen neuen Bereich inklusive eigener Seite

Wählen Sie den Button **Anlegen**, um den Bereich und gegebenenfalls die dazugehörige Seite zu erstellen. Der neue Bereich wird anschließend direkt zur weiteren Bearbeitung geöffnet, wie in Abbildung 4.29 gezeigt. Sie könnten nun beispielsweise direkt weitere Launchpad-Seiten zum Bereich hinzufügen. Wir gehen darauf noch etwas später ein.

Abbildung 4.29 Launchpad-Bereiche verwalten – Details des angelegten Bereichs

Separate Launchpad-Seite anlegen

In gleicher Weise, wie Sie neue Launchpad-Bereiche anlegen, können Sie in der SAP-Fiori-App **Launchpad-Seiten verwalten** auch neue eigene Seiten anlegen und diese in Ihren eigenen Bereichen verwenden. Das Vorgehen ist ebenfalls analog zum Anlegen eines eigenen Bereichs. Klicken Sie in der Übersicht der Registerkarte **Von Kunden angelegt** auf den Button **Anlegen**, wie in Abbildung 4.30 gezeigt.

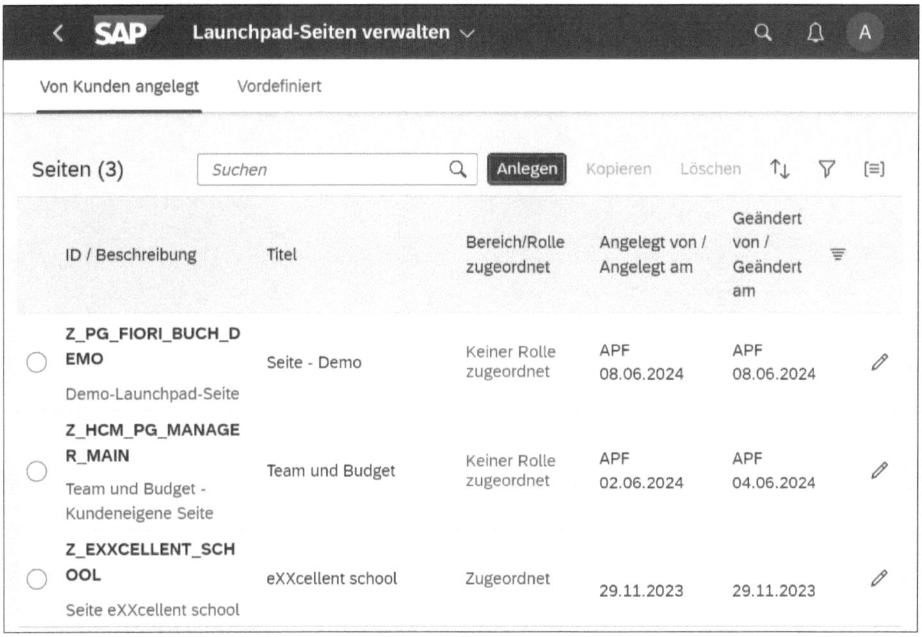

Abbildung 4.30 Launchpad-Seiten verwalten – eigene Seite anlegen

Geben Sie die Daten der Seite und einen Transportauftrag an, und klicken Sie auf **Anlegen** (siehe Abbildung 4.31).

Abbildung 4.31 Launchpad-Seiten verwalten – Daten für eine neue Seite

Die neu angelegte Seite ist initial leer und kann, wie bereits für die Kopie der vordefinierten Seite gezeigt, mit Inhalten befüllt werden (siehe Abbildung 4.32). Da die Seite noch keine Bereiche beinhaltet, geben Sie – wie empfohlen – einen Titel für den initialen Abschnitt an.

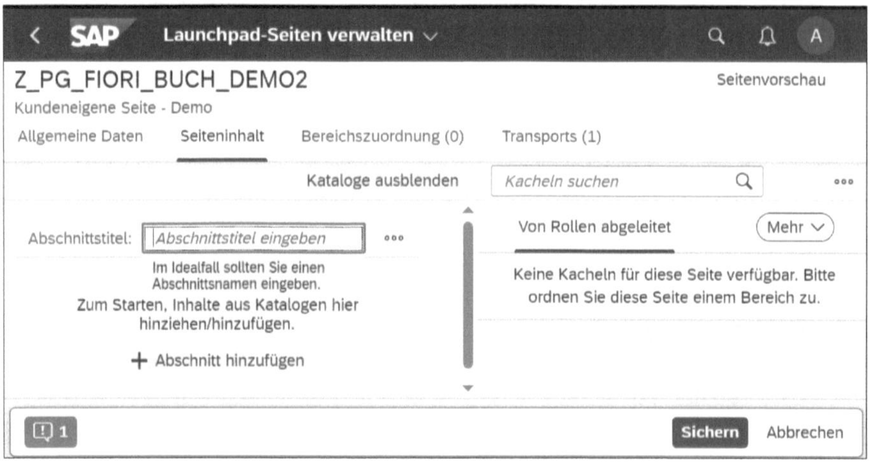

Abbildung 4.32 Launchpad-Seiten verwalten – neu angelegte Seite

Seite dem Bereich zuordnen

Die neu angelegte Seite ist ebenfalls noch keinem Bereich zugeordnet. Wechseln Sie zu deren Zuordnung zurück zur SAP-Fiori-App **Launchpad-Bereiche verwalten**, und öffnen Sie den Bereich, dem Sie die Seite zuordnen möchten. Auf der rechten Seite der Registerkarte **Seiten** sehen Sie alle verfügbaren Seiten und können diese über das Suchfeld filtern. Um mehrere Seiten hinzuzufügen, markieren Sie diese und wählen die Option **Hinzufügen** aus dem Listenmenü, wie in Abbildung 4.33 gezeigt.

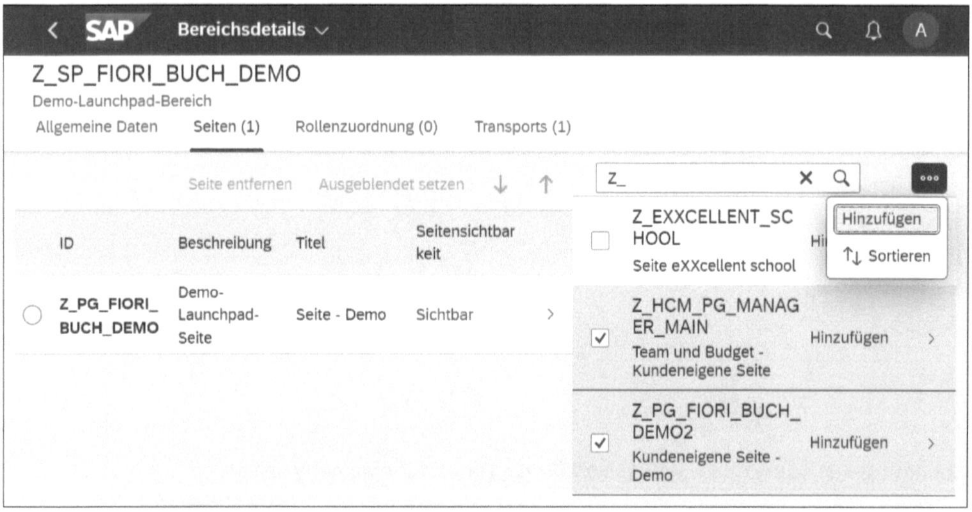

Abbildung 4.33 Launchpad-Bereiche verwalten – Seiten zum eigenen Bereich hinzufügen

Die neu hinzugefügten Seiten sind initial mit dem Status **Sichtbar** markiert, d. h., sie werden Benutzern im SAP Fiori Launchpad angezeigt. Innerhalb des Bereichs können Sie dessen Seiten durch Markieren entfernen, ausblenden oder umsortieren, wie in Abbildung 4.34 gezeigt.

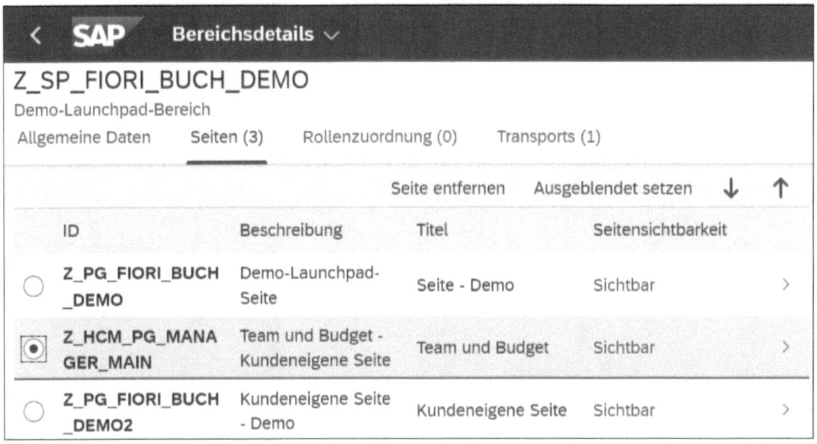

Abbildung 4.34 Launchpad-Bereiche verwalten – Optionen für eine Launchpad-Seite

Der letzte Schritt in der Zuordnung ist das Berechtigen von Benutzern für den Launchpad-Bereich. Dies geschieht entweder über Transaktion PFCG oder über den Launchpad-Content-Manager. Wir gehen in Abschnitt 4.5 genauer auf diese Möglichkeiten ein.

Für das Verwalten von Launchpad-Bereichen und -Seiten sei an dieser Stelle noch auf die SAP-Hilfe dazu verwiesen: *http://s-prs.de/v1016814*

4.4 Launchpad-App-Manager

Der Launchpad-App-Manager oder Anwendungsmanager ist das primäre Werkzeug zum Verwalten technischer Kataloge und deren Inhalte, der Launchpad App Descriptor Items. Er übernimmt damit die Aufgaben in Bezug auf Kataloge, Zielzuweisungen und Anwendungskacheln, die zuvor der Launchpad Designer innehatte. Letzterer wurde mit Version SAP S/4HANA 2020 als »deprecated« deklariert. Mithilfe des Launchpad-App-Managers können Sie bestehende technische Kataloge und deren Inhalte betrachten und eigene technische Kataloge und Inhalte erstellen. Wie in Abschnitt Abschnitt 4.1, »Vorgehen und Tools für die Content-Bereitstellung«, erwähnt, können Sie auch die Launchpad App Descriptor Items der SAP-Standardkataloge eingeschränkt bearbeiten und die Notwendigkeit eigener technischer Kataloge etwas begrenzen. In diesem Abschnitt betrachten wir die Anpassung von Standardelementen sowie das Anlegen eigener technischer Kataloge mittels des Launchpad-App-Managers.

Launchpad-App-Manager starten

Sie starten den Launchpad-App-Manager über Transaktion /UI2/FLPAM. Alternativ können Sie aus dem Administrationsmenü im SAP Fiori Launchpad die entsprechende Kachel auswählen. Der Launchpad-App-Manager startet im Browser. Abbildung 4.35 zeigt die Startseite.

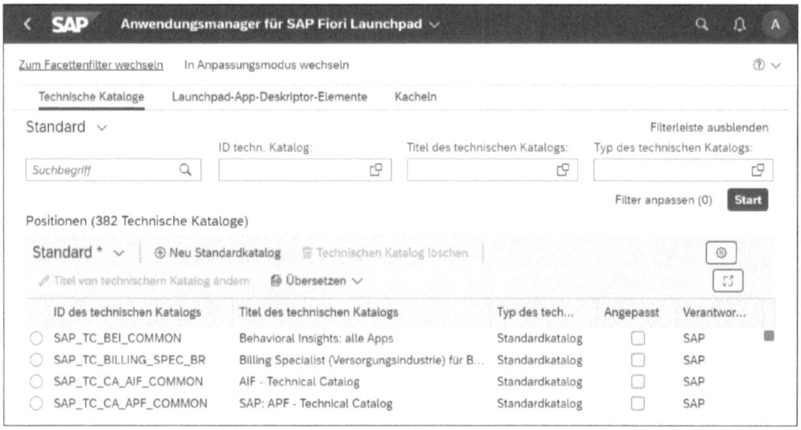

Abbildung 4.35 Launchpad-App-Manager – Startseite

Hier können Sie über ein Suchfeld und mehrere Selektionsfelder gezielt nach technischen Katalogen suchen. Sind diese Möglichkeiten nicht ausreichend, können Sie über die Kopfleiste zum Facettenfilter wechseln. Ebenfalls in der Kopfleiste befinden sich die Buttons zum Aktivieren des Anpassungsmodus und zur Rückkehr zum Default-Modus **Suchen & Filtern**.

Standardmäßig ist die Registerkarte **Technische Kataloge** ausgewählt. Über die beiden weiteren Registerkarten **Launchpad-App-Descriptor-Elemente** und **Kacheln** können Sie die jeweiligen Inhalte über alle technischen Kataloge hinweg suchen.

Über die Buttons im Kopfbereich der Tabelle können Sie neue Kataloge anlegen, ausgewählte Kataloge löschen oder deren Titel ändern. Um die Details und Inhalte eines einzelnen Katalogs zu betrachten, wählen Sie diesen in der Tabelle aus. Die Detailseite öffnet sich in einem neuen Tab.

4.4.1 Anpassen von Elementen in technischen Katalogen

Betrachten wir zunächst das Anpassen von Katalogtiteln und Launchpad App Descriptor Items in Standardkatalogen. Hierdurch können Sie in begrenztem Umfang SAP-Inhalte in technischen Katalogen direkt nach Ihren eigenen Vorgaben ändern, ohne eigene Kataloge dafür erstellen zu müssen.

Katalogtitel anpassen

Wählen Sie den technischen Katalog aus, dessen Titel Sie ändern möchten, und klicken Sie im Kopfbereich der Tabelle auf den Button **Titel von technischem Katalog ändern**, wie in Abbildung 4.36 gezeigt.

Abbildung 4.36 Launchpad-App-Manager – Optionen für den technischen Katalog

Im darauffolgenden Dialog können Sie den neuen Titel für die gewählte Sprache eingeben (siehe Abbildung 4.37). Weisen Sie die Änderung einem Transportauftrag zu, und klicken Sie auf **Sichern**, um die Änderung zu speichern.

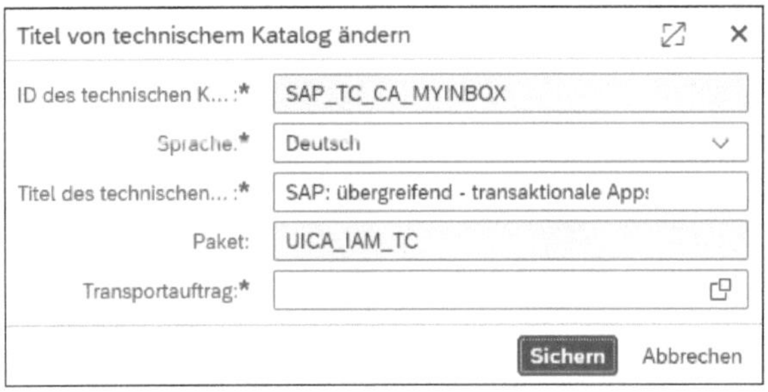

Abbildung 4.37 Launchpad-App-Manager – Titel des technischen Katalogs ändern

Anpassungsmodus für Inhalte

Um die SAP Fiori Launchpad App Descriptor Items innerhalb eines technischen Katalogs anzupassen, müssen Sie in den Anpassungsmodus wechseln. Wählen Sie dafür die Option **In Anpassungsmodus wechseln** im Kopfbereich der Anwendung, wie in Abbildung 4.38 gezeigt.

Im Anpassungsmodus erscheint ein entsprechender Hinweis, dass Ihre Änderungen mandantenübergreifend gelten. Auf diese Weise erhalten Sie auch die Bestätigung, dass Sie sich im Anpassungsmodus befinden. Um Inhalte zu bearbeiten, müssen Sie nun noch explizit in den Bearbeitungsmodus wechseln. Wählen Sie das anzupassende Element, beispielsweise das

Launchpad App Descriptor Item, und klicken Sie im Kopfbereich auf den Button **Bearbeiten**, wie in Abbildung 4.39 gezeigt.

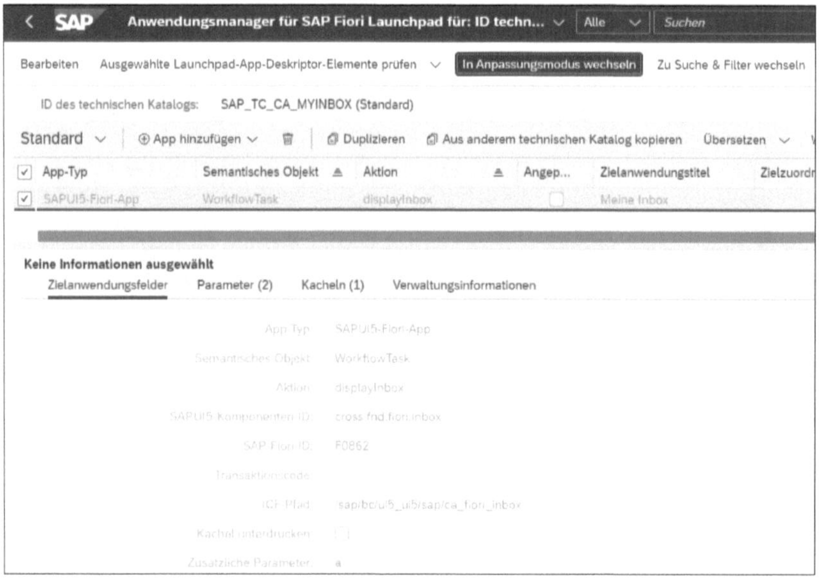

Abbildung 4.38 Launchpad-App-Manager – in den Anpassungsmodus wechseln

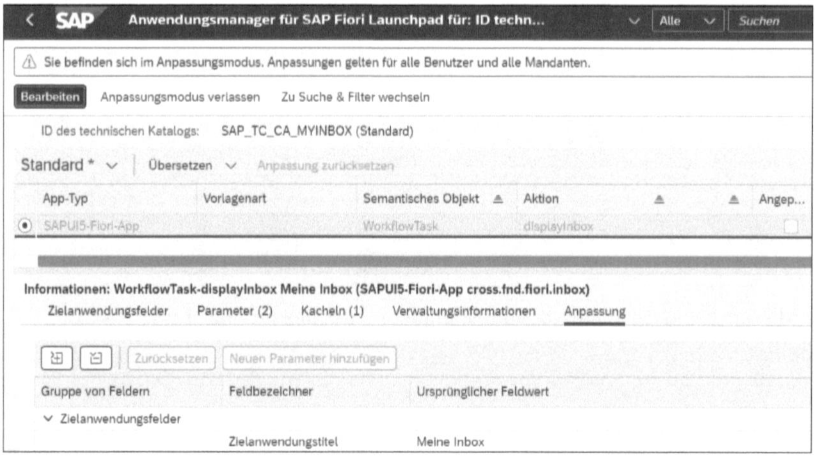

Abbildung 4.39 Launchpad-App-Manager – Anpassungsmodus – Bearbeitung starten

Launchpad App Descriptor Item anpassen

Im unteren Teil der Ansicht sind die Details des gewählten Launchpad App Descriptor Items aufgeführt. Wechseln Sie auf die Registerkarte **Anpassung**, um die erlaubten Änderungsmöglichkeiten einzusehen und Anpassungen vorzunehmen (siehe Abbildung 4.40).

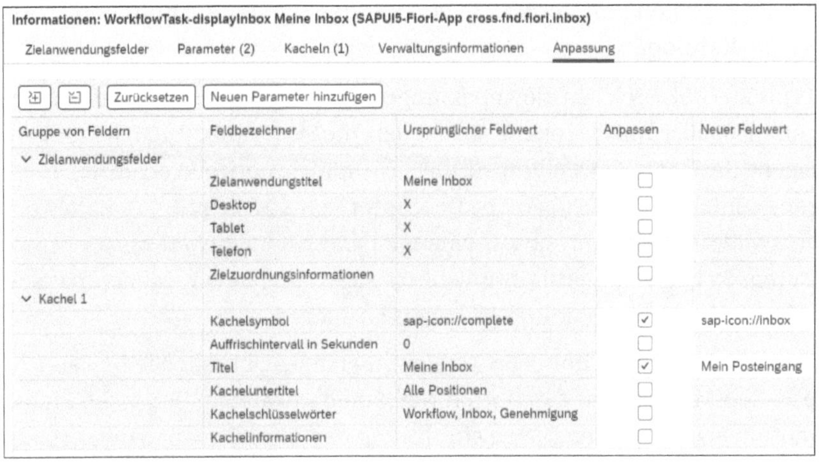

Abbildung 4.40 Launchpad-App-Manager – Launchpad App Descriptor Item im Anpassungsmodus bearbeiten

Um einen Parameter anzupassen, markieren Sie zuerst die Checkbox **Anpassen** und geben anschließend im Feld **Neuer Feldwert** Ihren angepassten Wert ein, wie in Abbildung 4.40 gezeigt. Klicken Sie abschließend auf den Button **Sichern**, um Ihre Änderungen zu übernehmen, und verlassen Sie nach dem Abschluss aller Änderungen den Anpassungsmodus.

Markierung für angepasste Kataloge

In der Liste der technischen Kataloge erscheint nun der angepasste Katalogeintrag mit der Markierung **Angepasst**, wie in Abbildung 4.41 gezeigt.

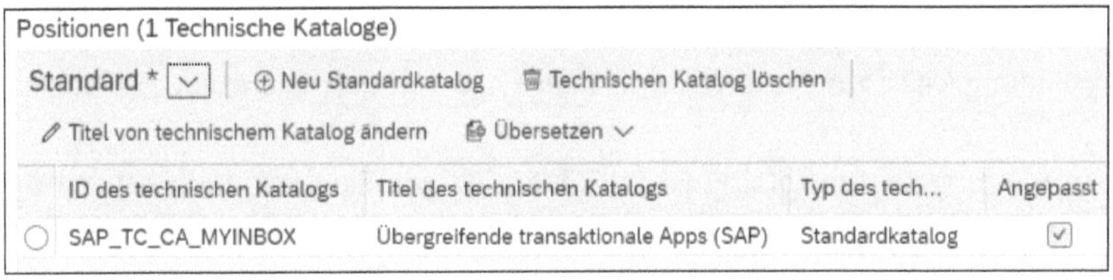

Abbildung 4.41 Launchpad-App-Manager – technischer Katalog nach der Anpassung

Wie in Abschnitt 4.1, »Vorgehen und Tools für die Content-Bereitstellung«, beschrieben, empfehlen wir Ihnen, diese Anpassungsmöglichkeiten auszuschöpfen, bevor Sie eigene technische Kataloge erstellen. Dies beschränkt sich jedoch auf das Anpassen bestehender Inhalte eines Standardkatalogs. Sobald Sie neue oder eigene Inhalte hinzufügen möchten, sollten Sie das in einem eigenen Katalog tun.

4.4.2 Erstellen und Verwalten von kundeneigenen technischen Katalogen

Neuen Katalog erstellen

Typischerweise reichen die Anpassungsmöglichkeiten von Standardkatalogen nicht aus, um alle Inhalte abzubilden, die Sie für Ihr System benötigen. Eigene SAP-Fiori-Anwendungen, die das Standardportfolio ergänzen, müssen ebenfalls als Launchpad App Descriptor Items in technischen Katalogen abgebildet werden, um sie aus einem Business-Katalog heraus zu referenzieren. Spätestens hierfür empfiehlt es sich dann, einen eigenen Katalog mithilfe des Launchpad-App-Managers anzulegen.

Um einen neuen technischen Katalog zu erstellen, klicken Sie im Launchpad-App-Manager auf den Button **Neu Standardkatalog**. Geben Sie im daraufhin erscheinenden Dialog eine ID und den Titel für den neuen Katalog an (siehe Abbildung 4.42). Wir empfehlen eine an das SAP-Namensschema *SAP_TC_<...>* angelehnte Notation, beispielsweise *Z_TC_<...>*.

Abbildung 4.42 Launchpad-App-Manager – neuen technischen Katalog erstellen

Neuen Katalog befüllen

Ein neu angelegter Katalog ist initial leer. Fügen Sie über den Button **App hinzufügen** neue Launchpad App Descriptor Items hinzu. Wählen Sie dazu den Anwendungstyp aus dem Menü, wie in Abbildung 4.43 gezeigt.

Nach dem Auswählen einer Anwendungsart können Sie die Parameter für das Launchpad App Descriptor Item im unteren Bereich der Ansicht eingeben. Je nach Anwendungsart sind hier unterschiedliche Pflichtfelder auszufüllen. Eine Übersicht zu allen Feldern, zu deren Pflichtstatus und den dazugehörigen Anwendungstypen finden Sie in der SAP-Hilfe über den Link *http://s-prs.de/v1016815*

Zielanwendungsfelder

Abbildung 4.44 zeigt beispielhaft die Angaben für die **Zielanwendungsfelder**, um eine bereitgestellte SAPUI5-App in unseren neuen technischen Katalog einzubinden.

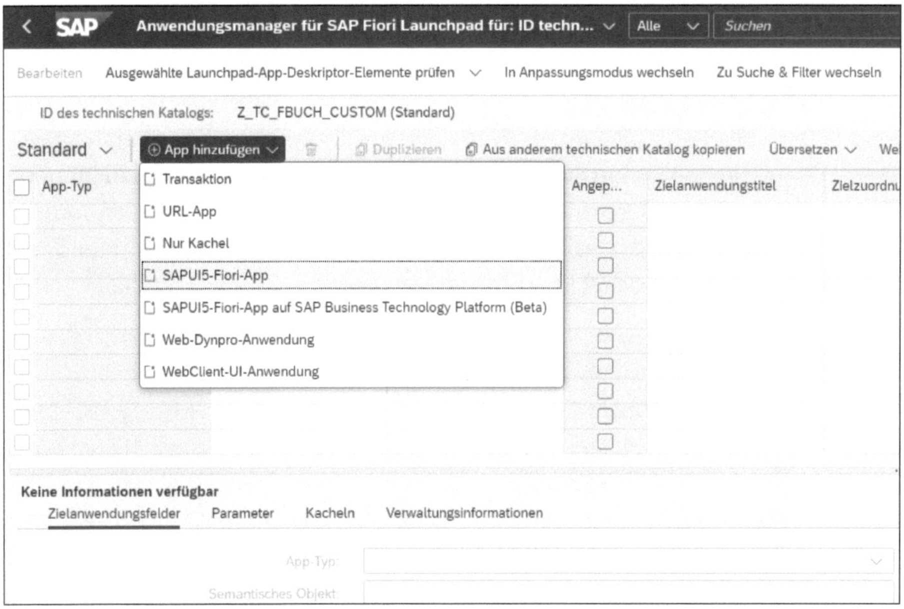

Abbildung 4.43 Launchpad-App-Manager – App zu neuem Katalog hinzufügen

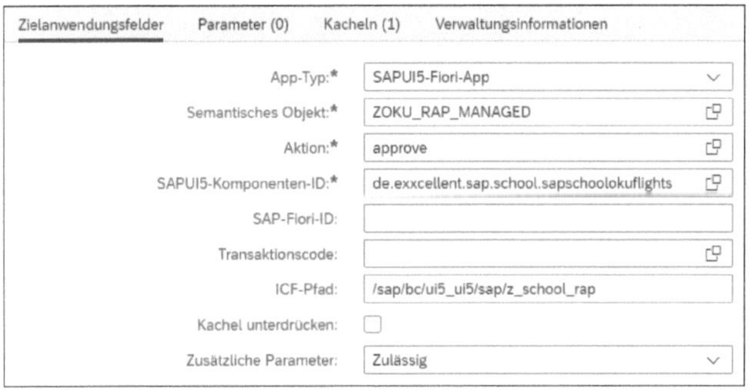

Abbildung 4.44 Launchpad-App-Manager – neue App im technischen Katalog – Zielanwendungsfelder

Kachelkonfiguration

Die Konfiguration der dazugehörigen **Kachel** kann auf der gleichnamigen Registerkarte vorgenommen werden, wie in Abbildung 4.45 gezeigt.

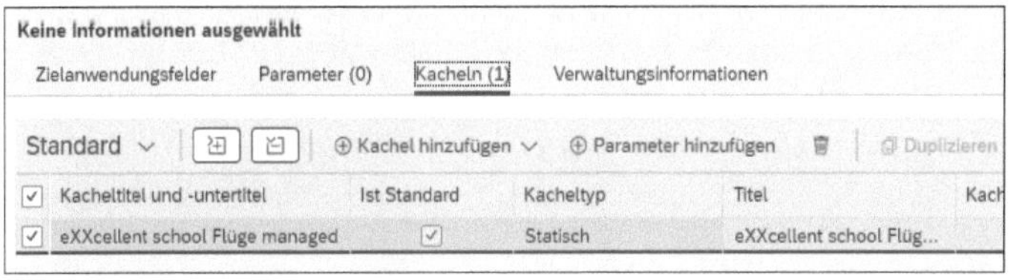

Abbildung 4.45 Launchpad-App-Manager – neue App im technischen Katalog – Kacheln

Wie in Abschnitt 4.1, »Vorgehen und Tools für die Content-Bereitstellung«, erwähnt, können Sie nach dem Befüllen des technischen Katalogs die relevanten Referenzen aus den fachlichen Katalogen heraus erstellen.

Dokumentation des Launchpad-App-Managers

Der volle Funktionsumfang des Launchpad-App-Managers übersteigt den Platz, den wir ihm an dieser Stelle geben können. Wir verweisen auf die SAP-Hilfe zu FLPAM (Setting Up Technical Catalogs with the SAP Fiori Launchpad-App-Manager), in der alle Funktionen detailliert ausgeführt sind und die Sie unter diesem Link aufrufen können: *http://s-prs.de/v1016816*

[»]

Anwendungs- und Katalogtypen pflegen

Je nach Deployment-Szenario, Embedded oder Hub Deployment, sollten Sie zudem die Arten der mit dem Launchpad-App-Manager verwaltbaren Anwendungs- und Katalogtypen einschränken. Diese unterscheiden sich vor allem beim Hub Deployment zwischen Frontend- und Backend-Server. Für die *Anwendungstypen* wählen Sie bei einem Hub Deployment die Werte aus Tabelle 4.1.

Frontend-Server	Backend-Server
SAPUI5-Anwendung	Transaktion
nur Kachel	Web-Dynpro-Anwendung
URL	Web-Client-UI-Anwendung

Tabelle 4.1 Anwendungstypen für ein Hub Deployment

Bei einem Embedded Deployment werden keine Einschränkungen für Anwendungstypen gepflegt.

Als *Katalogtypen* wählen Sie bei einem Hub Deployment (siehe Tabelle 4.2).

Frontend-Server	Backend-Server
Standard	Nicht gesetzt

Tabelle 4.2 Katalogtypen für ein Hub Deployment

Bei einem Embedded Deployment wählen Sie den Katalogtyp **Standard**. Aktuelle Angaben dazu sowie zu den damit verbundenen LADI-Typen finden Sie ebenfalls in der SAP-Hilfe unter: *http://s-prs.de/v1016817*

Transaktion /UI2/FLPCAT

Für die Verwaltung von eigenen technischen Katalogen steht Ihnen außerdem der Katalogmanager über Transaktion /UI2/FLPCAT (Technische SAP-Fiori-Launchpad-Kataloge) zur Verfügung. Dieser bietet ebenfalls einen Teil des Funktionsumfangs des Launchpad-App-Managers und erlaubt es Ihnen, direkt im SAP-S/4HANA-System technische Kataloge zu erstellen, zu löschen und deren Titel anzupassen. Abbildung 4.46 zeigt einen Ausschnitt der Transaktion.

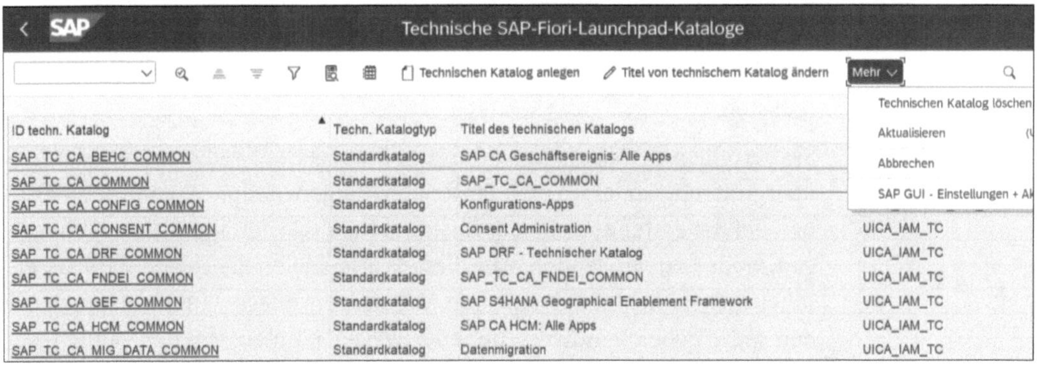

Abbildung 4.46 Transaktion /UI2/FLPCAT – technische Kataloge alternativ zum Launchpad-App-Manager anpassen

Der Katalogmanager kann als Alternative zum Launchpad-App-Manager beim Erstellen von technischen Katalogen verwendet werden. Für alle darüberhinausgehenden Aufgaben rund um technische Kataloge empfehlen wir die Benutzung des Launchpad-App-Managers.

Migration von technischen Katalogen

Mit dem Wechsel hin zum Launchpad-App-Manager für die Verwaltung technischer Kataloge und die allmähliche Ablösung des Launchpad Designers müssen Sie sich, falls noch nicht geschehen, auf die Migration der mit dem Launchpad Designer erstellten technischen Kataloge vorbereiten.

Beginnend mit SAP S/4HANA 2023 FPS01 steht Ihnen dafür Transaktion /UI2/MGR_TC zur Verfügung. Auch mit einer älteren Systemversion können Sie bereits vorbereitende Schritte für eine spätere Migration treffen. Informationen dazu finden Sie im dazugehörigen SAP-Blogartikel unter: *http://s-prs.de/v1016818*

4.5 Launchpad-Content-Manager

Der *Launchpad-Content-Manager* (FLPCM) dient der Verwaltung von Business-Katalogen. Dies umfasst die Kataloge selbst, also das Anlegen, Bearbeiten und Löschen der Kataloge, sowie die Pflege der einzelnen Kataloginhalte, d. h. der Referenzen auf Kacheln und Zielzuweisungen aus den technischen Katalogen. Sie können den Launchpad-Content-Manager ebenfalls für die Erkundung von Inhalten bestehender (Standard-)Business-Kataloge nutzen. Darüber hinaus können Sie über den Launchpad-Content-Manager direkt Rollenzuweisungen zu den fachlichen Katalogen und Launchpad-Bereichen vornehmen. Somit können Sie bereits bestehenden Content in nur einem Tool für den Benutzer verfügbar machen, wo Sie andernfalls mit mindestens zwei verschiedenen Anwendungen arbeiten müssten.

Launchpad-Content-Manager starten

Sie betreiben den Launchpad-Content-Manager entweder im mandantenübergreifenden oder im mandantenabhängigen Modus. Wir empfehlen, Ihnen bei der Erstellung eigener Business-Kataloge den mandantenabhängigen Modus zu verwenden. Auf diese Weise stellen Sie sicher, dass Sie die Inhalte zielgerichtet für einzelne Mandanten pflegen und entsprechend den spezifischen Benutzergruppen zuweisen können. Um den Launchpad-Content-Manager im jeweiligen Modus zu starten, rufen Sie entweder Transaktion /UI2/FLPCM_CONF (mandantenübergreifend) oder /UI2/FLPCM_CUST (mandantenabhängig) auf, oder Sie wählen die entsprechende Kachel im Administrationsbereich im SAP Fiori Launchpad, wie in Abbildung 4.47 gezeigt.

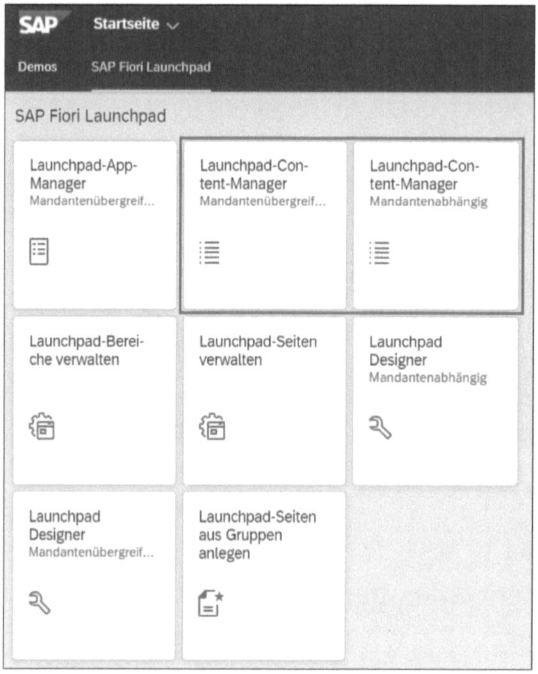

Abbildung 4.47 SAP Fiori Launchpad – Kacheln zum Starten des Launchpad-Content-Managers

Ansichten des Launchpad-Content-Managers

Der Launchpad-Content-Manager ist in drei grundlegende Ansichten unterteilt, die Sie über die Registerkarte im Kopfbereich auswählen können:

- **Kataloge**: Ansicht der Business-Kataloge und der darin enthaltenen LADI-Referenzen
- **Kacheln/Zielzuweisungen**: Ansicht aller LADI-Referenzen und der beinhalteten Kataloge
- **Rollen**: Ansicht aller Benutzerrollen und zugewiesenen Kataloge bzw. Launchpad-Bereiche

Kataloge erkunden

Auf der Registerkarte **Kataloge** können Sie sowohl von SAP ausgelieferte Standard-Business-Kataloge als auch Ihre selbst erstellten Kataloge betrachten und deren Inhalte inspizieren. Details zu den beinhalteten Kacheln und Zielzuweisungen, beispielsweise zu deren ursprünglichem technischen Katalog, helfen Ihnen, die Inhalte eines Katalogs genau zu verstehen und zielgerichtet anzupassen. Abbildung 4.48 zeigt diese Ansicht.

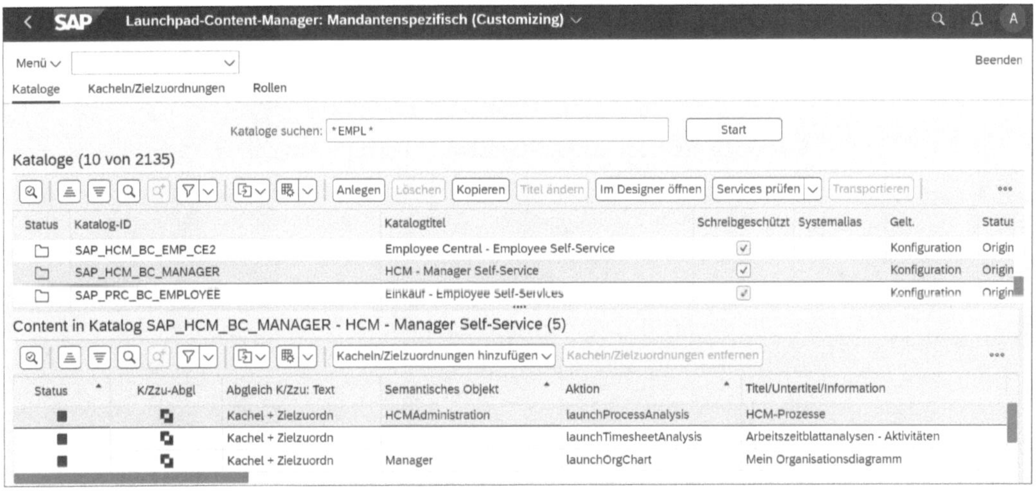

Abbildung 4.48 Launchpad-Content-Manager – Ansicht der Business-Kataloge

Kacheln und Zielzuordnungen betrachten

Hier können Sie die katalogweiten Aktionen vornehmen, d. h., einen eigenen Business-Katalog von Grund auf anlegen, einen eigenen Katalog auf der Basis eines ausgewählten Katalogs kopieren, einen Katalog im alten Launchpad Designer öffnen und – sofern der Katalog nicht schreibgeschützt ist – neue Kacheln/Zielzuordnungen hinzufügen.

Die Ansicht **Kacheln/Zielzuordnungen** erlaubt es Ihnen, einzelne Kombinationen von Kacheln und Zielzuordnungen zu suchen und zu verwalten. Sie sehen, welche Kataloge die jeweilige Kombination beinhaltet und welchen Rollen sie (über den jeweiligen Katalog) zugeordnet ist. Sie können die jeweilige Referenz weiteren Katalogen hinzufügen oder diese aus einem Katalog entfernen. Bei Bedarf navigieren Sie weiter zum Launchpad Designer oder zur Rollenverwaltung (Transaktion PFCG). Abbildung 4.49 zeigt die Ansicht für Kacheln und Zielzuordnungen.

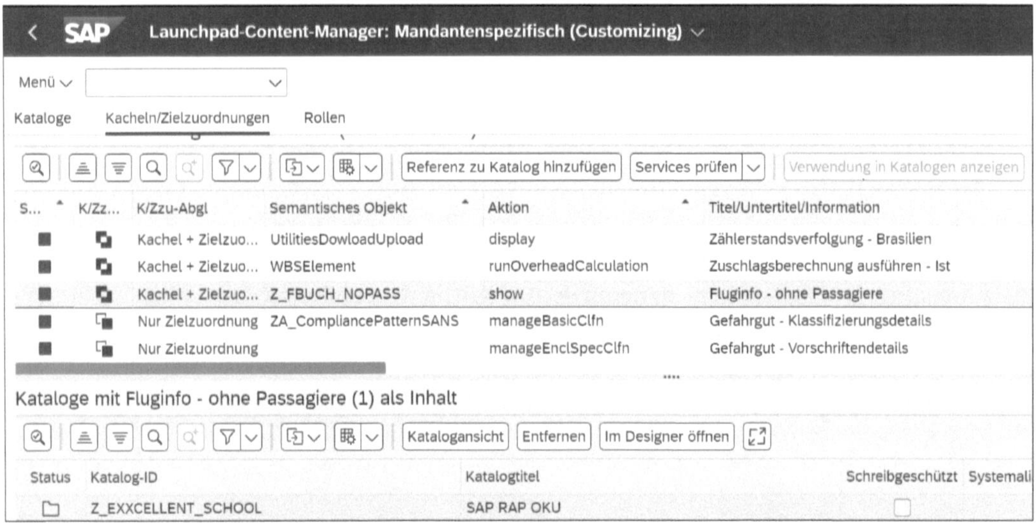

Abbildung 4.49 Launchpad-Content-Manager – Ansicht der Kacheln und Zielzuordnungen

Rollen direkt verwalten und zuordnen

Die letzte Ansicht **Rollen** erlaubt es Ihnen, direkt die im System angelegten fachlichen Rollen und deren zugewiesene Kataloge, Kacheln/Zielzuordnungen, Launchpad-Gruppen und Launchpad-Bereiche anzuzeigen. In dieser Ansicht können Sie die Zuweisungen zu Katalogen, Gruppen und Bereichen auch direkt ändern sowie neue Rollen auf der Grundlage bestehender Rollen erstellen (Button **Rolle kopieren**), ohne zuerst in Transaktion PFCG wechseln zu müssen. Für weitergehende Aktionen können Sie jedoch direkt dorthin navigieren (Button **In PFCG öffnen**), z. B., um einer Rolle neue Benutzer zuzuordnen. Abbildung 4.50 zeigt den Launchpad-Content-Manager in der Ansicht **Rollen**.

Eigenen Business-Katalog erstellen

Nutzen wir nun also den Launchpad-Content-Manager, um einen eigenen Business-Katalog zu erstellen. Wir möchten dabei einen bestehenden Katalog kopieren und ihm unsere eigenen Referenzen hinzufügen. Als Beispiel soll hier der Katalog `SAP_CA_BC_MYINBOX` dienen, der mit lediglich zwei Referenzen sehr überschaubar ist. Wählen Sie im Launchpad-Content-Manager in der Ansicht **Kataloge** den zu kopierenden Katalog aus, und klicken Sie im Kopfbereich der Katalogtabelle auf den Button **Kopieren** (siehe Abbildung 4.51).

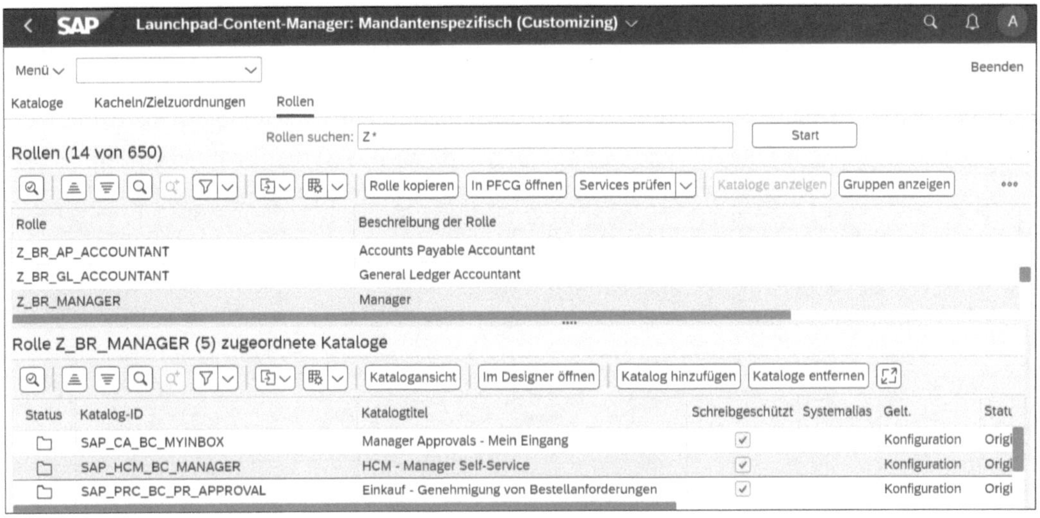

Abbildung 4.50 Launchpad-Content-Manager – Ansicht der Rollen und zugeordneten Kataloge

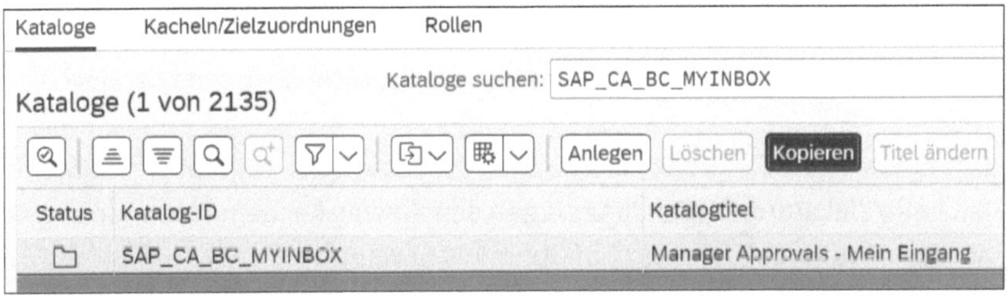

Abbildung 4.51 Launchpad-Content-Manager – bestehenden Business-Katalog kopieren

Geben Sie ID und Titel des neu zu erstellenden Katalogs an (siehe Abbildung 4.52). Dabei empfiehlt es sich, ein einheitliches Namensschema einzuhalten und beispielsweise die Notation *<...>_BC_<...>* (für Business Catalog) einzubeziehen, die auch in den Standardkatalogen enthalten ist und somit direkt aus dem Katalognamen auf den Katalogtyp schließen lässt. Klicken Sie anschließend auf den Button **Weiter**.

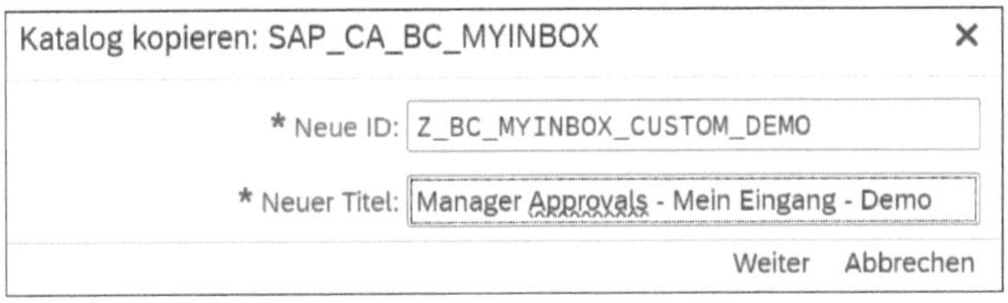

Abbildung 4.52 Launchpad-Content-Manager – ID und Titel für einen neuen Business-Katalog

Unterschiede zum Standardkatalog

Der neue Katalog wird im Anschluss an den Kopiervorgang im Launchpad-Content-Manager angezeigt (siehe Abbildung 4.53). Beim Vergleich mit dem vorherigen Standardkatalog fällt auf, dass der neue Katalog dieselben Inhalte an Referenzen hat, jedoch nicht mehr als **Schreibgeschützt** markiert ist. Entsprechend stehen hier nun auch Aktionen wie beispielsweise **Löschen** oder **Kacheln/Zielzuordnungen entfernen** zur Verfügung.

Abbildung 4.53 Launchpad-Content-Manager – Ansicht des neuen Katalogs

Neue Kachelreferenz hinzufügen

Um eine weitere Referenz zum Katalog hinzuzufügen, wählen Sie im Menü **Kacheln/Zielzuordnungen hinzufügen** den Eintrag **Kacheln/Z.zuordnungen ausgew.Kat.hinzuf.**, wie in Abbildung 4.54 gezeigt.

Abbildung 4.54 Launchpad-Content-Manager – neue Referenz zu einer Kachel/Zielzuordnung hinzufügen

Referenz auswählen

Wählen Sie in der darauffolgenden Ansicht das Launchpad App Descriptor Item aus, das Sie als Referenz zum Katalog hinzufügen möchten (siehe Abbildung 4.55). Über die drei Buttons im Kopfbereich der Auswahltabelle können Sie die vollständige Referenz (Kachel und Zielzuordnung) oder nur jeweils die Kachel bzw. Zielzuordnung referenzieren. In unserem Fall wählen wir **Kachel/ZM-Referenz hinzufügen**.

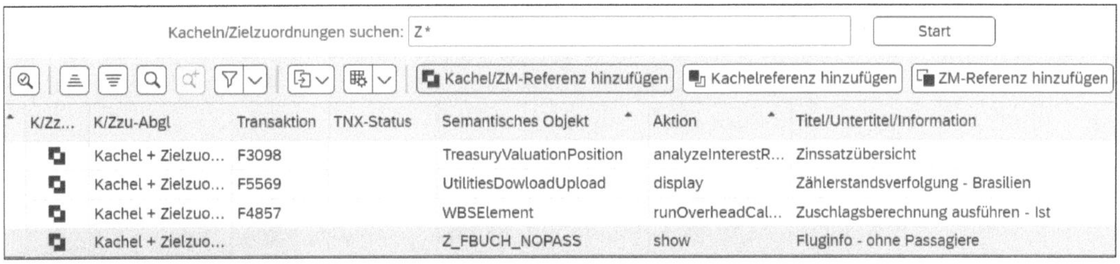

Abbildung 4.55 Launchpad-Content-Manager – neue Kachel/Zielzuordnungsreferenz wählen

Damit ist das Hinzufügen der Referenz abgeschlossen, und wir können die neu angelegte Referenz in unserem Business-Katalog betrachten (siehe Abbildung 4.56).

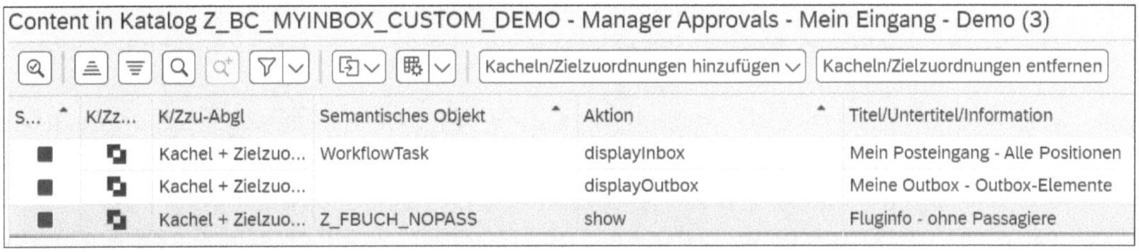

Abbildung 4.56 Launchpad-Content-Manager – Business-Katalog mit neuer Referenz

Rollen des kopierten Katalogs

Nach der inhaltlichen Pflege des Katalogs, also nach dessen Erstellen und Hinzufügen der gewünschten LADI-Referenzen, fehlt noch die Zuweisung zu den gewünschten Rollen und Launchpad-Bereichen. Wählen Sie in der Ansicht **Kataloge** des Launchpad-Content-Managers im Kopfbereich der Katalogtabelle die Option **Verwendung in Rollen anzeigen**, wie in Abbildung 4.57 dargestellt.

Wie in Abbildung 4.58 zu sehen, ist der neu angelegte Katalog noch keinen Rollen zugeordnet. Über den Button **Rolle zuordnen** können Sie direkt hier eine Zuordnung zu einer bestehenden Rolle vornehmen. Wir möchten in unserem Szenario jedoch ebenfalls noch eine neue Rolle anlegen. Wechseln Sie hierzu in die Ansicht **Rollen** des Launchpad-Content-Managers.

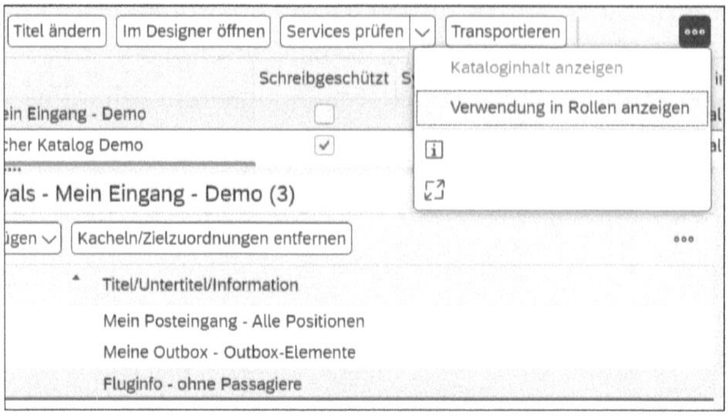

Abbildung 4.57 Launchpad-Content-Manager – Verwendung von Business-Katalogen in Rollen anzeigen

Abbildung 4.58 Launchpad-Content-Manager – neuer Business-Katalog, initial ohne Rollenzuordnung

Rolle im Launchpad-Content-Manager kopieren

In der Ansicht **Rollen** werden alle verfügbaren Rollen angezeigt, was, je nach System, eine beträchtliche Menge an Einträgen bedeuten kann. Nutzen Sie die Suche, um die gewünschte Rolle zu finden, wählen Sie sie aus, und klicken Sie im Kopfbereich der Rollentabelle auf **Rolle kopieren**, wie in Abbildung 4.59 gezeigt. In unserem Beispiel möchten wir die in Abschnitt 4.2, »Schnelle Aktivierung von Benutzerrollen«, angelegte Rolle `Z_BR_MANAGER` kopieren und dieser die Inhalte aus unserem kopierten Business-Katalog zuweisen.

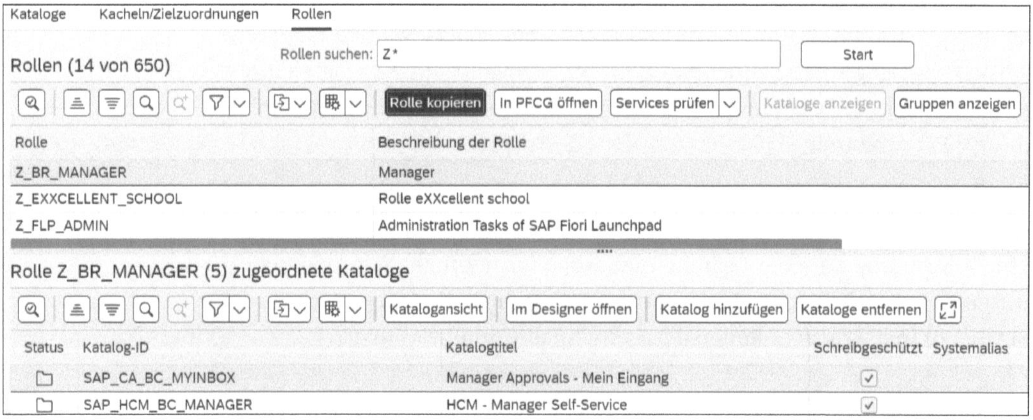

Abbildung 4.59 Launchpad-Content-Manager – Rolle zum Kopieren auswählen

Tragen Sie im darauffolgenden Dialog die ID und den Titel für die neue Rolle ein, und klicken Sie auf den Button **Weiter** (siehe Abbildung 4.60).

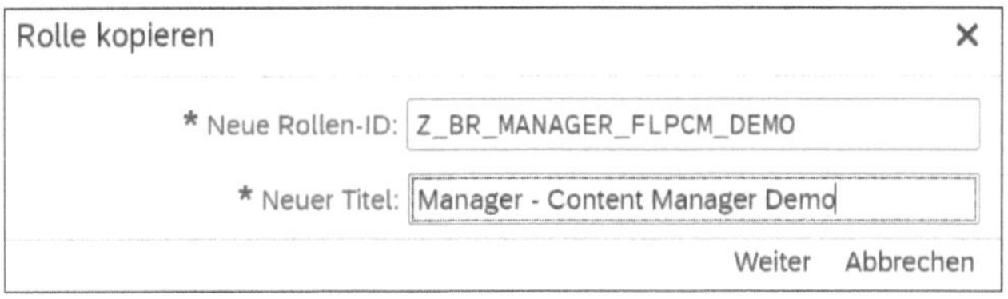

Abbildung 4.60 Launchpad-Content-Manager – ID und Titel für eine neu anzulegende Rolle

Kopierte Rolle bereinigen

Die neu angelegte Rolle enthält alle Katalog- und Benutzerzuordnungen der kopierten Rolle. In unserem Fall beinhaltet dies auch den Standard-Business-Katalog `SAP_CA_BC_MYINBOX`, den wir für unseren eigenen Business-Katalog kopiert haben. Wir wollen für unsere kopierte Rolle nur den kopierten Katalog zuweisen und daher den Standardkatalog entfernen. Wählen Sie den Standardkatalog in der Tabelle der zugewiesenen Kataloge aus, und klicken Sie auf **Kataloge entfernen**, wie in Abbildung 4.61 gezeigt.

Abbildung 4.61 Launchpad-Content-Manager – zugewiesenen Katalog aus einer Rolle entfernen

Neue Rolle zuweisen

Klicken Sie nun auf **Katalog hinzufügen**, wählen Sie im daraufhin erscheinenden Dialog den kopierten Business-Katalog, und klicken Sie auf **Weiter**, wie in Abbildung 4.62 gezeigt.

Die kopierte Rolle ist jetzt bezüglich der zugewiesenen Kataloge im gewünschten Zustand. Um die inhaltliche Pflege abzuschließen, prüfen wir nun noch die Zuweisung zu den Launchpad-Bereichen. Wählen Sie im Kopfbereich der Rollentabelle die Option **Bereiche anzeigen**, wie in Abbildung 4.63 gezeigt.

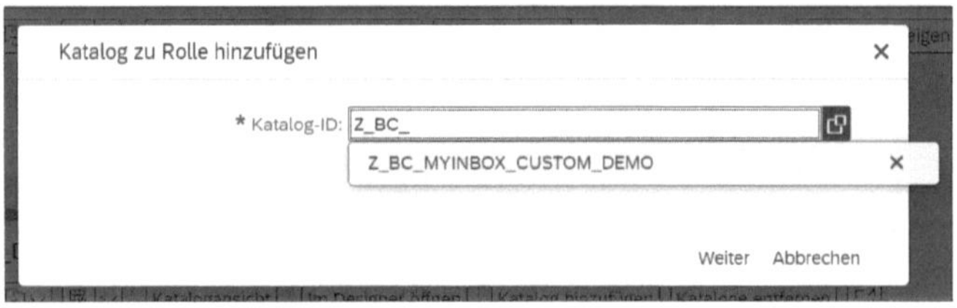

Abbildung 4.62 Launchpad-Content-Manager – Katalog zum Hinzufügen zu einer Rolle auswählen

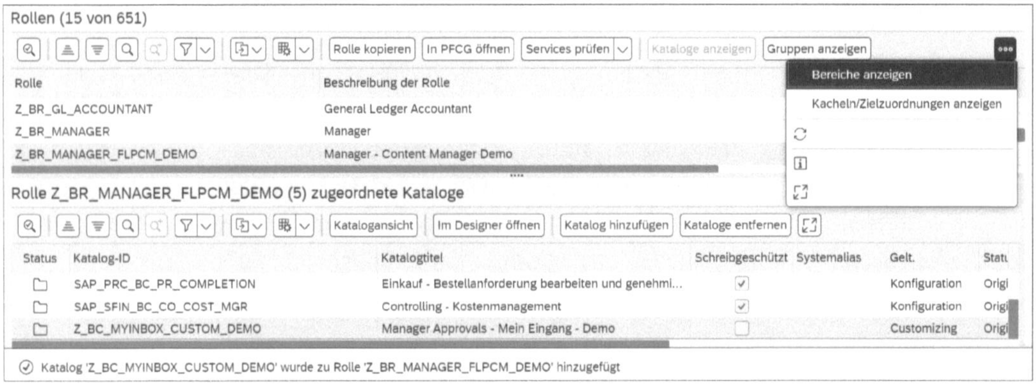

Abbildung 4.63 Launchpad-Content-Manager – Ansicht mit neu hinzugefügtem Katalog und Wechsel zur Ansicht »Bereiche anzeigen«

Bereichszuweisungen ändern

Wie in Abbildung 4.64 zu sehen, ist der kopierten Rolle noch der Bereich SAP_HCM_SP_MANAGER zugewiesen, da dieser bei der kopierten Rolle bereits zugewiesen war. Wir wollen hier ebenfalls den Standardbereich entfernen und diesen durch unseren, in Abschnitt 4.3, »Launchpad-Bereiche und -Seiten verwalten«, angelegten Bereich ersetzen. Um dies zu tun, wählen Sie im Kopfbereich der Bereichstabelle den Button **Bereich hinzufügen**.

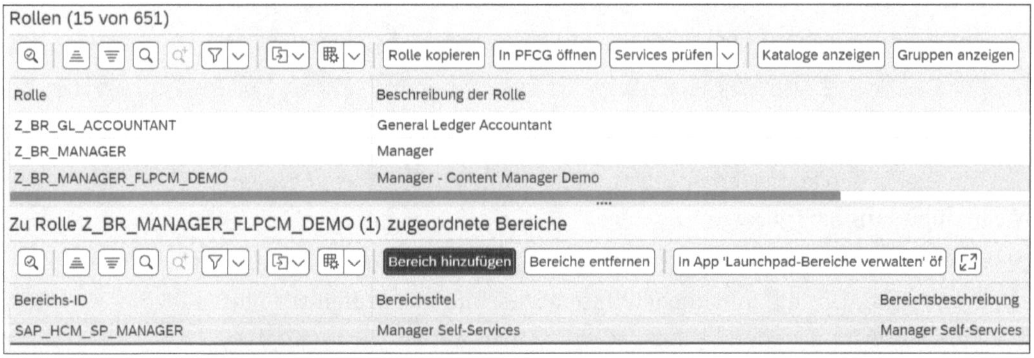

Abbildung 4.64 Launchpad-Content-Manager – Bereich zu einer Rolle hinzufügen

Wählen Sie im darauffolgenden Dialog die ID des hinzuzufügenden Bereichs aus. Abbildung 4.65 zeigt einen Ausschnitt der dafür verfügbaren Wertehilfe.

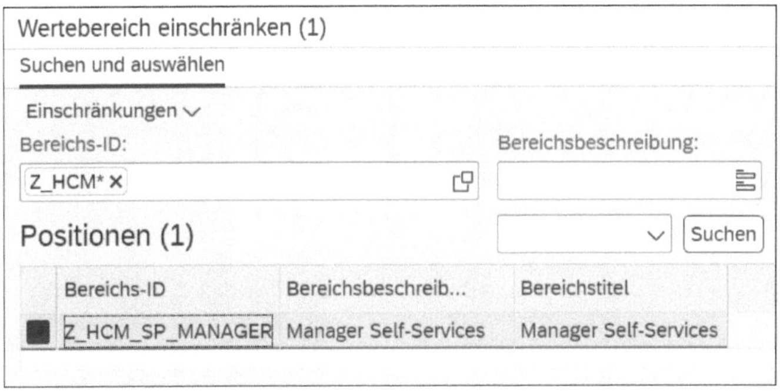

Abbildung 4.65 Launchpad-Content-Manager – Wertehilfe zur Bereichsauswahl

Abschließend entfernen Sie den Standardbereich, wie in Abbildung 4.66 gezeigt, und haben somit die inhaltliche Pflege unserer Beispielrolle abgeschlossen.

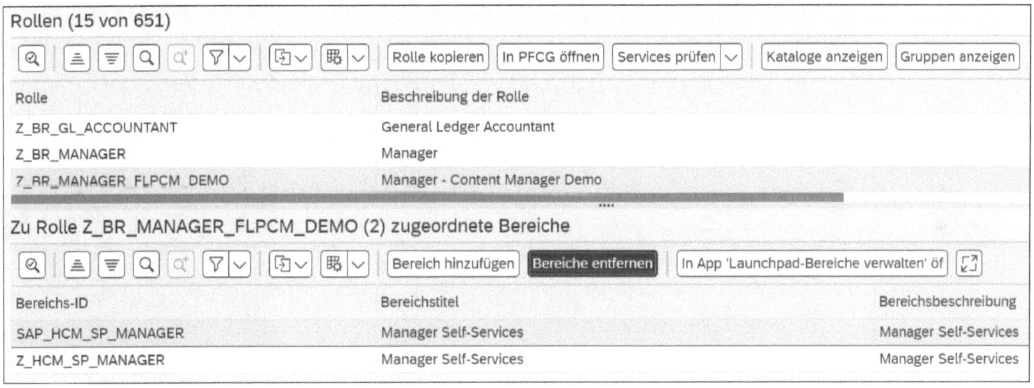

Abbildung 4.66 Launchpad-Content-Manager – Bereichszuweisung aus einer Rolle entfernen

Benutzerzuordnung pflegen

Der letzte Schritt ist nun die Pflege der Benutzerzuordnung der Rolle. Diese können wir nicht mehr im Launchpad-Content-Manager prüfen, sondern wechseln stattdessen in die Anwendung **Anzeigen von Rollen** (Transaktion PFCG). Um dies direkt aus dem Launchpad-Content-Manager heraus zu tun, klicken Sie im Kopfbereich der Rollentabelle auf **In PFCG öffnen**, wie in Abbildung 4.67 gezeigt.

Abbildung 4.67 Launchpad-Content-Manager – Zur Rollenverwaltung in Transaktion PFCG wechseln

Nach dem Wechsel aus dem Launchpad-Content-Manager heraus wird die ausgewählte Rolle in Transaktion PFCG direkt angezeigt. Wie es in Abbildung 4.68 zu sehen ist, sind der Kopie alle Benutzer der ursprünglichen Rolle bereits zugewiesen. Allerdings ist durch die Neuerstellung der Rolle noch ein Benutzerabgleich notwendig. Die Registerkarte **Benutzer** befindet sich entsprechend im Status **Warnung**, was daran erkennbar ist, dass dieser mit einem gelben Dreieck markiert ist.

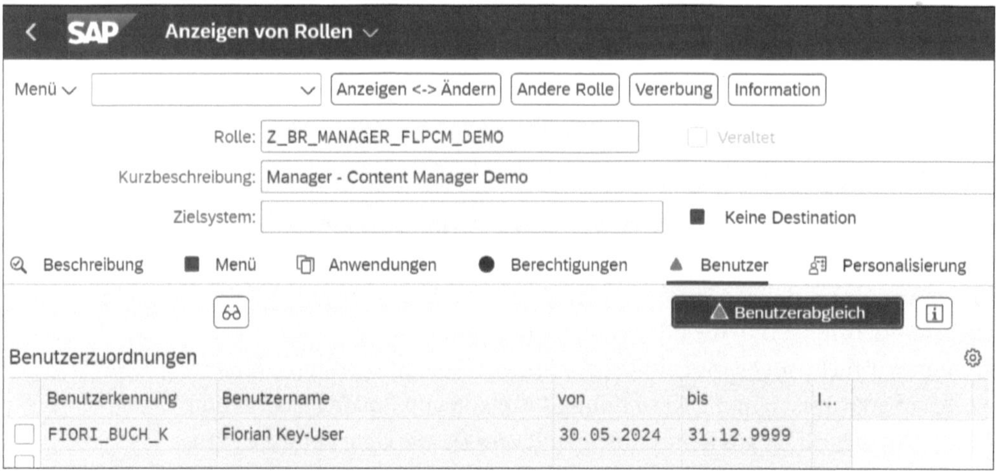

Abbildung 4.68 Transaktion PFCG – Ansicht der kopierten Rolle

Wechseln Sie zur Registerkarte **Berechtigungen**, und klicken Sie auf den Button **Berechtigungsdaten anzeigen**, wie in Abbildung 4.69 gezeigt.

Benutzerprofile aktualisieren

Abbildung 4.69 Transaktion PFCG – Berechtigungsdaten anzeigen

Klicken Sie im darauffolgenden Fenster, wie in Abbildung 4.70 gezeigt, auf **Generieren**. Hierdurch werden die Benutzerprofile der Rolle aktualisiert, und der Status für unseren zugewiesenen Benutzer ändert sich auf **OK**.

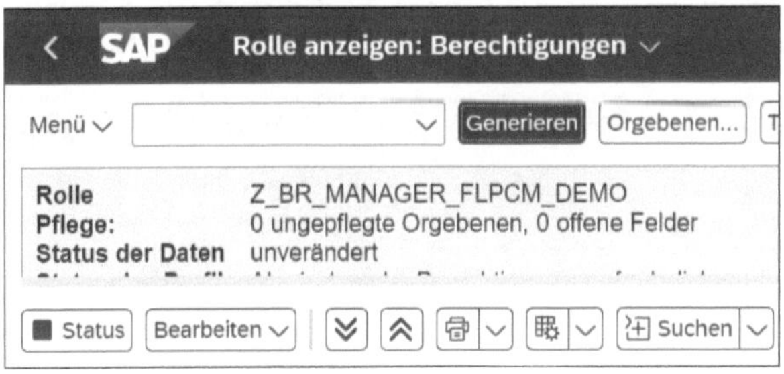

Abbildung 4.70 Transaktion PFCG – Berechtigungsprofil generieren

Launchpad-Bereich pflegen

Damit ist die Benutzerpflege für unser Beispiel abgeschlossen, und Sie können zum Launchpad-Content-Manager zurückwechseln. Ein letzter Schritt ist noch zu tun, um die Inhalte unseres neuen Business-Katalogs im zugewiesenen Bereich anzuzeigen. Wie bereits in Abschnitt 4.3, »Launchpad-Bereiche und -Seiten verwalten«, gezeigt, müssen die Kacheln aus dem Katalog noch einer Launchpad-Seite des Bereichs zugewiesen werden, um tatsächlich im SAP Fiori Launchpad eines der Rolle zugewiesenen Benutzers zu erscheinen. Vom Launchpad-Content-Manager aus können Sie über den Pfad **Rollen • Bereiche anzeigen** direkt in den Bereichsmanager wechseln. Wählen Sie hierzu den zugewiesenen Bereich aus, und klicken Sie auf den Button **In App 'Launchpad-Bereiche verwalten öffnen'**, wie in Abbildung 4.71 gezeigt.

Abbildung 4.71 Launchpad-Content-Manager – zum Bereichsmanager wechseln

Kacheln zuweisen

Navigieren Sie im Bereichsmanager zur gewünschten Launchpad-Seite, und wählen Sie **Bearbeiten**. In der Liste der Kataloge auf der rechten Seite ist nun unser neuer Business-Katalog zu sehen, und Sie können die Kacheln daraus der Launchpad-Seite zuordnen (siehe Abbildung 4.72). Sichern Sie abschließend die geänderte Seite über den entsprechenden Button **Sichern**.

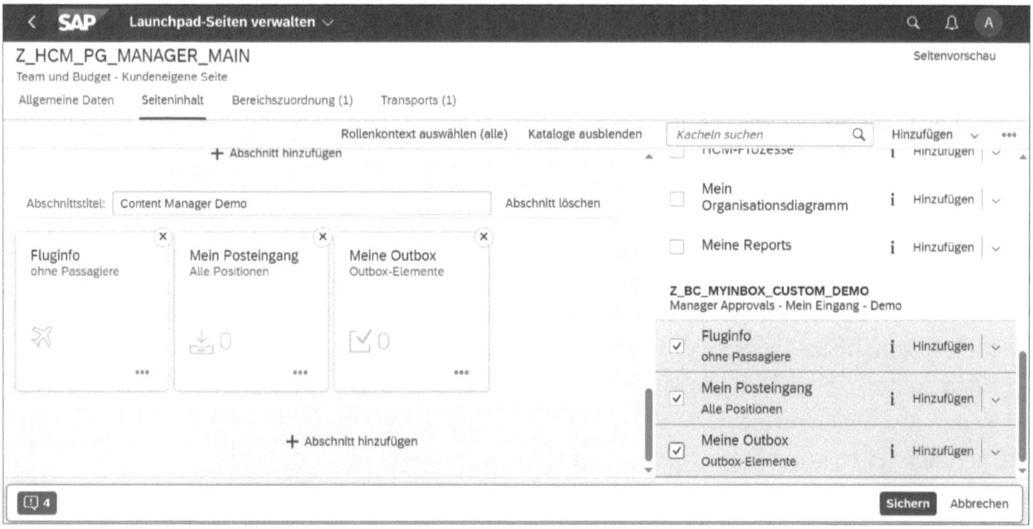

Abbildung 4.72 Launchpad-Seiten verwalten

Damit stehen die Kacheln den Benutzern aus unserer Beispielrolle zur Verfügung. Abbildung 4.73 zeigt das SAP Fiori Launchpad aus der Sicht eines dieser Benutzer. Die drei zugewiesenen Kacheln aus unserem kopierten Business-Katalog sind im dafür erstellten Abschnitt zugänglich.

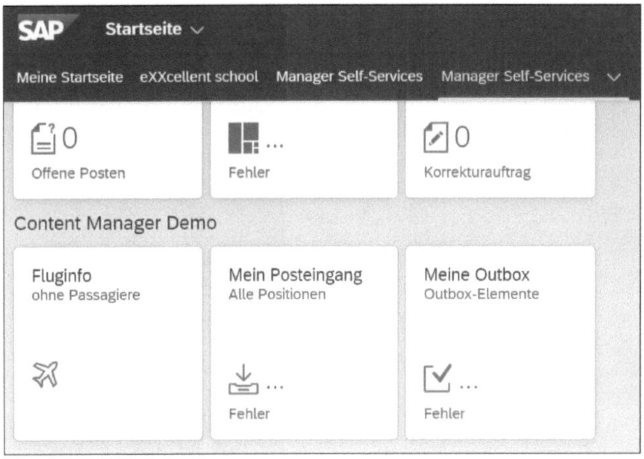

Abbildung 4.73 SAP Fiori Launchpad – Kacheln aus dem kopierten Business-Katalog

4.6 SAPUI5-Anwendungen bereitstellen

Bisher haben wir alle Schritte zur Content-Bereitstellung aus der Perspektive der schnellen Aktivierung von Inhalten betrachtet. Das heißt, dass alle Anwendungen, die wir mit den besprochenen Werkzeugen, wie dem Launchpad-App-Manager und dem Launchpad-Content-Manager, bereitgestellt haben, entweder durch die Rapid Activation oder anderweitig, etwa durch individuelle Konfiguration, aktiviert waren. In diesem Abschnitt wollen wir noch genauer auf diese individuellen Konfigurationsmöglichkeiten eingehen und auf diese Art etwa transaktionale SAPUI5-Anwendungen, aber auch klassische Anwendungen bereitstellen.

4.6.1 Transaktionale Apps bereitstellen

Für die individuelle Bereitstellung von regulären transaktionalen SAPUI5-Anwendungen sind im Wesentlichen zwei Schritte erforderlich:

- ICF-Knoten für die Anwendung aktivieren
- OData-Service für die Anwendung aktivieren

Anschließend können die Anwendung bzw. deren dazugehöriges Launchpad App Descriptor Item mit den bisher besprochenen Tools für Benutzer verfügbar gemacht werden, indem sie in einer für diese zugänglichen Launchpad-Seite platziert und die Benutzer für den dazugehörigen Katalog berechtigt werden.

Die Angaben darüber, welche ICF-Knoten und OData-Services für eine Standardanwendung zu aktivieren sind, können Sie der SAP Fiori Apps Reference Library entnehmen. Wählen Sie dort die gewünschte Anwendung aus, wie in Abbildung 4.74 gezeigt.

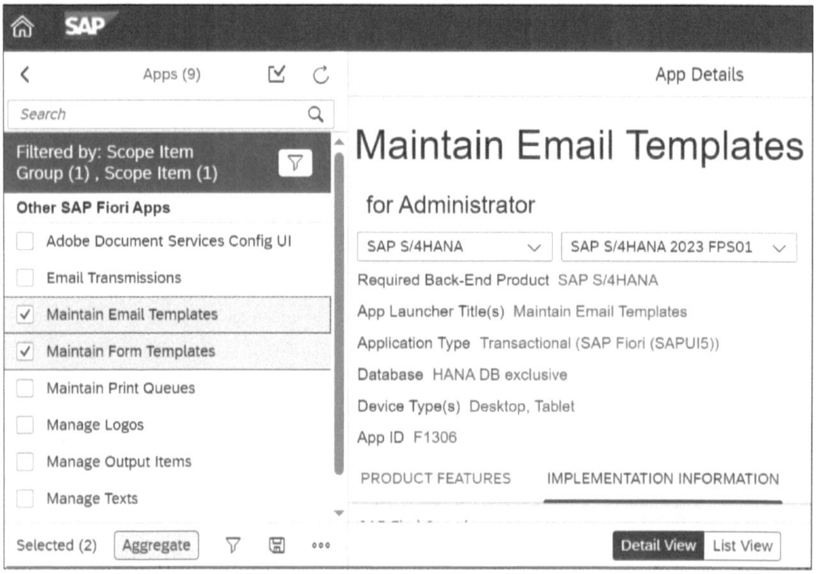

Abbildung 4.74 SAP Fiori Apps Reference Library – Angaben zur App-Bereitstellung erhalten

Angaben zur Anwendung heraussuchen

Das Aktivieren der ICF-Knoten und OData-Services ist sowohl einzeln als auch für mehrere Anwendungen gleichzeitig möglich. Um die Angaben für eine einzelne Anwendung zu erhalten, betrachten Sie die Registerkarte **Implementation Information**. Um mehrere Anwendungen gleichzeitig zu aktivieren, wählen Sie alle Anwendungen aus und klicken im unteren Bereich der Anwendungsliste auf den Button **Aggregate**. Die Informationen für eine einzelne Anwendung sind in Abbildung 4.75 zu sehen.

Einzelnen ICF-Knoten aktivieren

Um die Anwendung bereitzustellen, öffnen Sie Transaktion SICF (Pflege der Services) und aktivieren (siehe Abbildung 4.76) den angegebenen ICF-Knoten.

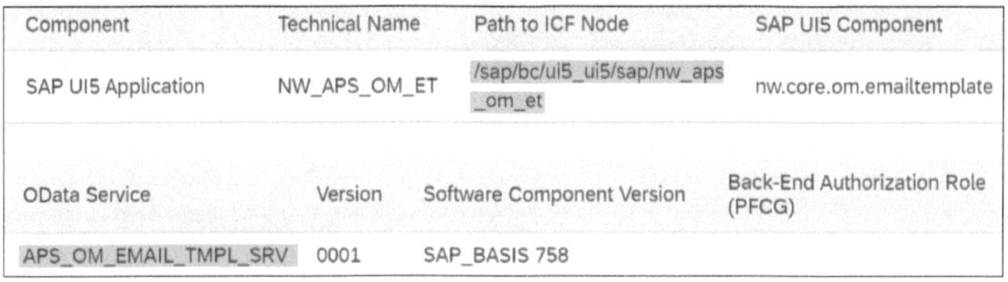

Component	Technical Name	Path to ICF Node	SAP UI5 Component
SAP UI5 Application	NW_APS_OM_ET	/sap/bc/ui5_ui5/sap/nw_aps_om_et	nw.core.om.emailtemplate

OData Service	Version	Software Component Version	Back-End Authorization Role (PFCG)
APS_OM_EMAIL_TMPL_SRV	0001	SAP_BASIS 758	

Abbildung 4.75 SAP Fiori Apps Reference Library – Angaben für ICF-Knoten und OData-Service einer Anwendung

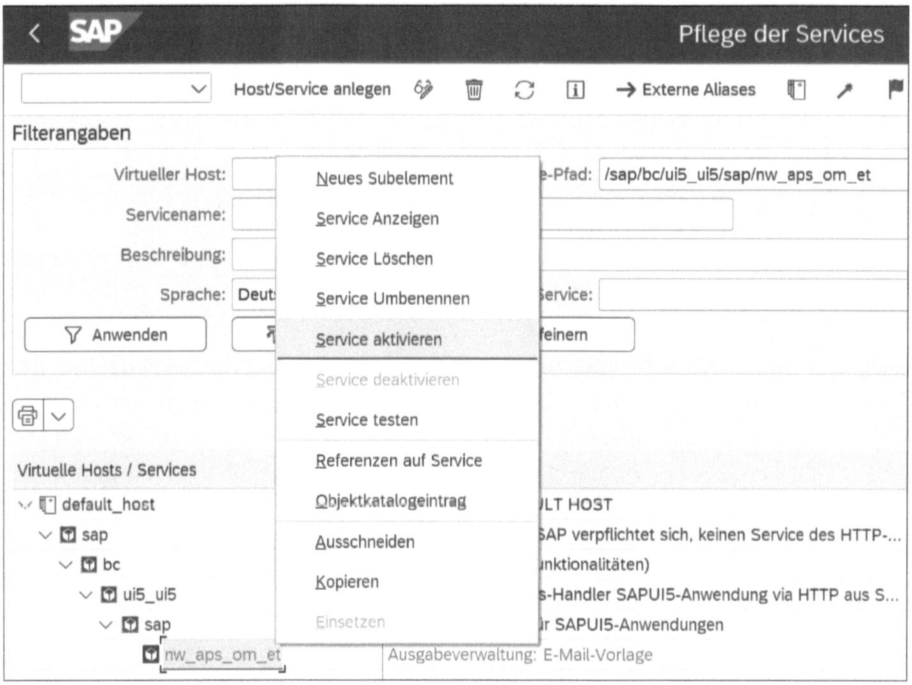

Abbildung 4.76 Transaktion SICF – HTTP-Service für eine SAPUI5-Anwendung aktivieren

Einzelnen OData-Service aktivieren

Um den angegebenen OData-Service zu aktivieren, öffnen Sie Transaktion /n/IWFND/MAINT_SERVICE (Services aktivieren und verwalten), wählen anschließend **Service hinzufügen** und geben den passenden Systemalias an bzw. wählen **Internes Deployment** (**Int.Deplmnt**). Suchen Sie den OData-Service, basierend auf dem angegebenen technischen Servicenamen, und klicken Sie auf **Ausgewählte Services hinzufügen**. Abbildung 4.77 zeigt das Vorgehen dazu in verkürzter Version.

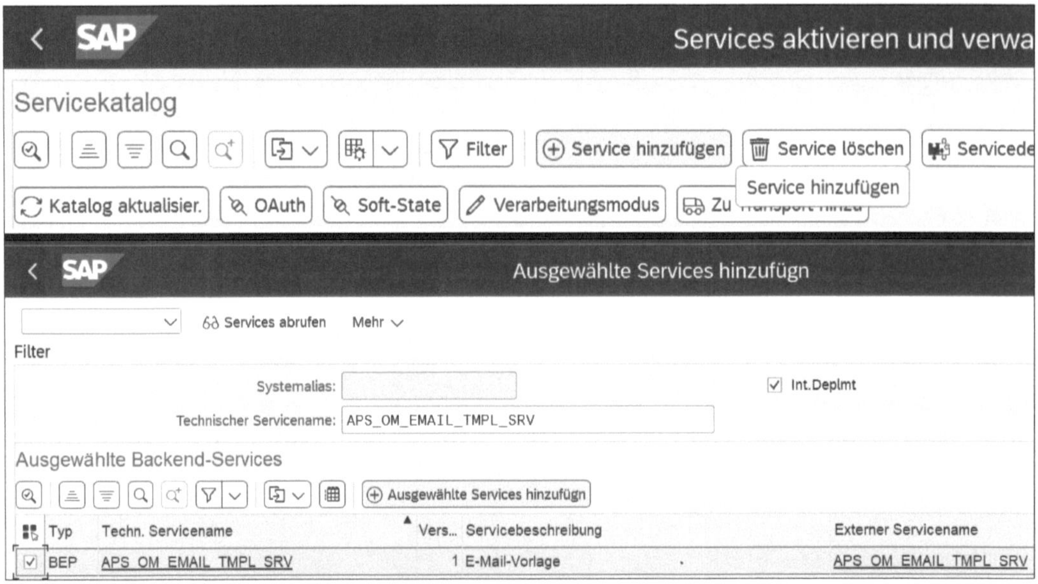

Abbildung 4.77 Transaktion /IFWND_MAINT_SERVICE – OData-Service für eine SAPUI5-Anwendung aktivieren

Aggregierte Implementierungsinformationen

Um mehrere Anwendungen auch über unterschiedliche Kataloge und Rollen hinweg gleichzeitig bereitzustellen, nutzen Sie die aggregierten Informationen und ABAP-Aufgabenlisten, um jeweils mehrere ICF-Knoten und OData-Services zu aktivieren. Abbildung 4.78 zeigt die aggregierten Angaben für zwei Anwendungen.

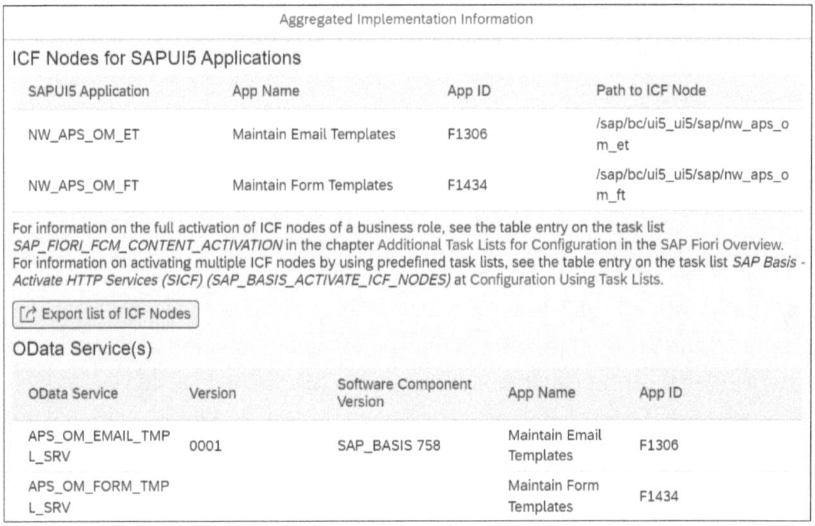

Abbildung 4.78 SAP Fiori Apps Reference Library – aggregierte Implementierungsinformationen für mehrere Anwendungen

Nutzen Sie den jeweiligen Button, um die Liste aller ICF-Knoten und OData-Services zu exportieren. Sie verwenden die Listen dann als Eingabeparameter für die jeweilige Aktivierung im Rahmen einer Aufgabenliste.

Mehrere ICF-Knoten aktivieren

Öffnen Sie Transaktion STC01, und starten Sie die Aufgabenliste `SAP_BASIS_ACTIVATE_ICF_NODES`. Die Liste hat nur einen einzigen Schritt – die Aktivierung von ICF-Knoten. Aktivieren Sie den Schritt, indem Sie dessen Checkbox anwählen, und klicken Sie auf **Parameter füllen**, wie in Abbildung 4.79 gezeigt, um die Liste der zu aktivierenden Services einzutragen.

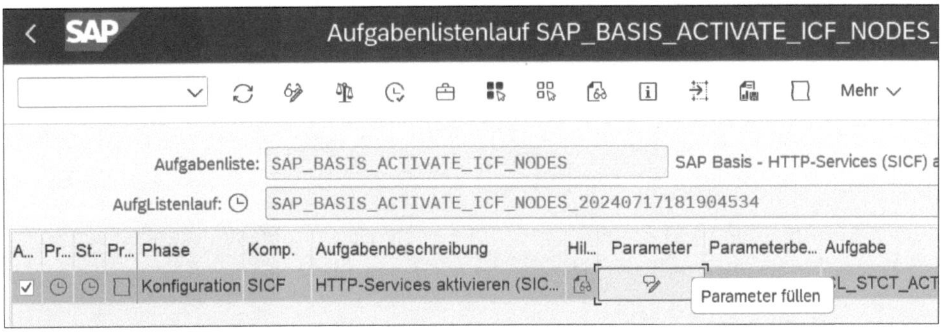

Abbildung 4.79 Transaktion STC01 – mehrere ICF-Knoten per Aufgabenliste aktivieren

Kopieren Sie die exportierte Liste der ICF-Knoten in die Zwischenablage, und klicken Sie im Konfigurationsdialog auf den Button (**Einsetzen mit Überschreiben**), um die Liste einzufügen, wie in Abbildung 4.80 gezeigt. Wählen Sie anschließend **Sichern**, und beenden Sie den Dialog, um zum Aufgabenlistenlauf zurückzukehren.

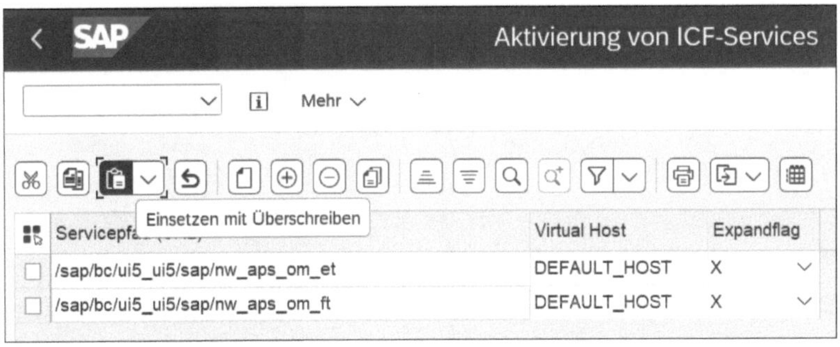

Abbildung 4.80 Transaktion STC01 – Parameter für zu aktivierende ICF-Knoten eingeben

Führen Sie den Aufgabenlistenlauf aus, indem Sie auf F8 drücken, und beobachten Sie in der Protokollausgabe, dass alle Knoten erfolgreich aktiviert wurden, wie in Abbildung 4.81 gezeigt.

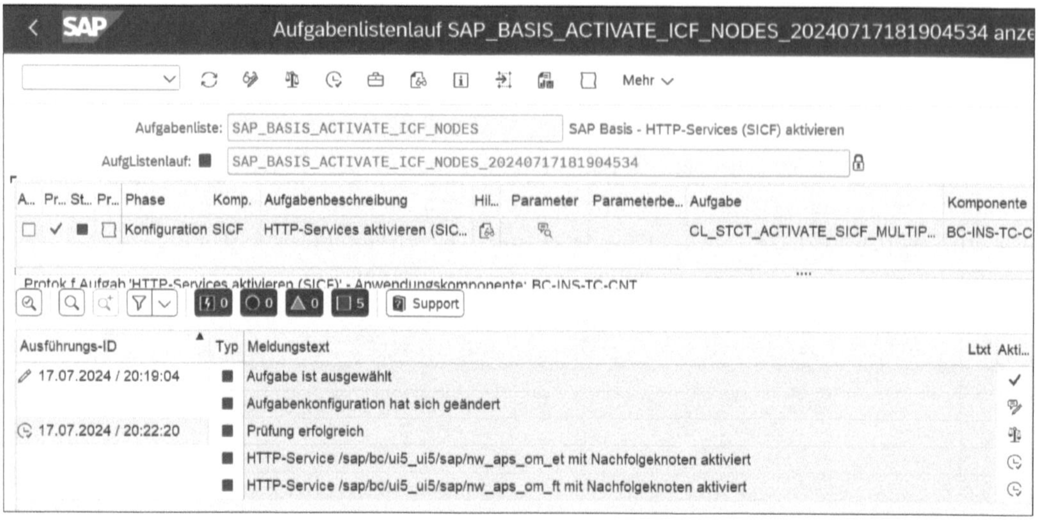

Abbildung 4.81 Transaktion STC01 – erfolgreicher Aufgabenlistenlauf von SAP_BASIS_ACTIVATE_ICF_NODES

Mehrere OData-Services aktivieren

Um mehrere OData-Services gleichzeitig zu aktivieren, starten Sie die Aufgabenliste SAP_GATEWAY_ACTIVATE_ODATA_SERV in Transaktion STC01. Wählen Sie im ersten Schritt (**Set transport options [...]**) ein Paket für die Transporte der Serviceaktivierungen. Aktivieren Sie die Checkbox des zweiten Schritts (**OData-Services für Aktivierung definieren**), und klicken Sie auf **Parameter füllen**, wie in Abbildung 4.82 gezeigt.

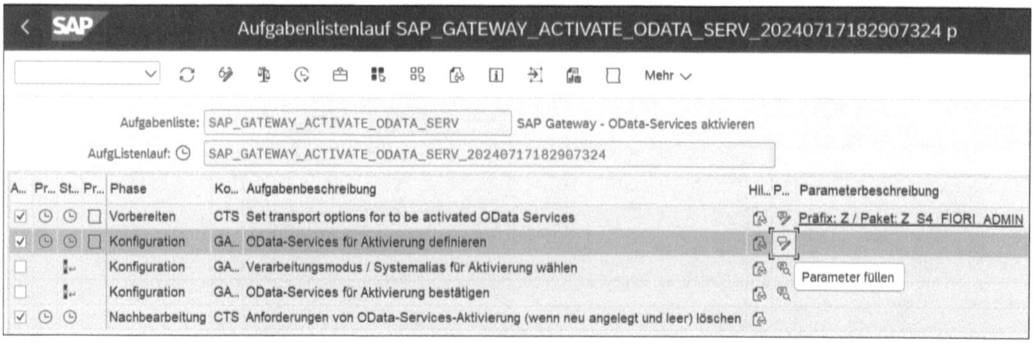

Abbildung 4.82 Transaktion STC01 – mehrere OData-Services per Aufgabenliste aktivieren

Fügen Sie die Liste der zu aktivierenden OData-Services im darauffolgenden Dialog ein, und wählen Sie den Button **Sichern** (siehe Abbildung 4.83).

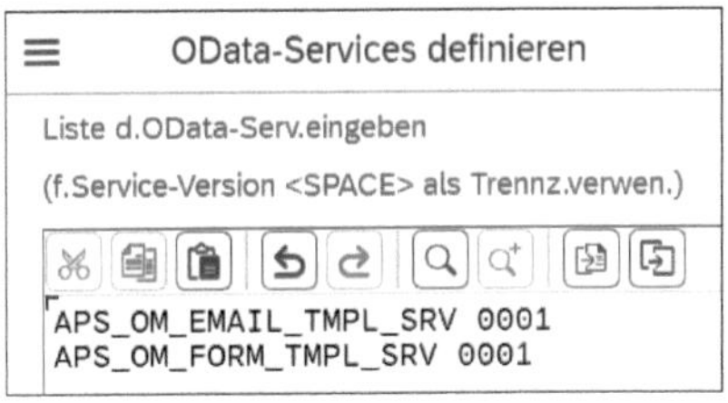

Abbildung 4.83 Transaktion STC01 – Parameter für die zu aktivierenden OData-Services eingeben

Starten Sie den Aufgabenlistenlauf, und achten Sie im Protokoll auf mögliche aufgetretene Probleme. Abbildung 4.84 zeigt einen erfolgreichen Lauf, in dem alle Services aktiviert wurden.

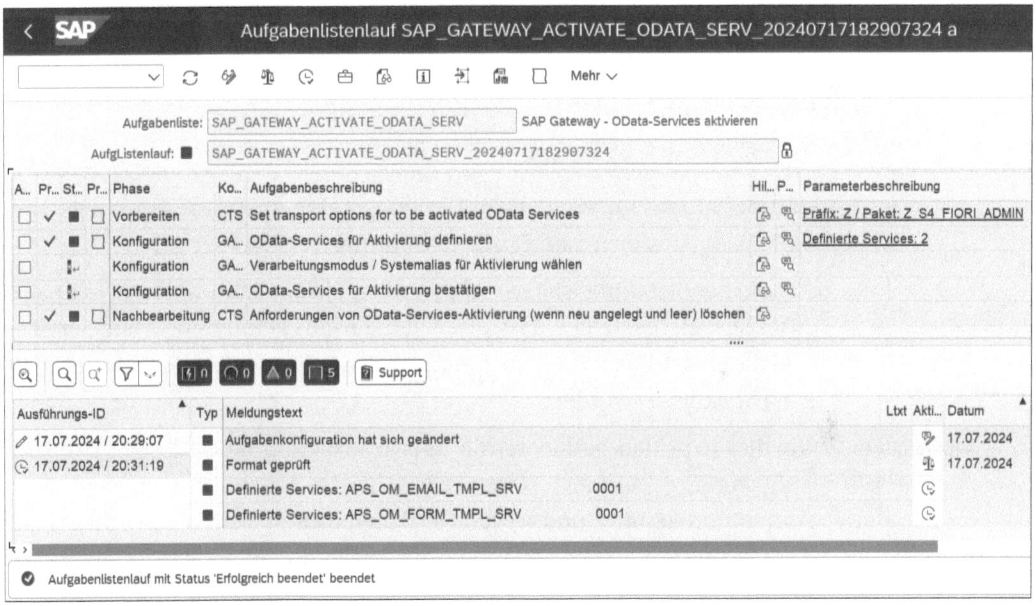

Abbildung 4.84 Transaktion STC01 – erfolgreicher Aufgabenlistenlauf von SAP_GATEWAY_ACTIVATE_ODATA_SERV

Wie eingangs beschrieben, sollten Sie nun noch die Anwendung für Benutzer zugänglich machen, indem Sie die Anwendung an geeigneter Stelle im SAP Fiori Launchpad platzieren und die berechtigten Benutzerrollen entsprechend berechtigen, wie in den vorangehenden Abschnitten dieses Kapitels beschrieben.

4.6.2 Analytische Apps bereitstellen

SAP Smart Business und KPI

Die mit dem Thema Business Analytics befassten Bereiche von SAP Fiori sind unter dem Namen *SAP Smart Business* zusammengefasst. Analytische Apps nutzen die Komponente *Embedded Analytics* des SAP-Fiori-Systems, die in Abschnitt 2.2.3, »SAP S/4HANA Embedded Analytics aktivieren«, aufgesetzt wurde. Das Kernelement analytischer Anwendungen sind *Key Performance Indicators* (KPIs), die auf der Basis von ABAP-Core-Data-Services-Views entsprechende Auswertungen und Drilldown-Möglichkeiten definieren.

Zur Definition von KPIs steht die SAP Fiori App **Manage KPIs and Reports** zur Verfügung. Die Angaben zu deren Installation sind in der SAP Fiori Apps Reference Library aufgeführt.

Analytische Apps

Analytische Apps haben je ihren eigenen ICF-Knoten, teilen sich aber im Gegensatz zu den transaktionalen Apps gemeinsame OData-Services. Diese sind:

- /SSB/SMART_BUSINESS_DESIGNTIME_SRV
- /SSB/SMART_BUSINESS_RUNTIME_SRV

Darüber hinaus nutzen per KPI-Design erstellte Analyseanwendungen die SAPUI5-App für die Smart Business Runtime: `SBRT_APPSS1`.

Für die Bereitstellung solcher Apps sollten Sie aus Administratorsicht also zusätzlich sicherstellen, dass diese gemeinsam genutzten OData-Services und die Smart-Business-Runtime-App beim Setup der SAP-Fiori-Landschaft korrekt aktiviert wurden.

Aktivierungen prüfen

Um dies zu prüfen, betrachten Sie über Transaktion STC02 das Protokoll der Aufgabenliste `SAP_FIORI_FOUNDATION_S4` (siehe Abschnitt 2.3.3, »SAP-Fiori-Foundation-Setup«), und stellen Sie sicher, dass die jeweiligen Schritte zur Aktivierung erfolgreich verlaufen sind, wie in Abbildung 4.85 gezeigt.

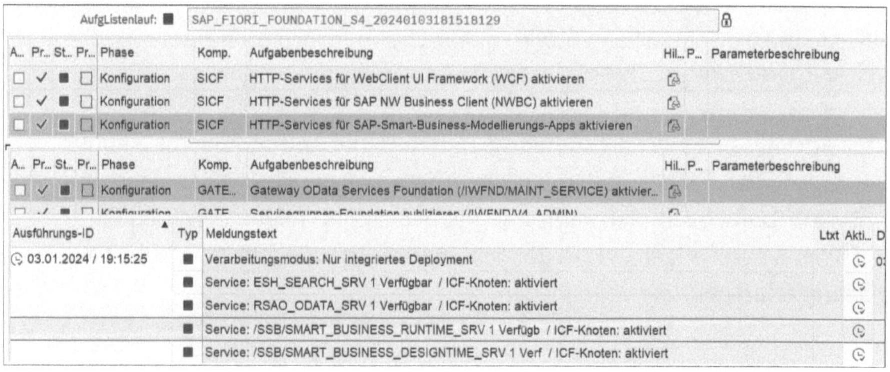

Abbildung 4.85 Transaktion STC02 – ICF-Knoten und OData-Services für SAP Smart Business aktivieren

Alternativ können Sie den jeweiligen Aktivierungszustand auch in den Transaktionen SICF und IWFND/MAINT_SERVICE prüfen.

4.6.3 Fact Sheet Apps bereitstellen

Enterprise Search und Suchkonnektoren

Für Fact-Sheet-Apps kommt die Komponente *Enterprise Search* (ESH) zum Tragen, die in Abschnitt 2.2.2, »Aktivieren der Enterprise-Suche«, aufgesetzt wurde. Für die Bereitstellung einer Fact-Sheet-App muss neben dem üblichen ICF-Knoten und OData-Service auch ein entsprechender *Suchkonnektor* eingerichtet und aktiviert worden sein. Der Suchkonnektor zu einer Standard-App ist in der SAP Fiori Apps Reference Library aufgeführt, wie in Abbildung 4.86 beispielsweise gezeigt.

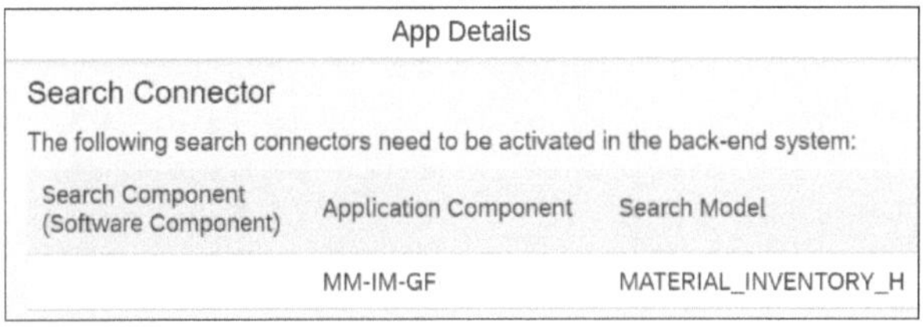

Abbildung 4.86 SAP Fiori Apps Reference Library – Information zum Suchkonnektor einer Fact-Sheet-App

Duplikate in den Suchkonnektoren

Es kann vorkommen, dass doppelte Suchkonnektoren, d. h. solche mit identischem Namen und identischer Beschreibung, vorhanden sind. Dies ist beispielsweise der Fall, wenn ältere ESH-basierte Suchkonnektoren und neuere CDS-basierte Suchkonnektoren für denselben Sachverhalt erstellt werden. Bei der Auswahl des Suchkonnektors in der Suche des SAP Fiori Launchpads werden diese Duplikate explizit markiert, wie es in Abbildung 4.87 zu sehen ist.

Abbildung 4.87 Enterprise Search – Duplikate in den Suchkonnektoren

Dopplungen auflösen

Um die Doppelung aufzulösen, können Sie entweder einen der beiden Konnektoren deaktivieren oder dessen Namen und Beschreibung anpassen, sodass die Konnektoren darin jeweils einzigartig sind. Nutzen Sie hierzu das **Administrations-Cockpit für Konnektoren** (Transaktion ESH_COCKPIT). Abbildung 4.88 zeigt die Deaktivierung eines der beiden Konnektoren. Eine ausführliche Anleitung für beide Möglichkeiten finden Sie in SAP-Hinweis 3007113.

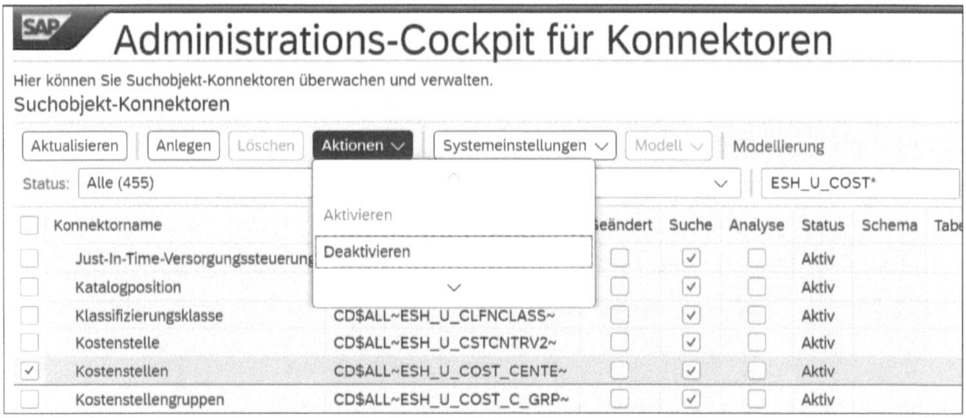

Abbildung 4.88 ESH_COCKPIT – Suchkonnektor deaktivieren

CDS-basierte Suchkonnektoren verwalten

Für die Anzeige und Verwaltung von CDS-basierten Suchkonnektoren steht die Standard-App **Manage Search Models** (App-ID F3036) zur Verfügung. Aktivieren Sie diese gemäß den Angaben aus der SAP Fiori Apps Reference Library, wie in diesem Kapitel beschrieben. Gegebenenfalls müssen Sie zusätzlich den Adaptation Transport Organizer (ATO) für Key-User-Werkzeuge einrichten (Transaktion S_ATO_SETUP), da u. a. die App **Manage Search Models** darauf angewiesen ist, dass der ATO konfiguriert ist.

Adaptation Transport Organizer einrichten

Um das Einrichten des ATO zu prüfen und durchzuführen, öffnen Sie Transaktion S_ATO_SETUP. Hat noch keine Konfiguration stattgefunden, ist dies im Kopfbereich der Transaktion angegeben, wie in Abbildung 4.89 gezeigt.

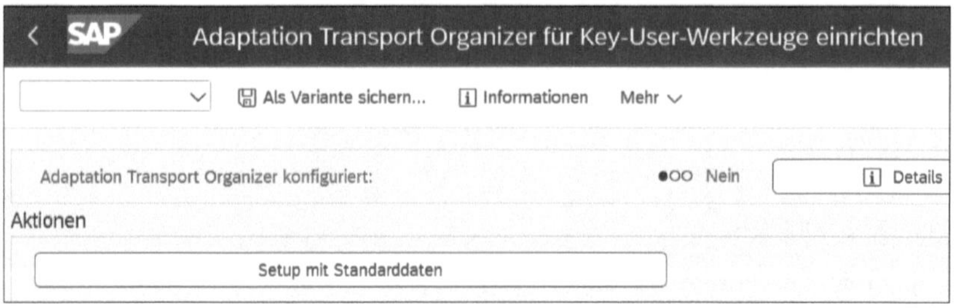

Abbildung 4.89 Transaktion S_ATO_SETUP – vor der Einrichtung

Führen Sie das Setup entweder mit Standarddaten oder mit spezifischen Daten durch, um den ATO einzurichten. Nach erfolgreicher Einrichtung ändert sich die Anzeige im Kopfbereich entsprechend (siehe Abbildung 4.90).

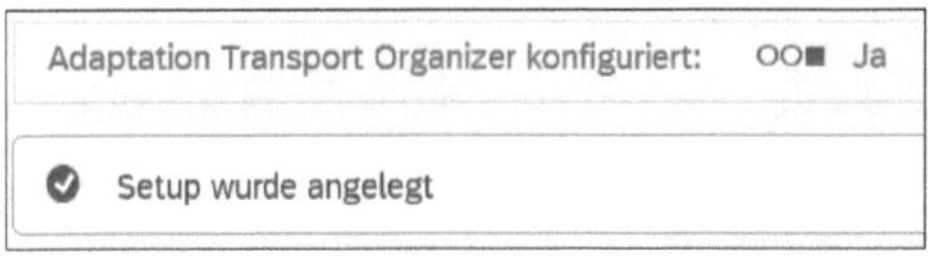

Abbildung 4.90 Transaktion S_ATO_SETUP – Zustand nach dem erfolgreichen Einrichten des Adaptation Transport Organizers

Die ATO-Einrichtung betrifft weitere Anwendungen von Cloud- und On-Premise-Systemen. Weitere Angaben dazu finden Sie in SAP-Hinweis 2283716.

4.7 Klassische UIs bereitstellen

Beim Bereitstellen von klassischen UIs, z .B. SAP-GUI-Transaktionen, Web-Dynpro- und WebClient-UI-Anwendungen, ist zu beachten, dass diese zunächst in separaten technischen Katalogen, sogenannten Backend Catalogs, gehalten werden. Dies gilt auch für klassische UIs, die von SAP direkt mit dem System ausgeliefert werden.

Das Vorgehen für die Bereitstellung ist dabei abhängig davon, ob sie sich in einem Hub oder in einem Embedded Deployment abspielt und lässt sich grob in die folgenden Schritte unterteilen:

- ICF-Knoten für Web Dynpro ABAP im Backend-Server aktivieren (nur Hub Deployment)
- HTTPS- und RFC-Verbindungen zwischen Backend-Server und Frontend-Server einrichten (nur Hub Deployment)
- Backend-Kataloge replizieren
- klassische Anwendung konfigurieren

Technische Kataloge replizieren

In einem Hub Deployment werden Launchpad App Descriptor Items für klassische UIs im ABAP-Backend angelegt und per Replikation in einen (read-only) technischen Katalog auf dem Frontend-Server übertragen. Auch bei einem Embedded Deployment muss diese Replikation aus technischen Gründen stattfinden. Die replizierten technischen Kataloge können dann aus den fachlichen Katalogen heraus referenziert werden. Abbildung 4.91 skizziert das Vorgehen für beide Deployment-Optionen.

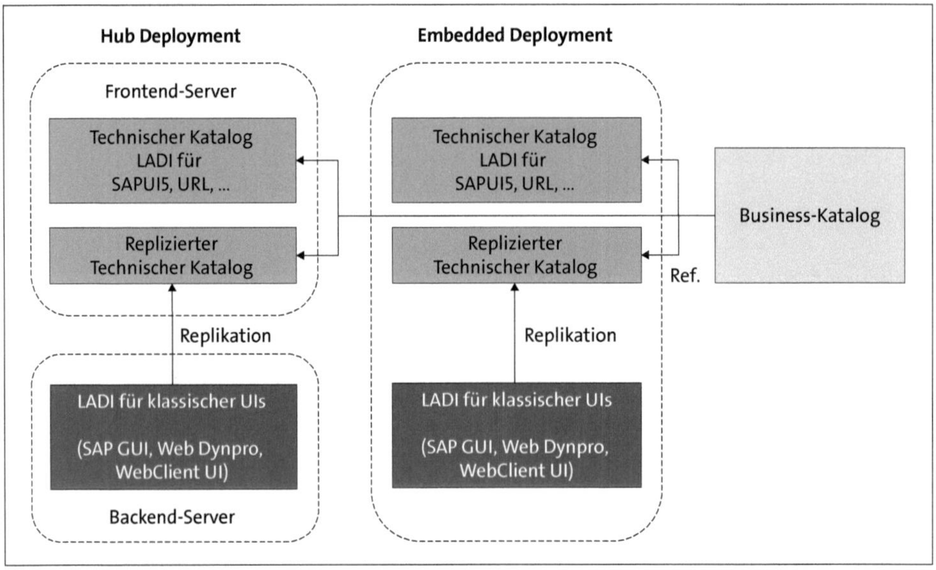

Abbildung 4.91 Technische Kataloge im Hub und Embedded Deployment

Systemalias identifizieren

Bevor Sie einen oder mehrere Backend-Kataloge replizieren, müssen Sie sicherstellen, dass die Zuordnung des jeweiligen lokalen Systemalias (Frontend-Server) zu einem Alias im Zielsystem (Backend-Server) eingerichtet ist. Die Angaben zum Systemalias einer Standard-App können Sie der SAP Fiori Apps Reference Library entnehmen. Abbildung 4.92 zeigt beispielsweise die Angaben für einen Web-Dynpro-Anwendung. Beachten Sie die Angaben zu technischem Katalog, Systemalias und Business-Katalog.

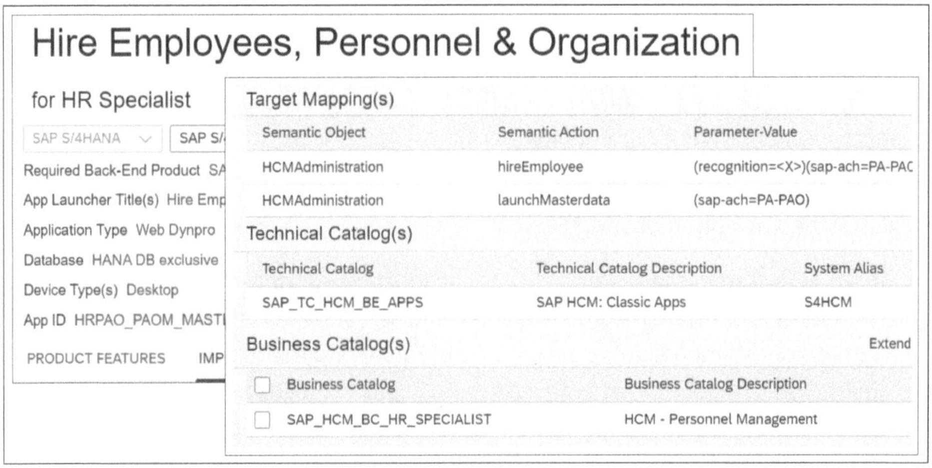

Abbildung 4.92 SAP Fiori Apps Reference Library – Angaben für eine Web-Dynpro-App

Die Angaben zum lokalen Systemalias eines Katalogs können Sie ebenfalls über Transaktion SM30 in der Sicht /UI2/V_ALIASCAT (Standardkataloge) bzw. in der Sicht /UI2/VC_ALIASCAT (Kundeneigene Kataloge) einsehen und pflegen (siehe Abbildung 4.93).

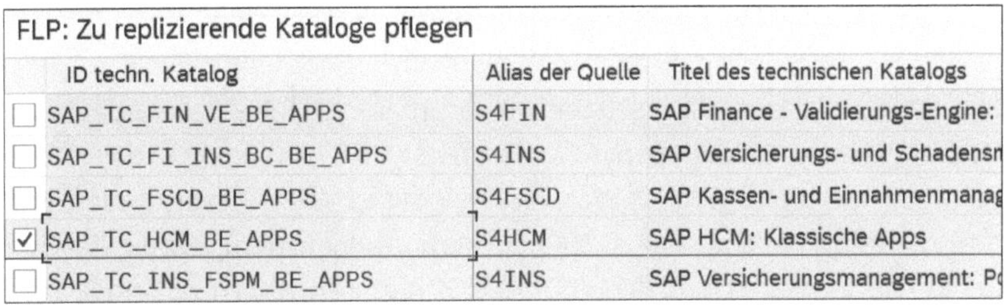

Abbildung 4.93 Ansicht /UI2/V_ALIASCAT – zu replizierende Kataloge pflegen

Replikation während des initialen Setups

Die Replikation von Backend-Katalogen ist bereits ein Schritt der Aufgabenliste `SAP_FIORI_FOUNDATION_S4` (siehe Abschnitt 2.3.3, »SAP-Fiori-Foundation-Setup«), mit der die SAP-Fiori-Inhalte initial aufgesetzt werden. Eine erneute Replikation einzelner oder aller Kataloge kann beispielsweise dann notwendig sein, wenn Sie einen neuen Support Package Stack eingespielt haben. Um die Replikation während des initialen Setups zu prüfen, betrachten Sie im Protokoll des Aufgabenlistenlaufs (Transaktion STC02) den Schritt **Backend-Katalog für Systemalias replizieren**, wie in Abbildung 4.94 gezeigt. In unserem Fall wurden aufgrund eines fehlenden Systemalias-Mappings noch keine Kataloge repliziert.

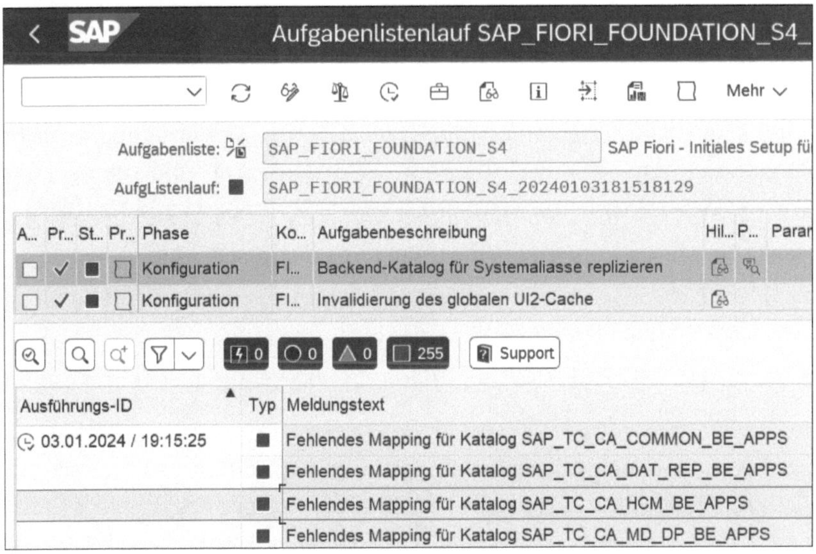

Abbildung 4.94 Transaktion STC02 – Protokoll der Aufgabenliste SAP_FIORI_FOUNDATION_S4 mit (nicht) erfolgter BEC-Replikation

Systemalias zuordnen

Um bei einem Hub Deployment Backend-Kataloge im Frontend-Server zur Verfügung zu stellen, müssen Sie die Systemalias im Frontend-Server pflegen. Transaktion /UI2/V_SYSALIAS zeigt die von den SAP-Backend-Katalogen genutzten Systemalias. In Transaktion /UI2/V_ALIASMAP müssen diese einem Zielsystemalias (d. h. einem Alias des Backend-Servers) zugeordnet sein. Ergänzen Sie hier gegebenenfalls fehlende Einträge.

Für jeden Zielsystemalias müssen wiederum je eine RFC- und eine HTTPS-Verbindung mit dem Namensschema *<alias>_RFC bzw. <alias>_HTTPS* eingerichtet sein. Es ist möglich, statt HTTPS lediglich HTTP zu verwenden, Ersteres ist jedoch zu empfehlen. Die RFC-Verbindung wird für die Replikation der Kataloge genutzt, und die HTTPS-Verbindung wird dazu verwendet, um zur Laufzeit auf die klassischen UIs zuzugreifen. Abbildung 4.95 zeigt das Mapping und die Verbindungen für den Zielsystemalias `FIORI_CLASSICUI`.

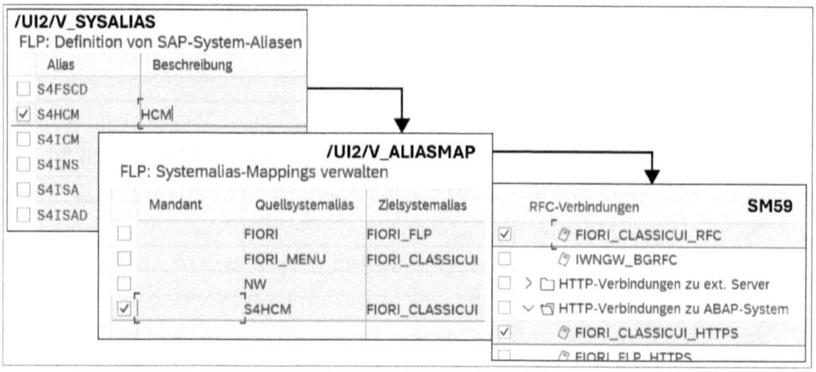

Abbildung 4.95 Systemalias-Zuordnung und RFC-/HTTPS-Verbindungen für Backend-Kataloge

Für die Replikation stehen mehrere Transaktionen zur Verfügung, je nachdem, in welchem Umfang Sie die Replikation vornehmen möchten:

- /UI2/APPDESC_GET repliziert einen oder mehrere Backend-Kataloge, die aus einem bestimmten Business-Katalog referenziert werden.
- /UI2/APPDESC_GET_ALL umfasst alle replizierbaren Backend-Kataloge für alle Systemalias.
- /UI2/APPDESC_GET_DEV repliziert alle Backend-Kataloge für einen bestimmten Systemalias.

Abbildung 4.96 zeigt die Einstellungen zur Replikation per Transaktion /UI2/APPDESC_GET. Es muss also die ID eines Anwendungskatalogs (Business-Katalog) eingegeben werden. Wir wollen den Katalog `SAP_HCM_BC_HR_SPECIALIST` replizieren (siehe Abbildung 4.92).

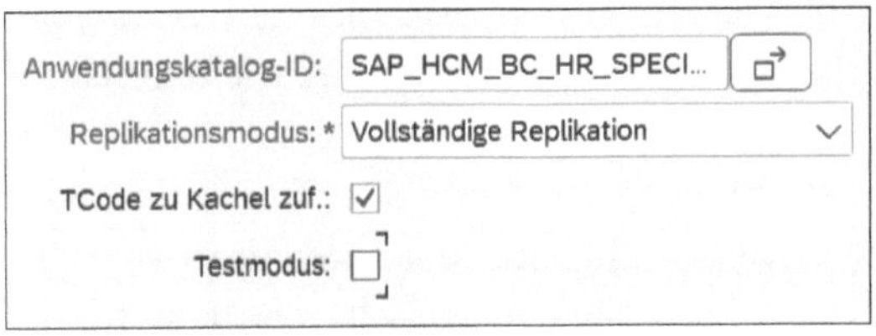

Abbildung 4.96 Transaktion /UI2/APPDESC_GET – Einstellungen zur Replikation von Backend-Katalogen, die mit einem fachlichen Katalog verknüpft sind

Nach der erfolgreichen Replikation können wir im Protokoll nachvollziehen, wie viele Anwendungen mit dem dazugehörigen Backend-Katalog repliziert wurden (siehe Abbildung 4.97).

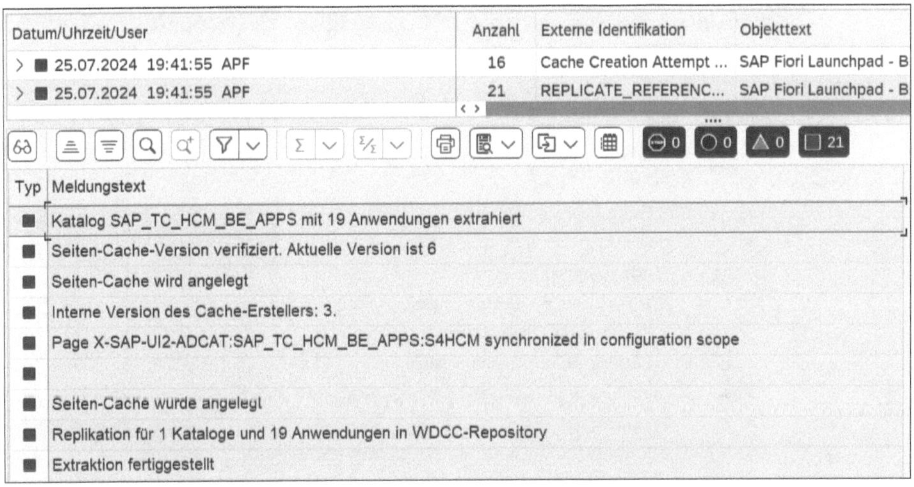

Abbildung 4.97 Transaktion /UI2/APPDESC_GET – Protokoll nach erfolgter Replikation eines Backend-Katalogs

Anschließend können wir die Inhalte des replizierten Katalogs wie mit dem Launchpad-Content-Manager betrachten und, wie bisher beschrieben, verfügbar machen. Weitere Angaben zum Replizieren von technischen Katalogen finden Sie in der SAP-Hilfe über diesen Link: *http://s-prs.de/v1016819*

4.8 Troubleshooting

Für den Fehlerfall stehen Ihnen eine Reihe von Support-Werkzeugen zur Verfügung, die bei der Analyse und Behebung hilfreich sind. Darüber hinaus ist SAP Fiori im *SAP Reference Implementation Guide* (IMG) enthalten, der als Checkliste und Referenz für die meisten relevanten Themen vom Setup über die Konfiguration bis hin zum Support dienen kann.

Reference Implementation Guide

Um den IMG für SAP Fiori zu betrachten, öffnen Sie Transaktion /UI2/CUST und expandieren den Bereich **UI-Technologien • SAP Fiori**. Die hauptsächlichen Themen im Bereich **SAP Fiori** sind die Erstkonfiguration, die Verwaltung von Launchpad-Einstellungen, das Einrichten von Launchpad-Inhalten, die Launchpad-Datenverwaltung und die Launchpad-Support-Werkzeuge. Wie es in Abbildung 4.98 zu sehen ist, sind die einzelnen Guide-Punkte mindestens mit einer Dokumentation () versehen, die oft einen Link zur passenden SAP-Hilfe-Seite enthält, während andere zusätzlich direkt eine ausführbare Aktivität () beinhalten. Diese führt z. B. direkt zu der mit der mit dem jeweiligen Schritt verbundenen Transaktion und konfiguriert diese bereits mit passenden Parametern vor.

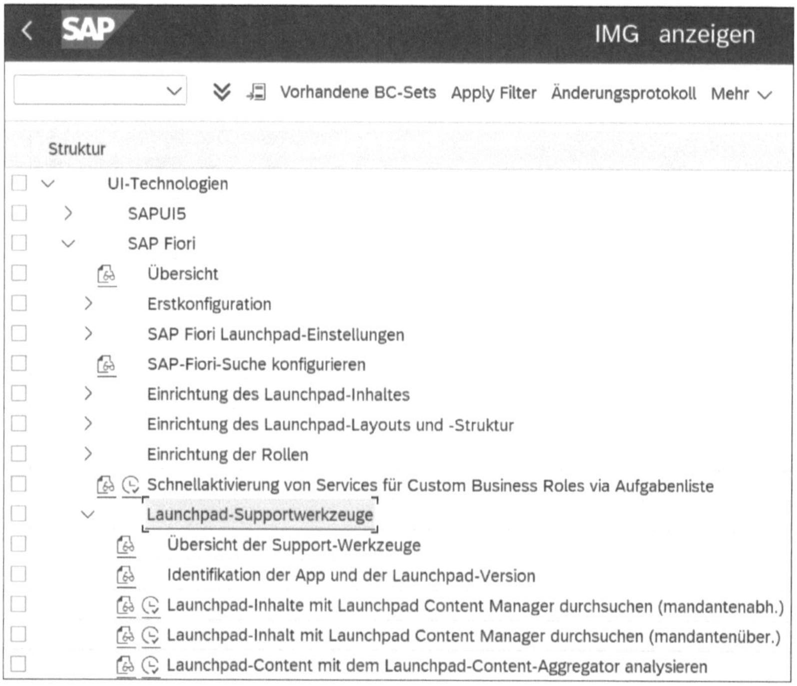

Abbildung 4.98 SAP Reference Implementation Guide für SAP Fiori

Inhaltsprüfbericht

Ein wichtiges Support-Werkzeug ist der Inhaltsprüfbericht, den Sie über den entsprechenden IMG-Eintrag oder Transaktion /UI2/FLC (Fiori Launchpad Checks) erreichen können. Hier können Sie die Konsistenz von Standard- und kundeneigenen Katalogen überprüfen lassen und erhalten Hinweise auf potenzielle Probleme mit Kacheln und Zielzuweisungen. Abbildung 4.99 zeigt das Ergebnis einer solchen Prüfung.

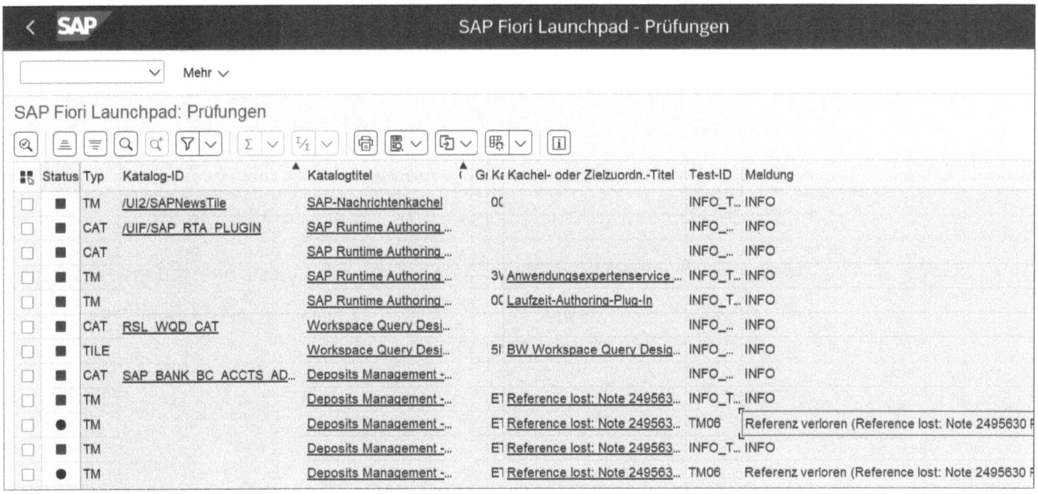

Status	Typ	Katalog-ID	Katalogtitel	G Ka	Kachel- oder Zielzuordn.-Titel	Test-ID	Meldung
■	TM	/UI2/SAPNewsTile	SAP-Nachrichtenkachel	0C		INFO_T...	INFO
■	CAT	/UIF/SAP_RTA_PLUGIN	SAP Runtime Authoring ...			INFO_...	INFO
■	CAT		SAP Runtime Authoring ...			INFO_...	INFO
■	TM		SAP Runtime Authoring ...	3\	Anwendungsexpertenservice ...	INFO_T...	INFO
■	TM		SAP Runtime Authoring ...	0C	Laufzeit-Authoring-Plug-In	INFO_T...	INFO
■	CAT	RSL_WQD_CAT	Workspace Query Desi...			INFO_...	INFO
■	TILE		Workspace Query Desi...	5I	BW Workspace Query Desig...	INFO_...	INFO
■	CAT	SAP_BANK_BC_ACCTS_AD...	Deposits Management -...			INFO_...	INFO
■	TM		Deposits Management -...	E1	Reference lost: Note 249563...	INFO_T...	INFO
●	TM		Deposits Management -...	E1	Reference lost: Note 249563...	TM06	Referenz verloren (Reference lost: Note 2495630 F
■	TM		Deposits Management -...	E1	Reference lost: Note 249563...	INFO_T...	INFO
●	TM		Deposits Management -...	E1	Reference lost: Note 249563...	TM06	Referenz verloren (Reference lost: Note 2495630 F

Abbildung 4.99 Transaktion /UI2/FLC – Konsistenzprüfung von SAP-Fiori-Katalogen

Absichtsanalyse

Fehlerhafte Zielzuweisungen können noch weitergehend mit Transaktion /UI2/FLIA (SAP Fiori Launchpad Intent Analysis) untersucht werden (siehe Abbildung 4.100). Diese bietet umfassende Informationen zu semantischen Objekten und Aktionen in technischen Katalogen und zeigt Verbindungen zu zugewiesenen Rollen und Zielzuweisungen auf.

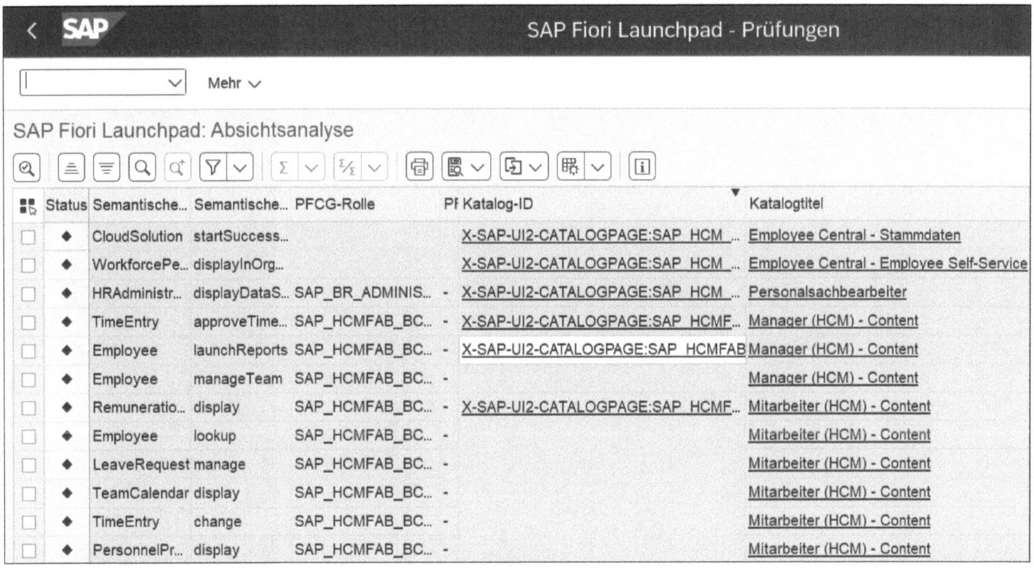

Status	Semantische...	Semantische...	PFCG-Rolle	Pf	Katalog-ID	Katalogtitel
◆	CloudSolution	startSuccess...			X-SAP-UI2-CATALOGPAGE:SAP_HCM_...	Employee Central - Stammdaten
◆	WorkforcePe...	displayInOrg...			X-SAP-UI2-CATALOGPAGE:SAP_HCM_...	Employee Central - Employee Self-Service
◆	HRAdministr...	displayDataS...	SAP_BR_ADMINIS...	-	X-SAP-UI2-CATALOGPAGE:SAP_HCM_...	Personalsachbearbeiter
◆	TimeEntry	approveTime...	SAP_HCMFAB_BC...	-	X-SAP-UI2-CATALOGPAGE:SAP_HCMF...	Manager (HCM) - Content
◆	Employee	launchReports	SAP_HCMFAB_BC...	-	X-SAP-UI2-CATALOGPAGE:SAP_HCMFAB	Manager (HCM) - Content
◆	Employee	manageTeam	SAP_HCMFAB_BC...	-		Manager (HCM) - Content
◆	Remuneratio...	display	SAP_HCMFAB_BC...	-	X-SAP-UI2-CATALOGPAGE:SAP_HCMF...	Mitarbeiter (HCM) - Content
◆	Employee	lookup	SAP_HCMFAB_BC...	-		Mitarbeiter (HCM) - Content
◆	LeaveRequest	manage	SAP_HCMFAB_BC...	-		Mitarbeiter (HCM) - Content
◆	TeamCalendar	display	SAP_HCMFAB_BC...	-		Mitarbeiter (HCM) - Content
◆	TimeEntry	change	SAP_HCMFAB_BC...	-		Mitarbeiter (HCM) - Content
◆	PersonnelPr...	display	SAP_HCMFAB_BC...	-		Mitarbeiter (HCM) - Content

Abbildung 4.100 Transaktion /UI2/FLIA – Intent-Analyse

Support-Dokumentation

Zusätzlich zum Reference Implementation Guide enthält auch die SAP Online-Dokumentation einen Überblick über verfügbare Support-Werkzeuge und bietet Anleitungen bzw. Lösungsansätze für häufige Fehlerfälle. Sie finden die Informationen über die folgenden Links:

- **Support-Werkzeuge:** *http://s-prs.de/v1016820*
- **Troubleshooting-Anleitungen:** *http://s-prs.de/v1016810*

Zuletzt sei noch SAP-Hinweis 2116090 erwähnt, der ebenfalls Anleitungsschritte zur Problemanalyse aufführt, sich zur Drucklegung dieses Buches jedoch in der Überarbeitung befand.

Kapitel 5
SAP Business Technology Platform

Die SAP Business Technology Platform ist die strategische Plattform von SAP zur Bereitstellung von Cloud-Diensten und -Produkten. Kunden können durch die Nutzung der Dienste zukunftsfähige Cloud-Landschaften aufbauen. Dies bedarf eines klaren Blickes auf die Möglichkeiten und auf die Arbeit mit der SAP BTP.

Nachdem Sie in Kapitel 2, »Systemlandschaft und deren Komponenten«, eine kurze Einführung in die SAP Business Technology Platform (SAP BTP) erhalten haben, werden in diesem Kapitel der Einstieg und das Arbeiten mit der SAP BTP sowie der Aufbau der Cloud-Infrastruktur erläutert. Nach einer Einführung in Abschnitt 5.1 in die Arbeit mit dem SAP Discovery Center, geht es in Abschnitt 5.2 um das Einrichten und Nutzen der Account-Modelle. Wir besprechen, wie Sie Subaccounts erstellen und organisieren und wie Sie mit Verzeichnissen und Berechtigungen umgehen. Im Anschluss besprechen wir in Abschnitt 5.3, wie Sie mit Serviceplänen arbeiten, und in Abschnitt 5.4, wie Sie Dienste zu einem Subaccount hinzufügen sowie User berechtigen.

5.1 Einführung

Wie bereits in Kapitel 2, »Systemlandschaft und deren Komponenten«, beschrieben, ist die SAP BTP der strategische Mittelpunkt von SAP für zukünftige und richtungsweisende Innovationen. Um die Integration der SAP BTP in die Unternehmensinfrastruktur zu erleichtern, bietet SAP eine Art Anleitung – eine sogenannte *Mission* – an. Diese Mission zum Einstieg in die SAP BTP finden Sie im SAP Discovery Center. Rufen Sie also das SAP Discovery Center unter *https://discovery-center.cloud.sap/* auf, und melden Sie sich mit Ihren Benutzerdaten an. Im Anschluss geben Sie in die Suchmaske den Suchbegriff »BTP« ein. Wählen Sie aus der Trefferliste die Kachel **Get Started with SAP BTP Enterprise Account** aus. Im sich nun öffnenden Fenster finden Sie erste Informationen darüber, wann diese Mission für Kunden von Bedeutung ist (siehe Abbildung 5.1).

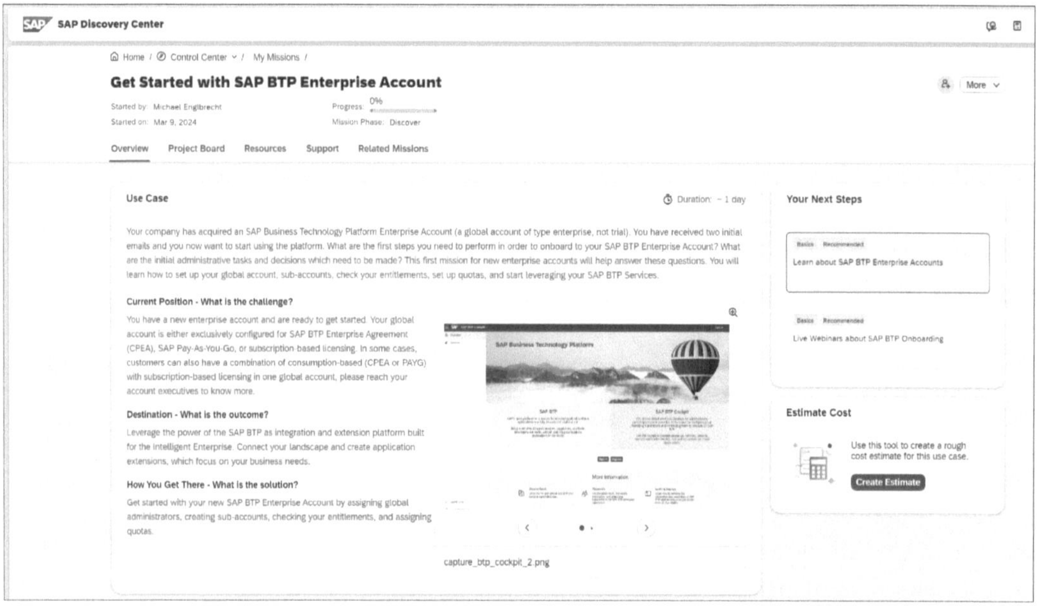

Abbildung 5.1 Einstiegsbild in die Mission »SAP BTP Enterprise Account«

Innerhalb der Mission gibt es verschiedene Registerkarten. Auf der Registerkarte **Project Board** wird beschrieben, welche Aufgaben für den Start mit der SAP BTP abgearbeitet werden müssen, und welche davon empfohlen oder optional sind (siehe Abbildung 5.2).

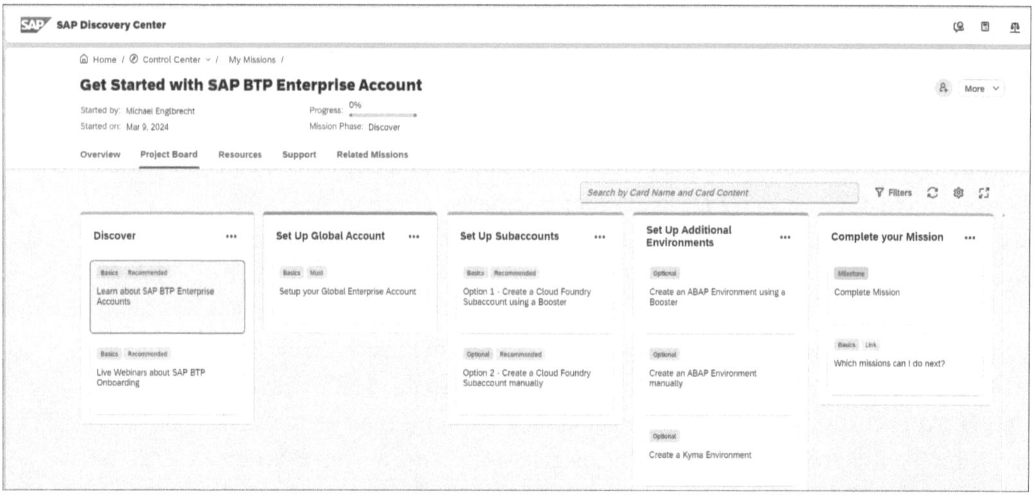

Abbildung 5.2 Übersicht über die einzelnen Maßnahmen beim Onboarding

Die einzelnen Kacheln führen jeweils zu weiterführenden Informationen inklusive Videos und How-to-Anleitungen für das Aufsetzen der SAP BTP.

Wie Sie sehen, gibt es auch Kacheln, die mit dem Label **Optional** versehen sind. Diese sind also nicht zwingend erforderlich. Je nach Zielsetzung kann es aber durchaus erforderlich sein, dass Sie sich mit der ABAP-Umgebung in der SAP BTP auseinandersetzen, z. B. wenn Sie einen Clean-Core-Ansatz in Ihrer SAP-Strategie verfolgen.

Auf der Registerkarte **Resources** finden Sie je nach Mission weiterführende Dokumente. Ebenfalls relevant ist die nächste Registerkarte **Support**, über die Sie nach dem Start der Mission mit den Missionsexperten von SAP kommunizieren können. Über eine Chatfunktion können Sie hier unmittelbar Ihre Fragen stellen. Darüber hinaus finden Sie auf der Support-Seite zusätzlich noch FAQs zu den am häufigsten gestellten Fragen.

Weiterführende Missionen

Nach dem Motto »Nach der Mission ist vor der Mission« finden Sie unter **Related Missions** weitere Missionen, die für Sie relevant sein könnten. Für die hier betrachtete Mission finden Sie beispielsweise die folgenden Missionsvorschläge:

- **Get Started on SAP BTP with SAPUI5/Fiori - Create a Hello World App**
- **Get Started with Integration Suite**
- **Get Started with SAP BTP, ABAP environment**

Kostenkalkulation

Beachten Sie, dass die unterschiedlichen Missionen im SAP Discovery Center und das Einrichten und Aktivieren von Diensten in der SAP BTP meistens mit Kosten verbunden sind. Um zu entscheiden, ob ein Produkt im Unternehmen eingeführt werden soll, ist neben der Nutzenbetrachtung auch eine Kostenbetrachtung erforderlich. Um einen ersten Anhaltspunkt über die Kosten zu erhalten, gibt es im SAP Discovery Center die Möglichkeit, die Kosten für entsprechende Produkte und Dienste zu berechnen. Auf jeder Missionsseite gibt es dafür den Button **Create Estimate**. Damit gelangen Sie in das Werkzeug zur Berechnung der potenziellen Kosten für die Nutzung der SAP BTP im jeweiligen Nutzungskontext. Über den Button mit der Aufschrift **Add Services** können Sie weitere Dienste zur Berechnung hinzufügen bzw. über das Löschen-Symbol hinzufügte Dienste entfernen. Je nach Service können relevante Parameter wie beispielsweise der Speicherbedarf oder die Menge an zu verarbeitenden Daten oder Anfragen geändert werden. Änderungen werden direkt in der Summenbildung berücksichtigt. Abbildung 5.3 zeigt exemplarisch die Berechnung für die Verwendung der SAP BTP inklusive der SAP-BTP-ABAP-Umgebung, der Cloud Foundry Runtime, des Service Business Entity Recognition und der SAP Cloud Identity Services. Der dargestellte Preis ist ein Richtwert und kann je nach Vertragsgestaltung von Kunde zu Kunde variieren.

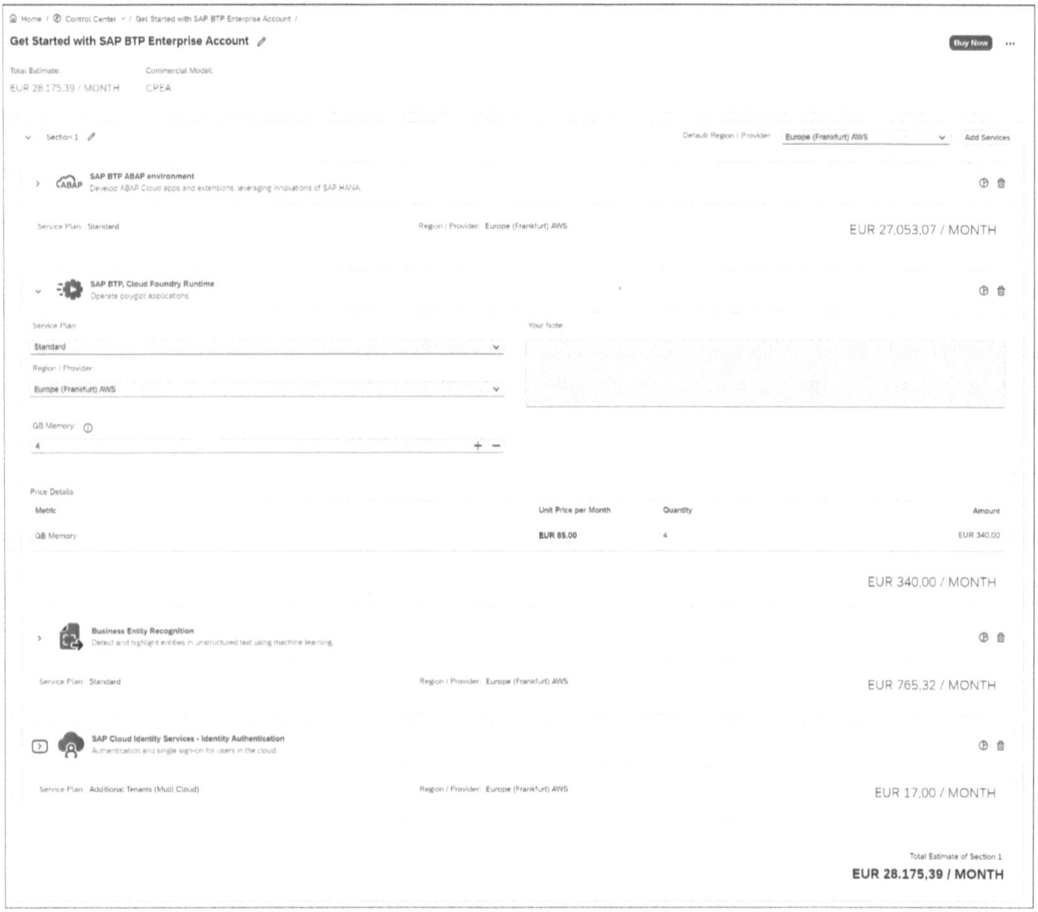

Abbildung 5.3 Kosten für den Einsatz der SAP BTP berechnen

5.2 Arbeiten mit SAP-BTP-Accounts

Für die Verwendung der SAP BTP ist es erforderlich, einen entsprechenden Zugang von SAP zu erhalten. Der Zugang erfolgt über das Einrichten eines sogenannten *Global Accounts* in der SAP BTP. Der Global Account dient dazu, den Zugang zur SAP BTP auf eine vertragliche Basis zwischen SAP und Kunden zu stellen. Global Accounts sind regions- und umgebungsunabhängig. Es gibt aber auch Situationen, in denen sichergestellt werden muss, dass die Datenverarbeitung in einer bestimmten Region stattfindet. Sollten Kunden z. B. die Anforderung haben, dass die Daten wegen DSGVO-Vorgaben nur in Europa verarbeitet werden dürfen, kann auch dies eingestellt werden.

Subaccount

Innerhalb eines Global Accounts können Kunden sogenannte *Subaccounts* einrichten. Ein Subaccount dient der Strukturierung und Organisation der Cloud-Landschaft. Die Anzahl der Subaccounts innerhalb eines Global Accounts ist nicht begrenzt. Je nach Organisationsstruktur und Anforderungen können mehrere Subaccounts sinnvoll oder notwendig sein. Subaccounts werden in einer Region angelegt. Die Region ist ein geografisches Gebiet, in dem sich das Rechenzentrum befindet, in dem die Cloud-Infrastruktur liegt. Die Bereitstellung erfolgt entweder durch SAP oder durch einen IaaS-Partner (Infrastructure-as-a-Service) wie Amazon Web Services (AWS), Microsoft Azure, Google Cloud und Alibaba Cloud. Die Anbieter von Regionen betreiben die Infrastruktur, während SAP die Plattformebene und Cloud Foundry betreibt. Abbildung 5.4 zeigt einen Global Account mit drei Subaccounts. Kunden sind an keine Region gebunden, sondern können in Abhängigkeit ihrer Anforderungen die passende Region wählen. Der gezeigte Global Account enthält drei Subaccounts. Alle drei Accounts sind im Rechenzentrum Frankfurt gehostet. Der erste Account ist ein SAP-BTP-Neo-Account, und der Betreiber des Rechenzentrums ist SAP. Die beiden anderen Accounts sind Multi-Cloud-Umgebungen und werden von den Amazon Web Services (AWS) gehostet.

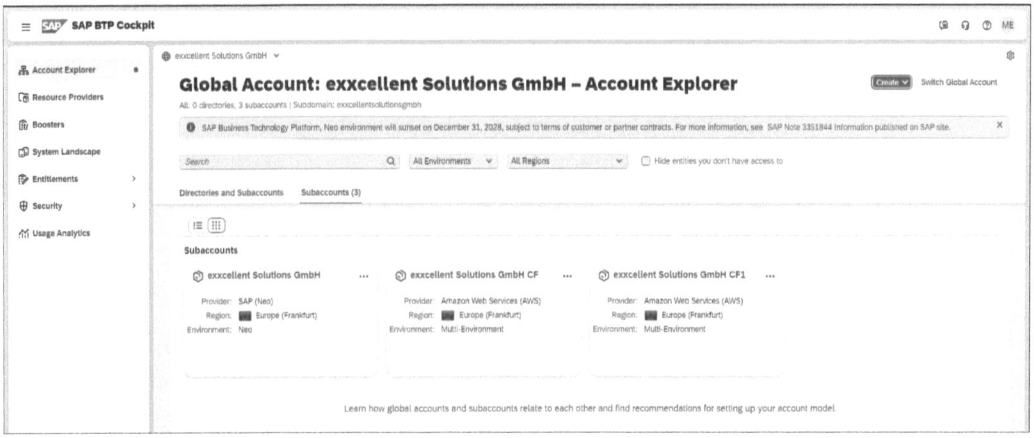

Abbildung 5.4 Global Account in der SAP BTP

Subaccounts sind unabhängig vom Global Account, in dem sie sich befinden. In einem Subaccount können Cloud-Dienste nach der Aktivierung entsprechend verwendet oder Anwendungen bereitgestellt werden. Um einen neuen Subaccount in einem Global Account anzulegen, wählen Sie das Aufklappmenü **Create** und darin die Option **Subaccount** aus. Es wird ein Dialog für die Eingabe der Subaccount-Details angezeigt. In Abbildung 5.5 sehen Sie den Dialog mit ausgefüllten Feldern.

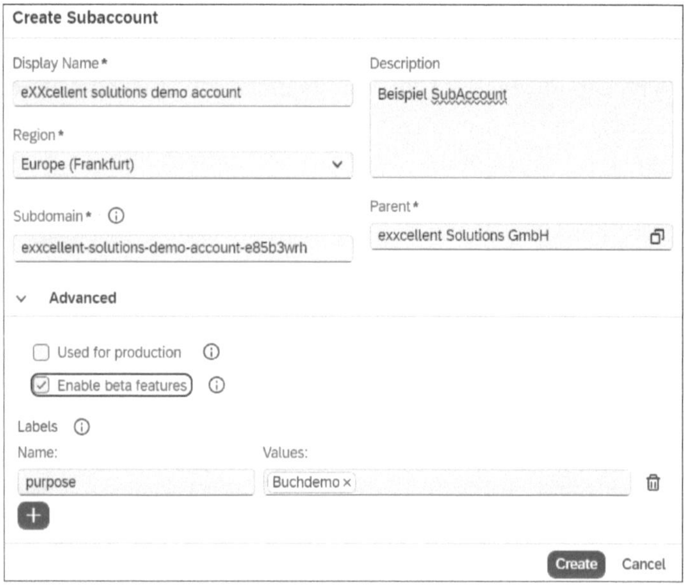

Abbildung 5.5 Subaccounts in der SAP BTP anlegen

Geben Sie im Feld **Display Name** den Namen des Subaccounts an, und wählen Sie als Nächstes die Region inklusive des Plattformbetreibers aus der Auswahlliste aus. Falls Sie einen Subaccount für die produktive Nutzung anlegen möchte, können Sie den Bereich **Advanced** erweitern und das Kennzeichen **Used for production** durch das Setzen eines Hakens aktivieren. Das Auswählen der Option ändert nichts am Funktionsumfang des Subaccounts. Sie dient lediglich dazu, dass die Kunden die Subaccounts besser verwalten können. Das Kennzeichen **Enable beta features** bezieht sich darauf, dass die SAP BTP stetig weiterentwickelt wird. Für die Produktion gibt es z. B. noch keine freigegebenen Zwischenergebnisse für den Test. Falls Sie diese sogenannten Zwischenergebnisse im Subaccount testen möchten, können Sie den Haken bei dieser Option setzen. Bei manchen Konstellationen kann es vorkommen, dass sich in einem Global Account viele Subaccounts befinden. Dann kann es schwierig werden, den oder die benötigen Subaccounts zu finden. Um die Suche zu vereinfachen oder aber auch um Ihre Subaccounts zu gruppieren, können Sie ihnen ein oder mehrere Merkmale (Labels) hinzufügen. Ein Merkmal besteht aus einem Schlüssel und einem oder mehreren Werten. Merkmale werden über den Label-Bereich erfasst.

Nachdem Sie einen Subaccount angelegt haben, werden dem Subaccount unmittelbar einige Dienste zugewiesen. Die Berechtigung, solche Dienste zu nutzen, wird *Entitlement* genannt. Abbildung 5.6 zeigt den neu angelegten Subaccount. Wie Sie der Abbildung entnehmen können, werden in der Subaccount-Übersicht im Bereich **Entitlements** bereits einige Dienste aufgelistet.

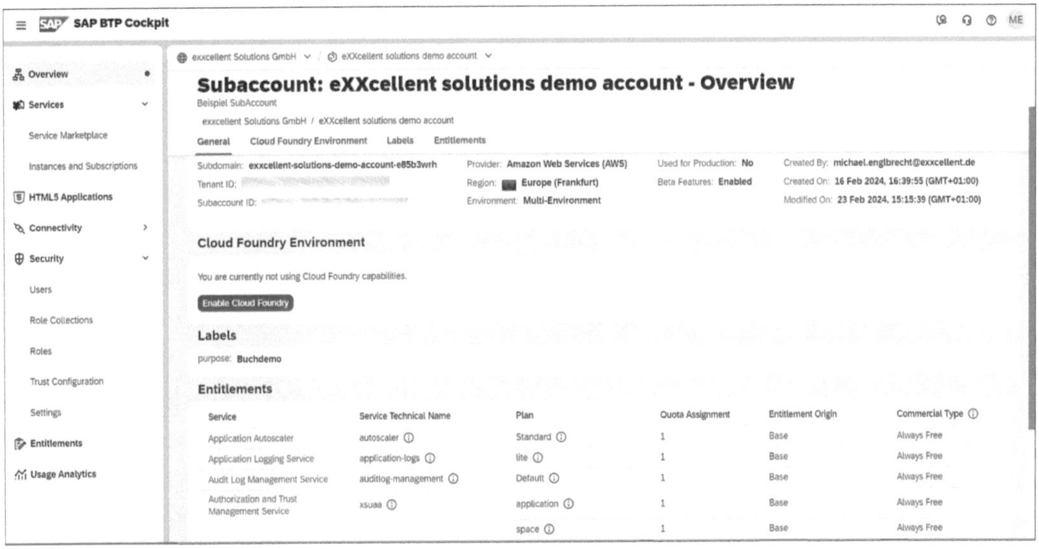

Abbildung 5.6 Neu angelegter Subaccount

5.2.1 Verzeichnisse

Feature Set A oder B

SAP arbeitet intensiv an der Optimierung der SAP BTP sowie an den Werkzeugen zum Managen der SAP BTP und stellt im Rahmen dieser Überarbeitung sukzessive die Accounts auf die neuen Werkzeuge um. SAP spricht je nach Version der Cloud-Management-Werkzeuge von Feature Set A für die erste Version und Feature Set B für die neuen Management-Werkzeuge. Um herauszufinden, auf welchem Feature Set Sie sich gerade befinden, gehen Sie im Benutzermenü des SAP BTP Cockpits auf **About**. Es erscheint im Anschluss der in Abbildung 5.7 abgebildete Dialog. Wie Sie der Abbildung entnehmen können, befindet sich der gezeigte Global Account im Feature Set B. Weiterführende Informationen zu der Feature-Set-Thematik finden Sie in SAP-Hinweis 3027721 (siehe *https://me.sap.com/notes/3027721*).

Verzeichnisse

Große Unternehmen können unter Umständen eine sehr komplexe und zuweilen unübersichtliche Menge an Subaccounts haben. Um eine bessere Strukturierung zu erhalten, können *Verzeichnisse* (Directories) genutzt werden. Verzeichnisse können nur in den Global Accounts mit Feature Set B genutzt werden. Um zur Verzeichnisansicht zu gelangen, wechseln Sie zur Registerkarte **Directories and Subaccounts** (siehe Abbildung 5.8).

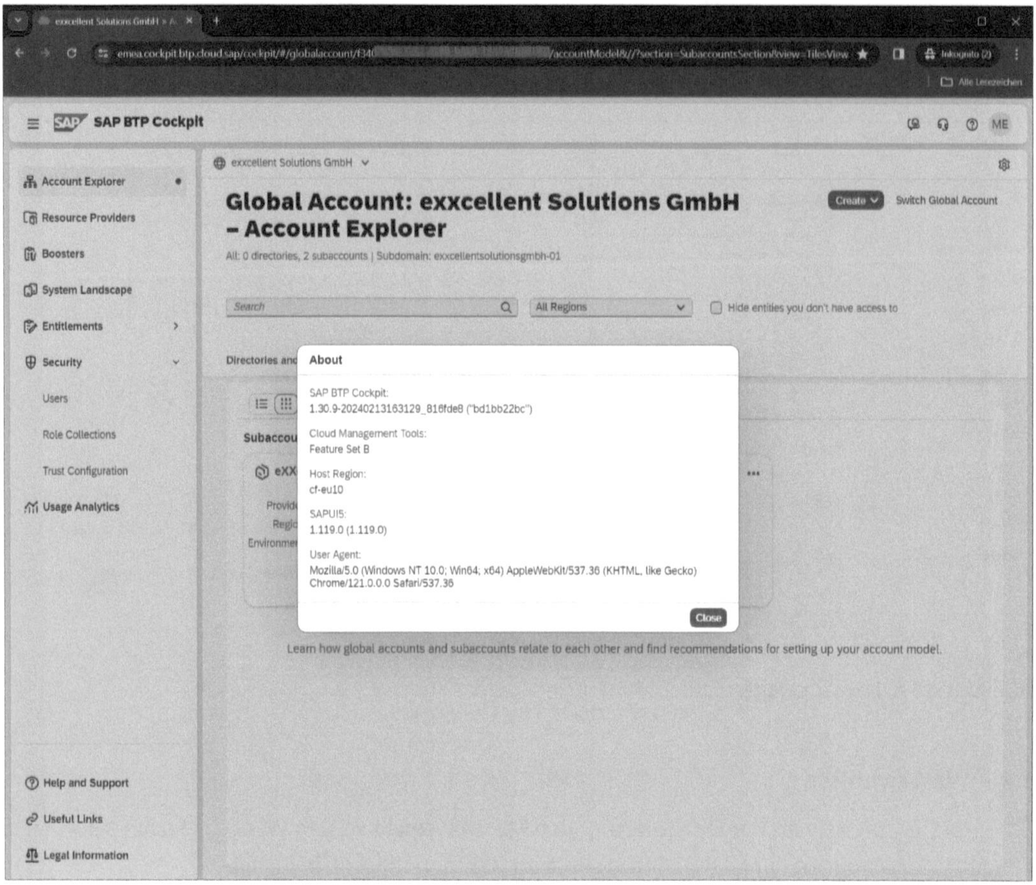

Abbildung 5.7 Feature-Set-Informationen

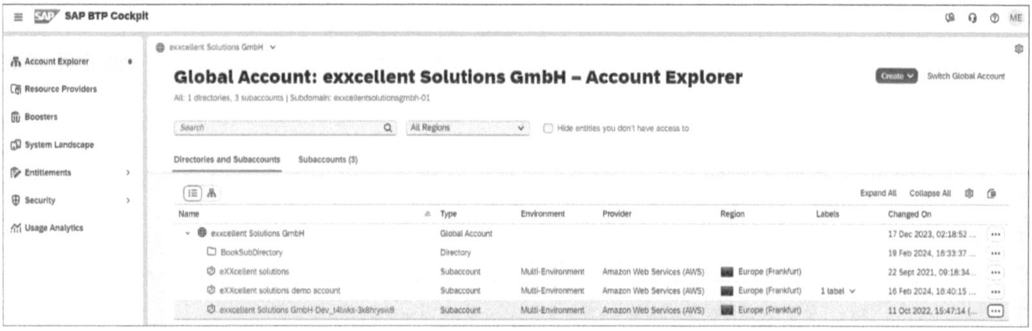

Abbildung 5.8 Verzeichnisansicht im Global Account

Um ein Verzeichnis anzulegen, klicken Sie auf **Create** und dann auf **Directory**. Füllen Sie in dem daraufhin angezeigten Dialog den Namen des neu anzulegenden Verzeichnisses ein, und wählen Sie im Feld **Parent** aus, auf welcher Ebene das neue Verzeichnis angelegt werden soll. Sie können das neue Verzeichnis direkt unter dem Wurzelverzeichnis einrichten oder selbstverständlich auch in den existierenden Unterverzeichnissen (siehe Abbildung 5.9). Im Bereich **Advanced** können Sie zusätzlich auswählen, ob die Benutzerverwaltung auf der Ebene der Verzeichnisse erfolgen soll. Zusätzlich ist es über die Auswahl der Option **Enable entitlement management** möglich festzulegen, ob bereits auf der Verzeichnisebene voreingestellt werden kann, welche Berechtigungen in den darin liegenden Subaccounts möglich sein sollen. Analog zu den Subaccounts ist es auch bei Verzeichnissen möglich, Labels für eine bessere Organisation einzurichten.

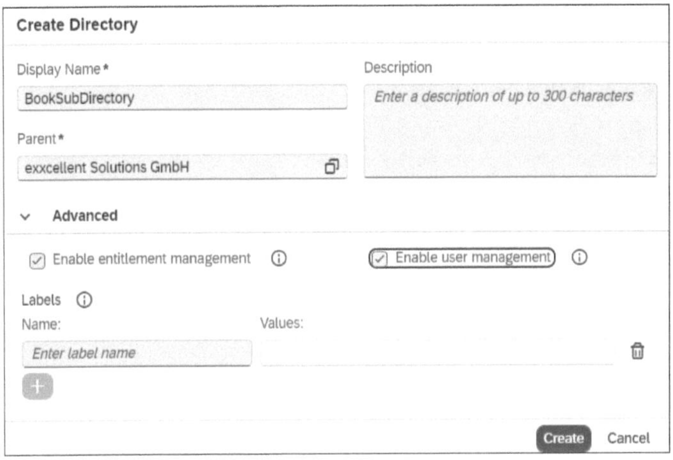

Abbildung 5.9 Verzeichnis anlegen

Nachdem Sie den Dialog mit **Create** bestätigt haben, wird das neue Verzeichnis angelegt. Wie Sie es aus Abbildung 5.10 ersehen können, wird beim neu angelegten Verzeichnis in der Spalte **Type** neben **Directory** in Klammern das Wort **Managed** angezeigt. Dies weist daraufhin, dass sowohl die Berechtigungs- als auch die Benutzerverwaltung aktiv ist.

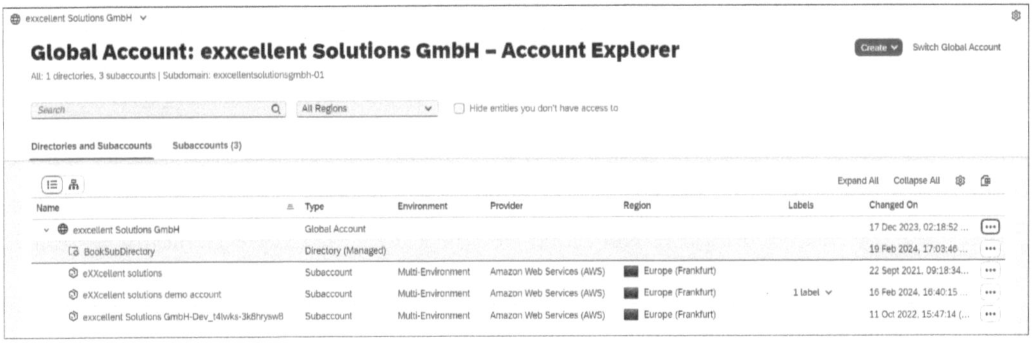

Abbildung 5.10 Verzeichnisstruktur

Account-Menü In der Verzeichnisansicht wird auf der Ebene eines Subaccounts ein Bearbeitungsmenü angezeigt. Klicken Sie für den Aufruf des Menüs auf den Button mit den drei Punkten am Ende der Zeile. Hierüber können Sie beispielsweise einen Subaccount in die Verzeichnisse verschieben, zu den Subaccounts navigieren oder Subaccounts löschen.

Verzeichnisse verwalten Wenn bei Verzeichnissen die Berechtigungs- und Benutzerverwaltung eingestellt wurde, verfügt ein verwaltetes Verzeichnis über die beiden Menüpunkte **Users** und **Entitlements** (siehe Abbildung 5.11). Im Bereich **Users** kann festgelegt werden, welche Benutzer beispielsweise als Directory Administrators die Berechtigung zur Verzeichnisadministration haben.

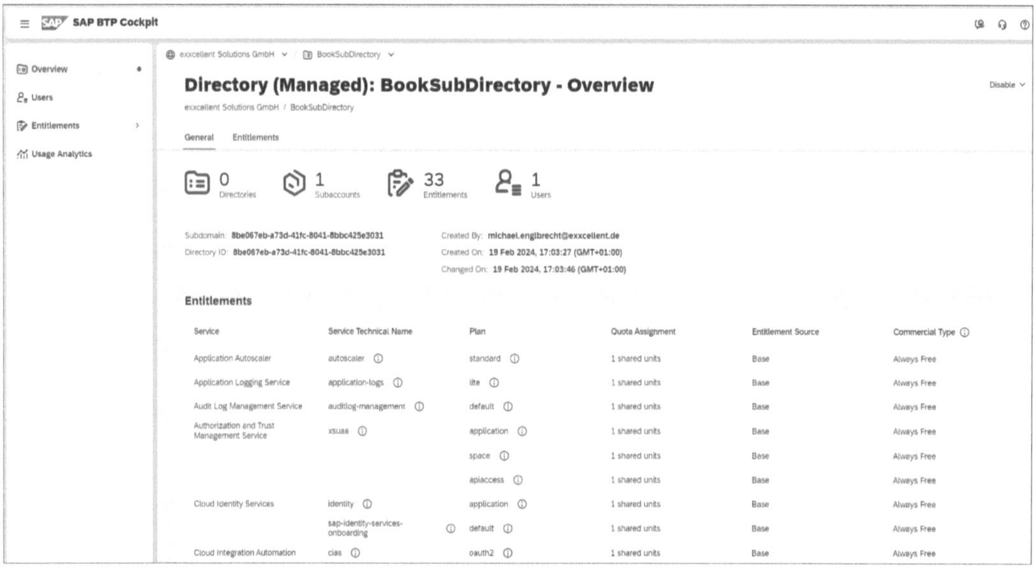

Abbildung 5.11 Verwaltetes Verzeichnis

Wenn Sie den Eintrag **Entitlements** im Seitenmenü erweitern, erhalten Sie Zugriff auf die beiden Menüpunkte **Entity Assignment** und **Service Assignment** (siehe Abbildung 5.12).

Zusammenfassung Wie in Kapitel 4, »SAP-Fiori-Inhalte on-premise bereitstellen«, gibt es im Kontext der SAP BTP unterschiedliche Artefakte. Im Zentrum steht der Global Account. Subaccounts können über die Verwendung von Verzeichnissen strukturiert und organisiert werden, und über Entitlements lassen sich die in der SAP BTP bereitgestellten Cloud-Dienste entsprechend aktivieren. Abbildung 5.13 gibt einen Überblick über die besprochenen Aspekte und deren Zugehörigkeit.

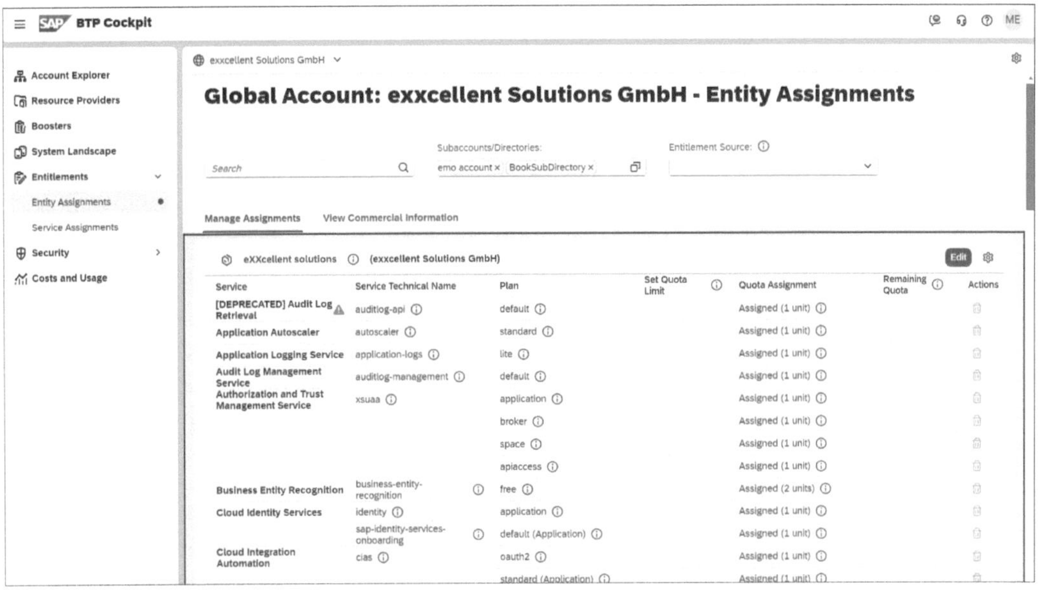

Abbildung 5.12 Entitlements des Subaccounts

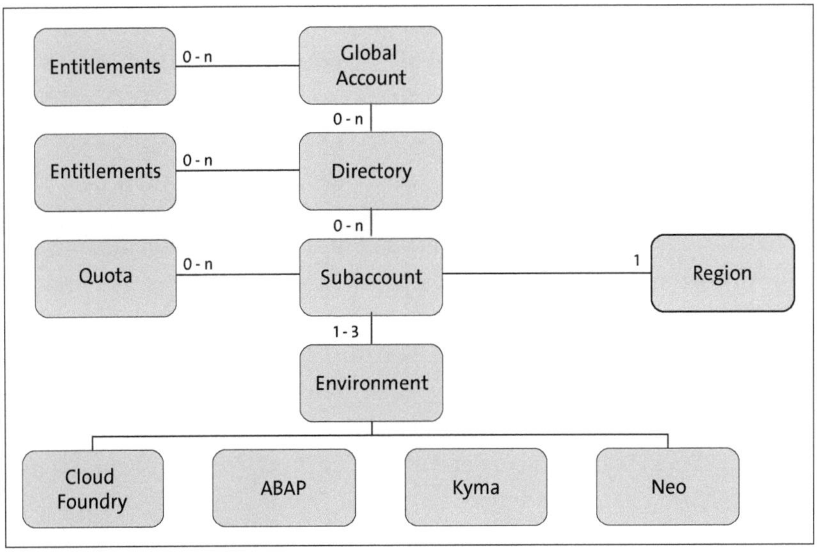

Abbildung 5.13 Account-Übersicht

5.2.2 Änderungsmanagement und Subaccounts

Eine typische On-Premise-SAP-Infrastruktur besteht in vielen Fällen aus einem Entwicklungs-, einem Test- und einem Produktivsystem. Diese betrifft je nach Setup auch die vorhandenen Frontend-Server. Das bedeutet, dass bei einer Dreisystemlandschaft entsprechend auch pro System ein Frontend-Server eingesetzt wird. Die Implementierung von eigenständigen Softwarelösungen, das Erweitern von bestehenden Standardaspekten sowie das Customzing finden zunächst im Entwicklungssystem statt. Anpassungen werden normalerweise über Transporte in das nächste System, das Testsystem, transportiert. Wenn die fachlichen Tests abgeschlossen sind, werden die Anpassungen entsprechend für den Transport in das produktive System eingeplant, und nach dem Transport kann die Lösung genutzt werden. Je nach Unternehmen, Releasestand und Strategie werden Änderungen an den SAP-Systemen in der Systemlandschaft organisiert, überwacht und transportiert. Ein Großteil der Unternehmen nutzt hierzu den SAP Solution Manager mit dem Change and Transport System(CTS) oder die Erweiterung Enhanced Change and Transport System (CTS+).

Wie sieht nun der Aufbau der Subaccount-Landschaft und der Transportlandschaft für die SAP BTP aus? Zunächst schauen wir uns dies singulär betrachtet und danach im Kontext einer hybriden Landschaft an, bestehend aus SAP BTP und On-Premise-Systemen.

Auch bei der SAP BTP kommt es stark auf die konkreten Anwendungsfälle bei den Kunden an. Wichtig beim Aufbau der Account-Struktur ist, dass zukünftige Anforderungen bereits bei der Strukturierung berücksichtigt werden. Es stellt sich auch die Frage, wer auf die Dienste in der SAP BTP zugreifen dürfen soll und ob die Nutzerinnen und Nutzer gegebenenfalls für die Nutzung bezahlen müssen. Stellt man eigene Lösungen in der SAP BTP zur Verfügung, sollte man sich mit einem Account-Modell auseinandersetzen, bestehend aus drei Subaccounts, das der On-Premise-Landschaft entspricht. Es gibt Anwendungsfälle, bei denen die Entwicklung und das Testen im gleichen Subaccount stattfinden können. Je größer die Komplexität der Subaccount-Landschaft ist, desto höher ist natürlich der Aufwand für Wartung, Integration und Administration in einer bestehenden On-Premise-Landschaft. Analog zur On-Premise-Landschaft werden die Entwicklungsartefakte vom Entwicklungs-, über den Test- in den Produktiv-Subaccount transportiert. Hierzu kann der Service *SAP Cloud Transport Management* in der SAP BTP genutzt werden. Weiterführende Informationen dazu finden Sie im SAP Discovery Center unter *http://s-prs.de/v1016821*. Der Service unterstützt auch bei der Umsetzung von Continuous Integration (CI) und Continuous Delivery (CD). Dafür ist auch der Einsatz des *Project Pipers* denkbar. Der Project Piper bietet vordefinierte, sogenannte Pipelines an. Diese Pipelines können dann in die eigene CI-/CD-Infrastruktur integriert werden und führen zu einem leichteren Start beim Aufsetzen der Transportinfrastruktur. Weiterführende Details zum Project Piper finden Sie unter *https://www.project-*

piper.io/. Ein Projekt Piper bietet sowohl Pipelines für die On-Premise- als auch für die SAP-BTP-Infrastruktur.

5.3 SAP-BTP-Services

Servicepläne

In einem Subaccount bietet SAP eine Menge an SAP-BTP-Diensten an. Jeder Dienst wird über einen oder mehrere sogenanntes *Servicepläne* angeboten. Ein Serviceplan beschreibt ein Nutzungsmodell des Dienstes und ist, je nach Service und Plan, entsprechend auch mit der Abrechnung der Nutzung eines Dienstes verbunden. Damit man einen Cloud-Service in einem Subaccount nutzen kann, muss man diesen zunächst dem Subaccount zuweisen. Hierzu rufen Sie im Seitenmenü den Eintrag **Entitlements** auf und klicken auf den Button **Add Service Plans**. Es öffnet sich ein wie in Abbildung 5.14 gezeigter Dialog mit einer Liste der verfügbaren SAP-BTP-Dienste.

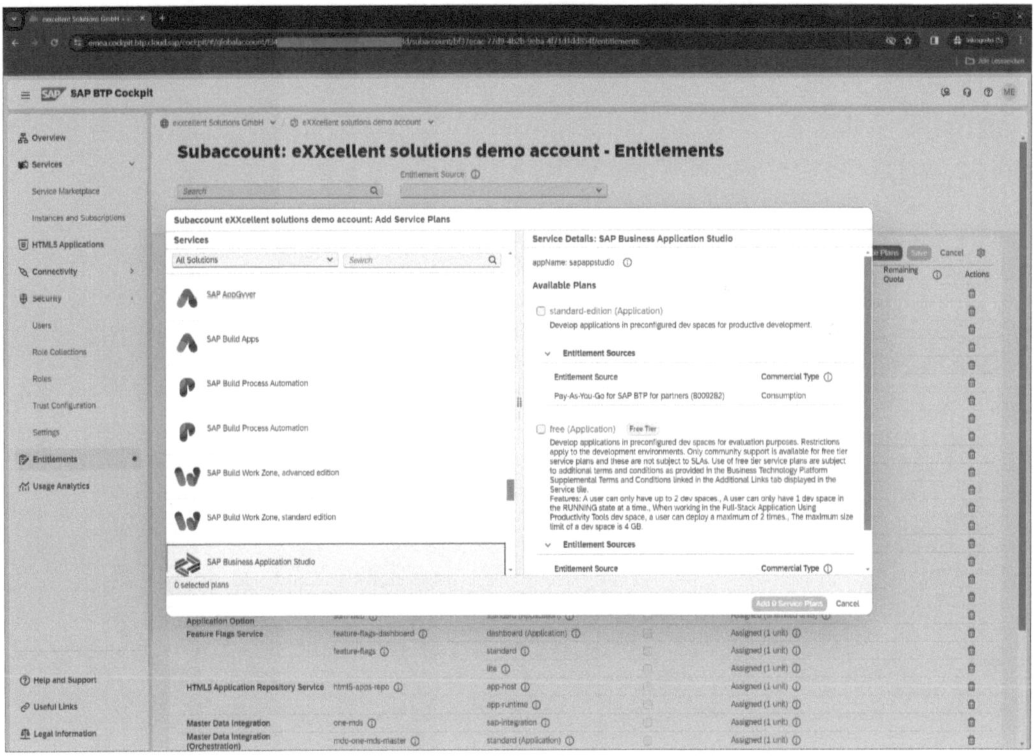

Abbildung 5.14 Cloud-Service hinzufügen

Die Dienste können Sie über eine Auswahlliste filtern. Beispielsweise können Sie die Liste nach Diensten filtern, die von SAP in den Bereich **AI** einsortiert wurden. Wie Sie es in Abbildung 5.14 sehen, werden bei dem ausgewählten Service **SAP Business Application Studio** zwei Servicepläne angezeigt: zum einen der Serviceplan **Free Tier** und zum anderen der Serviceplan **Standard**. Wie Sie beim Standardserviceplan sehen, handelt es sich dabei um einen Serviceplan, der einer *Pay-as-you-go-Nutzung* unterliegt. Dies bedeutet, dass Sie Dienste dieses Typs entsprechend der Nutzung bezahlen.

Nachdem Sie einen Serviceplan ausgewählt haben, bestätigen Sie dies über den Button **Add Service Plans**. Der Service wird nun zu den bestehenden Entitlements hinzugefügt. Abschließend klicken Sie auf den Button **Save**.

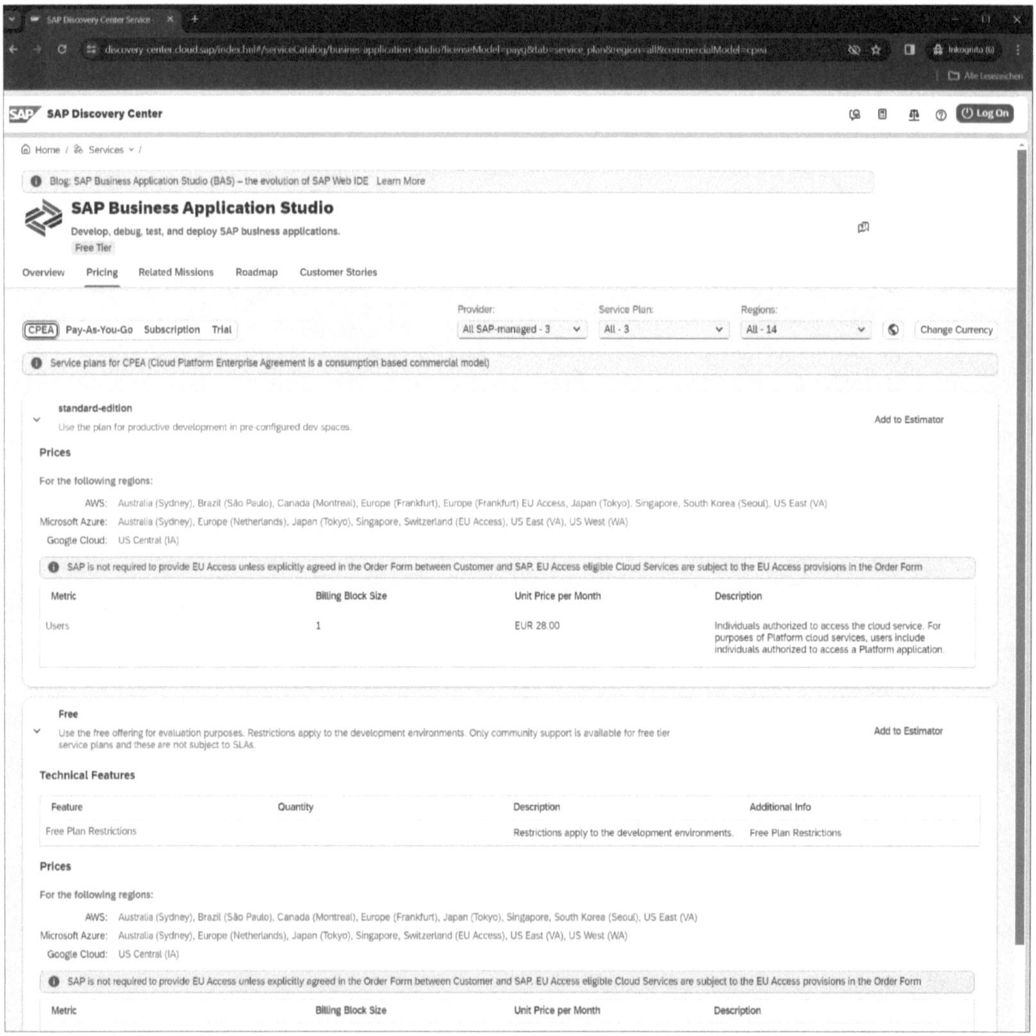

Abbildung 5.15 Übersicht über die Kosten im SAP Discovery Center

Kostenüberblick verschaffen

Welche Kosten bei der Nutzung eines Service anfallen, erfahren Sie im SAP Discovery Center. Das SAP Discovery Center erreichen Sie über die URL *https://discovery-center.cloud.sap/index.html*. Abbildung 5.15 zeigt beispielhaft die Informationen zu SAP Business Application Studio.

5.4 Berechtigungen und User Management

Nachdem wir in den bisherigen Abschnitten die Arbeit mit Accounts und den angebotenen Diensten der SAP BTP beschrieben haben, werden in diesem Abschnitt die Verwaltung der Benutzer und deren Berechtigungen behandelt.

5.4.1 Identity Provider

Die Anforderungen an die Sicherheitsinfrastruktur spielen natürlich auch bei Cloud-Plattformen eine wichtige Rolle. Dabei ist es inhärent, dass die Plattform eine einheitliche Basis für Cloud-Services und damit für die in der Cloud bereitgestellten Anwendungen bietet. SAP stellt für die Bereitstellung von Authentifizierungsfunktionalität sogenannte *Identity Provider* bereit. Die SAP BTP bietet mit dem *SAP ID Service* einen Identity Provider an, der standardmäßig in der SAP BTP verfügbar ist. Dabei handelt es sich um einen vorkonfigurierten öffentlichen Provider, der eine Vertrauensbeziehung zu allen SAP-BTP-Subaccounts innerhalb eines Global Accounts hat. Der Service wird zentral von SAP verwaltet. In diesem Service werden alle Benutzer, d. h. S-, P-, D- und I-Benutzer, die auch für die SAP-Entwickler-, Partnergemeinschaft sowie die Nutzerinnen und Nutzer der offiziellen SAP-Webseite angelegt werden, administriert.

Abbildung 5.16 Trust Configuration des Global Accounts

Wenn Sie sich im SAP BTP Cockpit auf der Ebene des Global Accounts befinden, können Sie über den Menüpfad **Security • Trust Configuration** die aktuell für den Account konfigurierten Identity Provider einsehen. Abbildung 5.16 zeigt die Bereiche des SAP BTP Cockpits. Wie Sie sehen, wird aktuell auf dieser Ebene lediglich der Default Identity Provider von SAP angezeigt. Die Administration solcher Vertrauensbeziehungen kann entweder über den Global Account oder auf der Subaccount-Ebene erfolgen.

Die Nutzung des zentralen Service von SAP für die Verwaltung von Benutzern ist eher unüblich. Normalerweise speichern Unternehmen ihre Benutzer in einem unternehmenseigenen Identity Provider. SAP empfiehlt hierzu die Verwendung des *Identity Authentication Service*, der Teil der SAP Cloud Identity Services ist. Der Identity Authentication Service kann als einzelner benutzerdefinierter Identity Provider mit der SAP BTP verbunden werden und ermöglicht so die Integration mit den bestehenden Identity Providern wie z. B. Microsoft Entra ID. Meldet sich ein Benutzer an der SAP BTP an ❶, wird die Anfrage an den Identity Service weitergeleitet ❷. Im Rahmen der Anfrage wird geprüft, ob die Anmeldung korrekt durchgeführt werden kann. Ist dies der Fall, kann auf den gewünschten Service zugegriffen werden ❸, vorausgesetzt, der Benutzer verfügt über die erforderliche Berechtigung. Abbildung 5.17 zeigt die Komponente der Infrastruktur.

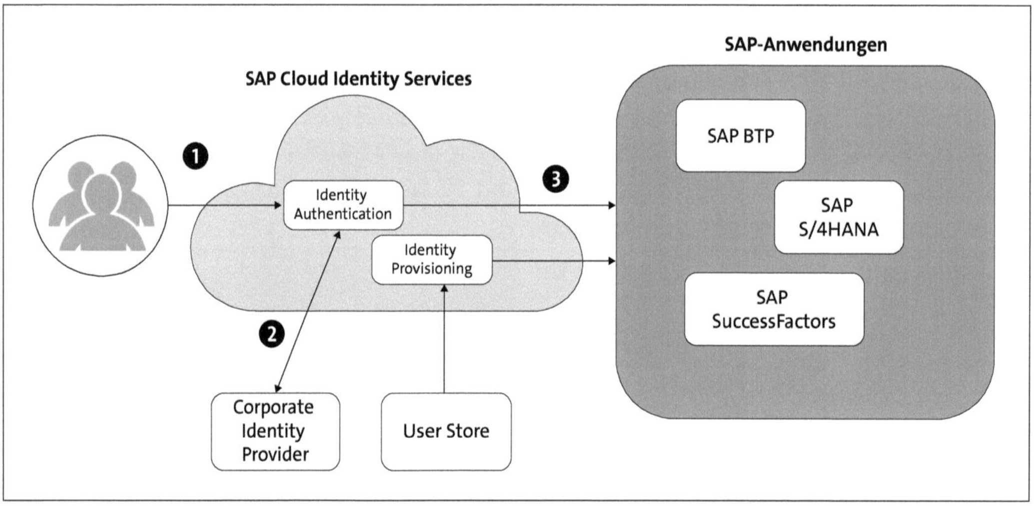

Abbildung 5.17 Überblick über die Verarbeitung einer Anmeldung

Im SAP Cloud Identity Service können unterschiedliche Aspekte konfiguriert werden. Abbildung 5.18 zeigt das Einstiegsbild in eine Identity-Authentication-Service-Instanz. Über den Identity Authentication Service können neben Benutzern auch Gruppen administriert werden. Hierdurch ist es möglich, dass Benutzer einer bzw. mehreren Gruppen direkt im Identity Authentication Service zugeordnet werden. Die Provisionierung von Benutzern kann beispielsweise aus SAP SuccessFactors erfolgen.

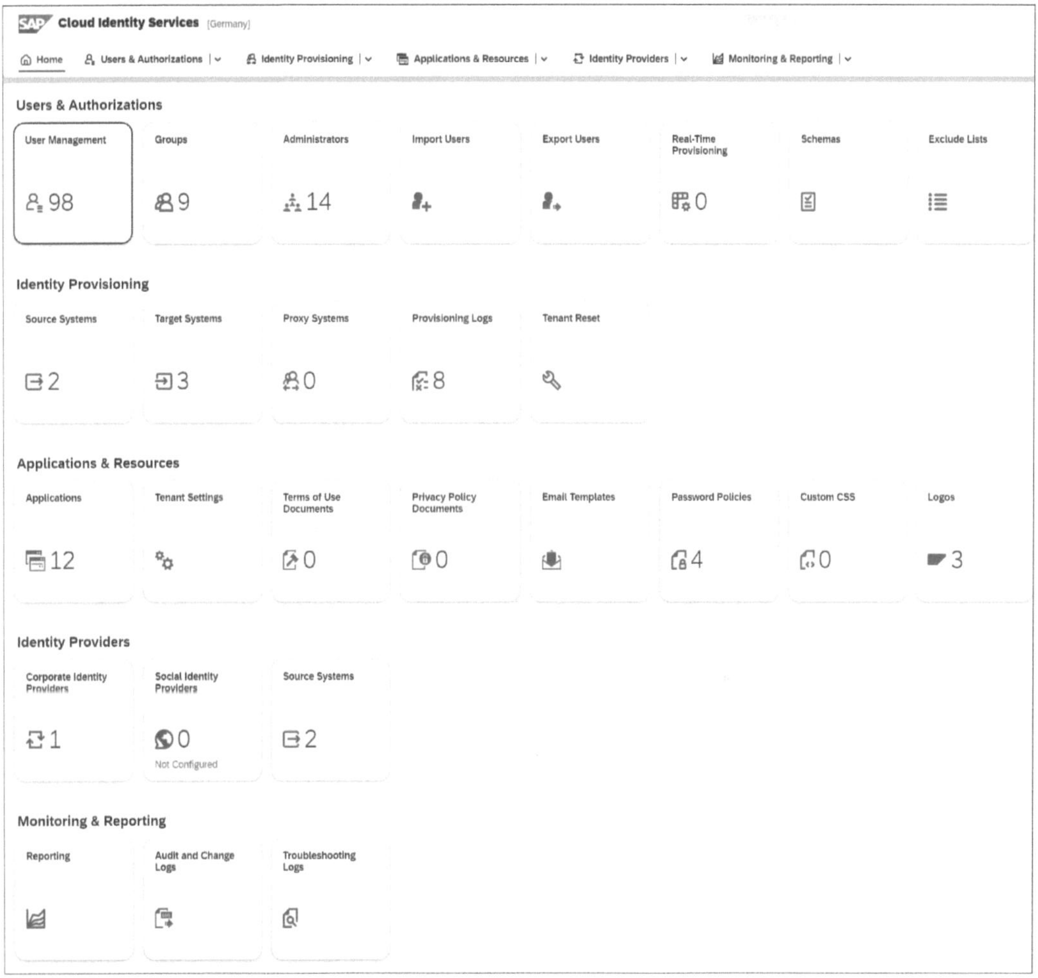

Abbildung 5.18 Einstiegsbild des Identity Authentication Service

Wenn kein kundeneigener Identity Provider im Einsatz ist, können auf der Subaccount-Ebene Benutzer angelegt und verwaltet werden. In die Benutzerverwaltung gelangen Sie über den Pfad **Security • Users**. Abbildung 5.19 zeigt die Benutzerverwaltung eines Subaccounts. Wie Sie der Spalte **Identity Provider** entnehmen können, sind die hier gelisteten Benutzer im globalen Identity Provider von SAP angelegt.

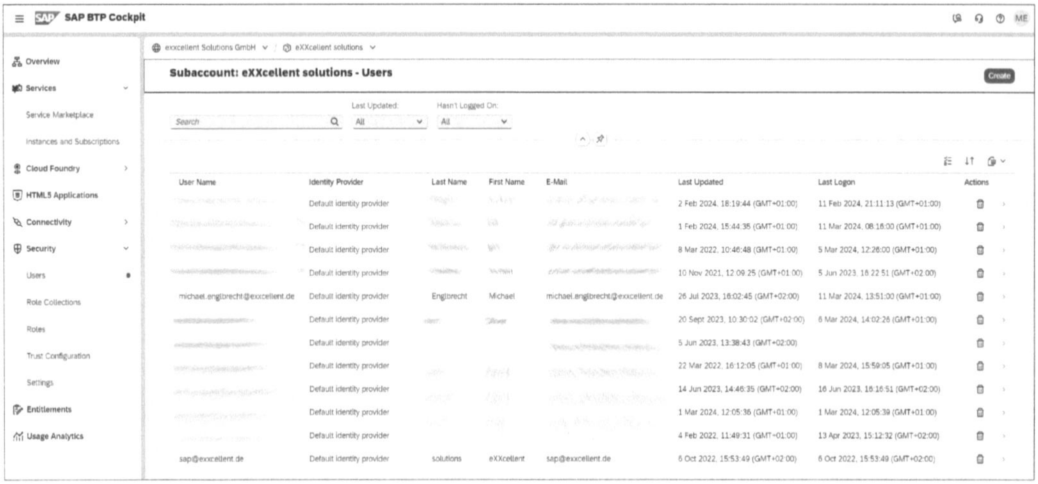

Abbildung 5.19 Benutzerverwaltung in der SAP BTP

5.4.2 Vertrauensbeziehung aufbauen

Für die Nutzung eines Identity Providers in der SAP BTP muss für diesen zunächst eine Vertrauensbeziehung aufgebaut werden. Um eine solche Vertrauensbeziehung einzurichten, rufen Sie über **Security • Trust Configuration** die Administrationsoberfläche für Vertrauensbeziehungen auf. Nachdem die Seite geladen worden ist, erscheint das in Abbildung 5.20 gezeigte Bild. Wie Sie sehen, ist aktuell lediglich der standardmäßige Default Identity Provider konfiguriert.

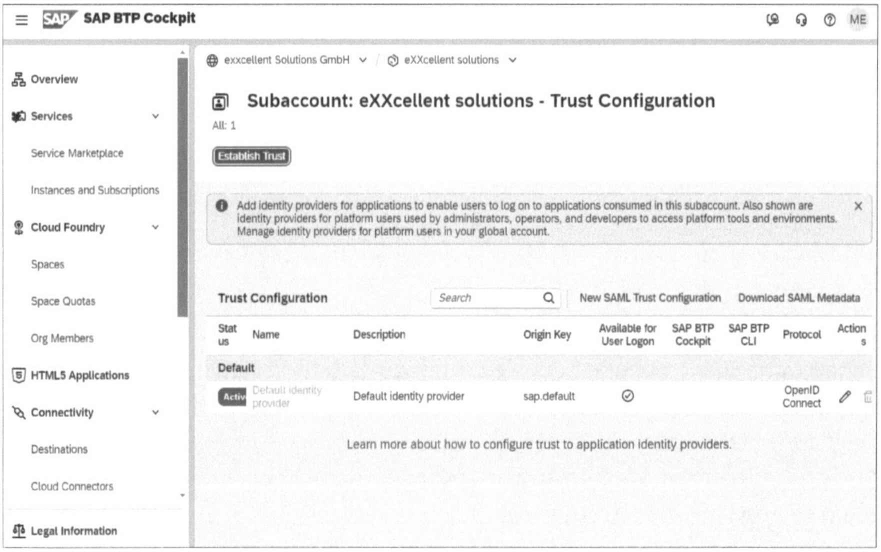

Abbildung 5.20 Konfigurationsoberfläche für Vertrauensbeziehungen

Um eine neue Vertrauensbeziehung einzurichten, klicken Sie auf den Button **Establish Trust**. Es öffnet sich, wie in Abbildung 5.21 gezeigt, ein Dialog, der Sie schrittweise durch die Konfiguration der Vertrauensbeziehung führt. Im ersten Konfigurationsschritt müssen Sie den Tenant auswählen, auf dem Ihr Identity Provider bereitgestellt wird (siehe Abbildung 5.21). In unserem Beispiel ist die Auswahl relativ einfach, da wir in unserer Cloud-Infrastruktur lediglich einen Identity Provider haben, den wir nun auswählen. Nach dessen Auswahl wird der Button **Next** aktiv, den Sie anklicken, um in den zweiten Konfigurationsschritt zu gelangen.

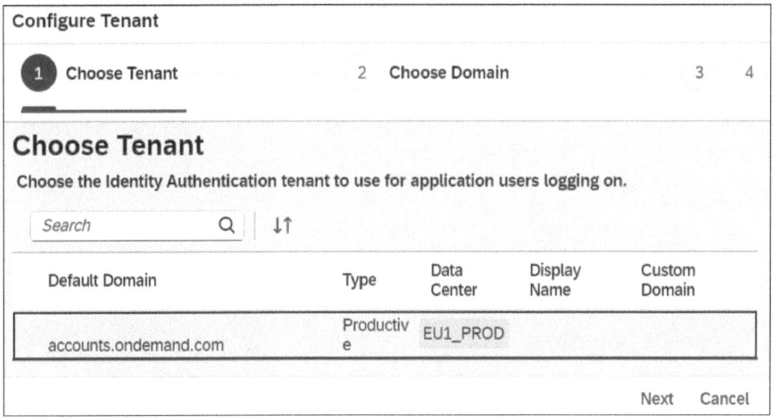

Abbildung 5.21 Identity-Provider-Tenant auswählen

Im zweiten Schritt wählen Sie die Domäne des Tenants aus und bestätigen mit **Next** (siehe Abbildung 5.22).

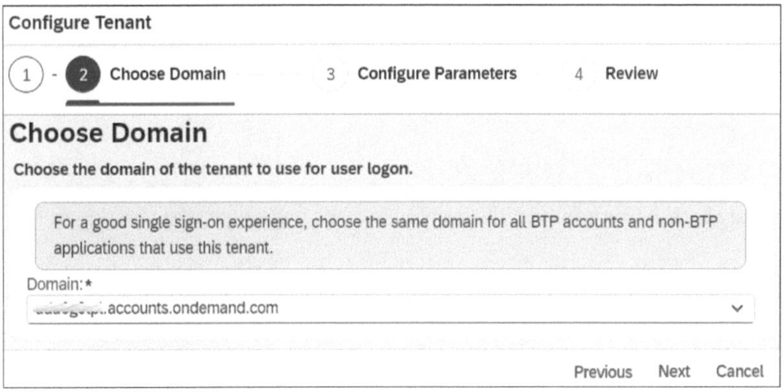

Abbildung 5.22 Tenant-Domäne auswählen

Im dritten und vorletzten Konfigurationsschritt müssen Sie einige Konfigurationsparameter setzen, die zum einen in der Übersicht **Trust Configu-**

ration und zum anderen bei der Anmeldung am jeweiligen SAP-BTP-Dienst angezeigt werden. Die Felder werden automatisch mit Standardwerten ausgefüllt. Je nach Wunsch können die Felder entsprechend angepasst oder übernommen werden. Im ersten Konfigurationsparameter **Name** legen Sie den Namen der Konfiguration fest. Der hier vergebene Wert wird in der Liste der konfigurierten Vertrauensbeziehungen in der Spalte **Name** angezeigt. Im zweiten Feld **Description** können Sie eine Beschreibung hinterlegen. Der dritte Parameter **Origin Key** gibt an, wer die Konfiguration durchgeführt hat. Standardmäßig wird das Feld mit dem Wert »sap.custom« vorbelegt. Der letzte Parameter **Link text for user logon** enthält den Text, der im Rahmen der Benutzeranmeldung später in der Auswahlliste des Identity Providers angezeigt werden soll. Sie übernehmen, wie in Abbildung 5.23 gezeigt, die Mehrzahl der Standardvorbelegungen. Lediglich den Inhalt des Feldes **Link text for user logon** ändern Sie, wie gezeigt, ab.

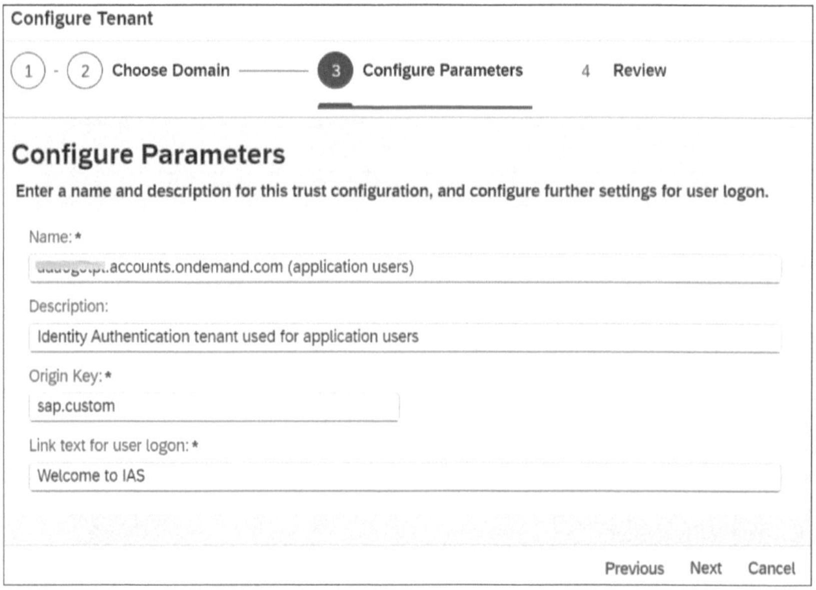

Abbildung 5.23 Parameter für die Identity-Provider-Konfiguration festlegen

Ihre Eingaben bestätigen Sie mit **Next** und erhalten im letzten Schritt eine Übersicht der festgelegten Konfigurationsparameter zu deren Prüfung. Zum Abschluss der Konfiguration bestätigen Sie den Dialog mit einem Klick auf **Finish**.

Trust Configuration

Nachdem die konfigurierte Vertrauensbeziehung angelegt worden ist, wird diese mit aufgelistet (siehe Abbildung 5.24).

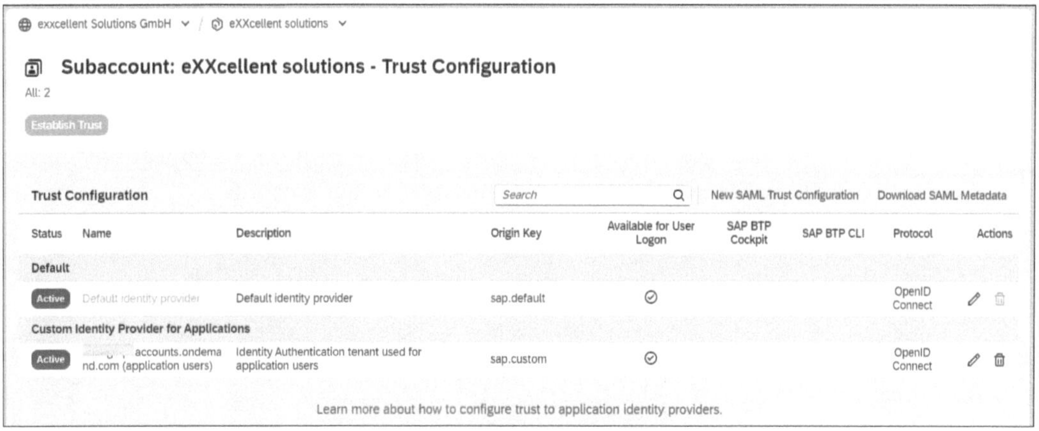

Abbildung 5.24 Liste der konfigurierten Vertrauensbeziehungen

Per Klick auf den als Link dargestellten Namen gelangen Sie in die Konfiguration des soeben angelegten kundenindividuellen Identity Providers. Wie in Abbildung 5.25 gezeigt, erhalten Sie einerseits eine Übersicht über die angegebenen Konfigurationsparameter und andererseits auch über die Parameter, die erst nach der Erstellung der Vertrauensbeziehung festgelegt werden.

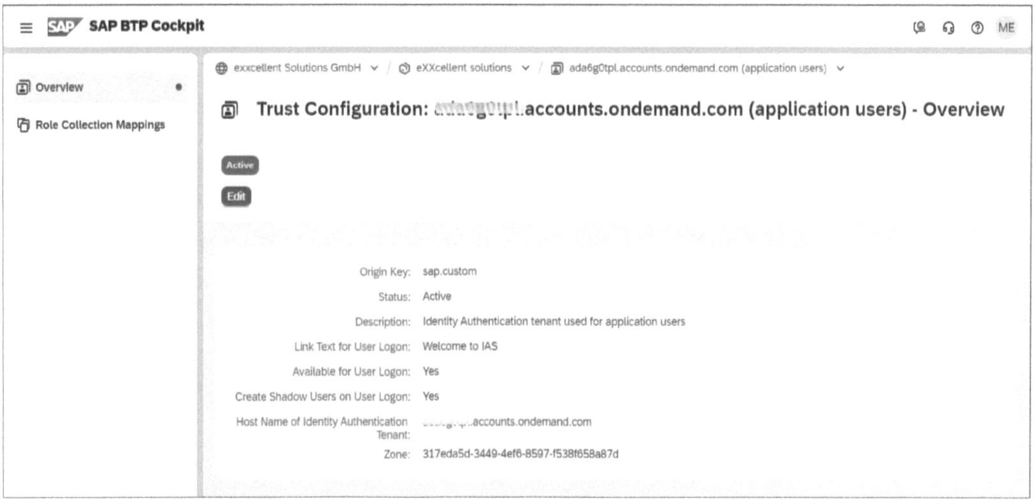

Abbildung 5.25 Übersicht der konfigurierten Vertrauensbeziehung

Hierzu zählt beispielsweise der Parameter **Create Shadow User on User Logon**. Dieser Parameter steht standardmäßig auf **Yes**. Er legt fest, ob bei der Erstanmeldung eines Benutzers, der im angebundenen Identity Provider administriert ist, ein Schattenbenutzer in der Benutzerliste der SAP BTP angelegt werden soll.

Die durchgeführte Konfiguration hat nicht nur Auswirkungen auf die SAP BTP, sondern sie führt auch dazu, dass nun in den SAP Cloud Identity Services in der Liste der vertrauenswürdigen Anwendungen die SAP BTP aufgelistet wird. In die Übersicht der registrierten Anwendungen gelangen Sie über den Menüpfad **Applications & Resources • Applications**. Abbildung 5.26 zeigt den registrierten SAP-BTP-Subaccount.

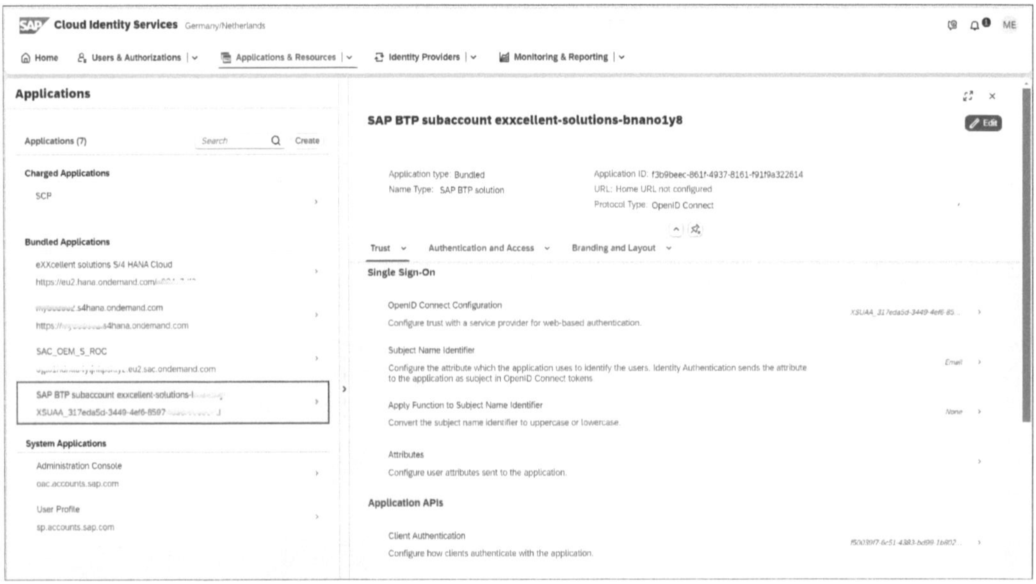

Abbildung 5.26 Registrierter SAP-BTP-Subaccount in den SAP Cloud Identity Services

Nachdem Sie die Konfiguration abgeschlossen haben, wird Ihnen beim Aufruf der SAP-BTP-Dienste das in Abbildung 5.27 gezeigte Auswahlbild angezeigt.

Abbildung 5.27 Identity Provider auswählen

Beim ersten Eintrag **Welcome to IAS** handelt es sich um den von uns konfigurierten Identity Provider. Der zweite Eintrag ist, wie es der Name vermuten lässt, der Standard-Identity-Provider von SAP. Je nach Auswahl müssen Sie sich mit dem Benutzer aus dem jeweiligen Identity Provider anmelden. Wichtig ist hierbei, dass beim eigenen Identity Provider die Berechtigung nicht über das SAP BTP Cockpit, sondern über die SAP Cloud Identity Services gepflegt wird.

5.4.3 Rollen und Rechte

Für die Berechtigung auf SAP-BTP-Service- oder -Anwendungsebene werden, wie üblich, Rollen genutzt. *Rollen* werden auf der Basis von sogenannten *Rollen-Templates* erstellt. Diese Templates werden im Rahmen der Implementierung definiert und enthalten die Rollendefinition. Über den Menüpfad **Security • Roles** erreichen Sie die Übersicht der verfügbaren Rollen. Abbildung 5.28 zeigt eine nach »business« gefilterte Ergebnisliste. Die Anwendung **eu10-app-studio-service** enthält z. B. drei Rollen-Templates. Diese sind wiederum durch drei Rollen ausgeprägt: **Administrator**, **Developer** und **Extension deployer**.

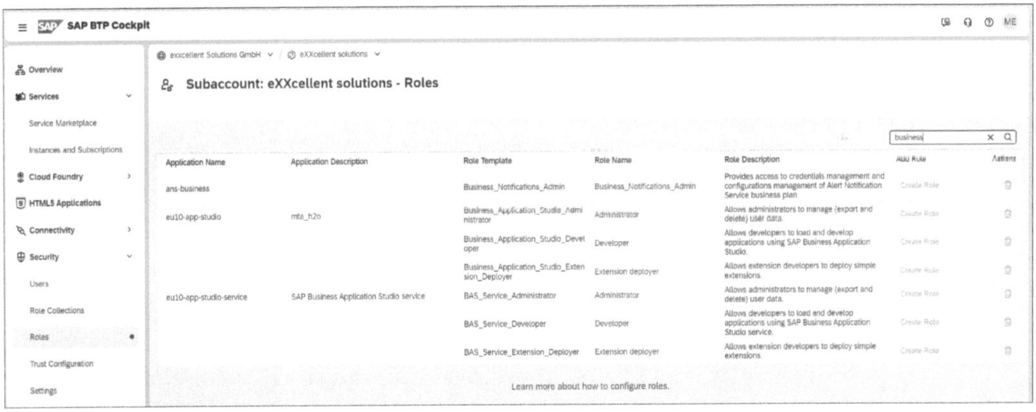

Abbildung 5.28 Rollen in der SAP BTP administrieren

Die Benutzer werden allerdings nicht durch das Zuweisen von Rollen für die Verwendung von SAP-BTP-Diensten verwendet. Hierzu bietet die SAP BTP die *Role Collections* an. Über Role Collections können Rollen zusammengefasst und über das Zuweisen der jeweiligen Role Collection einem Benutzer zugewiesen werden. Die Dienste in der SAP BTP werden bereits mit vordefinierten Role Collections ausgeliefert. Hierbei ist lediglich zu beachten, dass die ausgelieferten Role Collections erst dann zur Auswahl stehen, wenn der entsprechende Service auch zum SAP-BTP-Subaccount hinzugefügt wurde. Es steht den Kunden allerdings frei, eigene Role Collections zu erstellen – Sie können also alle Rollen, die eine gewisse Benutzergruppe benötigt, in einer Role Collection zusammenfassen, was die Administration vereinfacht. Die Administrationsmaske für die Role Collections erreichen Sie über den Pfad **Security • Role Collections**. Abbildung 5.29 zeigt beispielhaft die für SAP Business Application Studio verfügbaren Role Collections. Wie Sie sehen, ist für die in Abbildung 5.28 gezeigten Rollen jeweils eine eigene Role Collection verfügbar.

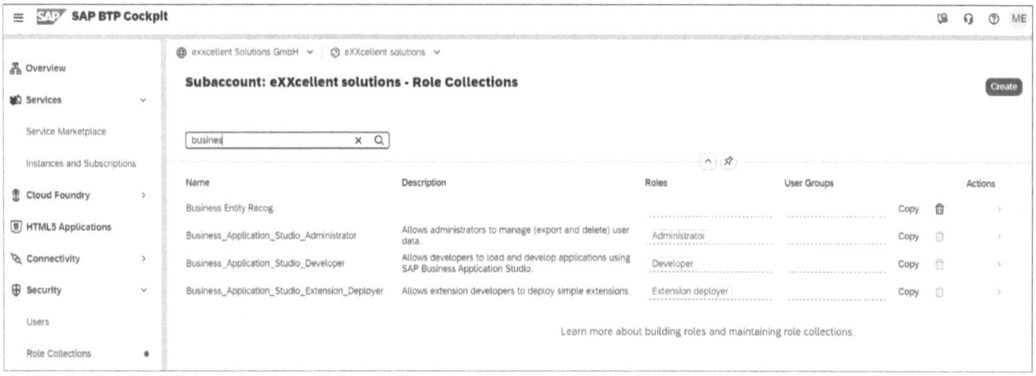

Abbildung 5.29 Role Collections verwalten

Die Zuordnung von Role Collections erfolgt über die Benutzer-Administrationsmaske, die Sie über den Menüpfad **Security • Users** erreichen. Kunden, die einen eigenen Identity Provider inklusive Single Sign-On (SSO) nutzen, können die Zuweisung von Berechtigungen über Benutzergruppen realisieren. Dies geschieht zentral über die Administrationsmaske der SAP Cloud Identity Services. Hierzu legen Sie zunächst die Gruppe bzw. die Gruppen in den SAP Cloud Identity Services an. Dies geschieht recht einfach über die Gruppenadministrationsmaske. Abbildung 5.30 zeigt diese Maske inklusive einer Liste von bereits angelegten Gruppen. Für eine Gruppe werden bei deren Anlage lediglich ein eindeutiger Name, ein Anzeigename sowie optional eine Beschreibung hinterlegt.

Nachdem die Gruppen angelegt worden sind, können sie den Benutzern zugewiesen werden. Dies geschieht in den SAP Cloud Identity Services über die Benutzeradministration. Abbildung 5.31 zeigt beispielhaft eine solche Zuordnung zu einem Nutzer.

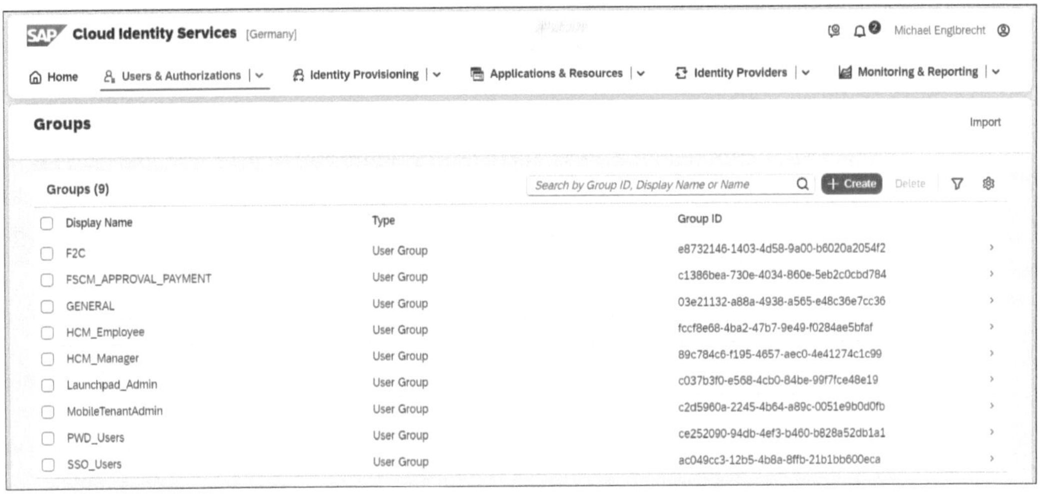

Abbildung 5.30 Gruppenansicht in den SAP Cloud Identity Services

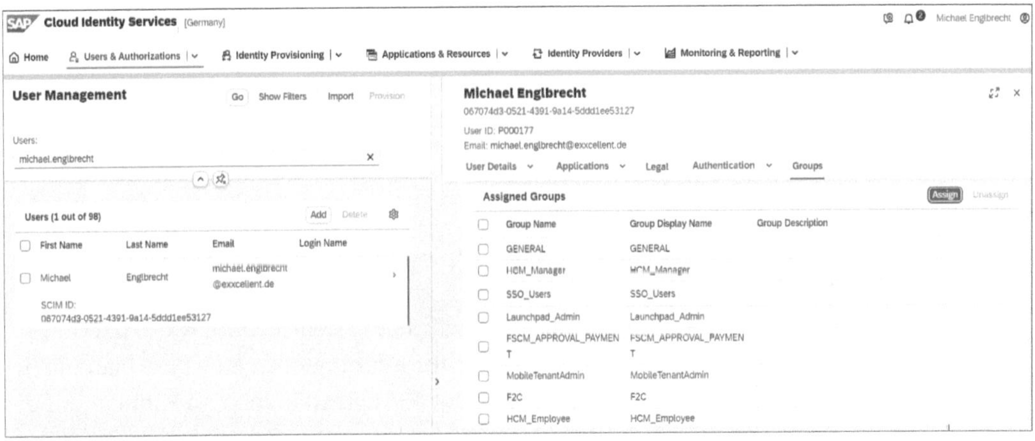

Abbildung 5.31 Gruppenzuordnung vornehmen

Nachdem die Gruppen einem User zugeordnet worden sind, kann im nächsten Schritt das Mapping der Gruppen zu den Role Collections durchgeführt werden. Hierzu rufen Sie wieder die Maske zur Administration der Role Collections auf und fügen dann gemäß Ihres Berechtigungskonzepts eine Gruppe aus den SAP Cloud Identity Services einer Role Collection aus der SAP BTP zu. Abbildung 5.32 zeigt beispielhaft eine solche Zuweisung. Die Zuweisung erfolgt, indem eine Gruppe einer Role Collection über das Feld

User Group bei der entsprechenden Role Collection zugeordnet wird. Der Vorteil hierbei ist, dass die Benutzer- und Gruppenzuordnung über eine zentrale Stelle, nämlich die SAP Cloud Identity Services, erfolgen kann. Dies gestaltet das Onboarding von neuen Mitarbeitenden wesentlich einfacher, da dadurch keine zusätzlichen Konfigurationsschritte in der SAP BTP durchzuführen sind. Wir sehen uns dieses Thema in Kapitel 8, »SAP Mobile Start«, noch einmal genauer an.

Abbildung 5.32 Role Collections den Gruppen in der SAP BTP zuordnen

Das Verwalten von Benutzern und Rechten stellt, ebenso wie in der On-Premise-Landschaft, entsprechende Anforderungen an eine gute Planung bei der Etablierung und muss in seiner Komplexität auch im Hinblick auf die Integration von Subsystemen wohldurchdacht sein, um eine nahtlose Integration zu gewährleisten.

Kapitel 6
SAP BTP – Cloud und on-premise

Für die homogene Integration der SAP BTP und der SAP-Cloud-Services in die On-Premise-Infrastruktur ist ein Bindeglied von entscheidender Bedeutung: der Cloud Connector.

Nachdem wir Ihnen in Kapitel 4, »SAP-Fiori-Inhalte on-premise bereitstellen«, die Implementierung von SAP Fiori on-premise und in Kapitel 5, »SAP Business Technology Platform«, die Grundlagen der SAP BTP gezeigt haben, wollen wir uns in diesem Kapitel dem Bindeglied zwischen der On-Premise- und der Cloud-Infrastruktur widmen: dem Cloud Connector. In Abschnitt 6.1 erhalten Sie zunächst eine Einführung in den *Cloud Connector*, und in Abschnitt 6.2 wenden wir uns dessen Installation zu. Im Anschluss zeigen wir Ihnen in Abschnitt 6.3 die wichtigsten Bereiche der Cloud-Connector-Administrationsoberfläche und gehen anschließend auf die Konfiguration von Destinationen ein. In Abschnitt 6.4 zeigen wir, welche Konfigurationsschritte erforderlich sind, um Single Sign-On (SSO) via Principal Propagation grundsätzlich zu ermöglichen.

6.1 Einführung des Cloud Connectors

Damit die Dienste aus der SAP BTP auf die Systeme in der On-Premise-Landschaft zugreifen können, müssen diese für die SAP BTP erreichbar sein. Dies kann entweder durch die direkte Erreichbarkeit des Systems aus dem Internet ermöglicht werden, wobei diese Vorgehensweise in den seltensten Fällen gewünscht ist, oder über einen Vermittler zwischen der SAP BTP und den On-Premise-Systemen; dieser Vermittler ist der *Cloud Connector* als Bindeglied zwischen der SAP-BTP-Landschaft und den On-Premise-Systemen. Die Verbindung ist bidirektional, sodass sowohl die SAP BTP mit On-Premise-Systemen als auch On-Premise-Systeme mit der SAP BTP verbunden werden können. Auch wenn wir uns in diesem Kapitel eher auf die Kommunikation zwischen SAP BTP und On-Premise-Landschaft konzentrieren, ist zu bedenken, dass auch die Kommunikation von On-Premise-Systemen in Richtung Cloud-Services initiiert werden kann.

Der Cloud Connector wird in der On-Premise-Landschaft installiert. Für jeden in der SAP BTP vorhandenen Subaccount, der über den Cloud Connector mit der On-Premise-Landschaft verbunden werden soll, werden im Cloud Connector entsprechende Subaccount-Konfigurationen angelegt. In diesen Konfigurationen werden dann die für den Subaccount benötigten Backend-Systeme konfiguriert.

Destination-Service-API

Dreh- und Angelpunkt der Kommunikation aus Sicht der SAP BTP ist der *SAP Destination Service*. Über die Administrationsoberfläche dieses Dienstes werden Verbindungen zu externen Systemen oder Diensten angelegt und konfiguriert. Die Verbindungen erhalten jeweils einen eindeutigen Namen, über den sie dann aus der SAP BTP angesprochen werden können. Anwendungen und SAP-BTP-Dienste können auf die gepflegten Destinationen über eine API, die *Destination-Service-API*, zugreifen (siehe Abbildung 6.1).

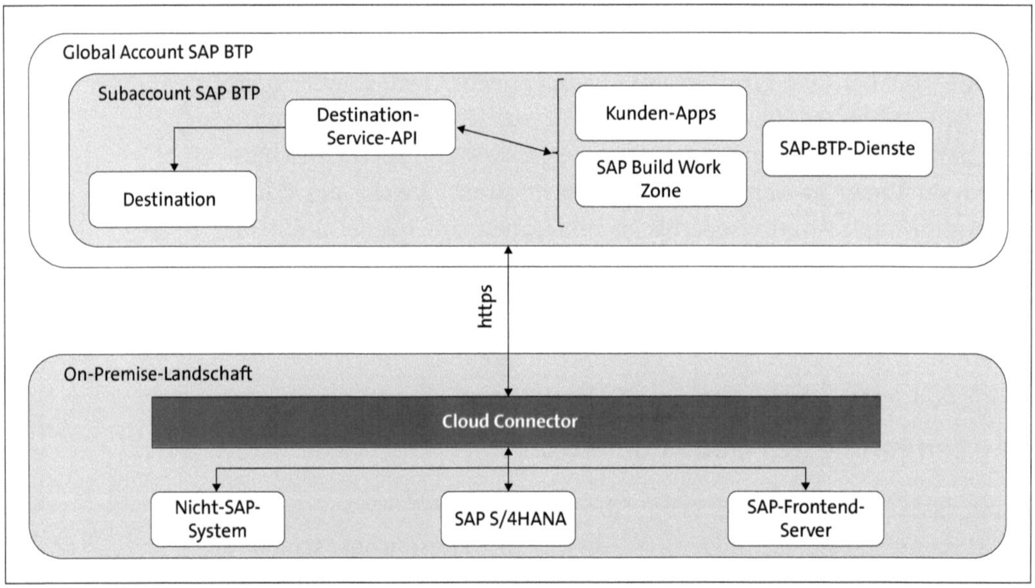

Abbildung 6.1 Systemlandschaft des Cloud Connectors

Hochverfügbarkeit

Durch die zentrale Rolle des Cloud Connectors in der Systemlandschaft ist dessen Hochverfügbarkeit unerlässlich. Denn Ausfälle und Fehlfunktionen des Cloud Connectors können im Zweifelsfall das gesamte Unternehmen stark beeinträchtigen. SAP hat daher die Möglichkeit geschaffen, den Cloud Connector im Master- und Shadow-Betrieb zu betreiben. Dabei installieren Sie einen Cloud Connector als Master-Instanz und einen weiteren Cloud Connector als sogenannte Shadow-Instanz. Die Shadow-Instanz überwacht dabei im Prinzip die Master-Instanz und springt bei einem Ausfall der Master-Instanz ein.

6.2 Installation und Konfiguration des Cloud Connectors

Nach der kurzen Einführung in die theoretischen Grundlagen des Cloud Connectors wenden wir uns in diesem Abschnitt dessen Installation sowie den wichtigsten administrativen Aspekten des Bindeglieds zwischen der SAP Business Technology Platform und der On-Premise-Landschaft zu.

6.2.1 Installation

Bevor der Cloud Connector installiert werden kann, muss geprüft werden, ob alle notwendigen Voraussetzungen für die Installation gegeben sind. Dazu gehören die Hardware, das Betriebssystem und die Infrastruktur. Genauere Informationen zu den Voraussetzungen finden Sie im SAP Help Portal unter der folgenden URL: *http://s-prs.de/v1016822*

Download

Sind alle Voraussetzungen erfüllt, kann der Cloud Connector über die URL *https://tools.hana.ondemand.com/#cloud* heruntergeladen werden. Um zum Download-Bereich des Cloud Connectors zu gelangen, klicken Sie auf den Menüpunkt **CLOUD**. Der Cloud Connector für die Betriebssysteme Linux, Windows und Mac OS wird jeweils in zwei Versionen angeboten: als portable Version oder als Installationspaket (siehe Abbildung 6.2).

SAP Development Tools — Legal Disclosure | Privacy | Terms of Use | More

HOME ABAP BW **CLOUD** CLOUD INTEGRATION HANA IDM MOBILE SAPUI5

Java		1.0.33	34.1 MB	hdsf-cli-1.0.33.jar (sha1)

Cloud Connector

The Cloud Connector is an optional on-premise component that is needed to integrate on-demand applications with customer backend services and is the counterpart of SAP Connectivity service.
For more information, see the Cloud Connector documentation.
Please check SAP note 2302250 for details about the support strategy of Cloud Connector.
Note: The Portable archives for Cloud Connector are meant for non-productive scenarios only. They can be used even if you don't have administrator permissions on the machine, on which you like to use the Cloud Connector. However, those variants do not support upgrades from previous versions.

Available Cloud Connectors

Operating System*	Architecture	Version	File Size	Download
Linux	ppc64le	2.16.2	91.7 MB	sapcc-2.16.2-linux-ppc64le.zip (sha1)
Linux	x86_64	2.16.2	91.8 MB	sapcc-2.16.2-linux-x64.zip (sha1)
Linux (Portable)	ppc64le	2.16.2	94.1 MB	sapcc-2.16.2-linux-ppc64le.tar.gz (sha1)
Linux (Portable)	x86_64	2.16.2	94.1 MB	sapcc-2.16.2-linux-x64.tar.gz (sha1)
Mac OS X (Portable)	x86_64	2.16.2	94.1 MB	sapcc-2.16.2-macosx-x64.tar.gz (sha1)
Mac OS X (Portable)	aarch64	2.16.2	93.9 MB	sapcc-2.16.2-macosx-aarch64.tar.gz (sha
Windows	x86_64	2.16.2	95.7 MB	sapcc-2.16.2-windows-x64.msi (sha1)
Windows (Portable)	x86_64	2.16.2	93.5 MB	sapcc-2.16.2-windows-x64.zip (sha1)

*Read the prerequisites page of the documentation in order to inform yourself about the supported operating system versions and JVMs.

SAP JVM

The SAP JVM is a prerequisite for local profiling with the SAP JVM Profiler. It is a standard compliant certified JDK, supplemented by additional supportability and developer features and extensive monitoring and tracing facilities. For more information, see the SAP JVM documentation.

Available SAP JVMs

Operating System*	Architecture	Version	File Size	Download
Linux	x86_64	8.1.097	130.0 MB	sapjvm-8.1.097-linux-x64.zip (sha1)
Linux	x86_64	8.1.097	126.0 MB	sapjvm-8.1.097-linux-x64.rpm (sha1)
Linux	ppc64le	8.1.097	128.0 MB	sapjvm-8.1.097-linux-ppc64le.zip (sha1)
Linux	ppc64le	8.1.097	119.0 MB	sapjvm-8.1.097-linux-ppc64le.rpm (sha1)
Mac OS X	x86_64	8.1.097	131.0 MB	sapjvm-8.1.097-macosx-x64.zip (sha1)
Windows	x86_64	8.1.097	162.0 MB	sapjvm-8.1.097-windows-x64.zip (sha1)

*SAP JVM is supported for:
SUSE Linux Enterprise Server 12 and 15; Redhat Enterprise Linux 7 and 8; Oracle Linux 7 and 8; Windows 10; Windows Server 2012, 2012 R2, 2016, 2019 and 2022; Mac OS X 10.14 (Mojave), 10.15 (Catalina), 11 (Big Sur) and 12 (Monterey).

SAP JVM Tools for Neo and CF environment

SAP JVM Tools are Eclipse tools for the Neo and CF environment, which include the SAP JVM Profiler and SAP JVM Debugger.

To install SAP JVM Tools in Eclipse, proceed as follows:

1. Download and install the *Eclipse IDE for Java EE Developers* from Eclipse IDE for Java EE Developers
2. Install the SAP BTP Tools.
   From the Eclipse menu, choose *Help > Install New Software...*
   For *Eclipse Oxygen (4.7)*, add the URL: https://tools.hana.ondemand.com/oxygen
   Then follow the steps of the installation wizard.

Abbildung 6.2 Cloud Connector herunterladen

Nach der Installation des Installationspakets wird der Cloud Connector als Service im Betriebssystem registriert. Nach einem Neustart des Systems wird der Service automatisch gestartet. Das Download-Paket der portablen Version können Sie nach dem Download einfach entpacken und, falls die weiteren Voraussetzungen erfüllt sind, direkt manuell starten. Die portable Version hat jedoch Einschränkungen: Sie verfügt über keinen automatisierten Upgrade-Prozess und kann nicht als Service im Betriebssystem betrieben werden. SAP empfiehlt diese Version daher nicht für den Betrieb in einem produktiven Szenario.

Zur einfacheren Demonstration verwenden wir in diesem Buch die portable Version des Cloud Connectors für Windows. Nach dem Herunterladen und dem Entpacken des entsprechenden Pakets enthält der Ordner die in Abbildung 6.3 dargestellte Struktur.

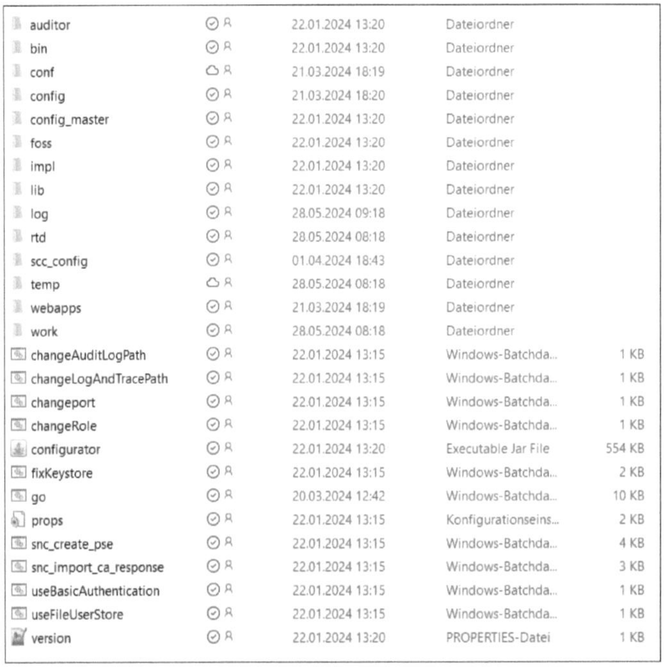

auditor	22.01.2024 13:20	Dateiordner	
bin	22.01.2024 13:20	Dateiordner	
conf	21.03.2024 18:19	Dateiordner	
config	21.03.2024 18:20	Dateiordner	
config_master	22.01.2024 13:20	Dateiordner	
foss	22.01.2024 13:20	Dateiordner	
impl	22.01.2024 13:20	Dateiordner	
lib	22.01.2024 13:20	Dateiordner	
log	28.05.2024 09:18	Dateiordner	
rtd	28.05.2024 08:18	Dateiordner	
scc_config	01.04.2024 18:43	Dateiordner	
temp	28.05.2024 08:18	Dateiordner	
webapps	21.03.2024 18:19	Dateiordner	
work	28.05.2024 08:18	Dateiordner	
changeAuditLogPath	22.01.2024 13:15	Windows-Batchda...	1 KB
changeLogAndTracePath	22.01.2024 13:15	Windows-Batchda...	1 KB
changeport	22.01.2024 13:15	Windows-Batchda...	1 KB
changeRole	22.01.2024 13:15	Windows-Batchda...	1 KB
configurator	22.01.2024 13:20	Executable Jar File	554 KB
fixKeystore	22.01.2024 13:15	Windows-Batchda...	2 KB
go	20.03.2024 12:42	Windows-Batchda...	10 KB
props	22.01.2024 13:15	Konfigurationseins...	2 KB
snc_create_pse	22.01.2024 13:15	Windows-Batchda...	4 KB
snc_import_ca_response	22.01.2024 13:15	Windows-Batchda...	3 KB
useBasicAuthentication	22.01.2024 13:15	Windows-Batchda...	1 KB
useFileUserStore	22.01.2024 13:15	Windows-Batchda...	1 KB
version	22.01.2024 13:20	PROPERTIES-Datei	1 KB

Abbildung 6.3 Ordnerstruktur des Cloud Connectors nach dem Entpacken

Voraussetzungen schaffen

Der Cloud Connector basiert auf *Apache Tomcat*. Tomcat ist ein seit Jahren auf dem Markt befindlicher Webserver. Da dieses Produkt auf Java basiert, ist es zwingend notwendig, dass auf dem entsprechenden Zielrechner für den Betrieb des Cloud Connectors eine Java Virtual Machine (JVM) installiert ist. Es werden aktuell die Versionen SAP JVM 1.8, Oracle JDK 8 sowie SapMachine in der Version 17 (jeweils in der 64-Bit-Version) unterstützt. Installieren Sie daher vor der Verwendung des Cloud Connectors eine JVM in einer der genannten Versionen. SAP stellt auch eine eigene JVM in der Version 1.8 zur Verfügung, die Sie auf der gleichen Seite finden, von der Sie den Cloud Connector heruntergeladen haben (siehe *https://tools.hana.ondemand.com/#cloud*). Auch können Sie SapMachine in der unterstützen Version unter *https://sap.github.io/SapMachine/* herunterladen und installieren. Stellen Sie nach dem Download und der nachfolgenden Installation der JVM sicher, dass die Umgebungsvariable `JAVA_HOME` gesetzt ist. Die Variable muss den Pfad zum Installationsordner der JVM enthalten. Möglicherweise ist auf dem Zielrechner bereits die Variable gesetzt, die auf eine andere Version als die unterstützen Versionen verweist. Ist dies der Fall müssen Sie dafür sorgen, dass der Cloud Connector mit dem für ihn korrekt gesetzten Pfad arbeitet.

[«]

Product Availability Matrix des Cloud Connectors

Weitere Informationen zu den unterstützten Plattformen finden Sie in der *Product Availability Matrix* unter *http://s-prs.de/v1016823*. Interessant ist auch SAP-Hinweis 3302250, der über die Cloud-Connector-Support-Strategie informiert.

Standard-Port ändern

Der Cloud Connector verwendet in der Standardinstallation den Port 8443. Da nicht ausgeschlossen werden kann, dass dieser Port bereits auf dem System verwendet wird, auf dem der Connector installiert ist, kann dieser individuell angepasst werden. Dazu wird mit dem Cloud Connector ein Programm ausgeliefert, das unter Windows unter dem Namen `changeport.bat` erscheint. Der gewünschte Port wird einfach beim Aufruf mitgegeben. Um den Standard-Port von 8443 auf 8445 zu ändern, verwenden Sie z. B. den folgenden Code: `Change Port 8445`.

Cloud Connector konfigurieren

Nach der Installation des Cloud Connectors kann mit dessen initialer Konfiguration begonnen werden. Der Cloud Connector wird, wie bereits erläutert, mit mindestens einem Subaccount des SAP-BTP-Global-Accounts verbunden. Für die Konfiguration dieser Verbindung benötigen Sie zwei Informationen: die *Region*, in der sich Ihr Subaccount befindet, und die sogenannte *Subaccount ID*. Beide Informationen finden Sie im SAP BTP Cockpit. Im Einstiegsbild des SAP BTP Cockpits werden Ihnen alle verfügbaren Subaccounts angezeigt. Wählen Sie bei dem entsprechenden Subaccount den Button mit den drei Punkten aus, und klicken Sie im Menü auf den Eintrag **More Info**. Es werden Ihnen nun weitere Informationen zum Subaccount angezeigt (siehe Abbildung 6.4). Merken Sie sich den Wert im Feld **Region**, und kopieren Sie den Wert des Attributs **Subaccount ID** in die Zwischenablage.

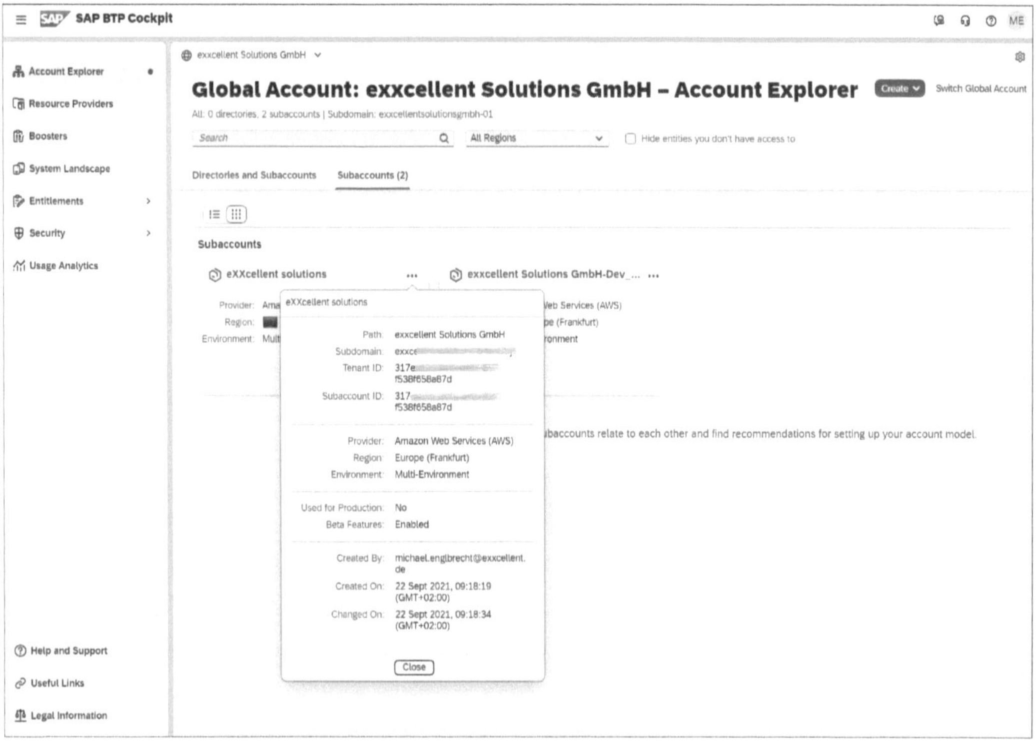

Abbildung 6.4 Details zum Subaccount

Berechtigungen einrichten

Damit die Konfiguration erfolgreich durchgeführt werden kann, muss sichergestellt sein, dass die Nutzerin oder der Nutzer, die oder der den Verbindungsaufbau zwischen Cloud Connector und Subaccount auf der SAP BTP durchführt, über die erforderlichen Rechte verfügt. Nutzer und Nutzerinnen, die eine solche Verbindung einrichten möchten, müssen über die Role Collection **Cloud Connector Administrator** verfügen. Um die Berechtigung zu prüfen, melden Sie sich zunächst am entsprechenden Subaccount in der SAP BTP an. Navigieren Sie nun im Seitenmenü über **Security • Role Collections** zu den in der SAP BTP vorhandenen Role Collections (siehe Abbildung 6.5).

Wählen Sie nun die Role Collection **Cloud Connector Administrator** aus. Auf der rechten Seite öffnen sich die Details der Role Collection. Prüfen Sie nun, ob der relevante Benutzer in der Liste **Users** enthalten ist. Falls dies nicht der Fall ist, klicken Sie auf den Button **Edit** (siehe Abbildung 6.6).

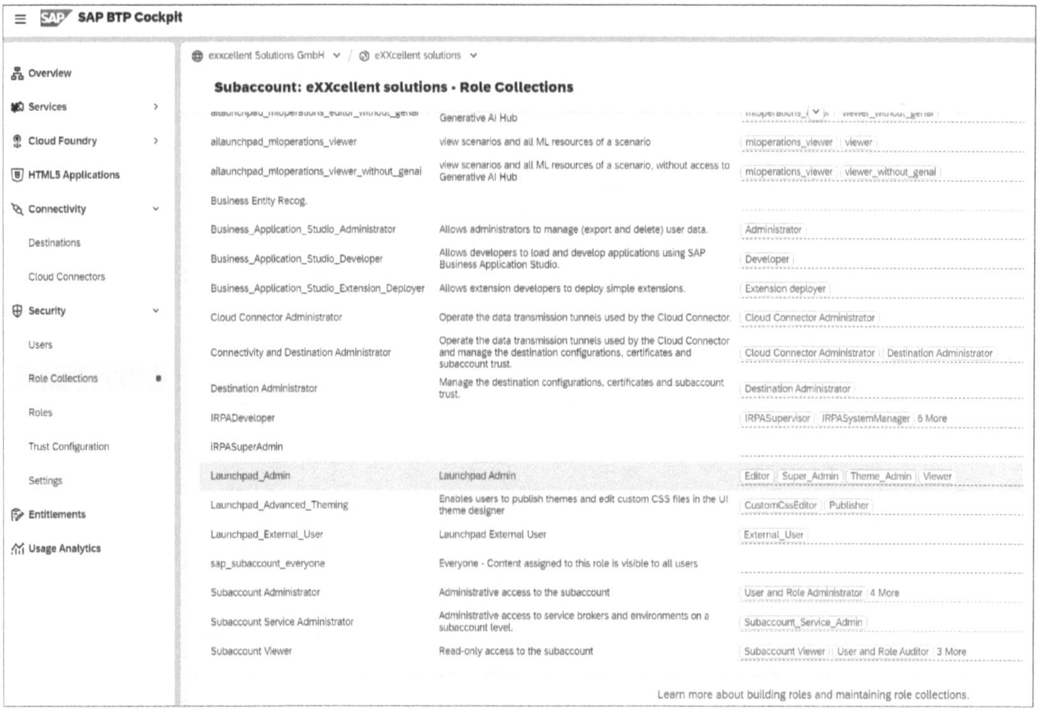

Abbildung 6.5 Role Collections im SAP BTP Cockpit

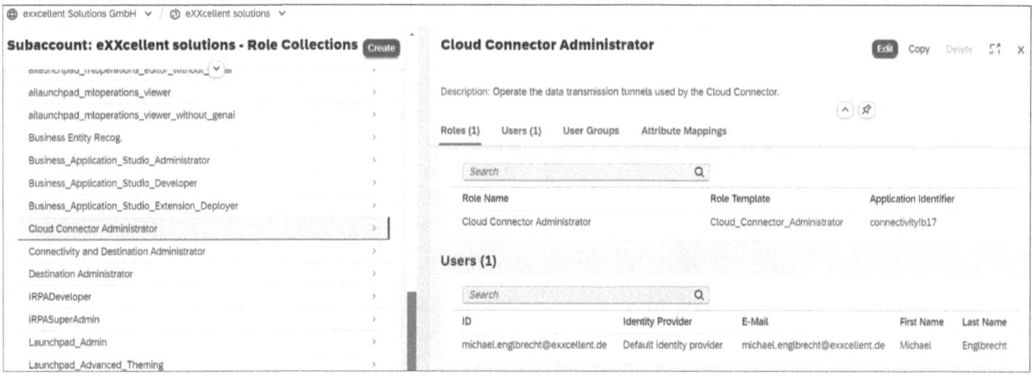

Abbildung 6.6 Role Collection verwalten

Berechtigungen zuweisen

Im Bereich **Users** der Role Collection erscheint eine neue Zeile im Bearbeitungsmodus (siehe Abbildung 6.7).

Geben Sie in das Feld **ID** und in das Feld **E-Mail** die E-Mail-Adresse des Benutzers ein. Wählen Sie je nach aktuellem Stand Ihrer vorliegenden Konfiguration einen zu Ihrer Landschaft passenden Identitätsanbieter (engl. Identity

Provider) aus. In der in diesem Buch verwendeten Landschaft wählen wir den **Default identity provider** der SAP BTP aus. Klicken Sie zum Abschluss auf **Save**.

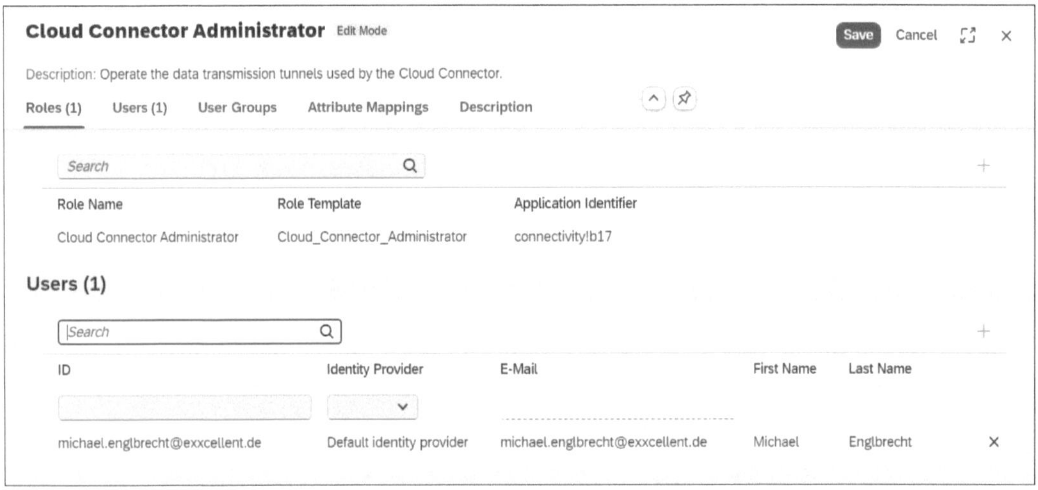

Abbildung 6.7 Role Collection im Bearbeitungsmodus

Nachdem Sie alle Informationen für die initiale Konfiguration des Cloud Connectors zusammengetragen haben, beginnen Sie mit der Konfiguration. Öffnen Sie hierzu ein Browserfenster, und geben Sie die URL *https://localhost:8443* ein. Es öffnet sich die in Abbildung 6.8 gezeigte Anmeldemaske.

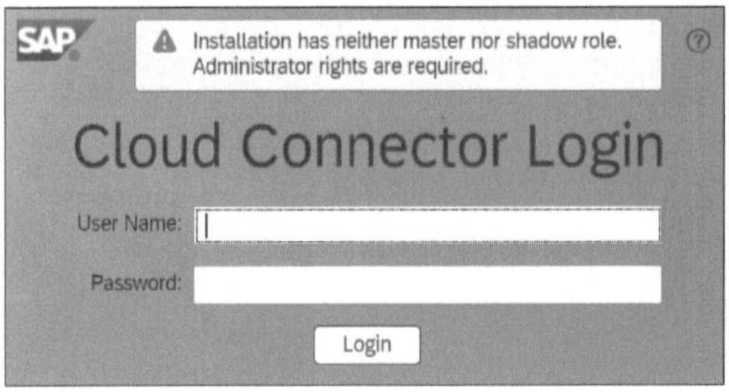

Abbildung 6.8 Anmeldebild des Cloud Connectors

Administratorbenutzer konfigurieren

Geben Sie in das Feld **User Name** den Wert »Administrator« und in das Feld **Password** das initiale Administratorenpasswort »manage« ein. Bestätigen Sie nun den Anmeldeprozess mit einem Klick auf **Login**. Sie werden nach dem erfolgreichen Anmelden im nächsten Schritt dazu aufgefordert, das initiale Passwort des Administratorbenutzers zu ändern. Geben Sie, wie in Abbildung 6.9 gezeigt, in das Feld **Current Passwort** das initiale Passwort »manage« ein. Geben Sie nun in das Feld **New Password** das neue Passwort für den Administratorbenutzer ein, und wiederholen Sie das Passwort im Feld **Repeat New Password**. Bestätigen Sie die Passwortänderung mit einem Klick auf **Save**.

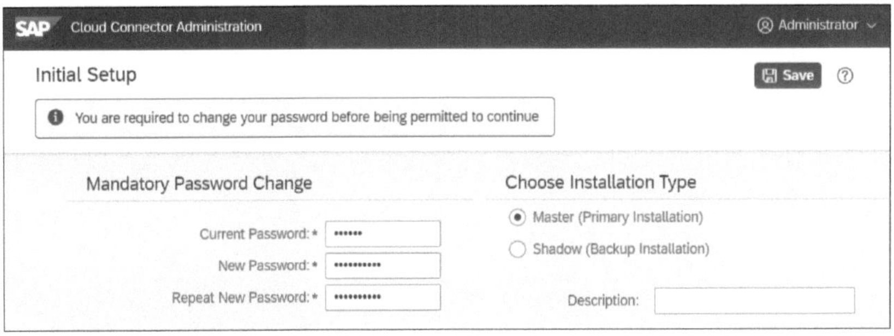

Abbildung 6.9 Passwortänderung

Nach der Änderung des Passworts gelangen Sie auf die initialen Konfigurationsmaske für das Erstellen einer Verbindung zwischen dem Cloud Connector und einem Subaccount der SAP BTP (siehe Abbildung 6.10).

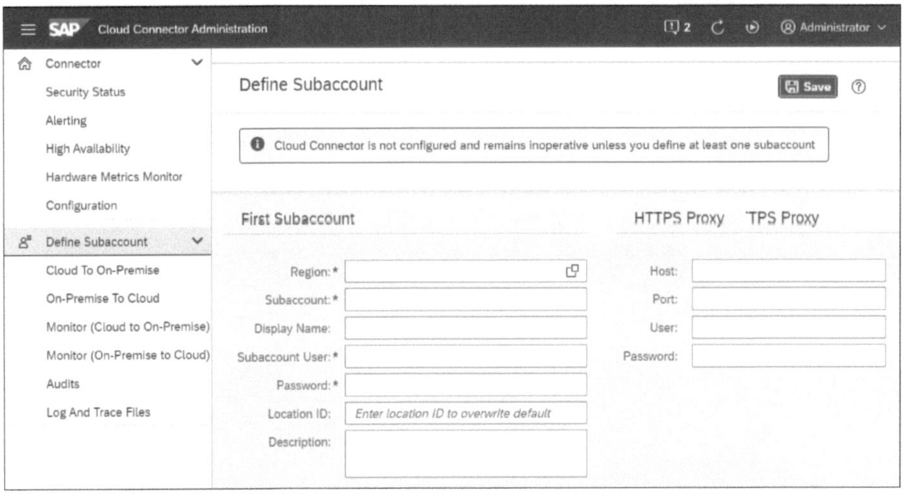

Abbildung 6.10 Initiale Subaccount-Konfigurationsmaske des Cloud Connectors

Wählen Sie zunächst im Feld **Region** die Region aus, in der Ihr Subaccount gehostetet wird. Geben Sie als Nächstes in das Feld **Subaccount** die ID des entsprechenden Subaccounts ein. Füllen Sie das Feld **Login E-Mail** mit der E-Mail-Adresse, die der Role Collection **Connector Administrator** zugewiesen ist, und tragen Sie in das Feld **Password** das dazugehörige Passwort ein. Ihre Eingaben speichern Sie mit einem Klick auf **Save**. Abbildung 6.11 zeigt eine beispielhafte Konfiguration.

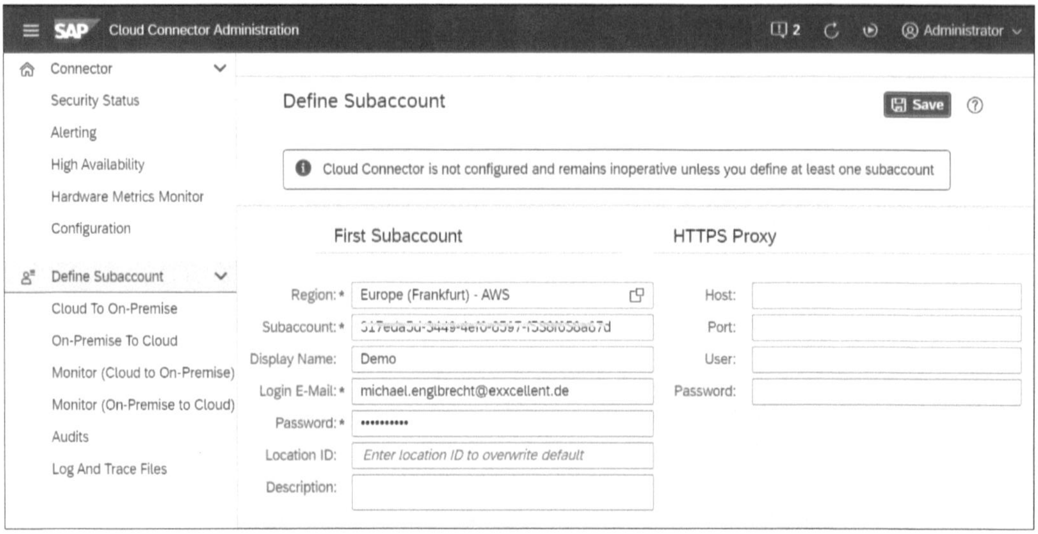

Abbildung 6.11 Subaccounts im Cloud Connector konfigurieren

Nachdem die Verbindung zum Subaccount in der SAP BTP aufgebaut worden ist, wird Ihnen, wie in Abbildung 6.12 gezeigt, eine entsprechende Erfolgsmeldung angezeigt.

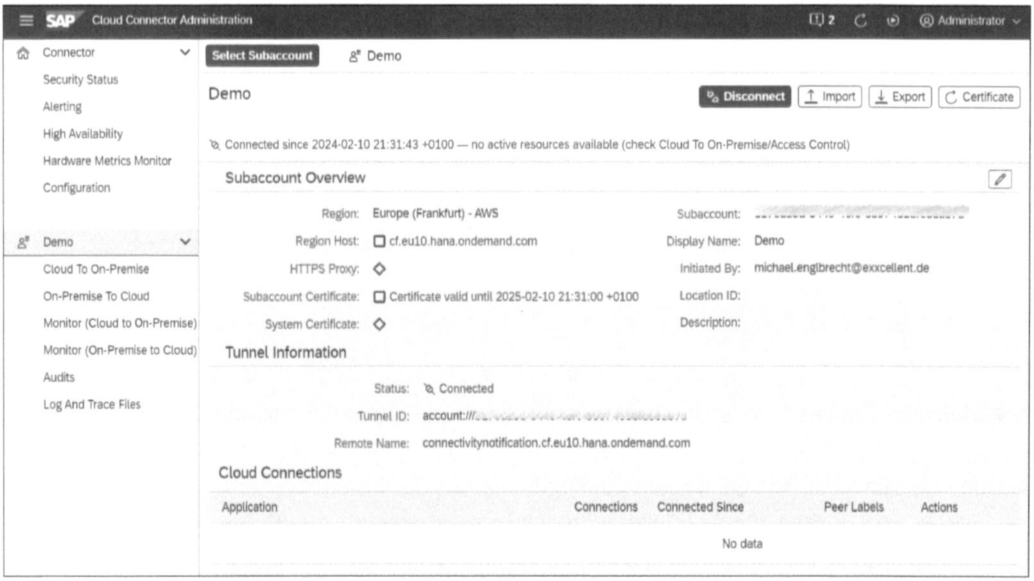

Abbildung 6.12 Verbundener SAP-BTP-Subaccount im Cloud Connector

Verbindung prüfen

Im Subaccount der SAP BTP können Sie ebenfalls prüfen, ob die Verbindung erfolgreich durchgeführt worden ist. Melden Sie sich hierzu an der SAP BTP an, und navigieren Sie zu dem genutzten Subaccount. Wählen Sie im Anschluss den Pfad **Connectivity • Cloud Connectors**. Sie erhalten nun eine Übersicht der aktuell bestehenden Cloud-Connector-Verbindungen. Abbildung 6.13 zeigt eine solche Übersicht.

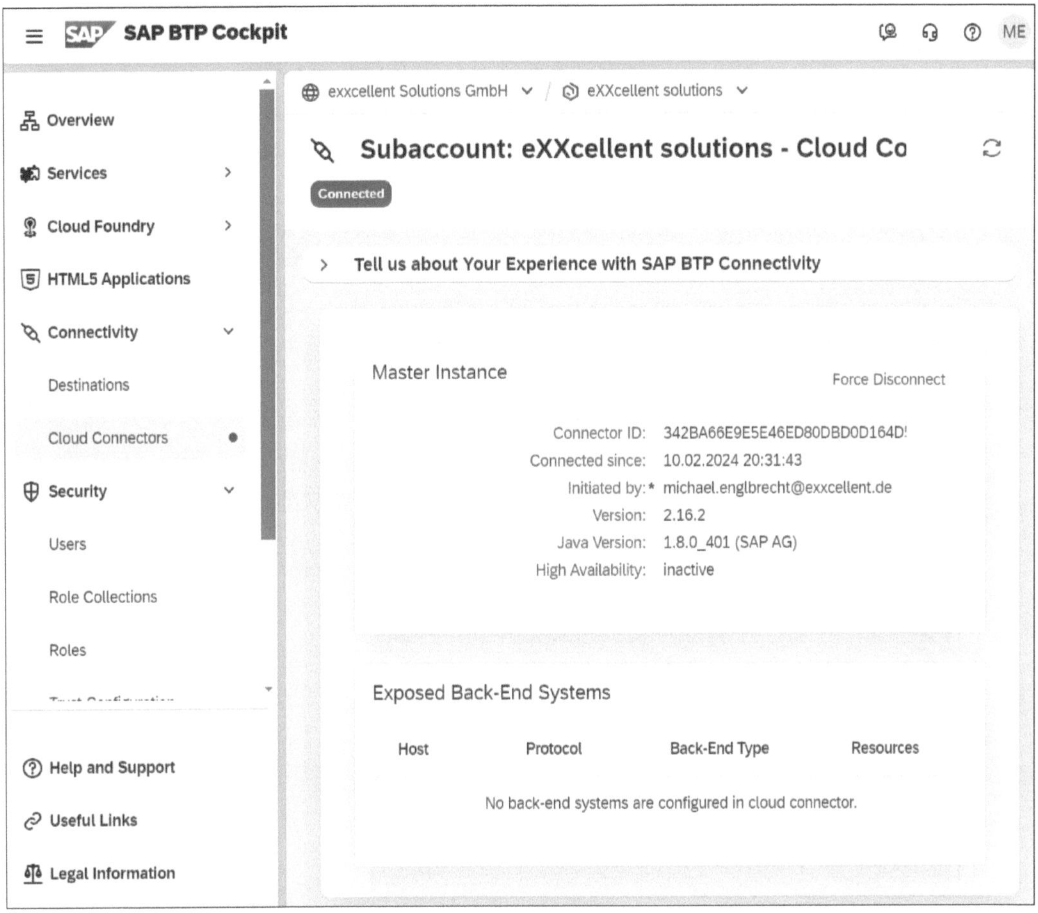

Abbildung 6.13 Cloud-Connector-Verbindungen in der SAP BTP

6.2.2 Überblick über die Administration

In diesem Abschnitt geben wir Ihnen einen kurzen Überblick über die grundlegenden administrativen Aspekte des Cloud Connectors.

Menüpunkt »Security Status«

Sicherheit ist für Unternehmen von großer Bedeutung. Zur Überwachung der sicherheitsrelevanten Aspekte im Cloud Connector wird über den Menüpunkt **Security Status** ein allgemeiner Überblick über den bzw. die aktuellen Sicherheitsstatus Auskunft gegeben. Abbildung 6.14 zeigt die Administrationsoberfläche. Die dort dargestellten Informationen sind in zwei Bereiche unterteilt. Der obere Teil mit der Überschrift **General Security Status** ist subaccountunabhängig. Über den Pfeil-Button [>] am Ende der Zeilen [>] navigieren Sie zu dem jeweiligen Administrationsbereich auf der Cloud-Connector-Oberfläche. Je nach Meldungsart gibt es auch noch die Möglichkeit, in den Meldungsdetails über den Stift-Button [✎] direkt in den Bearbeitungsmodus eines Bereichs zu wechseln. Der untere Teil mit der Überschrift **Subaccount-Specific Security Status** gibt sicherheitsrelevante Informationen zu den konfigurierten Subaccounts. Je nach Version des Cloud Connectors erhalten Sie auch hier die Möglichkeit, zum jeweiligen Subaccount zu navigieren bzw. diesen zu bearbeiten.

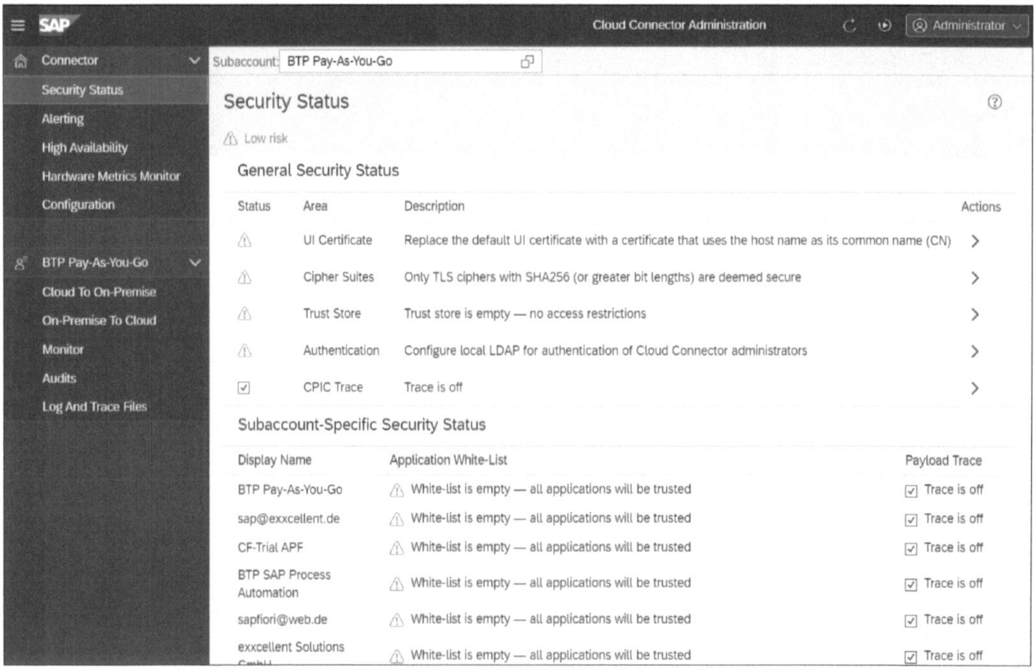

Abbildung 6.14 Sicherheitshinweis im Cloud Connector

Konfiguration

Im Menüpunkt **Configuration** können, wie in Abbildung 6.15 gezeigt, folgende Aspekte konfiguriert werden:

- User Interface
- Alerting
- Logs und Traces

Zunächst sehen wir uns das User Interface an. Im Bereich **Configuration** finden Sie auf der Registerkarte **USER INTERFACE** die Konfigurationseinstellungen, die die Benutzeroberfläche des Cloud Connectors betreffen.

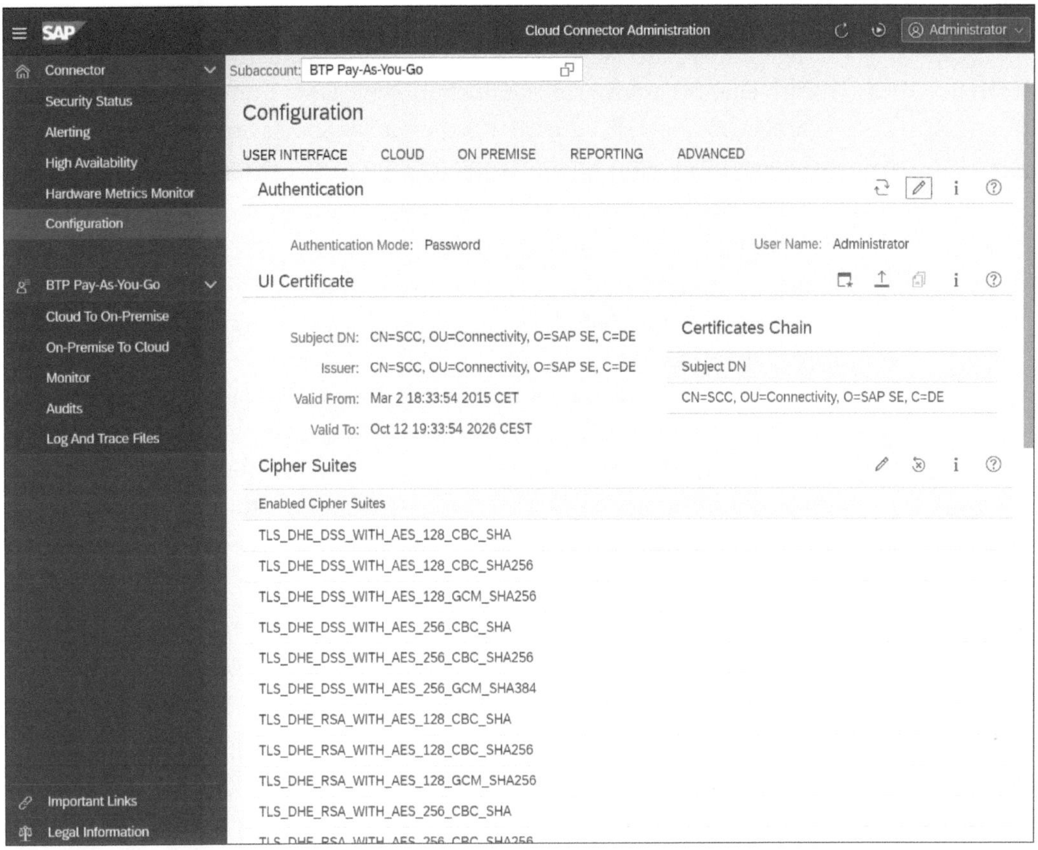

Abbildung 6.15 Konfigurationsbereich des Cloud Connectors

Benutzernamen ändern

Im Bereich **User Administration** können Sie zum einen den Benutzernamen und das Passwort des Benutzers mit den Administrationsrechten ändern. Klicken Sie dazu auf den Stift-Button . Im daraufhin erscheinenden Dialog können Sie zum einen den Benutzernamen ändern, der standardmäßig `Administrator` lautet. Zum anderen können Sie auch das Passwort ändern, das bei der ersten Anmeldung festgelegt worden war.

LDAP-Konfiguration

Der Cloud Connector unterstützt neben der Authentifizierung über einen im Cloud Connector konfigurierten Benutzer mit Administratorenrechten auch die Verwendung von Lightweight Directory Access Protocol (LDAP). Um auf LDAP umzustellen, klicken Sie im Bereich **Authentication** auf den Button . Geben Sie anschließend die Verbindungsinformationen zum LDAP-Server ein. Benutzer, die den Cloud Connector administrieren dürfen, müssen entweder der Gruppe `admin` oder `sccadmin` angehören. Benutzer, die nur Lesezugriff haben, müssen der Gruppe `sccdisplay` oder `sccmonitoring` zugeordnet sein. Die Verwendung von LDAP hat den wesentlichen Vorteil, dass eine differenzierte Handhabung von Lese- und Änderungsberechtigungen möglich ist. Zudem kann die Berechtigungsverwaltung an zentraler Stelle erfolgen und entsprechend pro Benutzer durchgeführt werden.

Empfehlung

Die Verwendung eines zentral im Cloud Connector hinterlegten Benutzers ist für den produktiven Betrieb eher nicht zu empfehlen. Die Nachvollziehbarkeit von Änderungen ist ein wichtiger Aspekt und in großen und komplexen Systemlandschaften elementar. Auch der Entzug von Berechtigungen wird durch die zentrale Steuerung deutlich vereinfacht. Der Gegenentwurf dazu wäre beispielsweise, dass, wenn einem Mitarbeiter die Administrationsrechte entzogen werden sollen, das zentral im Cloud Connector verwaltete Passwort geändert werden muss. Falls im Unternehmen keine Software zur zentralen Verwaltung von Passwörtern eingesetzt wird, müssten alle betroffenen Mitarbeiter im Unternehmen über die Änderung informiert werden.

Authentifizierungsmethode ändern

Standardmäßig verwendet der Cloud Connector die Anmeldung mit Benutzernamen und Passwort. Wenn Sie eine zertifikatsbasierte Anmeldung bevorzugen, können Sie dies über den Pfad **USER INTERFACE • Authentication** ändern. Klicken Sie hierzu auf den Button, und legen Sie das User Mapping sowie die akzeptierten Zertifikate fest.

UI-Zertifikat

Die Kommunikation zwischen der Benutzeroberfläche des Cloud Connectors und dem Cloud-Connector-Backend ist standardmäßig verschlüsselt. Dazu wird ein *selbst signiertes Zertifikat* verwendet, auch UI-Zertifikat genannt. Aus Sicherheitsgründen wird empfohlen, das selbst signierte Zertifikat durch ein eigenes Zertifikat zu ersetzen. Um einen Zertifikatsantrag zu erstellen, klicken Sie auf den Button und füllen das Formular aus. Zum Abschluss klicken Sie auf **GENERATE**. Speichern Sie den Antrag, und verwenden Sie ihn, um ein Zertifikat zu erzeugen. Laden Sie anschließend das neu erzeugte Zertifikat mit einem Klick auf den Button in den Cloud Connector hoch.

Im Bereich **Ciper Suites** können Sie außerdem noch die erlaubten Cipher Suites konfigurieren (siehe Abbildung 6.15). Im Bereich **Login Screen Information** können Sie, falls gewünscht, die Seite des Anmeldedialogs des Cloud Connectors mit einem eigenen Willkommenstext versehen. Eine beispielhaft angepasste Anmeldemaske sehen Sie in Abbildung 6.16.

Abbildung 6.16 Angepasste Anmeldemaske des Cloud Connectors

Alerting

Wenn Sie nun im Seitenmenü den Eintrag **Alerting** anklicken, wird Ihnen der Bereich angezeigt, in dem Sie Meldungen sehen, die Ihnen Hinweise darauf geben können, dass der Cloud Connector fehlerhaft konfiguriert worden bzw. eine Situation aufgetreten ist, die eine fehlerfreie Arbeit verhindert (siehe Abbildung 6.17). Wie Sie sehen, sind in unserem Beispiel Probleme bei den konfigurierten Subaccount-Verbindungen aufgetreten.

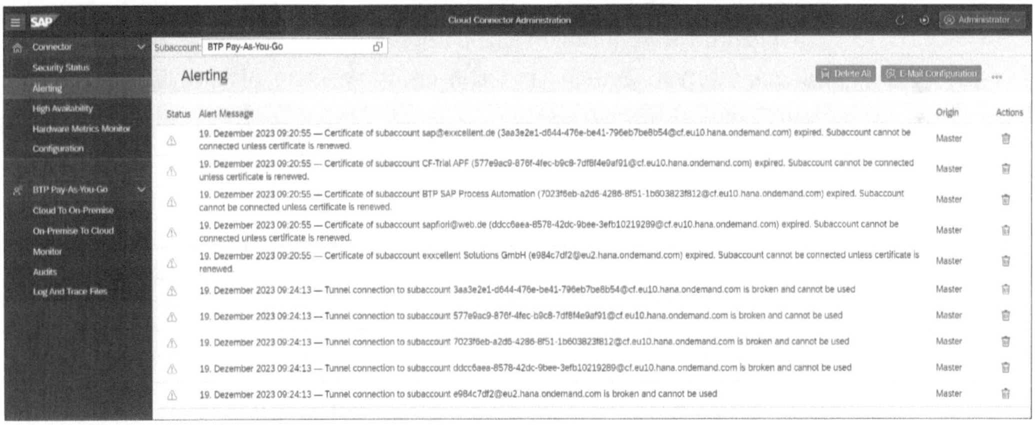

Abbildung 6.17 Übersicht über die Fehlersituationen im Cloud Connector

E-Mail-Benachrichtigung

Damit die für den reibungslosen Betrieb des Cloud Connectors zuständigen Mitarbeiter nicht permanent aktiv im Bereich **Alerting** nachschauen müssen, ob ein Fehler aufgetreten ist, kann der Cloud Connector eine Benachrichtigung via E-Mail versenden. Um dies einzurichten, klicken Sie auf den Button **E-Mail Configuration** und füllen Sie das in Abbildung 6.18 gezeigte

Formular aus. Klicken Sie im Anschluss auf **Save & Test**, um Ihre Konfiguration zu testen. Sie erhalten daraufhin eine Testbenachrichtigung.

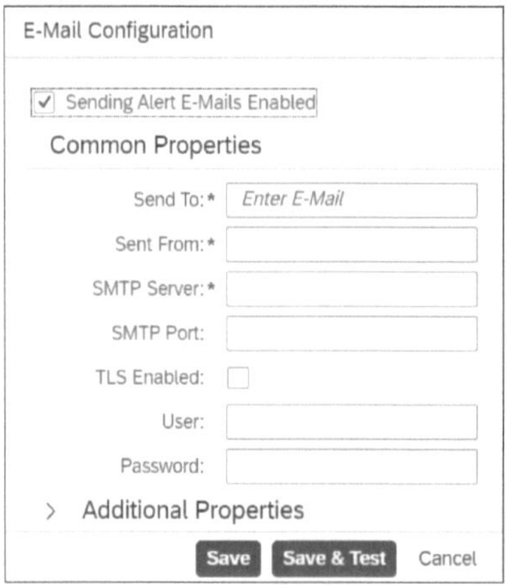

Abbildung 6.18 E-Mail-Benachrichtigung konfigurieren

Button »Observation Configuration«

Nicht jede vermeintliche Fehlersituation ist für den Administrator oder die Administratorin ein Grund zum Handeln. Der Cloud Connector bietet daher die Möglichkeit, kundenindividuell festzulegen, welche Aspekte protokolliert werden sollen. Zur Konfiguration klicken Sie auf den Button **Observation Configuration**. Sie können dann individuell festlegen, welche Situationen geprüft werden sollen (siehe Abbildung 6.19). Über das Attribut **Health Check Interval** können Sie festlegen, in welchen Abständen die Prüfung durchgeführt werden soll.

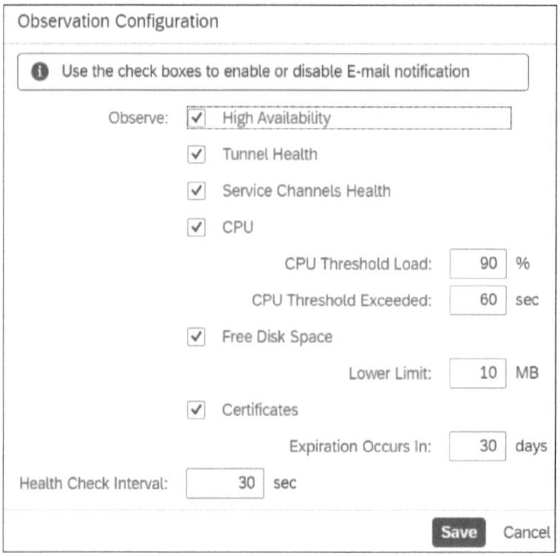

Abbildung 6.19 Überwachungsparameter konfigurieren

Logs und Traces

Bei der Kommunikation zwischen SAP BTP, Cloud Connector und angebundenem Backend-System kann es unter Umständen zu Fehlern in der Kommunikation kommen, z. B. weil die Konfiguration fehlerhaft ist, Zertifikate abgelaufen sind oder sonstige Fehler während der Laufzeit aufgetreten sind. Um den Fehlern auf die Spur zu kommen, können auf der Ebene der jeweiligen Subaccount-Konfiguration unter **<Name der Konfiguration> • Log And Trace Files** die Log-Dateien über eine eingebaute Ansicht bzw. auf den lokalen Rechner heruntergeladen werden. Es zeigt sich die in Abbildung 6.20 gezeigte Ansicht **Log And Trace Files**.

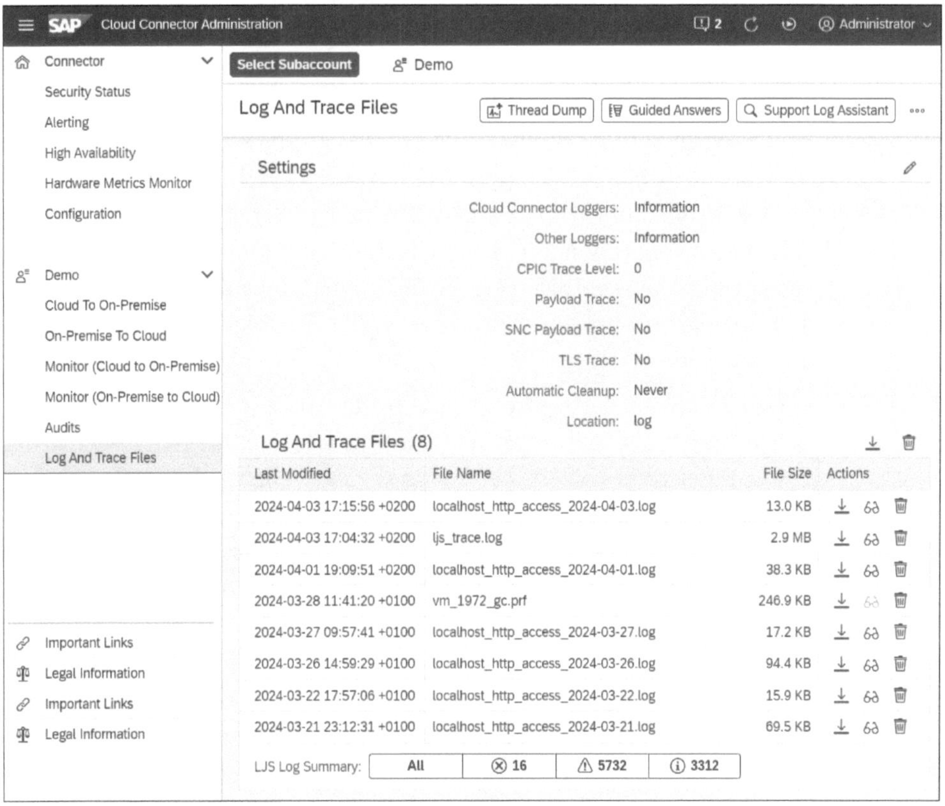

Abbildung 6.20 Ansicht »Log And Trace Files« des Cloud Connectors

Möglicherweise treten bei der Verwendung des Cloud Connectors Fehler im Antwortverhalten oder sonstige Fehler auf, die nichts mit der Kommunikation zwischen SAP BTP und Cloud Connector zu tun haben, sondern eher mit der Ausführungsumgebung, der virtuellen Maschine von Java (JVM). Um solchen Fehlern auf die Spur zu kommen, kann ein sogenannter *Thread Dump* erzeugt werden. Ein Thread Dump liefert einen aktuellen Abzug des aktuellen Zustands eines laufenden Java-Prozesses. Die Erzeugung wird über den Button **Thread Dump** angestoßen (siehe Abbildung 6.20). Nachdem Sie den zwischengeschalteten Dialog bestätigt haben, wird der Dump erzeugt und in eine Datei mit dem Präfix »vm« geschrieben.

Guided Answers

Neben dem Button **Thread Dump** finden Sie auch den Button **Guided Answers**. Über diesen gelangen Sie auf eine Webseite, auf der SAP wertvolle Tipps und Tricks zu verschiedenen Themenbereichen wie z. B. Installation, initiale Konfiguration oder Fehleranalyse gibt. Sie können Sie die Seite natürlich auch direkt über die URL *http://s-prs.de/v1016824* aufrufen.

Support Log Assistant

Die von den verschiedenen SAP-Produkten produzierten Log-Dateien sind nicht immer selbsterklärend. SAP versucht, beim Verstehen der Dateien zu helfen. Dazu steht der *Support Log Assistant* zur Verfügung. Sie können den Assistenten über den Button **Support Log Assistant** aufrufen oder direkt über die URL *http://s-prs.de/v1016825*. Von der Webseite können Log-Dateien hochgeladen und mit dem Werkzeug analysiert werden.

Wie Sie in Abbildung 6.20 sehen, wird im oberen Bereich der Oberfläche die aktuelle Konfiguration angezeigt. Die Konfiguration kann individuell angepasst werden. Den Dialog für die individuelle Einstellung rufen Sie über den Stift-Button auf. Dort können Sie die folgenden Anpassungen durchführen:

- **Cloud Connector Loggers**: Über diese Einstellungen wird der Ereignislevel festgelegt. Hier geben Sie an, welche Schwere von Ereignissen in der Log-Datei protokolliert werden soll. Eingestellt werden kann, ob beispielsweise nur Fehler (**Error**), Warnungen (**Warnings**) oder Informationen (**Information**) protokolliert werden sollen. Auch ist es möglich, das Protokollieren gänzlich abzustellen oder alle Arten von Ereignissen zu protokollieren.
- **Other Loggers**: Diese Einstellung passt den Log-Level für alle anderen zur Laufzeit verfügbaren Java-Logger an. Ändern Sie diese Stufe nur, wenn Sie der SAP-Support dazu auffordert. Wenn der Level höher als **Information** eingestellt ist, wird eine große Anzahl von Trace-Einträgen erzeugt.
- **CPIC Trace Level**: Diese Einstellung ermöglicht Ihnen die Einstellung eines Levels zwischen 0 und 3 und liefert Traces für die CPIC-basierte RFC-Kommunikation mit ABAP-Systemen.
- **Payload Trace**: Diese Einstellung dient zur Aktivierung des Payload Trace. Wenn der Payload Trace für einen Subaccount aktiv ist, wird der gesamte HTTP- und RFC-Verkehr, der durch den Tunnel für diesen Subaccount und über diesen Cloud Connector läuft, in Dateien mit dem Namen *traffic_trace_<subaccount id>_on_<regionhost>.trc* aufgezeichnet. Dies ist hilfreich, wenn Sie verstehen müssen, welche Informationen zwischen den beteiligten Systemen ausgetauscht wurden.

- **SNC Payload Trace**: Wenn die Payload-SNC-Verfolgung für ein Konto aktiv ist, wird der gesamte RFC-SNC-basierte Verkehr, der einen Servicekanal dieses Kontos durchläuft (der durch diesen Cloud Connector verläuft), in Dateien mit dem Namen *payload_snc_trace_<account id>_on_<landscapehost>.trc* verfolgt. Dies ist hilfreich, wenn Sie Probleme mit der SNC-Terminierung im Cloud Connector verstehen müssen.
- **SSL Trace**: Wenn der SSL-Trace aktiv ist, enthält die Datei **ljs_trace.log** Informationen zur SSL-geschützten Kommunikation. Um eine Änderung dieser Einstellung zu aktivieren, ist ein Neustart erforderlich. Aktivieren Sie diesen Trace nur, wenn Sie vom SAP-Support dazu aufgefordert werden. Denn der Trace hat eine hohe Auswirkung auf die Leistung, da er eine große Menge an Traces erzeugt.
- **TLS Trace**: Diese Einstellung ist hilfreich bei der Analyse von TLS-Handshake-Fehlern von Cloud Connector zu Cloud oder von Cloud Connector zu Backend. Sie sollte wieder ausgeschaltet werden, sobald das Problem reproduziert und in den Traces aufgezeichnet worden ist.
- **Automatic Cleanup**: Mit der automatischen Bereinigung können Sie alte Trace-Dateien entfernen, die über einen längeren Zeitraum als das konfigurierte Intervall nicht geändert wurden. Sie können aus einer Liste von vordefinierten Zeiträumen wählen. Die Standardeinstellung ist **Never**.

Im Bereich mit der Überschrift **Log and Trace Files** werden die bis dahin erzeugten Protokolldateien aufgelistet. Wie Sie Abbildung 6.21 entnehmen können, werden unterschiedliche Protokolldateien aufgelistet.

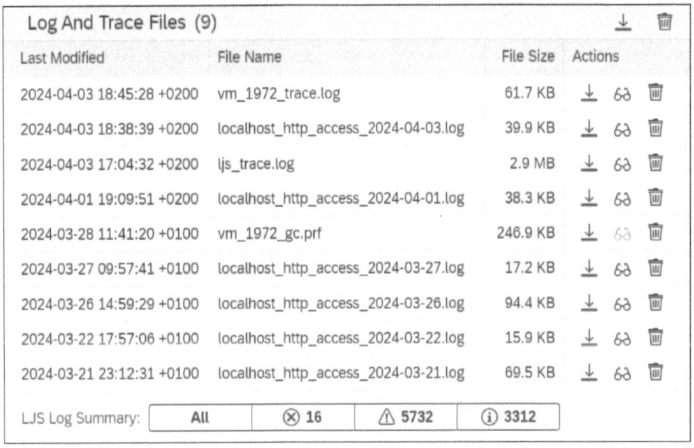
Log And Trace Files (9)

Last Modified	File Name	File Size	Actions
2024-04-03 18:45:28 +0200	vm_1972_trace.log	61.7 KB	
2024-04-03 18:38:39 +0200	localhost_http_access_2024-04-03.log	39.9 KB	
2024-04-03 17:04:32 +0200	ljs_trace.log	2.9 MB	
2024-04-01 19:09:51 +0200	localhost_http_access_2024-04-01.log	38.3 KB	
2024-03-28 11:41:20 +0100	vm_1972_gc.prf	246.9 KB	
2024-03-27 09:57:41 +0100	localhost_http_access_2024-03-27.log	17.2 KB	
2024-03-26 14:59:29 +0100	localhost_http_access_2024-03-26.log	94.4 KB	
2024-03-22 17:57:06 +0100	localhost_http_access_2024-03-22.log	15.9 KB	
2024-03-21 23:12:31 +0100	localhost_http_access_2024-03-21.log	69.5 KB	

LJS Log Summary: All | 16 | 5732 | 3312

Abbildung 6.21 Übersicht der vorhandenen Protokolldateien

Die Liste kann variieren, je nachdem, was Sie bei den soeben beschriebenen Einstellungen eingegeben haben.

Die Protokolldateien können über den Button [⤓] auf den Rechner geladen und lokal analysiert werden. Nach dem Download einer gepackten Datei kann diese nach dem Entpacken mit einem herkömmlichen Texteditor geöffnet und entsprechend begutachtet werden.

Auch bietet der Cloud Connector die Möglichkeit, die Datei direkt auf der Connector-Oberfläche zu öffnen. Klicken Sie hierzu auf den Button mit dem Brillengestell [👓]. Es öffnet sich daraufhin ein Dialog mit einer Cloud-Connector-internen Darstellung. Abbildung 6.22 zeigt die interne Darstellungsmöglichkeit. Sie können sich mehr oder weniger bequem durch die einzelnen Seiten der Protokolldatei bewegen. Über die Buttons **Page 1** bis **Page n** können Sie sich seitenweise durch das Protokoll bewegen.

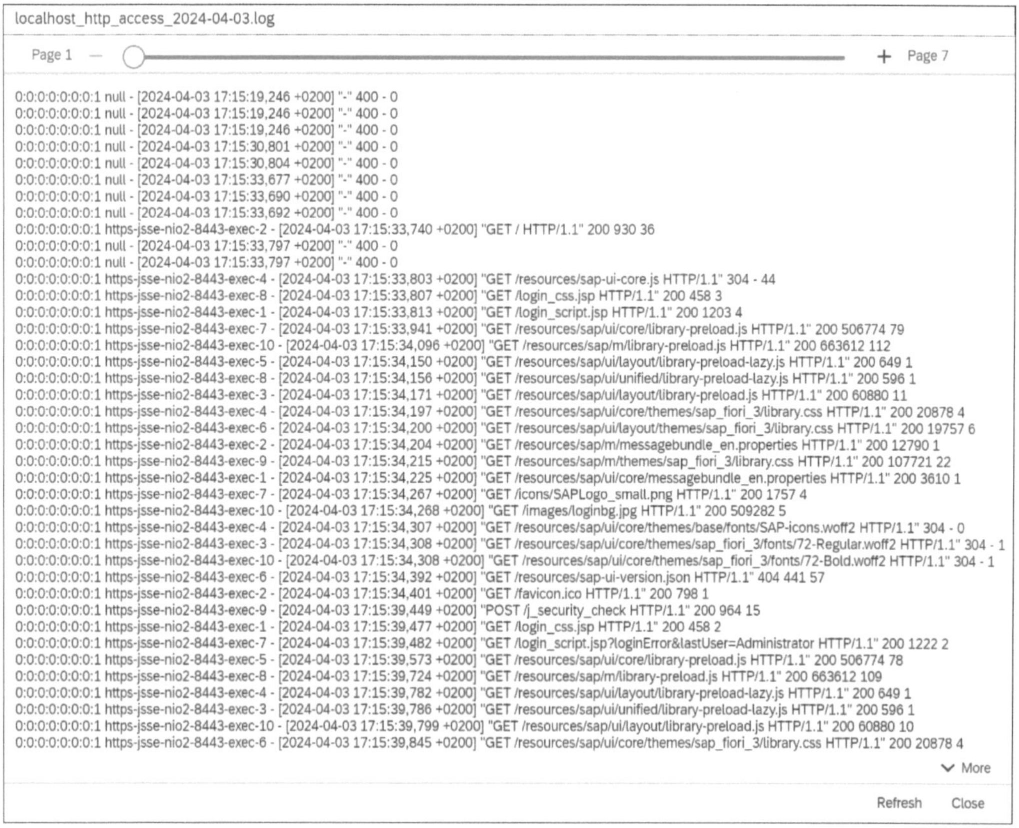

Abbildung 6.22 Interner Log Viewer des Cloud Connectors

6.3 Konfiguration von Verbindungen

Nachdem die initiale Verbindung zwischen Cloud Connector und SAP-BTP-Subaccount hergestellt worden ist, kann die eigentlichen Konfiguration eines Kommunikationskanals zwischen dem SAP-BTP-Subaccount und einem konkreten On-Premise-System oder zwischen einem konkreten On-Premise-System und der SAP BTP durchgeführt werden. In diesem Abschnitt konfigurieren wir nach einer kurzen Einführung in die Konfigurationsmöglichkeiten eine Verbindung zwischen einem Subaccount der SAP BTP und einem SAP-S/4HANA-System.

6.3.1 Einführung in die Konfiguration von Verbindungen

Wie einführend beschrieben, unterstützt der Cloud Connector zwei Anwendungsfälle für die Integration von Systemen:

- Im ersten Anwendungsfall muss von der SAP BTP auf ein On-Premise-System zugegriffen werden. Dies könnte z. B. dann der Fall sein, wenn auf der SAP BTP eine Anwendung bereitgestellt ist, die Daten über einen On-Premise-OData-Service konsumieren muss. Hierzu erstellen Sie ein sogenanntes System-Mapping. Ein System-Mapping ist eine Konfiguration eines sogenanntes virtuellen Systembezeichners zu einem konkreten System in der On-Premise-Landschaft. Aus der SAP BTP heraus wird dann mit dem virtuellen Systembezeichner gearbeitet; die Anfragen an diesen werden entsprechend an das interne System weitergeleitet.
- Der zweite Anwendungsfall liegt in der entgegengesetzten Richtung: Ein On-Premise-System möchte einen Service aus der SAP BTP verwenden. Auch hier kann der Cloud Connector als On-Premise-Proxy verwendet werden. Ein denkbares Szenario ist, dass auf der SAP BTP eine SAP-HANA-Datenbank durch eine Cloud-Anwendung mit Daten befüllt wird, und diese Daten auch on-premise genutzt werden sollen.

Abbildung 6.23 zeigt die von dem Cloud Connector angebotenen Kanaltypen; die Auswahl des Kanaltyps ist der erste Schritt bei der Anlage eines neuen Kanals und wird über den Plus-Button [+] gestartet.

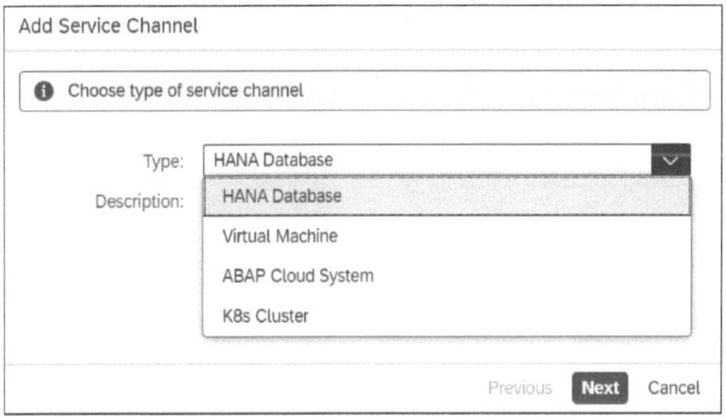

Abbildung 6.23 Unterstützte Servicekanaltypen im Cloud Connector

6.3.2 Konfiguration eines System-Mappings

Die Konfiguration der Verbindung beginnt mit der Bereitstellung eines System-Mappings im Cloud Connector. Hierzu gehen wir in der zuvor konfigurierten Subaccount-Verbindung auf den Menüpunkt **Cloud To On-Premise** (siehe Abbildung 6.24).

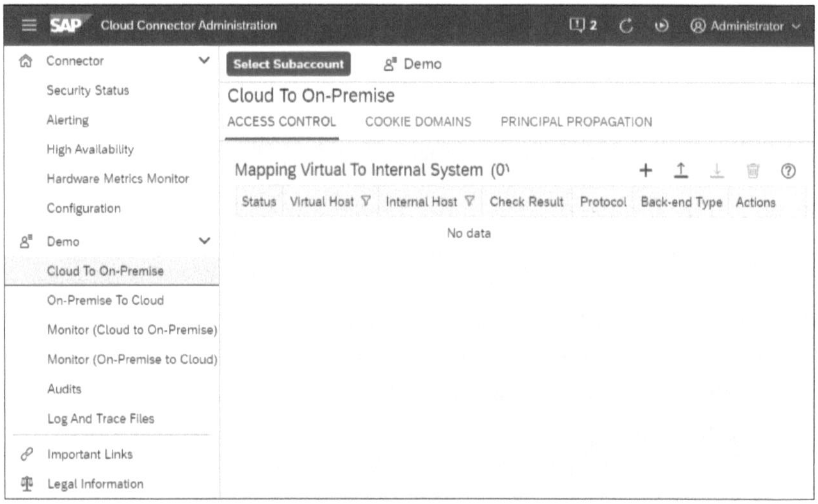

Abbildung 6.24 Konfigurationsmaske des Cloud-to-on-Premise-System-Mappings

Um eine neue Systemzuordnung anzulegen, klicken Sie auf den Plus-Button in der Werkzeugleiste. Es öffnet sich der in Abbildung 6.25 gezeigte Dialog. Zunächst müssen Sie den Backend-Typ auswählen. Der Cloud Connector bietet eine größere Menge an Systemarten an. Je nach eingestellter Systemart werden in den folgenden Dialogschritten entsprechend andere Konfigurationsvarianten angeboten. Da wir ein SAP-S/4HANA-System anbinden möchten, wählen wir, wie in der Abbildung gezeigt, den Eintrag **ABAP System** aus.

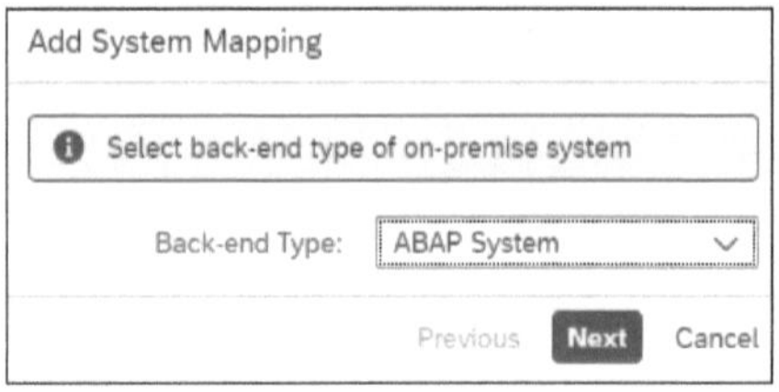

Abbildung 6.25 Backend-Typ auswählen

Bestätigen Sie nach der Auswahl den Dialog mit **Next**. Als Nächstes werden Sie zur Auswahl des Kommunikationsprotokolls aufgefordert (siehe Abbildung 6.26). In unserem Beispiel nutzen wir **HTTPS** als Protokoll. Wählen Sie also den entsprechenden Eintrag aus, und bestätigen Sie mit **Next**.

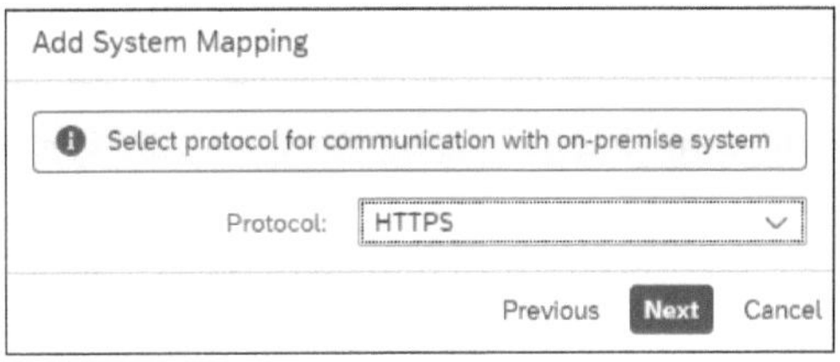

Abbildung 6.26 Kommunikationsprotokoll auswählen

Im nächsten Schritt geben Sie den internen Host-Namen des SAP-Systems sowie den HTTPS-Port ein. Falls Sie im Dialog zuvor ein anderes Protokoll als HTTP ausgewählt haben, geben Sie natürlich den zum Protokoll korrespondierenden Port an. Nachdem Sie die für Ihre Landschaft passenden Parameter eingegeben haben, bestätigen Sie den in Abbildung 6.27 gezeigten Dialog über den Button **Next**.

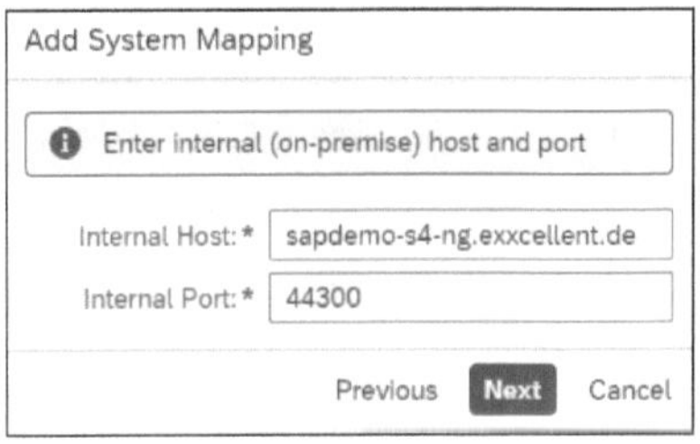

Abbildung 6.27 Internen Host eingeben

Im nächsten Dialogschritt werden Sie dazu aufgefordert, den virtuellen Host sowie den virtuellen Port einzugeben. Bei den eingegebenen Werten handelt es sich um fiktive, man könnte sagen, ausgedachte Werte, die nicht mit echten Host- bzw. den Port-Informationen korrespondieren müssen. Mit den eingegebenen Werten wird das konfigurierte System an der SAP BTP registriert und entsprechend verwendet. Wir befüllen, wie in Abbildung 6.28 gezeigt, die beiden Eingabefelder und bestätigen mit **Next**.

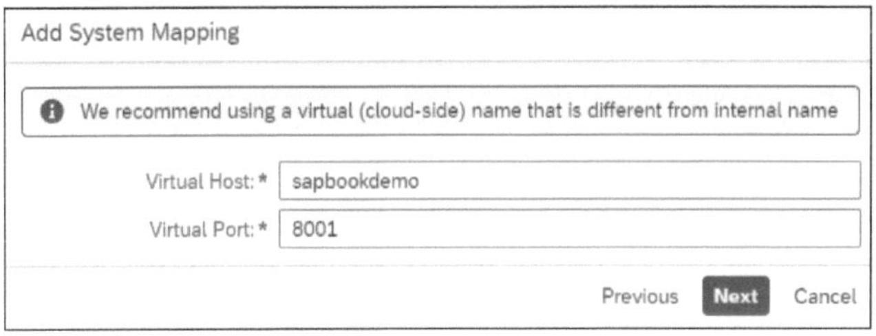

Abbildung 6.28 Virtuellen Host eingeben

Die beiden folgenden Dialogschritte bestätigen Sie zunächst mit **Next**.

Im nächsten Dialogschritt können Sie eine Beschreibung eingeben; in unserem gezeigten Beispiel verzichten wir darauf und bestätigen direkt mit **Next**. Zum Abschluss der Eingaben wird eine Zusammenfassung der wichtigsten Parameter angezeigt (siehe Abbildung 6.29). Sie schließen den Dialog mit **Finish** ab.

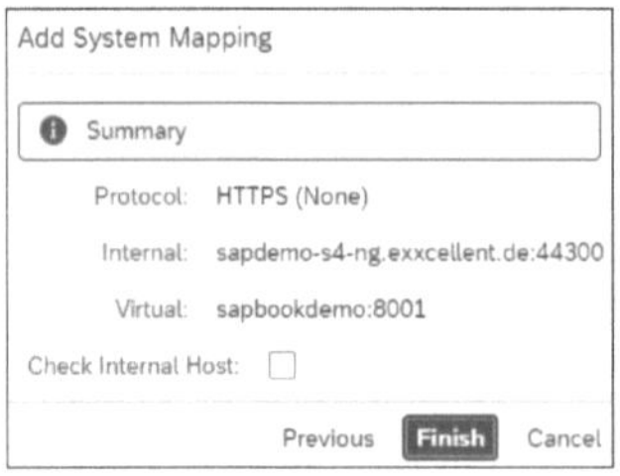

Abbildung 6.29 Übersicht über die erfassten Verbindungsdaten

Nachdem Sie die Datenerfassung beendet haben, stellt sich das Mapping wie in Abbildung 6.30 dar. Um zu prüfen, ob das System über die unter **Internal Host** und **Protocol** angezeigten Informationen erreichbar ist, können wir über den Button einen Verbindungstest durchführen. Das Ergebnis des Tests wird in der Spalte **Check Result** angezeigt.

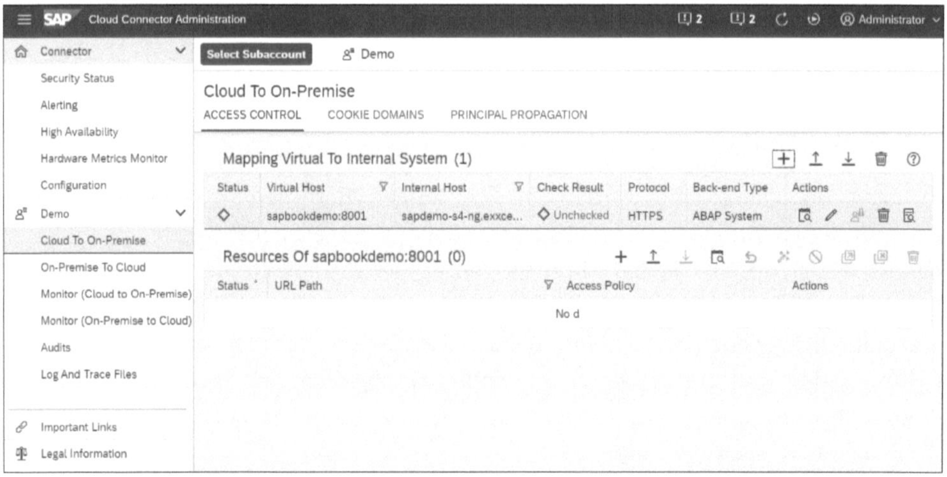

Abbildung 6.30 System-Mapping im Cloud Connector konfigurieren

Wie Sie in Abbildung 6.30 sehen können, wird in der Spalte **Status** ein graues Symbol angezeigt. Wenn Sie mit dem Cursor über dieses Icon fahren, wird Ihnen der Tooltip »There are no accessible resources« angezeigt. Dieser Warnhinweis deutet daraufhin, dass Konsumenten zwar prinzipiell das System in der SAP BTP sehen können, allerdings noch keine Endpunkte können, die auf dem System verfügbar sind. Wir müssen uns auf Ebene der Verbindungen dezidiert damit auseinandersetzen, auf welche Endpunkte Konsumenten zugreifen können. Wenn wir an dieser Stelle von Endpunkten sprechen, geht es in unserem Fall um ICF-Endpunkte (siehe den Hinweis-Kasten »Internet Communication Framework«). Je nach Anforderung des Anwendungsfalls werden unterschiedliche Endpunkte benötigt. Tabelle 6.1 gibt Auskunft darüber, welche ICF-Endpunkte im Falle einer Embedded- oder Hub-Installation freigegeben werden müssen. Bei der für das Buch zugrundeliegende Infrastruktur handelt es sich um ein Embedded SAP-S/4HANA-System, sodass wir die Ressourcen für dieses Szenario konfigurieren werden.

Frontend	Backend	Embedded Client
▪ /sap/bc/bsp/sap/ ▪ /sap/bc/lrep/ ▪ /sap/bc/ui2/app_index/ ▪ /sap/bc/ui2/cdm3/ ▪ /sap/bc/ui2/flp/ ▪ /sap/bc/ui5_ui5/sap/ ▪ /sap/bc/ui5_ui5/ui2/ ▪ /sap/opu/odata/ ▪ /sap/public/bc/ui5_ui5 ▪ /sap/public/bc/uics/ ▪ /sap/public/bc/ui2	▪ /sap/bc/bsp/sap/ ▪ /sap/bc/gui/ ▪ /sap/bc/ui5_ui5/sap/ ▪ /sap/bc/webdynpro/ ▪ /sap/opu/odata/ ▪ /sap/public/bc/uics/ ▪ /sap/public/bc/ur/ ▪ /sap/public/bc/webdynpro/ ▪ /sap/public/icmandir/its/ ▪ /sap/bc/nwbc/ ▪ /sap/bc/bsp/srmnxp/	▪ /sap/bc/bsp/sap/ ▪ /sap/bc/gui/ ▪ /sap/bc/lrep/ ▪ /sap/bc/ui2/app_index/ ▪ /sap/bc/ui2/cdm3/ ▪ /sap/bc/ui2/flp/ ▪ /sap/bc/ui5_ui5/sap/ ▪ /sap/bc/ui5_ui5/ui2/ ▪ /sap/bc/webdynpro/ ▪ /sap/opu/odata/ ▪ /sap/public/bc/ui5_ui5 ▪ /sap/public/bc/uics/ ▪ /sap/public/bc/ur/ ▪ /sap/public/bc/webdynpro/ ▪ /sap/public/icmandir/its/ ▪ /sap/bc/nwbc/ ▪ /sap/bc/bsp/srmnxp/ ▪ /sap/public/bc/ui2

Tabelle 6.1 Übersicht der Ressourcen, die zur Basiskonfiguration gehören und freigegeben werden müssen

Internet Communication Framework

Das Internet Communication Framework (ICF) ist eine auf Interfaces und Klassen basierende Programmierschnittstelle zur Kommunikation von ABAP-Programmen mit dem Internet. Das ICF unterstützt die Internetprotokolle HTTP, HTTPS und SMTP. Jede auf diesen Protokollen basierende Kommunikation zwischen ABAP und Internet erfolgt über das ICF.

ICF-Endpunkt erstellen

Um einen ICF-Endpunkt im Cloud Connector zur Verfügung zu stellen, klicken Sie auf den [+]-Button. In dem daraufhin erscheinenden Dialog (siehe Abbildung 6.31) fügen Sie in das Feld **URL Path** den ersten Eintrag aus der Tabelle ein und wählen den Radiobutton zu **Path and all Sub-Paths** aus. Damit geben Sie an, dass auch Unterknoten entsprechend mit freigegeben werden. Sie bestätigen die Eingabe mit **Save** und wiederholen die Erfassung für alle Pfade der Spalte **Embedded Client** aus Tabelle 6.1.

Abbildung 6.31 ICF-Endpunkt erfassen

Nachdem wir alle Pfade erfasst haben, ist das System-Mapping vollständig konfiguriert (siehe Abbildung 6.32).

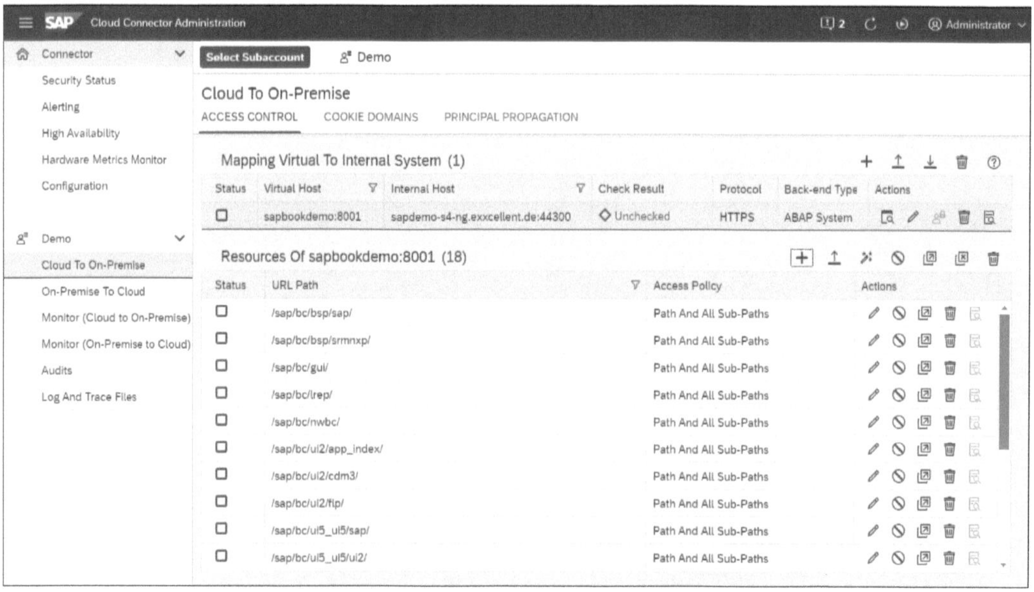

Abbildung 6.32 Vollständig konfiguriertes System-Mapping

Melden Sie sich nun im Subaccount der SAP BTP an, mit dem Sie sich mit dem Cloud Connector verbunden haben. Navigieren Sie im Menü über

Connectivity • Cloud Connectors, und Ihnen werden, wie in Abbildung 6.33 gezeigt, der virtuelle Systemname und der virtuelle Port angezeigt. Wie Sie auch sehen können, wird in der Spalte **Resources** angezeigt, dass der Cloud Connector entsprechend über konfigurierte Ressourcen verfügt. Ob diese allerdings korrekt und dem entsprechenden Anwendungsfall umfassend konfiguriert sind, ist an dieser Stelle noch nicht sichergestellt. Dies kann letztendlich erst bei der Verwendung des Cloud Connectors aus der SAP BTP festgestellt werden.

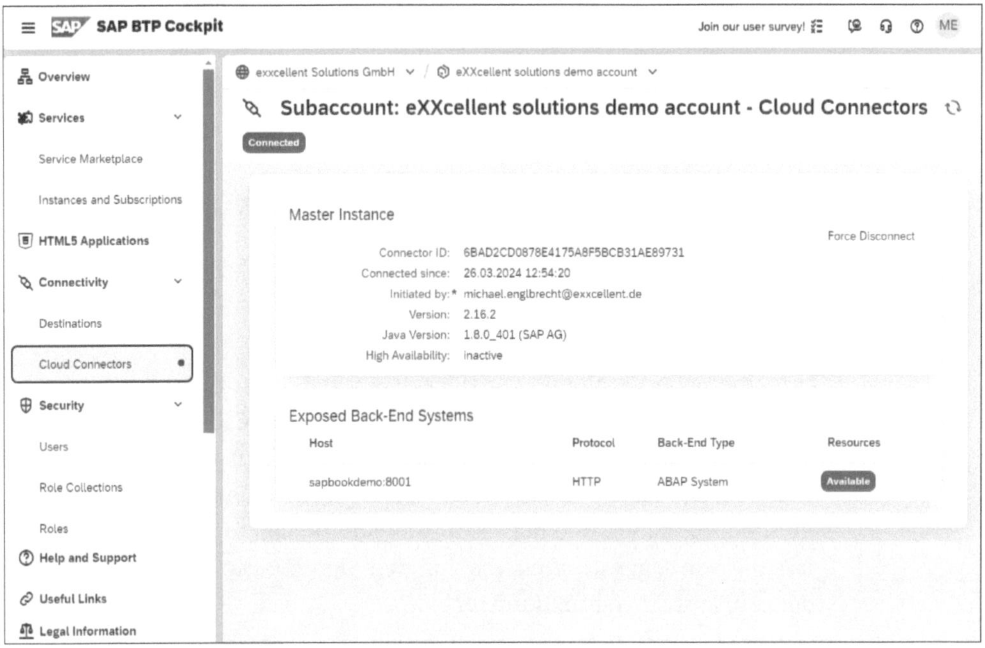

Abbildung 6.33 Verbundener Cloud Connector

6.3.3 Konfiguration der Destination

Wenn die Einrichtung des Cloud Connectors abgeschlossen ist und Sie im letzten Schritt geprüft haben, ob das im Connector veröffentlichte System in der SAP BTP angezeigt wird, müssen im nächsten Schritt die Destinationen in der SAP BTP konfiguriert werden. Darauf gehen wir in diesem Abschnitt ein. Dafür stellt SAP in der SAP BTP den SAP Destination Service zur Verfügung. Dieser Service kann in SAP-BTP-Diensten verwendet werden, oder aber auch durch kundeneigene Anwendungen, die in der SAP BTP installiert und den Benutzern zur Verfügung gestellt werden. Ausgangpunkt für die Verwendung des SAP Destination Service ist die Bereitstellung von konfigurierten Destinationen in der SAP BTP. Um dies einzurichten, navigieren Sie im SAP BTP Cockpit im Seitenmenü über **Connectivity • Destina-**

tions in die Übersichtsseite der Destinationen (siehe Abbildung 6.34). Wie Sie sehen, sind aktuell noch keine Verbindungen gepflegt.

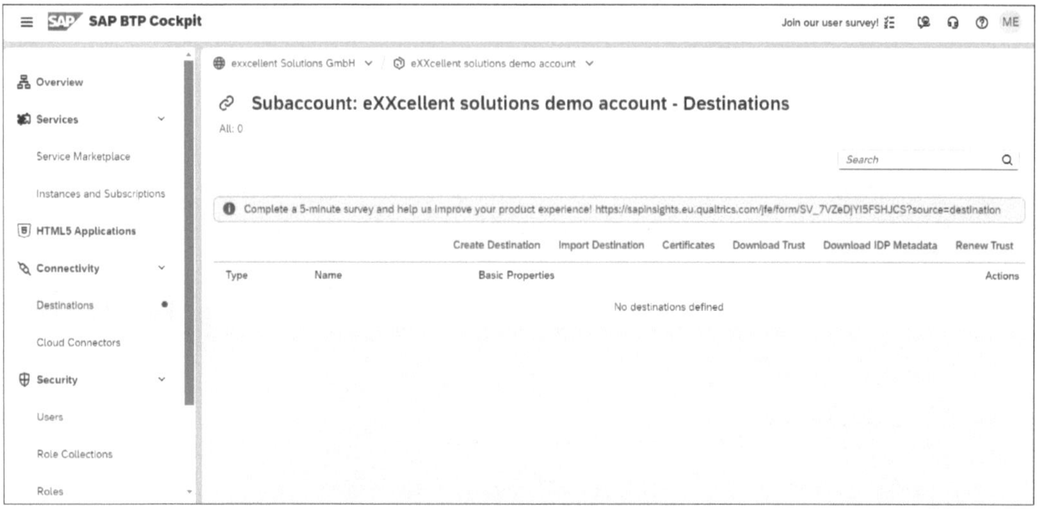

Abbildung 6.34 Pflegemaske der Destination

Um eine neue Verbindung anzulegen, klicken Sie auf den Button **Create Destination**. Im Anschluss wird die in Abbildung 6.35 gezeigte leere Erfassungsmaske eingeblendet. Die Maske lässt sich grob in zwei Bereiche unterteilen. Der linke Teil **Destination Configuration** dient der Erfassung der Verbindungsdaten, und der rechte Teil **Additional Properties** dient zur Erfassung von Eigenschaften, die von den SAP-BTP-Diensten benötigt werden, um korrekt zu funktionieren.

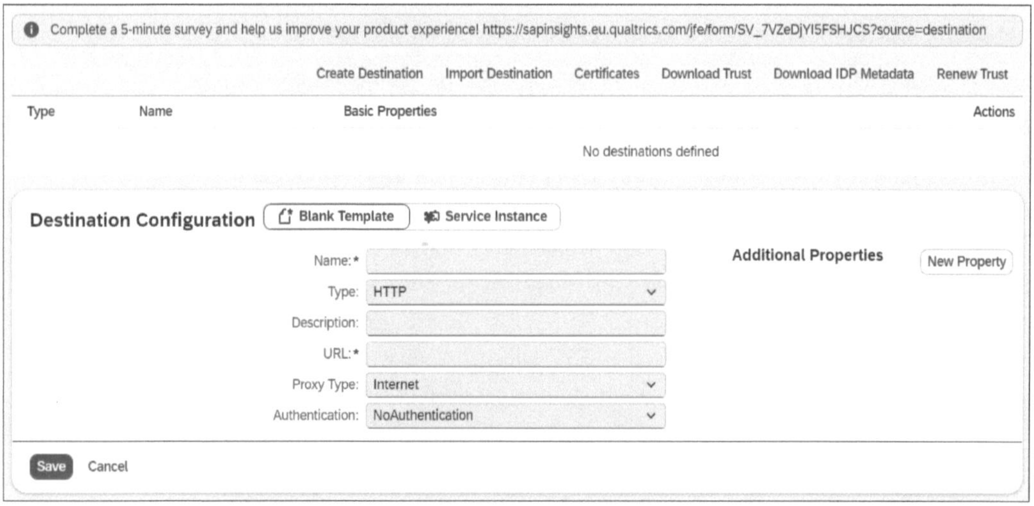

Abbildung 6.35 Template für die Erstellung einer Destination

Im nächsten Schritt erfassen wir für unsere Verbindung die erforderlichen Parameter. In das Feld **Name** geben Sie den Namen der Verbindung ein. Dieser wird von den SAP-BTP-Diensten verwendet, die die Verbindung nutzen möchten. Wählen Sie aus der Auswahlliste des Feldes **Type** das Kommunikationsprotokoll aus. Es werden aktuell die Optionen **HTTP**, **LDAP**, **MAIL** und **RFC** angeboten. In das Feld **URL** geben Sie die URL des Systems ein, das durch den Cloud Connector exponiert wird. Sie können diese Information unter **Connectivity • Cloud Connectors** ablesen bzw. kopieren (siehe Abbildung 6.36).

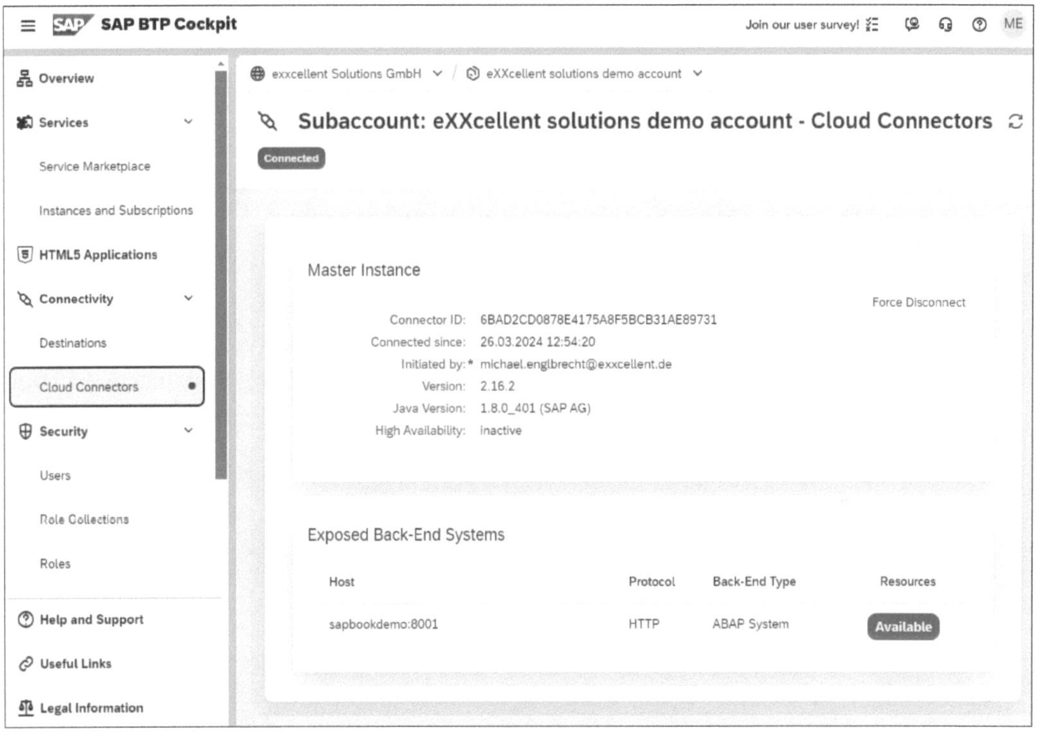

Abbildung 6.36 Exponiertes On-Premise-Backend-System in der SAP BTP

Die URL setzt sich aus dem Protokoll und dem virtuellen Host-Namen inklusive Port-Angabe zusammen. In der Auswahlliste **Proxy Type** (siehe Abbildung 6.37) wählen Sie die Option **OnPremise** aus. Über das Feld **Authentication** können Sie festlegen, welche Authentifizierung verwendet werden soll. Wählen Sie hier zunächst **NoAuthentication** aus. Dies führt dazu, dass Benutzer und Passwort bei der Nutzung der Destination abgefragt werden. Da wir die Master-Instanz als Cloud Connector nutzen, können wir das Feld **Location ID** leer lassen.

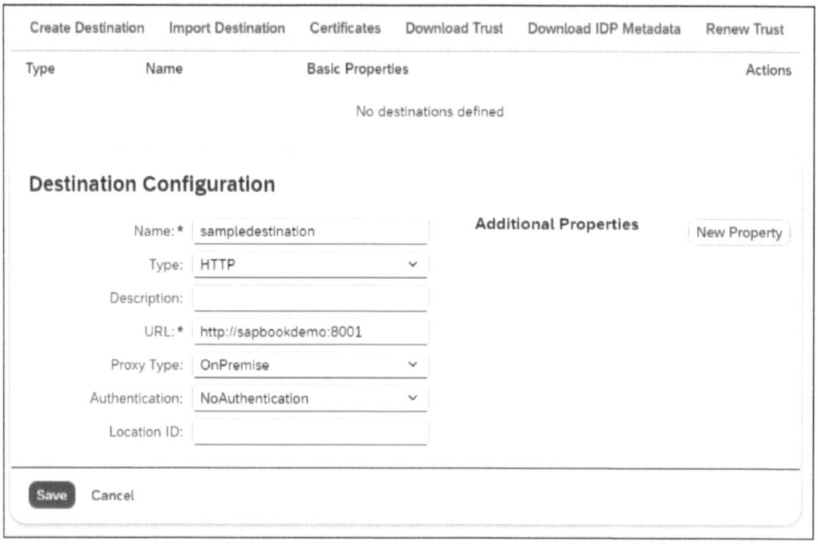

Abbildung 6.37 Initiale Verbindungsdaten erfassen

Als Nächstes müssen Sie noch zusätzlich Eigenschaften angeben (siehe Tabelle 6.2). Hierbei gehen wir davon aus, dass die Destination durch SAP Business Application Studio genutzt werden soll. Klicken Sie zunächst auf den Button **New Property**, um eine neue Eigenschaft hinzuzufügen.

Eigenschaft	Wert	Erläuterung
HTML5.Dynamic-Destination	true	–
HTML5.Timeout	60000	Zeitangabe wie lange auf eine Antwort gewartet werden soll.
sap-client	100	SAP-Mandant
WebIDEEnabled	true	–
WebIDEUsage	odata_abap, ui5_execute_abap, dev_abap, bsp_execute_abap	–

Tabelle 6.2 Eigenschaften für die Konfiguration einer SAP-BTP-Destination

Nachdem Sie die zusätzlichen Eigenschaften erfasst haben, speichern Sie Ihre Angaben mit **Save**. Zum Abschluss der Konfiguration klicken Sie auf den Button **Check Connection** (siehe Abbildung 6.38).

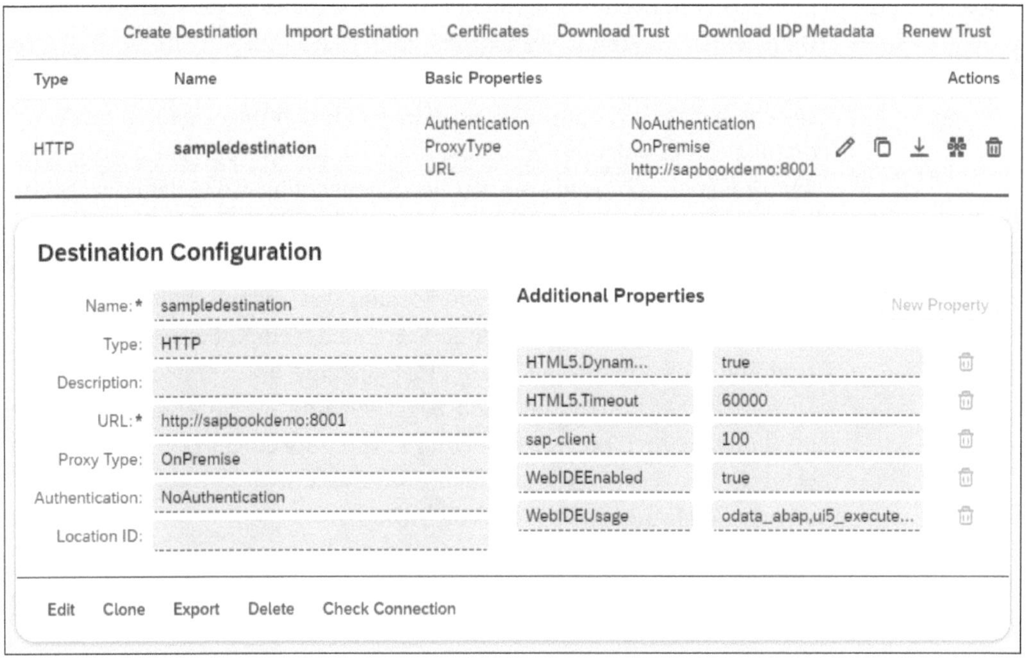

Abbildung 6.38 Erfasste On-Premise-Verbindung im SAP BTP Cockpit

Diese Funktion testet, ob das angebundene System erreichbar ist, aber nicht, ob das System für die Nutzung eines konkreten SAP-BTP-Service nutzbar ist. In unserem Beispiel wird also nicht geprüft, ob das System sapS4NG auch tatsächlich durch SAP Business Application Studio verwendet werden kann und somit die Parameter, die bei **WebIDEUsage** angegeben sind, auch tatsächlich korrekt sind. Wenn der Test erfolgreich war, sehen Sie ein Fenster mit einer Erfolgsmeldung (siehe Abbildung 6.39).

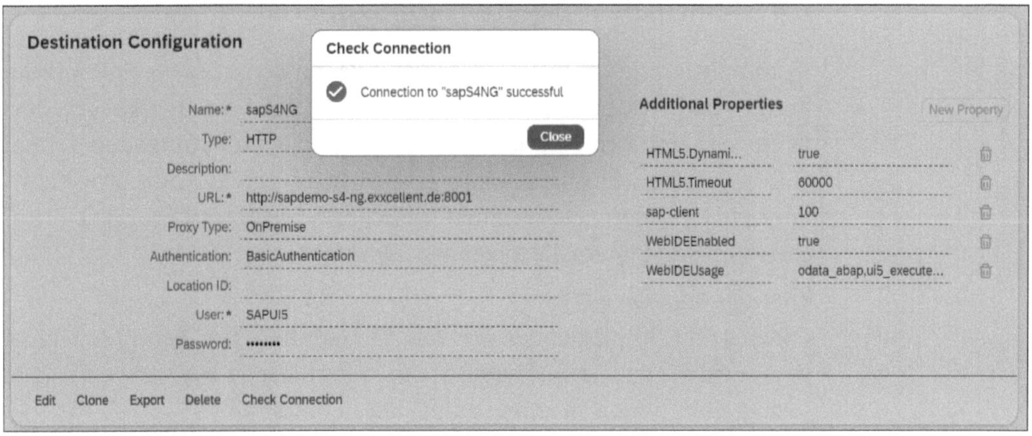

Abbildung 6.39 Verbindungtest im SAP BTP Cockpit

Service Channels Der Cloud Connector bietet nicht nur die Möglichkeit, dass die SAP BTP auf Dienste der On-Premise-Landschaft zugreifen kann, sondern auch die Option, dass die On-Premise-Landschaft auf Dienste der SAP BTP zugreift. Man spricht in diesem Zusammenhang von der Einrichtung sogenannter *Service Channels*. Diese bieten einen sicheren Weg, um mit den dafür vorgesehenen Diensten zu interagieren. Wählen Sie hierzu im Menü des Subaccounts den Eintrag **On-Premise To Cloud** aus. Im Anschluss klicken Sie auf den Button [+], und es wird der Dialog in Abbildung 6.40 angezeigt. Es besteht die Möglichkeit, beispielsweise aus der lokalen Systemlandschaft auf eine SAP-HANA-Datenbank, ein ABAP-Cloud-System oder ein Kubernetes-Cluster zuzugreifen. So könnten Sie z. B. auf RFC-Bausteine, die in einem ABAP-Cloud-System vorliegen, entsprechend zugreifen und die so erhaltenen Daten lokal nutzen. An dieser Stelle soll nur kurz darauf eingegangen werden. Für weitere Details verweisen wir auf die SAP-Dokumentation zum Thema Service Channels unter *http://s-prs.de/v1016826*

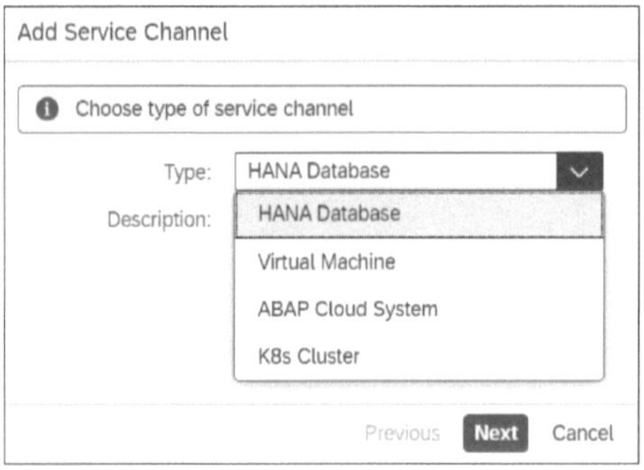

Abbildung 6.40 Verfügbare Service Channels im Cloud Connector

6.4 Principal Propagation konfigurieren

In komplexeren Systemlandschaften, in denen verschiedene SAP-Anwendungen und -Systeme miteinander integriert sind, ist es unerlässlich, dass Benutzeridentitäten bzw. der Benutzerkontext vom aufrufenden System zum aufgerufenen System weitergereicht wird. Dieses Konzept wirkt als *Principal Propagation* bezeichnet. Typischerweise umfasst Principal Propagation im SAP-System die folgenden Aspekte:

- **Single Sign-On (SSO)**
  Durch die Implementierung von SSO können sich Benutzer einmal anmelden und dann nahtlos auf verschiedene SAP-Anwendungen zugreifen, ohne sich erneut anmelden zu müssen.

- **Weitergabe von Benutzerkontext**
  Wenn ein Benutzer von einer SAP-Anwendung zu einer anderen wechselt, wird sein Benutzerkontext (wie z. B. Identität und Berechtigungen) weitergegeben, sodass er auf die erforderlichen Daten und Funktionen zugreifen kann, ohne erneut authentifiziert werden zu müssen.
- **Verwendung von Tickets und Tokens**
  SAP verwendet verschiedene Mechanismen wie SAML (Security Assertion Markup Language) oder SAP-Logon-Tickets, um Benutzeridentitäten und -berechtigungen sicher zwischen verschiedenen Systemen zu propagieren.
- **Integrationsszenarien**
  Principal Propagation ist besonders wichtig in integrativen SAP-Szenarien, z. B. zwischen SAP NetWeaver, SAP S/4HANA, SAP Business Warehouse und anderen SAP-Anwendungen, um eine nahtlose Interaktion zwischen den Systemen zu ermöglichen.

Durch die effektive Umsetzung von Principal Propagation können Unternehmen ihre Geschäftsprozesse optimieren, Benutzererfahrungen verbessern und gleichzeitig die Sicherheit und Integrität ihrer SAP-Systemlandschaften gewährleisten.

Principal Propagation umfasst die folgenden Schritte:

1. Ein Benutzer meldet sich an der Cloud-Anwendung an. Seine Identität wird von einem Identity Provider festgestellt (dies kann der Standard-Identity-Provider für das Unternehmenskonto oder ein anderer vertrauenswürdiger Identity Provider sein).
2. Die Cloud-Anwendung verwendet dann ein Benutzeraustausch-Token (oder einen speziell festgelegten sekundären Header), um den Benutzer an den Verbindungsdienst weiterzuleiten. Der Aufbau des Tokens erfolgt gemäß dem Standard RFC 7519. Der Standard beschreibt ein kompaktes und sich selbst beschreibendes Format für den sicheren Austausch von Informationen mittels JSON-Notation. Der Standard trägt den Namen JSON Web Token (kurz JWT).
3. Der Verbindungsdienst leitet das JWT (das den Benutzer repräsentiert) an den Cloud Connector weiter.
4. Der Cloud Connector empfängt das JWT, überprüft es, extrahiert die Attribute und verwendet seine STS-Komponente (Security Token Service), um ein neues Token auszustellen (z. B. ein X.509-Zertifikat) mit denselben oder ähnlichen Attributen, um die Identität gegenüber dem Backend auszuweisen.
5. Der Cloud Connector sendet das neue Token an das Backend-System.

Wichtig für die Principal Propagation zwischen SAP BTP, Cloud Connector und SAP-Backend-System ist, dass die E-Mail-Adresse im SAP-System für Benutzer, die mit Single Sign-On (SSO) arbeiten sollen, gepflegt ist. Es ist darauf zu achten, dass die E-Mail-Adresse nur bei genau einem Benutzer hinterlegt ist. Manchmal werden E-Mail-Adressen von aktiven Benutzern auch bei Benutzern, die nur zu Testzwecken genutzt werden, oder bei externen Beratern als hinterlegte Kontaktadressen angegeben. Dies führt dann bei der Principal Propagation zu Problemen, da die jeweilige E-Mail-Adresse nicht nur einem Benutzer zugeordnet werden kann. Dies hat wiederum zur Folge, dass die Anfrage abgelehnt wird, in der Regel mit der Meldung, dass kein Token für die entsprechende Identität ausgestellt werden konnte. Sollte dies der Fall sein, prüfen Sie mithilfe von Transaktion SU01 und den dortigen Suchfunktionen, ob es weitere Benutzer im SAP-System mit der entsprechenden E-Mail-Adresse gibt. Abbildung 6.41 zeigt die Transaktion und die Informationen zu einem Benutzer.

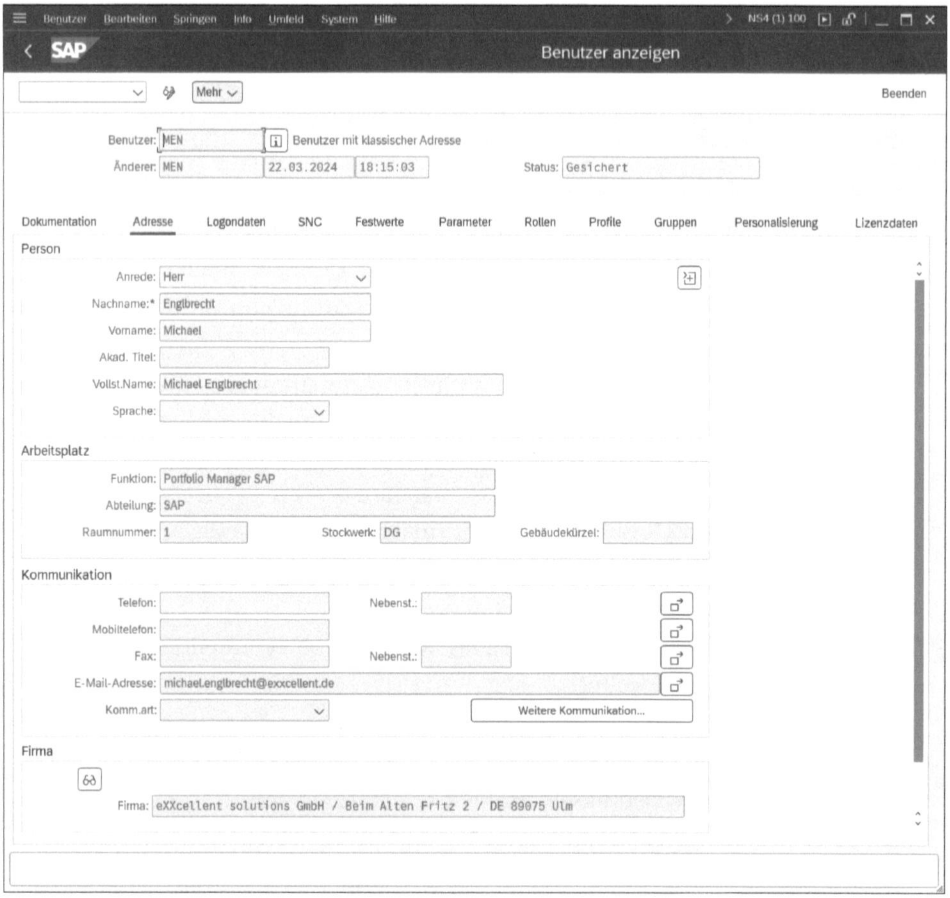

Abbildung 6.41 Transaktion SU01

6.4.1 Konfiguration des Cloud Connectors

Nachdem wir die theoretischen Aspekte der Principal Propagation besprochen haben, wenden wir uns nun der Konfiguration des Cloud Connectors zu.

Erzeugen eines Systemzertifikats

Im ersten Schritt der Konfiguration müssen wir ein *Systemzertifikat* im Cloud Connector hinterlegen. Mit diesem Zertifikat wird die Herstellung der Vertrauensbeziehung zwischen Cloud Connector und SAP-System verwendet. Es kann ein selbst signiertes (engl. Self-signed Certificate) oder auch ein von einer Vertrauensstelle signiertes Zertifikat verwendet werden. Rufen Sie im Cloud Connector für die Erstellung eines Systemzertifikats den Menüpunkt **Configuration** auf, und navigieren Sie zur Registerkarte **ON PREMISE**. Ihnen wird die in Abbildung 6.42 gezeigte Konfigurationsmaske angezeigt.

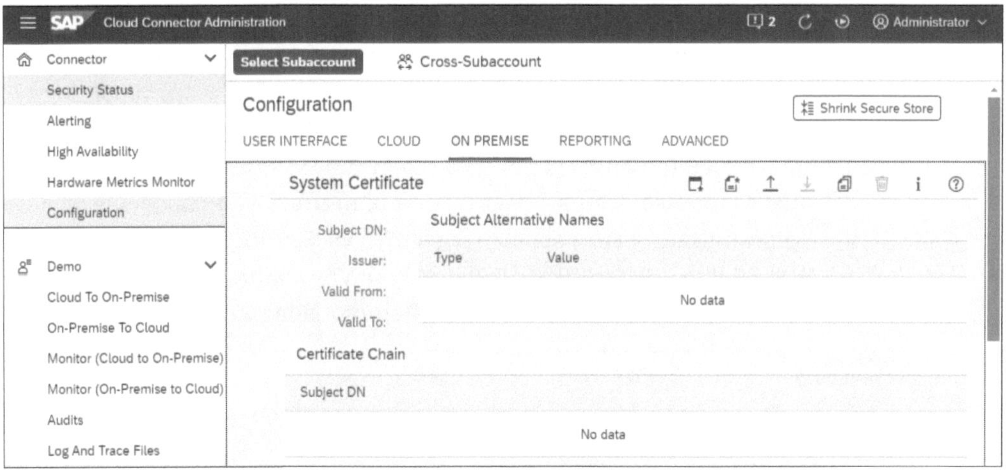

Abbildung 6.42 Konfigurationsmaske für das Systemzertifikat

Je nachdem, welche Art von Zertifikat Sie nutzen wollen bzw. müssen, können Sie über die Aktionen in der Toolbar entweder eine Zertifikatsanfrage erstellen (), ein selbst signiertes Zertifikat anlegen () oder ein auf Basis einer Zertifikatsanfrage erstelltes Zertifikat hochladen (). Es ist ebenfalls möglich, dass UI-Zertifikat zu nutzen. In dieser Beispielkonfiguration wählen Sie den Button , um ein selbst signiertes Zertifikat zu erstellen. Es öffnet sich der in Abbildung 6.43 gezeigte Dialog. Geben Sie im Feld **Common Name (CN)** den Namen des Rechners ein, auf dem der Cloud Connector installiert ist. Das Ausfüllen der weiteren Felder ist optional. Klicken Sie zum Abschluss auf **Create**.

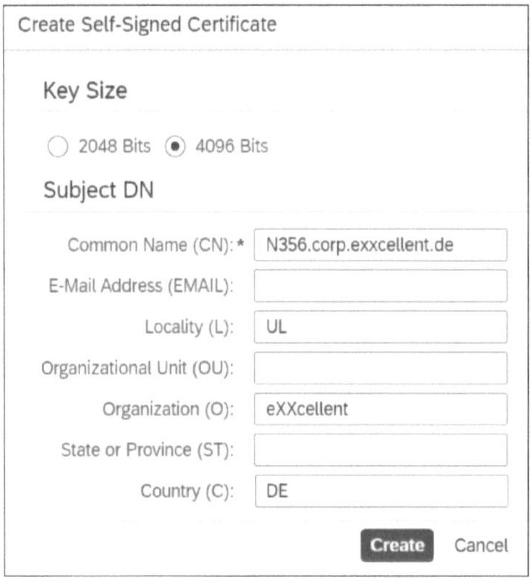

Abbildung 6.43 Selbst signiertes Zertifikat anlegen

Nachdem das Zertifikat erstellt worden ist, werden die hinterlegten Informationen wie das Gültigkeitsdatum angezeigt (siehe Abbildung 6.44). Das Ende der Gültigkeit des Zertifikats sollten Sie im Hinterkopf behalten bzw. es sich notieren. Sobald die Gültigkeit des Zertifikats abgelaufen ist, endet auch die Vertrauensbeziehung zwischen den Systemen, bei denen das Zertifikat hinterlegt ist, und dem Cloud Connector. Dadurch ist eine weitere Kommunikation zwischen den Systemen via SSO nicht mehr möglich. Laden Sie nun das Zertifikat für die spätere Verwendung auf Ihren Rechner. Dazu klicken Sie auf den Button (**Herunterladen**).

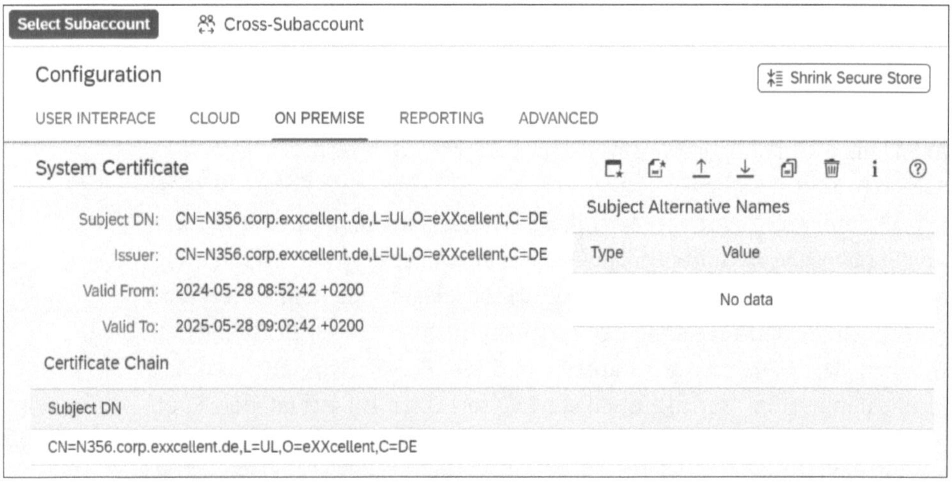

Abbildung 6.44 Angelegtes Systemzertifikat

Erzeugen eines CA-Zertifikats

Im nächsten Schritt legen wir das Certificate-Authority-Zertifikat (kurz CA-Zertifikat) an (siehe Hinweis CA). Mit dem CA-Zertifikat werden alle Zertifikate signiert, wenn ein Antrag von der SAP BTP an den Cloud Connector weitergeleitet wird. Das CA-Zertifikat wird in der gleichen Konfigurationsmaske verwaltet wie das Systemzertifikat. Abbildung 6.45 zeigt den initialen Konfigurationsbereich für das CA-Zertifikat.

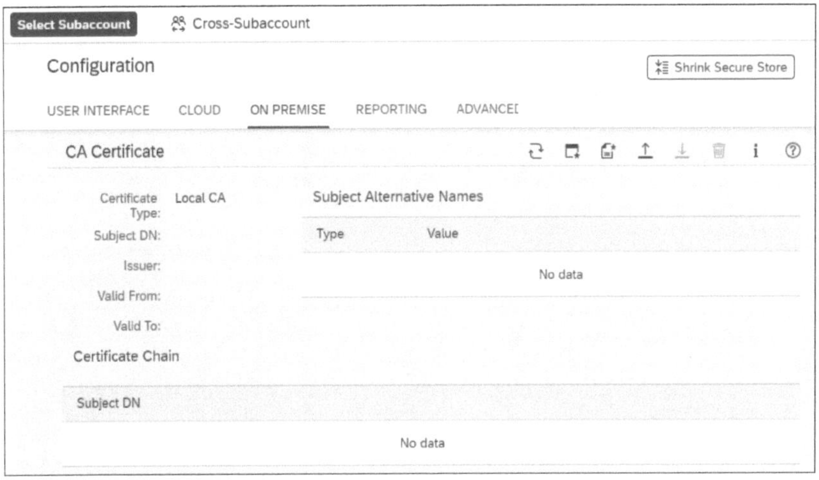

Abbildung 6.45 Konfigurationsbereich für das CA-Zertifikat

> **Certificate Authority (CA)**
>
> Eine Certificate Authority (CA) – Zertifizierungsstelle – ist eine vertrauenswürdige Entität, die die Identität einer Organisation überprüft, die ein digitales Zertifikat anfordert. Nach erfolgreicher Verifikation stellt die CA ein Zertifikat aus, das die Identität der Organisation mit einem öffentlichen Schlüssel verknüpft. Die Vertrauenswürdigkeit eines digitalen Zertifikats ergibt sich aus seiner Verknüpfung mit dem Root-Zertifikat der CA.

Analog zum Systemzertifikat soll auch hier ein selbst signiertes Zertifikat angelegt werden. Hierzu klicken Sie auf den Button und geben die gleichen Informationen wie beim Systemzertifikat ein (siehe Abbildung 6.46). Klicken Sie auf den Button **Create**, um den Vorgang abzuschließen.

Anschließend wird das neu erstellte Zertifikat mit den angegebenen Details inklusive Gültigkeitsdatum angezeigt (siehe Abbildung 6.47). Auch hier muss das Gültigkeitsdatum beachtet und gegebenenfalls erneuert werden.

Nachdem nun das CA-Zertifikat angelegt worden ist, agiert der Cloud Connector als Zertifizierungsstelle. Anfragen, die ein SAP-BTP-Service über den Cloud Connector an angebundene On-Premise-Systeme stellt, werden mit dem soeben erzeugten Zertifikat signiert. Das Backend-System muss dem Zertifikat vertrauen, um die Verbindung zwischen SAP BTP und On-Premise-System herzustellen.

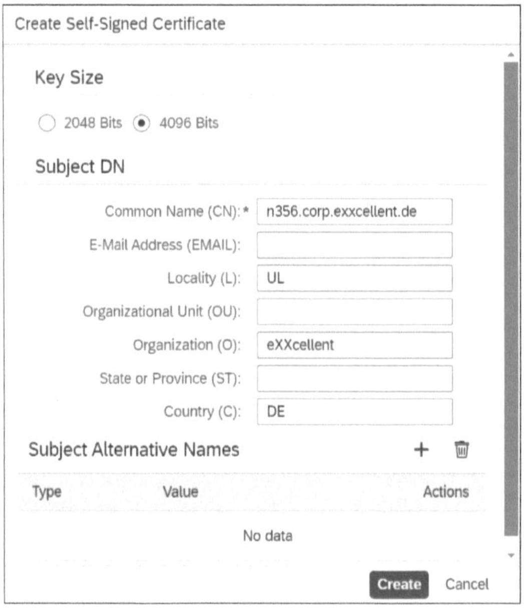

Abbildung 6.46 Datenpflege für die CA-Zertifikate

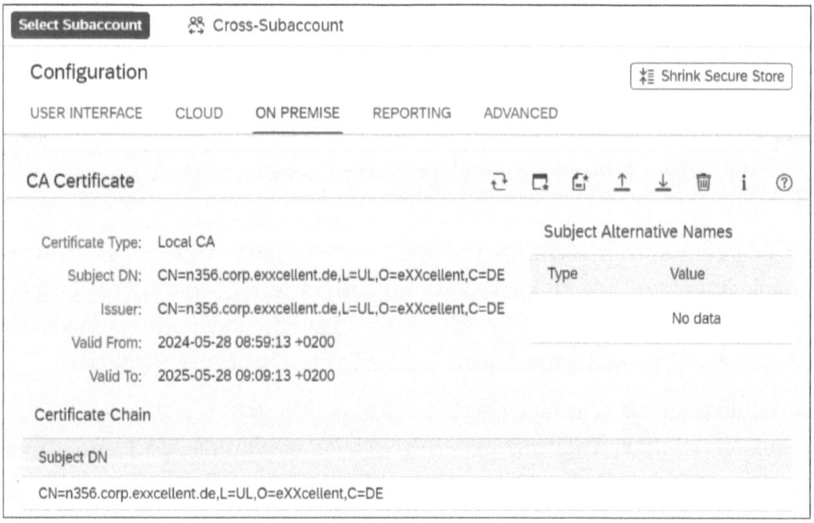

Abbildung 6.47 Details des CA-Zertifikats

Erstellen des Benutzerzertifikats

Eine Aufgabe des Cloud Connectors im Rahmen der Principal Propagation ist die Erzeugung von kurzlebigen Zertifikaten auf Basis von Identitätsinformationen, die vom angemeldeten Benutzer abgerufen werden. Die zentrale Information für den Abgleich, ob der Anfragende im Backend-System existiert, ist dabei die E-Mail-Adresse. Um dieses Zertifikat zu konfigurieren, navigieren Sie in den Bereich **Principal Propagation**. Sie müssen nun zunächst das sogenannte *Subject Pattern* ändern. Standardmäßig ist dort der Name der anfragenden Person eingetragen (siehe Abbildung 6.48).

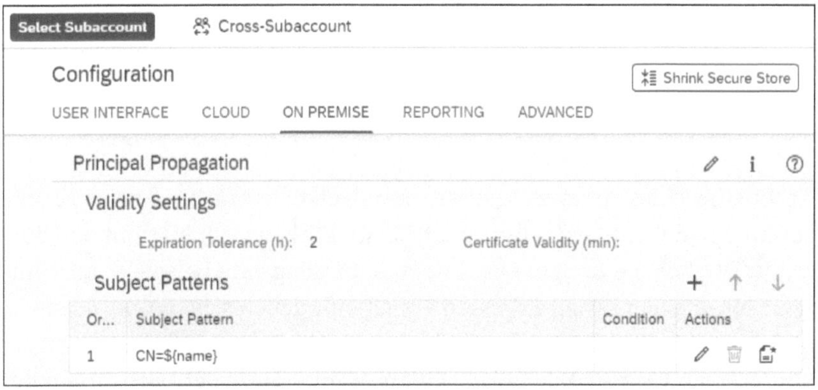

Abbildung 6.48 Standardkonfiguration des Subject Patterns

Klicken Sie beim bestehenden Eintrag auf den Stift-Button, und ändern Sie den Wert auf »${mail}« ab (siehe Abbildung 6.49).

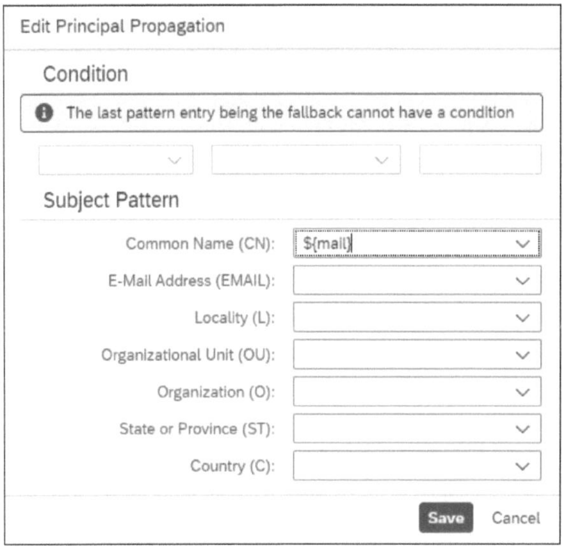

Abbildung 6.49 Standard-Subject-Pattern bearbeiten

Klicken Sie im Anschluss auf den Button **Save**. Das Ergebnis sehen Sie in Abbildung 6.50.

Abbildung 6.50 Geänderte Konfiguration

Nachdem Sie das Pattern angepasst haben, erstellen Sie ein Beispielzertifikat für einen Benutzer (Benutzerzertifikat). Klicken Sie hierzu auf den Button . Geben Sie in dem sich öffnenden Dialog eine Beispiel-E-Mail-Adresse ein, die den E-Mail-Adressen ähnelt, mit denen sich die Nutzerinnen und Nutzer an der SAP BTP anmelden (siehe Abbildung 6.51). Bestätigen Sie den Dialog mit einem Klick auf **Generate**, wählen Sie in dem sich öffnenden Dateimanager den Speicherort für die erzeugte Datei aus, und bestätigen Sie Ihre Auswahl mit **Speichern**.

Abbildung 6.51 Beispiel-E-Mail-Adresse für das Erzeugen eines Beispielzertifikats eingeben

Nach Abschluss der Konfiguration der Principal Propagation sind alle Zertifikate erstellt.

Vertrauensbeziehung erstellen

In der Grundausprägung des Cloud Connectors vertraut dieser keiner Entität, die Anmelde-Tokens für Principal Propagation ausstellt. Für ein durchgängiges SSO-Verhalten muss der Cloud Connector der SAP BTP vertrauen. Im Falle der SAP BTP ist diese ausstellende Entität der jeweilige Subaccount, in dem der Dienst läuft, der Anfragen an den Cloud Connector stellt. Öffnen

Sie die Subaccount-Konfiguration, indem Sie im Seitenmenü auf **Cloud To On-Premise** klicken und zur Registerkarte **PRINCIPAL PROPAGATION** wechseln. Wie Sie in Abbildung 6.52 sehen, ist bei der initialen Konfiguration erst einmal keine Vertrauensbeziehung vorhanden. Die Liste der vertrauenswürdigen Identity Provider ist daher standardmäßig leer.

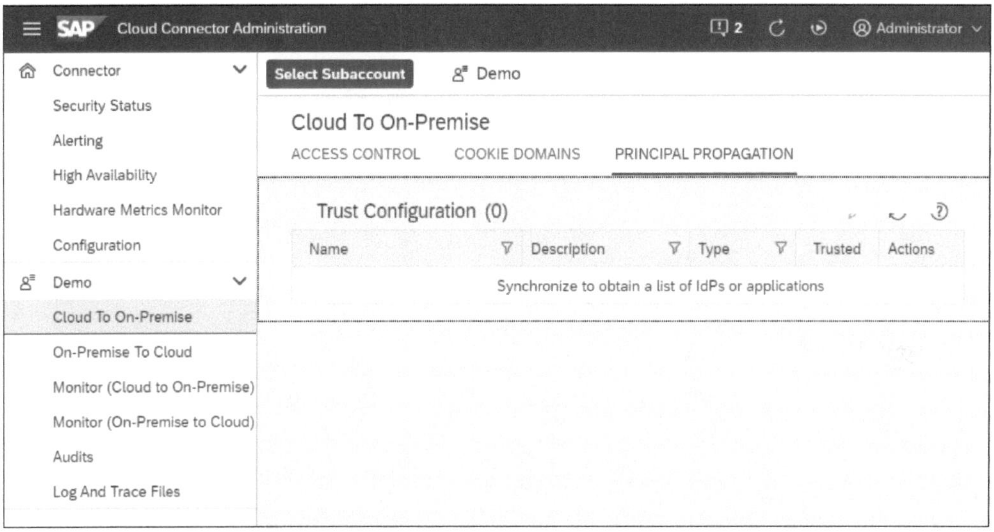

Abbildung 6.52 Initiale Liste der vertrauenswürdigen Identitätsanbieter

Um eine Vertrauensbeziehung herzustellen, klicken Sie auf den Button [Sync-Symbol]. Im Anschluss wird, wie in Abbildung 6.53 gezeigt, der Subaccount im Bereich **Trust Configuration** angezeigt.

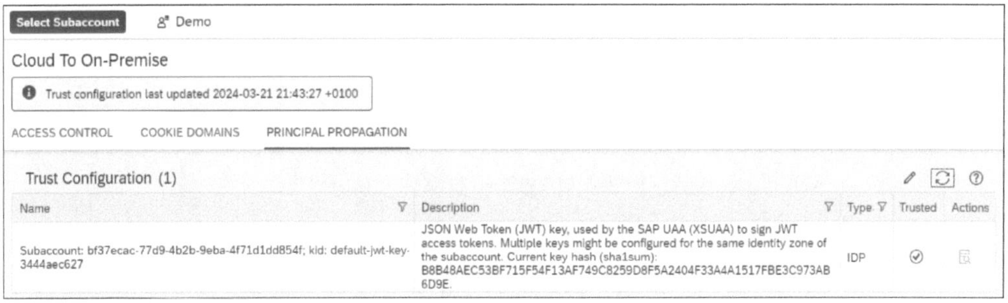

Abbildung 6.53 Hergestellte Vertrauensbeziehung

6.4.2 Konfiguration des SAP-Backend-Systems

Nachdem die Vertrauensbeziehung erfolgreich hergestellt worden ist, zeigen wir Ihnen in diesem Abschnitt, welche Schritte erforderlich sind, um das SAP-Backend-System zu konfigurieren.

Importieren des Systemzertifikats

Im ersten Schritt der Backend-Konfiguration importieren wir das Systemzertifikat, das wir bei der Cloud-Connector-Konfiguration erzeugt und heruntergeladen haben. Rufen Sie hierzu Transaktion STRUST auf, und wechseln Sie in den Bearbeitungsmodus (siehe Abbildung 6.54). Erweitern Sie den Knoten **SSL-Server Standard**, und klicken Sie, falls erforderlich, zweimal auf den Knoten.

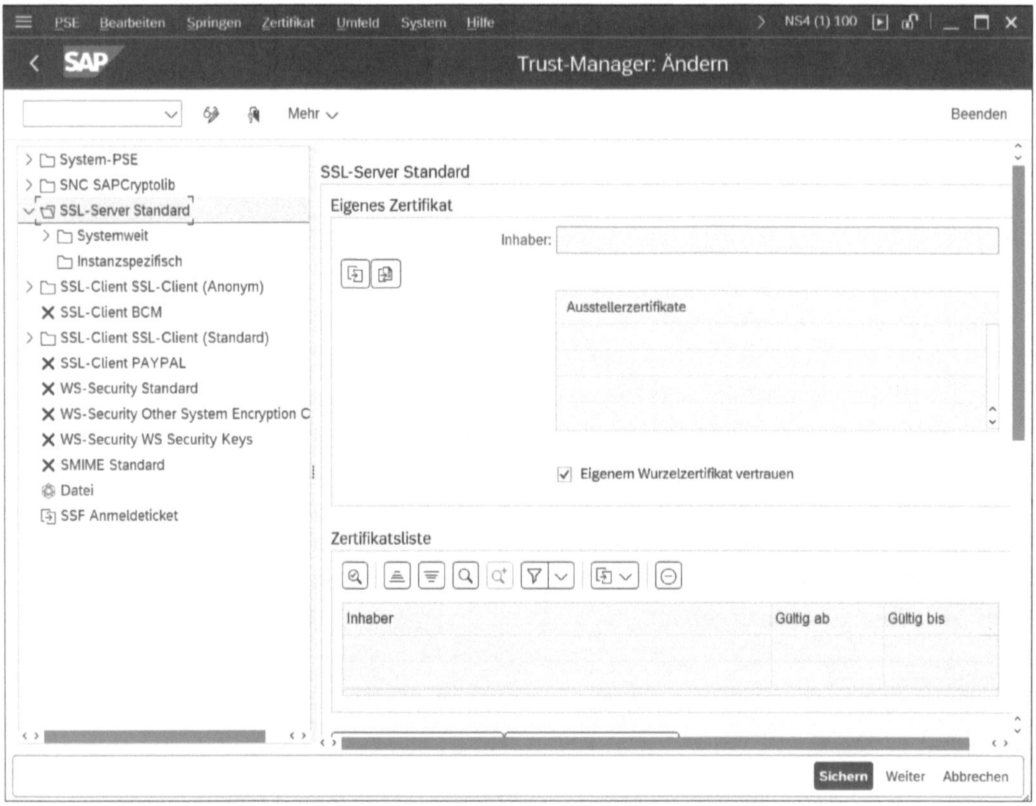

Abbildung 6.54 Trust-Manager – Transaktion STRUST

Scrollen Sie nun nach unten. Wählen Sie den Button und den Speicherort des heruntergeladenen Systemzertifikats aus dem Cloud Connector aus, und laden Sie das Zertifikat hoch. Abbildung 6.55 zeigt den Bereich der Transaktion nach dem Hochladen des Zertifikats.

Um das Zertifikat in die Liste der vertrauenswürdigen Zertifikate aufzunehmen, klicken Sie auf den Button **In Zert. Liste aufnehmen**. Im Anschluss wird das Zertifikat in der Zertifikatsliste angezeigt (siehe Abbildung 6.56).

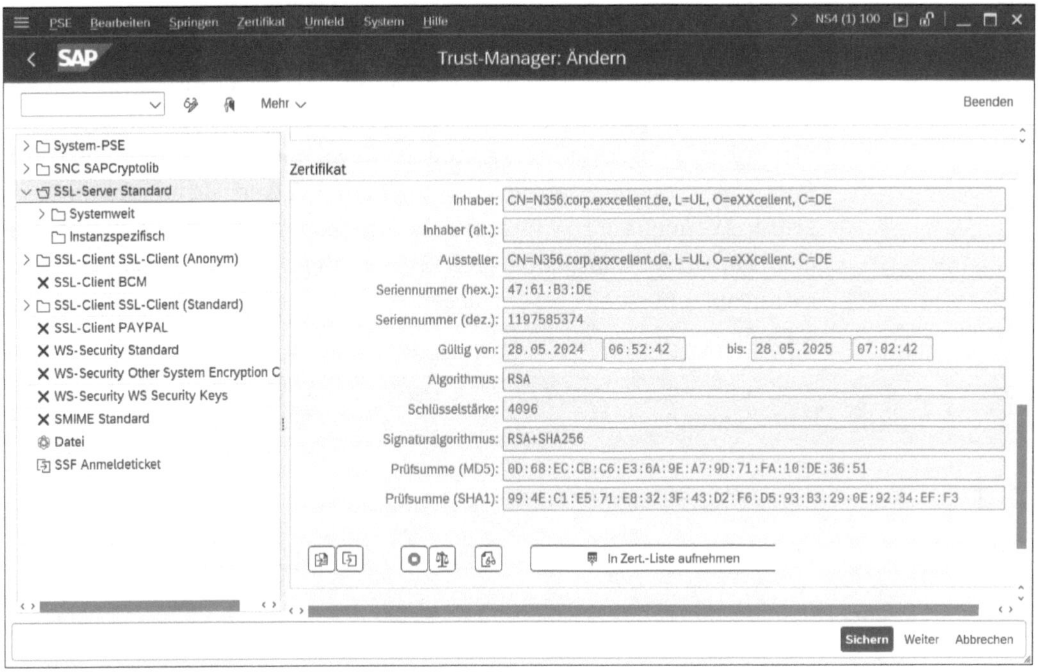

Abbildung 6.55 Importiertes Systemzertifikat

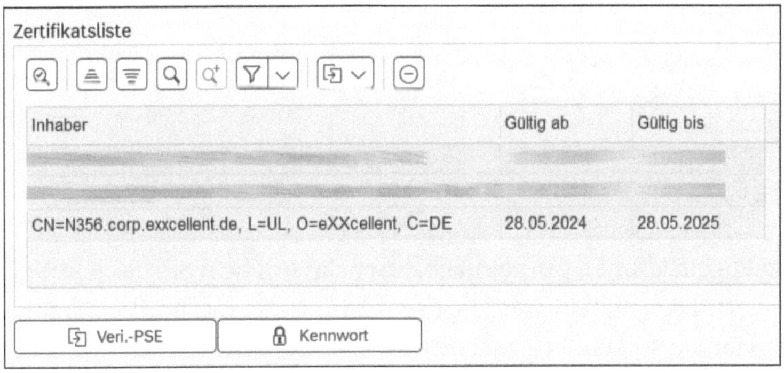

Abbildung 6.56 Cloud-Connector-Systemzertifikat in der Zertifikatsliste des SAP-Systems

Zum Abschluss speichern Sie die Änderungen mit einem Klick auf **Sichern**.

Konfiguration des regelbasierten Mappings

Die Nutzer und Nutzerinnen melden sich, wie zuvor beschrieben, mit ihrer, in der Benutzerverwaltung im SAP-System hinterlegten E-Mail-Adresse an der SAP BTP an. Damit die eingehende E-Mail-Adresse mit der im SAP-System hinterlegten E-Mail-Adresse verglichen werden kann, muss eine Zuordnungsregel definiert werden. Ob im SAP-System das regelbasierte Zertifikats-Mapping möglich ist, wird über den Profilparameter `login/certificate_mapping_rulebased` gesteuert. Bevor Sie mit der Konfiguration fortfahren, prüfen Sie, ob der Parameter auf den Wert »1« gesetzt ist. Diese Prüfung können Sie z. B. über Transaktion RZ11 vornehmen. Zuordnungsregeln werden in Transaktion CERTRULE konfiguriert. Rufen Sie die Transaktion auf, um eine Regel anzulegen. Nach dem Aufruf erhalten Sie das in Abbildung 6.57 gezeigte Bild.

Abbildung 6.57 Transaktion CERTRULE

Mapping-Regeln können ganz einfach durch das Importieren des Beispielbenutzerzertifikats erstellt werden, das wir im Unterabschnitt »Erstellen des Benutzerzertifikats« in Abschnitt 1.4.1, »Komponenten des SAP Fiori Launchpads«, erstellt und auf dem Rechner gespeichert haben. Um das Zertifikat zu importieren, klicken Sie auf den Button und wählen im sich öffnenden Dateimanager die Datei mit dem Beispielbenutzerzertifikat aus. Nach dem Import des Zertifikats stellt sich das Ergebnis wie in Abbildung 6.58 dar.

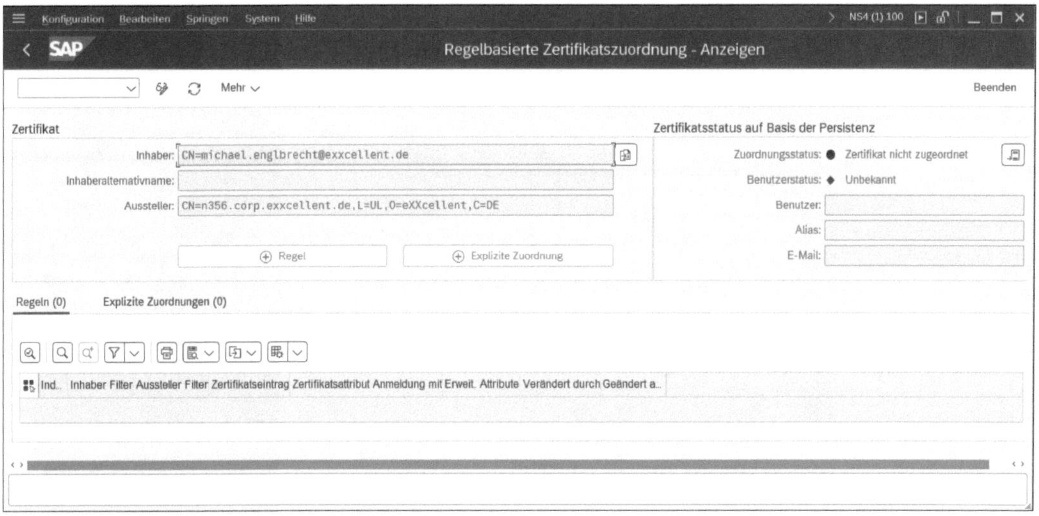

Abbildung 6.58 Importiertes Beispielzertifikat

Mapping-Regel anlegen

Wie Sie sehen können, fehlt im Moment noch die konfigurierte Regel. Um eine Regel anzulegen, wechseln Sie zunächst über den Button [Button] in den Bearbeitungsmodus und klicken als Nächstes auf den Button **Regel**. Wählen Sie, wie in Abbildung 6.59 gezeigt, für die Eigenschaft **Zertifikatsattr.** die E-Mail-Adresse aus dem Beispielzertifikat aus. Setzen Sie die Eigenschaft **Anmelden als** auf den Wert **Email**, und bestätigen Sie zum Abschluss den Dialog.

Abbildung 6.59 Mapping-Regel anlegen

Wie Sie in Abbildung 6.60 sehen, ist nach dem Konfigurieren einer Regel sowohl der Zuordnungsstatus als auch der Benutzerstatus auf bestätigt gesetzt – erkennbar an den grünen Quadraten im Bereich **Zertifikatsstatus auf Basis der Persistenz**.

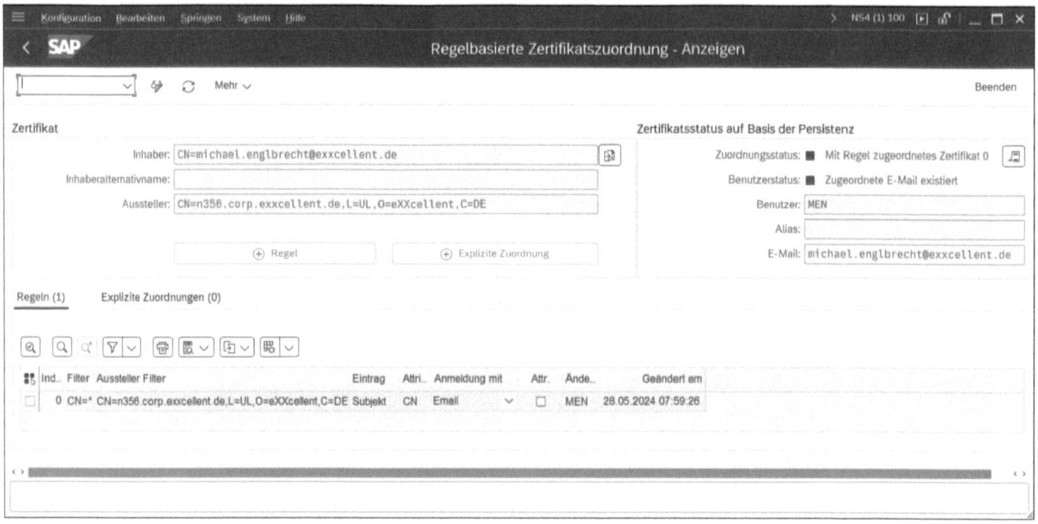

Abbildung 6.60 Regelbasierte Zertifikatszuordnung konfigurieren

Profilparameter konfigurieren

Beachten Sie, dass es für Principal Propagation ebenfalls erforderlich ist, dass der Parameter `icm/HTTPS/verify_client` auf den Wert »1« gesetzt sein muss.

Nachdem die Regel erstellt worden ist, muss eine Vertrauensbeziehung zwischen dem Internet Communication Manager (ICM) und dem Systemzertifikat des Cloud Connectors erstellt werden. Öffnen Sie hierzu den Profile Editor über Transaktion RZ10. Wählen Sie, wie in Abbildung 6.61 gezeigt, das Profil **DEFAULT** in der auf Ihrem System aktuellen Version aus. Selektieren Sie zusätzlich noch den Parameter **Erweiterte Pflege**, und klicken Sie auf **Ändern**.

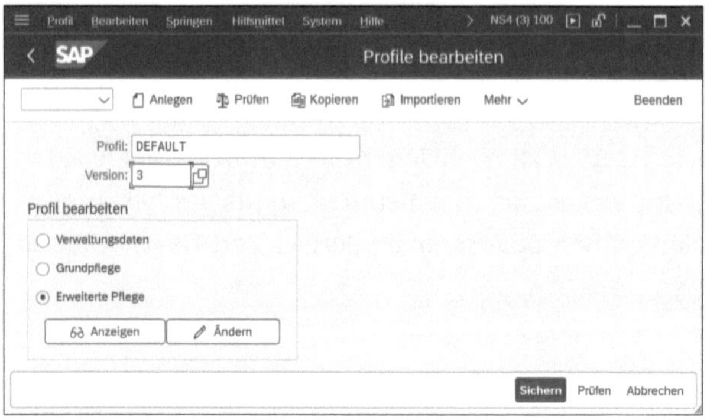

Abbildung 6.61 Profilparameterpflege mit Transaktion RZ10

Profilparameter pflegen

Wechseln Sie über den Button in den Bearbeitungsmodus, und klicken Sie auf den Button Parameter, um einen neuen Parameter anzulegen. Fügen Sie, wie in Abbildung 6.62 gezeigt, in das Feld **Parameter-Name** den Wert »icm/trusted_reverse_proxy_0« ein. Anschließend setzen Sie in das Feld **Parameter-Wert** die Zeichenkette in Listing 6.1. Beachten Sie, dass Sie die Platzhalter zwischen den Vergleichszeichen (<>) durch die Werte ersetzen müssen, die Sie beim Erstellen des Systemzertifikats über Transaktion STRUST ermittelt haben. Beachten Sie ebenfalls, dass die den Parametern `SUBJECT` und `ISSUER` zugewiesenen Werte jeweils in Anführungszeichen gesetzt werden müssen.

```
SUBJECT="CN=<SUBJECT>, L=<L>, O=<O>, C=<DE>", ISSUER="CN=<ISSUER>, L=
<L>, O=<O>, C=<DE>"
```

Listing 6.1 Parameter-Template

Abbildung 6.62 zeigt beispielhaft die Konfiguration des Parameters. Nachdem Sie den Parameter erfasst haben, klicken Sie auf den Button **Übernehmen**.

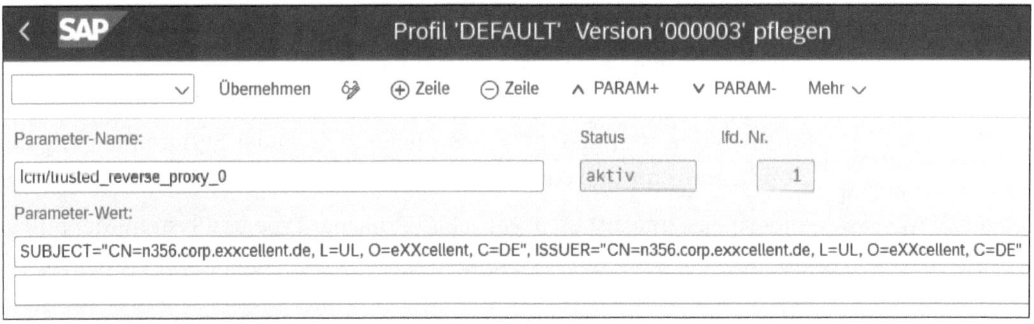

Abbildung 6.62 Parameterpflege

Wechseln Sie nach der Pflege des Parameters zurück in das Ausgangsbild von Transaktion RZ10, und speichern und aktivieren Sie Ihre Änderung. Klicken Sie hierzu zunächst auf den Button **Sichern**, und bestätigen Sie anschließend den sich öffnenden Dialog mit **Ja**. Damit die Änderungen an den Parametern auch wirken, müssen Sie den Internet Communication Manager neu starten. Rufen Sie hierzu Transaktion SMICM auf. Es wird die in Abbildung 6.63 gezeigte Maske angezeigt. Über den Menüpfad **Administration • ICM • Soft beenden • Global** erwirken Sie den Neustart. Bestätigen Sie den nachfolgenden Dialog. Nach kurzer Wartezeit sollte der Internet Communication Manager wieder laufen.

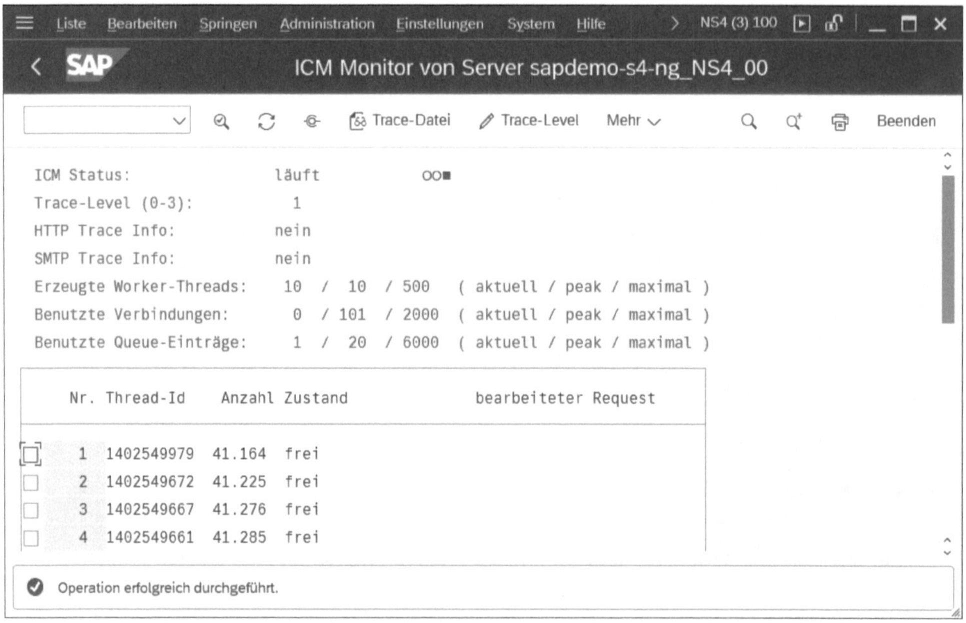

Abbildung 6.63 ICM Monitor

System-Mapping und Destination anpassen

Nachdem die Konfiguration in Cloud Connector und SAP-System durchgeführt worden ist, müssen Sie abschließend noch das System-Mapping im Cloud Connector und die konfigurierte Destination in der SAP BTP ändern.

Principal Type des System-Mappings ändern

Ändern Sie zunächst die Eigenschaft **Principal Type des** System-Mappings, das Sie zu Beginn im Cloud Connector angelegt haben. Hier hatten wir zu Beginn die Eigenschaft **Principal Type** auf **None** gesetzt. Um dies anzupassen, wechseln Sie in den Cloud Connector und gehen dort zur Konfiguration des Mappings. Über den Button gelangen Sie in den Bearbeitungsmodus einiger Eigenschaften des System-Mappings. Hier wählen Sie für die Eigenschaft **Principal Type** aus der Auswahlliste den Wert **X.509 Certificate** aus und speichern die Anpassungen mit **Save** (siehe Abbildung 6.64).

Authentifizierungsmethode der Destination anpassen

Als Nächstes wechseln Sie in das SAP BTP Cockpit und navigieren zu dem mit dem Cloud Connector verbundenen Subaccount. Hier wechseln Sie in die Maske zur Konfiguration der Destinationen und klicken bei der zuvor angelegten Destination mit dem Namen »sampledestination« auf den Button , um die Destination zu bearbeiten. Hier ändern wir die Eigenschaft **Authentication** von **None** auf **PrincipalPropagation** (siehe Abbildung 6.65). Speichern Sie Ihre Änderungen mit **Save**.

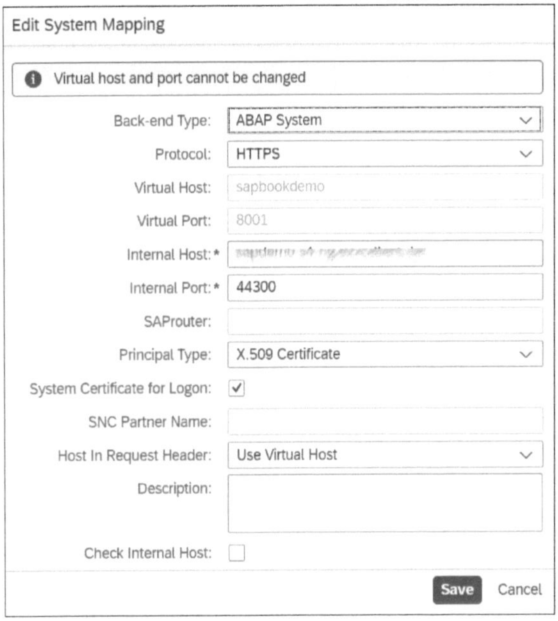

Abbildung 6.64 Principal Type ändern

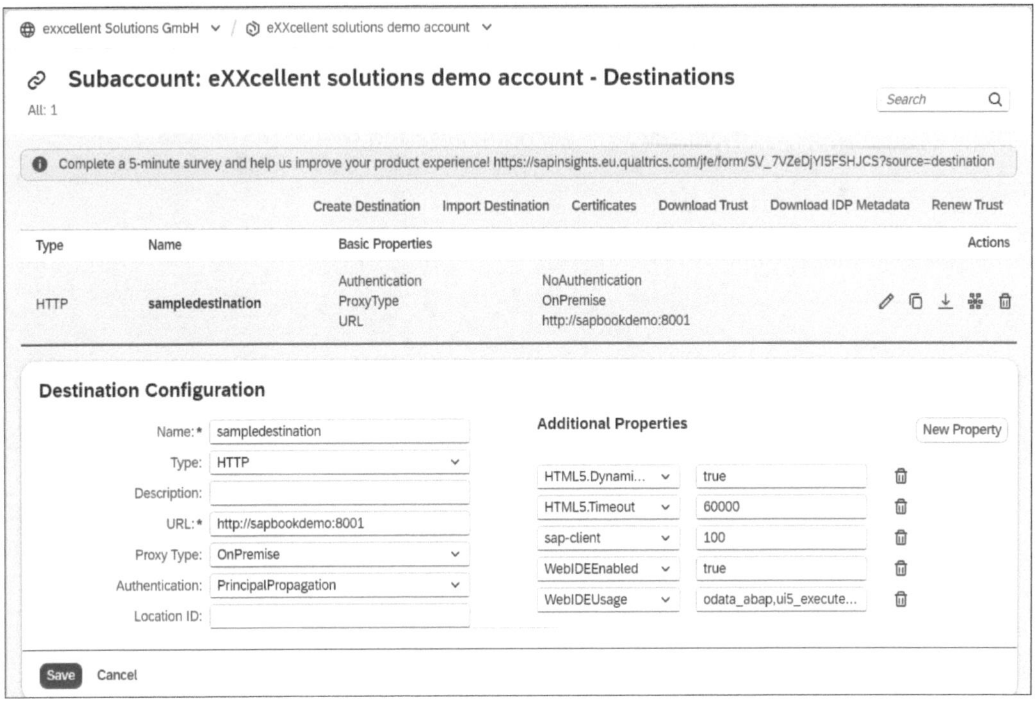

Abbildung 6.65 Geänderte Authentication-Eigenschaft der Destination

Kapitel 7
Konfiguration von SAP Build Work Zone

SAP-Fiori-Infrastrukturen können mitunter komplex und aus vielen unterschiedlichen SAP-Systemversionen bestehen. Um einen zentralen Zugriff zu schaffen, hat SAP die Lösung SAP Build Work Zone entwickelt. Mit SAP Build Work Zone haben Endanwender zentralen Zugriff und Administratorinnen ein weiteres SAP-Produkt, das verwaltet werden muss.

Je nach Unternehmensgröße, -struktur und -projekten können Unternehmen über eine Vielzahl von SAP-Systemen verfügen. Diese SAP-Systeme haben oft unterschiedliche Versionsstände und im Kontext von SAP Fiori auch unterschiedliche Stände der UI- und anderer relevanter Komponenten (siehe Kapitel 2, »Systemlandschaft und deren Komponenten«). Gepaart mit den unterschiedlichen Cloud-Angeboten von SAP sowie eigenen Diensten und Anwendungen, die in der SAP BTP deployt werden können, ergibt sich die Herausforderung, einen zentralen Zugriffspunkt zu schaffen. Dieser zentrale Zugriffspunkt ist *SAP Build Work Zone*, das in zwei Versionen verfügbar ist: als Standard Edition und als Advanced Edition. Dabei handelt es sich, vereinfacht ausgedrückt, um ein SAP Fiori Launchpad für die Cloud. SAP Build Work Zone, Standard Edition, hieß bis vor einigen Jahren noch SAP Launchpad Service.

In diesem Kapitel widmen wir uns der Administration dieses zentralen SAP-BTP-Dienstes. Nach einem kurzen Überblick über das Produkt und die beiden verfügbaren Versionen in Abschnitt 7.1 zeigen wir Ihnen in Abschnitt 7.2, wie Sie SAP Build Work Zone aktivieren und bereitstellen. In Abschnitt 7.3 erläutern wir die verschiedenen Administrationsaspekte und die entsprechenden Bereiche im Produkt. Wir erklären, wie man Anwendungen in SAP Build Work Zone integriert. Dabei gehen wir darauf ein, wie Anwendungen in der SAP BTP bereitgestellt und integriert werden. Außerdem zeigen wir, wie Inhalte aus On-Premise-Systemen über die sogenannte Content Federation für die Integration bereitgestellt und schließlich in eine Webseite in SAP Build Work Zone integriert werden. Da SAP Build Work Zone sowie die Integration von SAP Build Process Automation und SAP SuccessFactors ein sehr weites Feld ist, beschränken wir uns auf die genannten Aspekte.

7.1 Mit SAP Build Work Zone starten

Nach der Einführung in SAP Build Work Zone geben wir einen kurzen Überblick über die Einführung von SAP Build Work Zone in die Systemlandschaft. Wir geben einen Einblick in die Arbeit mit dem SAP Discovery Center, welche SAP-Build-Work-Zone-Versionen verfügbar sind und welche Berechtigungen im Kontext von SAP Build Work Zone, Standard Edition, relevant sind.

[»]

Dokumentation zu SAP Build Work Zone

Ein guter Startpunkt ist immer auch die SAP-Dokumentation zu SAP Build Work Zone. Sie finden die Dokumentation für die Standard Edition unter *https://help.sap.com/docs/build-work-zone-standard-edition*

7.1.1 SAP Build Work Zone im SAP Discovery Center

SAP Build Work Zone im Unternehmen einzuführen, ist kein Selbstläufer. Es erfordert Planung und ein entsprechendes schrittweises Vorgehen. SAP bietet auch für die Einführung von SAP Build Work Zone eine Mission im SAP Discovery Center an. Die Mission finden Sie unter der URL *http://s-prs.de/v1016827*. Abbildung 7.1 zeigt das Einstiegsbild in die Mission.

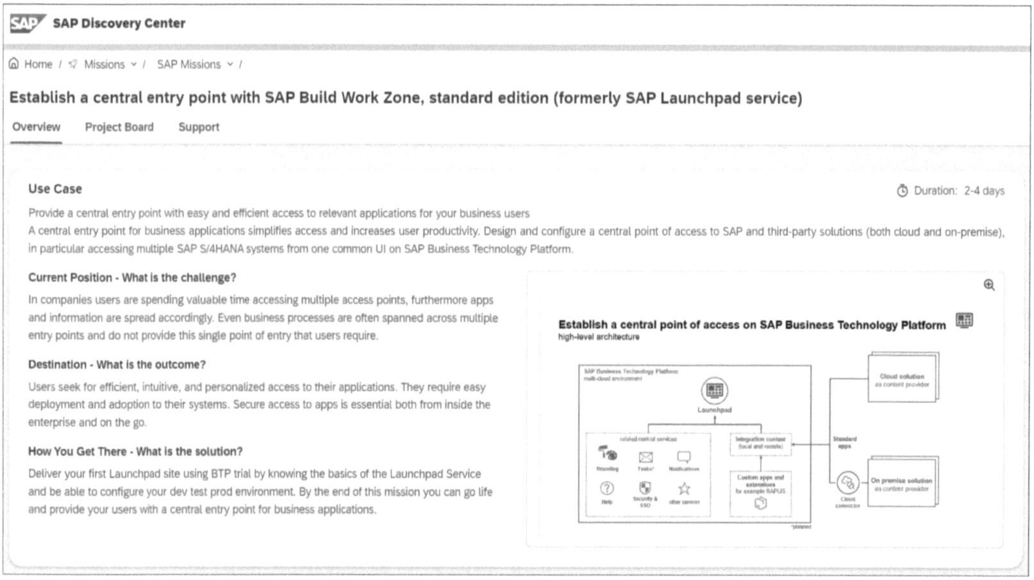

Abbildung 7.1 SAP Build Work Zone im SAP Discovery Center

Wie Sie im Bereich **Services and Components** sehen können, haben wir bereits über die aus Administrationssicht relevanten Themen SAP Connectivity Service und Destination gesprochen. SAP Business Application Studio als Werkzeug für die Entwicklung spielt im Kontext der Administration für SAP Fiori keine relevante Rolle. Thematisiert haben wir außerdem die Berechtigung für das Werkzeug.

Die in Abbildung 7.1 gezeigte Mission gibt einen guten Überblick über die zentrale Aufgabe von SAP Build Work Zone. Durch einen Klick auf die Abbildung vergrößert sich diese, und es wird ein Schaubild gezeigt (siehe Abbildung 7.2). Wie Sie sehen, ist die Integration und Bereitstellung von Anwendungen aus der Cloud, aus On-Premise- und aus lokalen Systemen in der SAP BTP zentrale Aufgabe von SAP BTP Work Zone. Allerdings sind noch weitere Dienste aus der SAP BTP relevant, z. B. in Bezug auf die Themen Workflow/Task, Benachrichtigung und natürlich Sicherheit inklusive der Anmeldung per Single Sign-On (SSO).

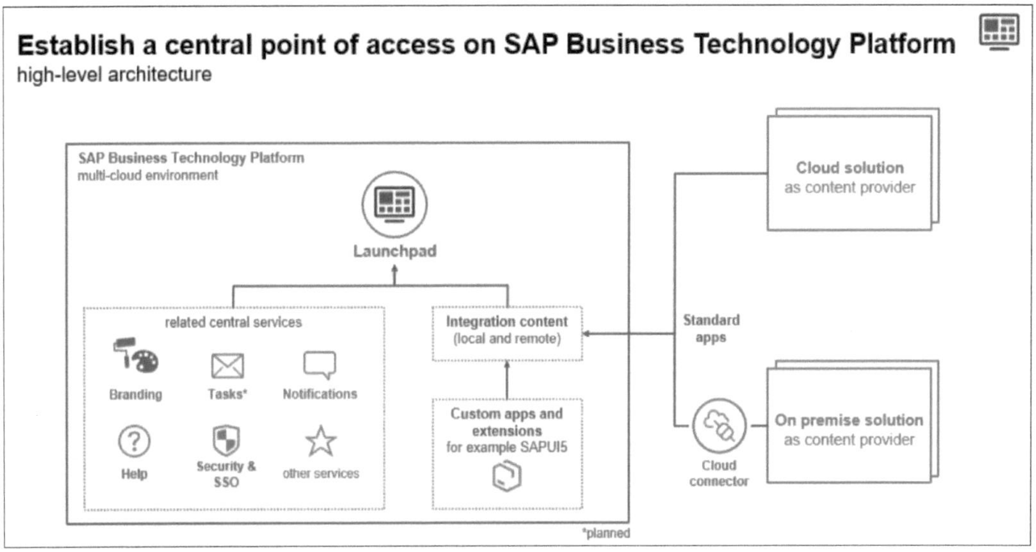

Abbildung 7.2 Schaubild aus dem SAP Discovery Center

Die Registerkarte **Project Board** gibt einen Überblick über die verschiedenen Aspekte der Einführung und Nutzung von SAP Build Work Zone (siehe Abbildung 7.1). SAP definiert im Auftrag für die SAP Build Work Zone mehrere Phasen. Die meisten dieser Phasen wurden und werden in diesem Buch in den entsprechenden Kapiteln behandelt.

Discover

Die *Discover-Phase* beinhaltet das Erlernen, was SAP Build Work Zone ist und warum das Produkt verwendet werden sollte. Diese Phase umfasst auch die Auseinandersetzung mit dem Thema SAP Fiori und den unterschiedlichen Möglichkeiten, SAP-Fiori-Inhalte bereitzustellen. Darüber hinaus werden Lerninhalte zu SAP Mobile Start, der App für Mobiltelefone, bereitgestellt. SAP Mobile Start wird in Kapitel 8, »SAP Mobile Start«, behandelt.

Explore

In der zweiten Phase der Mission, der *Explore-Phase*, beschreibt SAP, wie die ersten einfachen Inhalte erstellt werden und wie der Zugriff auf das Backend-System konfiguriert wird. Ebenfalls wird in das Thema der Integration von Inhalten von SAP-Backend-Systemen eingeführt. Die Vorgehensweise trägt den Namen *Federated Content* und wird in Abschnitt 1.5 in diesem Kapitel besprochen.

Realize

In der dritten Phase, der *Realize-Phase*, geht es um die Umsetzung des Projekts zur Einführung von SAP Build Work Zone. Es werden Informationen zur Einrichtung der Subaccounts für Entwicklung, Test und Produktion sowie zur Absicherung des Zugriffs über SSO gegeben. Darüber hinaus erfahren Sie, wie Inhalte verwaltet werden. Interessant in dieser Phase sind auch die Themen kundenindividuelle Entwicklung und Branding, also die Anpassung des Erscheinungsbildes mit dem UI-Theme-Designer.

Go-live- und Complete-Phase

Den Abschluss der Mission bilden die beiden Phasen *Go-live* und *Complete*. Hier geht es noch um abschließende Arbeiten, wobei eher weiche Faktoren erläutert werden, z. B. *Go-Live and Celebrate*.

7.1.2 Referenzarchitektur

Darüber hinaus gibt es seit Anfang 2024 auch eine *Referenzarchitektur* für SAP Build Work Zone. Diese ist ebenfalls im SAP Discovery Center unter *http://s-prs.de/v1016828* zu finden. Abbildung 7.3 zeigt die Referenzarchitektur. Wie aus der Abbildung hervorgeht, ist SAP Build Work Zone zentraler Bestandteil der Cloud-Strategie von SAP. Sie ist der Dreh- und Angelpunkt für den Zugriff auf Informationen und Funktionen, die direkt aus den Umsystemen sowie aus der SAP BTP integriert werden können. Durch die SAP Cloud Identity Services und die Möglichkeit, diese z. B. mit Azure Entera zu verknüpfen, um ein zentrales SSO anzubieten, kann ein integriertes Benutzererlebnis für die Mitarbeiter eines Unternehmens erreicht werden.

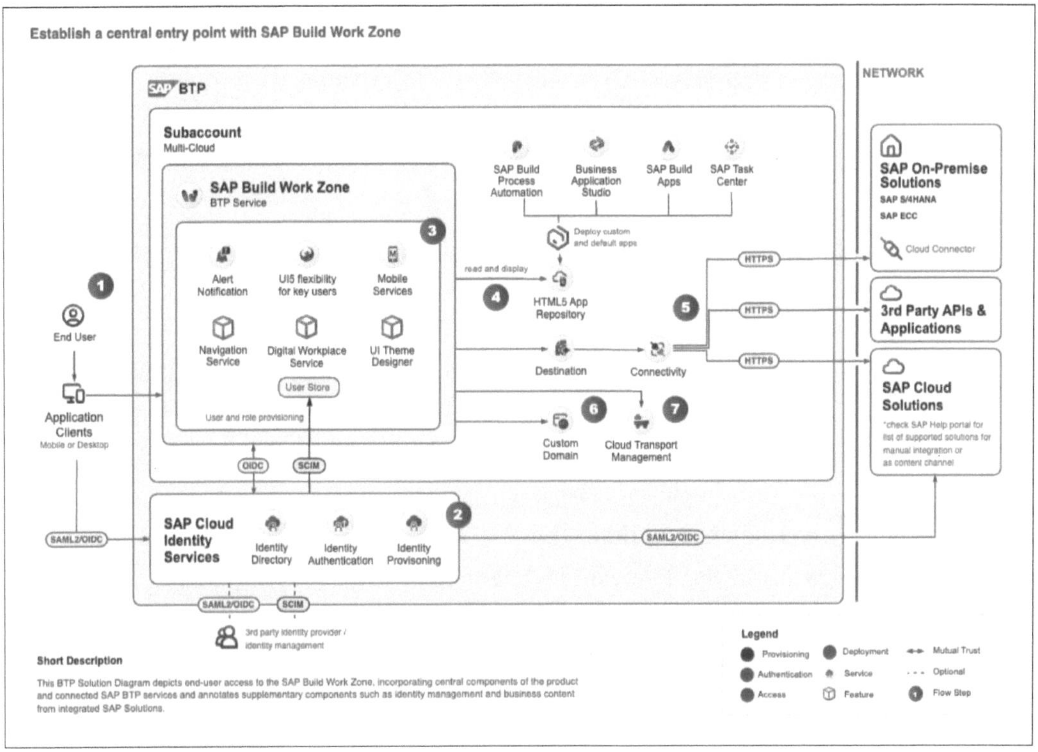

Abbildung 7.3 Referenzarchitektur von SAP Build Work Zone

7.1.3 Versionen von SAP Build Work Zone

Unternehmen haben unterschiedliche Bedürfnisse im Kontext der Bereitstellung eines zentralen Zugriffs auf Dienste und Informationen. Es gibt Unternehmen, die nur einen einfachen und zentralen Zugang zu Ihren Anwendungen bereitstellen möchten, während andere Unternehmen eine zentrale Plattform benötigen.

Standard Edition

Um unterschiedlichen Anforderungen gerecht zu werden, gibt es SAP Build Work Zone, wie bereits erwähnt, in zwei Versionen. Die Basisversion *SAP Build Work Zone, Standard Edition* bietet einen zentralen Zugriffspunkt auf Cloud- und On-Premise-Systeme und die darin enthaltenen Anwendungen. Mit dem *Page Builder* können Kunden Anwendungen und Karten in Seiten integrieren. Damit ist die Standard Edition in ihrer Grundidee und in ihrem Funktionsumfang dem On-Premise-SAP-Fiori-Launchpad sehr ähnlich.

Advanced Edition

Die zweite Version heißt *SAP Build Work Zone, Advanced Edition*. Im Gegensatz zur Standard Edition zielt die Advanced Edition darauf ab, einen digitalen Arbeitsplatz zu schaffen. Sie bietet zusätzliche, erweiterte Funktionen für Content-Management, Webinhalte, interaktive Arbeitsbereiche sowie eine erweiterte Menüstruktur und die Integration von Drittanbieterlösungen. Es gibt zwei Arten von Releases in SAP Build Work Zone, Advanced Edition: ein Preview-Release, das auf Systemen verfügbar ist, die als Preview-Systeme konfiguriert wurden, und ein Produktiv-Release, das auf allen Systemen verfügbar ist.

7.1.4 Berechtigungen in SAP Build Work Zone

Um mit SAP Build Work Zone arbeiten zu können, benötigen die Benutzer je nach Aufgabe die entsprechenden Berechtigungen. SAP fasst die verschiedenen Rollen rund um SAP Build Work Zone in drei Role Collections zusammen:

- Launchpad_External_User
- Launchpad_Admin
- Launchpad_Advanced_Theming

Diese Role Collections sind, dem Konzept folgend, Zusammenfassungen einzelner Rollen. Benutzer können auf diese Weise sehr einfach mit Berechtigungen ausgestattet werden und so als Administrator oder Administratorin mit SAP Build Work Zone arbeiten oder ganz einfach Webseiten aufrufen. Je nach Anforderung kann es allerdings auch notwendig sein, mit eigenen Role Collections zu arbeiten. Diesen können dann die entsprechende Rollen zugewiesen werden, z. B. wenn sich eine Gruppe von Benutzern nur mit dem Thema Theming beschäftigt.

Launchpad_External_User

Die Role Collection `Launchpad_External_User` enthält nur die Rolle **External_User** und erlaubt es Benutzern, Webseiten aufzurufen. Der Link zur Webseite muss den Benutzern entsprechend zur Verfügung gestellt werden.

Launchpad_Admin

Die Role Collection `Launchpad_Admin` enthält die Rollen `Super_Admin`, `Editor`, `Viewer`, und `Theme_Admin`. `Super_Admin` erlaubt den Benutzern die Administration aller Aspekte des SAP-BTP-Service SAP Build Work Zone. Hierbei ist die Arbeit mit Themes nicht eingeschlossen. Diese Berechtigung wird durch die anderen Rollen gewährt. Die Rolle `Editor` erlaubt es, kundeneigene Themes zu erstellen, zu bearbeiten und zu löschen. Allerdings ist es Benutzern mit dieser Rolle nicht erlaubt, kundenspezifisches CSS in den UI-Theme-Designer zu implementieren. Durch die Rolle `Viewer` ist der Benutzer dazu berechtigt, kundenindividuelle Motive zu sehen. Die Rolle `Theme_Admin` erlaubt das Erstellen und Bearbeiten von Motiven. Die Rolle ist nicht dazu berechtigt, erstellte Themes zu publizieren.

Role Collection »Launchpad_ Advanced_ Theming«

Die dritte Role Collection im Kontext von SAP Build Work Zone ist `Launchpad_Advanced_Theming`. Die Role Collection beinhaltet die beiden Rollen `CustomCssEditor` und `Publisher`.

Wie Sie anhand dieser Auflistung erkennen können, ist die Role Collection `Launchpad_Admin` mit weitreichenden Berechtigungen ausgestattet. Es ist daher zu beachten, dass gerade an dieser Stelle eigene Role Collections sinnvoll sein können, um den Zugriff auf Funktionen einzuschränken.

7.2 SAP Build Work Zone aufsetzen

Bevor Sie SAP Build Work Zone im entsprechenden SAP-BTP-Subaccount nutzen können, müssen Sie zunächst den Serviceplan für SAP Work Zone dem Subaccount hinzufügen. Gehen Sie dazu, wie bereits in Kapitel 5, »SAP Business Technology Platform«, erläutert, im entsprechenden Subaccount auf den Menüpunkt **Entitlements**. Klicken Sie auf den Button **Edit**, und nutzen Sie im Anschluss **Add Serviceplan**, um einen neuen Serviceplan auszuwählen. Filtern Sie die Liste der verfügbaren Servicepläne, wie in Abbildung 7.4 dargestellt. Wählen Sie nun den gewünschten Serviceplan aus. Bestätigen Sie Ihre Auswahl, indem Sie auf **Add 1 Service Plans** klicken.

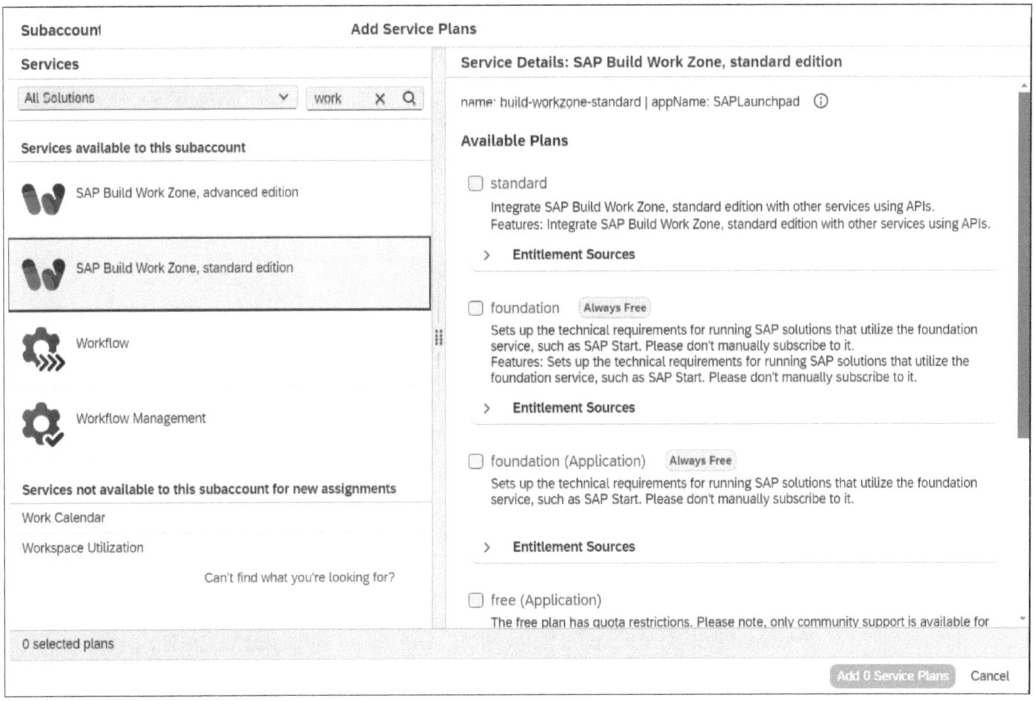

Abbildung 7.4 Serviceplan auswählen

Nachdem Sie den Serviceplan hinzugefügt haben, wechseln Sie über den Menüeintrag **Instances and Subscriptions** in die Übersicht der zugeordneten Dienste. Anschließend klicken Sie auf den Button mit der Aufschrift **Create**. Wählen Sie aus der Service-Auswahlliste den Eintrag **SAP Build Work Zone, standard edition** und aus der Planliste in der Kategorie **subscriptions** den Wert **standard** aus (siehe Abbildung 7.5). Klicken Sie zum Abschließen auf **Create**.

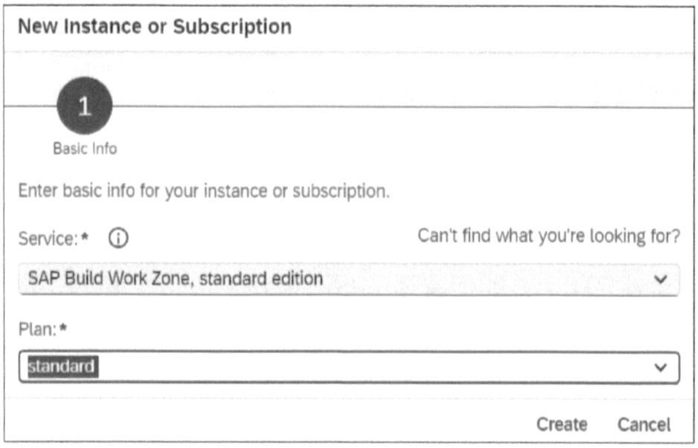

Abbildung 7.5 SAP Build Work Zone – Subscription anlegen

Nachdem die Subscription angelegt worden ist, wird diese in der Liste der Subscriptions dargestellt (siehe Abbildung 7.6).

Abbildung 7.6 Subscription für SAP Build Work Zone

Um SAP Build Work Zone nun zu starten, klicken Sie auf den Link in der Spalte **Application**. Es öffnet sich eine neue Registerkarte im Browser, auf der Sie die Fehlermeldung aus Abbildung 7.7 sehen.

Abbildung 7.7 Fehlende Berechtigungen

Wie Sie aus der Fehlermeldung ableiten können, fehlen dem aktuellen Benutzer die erforderlichen Berechtigungen. Um den Benutzer mit den diesen auszustatten, wechseln Sie zurück in die Subaccount-Ansicht und wählen den Menüpfad **Security • Users** (siehe Abbildung 7.8).

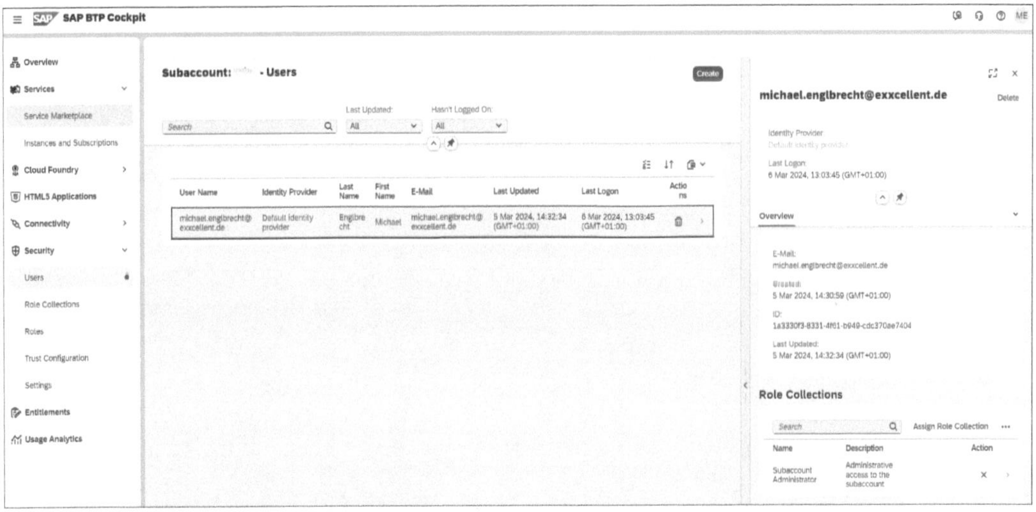

Abbildung 7.8 Berechtigungen bearbeiten

In diesem Beispiel richten wir dem Benutzer sowohl das Recht zur Administration von SAP Build Work Zone als auch die erweiterten Rechte für die Arbeit mit dem UI-Theme-Designer ein.

Berechtigung vergeben

Klicken Sie dazu auf **Assign Role Collection**, und wählen Sie aus der Liste der verfügbaren Role Collections die Einträge **Launchpad_Admin** und **Launchpad_Advanced_Theming** aus. Wie Sie in Abbildung 7.9 sehen, können Sie über das Suchfeld die Auswahl etwas vereinfachen, indem Sie »launch« oder etwas Ähnliches darin eingeben. Klicken Sie nun noch auf den Button **Assign Role Collection**.

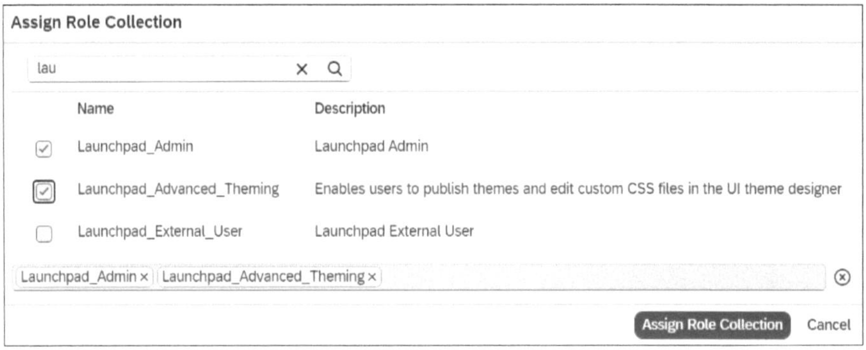

Abbildung 7.9 Berechtigungen verwalten

Nachdem die ausgewählten Role Collection dem Benutzer hinzugefügt worden ist, wird diese in den Details des Benutzers aufgeführt (siehe Abbildung 7.10).

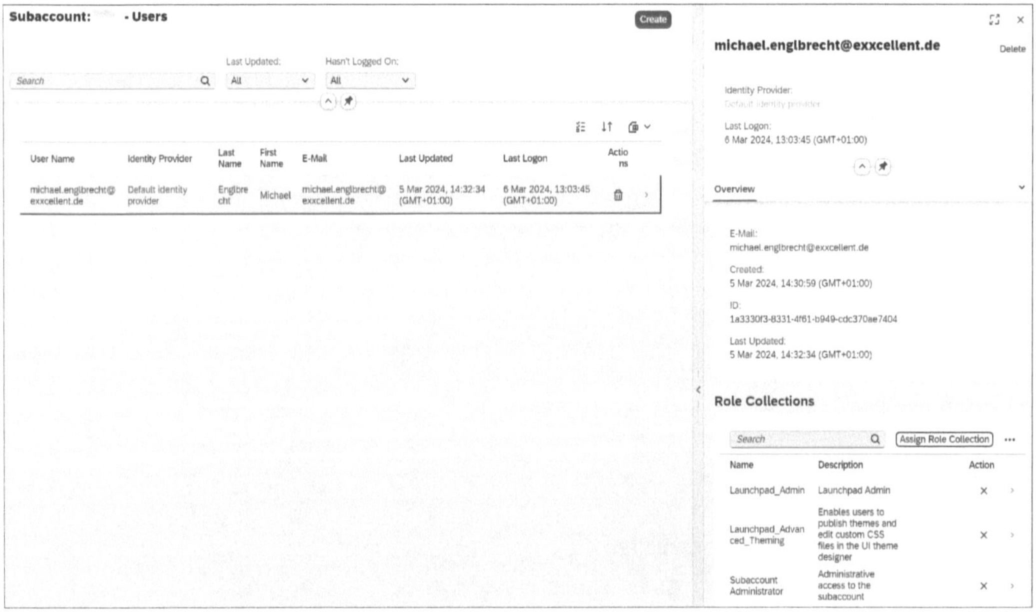

Abbildung 7.10 Benutzer mit SAP-Build-Work-Zone-Berechtigung

Da der Benutzer nun die notwendigen Berechtigungen besitzt, können Sie die SAP-Build-Work-Zone-Anwendung erneut starten. Rufen Sie hierzu den Pfad **Services • Instances and Subscriptions** auf. Starten Sie nun SAP Build Work Zone, indem Sie auf den Link **SAP Build Work Zone, standard edition** klicken. In einem eigenen Browserfenster öffnet sich der *Website-Manager* in der Webseiten-Verzeichnis-Bearbeitungsumgebung (siehe den nachfolgenden Abschnitt 7.3, »SAP Build Work Zone konfigurieren«).

Fehlermeldung trotz erteilter Benutzerberechtigungen

In den SAP-BTP-Services kann es vorkommen, dass die Fehlermeldung auch dann noch angezeigt wird, wenn ein Benutzer das Fehlen einer Berechtigung festgestellt, dies dem Administrator oder Administratorin mitgeteilt und diese Berechtigung bereits erteilt hat. In diesem Fall kann es einerseits helfen, sich vom SAP-BTP-Service ab- und wieder anzumelden. Unter Umständen hilft dies aber auch nicht weiter. Dann bleibt dem Benutzer nur noch die Möglichkeit, das gesamte Browserfenster, und nicht nur die Registerkarte zu schließen und die Anmeldung erneut durchzuführen.

7.3 SAP Build Work Zone konfigurieren

Bevor wir nun unsere erste Beispielseite anlegen, werfen wir einen Blick auf die anderen Bereiche und Funktionen von SAP Build Work Zone, Standard Edition. Um eine bessere Sicht auf die verfügbaren Bereiche zu erhalten, klicken Sie auf den Button ☰. Es werden nun, wie Sie in Abbildung 7.11 sehen, neben den Symbolen auch die Namen der Menüpunkte eingeblendet:

- Website-Verzeichnis
- Content-Manager
- Channel-Manager
- Einstellungen

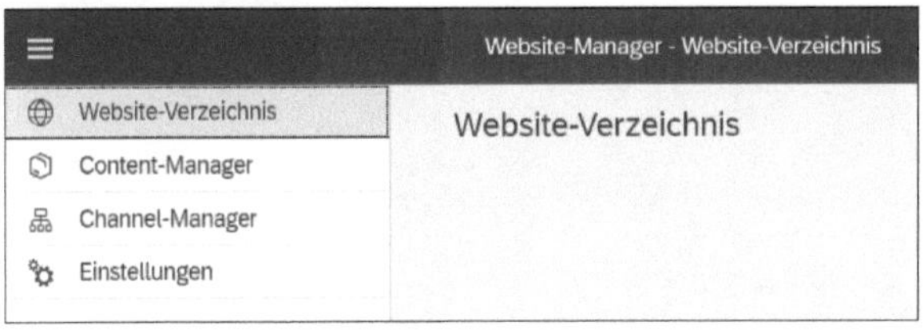

Abbildung 7.11 Menü von SAP Work Zone, Standard Edition

In den nachfolgenden Abschnitten geben wir Ihnen eine Einführung in die Arbeit mit den im Menü gezeigten Bereichen und deren Verwendung.

7.3.1 Website-Verzeichnis

Im Website-Verzeichnis sind, wie in Abbildung 7.12 gezeigt, aktuell noch keine Websites vorhanden.

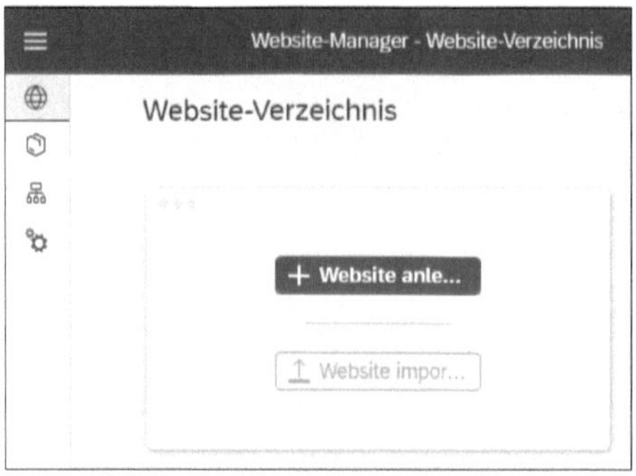

Abbildung 7.12 Website-Manager

Um eine neue Website anzulegen, klicken Sie auf den Button und geben im daraufhin folgenden Dialog den Namen der neuen Website im Feld **Website-Name** ein. Bestätigen Sie anschließend mit einem Klick auf **Anlegen**. Nachdem die Website angelegt worden ist, wird diese als Kachel angezeigt (siehe Abbildung 7.13).

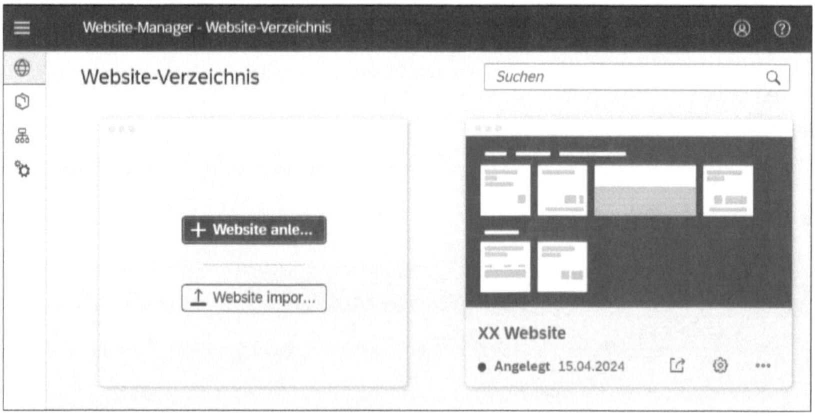

Abbildung 7.13 Neu angelegte Website

Folgende Aktionen werden Ihnen für die neu angelegte Website angeboten:

- Über den Button können Sie die neu angelegte Website starten.
- Mit einem Klick auf den Button gelangen Sie in die Konfigurationseinstellungen der jeweiligen Website.

- Über den Button [...] öffnen Sie ein Menü mit weiteren Aktionsmöglichkeiten. Hier können Sie die Website löschen, exportieren oder als Standard festlegen. Des Weiteren können Sie über die Aktion **Website-Alias verwalten** der Website einen Alias hinzufügen. Dieser Alias wird den Benutzern anstelle der kryptischen ID im URL-Parameter `siteId` angezeigt. Abbildung 7.14 zeigt im oberen Teil der Abbildung die Website ohne Alias. Wie Sie erkennen können, wird hier der Parameter `sideIt` verwendet. Im unteren Teil der Abbildung wurde der Website ein Alias mit dem Namen `booksample` zugewiesen. Wie Sie sehen, wird der Alias nun als Teil des Pfades verwendet.

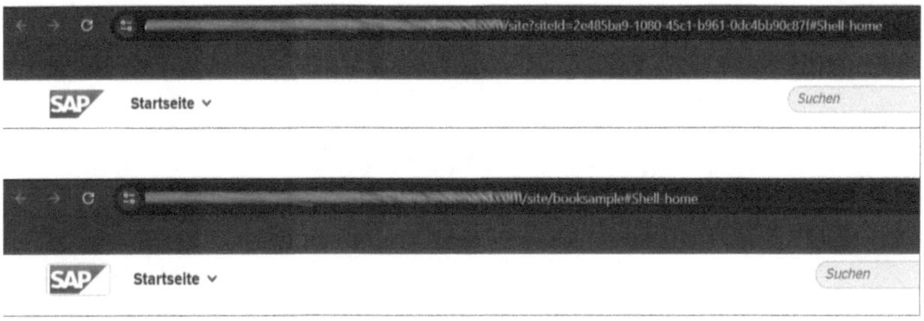

Abbildung 7.14 URL mit und ohne Alias

[!]

Länge des URL-Alias

Beachten Sie bei der Vergabe eines Alias, dass dieser nicht länger als 100 Zeichen sein und nur aus Zeichen, Zahlen und Bindestrichen bestehen darf. Das Wort *ui* ist als Alias ebenfalls nicht erlaubt.

Übersicht der Konfigurationsmöglichkeiten einer Website

Um sich einen Überblick über die Einstellungsmöglichkeiten einer Website zu verschaffen, rufen Sie auf der neu angelegten Webseite die Website-Einstellungen auf (siehe Abbildung 7.15).

Ähnlich wie beim On-Premise-SAP-Fiori-Launchpad können die Benutzer die Website entsprechend den in den Website-Einstellungen hinterlegten Konfigurationen personalisieren. Standardmäßig sind die Einstellungen hierzu sehr großzügig. Abbildung 7.16 zeigt das Benutzermenü in der soeben erstellten Website. Eine Besonderheit dieses Menüs ist, dass dem angemeldeten Benutzer zusätzlich noch die Role Collection `Launchpad_Advanced_Theming` zugewiesen ist.

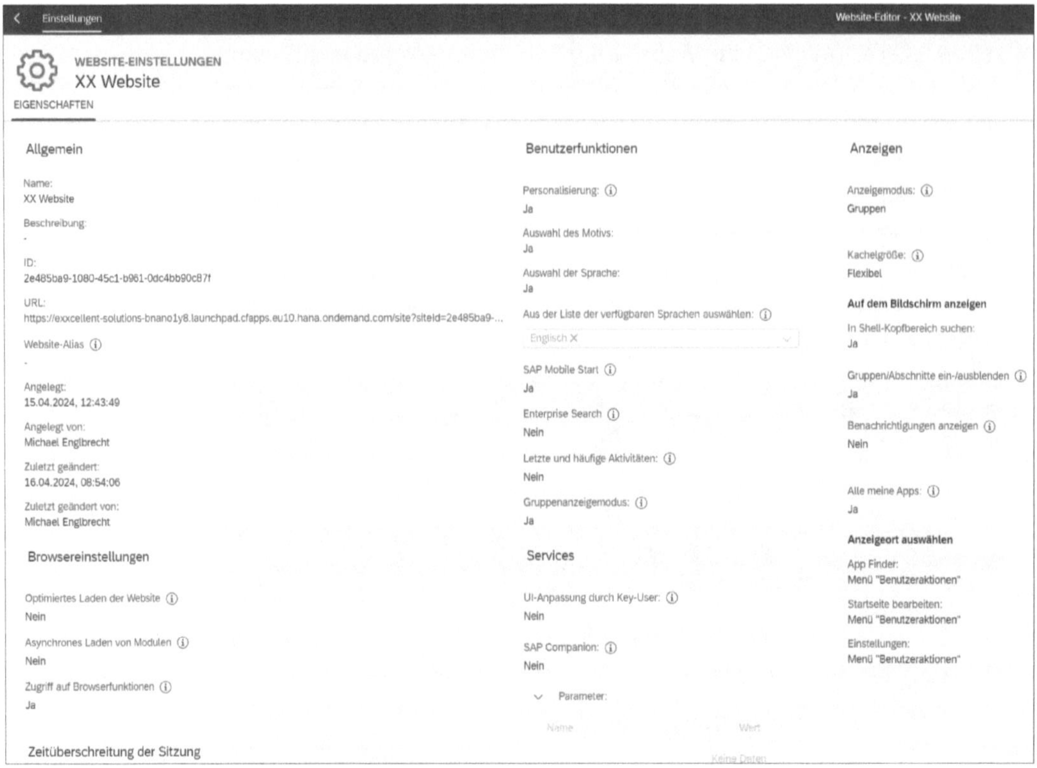

Abbildung 7.15 Einstellungsoptionen einer Website

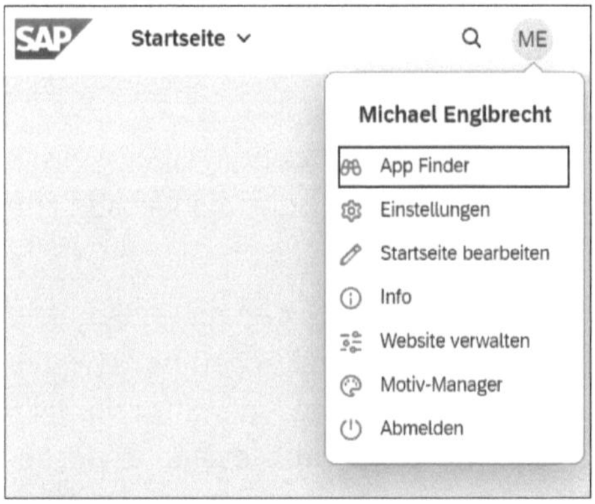

Abbildung 7.16 Benutzermenü in SAP Build Work Zone

App Finder

Wie Sie es vielleicht aus dem On-Premise-SAP-Fiori-Launchpad kennen, können Anwender über den *App Finder* Inhalte aus den zugewiesenen Rollen zu den bestehenden Inhalten der Website hinzufügen.

Startseite bearbeiten

Die Funktion **Startseite bearbeiten** wird nur angeboten, wenn in den Website-Einstellungen in den Eigenschaften der Website im Bereich **Anzeigen** der Radiobutton **Gruppen** ausgewählt ist. Wenn Sie die Anzeigemodi **Seiten und Bereiche** und **Seiten und Bereiche – Neues Erlebnis** auswählen, ist die Funktion nicht mehr verfügbar. Abbildung 7.17 zeigt auf der rechten Seite den entsprechenden Konfigurationsbereich in den Website-Einstellungen.

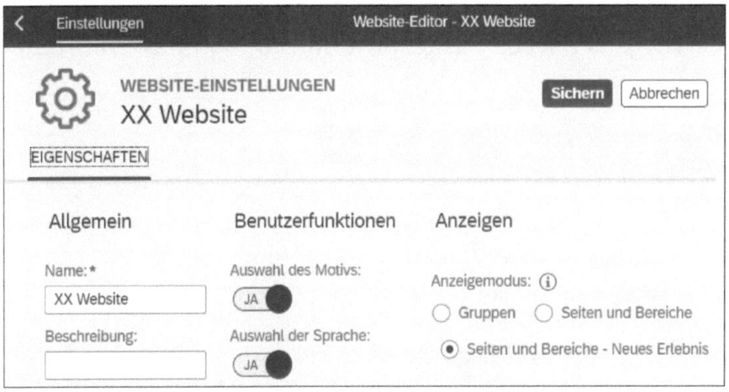

Abbildung 7.17 Einstellung für die Anzeigen-Eigenschaft

Personalisierung

Die Personalisierung über den App Finder und die Funktion **Startseite bearbeiten** sind nur bei den Anzeigemodi **Gruppen** und **Seiten und Bereiche** verfügbar. Bei der Verwendung von **Seiten und Bereiche – Neues Erlebnis** wird die Funktion nicht angeboten.

Benachrichtigungen anzeigen

In SAP Build Work Zone können Push-Benachrichtigungen von Cloud-Systemen, On-Premise-Systemen oder von beiden Systemen angezeigt werden. Die Benutzer werden über das Glockensymbol im Kopf der Website über eingegangene Nachrichten informiert. Die Funktion und das Symbol sind nicht standardmäßig aktiviert und müssen konfiguriert werden. Um das Symbol anzeigen zu lassen, aktivieren Sie in den Einstellungen der Website den Parameter **Benachrichtigungen anzeigen**. Wie in Abbildung 7.18 gezeigt, wird das Symbol nach der Aktivierung oben rechts angezeigt. Klicken Sie auf das Symbol, öffnet sich ein Pop-up-Fenster. Sind noch nicht betrachtete Nachrichten vorhanden, wird die Anzahl dieser Nachrichten als Zahl am Glockensymbol visualisiert.

Abbildung 7.18 Aktiviertes Benachrichtigungssymbol

Ladeverhalten optimieren

SAP-Fiori-Anwendungen interagieren je nach verwendetem Framework unterschiedlich häufig mit dem bereitstellenden System. Dies kann unter Umständen dazu führen, dass das Benutzererlebnis eingeschränkt ist. Beispiel hierfür sind lange Wartezeiten, bis eine Anwendung genutzt werden kann, oder auch Unterbrechungen bei der Nutzung, z. B., weil benötigter Anwendungscode nachgeladen werden muss. Auf der Ebene der Website kann das Ladeverhalten für die Anwendungskomponenten konfiguriert werden. Abbildung 7.19 zeigt die Einstellungen für das Optimieren des Ladeverhaltens.

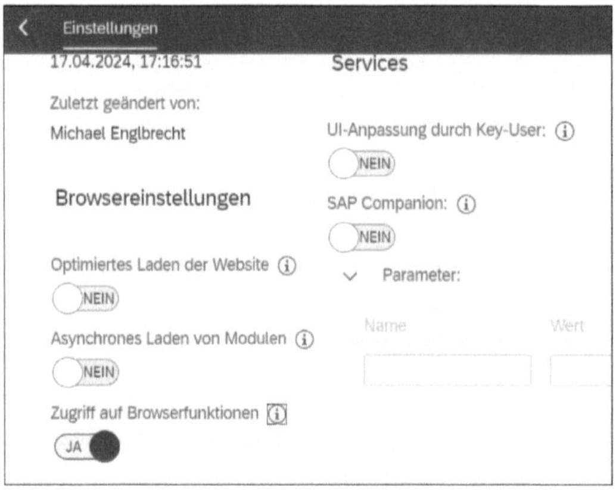

Abbildung 7.19 Optimierungsmöglichkeiten

Verwendung des Browser-Cache

Die Inhalte einer Webseite können vom Browser im Cache zwischengespeichert werden. Dadurch erfolgt bei einem erneuten Aufruf der Seite keine neue Anfrage zum Laden der Anwendung, sondern diese wird aus dem Cache bezogen. Dies führt zu einer schnelleren Bereitstellung der Seite, da letztendlich nur noch die Nutzdaten geladen werden müssen. SAP Build Work Zone verwendet nicht automatisch den Browser-Cache, um Webseiteninhalte für eine weitere Nutzung zwischenzuspeichern. Dies muss explizit eingeschaltet werden. Wenn Sie diese Option nutzen möchten, aktivieren Sie den Parameter **Optimiertes Laden der Website** (siehe Abbildung 7.19). Beachten Sie, dass Änderungen an der Anwendung nur durch einen manuellen Eingriff des Administrators oder der Administratorin an der Quellverbindung bereitgestellt werden.

Asynchrones Laden von Modulen

Wie in Kapitel 1, »Einführung in SAP Fiori«, erläutert, werden die meisten SAP-Fiori-Anwendungen mit der UI-Technologie SAPUI5 implementiert. Das UI-Framework von SAP besteht aus diversen Modulen, in denen UI-Controls und Funktionalitäten gekapselt sind. Auch die in SAPUI5 implementierten Anwendungen sind modular aufgebaut. Nachdem ein Benutzer die Kachel im SAP Fiori Launchpad ausgewählt hat, werden die Anwendung und die vom Framework verwendeten Module vom jeweiligen System geladen. Dieses Laden kann entweder synchron oder asynchron erfolgen. Beim asynchronen Laden werden die Module parallel und nicht wie beim synchronen Laden nacheinander geladen. Die Verwendung des asynchronen Ladens führt daher zu einer besseren Benutzererfahrung, da es keine spürbaren Wartezeiten gibt. Das asynchrone Laden von Modulen wird daher empfohlen, ist jedoch nicht voreingestellt und muss von der Administratorin oder vom Administrator aktiviert werden. Dennoch sollte die Option nicht unbedacht aktiviert werden. Denn es muss sichergestellt sein, dass die Anwendungen auch mit asynchroner Verarbeitung korrekt arbeiten. Möglicherweise wurde bei der Implementierung der Anwendung eher auf die synchrone Verarbeitung gesetzt, sodass eine Umstellung unter Umständen dazu führen kann, dass die Anwendung dann nicht mehr ordnungsgemäß arbeitet. Setzen Sie sich daher zunächst mit den Entwicklern der Anwendung in Verbindung, oder, falls dies nicht möglich ist, testen Sie die Anwendung nach der Aktivierung der Option vollständig.

7.3.2 Content-Manager

Für die Verwaltung von Inhalten bietet SAP Build Work Zone den sogenannten *Content-Manager* an. Nach dem Aufruf des entsprechenden Menüeintrags gelangen Sie in das in Abbildung 7.20 gezeigte Ausgangsbild.

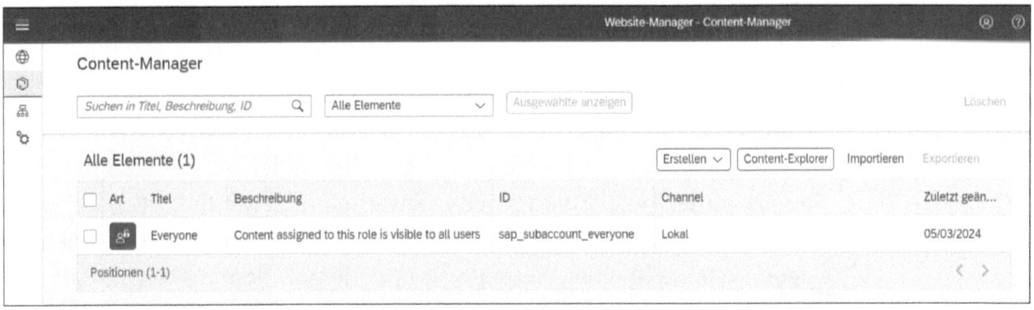

Abbildung 7.20 Content-Manager in SAP Build Work Zone

Neue Objekte werden über das Aufklappmenü **Erstellen** angelegt. Es werden die folgenden Objekttypen angeboten:

- App
- Bereiche
- Gruppe
- Katalog
- Rolle
- Seite

Im weiteren Verlauf dieses Kapitels gehen wir auf die Erstellung und Verwendung dieser Objekttypen jeweils detailliert ein.

7.3.3 Channel-Manager

Inhalte, die in SAP Build Work Zone integriert werden, können über sogenannte *Content Provider* oder aber durch das Importieren von *Content Packages* bereitgestellt werden. Die Konfiguration beider Integrationsmöglichkeiten erfolgt über den Channel-Manager. Nachdem Sie im Menü den Eintrag **Channel-Manager** aufgerufen haben, sehen Sie das Einstiegsbild des Channel-Managers (siehe Abbildung 7.21).

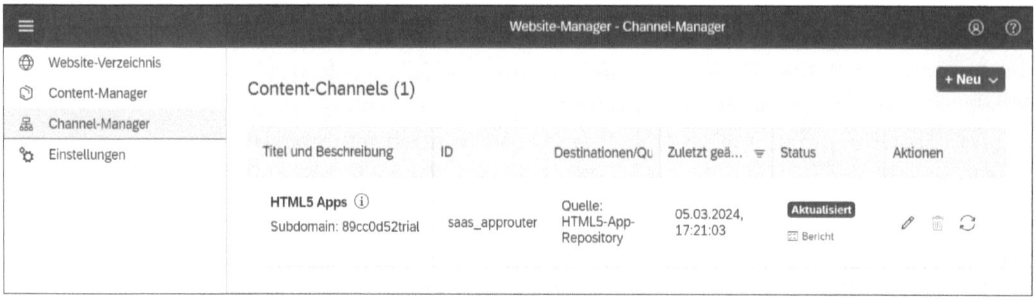

Abbildung 7.21 Channel-Manager

Wie Sie sehen, wird im initialen Zustand in der Liste der Content-Channels ein Standard-Channel mit dem Titel **HTML5 Apps** angezeigt. Ein Content-Channel stellt dabei eine konkrete Verbindung zu einer Inhaltsquelle dar. Über dieses Quellsystem können dann Inhalte, die auf dem in Kapitel 3, »Objektmodell«, beschriebenen CDM basieren, integriert werden. Quellsysteme werden dabei mittels Destinationen in der SAP BTP angebunden.

Content Provider

Wie bereits in Kapitel 6, »SAP BTP – Cloud und on-premise«, beschrieben, können Systeme über den Cloud Connector an einen Subaccount angebunden und über Destinationen im SAP-BTP-Destination-Service entsprechend innerhalb der SAP BTP von Cloud-Diensten genutzt werden. SAP Build Work Zone bietet entsprechend ebenfalls die Möglichkeit, Inhalte über angebundene Systeme in einer Webseite zu integrieren. Diese Art der Integration wird als *Content Federation* bezeichnet. Dazu müssen in SAP Build Work Zone Content Provider angelegt werden. Ein Content Provider benötigt zwei Destinationen. Die erste Destination, die *Designtime Destination* dient dazu, die Meta-Informationen für die zur Integration bereitgestellten Inhalte bereitzustellen. Die zweite Destination wird zur Laufzeit, d. h. bei der Verwendung genutzt. Sie wird daher *Runtime Destination* genannt.

Content Package

Neben dem Integrieren von Inhalten aus externen Quellen über die Nutzung eines Content Providers können Inhalte auch direkt importiert werden. Hierzu können sogenannte *Content Packages* genutzt werden. Ein Content Package ist eine Sammlung von Inhaltsartefakten, die zusammen in einer ZIP-Datei erstellt und ausgeliefert werden. Content Packages können die folgenden Content-Artefakte enthalten:

- UI-Integrationskarten
- Workspace Templates
- exportierte Workspaces und Workpages

Content Packages werden über das Werkzeug SAP Business Application Studio entwickelt. Es gibt für die Implementierung eine eigene Erweiterung, die Sie beispielsweise zu einem SAP-Fiori-DevSpace hinzufügen können. SAP bietet unter *http://s-prs.de/v1016829* Beispiele für Content Packages an. Abbildung 7.22 zeigt eines der im Git Repository verfügbaren Demos.

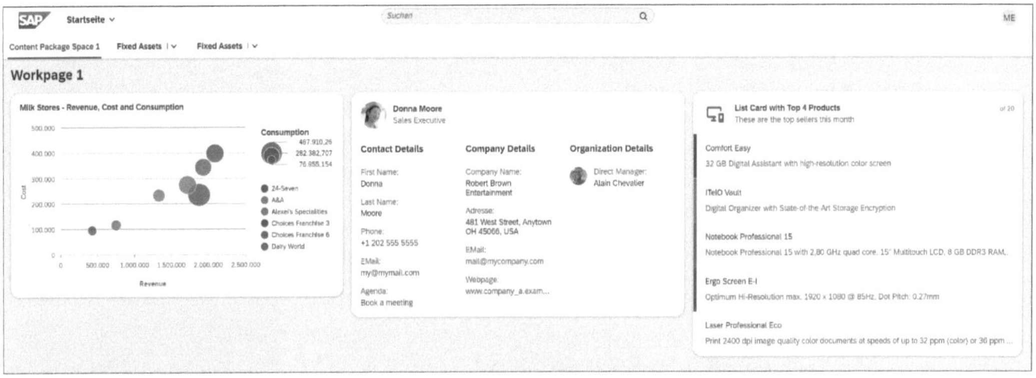

Abbildung 7.22 Beispiel für Inhalte aus einem Content Package

7.3.4 Website-Manager – Einstellungen

Zentrale Administrationsthemen von SAP Build Work Zone finden Sie im Bereich **Einstellungen** (siehe Abbildung 7.23).

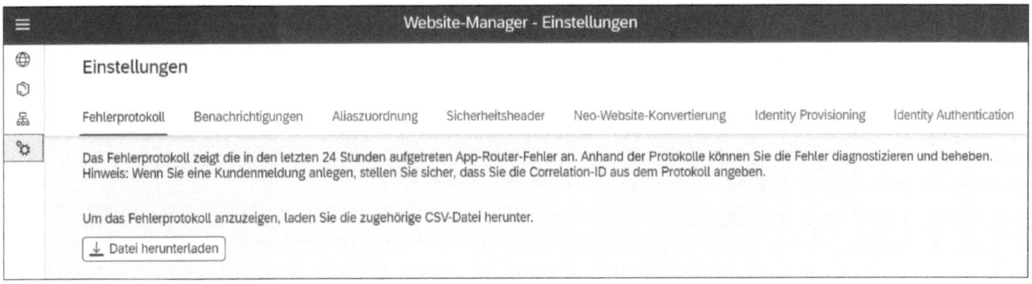

Abbildung 7.23 Website-Einstellungen

Im Einstellungsbereich werden die folgenden Konfigurationsaspekte angeboten:

- **Fehlerprotokoll**: Das Fehlerprotokoll der letzten 24 Stunden kann heruntergeladen werden. Es kann entsprechend zur Analyse von Fehlersituationen in SAP Build Work Zone verwendet werden.
- **Benachrichtigungen**: In diesem Bereich kann die Arbeit mit Benachrichtigungen konfiguriert werden (siehe Abbildung 7.24). Um diesen Bereich administrieren zu können, muss der Anwender über die Rolle `Business_Notifications_Admin` verfügen.

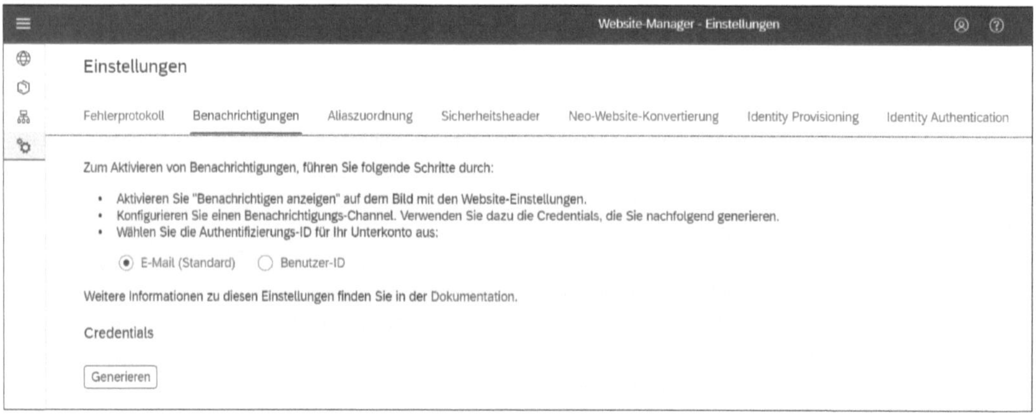

Abbildung 7.24 Konfiguration für Notifications

- **Aliaszuordnung**: Über die Aliaszuordnung können Backend-Systemalias zu Laufzeit-Destinationen zugeordnet werden. Diese Zuordnung wird bei der manuellen Integration von Inhalten verwendet.
- **Sicherheitsheader**: Auf dieser Registerkarte können Sie zusätzliche HTTP-Sicherheitsheader hinzufügen. Hierdurch entsteht zusätzlicher Schutz der Anwendungen und verarbeiteten Daten, da die vom Browser oder Server ursprünglich zugelassenen Aktionen eingeschränkt werden. Neben den in Abbildung 7.25 gezeigten selbst pflegbaren Eigenschaften werden weitere Header-Parameter standardmäßig gesetzt.

Abbildung 7.25 Auswahl an unterstützen HTTP-Sicherheits-Headern

Welche das sind, können Sie einfach über die Entwicklungswerkzeuge Ihres Browsers einsehen. Rufen Sie diese auf, wechseln Sie in die Übersicht des Netzwerkverkehrs, und laden Sie die Webseite neu. Im Anschluss können Sie dann die Header im Bereich **Response Headers** einsehen.

- **Neo-Website-Konvertierung**: Diese Registerkarte dient zur Aktivierung einer Funktion, mit deren Hilfe Webseiten, die im *SAP Launchpad Service* von *SAP BTP, Neo Environment* erstellt wurden, konvertiert und für SAP Build Work Zone zur Verfügung gestellt werden. Nach der Aktivierung wird im Website-Manager ein Button mit der Aufschrift **Neo-Website konvertieren** eingeblendet. Abbildung 7.26 zeigt im oberen Teil der Abbildung die aktivierte Option. Im unteren Bereich der Abbildung sehen Sie den Website-Verzeichnisbereich von SAP Build Work Zone mit dem eingeblendeten Button. Klicken Sie auf den Button, erscheint ein Dialog, über den Sie die ZIP-Datei mit dem zuvor vom SAP Launchpad Service von SAP BTP, Neo Environment, exportierten Inhalt hochladen können. Im Rahmen der Verarbeitung werden der Inhalt und die Website sowie deren Inhalte zur Nutzung in SAP Build Work Zone konvertiert.

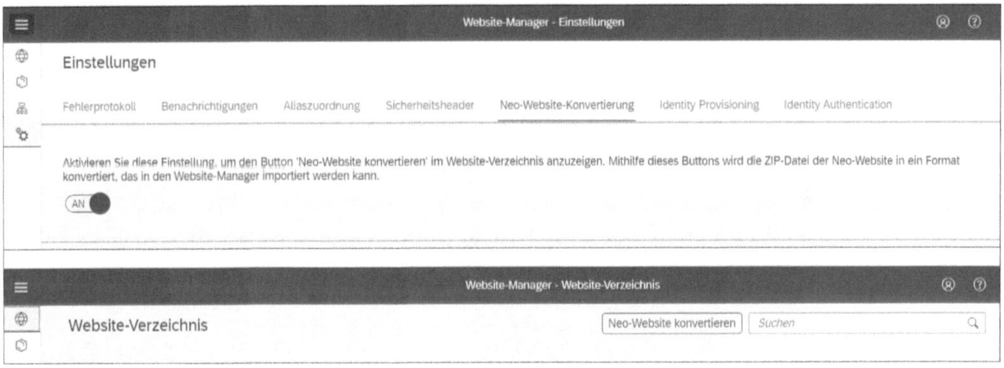

Abbildung 7.26 Neo-Website-Konvertierung aktivieren

- **Identity Provisioning**: Auf dieser Registerkarte kann der Identity Authentication Service des Tenants zugewiesen werden. Über diesen wird dann die Benutzer- und Gruppenbereitstellung durchgeführt. In Kapitel 5, »SAP Business Technology Platform«, wurde bereits beschrieben, dass die SAP Cloud Identity Services für die zentrale Benutzer- und Rechteverwaltung genutzt werden können. Ebenso haben wir bereits eine Vertrauensbeziehung zwischen dem SAP-BTP-Subaccount und den SAP Cloud Identity Services eingerichtet. Im Einstellungsbereich **Identity Provisioning** wird daher, wie in Abbildung 7.27 gezeigt, die Möglichkeit angebo-

Identity Provider konfigurieren

ten, die Benutzerverwaltung des mit der SAP BTP verbundenen Identity Providers zu verwenden. Hierzu klicken Sie nun auf den Button **Verbinden**.

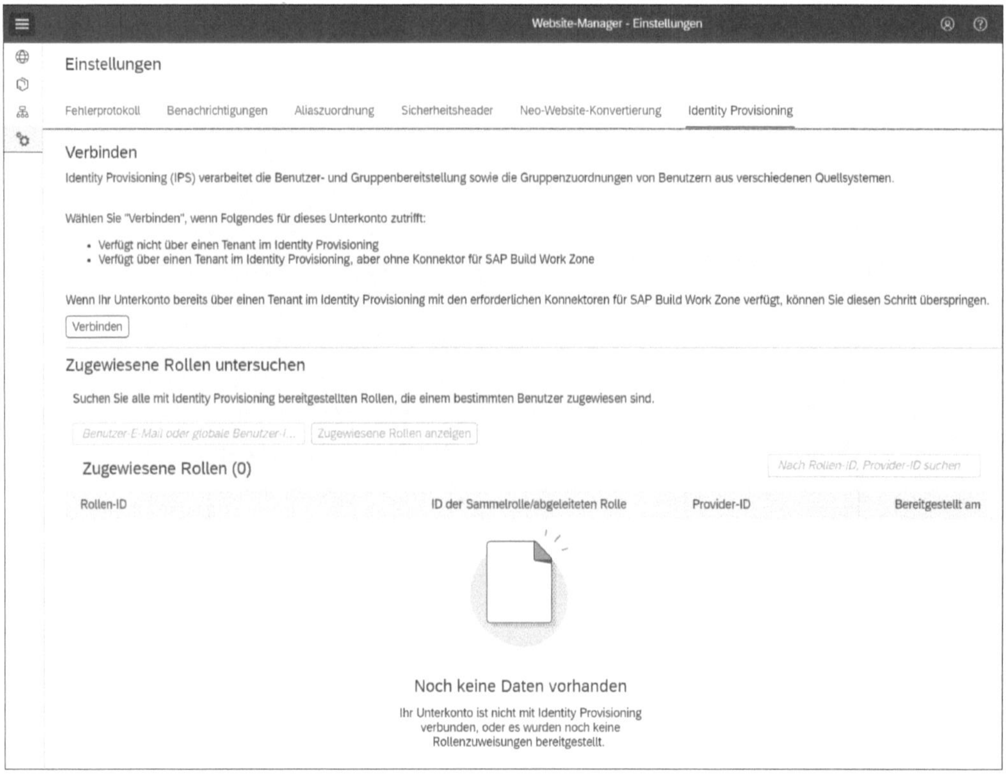

Abbildung 7.27 Identity-Provisioning-Einstellung in SAP Build Work Zone, Standard Edition

Nachdem die Verbindung erfolgreich eingerichtet worden ist, wird, wie in Abbildung 7.28 gezeigt, eine entsprechende grün hinterlegte Informationsmeldung angezeigt. Über den angezeigten Link können Sie direkt in den verbundenen SAP-Cloud-Identity-Tenant wechseln.

- **Identity Authentication**: Auf dieser Registerkarte kann die Authentifizierung über die SAP Cloud Identity Services aktiviert werden. Bevor dies möglich ist, muss zuvor eine Vertrauensbeziehung zwischen Identity Authentication und SAP BTP konfiguriert und die Verbindung entsprechend über die Registerkarte **Identity Provisioning** zwischen der SAP-Build-Work-Zone-Instanz und dem Identity Provider hergestellt worden sein. Wenn Sie die Registerkarte aufrufen, erhalten Sie die in Abbildung 7.29 gezeigte Ansicht. Wie Sie sehen, wurde die Konfiguration für die Nutzung der SAP Cloud Identity Services noch nicht durchgeführt. Sie werden entsprechend darüber informiert, welche Schritte im Vorfeld zu erledigen sind und was beachtet werden muss.

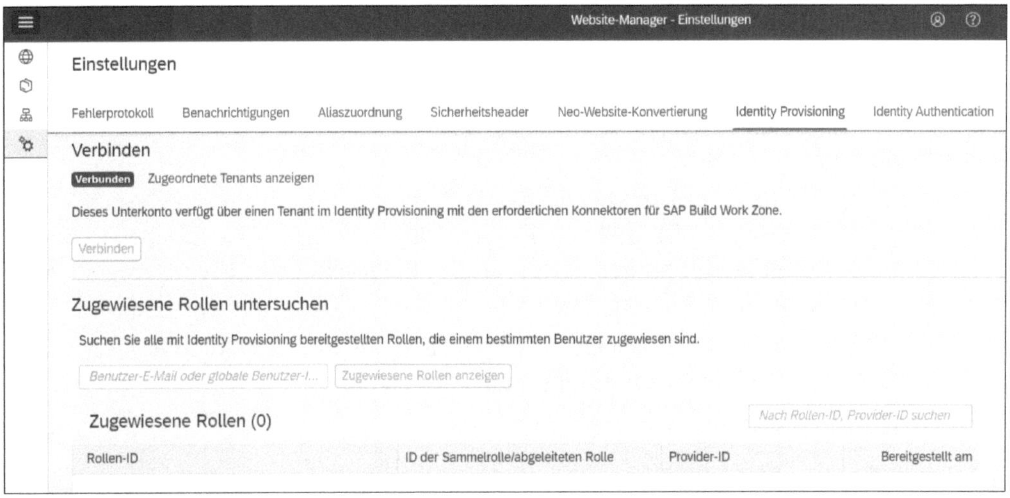

Abbildung 7.28 Erfolgreich hergestellte Verbindung zu einem Identity-Provisioning-Service

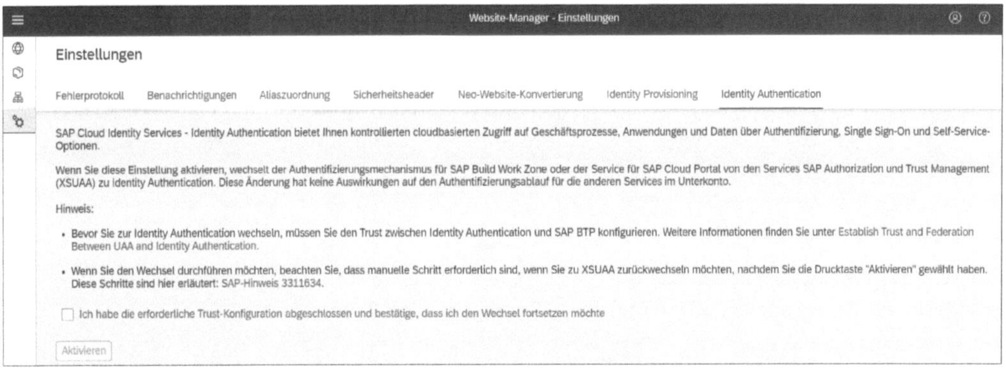

Abbildung 7.29 Offene Konfiguration von Identity Authentication

Da wir schon alle erforderlichen Konfigurationsschritte durchgeführt haben, können wir den Service aktivieren. Wählen Sie hierzu die Checkbox in Abbildung 7.29 aus, und klicken Sie auf den nun aktiven Button mit der Aufschrift **Aktivieren**. Da die Aktivierung jetzt abgeschlossen ist, sehen Sie die Meldung »Identity Authentication ist aktiviert.« (siehe Abbildung 7.30).

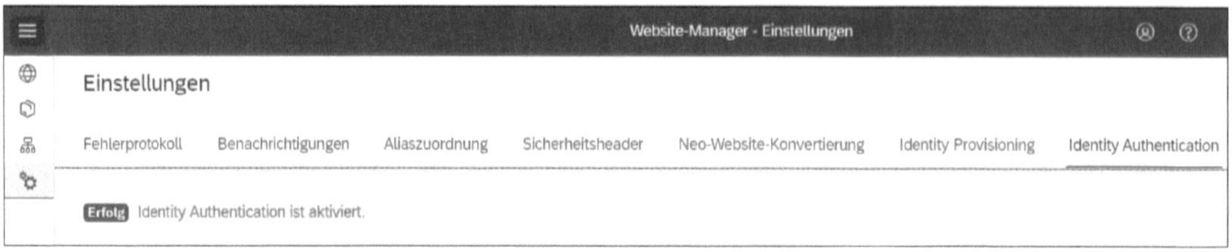

Abbildung 7.30 Aktivierte Benutzerauthentifizierung

Die soeben durchgeführte Aktivierung hat auch zur Folge, dass neben der in Kapitel 5, »SAP Business Technology Platform«, beschriebenen Registrierung des SAP-BTP-Subaccounts nun auch SAP Build Work Zone als Anwendung in den SAP Cloud Identity Services registriert wurde. Wie es in Abbildung 7.31 zu sehen ist, wird nun neben dem Subaccount auch noch SAP Build Work Zone aufgelistet.

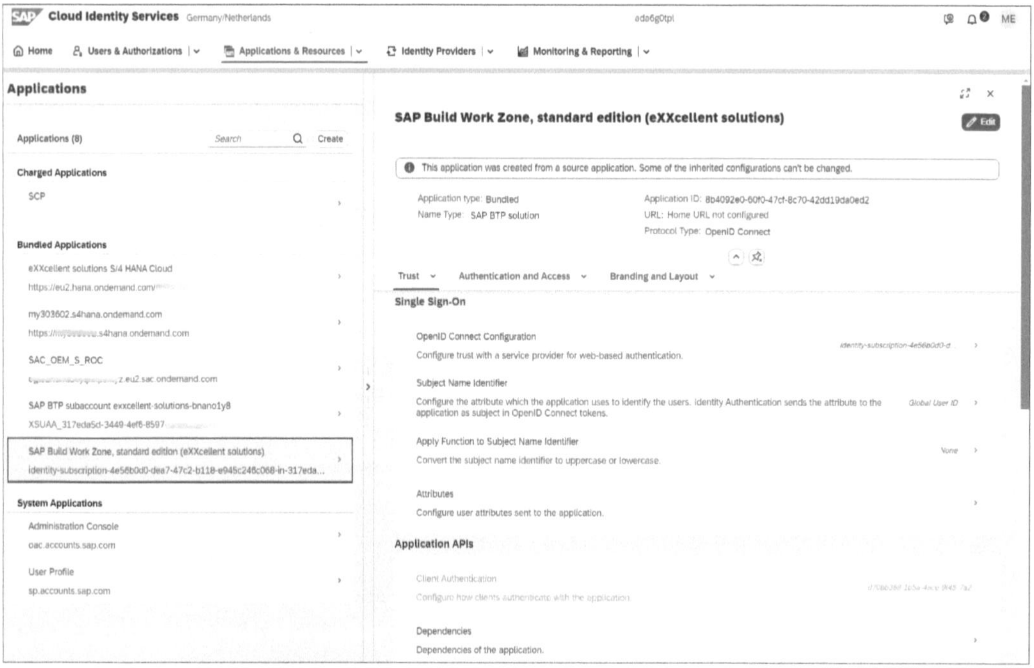

Abbildung 7.31 Registrierte SAP-Build-Work-Zone-Instanz in den SAP Cloud Identity Services

Da nun die SAP Cloud Identity Services die zentralen Dienste für die Verwaltung von Benutzern und Berechtigungen sind, müssen wir als Nächstes dafür sorgen, dass Benutzer, die über die SAP Cloud Identity Services authentifiziert werden, auch zur Nutzung von SAP Build Work Zone berechtigt sind, entweder als Administratorin bzw. als Administrator oder als Benutzer. Wechseln Sie daher in den SAP Cloud Identity Services über **Users & Authorizations • Groups** zur Administrationsoberfläche für Berechtigungsgruppen (siehe Abbildung 7.32). Wie Sie sehen, sind im Moment noch keine Gruppen vorhanden.

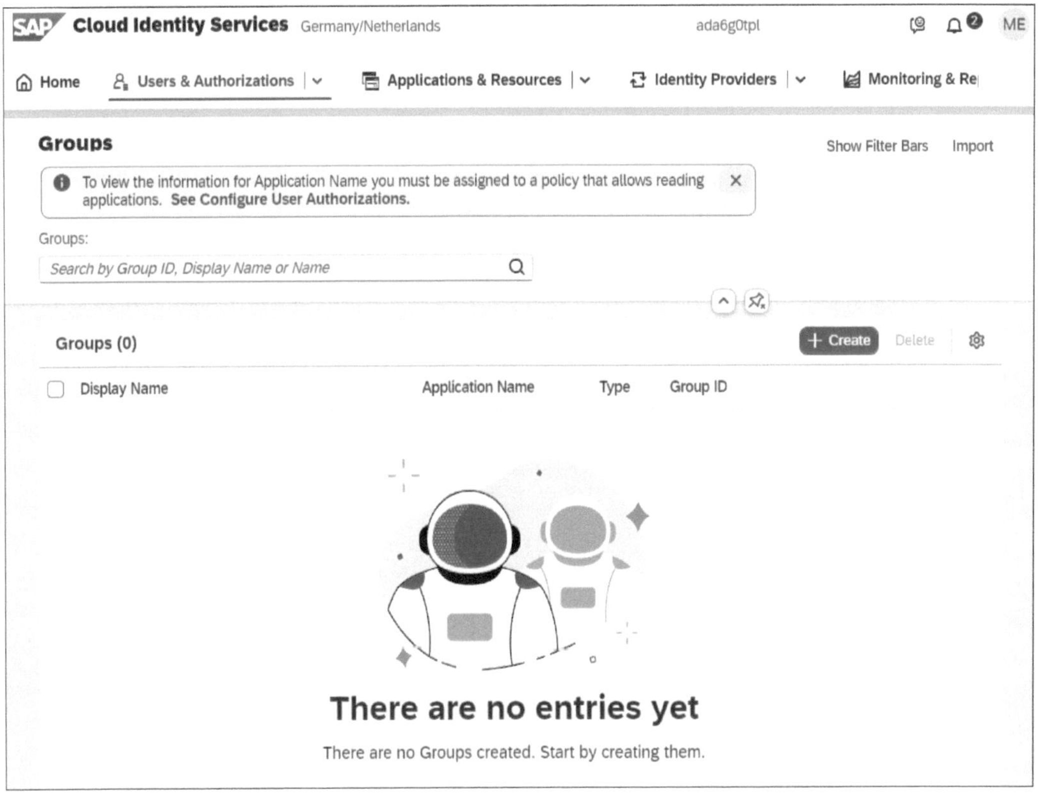

Abbildung 7.32 Gruppen-Administrationsoberfläche der SAP Cloud Identity Services

Wir legen nun zwei Gruppen an. Eine Gruppe mit dem Namen »Workzone-Admin« und eine Gruppe mit dem Namen »General«. Die Gruppe `WorkzoneAdmin` wird später an die Benutzer vergeben, die als Administratorin oder als Administrator tätig sein werden. Die Gruppe `General` wird im weiteren Verlauf dazu verwendet, Benutzern den Zugriff auf Anwendungen zu ermöglichen. Um eine Gruppe anzulegen, klicken Sie auf den Button **Create**. Legen Sie zunächst die Gruppe `WorkzoneAdmin` an, und geben Sie die entsprechenden Informationen ein (siehe Abbildung 7.33). Zum Abschluss klicken Sie auf **Create**.

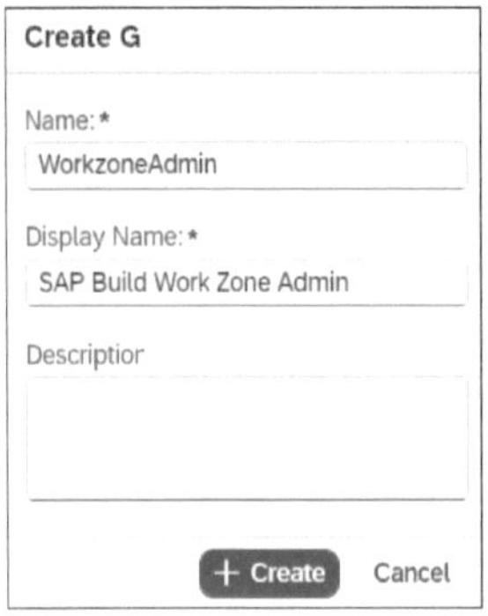

Abbildung 7.33 Gruppendetails erfassen

Wiederholen Sie diesen Schritt für die Gruppe `General`, und Ihnen werden in der Gruppenübersicht die beiden angelegten Gruppen angezeigt (siehe Abbildung 7.34).

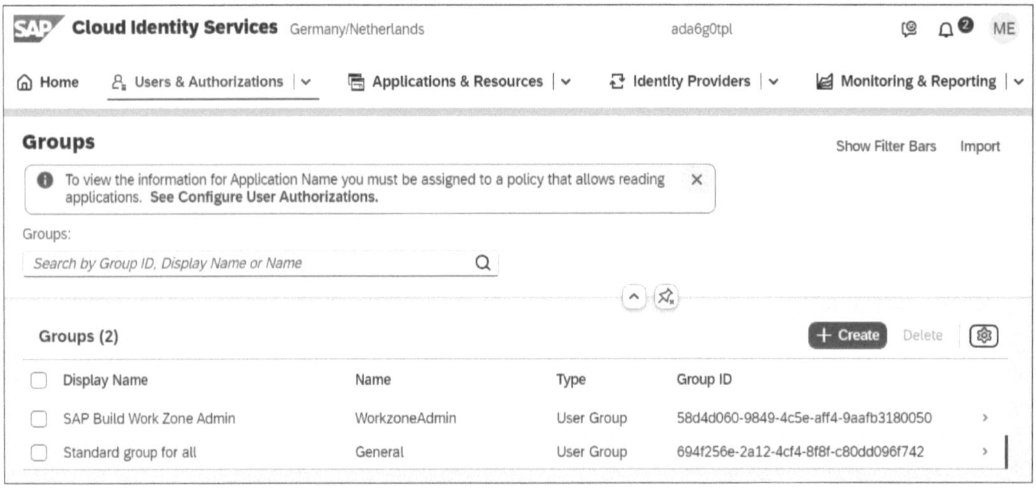

Abbildung 7.34 Angelegte Gruppen

Nachdem die Gruppen angelegt worden sind, können Sie die Gruppen nun den Benutzern in den SAP Cloud Identity Services zuweisen. Navigieren Sie hierzu über **Users & Authorizations • User Management** in das Benutzermanagement. Nachdem die Seite geladen worden ist, wählen Sie aus der linken Seitenleiste einen vorhandenen Benutzer aus und wechseln zur Registerkarte **Groups** (siehe Abbildung 7.35).

Klicken Sie auf den Button **Assign**, und wählen Sie, wie in Abbildung 7.36 gezeigt, aus der Liste der verfügbaren Gruppen beide Gruppen aus. Bestätigen Sie noch mit **Assign**.

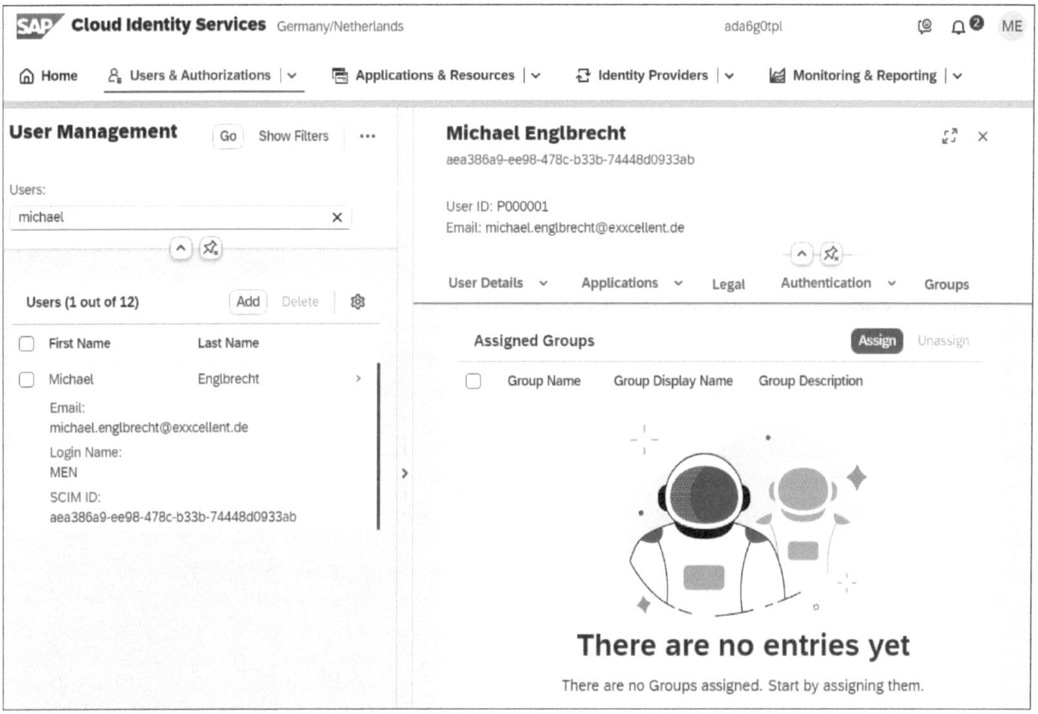

Abbildung 7.35 Übersicht über die zugeordneten Gruppen

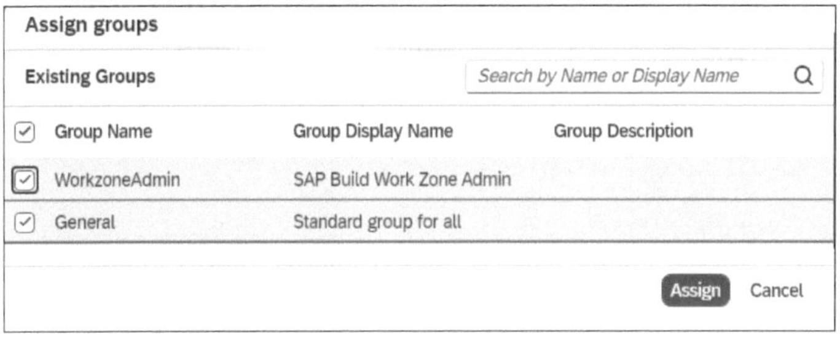

Abbildung 7.36 Vorhandene Gruppen auswählen

Nachdem Sie die Gruppen angelegt und einem Benutzer in den SAP Cloud Identity Services zugeordnet haben, müssen Sie im nächsten Schritt ein Mapping der Gruppe `WorkzoneAdmin` mit der entsprechenden Role Collection aus dem Subaccount durchführen. Hierzu wählen Sie im SAP BTP Cockpit den Menüpfad **Security • Role Collections**, wählen aus der Liste der vorhandenen Role Collections die Role Collection `Launchpad_Admin` aus und wechseln in den Bearbeitungsmodus. Als Nächstes klicken Sie, wie in Abbildung 7.37 gezeigt, auf die Registerkarte **User Groups**. Wie Sie in der Abbildung sehen, ist bereits ein leerer Eintrag für eine Benutzergruppe vorhanden. Ein Benutzergruppeneintrag besteht immer aus zwei Teilen: aus dem Identity Provider, der aus einer Auswahlliste ausgewählt wird, und aus dem eingegebenen Gruppennamen.

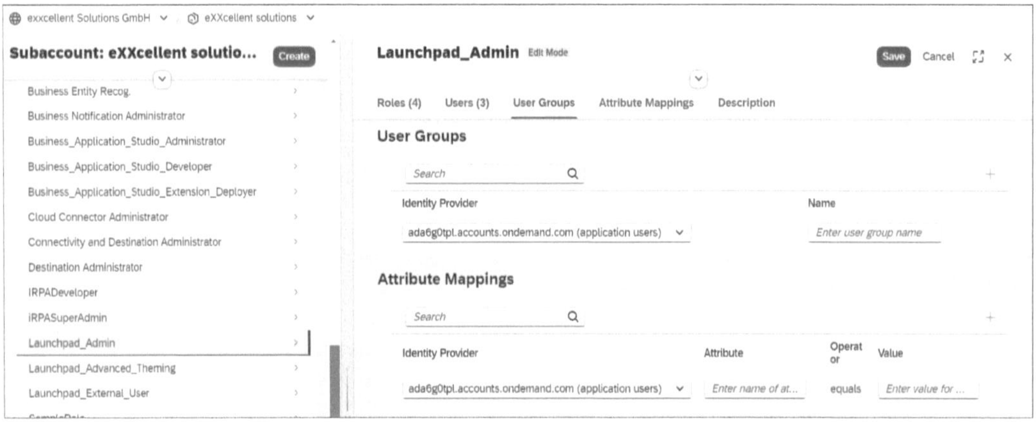

Abbildung 7.37 Die zugeordneten Benutzergruppen der Role Collection Launchpad_Admin

Da wir lediglich über einen konfigurierten Identity Provider verfügen, belassen wir die Standardauswahl und geben in das Feld **Name** den Namen unserer Administratorengruppe »WorkzoneAdmin« ein. Zum Schluss speichern wir unsere Änderungen durch einen Klick auf **Save**. Wir erhalten das in Abbildung 7.38 gezeigte Bild.

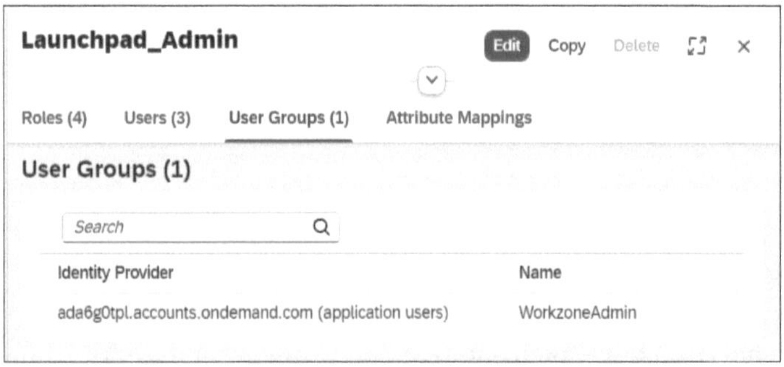

Abbildung 7.38 Die zugeordnete Gruppe WorkzoneAdmin

7.4 Mit lokalen Inhalten arbeiten

Nachdem wir die grundsätzlichen Aspekte der Konfiguration vorgestellt und erläutert haben, wenden wir uns in diesem Abschnitt nun der Erstellung von lokalen Inhalten zu. Lokal bedeutet hier, dass wir die Konfiguration einer App, eines Bereichs, einer Seite oder einer Rolle direkt im Content-Manager vornehmen. Konkret geht es darum, Transaktion IE01 aus einem System aufzurufen, das über den Cloud Connector erreichbar ist.

7.4.1 Anwendung erstellen

Um eine Anwendung zu erstellen, rufen Sie zunächst den Content-Manager auf. Wählen Sie im Dropdown-Menü **Erstellen** den Eintrag **App** aus (siehe Abbildung 7.39).

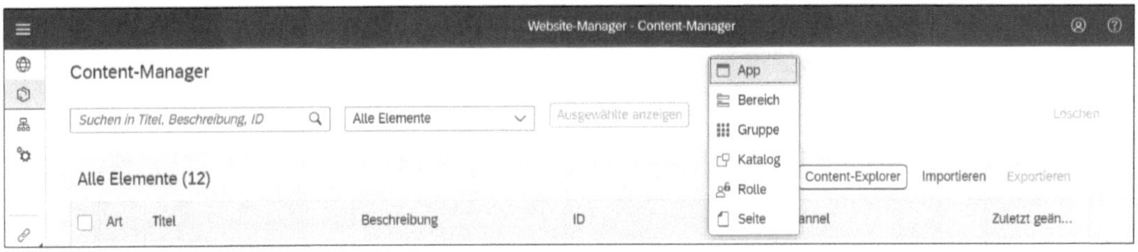

Abbildung 7.39 Content Type »App« aus dem Kontextmenü auswählen

Geben Sie in das Feld **Titel** »IE01« ein. Damit die Anwendung später zur Laufzeit im gleichen Browserfenster aufgerufen wird, wenn der Anwender auf die in die Startseite integrierte Kachel klickt, belassen Sie die Auswahl bei **Auf derselben Registerkarte**. Wählen Sie aus der Liste der verfügbaren Systeme das System aus, das im SAP-BTP-Destination-Service konfiguriert ist. In unserer Landschaft trägt dieses System den Namen sapS4NG. Nach der Auswahl des Systems können Sie in der Auswahlliste **App-UI-Technologie** aus fünf UI-Technologien auswählen (siehe Abbildung 7.40).

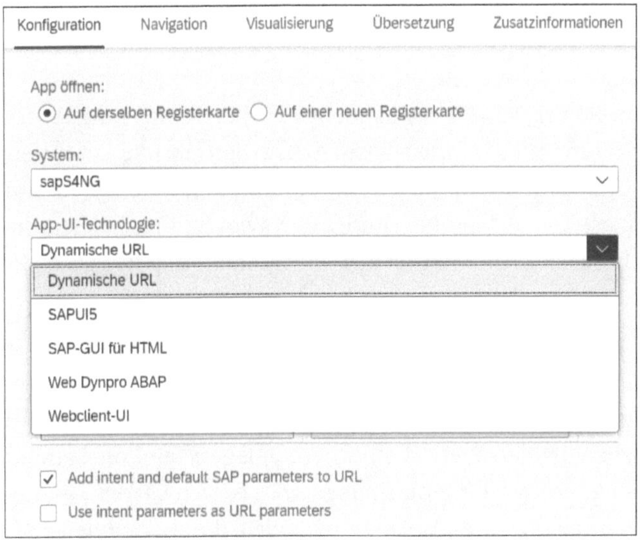

Abbildung 7.40 UI-Technologien auswählen

Je nach UI-Technologie werden unterschiedliche Konfigurationsparameter angeboten. Die Parameter sind dabei vergleichbar mit den Parametern bei der Konfiguration einer Zielzuordnung auf einem On-Premise-SAP-System. So wird für die Konfiguration einer SAPUI5-Anwendung der eindeutige Komponentenname und für Web-Dynpro-ABAP-Anwendungen die Application ID und die Configuration ID erwartet.

Da wir eine Transaktion integrieren möchten, wählen wir die Option **SAP-GUI für HTML** aus und befüllen das Feld **Transaktion** mit dem Wert »IE01« (siehe Abbildung 7.41).

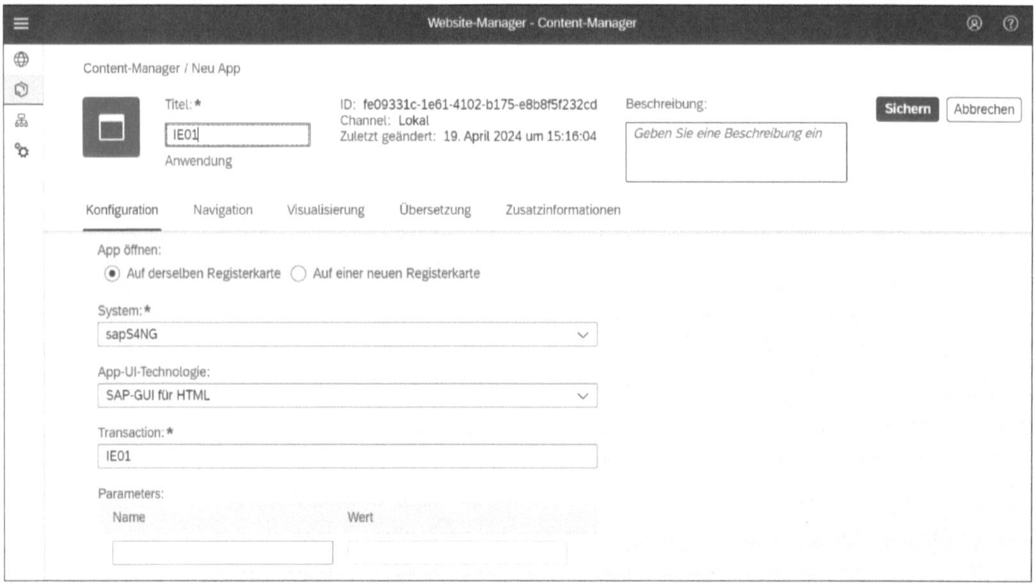

Abbildung 7.41 Konfiguration einer App

Ebenso wie im On-Premise-SAP-Fiori-Launchpad arbeitet SAP Build Work Zone bei der Navigation mit der *Intent-based Navigation* (absichtsorientierten Navigation). Um das semantische Objekt und die dazugehörige Aktion festzulegen, wechseln Sie auf die Registerkarte **Navigation** und füllen die Felder **Semantisches Objekt** und **Aktion** aus, wie in Abbildung 7.42 gezeigt.

Im nächsten Schritt wechseln Sie zur Registerkarte **Visualisierung**. In diesem Bereich der Anwendungskonfiguration werden die Informationen für die Kacheldarstellung festgelegt. Wie es in Abbildung 7.43 zu sehen ist, belassen Sie den Visualisierungstyp in der Einstellung **Statische Kachel**. Im Feld **Untertitel** geben Sie den Wert »Equipment anlegen« ein. Als Symbol für die Kachel wählen Sie **washing-machine** aus. Da es sich bei der zu integrierenden Anwendung um eine Transaktion handelt, die auf mobilen Endgeräten nur bedingt gut ausgeführt wird, entfernen wir die standardmäßige Auswahl bei **Tablet** und **Smartphone** im Bereich **Unterstützte Geräte**.

Abbildung 7.42 Navigationsparameter konfigurieren

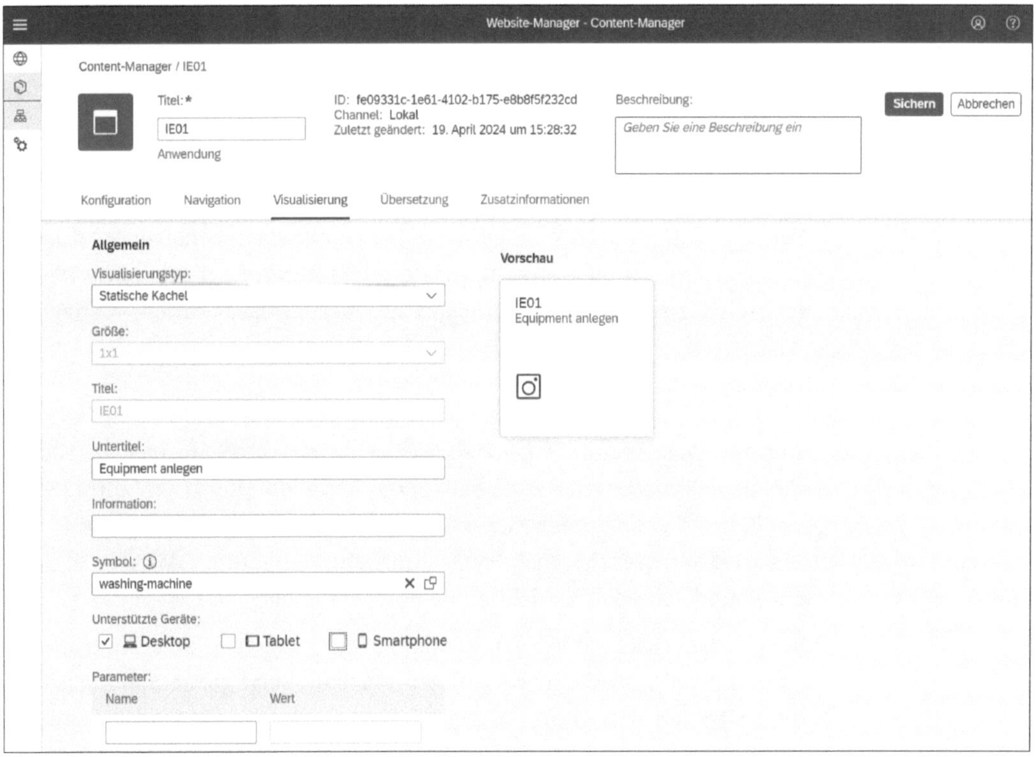

Abbildung 7.43 Darstellungsoptionen konfigurieren

Da wir unsere Anwendung auch den englischsprachigen Nutzern und Nutzerinnen zur Verfügung stellen möchten, ist es notwendig, die Kachelinformationen zu übersetzen. Die Übersetzung der Kachelinformationen erfolgt auf der Registerkarte **Übersetzung**. Nach der Auswahl der Registerkarte wählen Sie in der Liste der Sprachen den Eintrag **Englisch** aus und fügen, wie in Abbildung 7.44 gezeigt, im Feld **Untertitel** den Text »Create Equipment« ein.

Abbildung 7.44 Übersetzung der Kachelinformationen

Weitere Konfigurationseinstellungen sind für unser Beispiel nicht erforderlich. Speichern Sie die erfassten Daten über einen Klick auf **Sichern**, und wechseln Sie abschließend zurück in die Übersicht des Content-Managers.

7.4.2 Seite erstellen

Für unser Beispiel möchten wir als Nächstes eine neue Seite anlegen. Hierzu wählen Sie im Content-Manager über das **Erstellen**-Menü den Eintrag **Seite** aus. Wenn das entsprechende Formular angezeigt wird, geben Sie in das Feld **Titel** den Wert »SamplePage« ein (siehe Abbildung 7.45). Das Feld **Beschreibung** kann der Einfachheit halber leer bleiben.

Als Nächstes erstellen wir den Inhalt der Seite. Hierzu klicken Sie zunächst auf den Button **Abschnitt hinzufügen**. Anschließend geben Sie in das Feld **Abschnittstitel** den Titel »Management Equipment« ein und klicken auf den Button **Widget hinzufügen**. Es wird Ihnen der in Abbildung 7.46 gezeigte Dialog angezeigt, der zwei Auswahlmöglichkeiten enthält. Über das erste Widget **Kacheln** kann die Administratorin oder der Administrator herkömmliche statische und dynamische Kacheln anlegen und konfigurieren. Über das Widget **Karten** können UI-Cards konfiguriert werden.

Abbildung 7.45 Neue Seite erstellen

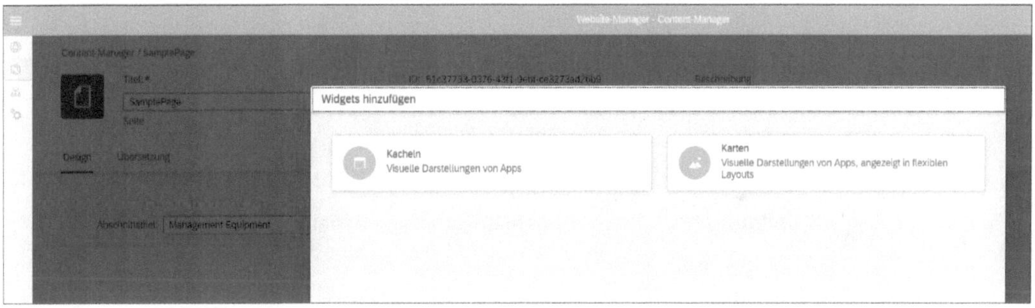

Abbildung 7.46 Widget hinzufügen

Für unseren Demonstrator wählen Sie das Kachel-Widget aus und erhalten die in Abbildung 7.47 gezeigte Auswahlliste. Wie Sie in der Abbildung erkennen können, wird neben den Beispielkacheln von SAP auch eine Kachel **IE01** angezeigt. Diese Kachel verweist auf die zuvor von uns angelegte Anwendung.

Nach der Auswahl der Kachel klicken Sie auf den Button **Hinzufügen (1)** in der Fußzeile des Dialogs. Wenn der Dialog geschlossen ist, wird die neu hinzugefügte Kachel auf der Seite angezeigt (siehe Abbildung 7.48). Sie können über den Button [+] weitere Anwendungen zum Abschnitt hinzufügen. Sollten Sie keine Anwendung, sondern eine UICard einfügen wollen, müssen Sie den Weg über das Hinzufügen des Widgets wählen. Durch einen Klick auf (+) ober- und unterhalb eines Bereichs können Sie entsprechend neue Bereiche einfügen. Über die Buttons ⊕ links und rechts von einem Bereich können neue Zeilen in diesen eingefügt werden. Hier wäre es wiederum möglich, neue Widgets einzufügen. Über den Button 🗑 löschen Sie das jeweiligen Artefakt. Hinzugefügte Widgets können über einen Klick auf ⊗ neben dem zu löschenden Widget gelöscht werden.

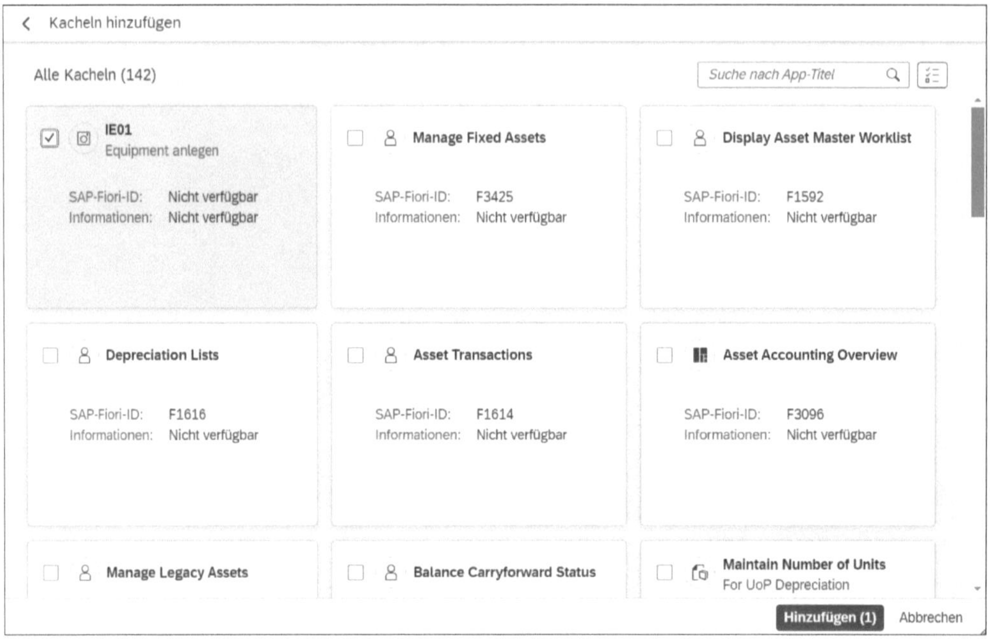

Abbildung 7.47 Übersicht der verfügbaren Kacheln

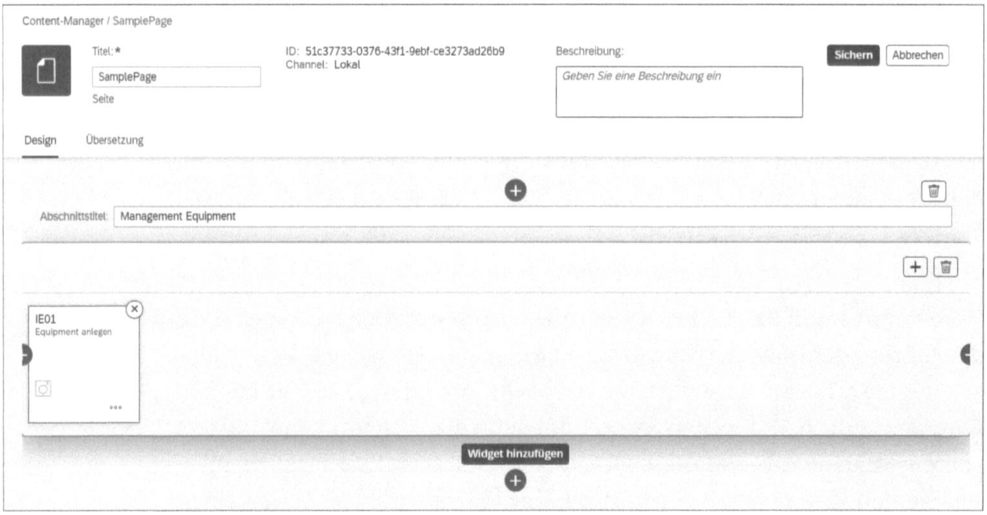

Abbildung 7.48 Übersicht der Seitenkonfiguration

7.4.3 Bereich erstellen

Nachdem wir die Anwendungskonfiguration erstellt haben, folgt im nächsten Schritt das Erstellen eines Bereichs (Space). Hierzu wählen Sie im Content-Manager aus dem Erstellen-Menü den Eintrag **Bereich** aus. Geben Sie im Feld **Titel** den Wert »SampleSpace« ein. Wie Sie es aus Abbildung 7.49 ersehen, wird die zuvor angelegte Seite **SamplePage** in der Sektion **Seiten** aufgelistet.

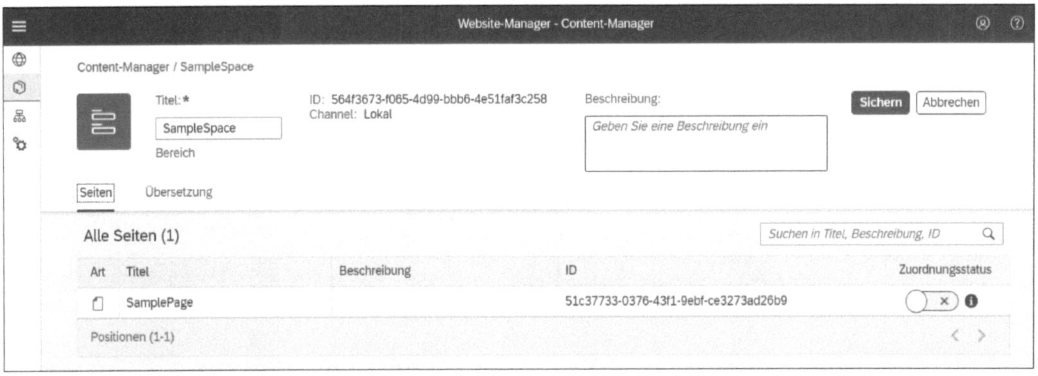

Abbildung 7.49 Neuen Bereich anlegen

Um die Seite dem Bereich **SamplePage** zuzuordnen, klicken Sie auf den Schieberegler in der Zeile; er wechselt von Rot auf Grün. In Abbildung 7.50 sehen Sie den geänderten Zuordnungsstatus.

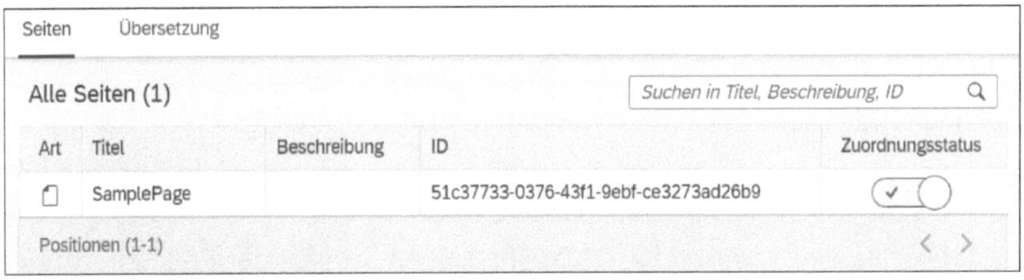

Abbildung 7.50 Geänderter Zuordnungsstatus einer Seite

Da Sie in unserem Bespiel den Namen des Bereichs mit **SampleSpace** sprachlich eher wenig spezifisch gewählt haben und keine Beschreibung hinterlegt haben, können Sie auf eine Übersetzung verzichten und daher die erfassten Daten mit **Sichern** speichern.

7.4.4 Rolle anlegen

Nachdem der Bereich angelegt und die Seite entsprechend zugeordnet worden ist, wird im nächsten Schritt eine neue Rolle angelegt. Dies geschieht über das Menü **Erstellen** im Ausgangsbild des Content-Managers durch die Auswahl des Eintrags **Rolle**. Wie es in Abbildung 7.51 zu sehen ist, geben Sie in das Feld **Titel** sowie in das Feld **ID** den Wert »SampleRole« ein. Wie Sie aus der Abbildung ebenfalls ersehen können, wird die zuvor angelegte Anwendung in der Liste der verfügbaren App-Objekte bereits aufgelistet. Damit die Benutzer die Anwendung später auch tatsächlich nutzen können, muss die Anwendung der Rolle direkt zugeordnet werden. Daher ändern Sie den Zuordnungsstatus der App, indem Sie wie bei der Seitenzuordnung auf den Schieberegler klicken. Im Anschluss sollte der Status von Rot auf Grün geändert und das rote X durch einen grünen Haken ersetzt worden sein. In diesem Fall können Sie auf die Übersetzung der wenigen Informationen verzichten. Auf der Registerkarte **Zusatzinformationen** werden Ihnen das Erstellungs- und das Datum der letzten Änderung mit Uhrzeit und Namen des Erstellers und der Änderer angezeigt.

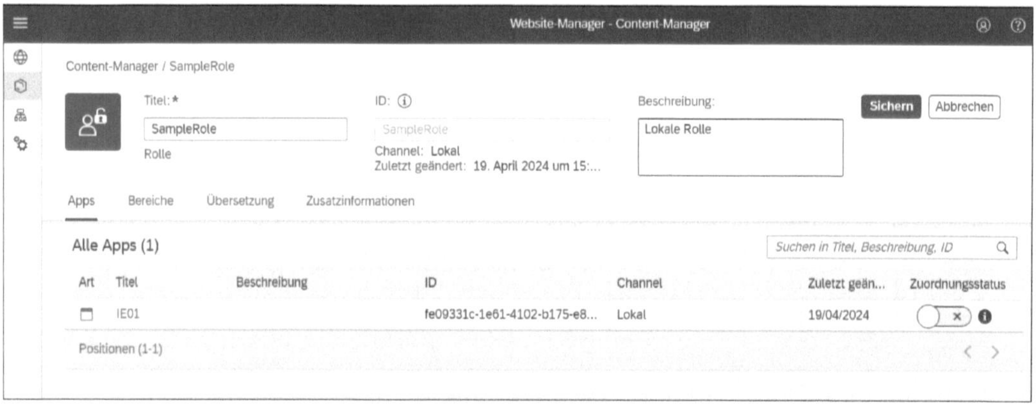

Abbildung 7.51 Neue Rolle mit Anwendungszuweisung anlegen

Da der neu angelegte Bereich später auf der Startseite entsprechend angezeigt werden soll, müssen Sie als Nächstes den Bereich der Rolle zuordnen. Hierzu wählen Sie in der Rolle die Sektion **Bereiche** aus (siehe Abbildung 7.52). Wie Sie sehen können, wird uns der verfügbare Bereich angezeigt. Sie ordnen den Bereich wie zuvor schon die App über den Schieberegler in der Spalte **Zuordnungsstatus** zu. Im Anschluss speichern Sie die Änderungen durch einen Klick auf den Button **Sichern**.

Damit die neu angelegte Rolle und die darin enthaltenen Artefakte auch auf der Webseite angezeigt werden, muss die Rolle der Website zugeordnet werden. Hierzu gehen Sie in die Webseiteneinstellungen der Webseite und wechseln über einen Klick auf **Bearbeiten** in den Änderungsmodus (siehe Abbildung 7.53). Wie man auf der rechten Seite in der Spalte **Zuordnungen** sehen kann, wird die neu konfigurierte Rolle aufgelistet, ist aktuell aber noch nicht hinzugefügt worden. Dies erkennen Sie am Plus-Button (+), über den Sie nun die Rolle der Webseite hinzufügen. Wenn Sie auf diesen Button klicken, ändert sich das Symbol zu einem roten X (⊗). Wenn Sie auf das rote X klicken, können Sie die Zuordnung zur Webseite auch wieder entfernen.

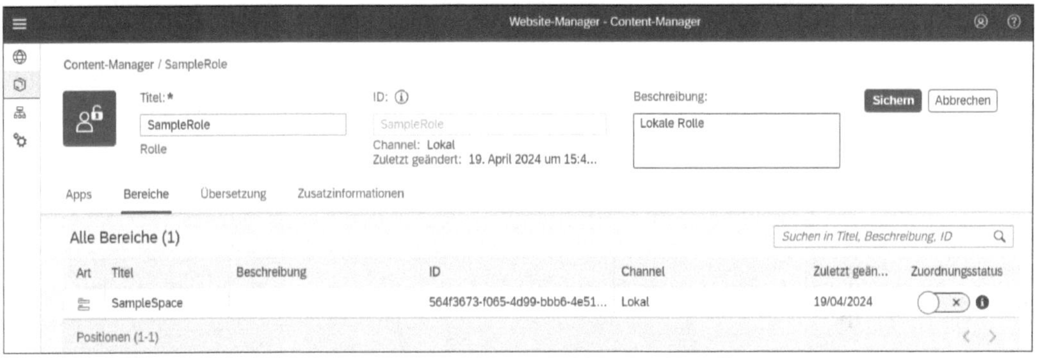

Abbildung 7.52 Übersicht des verfügbaren Bereichs mit Zuordnungsstatus

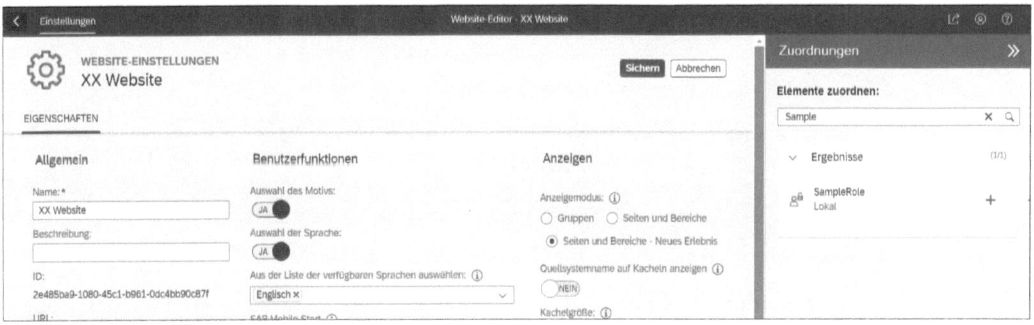

Abbildung 7.53 Neue Rollen zuordnen

Durch einen Klick auf **Sichern** speichern Sie Ihre Anpassungen an der Webseite. Damit haben Sie die Konfiguration der benötigen Objekte für das Beispiel abgeschlossen.

7.4.5 Berechtigung vergeben

Nachdem Sie alle notwendigen Objekte angelegt und konfiguriert haben, können Sie nun der neuen Rolle Benutzer der SAP BTP zuordnen. Dies geschieht wie üblich über eine Role Collection. Für Rollen, die im Content-Manager angelegt werden, werden automatisch entsprechende Role Collections erzeugt. Für die Zuweisung von Benutzern wechseln Sie daher in das SAP BTP Cockpit. Im Cockpit wählen Sie über den Menüpfad **Security • Role Collections** die Bearbeitungsmaske für die Role Collections aus. Sie suchen nach Ihrer Rolle, wählen diese aus und klicken auf **Edit**. Im Bereich **Users** geben Sie die E-Mail-Adresse des jeweiligen Benutzers ein und klicken zum Abschluss auf **Save**. Da Sie in unserem Szenario ebenfalls mit Gruppen aus unserem Identity Provider arbeiten, fügen Sie zusätzlich noch die Gruppe `General` im Bereich `User Groups` hinzu. In produktiven Szenarien, bei denen SAP Cloud Identity Services verwendet werden, ist das Arbeiten mit Benutzern, wie in unserem Beispiel gezeigt, nicht üblich. Hier wird nur mit Gruppen gearbeitet. Das Ergebnis der Zuweisung zur Role Collection `SampleRole` zeigt Abbildung 7.54. Wie Sie auf der rechten Seite sehen können, ist der Role Collection in unserem Beispiel ein Benutzer zugewiesen worden.

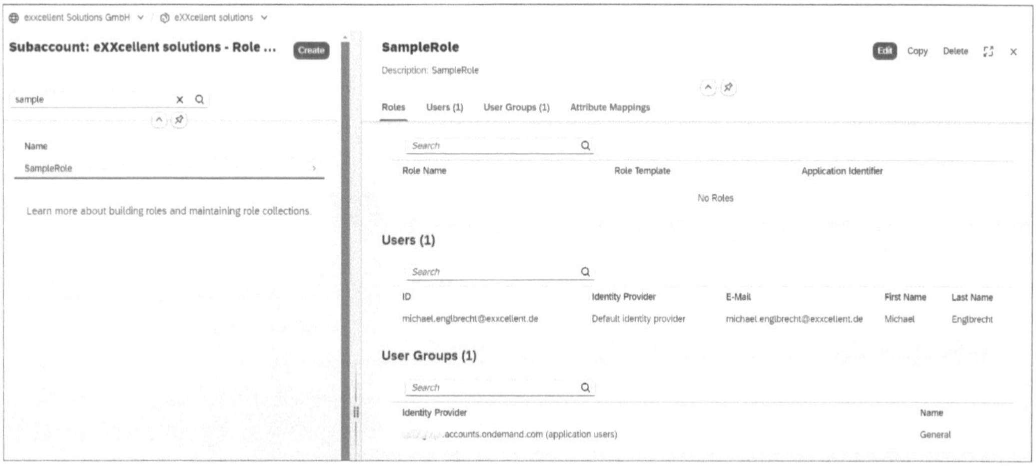

Abbildung 7.54 Benutzer zu der neuen Role Collection zuweisen bzw. der Gruppe hinzufügen

Als Nächstes prüfen Sie, ob die Konfiguration erfolgreich war. Hierzu melden Sie sich an SAP Build Work Zone an und rufen die Startseite auf. Beachten Sie dabei, dass bei der Anmeldung ein Benutzer verwendet wird, der zuvor auch der Role Collection zugewiesen worden ist. Nachdem Sie sich angemeldet haben, werden Ihnen, wie in Abbildung 7.55 gezeigt, der neue Bereich, die eingebettete Seite sowie die Kachel angezeigt. Sie können die Anwendung nun durch die Anwahl der Kachel starten. Transaktion IE01 wird über das SAP GUI für HTML gerendert und im gleichen Browserfenster angezeigt. Sie könnten jetzt, wie gewohnt, das Dynpro nutzen, um ein neues Equipment anzulegen.

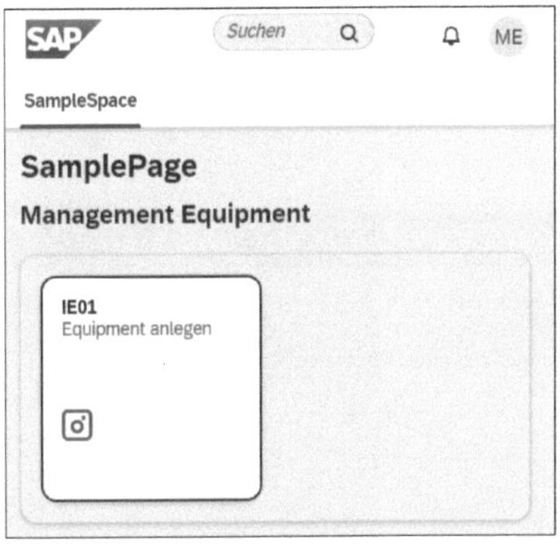

Abbildung 7.55 Startseite mit lokal konfigurierter Anwendung

7.4.6 Mit Katalogen arbeiten

In den vorangehenden Abschnitten haben wir die Integration von Anwendungen über eine dedizierte Rechtevergabe mittels Rolle vorgestellt. Neben dieser Art der Integration ist auch eine einfachere Bereitstellung ohne die Vergabe von Berechtigungen möglich. Einfacher ist die die Verwendung eines *Katalogs*. Bei diesem Vorgehen werden Anwendungen einem Katalog zugeordnet. Über den App Finder kann der Anwender dann die breitgestellten Kataloge einsehen. Der Funktionsumfang, der im App Finder für den Katalog angeboten wird, ist je nach Anzeigenmodus unterschiedlich. Auf die Unterschiede gehen wir am Ende dieses Abschnitts ein.

Katalog anlegen

Um einen Katalog anzulegen, wählen Sie im Einstiegsbild des Content-Managers aus der Auswahlliste **Erstellen** den Eintrag **Katalog** aus. Die daraufhin erscheinende Bearbeitungsmaske für Kataloge listet bereits alle lokal erstellten Anwendungen in einer Tabelle auf. Die Anwendungen sind allerdings noch nicht zugeordnet. Im Feld **Titel** geben Sie den Namen des neuen Katalogs ein und ändern den Zuordnungsstatus der App **IE01** von **nicht zugeordnet** auf **zugeordnet**. Abbildung 7.56 zeigt das ausgefüllte Formular. Bei Bedarf können Sie auch die Eigenschaften **Titel** und **Beschreibung** des Katalogs über die Registerkarte **Übersetzung** in die gewünschten und unterstützten Sprachen übersetzen. Für unser Beispiel verzichten wir darauf und speichern unseren neuen Katalog über **Sichern**.

Starten Sie nun die Website, und wechseln Sie über das Benutzermenü zum App Finder. Im App Finder können Sie dann den neuen Katalog aus der Liste der verfügbaren Kataloge auswählen; es werden Ihnen die darin konfigurierten Anwendungen angezeigt. Abbildung 7.57 zeigt den erstellten Katalog und die darin enthaltene Anwendung. Der Anzeigemodus ist in diesem Beispiel auf die Verwendung von Bereichen eingestellt. Daher haben Sie die Möglichkeit, die Anwendung über den Plus-Button [+] zu einem bestehenden Bereich zuzuordnen.

Abbildung 7.56 Katalog anlegen und konfigurieren

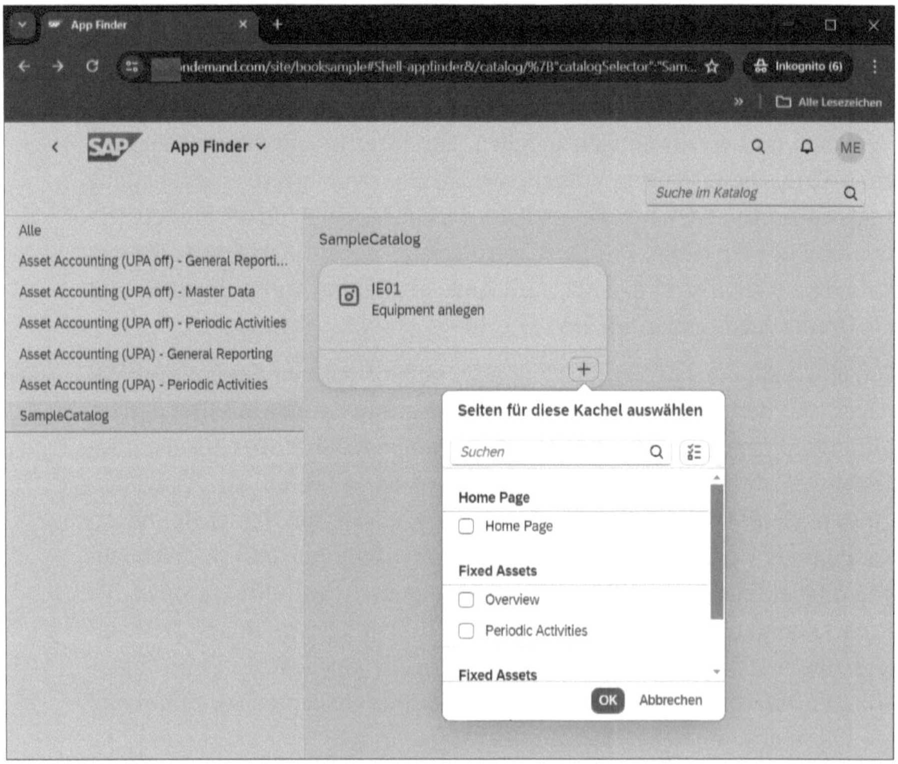

Abbildung 7.57 Bereichzuweisung im App Finder

Wenn der Anzeigemodus der Startseite noch auf die Verwendung von Gruppen eingestellt ist, wird anstelle des Plus-Buttons [+] ein Stecknadel-

Button angezeigt. Hierüber kann die Anwendung dann entweder einer bestehenden Gruppe zugeordnet oder aber eine neue Gruppe erstellt und die Anwendung dieser Gruppe hinzugefügt werden. Für die Verwendung von Seiten und Bereichen (neues Erlebnis) wird derzeit keine Funktion bereitgestellt. Die Anwendung kann nur über den App Finder aufgerufen werden.

7.4.7 Native Anwendungen einrichten

Auch ist es möglich, lokale native Anwendungen in SAP Build Work Zone zu konfigurieren. Dies ist sowohl für Apple iOS als auch für Android möglich. Die Anwendungen werden nur auf der Startseite von SAP Mobile Start angezeigt; im Webbrowser sind sie nicht zu sehen. Abbildung 7.58 zeigt die Konfiguration der Anwendung von SAP Concur. Im Feld **App-UI-Technologie** besteht die Möglichkeit, zwischen iOS und Android zu wählen. Diese Unterscheidung ist notwendig, da sich die Aufrufschemata möglicherweise zwischen den Betriebssystemen für die jeweilige Anwendung unterscheiden. Je nach Endgerätebetriebssystem wird die ein oder andere Kachel auf dem Endgerät angezeigt. Die Auswahl dieser UI-Technologie ist lediglich möglich, solange kein System aus der Systemliste ausgewählt wurde. Der Parameter **URL to Launch-App** enthält das Aufrufschema für den Start der nativen Anwendung auf dem Endgerät, und der Parameter **URL to Install App** enthält die URL zur Anwendung in dem jeweiligen App-Marktplatz des Herstellers. Sollte die Anwendung also nicht auf dem Endgerät installiert sein, kann sie hierüber geladen und installiert werden.

Abbildung 7.58 Native Anwendung konfigurieren

7.4.8 Transport von lokalen Inhalten

Je nach Infrastruktur kann es erforderlich sein, dass die lokalen Inhalte nicht über das SAP-BTP-Transportmanagement zu den weiterführenden Systemen transportiert werden können. Um dennoch die angelegten Artefakte in andere Systeme zu integrieren, können diese über den Content-Manager exportiert bzw. importiert werden. Für den Export können, wie in Abbildung 7.59 gezeigt, die Elemente einfach ausgewählt werden. In unserem Beispiel wählen Sie großzügig aus. Sobald ein Element ausgewählt ist, wird der zunächst inaktive Button mit der Aufschrift **Exportieren** aktiv.

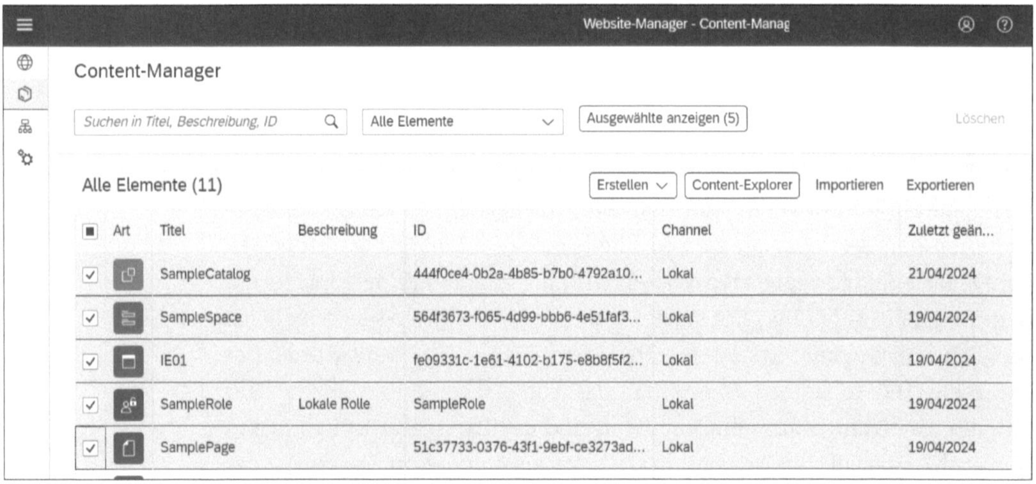

Abbildung 7.59 Zu exportierende Elemente auswählen

Im daraufhin erscheinenden Exportdialog werden Ihnen die für den Export ausgewählten Elemente nochmals angezeigt. Allerdings werden Sie darauf hingewiesen, dass beim Export von Rollen, Gruppen und Katalogen die zugeordneten Anwendungen ebenfalls exportiert werden. Bereiche und Seiten werden überhaupt nicht exportiert. Aus diesem Grund enthält die Liste auch lediglich den ausgewählten Katalog, die Anwendung und die Rolle. Nach dem Bestätigen des Exports durch einen Klick auf Exportieren werden die Artefakte zusammengestellt und in eine ZIP-Datei gepackt. Diese wird im Browser zum Download angeboten. Nach der Angabe des Speicherorts finden Sie dort die ZIP-Datei. Die Datei enthält für jedes exportierte Objekt eine Datei im JSON-Format. Zusätzlich ist eine Datei mit dem Namen **export_data** enthalten. Diese Datei enthält Informationen über den Zeitpunkt des Exportierens, über den Transportservice sowie über den Benutzer, der den Export gestartet hat.

Inhalte importieren

Für den Import einer exportierten Datei klicken Sie im Content-Manager auf den Button **Importieren**. Es wird daraufhin, wie in Abbildung 7.60 gezeigt, ein Dialog für die Auswahl der zu importierenden Datei angezeigt. Wählen Sie die Datei aus, und starten Sie den Importprozess über den Button **Zustimmen und importieren**. Im Anschluss werden Ihnen die exportierten Artefakte in der Liste im Content-Manager angezeigt.

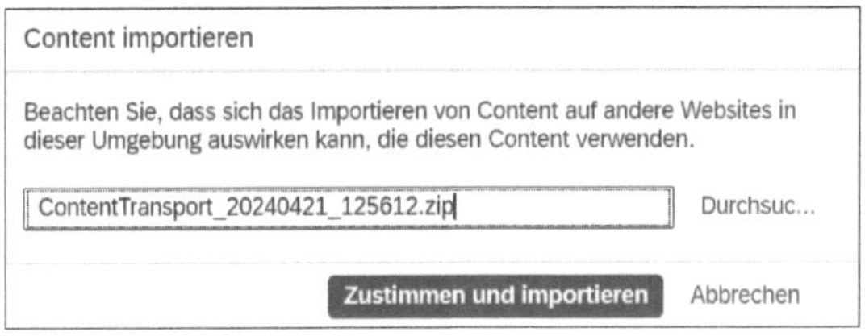

Abbildung 7.60 Zu importierende Datei auswählen

7.4.9 Content Packages verwenden

Auch bietet SAP Build Work Zone die Möglichkeit, komplette Entwicklungspakete zu integrieren. Diese *Content Packages* können entweder zentral für alle SAP-Build-Work-Zone-Instanzen zur Verfügung gestellt werden (z. B. bei SAP Build Work Zone, Advanced Edition) oder in einer konkreten Instanz installiert werden. Sie können auch einfach als ZIP-Dateien hochgeladen werden. Content Packages fassen unterschiedliche Artefakte zusammen, um sie innerhalb von SAP Build Work Zone unter der Verwendung der Anzeigeeinstellung **Seiten und Bereiche – Neues Erlebnis** darzustellen. Die Artefakttypen folgen dabei dem Common Data Model (siehe Abschnitt 3.6, »Common Data Model (CDM)«). Weitere Informationen hierzu finden Sie unter *http://s-prs.de/v1016830*. Content Packages werden mit SAP Business Application Studio implementiert und enthalten im Kontext der Standard Edition von SAP Build Work Zone sogenannte *UI Integration Cards*. Eine UI Integration Card ist ein eigenständiges Benutzeroberflächenelement, das Geschäftsinhalte in einer vordefinierten Struktur wie einer Liste, einer Tabelle oder einem Diagramm anzeigt.

Implementierung von Content Packages

Für die Implementierung von Content Packages und die UI Integration Cards steht in SAP Business Application Studio eine Erweiterung mit dem Namen *Development Tools for SAP Build Work Zone* zur Verfügung. Diese Erweiterung ist eine Option und kann zu jeder Art von DevSpace-Typ hinzugefügt werden. Nachdem dies erfolgt ist, stehen drei neue Projekt-Templates im entsprechenden DevSpace zur Verfügung. Abbildung 7.61 zeigt die folgenden zusätzlichen Projekt-Templates:

- Content Package
- UI Integration Card for MTB
- UI Integration Card
- Workspace template in Workzone

Mithilfe dieser Vorlagen können Entwickler einerseits Content Packages anlegen und andererseits Inhalte implementieren. Die Daten, die beispielsweise in einer UI Integration Card angezeigt werden sollen, werden dabei während der Entwicklung über eine entsprechende Destination von einem Service geliefert. Die Technologie hinter der Implementierung von Inhalten ist SAPUI5. Weiterführende Informationen zur Implementierung von Content Packages finden Sie im SAP Help Portal unter *http://s-prs.de/v1016831* und in der SAPUI5-Dokumentation unter *http://s-prs.de/v1016832*

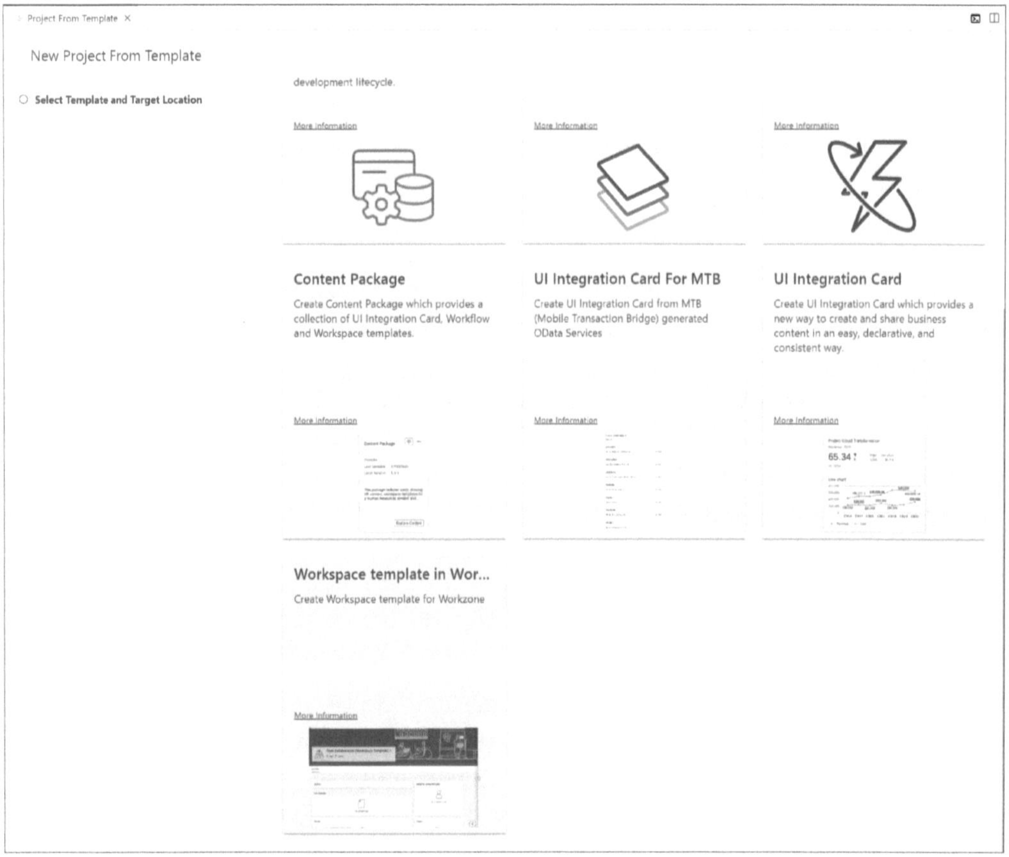

Abbildung 7.61 Projektvorlagen in SAP Business Application Studio

Integration eines Content Package

Für die Integration eines Content Package sind zunächst einmal zwei Aspekte wichtig:

- Sie benötigen ein Content Package, das Sie selbst erstellt haben oder das von einem Dritten erstellt wurde.
- Sie benötigen eine entsprechende Laufzeit-Destination, die im Destination-Service des SAP-BTP-Subaccounts angelegt ist (siehe hierzu auch Abschnitt 7.5.2, »Destinationen konfigurieren«).

Melden Sie sich an SAP Build Work Zone an, navigieren Sie in den Channel-Manager, und wählen Sie **Neu • Content Package** aus (siehe Abbildung 7.62). Im nächsten Schritt wählen Sie die ZIP-Datei aus dem Dateisystem aus, die das Content Package beinhaltet. Wählen Sie dann die zuvor angelegte Laufzeit-Destination aus, in unserem Beispiel `sap4rt`, und bestätigen Sie den Dialog mit **Sichern**.

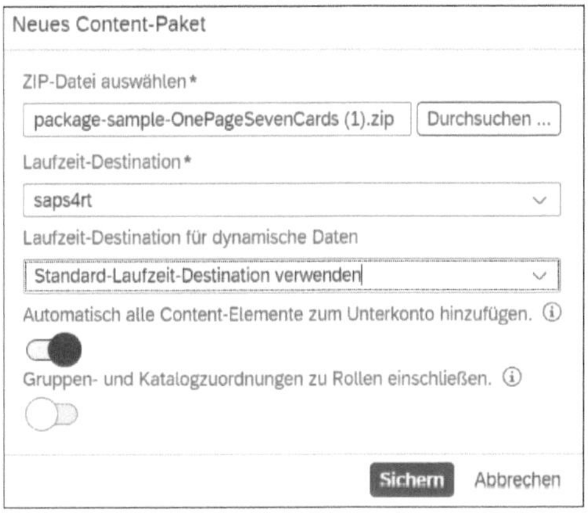

Abbildung 7.62 Neues Content Package anlegen

Nach wenigen Augenblicken wird Ihnen ein neuer Content-Channel in der Liste der vorhandenen Channel angezeigt (siehe Abbildung 7.63). Über den Button **Bericht** erhalten Sie über einen weiteren Dialog Informationen darüber, wie viele Rollen, Anwendungen, Spaces und Pages angelegt wurden. Falls Fehler aufgetreten sein sollten, werden diese ebenfalls angezeigt.

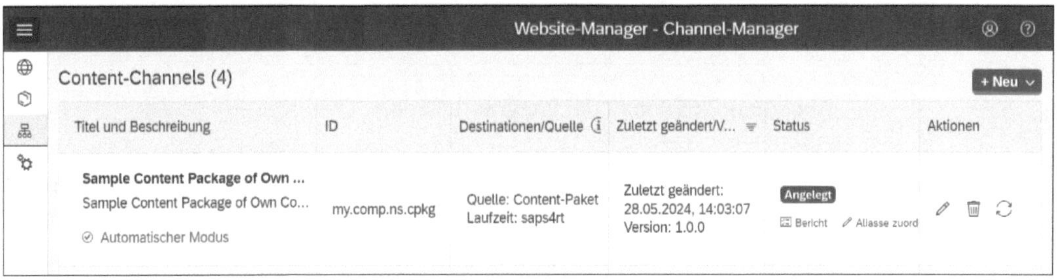

Abbildung 7.63 Neuer Content-Channel für das Content Package

Nachdem die Integration erfolgt ist, können Sie in den Content-Manager wechseln. Hier finden Sie nun die integrierte Rolle (siehe Abbildung 7.64).

Abbildung 7.64 Integrierte Rolle aus einem Content Package

Den Inhalt der Rolle können Sie sich durch einen Klick darauf näher ansehen. Wie es in Abbildung 7.65 zu sehen ist, beinhaltet die Rolle sieben Anwendungen und einen Bereich.

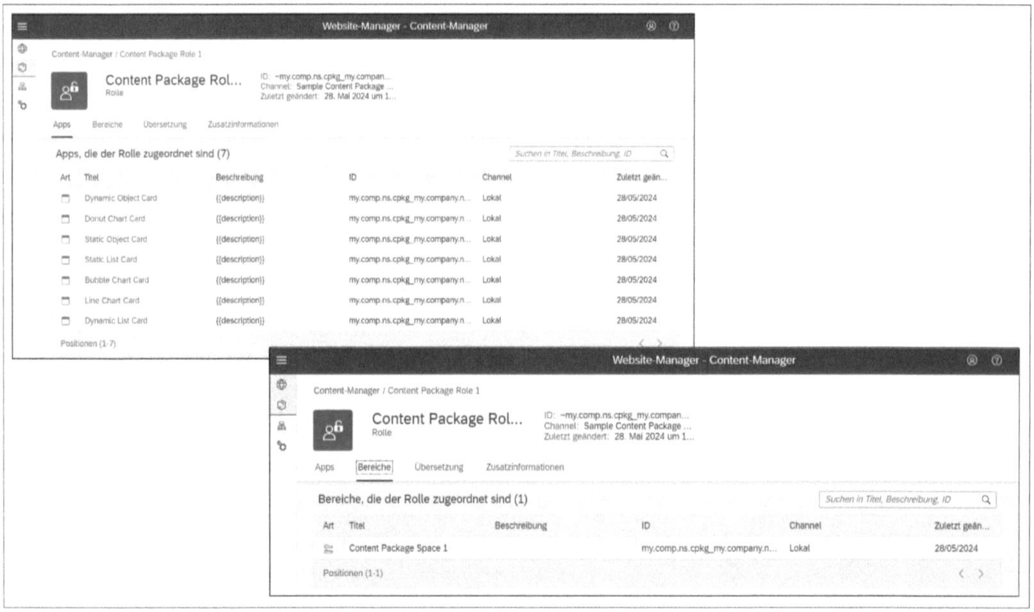

Abbildung 7.65 Inhalt der integrierten Rolle

Inhalte zuordnen

Damit Sie die Inhalte auch auf der Website in SAP Build Work Zone sehen, müssen Sie diese nun noch der Webseite hinzufügen. Hierzu wechseln Sie in das Website-Verzeichnis und wählen den Zahnrad-Button [⚙], um in die Einstellungen zur Webseite zu gelangen. Dort wechseln Sie in den Bearbeitungsmodus und klicken in das Suchfeld im Bereich **Elemente zuordnen** (siehe Abbildung 7.66). Ihnen werden nun die zugeordneten bzw. die verfügbaren, aber noch nicht zugeordneten Inhalte anzeigt. Um den über das Content Package integrierten Inhalt hinzuzufügen, klicken Sie auf den Plus-Button [+] beim entsprechenden Eintrag. Ebenfalls ändern Sie die Anzeige von **Seiten und Bereiche** auf **Seiten und Bereiche – Neues Erlebnis**. Dies ist erforderlich, da das Content Package sonst nicht angezeigt wird. Zum Abschluss klicken Sie auf **Sichern**.

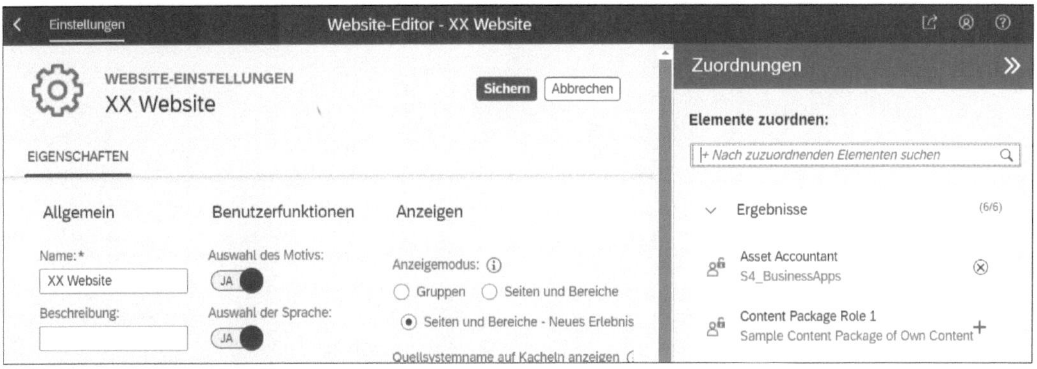

Abbildung 7.66 Neue Rolle zur Webseite zuordnen

Rolle zuweisen

Nachdem die Inhalte zugeordnet worden sind, können Sie nun Anwender für die Nutzung entsprechend berechtigen. Hierzu gehen Sie im SAP BTP Cockpit über **Security • Role Collections** in die Rollenverwaltung. Hier finden Sie, wie in Abbildung 7.67 gezeigt, die neue Rolle und können dieser Rolle entsprechend Benutzer zuordnen.

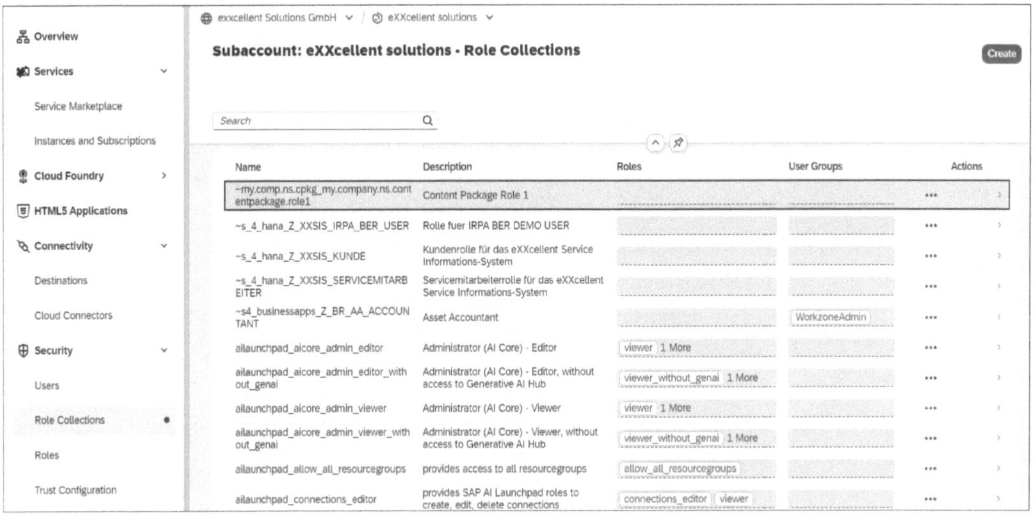

Abbildung 7.67 Die neue Rolle als Role Collection

Nachdem Sie sich erneut bei SAP Build Work Zone angemeldet und Ihre Website aufgerufen haben, werden Ihnen die Inhalte des Package wie in Abbildung 7.68 angezeigt.

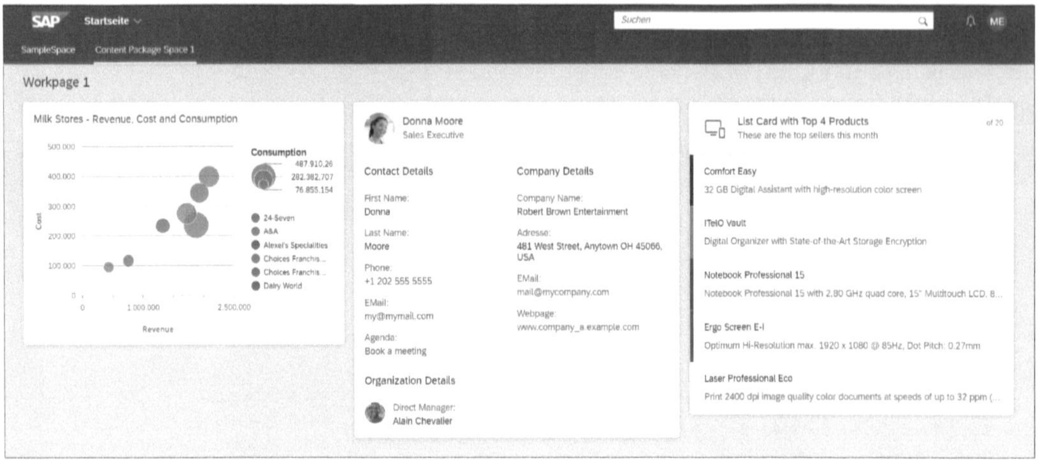

Abbildung 7.68 Integrierte Inhalte eines Content Package

7.5 Integration von On-Premise-SAP-Fiori-Anwendungen

Nach der Einführung in die Arbeit mit SAP Build Work Zone, Standard Edition, zeigen wir Ihnen in diesem Abschnitt die Integration von On-Premise-Inhalten in SAP Build Work Zone, Standard Edition. Das Bereitstellen und Integrieren von Inhalten aus anderen Systemen wird Content Federation genannt.

Konzept hinter Content Federation

Wie in Abschnitt 7.3.3, »Channel-Manager«, erläutert, können über sogenannte Content Provider, also Systeme, Inhalte in SAP Build Work Zone integriert werden. Grundlage für die Integration ist neben der infrastrukturellen Bereitstellung des Zugriffs auf das System durch den Cloud Connector und eine entsprechenden Destination das Bereitstellen von Inhalten auf dem entfernten System. Auf dem SAP-System müssen daher jene SAP-Fiori-Rollen und die dort enthaltenen Inhalten exponiert werden. Nach dem Exponieren stehen die Informationen auf dem SAP-System für entfernte Systeme bereit und können über einen Service abgerufen werden. Der Endpunkt dieses Service ist `/bc/u2/cdm3`. Aus Sicht der SAP BTP spricht man bei der Verbindung von der Cloud hin zu diesem Service von der Designtime. Die Integration von über Content Federation bereitgestellten Inhalten in eine Website erfolgt im Weiteren wie bereits vorgestellt. Nutzt ein Endanwender eine über Content Federation bereitgestellte Anwendung, wird der Anwendungscode zur Laufzeit aus dem angebundenen System geladen. Für

SAPUI5-basierte Anwendungen gilt dabei, dass die Version von SAPUI5 des angebundenen Systems genutzt wird. Allerdings wird das Framework nicht aus dem System bezogen, sondern aus dem Content Delivery Network (CDN) von SAP geladen. Läuft die Version aus der Wartung, und wird sie aus dem CDN entfernt, muss entsprechend dafür gesorgt werden, dass ein SAPUI5-Versions-Update auf dem zugrundeliegenden SAP-System durchgeführt wird.

7.5.1 Backend-Vorbereitung

Bevor Inhalte für die Integration in SAP Build Work Zone von einem SAP-System bereitgestellt werden können, müssen einige Konfigurationsschritte durchgeführt werden.

SAP-Fiori-Launchpad-Konfiguration

Je nach Struktur der SAP-Fiori-Landschaft kann eine Hub- oder eine Embedded-Installation vorliegen, auch wenn dies nicht von SAP empfohlen wird. Bei einer Hub-Installation wird auf dem Frontend-Server für jedes angebundene Backend-System ein Alias vergeben. Bei der Bereitstellung von Inhalten im Rahmen von Content Federation muss festgelegt werden, ob die definierten Aliasangaben in den exponierten Metainformationen enthalten sein sollen oder nicht. Bei einer Embedded-Installation können die Aliasinformationen bei der Bereitstellung gelöscht werden. Damit dies passiert, muss in der SAP-Fiori-Launchpad-Konfiguration eine Einstellung durchgeführt werden. In unserem Beispiel möchten wir diese Einstellung mandantenübergreifend durchführen und rufen daher Transaktion /n/UI2/FLP_SYS_CONF zur mandantenübergreifenden SAP-Fiori-Launchpad-Konfiguration auf. Sie bestätigen den Hinweisdialog, dass Sie mandantenunabhängig arbeiten und erhalten die in Abbildung 7.69 gezeigte Maske.

Um einen neuen Eintrag hinzuzufügen, klicken Sie auf den Button **Neue Einträge**. In das Feld **ID** der Launchpad Eigenschaft geben Sie den Wert »EXPOSE_SYSTEM_ALIASES_MODE« ein und bestätigen mit [↵]. Als Nächstes geben Sie in das Feld **Eigenschaftswert** den Wert »CLEAR« ein. Auch können Sie die Werte auch aus den Vorschlagswerten auswählen. Sie erhalten den in Abbildung 7.70 gezeigten Eintrag.

Sie speichern unsere Konfigurationsanpassung und weisen diese, wie gewohnt, einem Transportauftrag zu. Der neue Konfigurationsparameter wird, wie in Abbildung 7.71 gezeigt, in der Liste der konfigurierten Parameter aufgelistet.

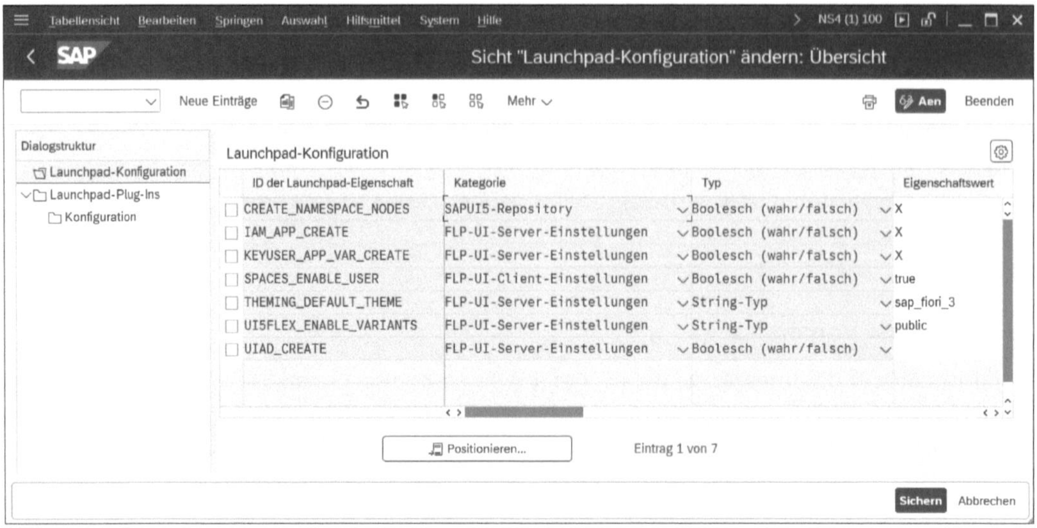

Abbildung 7.69 SAP Fiori Launchpad – Konfiguration

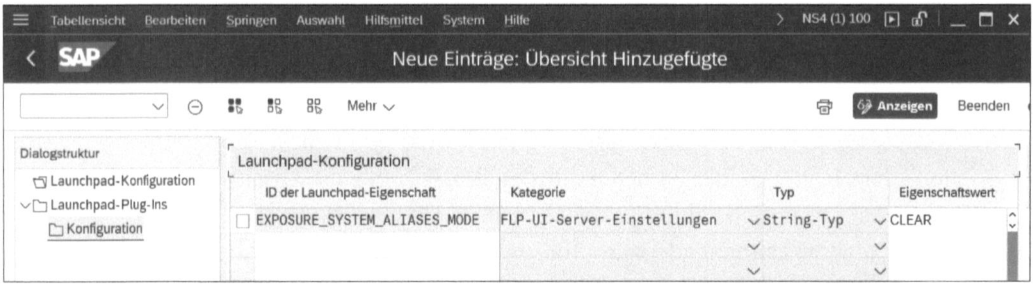

Abbildung 7.70 Parameters EXPOSE_SYSTEM_ALIASES_MODE konfigurieren

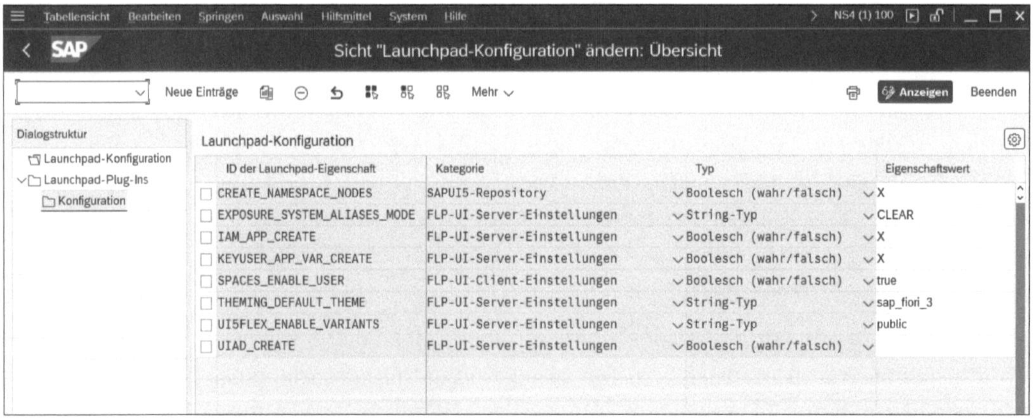

Abbildung 7.71 Übersicht über die SAP-Fiori-Launchpad-Konfiguration

CDM3-Endpunkt aktivieren

Wie eingangs erwähnt, kommuniziert SAP Build Work Zone bei der Integration von entfernten Inhalten mit dem Service `/bc/ui2/cdm3` auf dem entsprechenden SAP-System. Es ist daher sicherzustellen, dass dieser Service auf dem SAP-System aktiv ist. Hierzu rufen Sie Transaktion SICF auf und suchen, wie in Abbildung 7.72 gezeigt, nach dem Service `cdm3`. In unserem System ist dieser Service noch nicht aktiv.

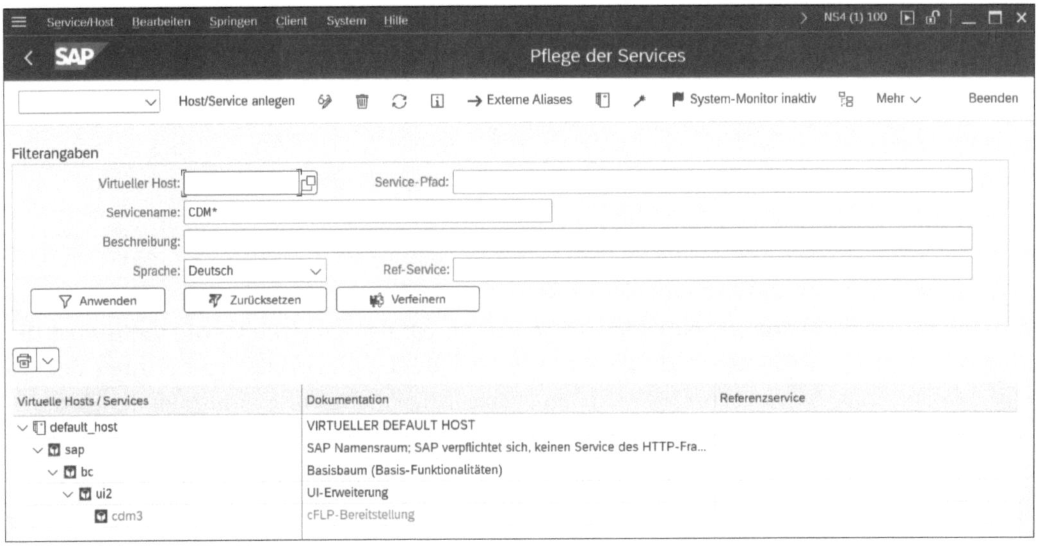

Abbildung 7.72 Inaktiver cdm3-Service in Transaktion SICF

Zur Aktivierung des Dienstes markieren Sie diesen und wählen aus dem Kontextmenü die Aktion **Service aktivieren** aus. Sie bestätigen den darauffolgenden Dialog mit **Ja**.

Berechtigung und Parameter prüfen

Benutzer, die Inhalte exponieren möchten, müssen mit der Rolle `SAP_FLP_ADMIN` ausgestattet sein. Stellen Sie daher sicher, dass die Benutzer entsprechend berechtigt sind. Hierzu rufen Sie Transaktion SU01 auf. Nach der Auswahl des Benutzers öffnen Sie, wie in Abbildung 7.73 gezeigt, die Registerkarte **Rollen**. Der Benutzer in der Abbildung verfügt über die entsprechende Rolle. Sollte dies in Ihrem Fall nicht so sein, öffnen Sie den Benutzerstammdaten im Bearbeitungsmodus, fügen die Berechtigung hinzu und speichern Ihre Änderungen.

Abbildung 7.73 Berechtigung in Transaktion SU01 prüfen

Neben der Berechtigung ist es ebenfalls wichtig zu prüfen, dass in der Parameterkonfiguration der Parameter /UI2/PAGE_CACHE_OFF nicht gesetzt ist. Die Prüfung findet ebenfalls in der Benutzerverwaltung in Transaktion SU01 statt. Wechseln Sie zur Registerkarte **Parameter**, und prüfen Sie, ob der genannte Parameter vorhanden ist. Bei der Parameterkonfiguration ist der Parameter nicht gesetzt (siehe Abbildung 7.74). Sollte dies bei Ihnen der Fall sein, wechseln Sie in den Bearbeitungsmodus und entfernen den Parameter. Speichern Sie Ihre Änderungen.

Abbildung 7.74 Parameterkonfiguration eines Benutzers in Transaktion SU01

Zugriffsicherheit prüfen

Der Zugriff von außen auf Anwendungen und Daten muss überwacht, unterbunden und entsprechend auch zugelassen werden können. Im SAP-System kann die Überwachung sowie die Administration von sogenannte

Erlaubnislisten (Whitelists) in sogenannten Szenarien über das UCON-Framework (siehe Hinweis) erfolgen. Zur Konfiguration des Frameworks wird Transaktion UCONCOCKPIT verwendet. Die Integration von SAP-Fiori-Anwendungen in SAP Build Work Zone und die Interaktion mit dem SAP-System erfolgt über das HTTP-Protokoll. Daher ist es für uns relevant, die HTTP-basierte Konfiguration zu ermöglichen. Um sicherzustellen, dass die Basiskonfiguration für HTTP erfolgt ist, rufen Sie die Transaktion UCON-COCKPIT auf und wählen aus der Liste der verfügbaren Szenarien das HTTP-Erlaubnisszenario aus. Wie Sie es aus Abbildung 7.75 ersehen können, enthält die Liste aktuell lediglich die Konfiguration von Trusted Network Zone und CSS-Stylesheet.

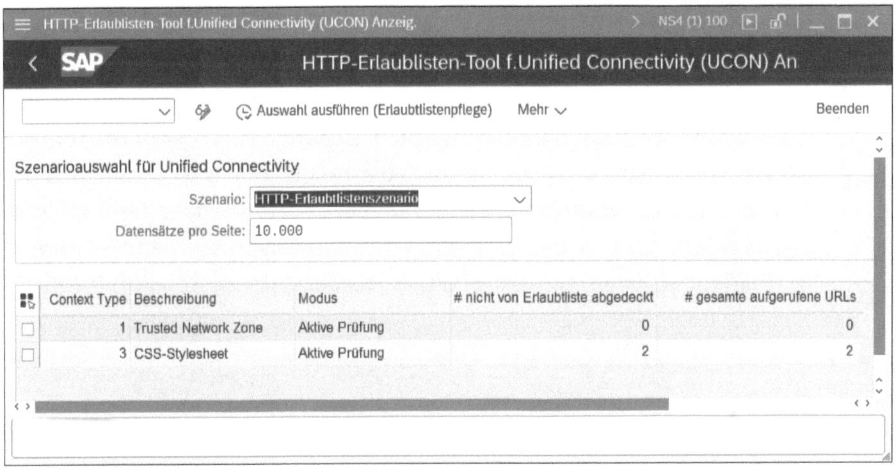

Abbildung 7.75 HTTP-Erlaubnisszenario

[«]

Hinweis UCON-Framework

SAP-Systeme stellen für die unterschiedlichsten Geschäftsprozesse Schnittstellen für Kommunikationspartner bereit. Viele dieser Schnittstellen werden allerdings überhaupt nicht verwendet. Bei den verwendeten Schnittstellen, ist nicht immer bekannt, dass sie tatsächlich im Einsatz sind und von wem sie genutzt werden. Um das System sicherer zu gestalten und einfacher zu administrieren, wurde das Unified Connectivity Framework (UCON) implementiert. UCON zielt darauf ab, die wichtigsten Verbindungstechnologien des ABAP-Servers (wie RFC und HTTP) in einem einheitlichen Administrations-Framework zu bündeln. Dabei sollen die folgenden Ziele erreicht werden:

- **Erhöhte Sicherheit der Kommunikation**
  Dieses Ziel soll u. a. durch die Reduzierung von extern sichtbaren und aufrufbaren Funktionen erreicht werden.
- **Vereinfachte Administration**
  Dieses Ziel dient der Analyse der benötigten RFC-Berechtigungen sowie der Erstellung differenzierter RFC-Benutzerrollen.
- **Einfache und einheitliche Konfiguration**
  Eine konsistente und leicht handhabbare Konfiguration der Verbindungen soll gewährleistet werden.
- **Unterstützung zusätzlicher Funktionalität**
  Hierbei handelt es sich beispielsweise um die Bereitstellung einer passenden Connectivity-Konfiguration für neue Anwendungen.

Um die Interaktion zwischen einer Anwendung, die zur Laufzeit in einer SAP-Build-Work-Zone-Website integriert ist, und einer vom On-Premise-System bereitgestellten Anwendung zu ermöglichen, muss zusätzlich die Berechtigung dafür erteilt werden. Die hierzu erforderliche Liste ist vom Typ **Clickjacking**. Um die Liste zu aktivieren, folgen Sie dem Menüpfad **HTTP-Erlaubnisliste • Konfiguration**. Es erscheint der in Abbildung 7.76 gezeigte Dialog.

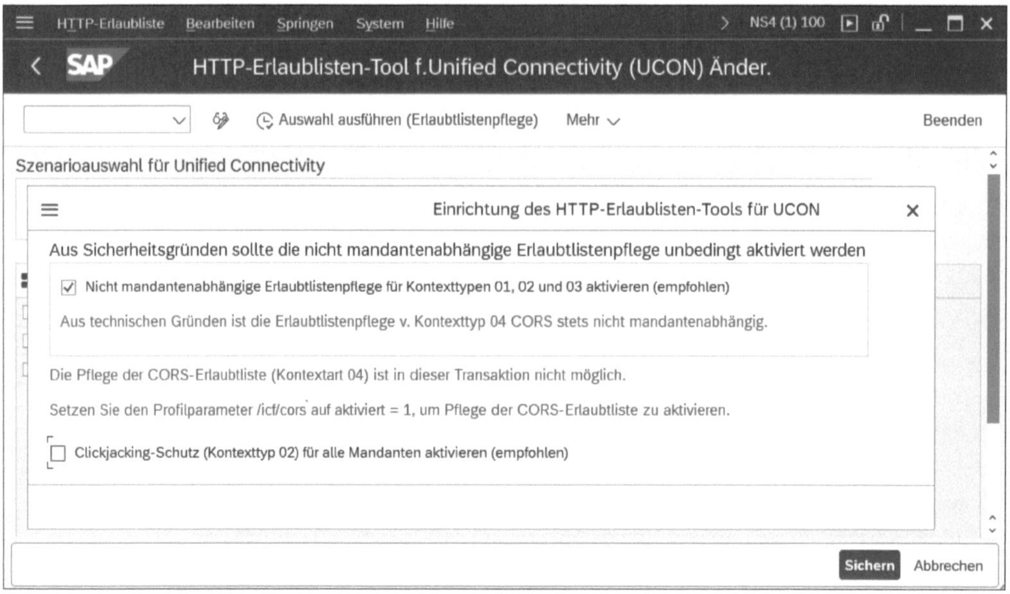

Abbildung 7.76 Einrichtungsdialog für die HTTP-Erlaubnislisten

Zur Aktivierung der erforderlichen Erlaubnisliste wählen Sie **Clickjacking-Schutz (Kontexttyp 02) für alle Mandanten aktivieren (empfohlen)** aus, bestätigen den Dialog und speichern Ihre Änderungen. Nachdem der Dialog geschlossen worden ist, wird die benötige Erlaubnisliste aufgeführt (siehe Abbildung 7.77).

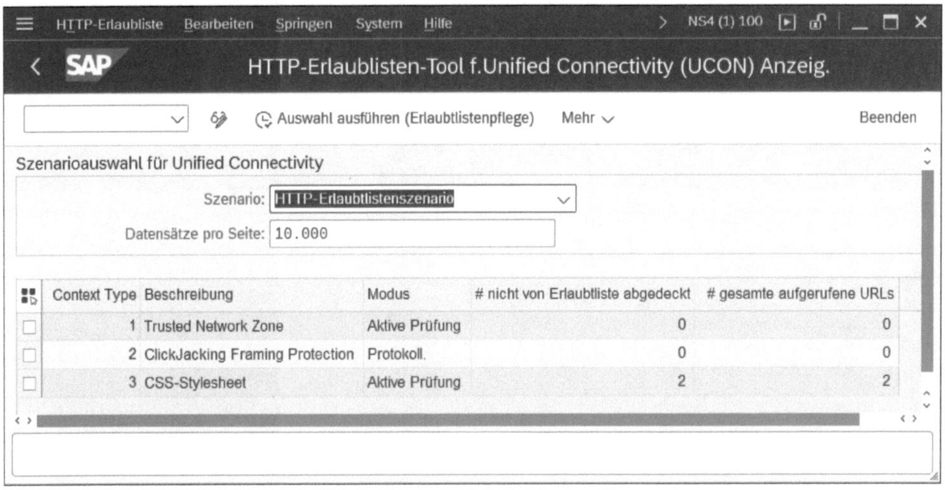

Abbildung 7.77 Erweiterte Erlaubnisliste

Launchpad-Inhalte bereitstellen

Nachdem alle für das SAP-System relevanten Konfigurationsschritte erfolgt sind, kann die Bereitstellung von Launchpad-Inhalten erfolgen. Die Bereitstellung erfolgt über das Programm **Launchpad-Content-Bereitstellung für SAP BTP**. Rufen Sie hierzu Transaktion /n/ui2/cdm3_exp_scope auf. Nachdem die Transaktion gestartet worden ist, wird die in Abbildung 7.78 gezeigte Einstiegsmaske dargestellt.

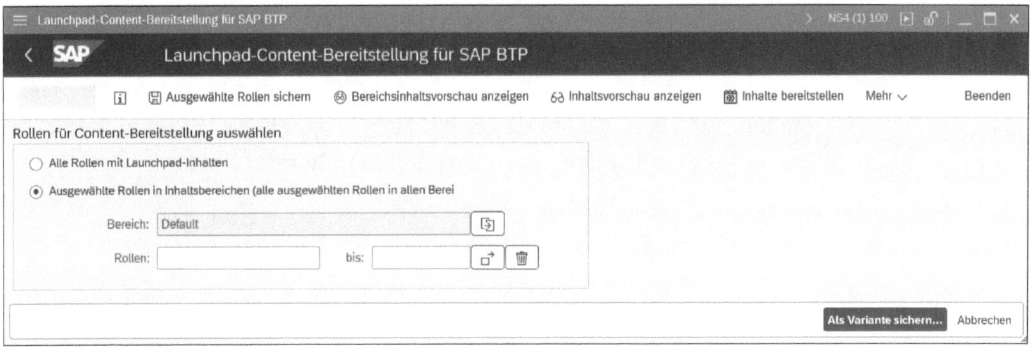

Abbildung 7.78 Einstiegsbild der Anwendung »Launchpad-Content-Bereitstellung für SAP BTP«

Für das hier gezeigte, weniger komplexe Beispiel möchten wir nun die Rolle Z_BR_AA_ACCOUNTANT exponieren. Daher fügen wir, wie in Abbildung 7.79 gezeigt, in das Feld **Rollen** direkt den Namen der Rolle ein. In der Praxis wird in der Regel mehr als eine Rolle exponiert. Hierzu wird dann entsprechend die Mehrfachselektion verwendet. Beachten Sie, dass Sie beim Exponieren immer alle Rollen angeben müssen, die in die SAP BTP integriert werden sollen. Nachdem Sie die Rollen ausgewählt haben, klicken Sie auf den Button **Ausgewählte Rollen sichern**.

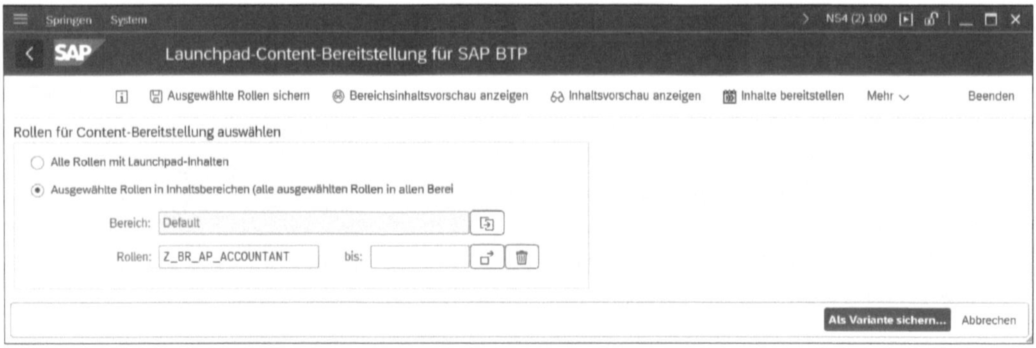

Abbildung 7.79 Zu exponierende Rolle auswählen

Bevor wir mit der Bereitstellung beginnen, möchten wir uns die zu exponierenden Inhalte einmal ansehen. Hierzu klicken Sie auf den Button **Bereichsinhaltsvorschau anzeigen**. Abbildung 7.80 zeigt die Übersicht über die Inhalte. Wie es in der Abbildung zu sehen ist, enthält die Rolle Z_BR_AP_ACCOUNTANT insgesamt 16 Kataloge, einen Bereich (Space) und vier Seiten. Insgesamt stehen 48 Anwendungen zur Bereitstellung zur Verfügung. Wie Sie auf der rechten Seite in Abbildung 7.80 sehen können, wird der exponierte Inhalt über das in Kapitel 3, »Objektmodell«, eingeführte Common Data Model (CDM) beschrieben.

Nachdem Sie sich einen Überblick verschafft haben, wechseln Sie mit F3 in das Ausgangsbild. Als Nächstes klicken Sie auf den Button **Inhalt bereitstellen**. Nach dem Abschluss der Bereitstellung erhalten Sie über das Protokoll eine Übersicht über den Erfolg des Exponiervorgangs.

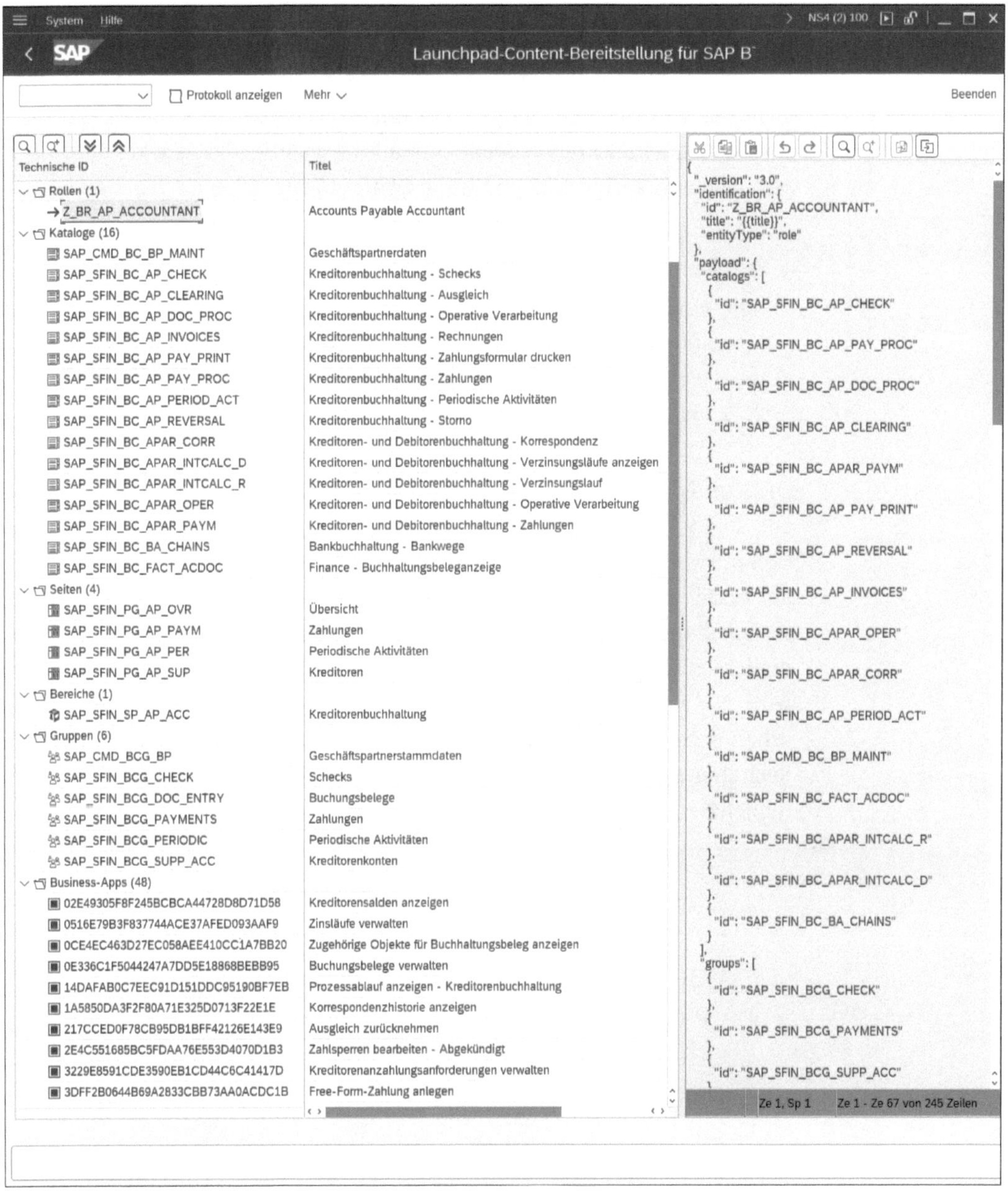

Abbildung 7.80 Übersicht über den zu exponierenden Inhalt

7.5.2 Destinationen konfigurieren

Wenn die Konfiguration im Backend abgeschlossen ist und die Metadaten der Rollen exponiert sind, kann die Konfiguration in der SAP BTP fortgeführt werden. Wie eingangs beschrieben, benötigen Sie in der SAP BTP zwei

Verbindungen zum On-Premise-System: eine Verbindung für den Import der Metadaten und eine Verbindung für die Bereitstellung der Laufzeitartefakte der jeweiligen Anwendung und der Anwendungsdaten. Da die Konfiguration von Destinationen in diesem Buch bereits mehrfach behandelt worden ist, wird an dieser Stelle nur auf die wichtigsten Aspekte der Konfiguration von Verbindungen für die Content Federation eingegangen.

[!]

Bezeichnung von Destinationen

Sehr wichtig bei der Konfiguration von Destinationen, die für die Content Federation verwendet werden, ist, dass der Bezeichner der Destination nur aus Kleinbuchstaben bestehen darf. Ebenso ist es nicht erlaubt, Unterstriche zu verwenden.

Die Konfiguration der Design-Time-Verbindung besteht im Wesentlichen aus den bereits besprochenen Schritten. Die URL-Eigenschaft der Destination verweist jedoch direkt auf den entsprechenden Endpunkt. Wie Sie es aus Abbildung 7.81 ersehen, zeigt der Endpunkt auf *<protokoll>://virtualserver:virtualport/sap/bc/ui2/cdm3/entities*. Wichtig ist auch, dass aktuell lediglich Basic Authentication als Authentifizierungsmethode unterstützt wird. Nutzen Sie an dieser Stelle einen im SAP-System angelegten technischen Benutzer, und stellen Sie sicher, dass der Benutzer entsprechend das Recht hat, die CDM-Entitäten zu lesen. Bei den weiteren Eigenschaften ist lediglich der Parameter `sap-client` zu setzen.

Abbildung 7.81 Design-Time-Verbindung konfigurieren

Nach der Konfiguration der Design-Time-Destination folgt nun die Konfiguration der Laufzeit-Destination. Diese wird, wie zuvor beschrieben, erstellt. Bei der Konfiguration der Parameter sind die in Abbildung 7.82 gezeigten Parameter zu setzen. Tabelle 7.1 gibt zusätzlich Auskunft über die bisher noch nicht besprochenen Parameter.

Parameter	Erläuterung
HTML5.DynamicDestination	Der Parameter muss gesetzt sein, sobald dynamische Kacheln verwendet werden.
sap-platform	Der Parameter gibt den Backend-Typ an.
sap-service	Der Parameter ergibt sich aus dem Standardwert 32 und der Instanznummer des ABAP-Anwendungsservers oder der SAP-Systemnummer.
sap-sysid	Hier ist die System-ID, besser bekannt als SID, anzugeben.

Tabelle 7.1 Erläuterung der zusätzlichen Konfigurationsparameter einer Laufzeit-Destination

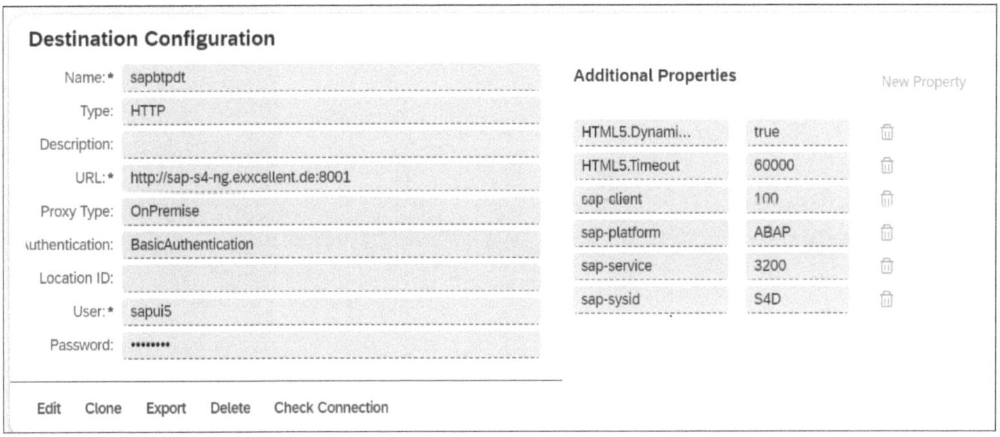

Abbildung 7.82 Laufzeitverbindung konfigurieren

HTTPS-Port

Bei der Verwendung von Principal Propagation kann es je nach Infrastruktur vorkommen, dass auf dem angebundenen SAP-System zwei HTTPS-Ports konfiguriert werden müssen und entsprechend zwei System-Mappings auf dem Cloud Connector angelegt werden müssen: ein Mapping für den HTTPS-Port über den mittels Principal Propagation authentifiziert wird, und eine Mapping, bei dem Basic Authentication verwendet werden kann. Letzteres Mapping wird dann für die Designtime verwendet.

7.5.3 Integration von Federated Content in SAP Build Work Zone

Im nächsten Schritt können Sie mit der Integration des exponierten Inhalts in die bereits erstellte Website fortfahren. Wie bereits in Abschnitt 7.3.3, »Channel-Manager«, erwähnt, werden Content Provider im Administrationsbereich des Channel-Managers administriert. Da Sie für die Integration von entfernten Inhalten einen solchen Content Provider benötigen, wechseln Sie in der Website in den Bereich **Channel-Manager**. Hier wählen Sie aus dem mit **Neu** gekennzeichneten Kontextmenü den Eintrag **Content-Provider** aus. Der daraufhin erscheinende Dialog wird, wie in Abbildung 7.83 dargestellt, ausgefüllt. Wie in der Abbildung zu sehen ist, wählen Sie aus den Auswahllisten **Designzeit-Destination** und **Laufzeit-Destination** die in Abschnitt 7.5.2, »Destinationen konfigurieren«, gezeigten Destinationen aus.

Abbildung 7.83 Content Provider anlegen

Nachdem Sie das Formular ausgefüllt haben, speichern Sie Ihre Eingaben mit einem Klick auf **Sichern**. SAP Build Work Zone versucht nun, die Inhalte aus dem neu angelegten Content Provider zu laden. Nach Abschluss wird uns, wie in Abbildung 7.84 gezeigt, der erfolgreich angelegte Content Provider angezeigt.

Sowohl im Fehler- als auch im Erfolgsfall können Sie sich über den Link Report einen Statusbericht anzeigen lassen. In dem hier gezeigten Beispiel erhalten Sie eine Übersicht über die Anzahl der importierten Inhaltsobjekte, wie in Abbildung 7.85 dargestellt. Wie im Bereich **Fehler im Detail** zu sehen ist, sind beim Datenimport offensichtlich keine Fehler aufgetreten.

Abbildung 7.84 Erfolgreich angelegter Content Provider

Abbildung 7.85 Übersicht über das Ergebnis der Content-Provider-Anlage

Über den Button **Aliase zuordnen** können Sie, falls die importierten Inhalte über einen Alias verfügen, diese der Laufzeit-Destination zuordnen. Dies könnte beispielsweise erforderlich sein, wenn Sie Inhalte in einem Hub-Szenario über einen dedizierten Frontend-Server aus einem daran angebunden SAP-Backend-System integrieren. Falls es sich bei dem Inhalt um eine SAP-Web-Dynpro-ABAP-Anwendung handelt, muss dem gelieferten Alias entsprechend eine Destination direkt zum Backend-System bereitgestellt werden. Entsprechend muss diese Destination ebenfalls mit Principal Propagation arbeiten.

Wechseln Sie nun zurück in den Administrationsbereich **Content-Manager**. Hier können wir, wie in Abbildung 7.86 gezeigt, die importierte Rolle einsehen. In unserem Beispiel haben wir einen Filter gesetzt, da bereits Inhalte aus anderen Systemen integriert sind.

Im letzten Schritt der Integration möchten Sie nun die Rolle bzw. deren Inhalte unserer Website zuordnen. Hierzu wechseln Sie in das Website-Verzeichnis und klicken bei der entsprechenden Website auf den Zahnrad-Button ⚙ (siehe Abbildung 7.87).

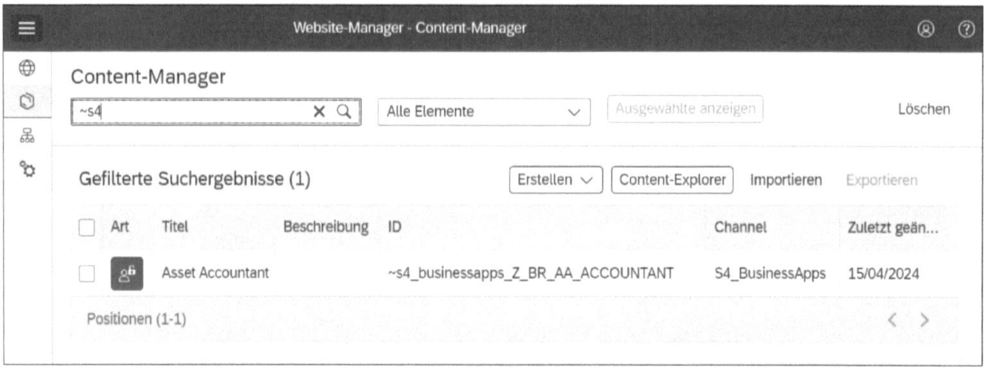

Abbildung 7.86 Importierte Rolle über die Content Federation

Abbildung 7.87 Website-Verzeichnis

Nachdem die Administrationsoberfläche der Website geöffnet worden ist, wechseln Sie durch einen Klick auf den Button **Bearbeiten** in den Änderungsmodus. Auf der rechten Seite können Sie im Bereich **Zuordnungen** die bereits zugeordneten Inhalte sehen. Über das Suchfeld können Sie, wie in der Abbildung 7.88 gezeigt, nach Inhalten suchen. In dem gezeigten Beispiel suchen Sie nach einem Teil-String der Rolle, die Sie zuvor integriert haben.

Um die Rolle zu der Website hinzuzufügen, klicken Sie auf den Plus-Button, und zum Abschluss speichern Sie Ihre Anpassung mit einem Klick auf **Sichern**.

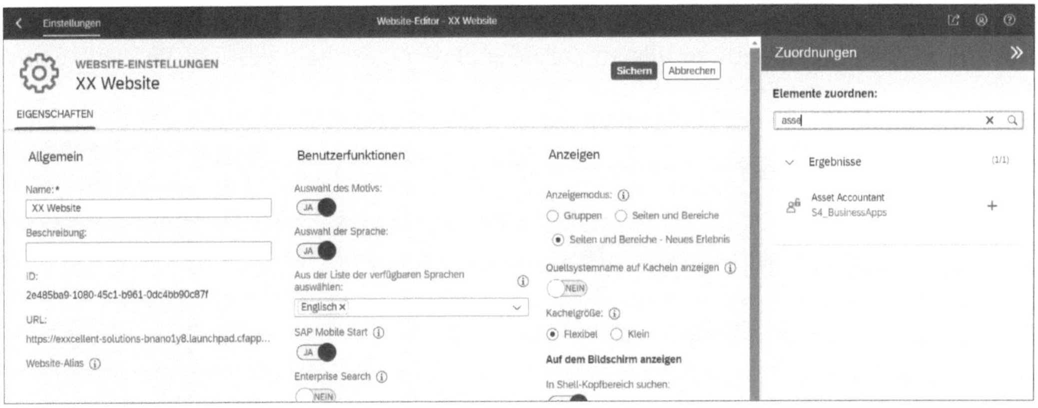

Abbildung 7.88 Mögliche integrierbare Inhalte

7.5.4 Berechtigungen

Die Inhalte für die Website sind nun aus technischer Sicht integriert. Allerdings ist zu diesem Zeitpunkt noch kein Benutzer in der SAP BTP dazu berechtigt, die Anwendungen zu nutzen. Um dies zu ändern, starten Sie im SAP BTP Cockpit über den Pfad **Security • Role Collections** die Administrationsmaske. Wie Sie in Abbildung 7.89 sehen, befindet sich in der Liste der vorhandenen Role Collections ein Eintrag mit dem Namen `~s4_businessapps_Z_BR_AA_ACCOUNTANT`.

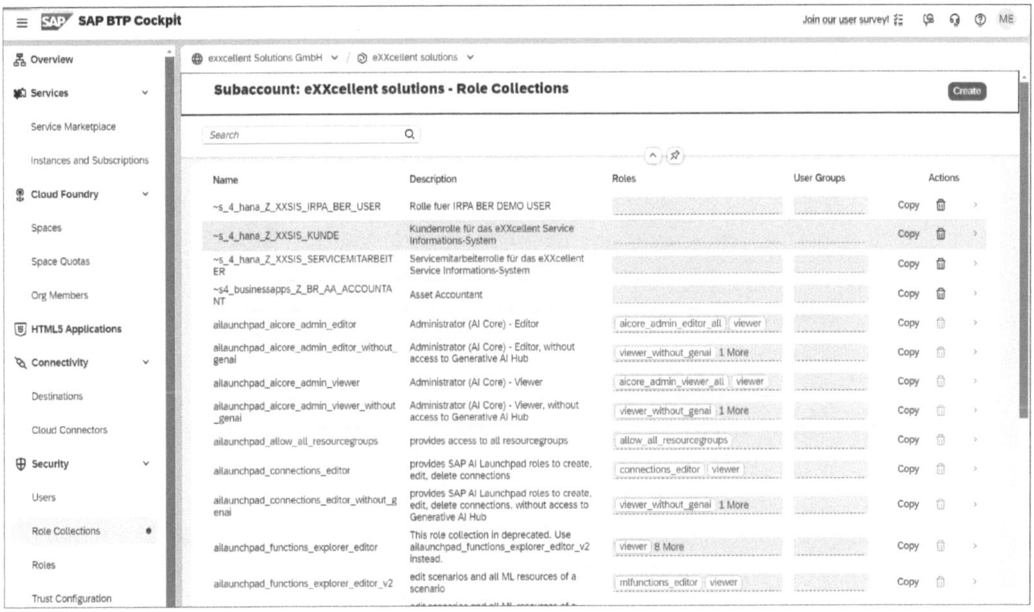

Abbildung 7.89 Administrationsoberfläche der Role Collections

Hierbei handelt es sich um eine während der Integration des Federated Contents geladenen Rolle. Sie öffnen die Details der Role Collection, und wechseln durch einen Klick auf **Edit** in den Bearbeitungsmodus.

Als Nächstes geben Sie, wie in Abbildung 7.90 gezeigt, im Bereich **Users** im Feld **ID** die E-Mail-Adresse eines zu berechtigten Benutzers ein. Zusätzlich fügen Sie wiederum die Gruppe **General** hinzu. Abschließend speichern Sie die Anpassung mit **Save**.

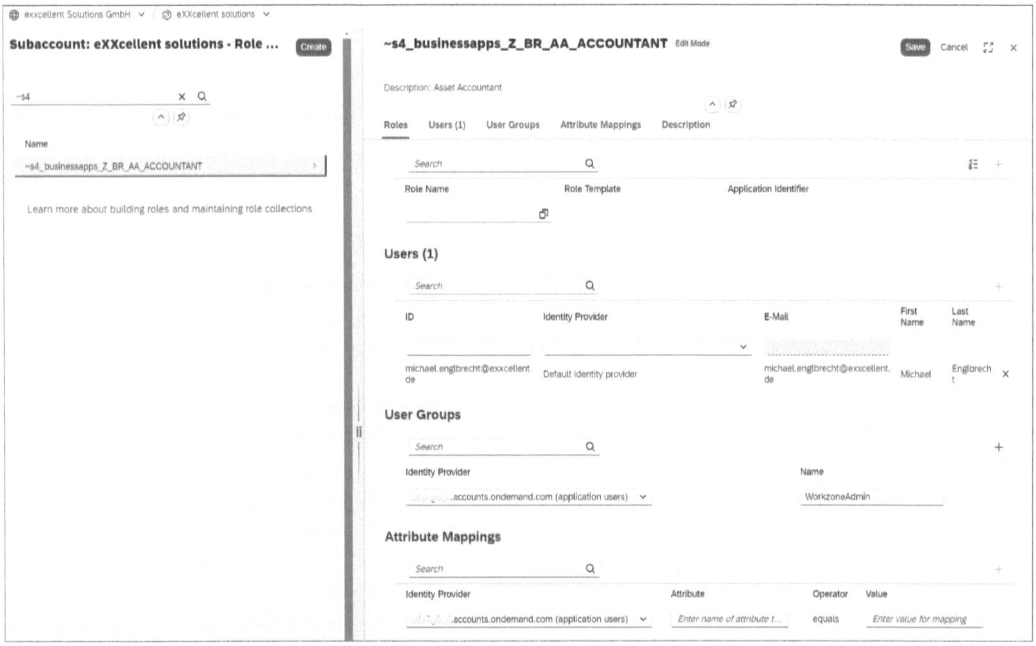

Abbildung 7.90 Benutzer zur Role Collection hinzufügen

Um die Anpassung zu testen, rufen Sie Ihre Website über den Website-Manager auf. Klicken Sie hierzu im Website-Manager auf den Button . Es öffnet sich die Website mit den integrierten SAP-Fiori-Inhalten (siehe Abbildung 7.91).

Rufen Sie nun testweise die App **Asset Accounting Overview** auf. Nach deren Aufruf erhalten Sie das in Abbildung 7.92 gezeigte Bild. Wie Sie in der Abbildung sehen, sind die Felder der Filterleiste in Rot hinterlegt. Dies liegt daran, dass es sich bei diesen Feldern um Pflichteingaben handelt, auch wenn dies bei Selektionsfeldern doch eher ungewöhnlich ist. Es fällt aber auch ins Auge, dass aktuell kein Mauszeiger, sondern das Symbol angezeigt wird. Der zugrundeliegende Fehler besteht darin, dass hier eine Sicherheitsmaßnahme zum Tragen kommt: die *Clickjacking Framing Protection*.

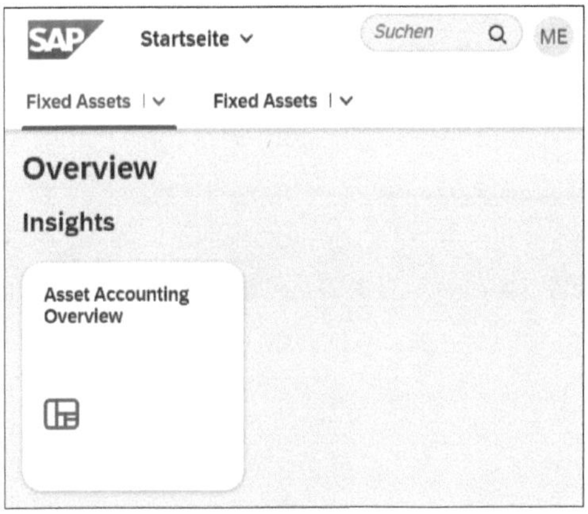

Abbildung 7.91 Website in SAP Build Work Zone

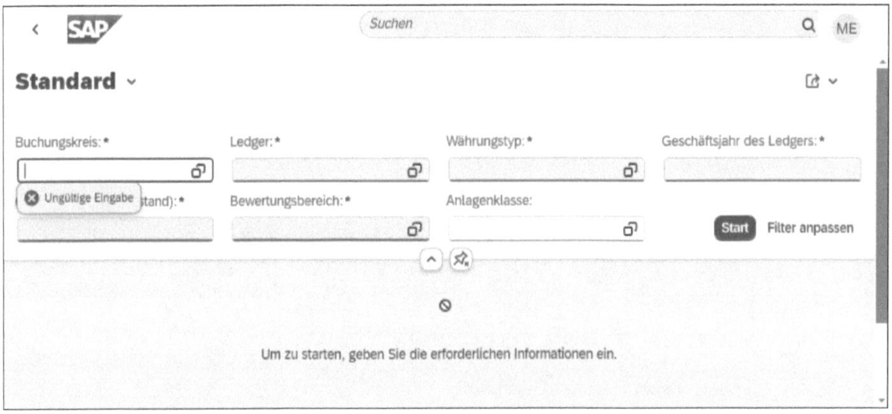

Abbildung 7.92 Die App »Asset Accouting Overview« mit blockierter Interaktion

In Abschnitt , »Backend-Vorbereitung«, haben wir bereits beschrieben, dass der Zugriff auf Anwendungen, die in andere Umgebungen integriert werden, gewissen Sicherheitsbeschränkungen unterliegt. Um dieses Problem zu lösen, kehren Sie in die Konfiguration der Erlaubnislisten zurück. Rufen Sie dazu erneut Transaktion UCONCOCKPIT auf. Hier wählen Sie aus der Szenario-Auswahlliste den Eintrag **HTTP-Erlaubnisliste** aus. Wie Sie es aus Abbildung 7.93 ersehen, wird in der zweiten Zeile in der Spalte **# nicht von Erlaubtliste abgedeckt** der Wert »1« angezeigt. Diese Zahl stammt von unserem Versuch, die SAP-Fiori-Anwendung zu verwenden.

Durch einen Doppelklick auf die zweite Zeile gelangen Sie in die Konfigurationsmaske der entsprechenden Erlaubnisliste (siehe Abbildung 7.94). Wie Sie es auf der linken Seite der Maske ersehen können, werden in der Tabelle aufgrund der Auswahl aktuell die nicht erlaubten Anfragen aufgelistet. Bei dem hier gezeigten Eintrag handelt es sich um die Anfrage, die über die SAP-Fiori-Anwendung in der SAP Build Work Zone gestellt wurde. Um einen entsprechenden Eintrag in der Erlaubtliste zu erstellen, wechseln Sie zunächst in den Bearbeitungsmodus.

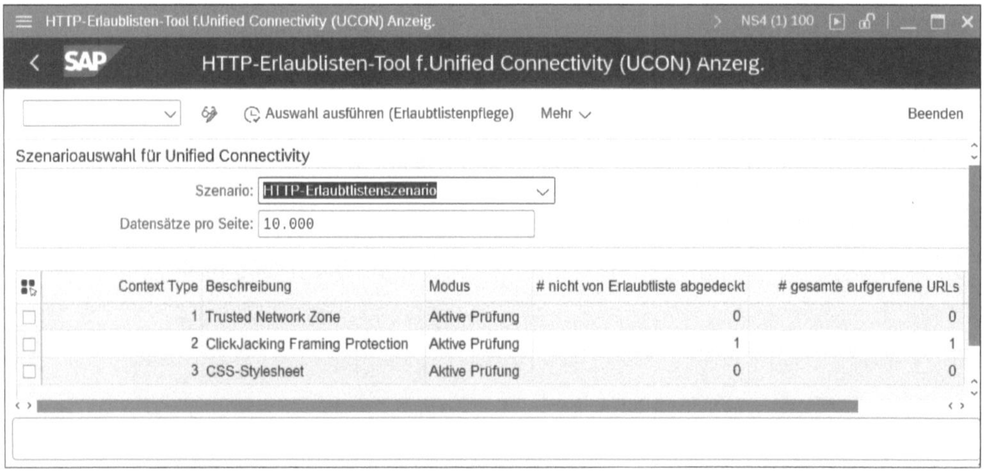

Abbildung 7.93 HTTP-Erlaubnisliste mit abgelehnten Aufrufen

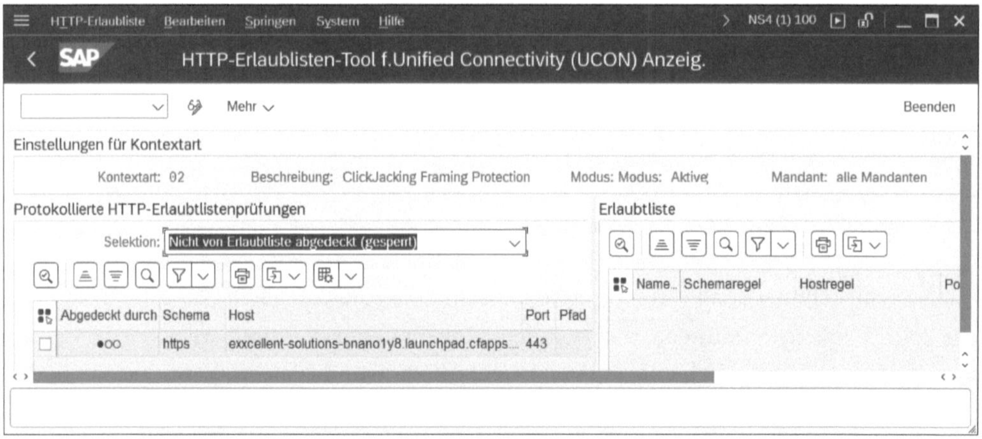

Abbildung 7.94 Erlaubnisliste für die Kontextart 02 konfigurieren

Nachdem Sie in den Bearbeitungsmodus gewechselt haben, markieren Sie den Eintrag, der nicht in einer Erlaubtliste abgedeckt ist. Im Anschluss klicken Sie auf den Button An Erl.Liste. Es wird der in Abbildung 7.95 Dialog eingeblendet. Wie Sie dem Dialog entnehmen können, werden alle HTTPS-basierten Anfragen, die vom gezeigten konkreten Host über den Port 443 gestellt werden, über diesen Eintrag abgedeckt. Bestätigen Sie den

Dialog über den grünen Haken, und speichern Sie Ihre Änderungen mit einem Klick auf **Sichern**.

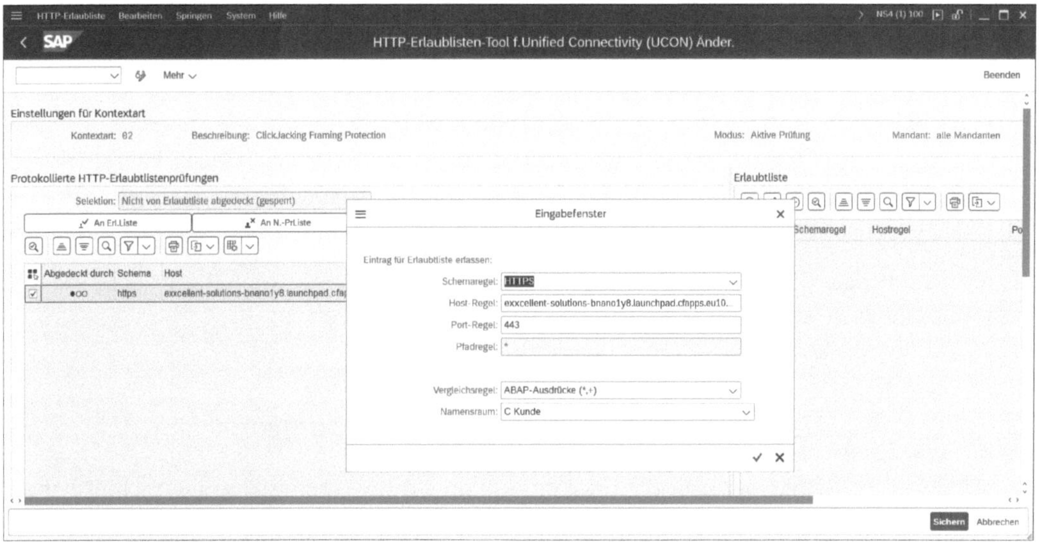

Abbildung 7.95 Dialog zur Erstellung eines Erlaubtlisteneintrags

Der Listeneintrag wird nun, wie in Abbildung 7.96 gezeigt, in die Erlaubtliste übernommen. Der Eintrag in der Nicht-Erlaubtliste ist nicht mehr vorhanden.

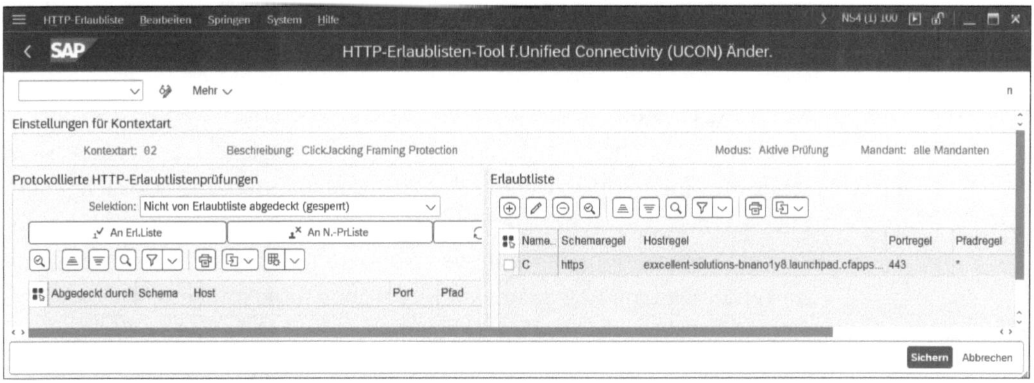

Abbildung 7.96 Erstellter Erlaubnislisteneintrag

Nachdem Sie die Konfiguration der Erlaubtliste angepasst haben, können Sie die Anwendung erneut testen. Abbildung 7.97 zeigt den erfolgreichen Test. Wie Sie sehen, ist der Mauszeiger nun entsprechend verfügbar, und Sie konnten auch in der Wertehilfe für den Buchungskreis einen Wert auswählen.

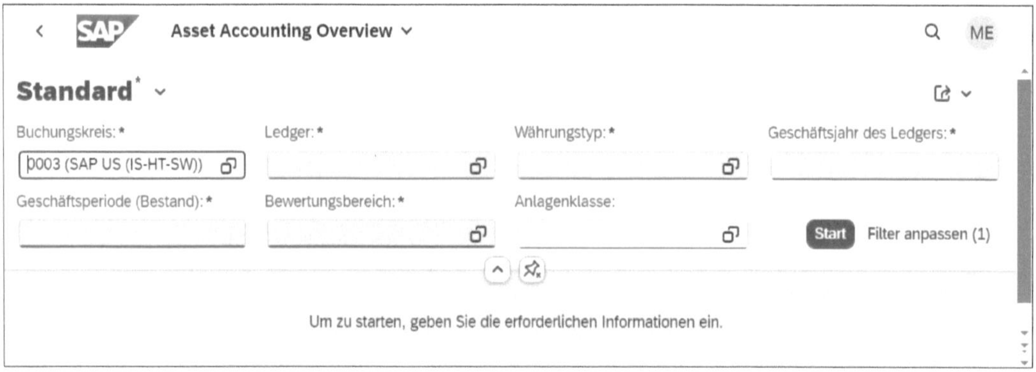

Abbildung 7.97 SAP-Fiori-App in SAP Build Work Zone

7.6 Integration von Cloud-Anwendungen

Nachdem wir die Integration von On-Premise-Inhalten betrachtet haben, wendet sich dieser Abschnitt der Integration von Inhalten aus der SAP BTP zu.

In diesem Abschnitt wird zunächst die Integration von Inhalten behandelt, die als HTML5-Anwendungen in der SAP BTP bereitgestellt wurden. Solche Anwendungen werden im Menü **HTML5 Applications** aufgelistet. Wie in Abbildung 7.98 gezeigt, werden dort die Anwendungen angezeigt, die als HTML5-Anwendungen in die SAP BTP deployt wurden. Die Anwendungen können mit SAPUI5, VUE.js oder React implementiert werden. Die Implementierung erfolgt am einfachsten mit SAP Business Application Studio oder Visual Studio Code. Mit diesen beiden Werkzeugen werden die Anwendungen entsprechend auch in der SAP BTP bereitgestellt. In der Übersicht sehen Sie einen Button mit der Beschriftung **Add Application**. Nach einem Klick auf den Button erhalten Sie entgegen der Erwartung keine Möglichkeit, eine Anwendung hochzuladen, sondern lediglich einen Hinweis, dass Anwendungen mit SAP Business Application Studio implementiert werden können, sowie einen Link zur SAP-Hilfe.

Anwendungen, die in diesem Bereich der Managed Applications bereitgestellt werden, werden über den Standard-Channel **HTML5Apps** in SAP Build Work Zone für den Import zur Verfügung gestellt. Abbildung 7.99 zeigt die Liste der konfigurierten Channels von SAP Build Work Zone im **Channel-Manager**. Wie Sie es bereits von der Content Federation kennen, werden die über diesen Kanal bereitgestellten Inhalte mit einem Klick auf den Button neu importiert. Anders als bei der Integration von Inhalten aus einem

SAP-System wird nach dem Import kein Bericht mit einer Übersicht über die Anzahl der importierten Inhalte erstellt. Über einen Klick auf den Link **Bericht** erhalten Sie lediglich die Information, dass der Inhalt importiert wurde, und zusätzlich die Möglichkeit, den importierten Inhalt herunterzuladen.

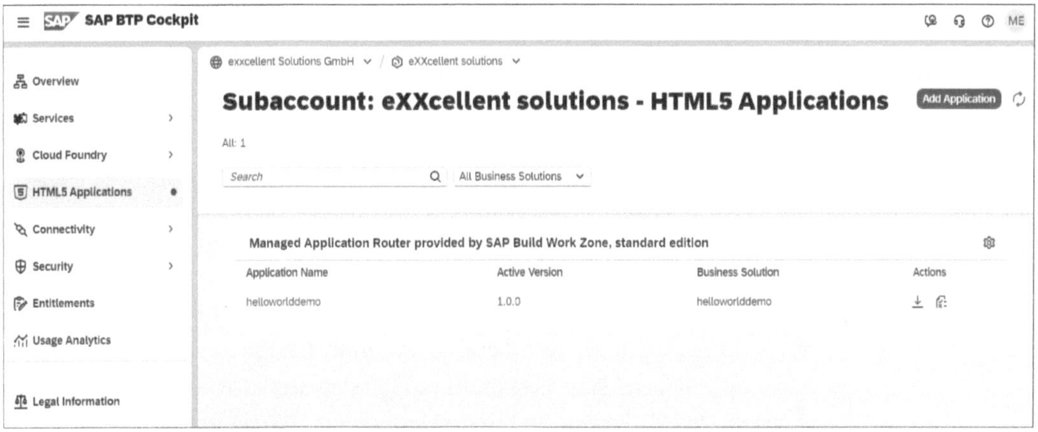

Abbildung 7.98 HTML5-Anwendungen in der SAP BTP

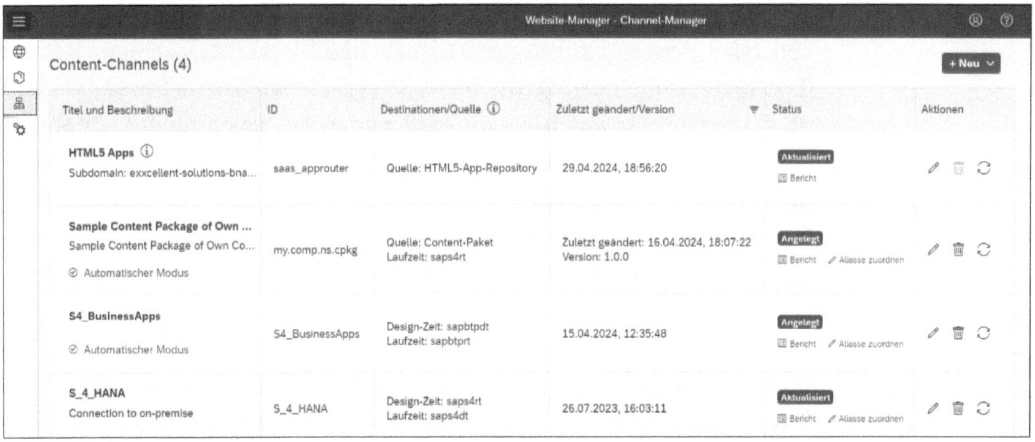

Abbildung 7.99 Übersicht über die Channels

Um Anwendungen, die über den HTML5-Apps-Channel zur Verfügung gestellt werden, zu integrieren, wechseln Sie in den Content-Manager von SAP Build Work Zone. Die Anwendung wird nach dem Import in der Liste der Inhalte entsprechend aufgelistet. Wie Sie in Abbildung 7.100 sehen, werden neben der Applikations-ID auch der Titel und die Beschreibung aus der Anwendung importiert.

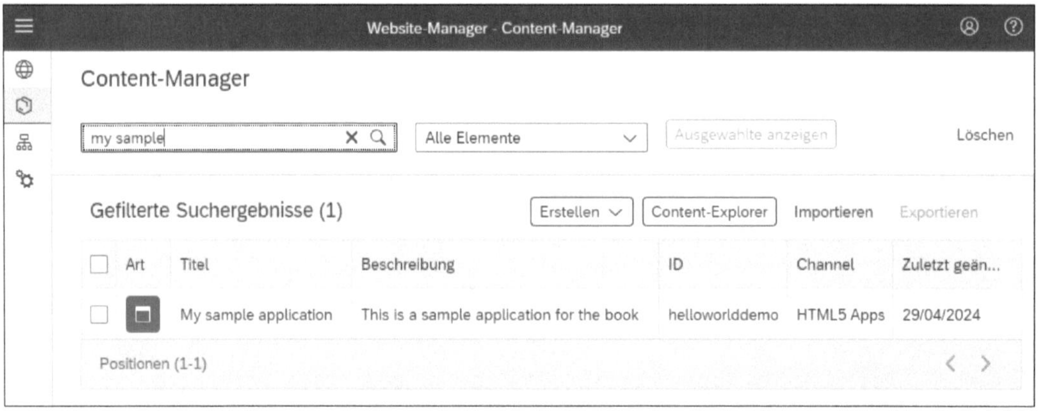

Abbildung 7.100 Importierte HTML5-Anwendung aus der SAP BTP

Durch einen Doppelklick auf den Eintrag erhalten Sie, ebenso wie bei anderen Anwendungen, weitere Details zum importierten Eintrag. Ein wichtiger Aspekt hierbei ist, dass die Details auf der Registerkarte **Konfiguration**, **Navigation**, **Visualisierung** und **Übersetzung** nicht bearbeitet werden können. Sie werden über die Anwendung selbst geliefert. Maßgeblich hierbei ist bei einer SAPUI5-Anwendung die Datei **manifest.json**. Listing 7.1 zeigt die Datei der Anwendung. Wie Sie erkennen können, wird die Applikations-ID wie üblich aus dem Feld `id` ausgelesen. Auch hier ist darauf zu achten, dass die ID zwingend eineindeutig im Laufzeitkontext sein muss, da sie für das Identifizieren einer Anwendung verwendet wird. Die Eigenschaften **Titel** und **Beschreibung** werden aus den Attributen `title` und `description` übernommen. Die Informationen auf der Registerkarte **Navigation** für **Semantisches Objekt** und **Aktion** werden aus dem Konfigurationsobjekt `crossNavigation.inbounds.external` und den dortigen, auf Englisch gleichlautenden Eigenschaften geladen.

```
{
  "_version": "1.12.0",
  "sap.app": {
    "id": "helloworlddemo",
    "type": "application",
    "applicationVersion": {
      "version": "1.0.0"
    },
    "title": "My sample application",
    "description": "This is a sample application for the book",
    "crossNavigation": {
      "inbounds": {
```

```
          "external": {
              "semanticObject": "SampleObject",
              "action": "display",
              "icon": "sap-icon://BusinessSuiteInAppSymbols/icon-
line-bar-chart",
              "title": "My sample application",
              "subTitle": "Sample for the book"
          }
      }
  }
  },
  "sap.ui": {
    "technology": "UI5",
    "deviceTypes": {
      "desktop": true,
      "tablet": true,
      "phone": false
    }
  },
  "sap.fiori": {
    "_version": "1.1.0",
    "registrationIds": [
        "helloworldapplication"
    ],
    "archeType": "transactional"
},
  "sap.cloud": {
    "service": "helloworlddemo"
  }
}
```

Listing 7.1 manifest.json-Datei einer SAPUI5-Anwendung

Interessant ist auch, dass die Information, die auf der Startseite zur Laufzeit angezeigt werden, ebenfalls über die Datei **manifest.json** aus dem Objekt `crossNavigation.inbounds.external` geladen werden. Wie Sie ebenfalls aus Abbildung 7.101 ersehen, werden die unterstützen Endgeräte aus dem Konfigurationsobjekt `deviceType` geladen. Wie es Listing 7.1 zu entnehmen ist, sind im Objekt `deviceType` `desktop` und `table` mit `true` und die Eigenschaft `phone` mit `false` konfiguriert. Wie Sie es aus Abbildung 7.101 ersehen können, wird das Symbol für das Mobiltelefon nicht im Bereich der unterstützten Geräte angezeigt. Ebenfalls wird das für die Kachel konfigurierte Symbol aus den Metadaten der Anwendung ausgelesen.

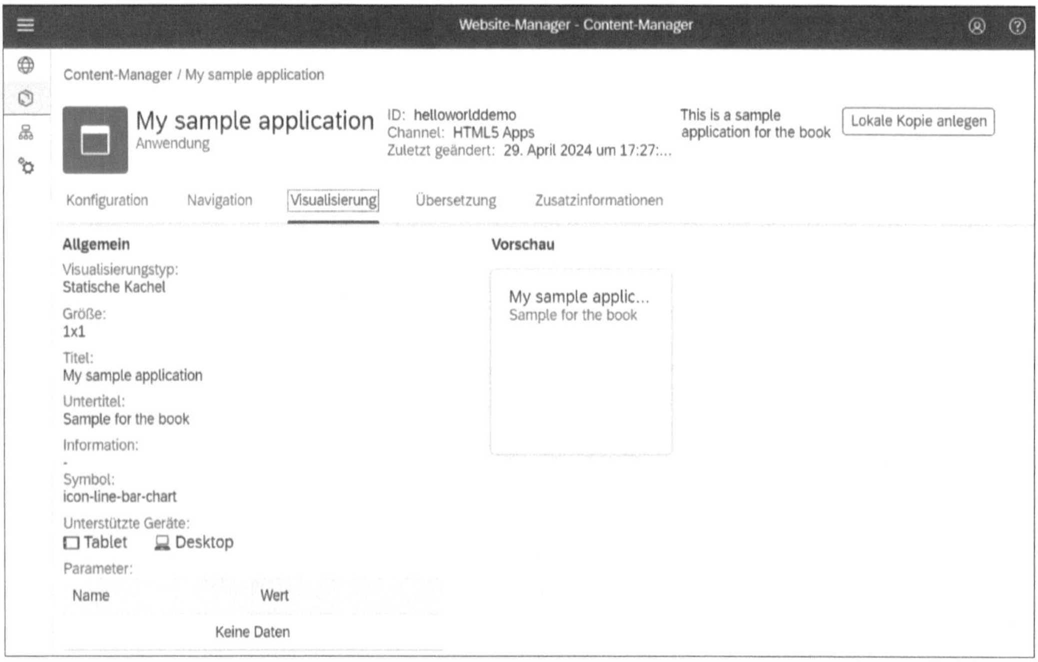

Abbildung 7.101 Kachelkonfiguration

Zu beachten ist außerdem, dass die Übersetzung der sprachabhängigen Informationen ebenfalls nicht über die Registerkarte **Übersetzung** geändert werden kann. Auch diese Daten werden durch die Anwendung selbst geliefert.

Lokale Kopie anlegen

Unter Umständen möchten Sie die durch die Anwendung gelieferten Konfigurationsparameter innerhalb der SAP-Build-Work-Zone-Konfiguration anders gestalten, als dies der Entwickler der Anwendung vorgesehen hat. Hierzu bietet der Content-Manager die Möglichkeit, eine lokale Kopie der Anwendungskonfiguration anzulegen. Die Anlage einer solchen Kopie wird über den Button **Lokale Kopie anlegen** initiiert. Nachdem Sie den Button betätigt haben, werden die Buttons **Bearbeiten** und **Löschen** angezeigt. Wie es die Namen vermuten lassen, kann dann entweder in den Bearbeitungsmodus gewechselt werden und die Eigenschaften lokal geändert oder die lokale Kopie gelöscht werden. Die lokale Kopie wird bei einem erneuten Importieren des Inhalts aus dem Content Provider selbstverständlich nicht überschrieben. Abbildung 7.102 zeigt das Original sowie die Kopie der Anwendung. Die Kopie der Anwendung verfügt über eine automatisch angelegte eigene ID.

Abbildung 7.102 Kopie und Original

Weiterführende Schritte

Die nächsten Schritte nach dem Import sind analog den in Abschnitt 7.4, »Mit lokalen Inhalten arbeiten«, erläuterten Schritten zur Integration von lokalen Inhalten, bzw. man ordnet, falls schon vorhanden, die neue Anwendung einer bestehenden Rolle bzw. einem Bereich usw. zu.

7.7 Kurzüberblick über Themes

Die Darstellung der Website im Corporate Design des Unternehmens ist für Unternehmen in vielerlei Hinsicht wichtig. In diesem Abschnitt geben wir Ihnen einen Überblick über die wichtigsten Aufgaben und Aspekte rund um das Thema der *Farb- und Layoutanpassungen* in SAP Build Work Zone.

7.7.1 Themes aus Endanwendersicht

SAP liefert zusammen mit dem SAPUI5-Framework diverse sogenannte *Themes* aus. Je nach Konfiguration des Parameters **Auswahl des Motivs** in den Webseiten-Einstellungen können Endanwender das eingestellte Standard-Theme wechseln. Der individuelle Wechsel des Themes erfolgt über den Menüpunkt **Einstellungen** im Benutzermenü. Im daraufhin erscheinenden Dialog wählen Sie den Eintrag **Erscheinungsbild** aus. Nach dem Aufruf wird, wie es in Abbildung 7.103 zu sehen ist, die Auswahl der verfügbaren Themes angezeigt. Der Wechsel erfolgt einfach durch die Auswahl des Wunsch-Themes. Wie Sie es aus Abbildung 7.103 ersehen können, gibt es neben der Registerkarte **Theme** auch noch die Registerkarte **Anzeigeeinstellungen**. Hier wird dem Endanwender die Option **Optimiert für Touch-Eingabe** zur Auswahl angeboten. Über die Selektion dieser Option wird der Abstand zwischen UI-Controls erhöht. Hierdurch ist es bei der Nutzung des Touchbildschirms auf dem entsprechenden Endgerät einfach, UI-Controls sicher mit dem Finger zu treffen. Falls Sie mit der UI5-Entwicklung etwas vertraut sind, kennen Sie diese Option unter der Bezeichnung Cozy-Formfaktor (weitere Informationen hierzu finden Sie unter *https://experience.sap.com/fiori-design-web/cozy-compact*).

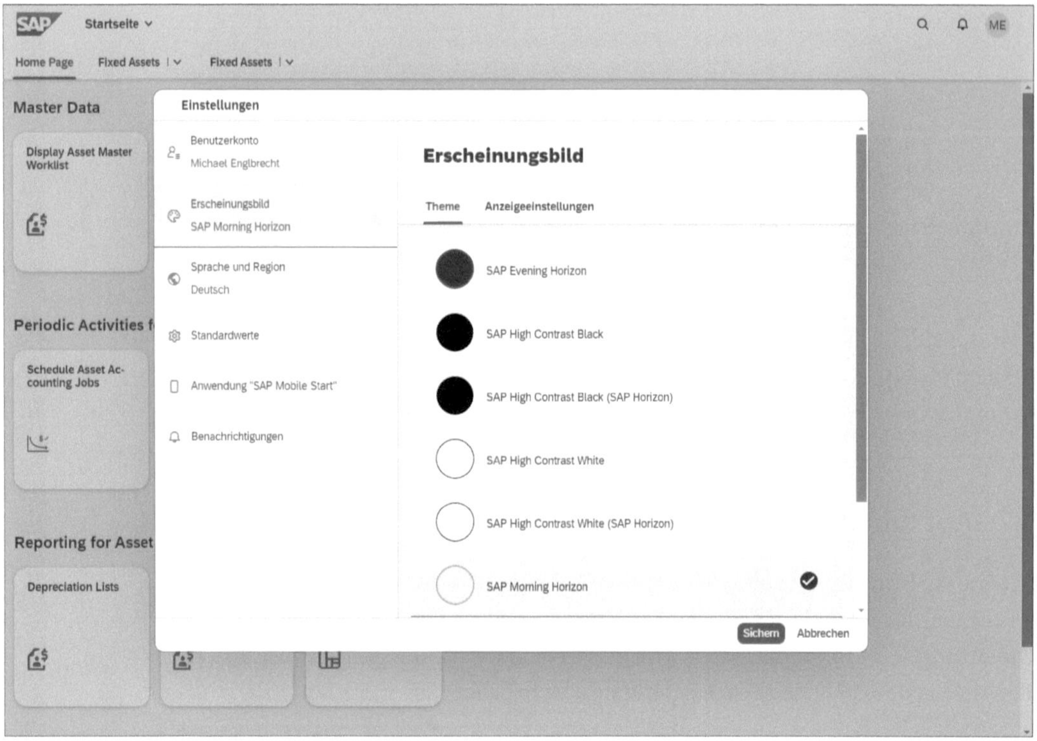

Abbildung 7.103 Standard-Themes auswählen

7.7.2 Theming-Funktionalität administrieren

Wie bereits erwähnt, haben Benutzer mit der Standard-Launchpad-Administratoren-Rolle bereits weitreichende Befugnisse im Umgang mit Motiven. Benutzer, die der Role Collection `Launchpad_Admin` zugeordnet sind, verfügen jedoch nicht über die Berechtigung, Motive zu veröffentlichen oder im UI-Theme-Designer eigenen CSS-Code zu hinterlegen. Benutzer, die diese Aufgaben durchführen dürfen, müssen der Role Collection `Launchpad_Advanced_Theming` zugewiesen werden (siehe Abbildung 7.104). Beachten Sie, dass Anpassungen durch die Implementierung eigener CSS-Anweisungen so weit wie möglich vermieden werden sollten. Wie in Abschnitt 1.5.1, »UI-Technologie«, erläutert, verfügt SAPUI5 über ein eigenes Framework zum Rendern von SAPUI5-Code nach HTML. Dieses Framework und die darin implementierten Regeln sind nicht Teil der öffentlichen API von SAPUI5. Implementiert man nun eigene CSS-Regeln oder redefiniert gar CSS-Klassen aus dem SAPUI5-Standard in einem eigenen Motiv, kann dies bei einem Wechsel auf eine andere SAPUI5-Version zu unerwünschten Nebeneffekten führen. So kann beispielsweise die Anwendung nicht mehr ordnungsgemäß genutzt werden oder im weniger schlimmen Fall nicht mehr sauber dargestellt werden, was entsprechend zu nicht kalkuliertem Mehraufwand führen kann. Vergeben Sie daher diese Berechtigung nur nach ausreichender Sensibilisierung der Benutzer.

Abbildung 7.104 Die Role Collection Launchpad_Advanced_Theming

7.7.3 Themes verwalten

Benutzer, die über die Basis-Administrationsberechtigung mittels Role Collection **Launchpad Admin** verfügen, finden im Benutzermenü über den Menüpunkt **Motiv-Manager** den Einstieg in den Motiv-Manager (siehe Abbildung 7.105). Über den Motiv-Manager werden dem Benutzer diverse Funktionen zur Verwaltung und Steuerung von Motiven angeboten.

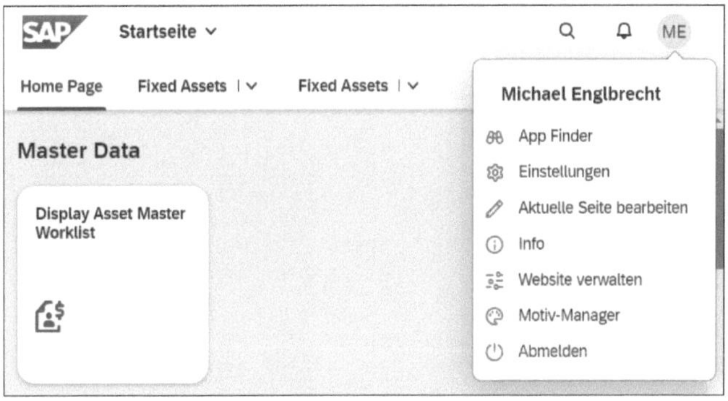

Abbildung 7.105 Motiv-Manager im Benutzermenü

Nach dem Aufruf des Menüpunktes öffnet sich der Motiv-Manager in einem Dialog (siehe Abbildung 7.106). Auf der linken Seite des Dialogs werden die in der SAP BTP verfügbare Motive aufgelistet. Das erste Motiv in der

Motivliste ist mit einem Haken versehen. Dieses Symbol weist darauf hin, dass dieses Motiv aktuell als Standardmotiv ausgewählt ist. Motive, die mit dem Symbol versehen sind, können durch den Endanwender im vorher besprochenen Benutzereinstellungsbereich ausgewählt werden. Motive können über den Button **Deaktivieren Benutzerauswahl** bzw. **Aktivieren Benutzerauswahl** für die Auswahl durch die Endanwender deaktiviert bzw. aktiviert werden. Bei der Deaktivierung wird das Symbol aus dem Motiveintrag entfernt. Über den Button **Als Standard festlegen** kann das entsprechende Motiv zum Standard erklärt werden. Dadurch erhält dieses Motiv entsprechend die Markierung ✓. Über den Button **Vorschau** kann das ausgewählte Motiv ausprobiert werden. Nach der Auswahl des Buttons wird auf einer weiteren Registerkarte im Browser die Startseite mit dem angewandten Motiv geöffnet. Sollten Sie in der Liste der Motive ein Motiv vermissen, können Sie die Liste über den Button aktualisieren. Alle Änderungen an den Motiven in der Liste müssen am Ende durch einen Klick auf **Sichern** übernommen werden.

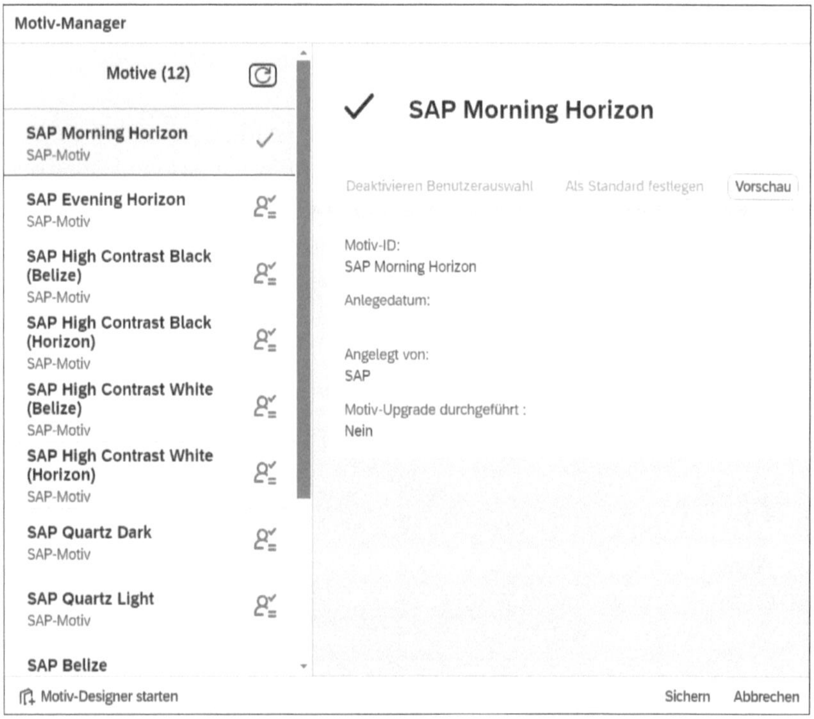

Abbildung 7.106 Übersicht der vorhandenen Themes

7.7.4 Überblick über den UI-Theme-Designer

Nach der Betrachtung der Standardaktivitäten im Kontext der Motive geben wir in diesem Abschnitt einen Überblick über die Arbeit mit dem *UI-Theme-Designer*. Da der Funktionsumfang des Werkzeugs doch beträchtlich ist und man durchaus über ein mehr als grundlegendes Verständnis von Webseitenaufbau, CSS und Webentwicklung haben sollte, gehen wir nicht allzu sehr ins Detail, decken aber die Aspekte ab, die aus Sicht eines Benutzers in der Rolle des Administrators oder der Administratorin relevant sind.

Motiv-Designer starten

Der Motiv-Designer (UI-Theme-Designer) wird über den in Abbildung 7.106 gezeigten Absprung **Motiv-Designer starten** aufgerufen. Im Anschluss öffnet sich der Motiv-Designer in einem eigenem Browserfenster (siehe Abbildung 7.107). Auf dem hier genutzten Subaccount ist bis jetzt noch kein kundenspezifisches Theme erstellt worden.

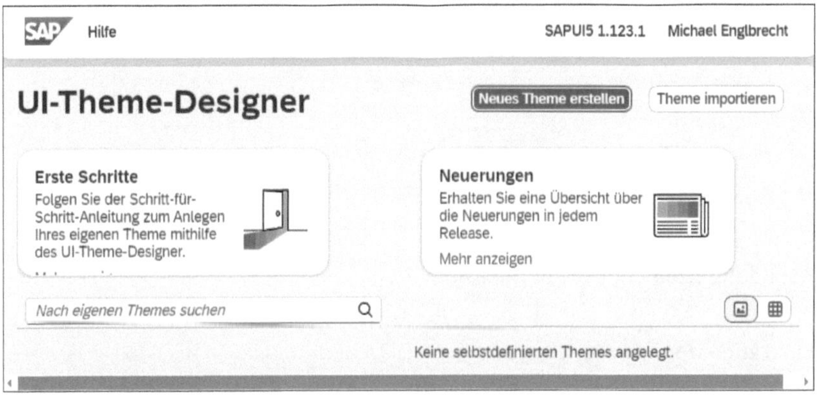

Abbildung 7.107 Einstiegsbild des Motiv-Designers

Motive importieren

Motive, die beispielsweise mit dem On-Premise-Theme-Designer im SAP-System in SAP Enterprise Portal erstellt wurden, können über die Funktion **Theme** importiert werden.

Neues Motiv erstellen

Die Erstellung eines neuen Motivs erfolgt über den Button **Neues Theme erstellen**. Ein neues Motiv wird stets auf der Basis eines existierenden Motivs erstellt. Nachdem Sie den Button zur Erstellung eines neuen Themes betätigt haben, erhalten Sie, wie in Abbildung 7.108 gezeigt, eine Liste von vorhandenen Motiven zur Auswahl. Wählen Sie hier z. B. das Motiv **SAP Horizon** aus, und bestätigen Sie die Auswahl mit **Theme erstellen**.

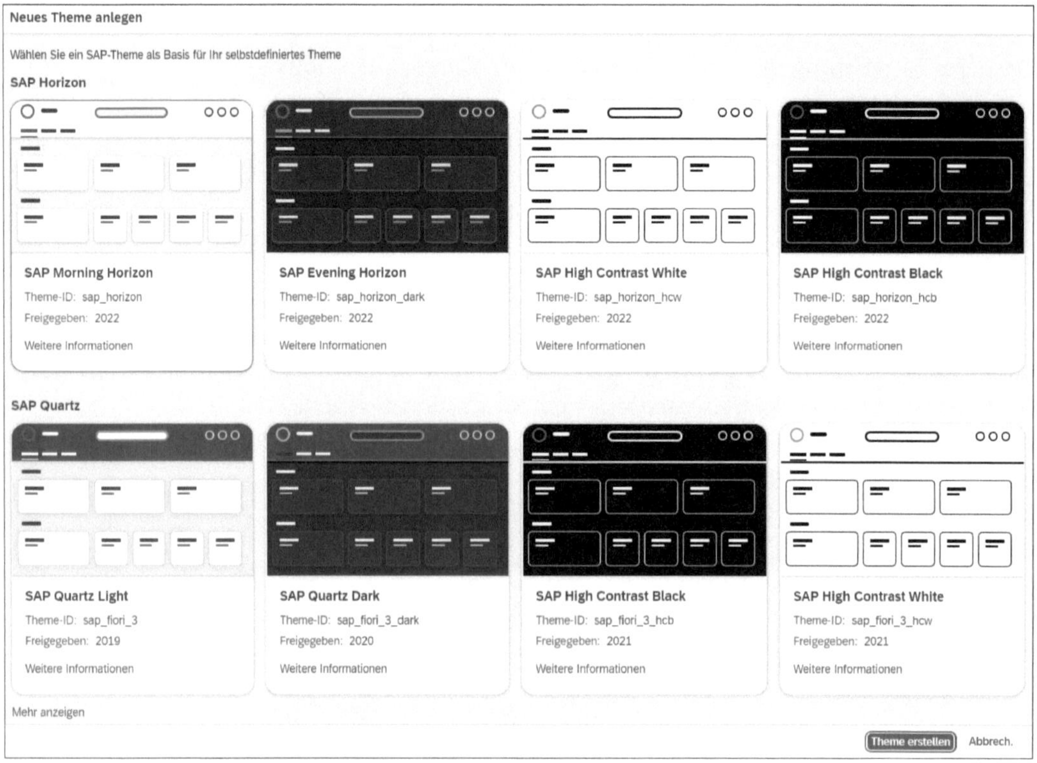

Abbildung 7.108 Motive zur Auswahl

Einstellen der SAPUI5-Version

Im Kopf des Motiv-Designers wird die aktuell eingestellte SAPUI5 Version angezeigt (siehe Abbildung 7.107). In unserem Fall ist dies die Version 1.123.1. Dieser Bereich ist interaktiv. Wenn Sie darauf klicken, wird ein Dialog geöffnet, in dem die aktuell verfügbaren Versionen zur Auswahl stehen. Diese Version ist im Rahmen der Motivbearbeitung wichtig zu beachten. Denn wenn Sie in Ihrer Umgebung eine andere SAPUI5-Version als die aktuell eingestellte Version verwenden, erscheint im Rahmen der Motivbearbeitung die in Abbildung 7.109 gezeigte Fehlermeldung. Die Meldung hindert nicht an der Weiterarbeit. Allerdings könnte es mit einem auf diese Weise erstellten Motiv zu Laufzeitfehlern kommen. Daher ist es ratsam, darauf zu achten, dass immer die SAPUI5-Version im Startbild des Motiv-Designers ausgewählt wird, die Sie auch in Ihrer Landschaft verwenden.

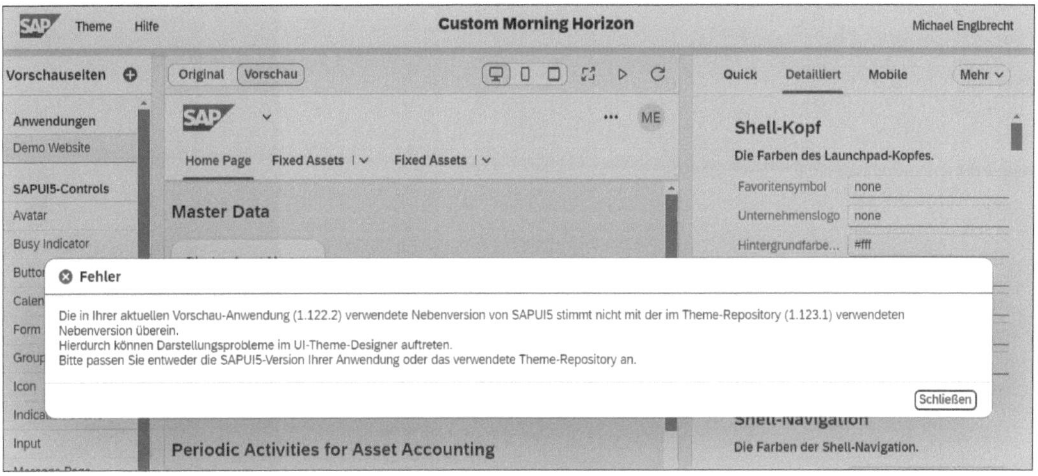

Abbildung 7.109 SAPUI5-Versionskonflikt im Motiv-Designer

Mit Motiv arbeiten

Nachdem Sie das Basismotiv ausgewählt haben, startet der Motiv-Designer. Wie in Abbildung 7.110 gezeigt, startet der Motiv-Designer mit einer Basisanwendung in der Vorschauansicht, auf die das aktuelle Motiv angewendet wird. Der UI-Theme-Designer arbeitet mit vordefinierten CSS-Klassen. Diese Klassen können an die eigenen Bedürfnisse angepasst werden. Über die Registerkarten **Quick**, **Detailliert**, **Mobile** und **Expert** kann auf jeweils unterschiedlich viele Klassen zugegriffen werden. Mit **Quick** werden beispielsweise nur die wichtigsten Parameter zur Anpassung und über **Mobile** nur die Parameter angezeigt, die das Theming für die native Ausführung unter iOS oder Android betreffen. Über **Expert** erhält der Anwender entsprechend Zugriff auf alle zur Verfügung gestellten Parameter. Über die Registerkarte **Palette** können die Benutzer eigene Parameter festlegen. Diese können dann später bei der Konfiguration der Motivparameter einfach wiederverwendet werden. Dies ist besonders hilfreich, um einmal eine Unternehmensfarbe festzulegen und diese dann immer wieder zur Hand zu haben. An dieser Stelle sei noch einmal auf die Registerkarte **CSS** hingewiesen. Wie in Abschnitt 7.7.2, »Theming-Funktionalität administrieren«, erläutert, wird diese Option nur angezeigt, wenn der Benutzer über die entsprechende Berechtigung verfügt. An dieser Stelle sei noch einmal auf die Probleme hingewiesen, die durch die Verwendung von benutzerdefinierten CSS-Anweisungen entstehen können.

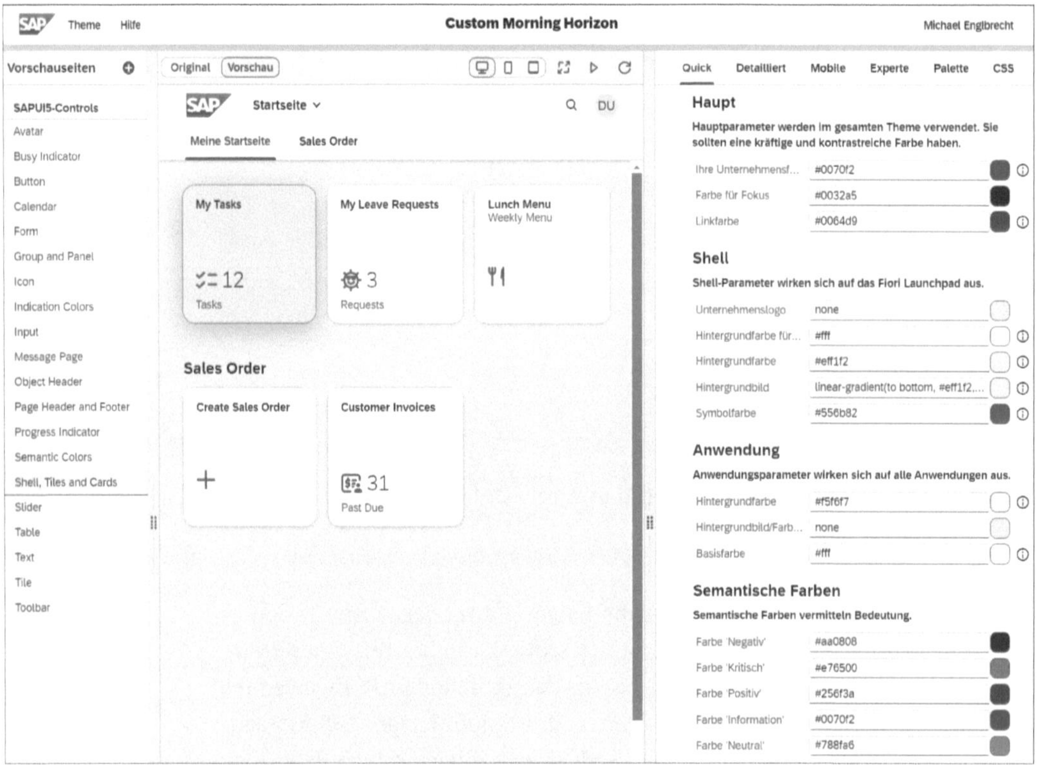

Abbildung 7.110 Motiv-Designer

Der Theme-Designer bietet über die Buttons über der Vorschau die Möglichkeit, die Anpassungen am jeweiligen Theme auf unterschiedlichen Endgeräten auszutesten. Über die Pfeiltasten können Sie das angewandte Theme in einem eigenen Browserfenster betrachten. Normalerweise werden Änderungen an Parametern direkt in die Vorschauanwendung übernommen. Unter bestimmten Umständen kann es vorkommen, dass dies nicht der Fall ist. Über den Button kann ein Auffrischen aktiv gestartet werden.

Eigene Vorschauanwendung hinzufügen

Um ein besseres Gefühl dafür zu bekommen, wie sich Anpassungen an einem Theme auf eine konkrete Anwendung auswirken, können Sie eine eigene Anwendung als Vorschauseite hinzufügen. Da Sie eine eigene Vorschauseite hinterlegen möchten, klicken Sie auf den Plus-Button (siehe Abbildung 7.111). Geben Sie dann in das Feld **Link zur Anwendung** die URL der Website und in das Feld **Anwendungsname** den Wert »Demo Website« ein. Abschließend klicken Sie auf den Button **Hinzufügen**.

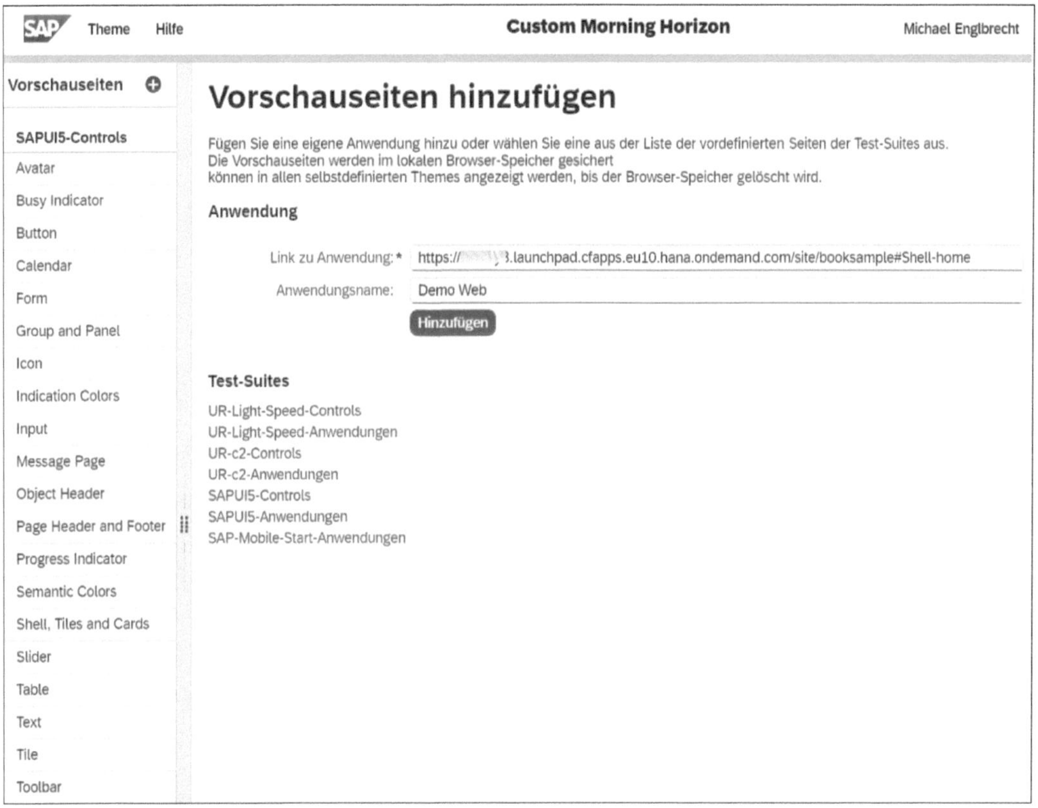

Abbildung 7.111 Vorschauseite hinzufügen

Hinterlegen Sie im Feld **Link zu Anwendung** den Pfad zu unserer Webseite, und bestätigen Sie über den Button **Hinzufügen**. Im Anschluss wird, wie in Abbildung 7.112 gezeigt, die hinterlegte Anwendung angezeigt.

Nachdem Sie Ihre Änderungen vorgenommen haben, speichern Sie diese über **Theme • Sichern unter**. In dem nun erscheinenden Dialog geben Sie in die Felder **Theme-ID** und **Titel** den Wert »SampleTheme« ein (siehe Abbildung 7.113). Füllen Sie den Hersteller aus, und geben Sie in das Feld **Fallback-Theme-ID** »sap_horizon« ein. Da in dem Beispiel Sprachen, die von rechts nach links gelesen werden, nicht unterstützt werden, aktivieren Sie die Option **RTL unterstützen** nicht. Abschließend speichern Sie unser Theme über den Button **Sichern**.

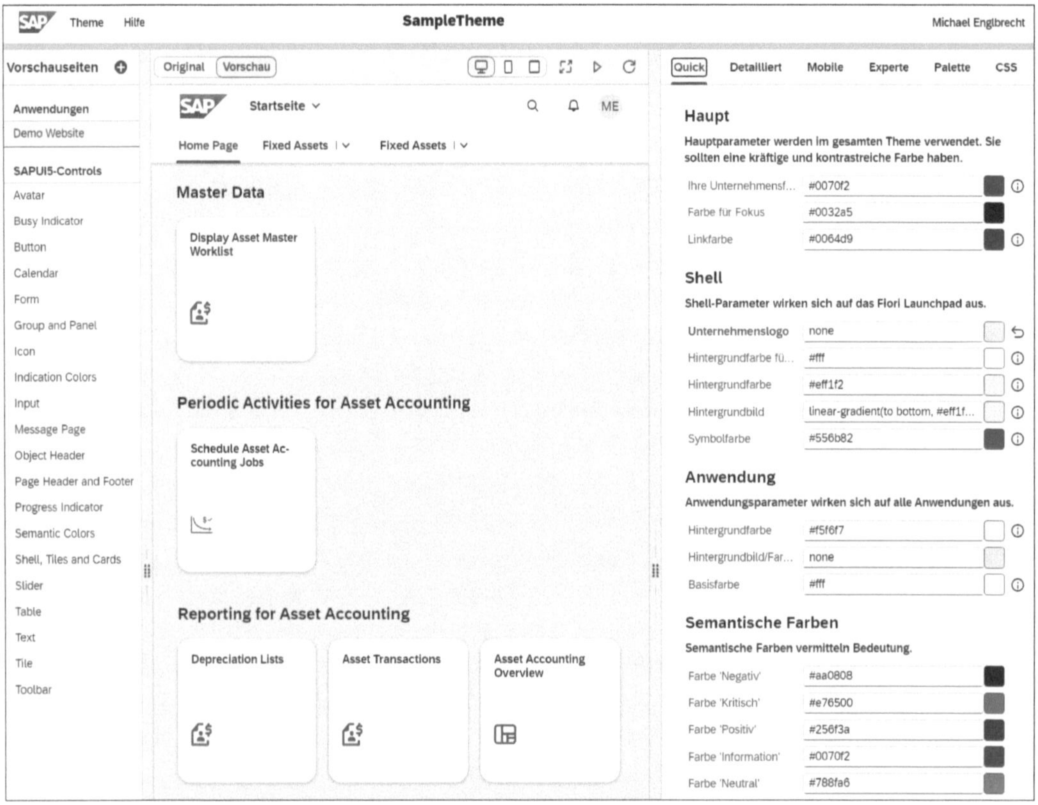

Abbildung 7.112 Aktive Vorschauseite im UI-Theme-Designer

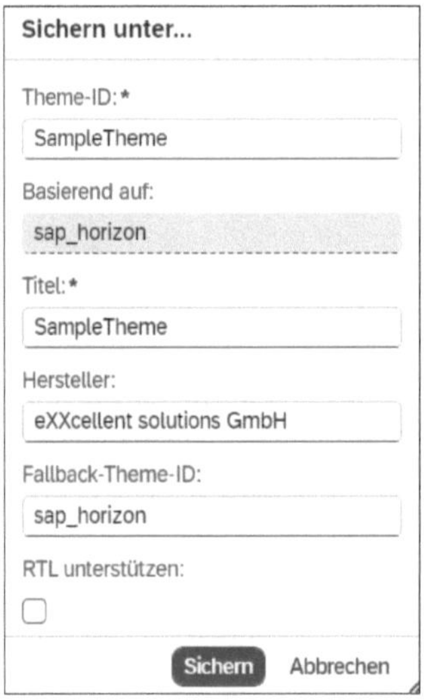

Abbildung 7.113 Motiv sichern

Als Nächstes passen wir die Hintergrundfarbe der Website an. Hierzu klicken Sie zunächst auf die Registerkarte **Detailliert** und navigieren anschließend zur Kategorie **Shell-Canvas**. Beim Attribut **Hintergrundfarbe** geben Sie, wie in Abbildung 7.114 gezeigt, in die Felder R, G und B den Wert »5« ein und bei A den Wert »0.22«. Hiermit haben Sie zunächst die Farbe Schwarz eingestellt und damit den Farbtranswert festgelegt. Bestätigen Sie mit **OK**.

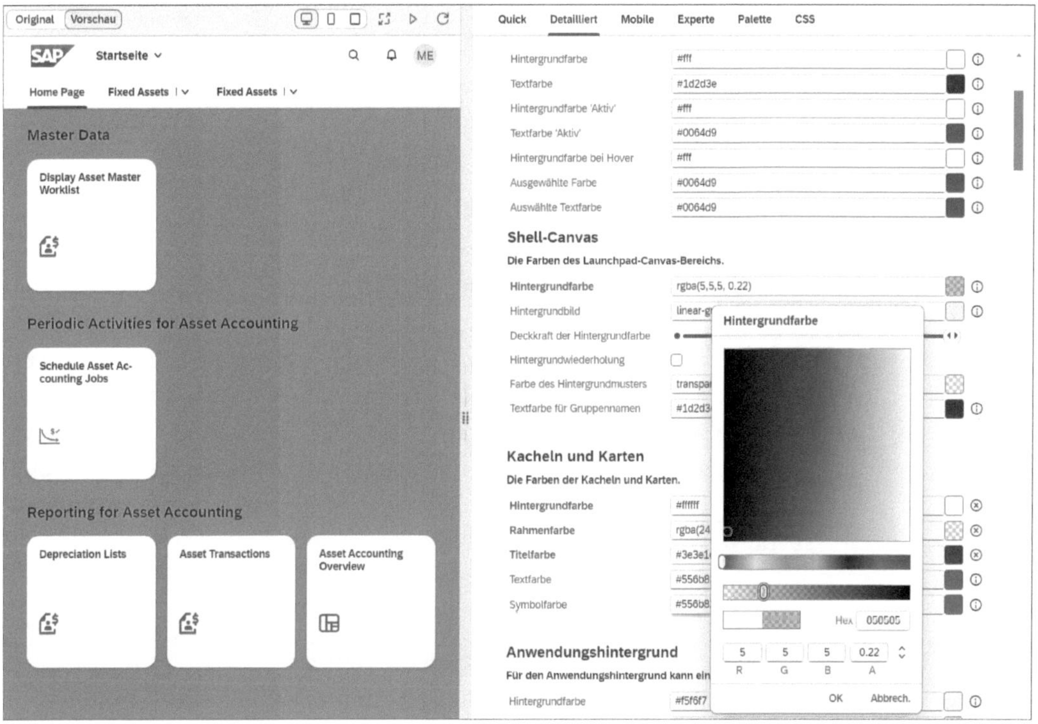

Abbildung 7.114 Hintergrundfarbe auswählen

Als Nächstes fügen wir noch unser Unternehmenslogo hinzu. Hierzu navigieren Sie in die Kategorie **Shell-Kopf** und wählen neben dem Attribut **Unternehmenslogo** den Button an. Es wird im Anschluss ein Dialog zur Auswahl bzw. für das Hochladen eines Logos angeboten. Via Drag & Drop fügen Sie, wie im Dialog beschrieben, ein Logo ein. Das Logo wird, wie in Abbildung 7.115 gezeigt, angezeigt und vorausgewählt. Den Dialog bestätigen Sie mit **OK**.

Zum Abschluss unserer Arbeit wählen wir den Pfad **Theme • Sichern und Freigeben**.

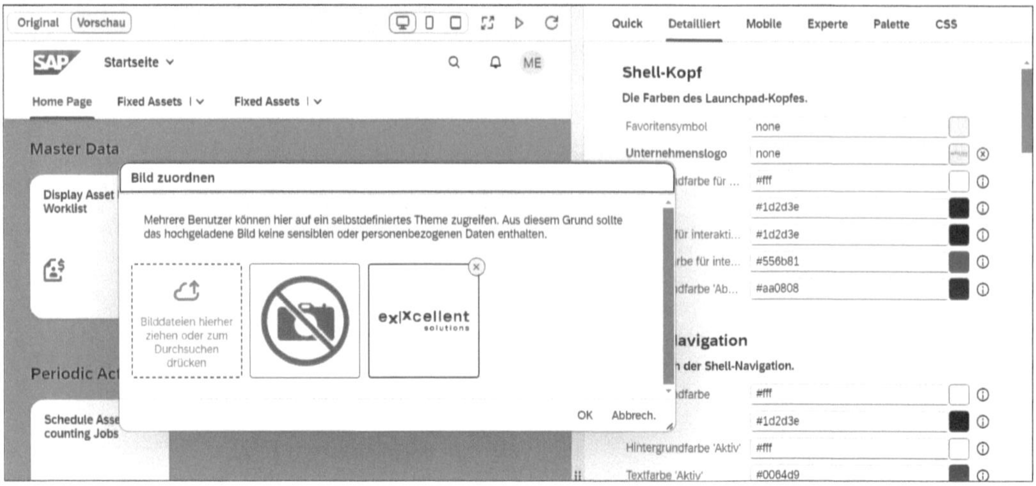

Abbildung 7.115 Unternehmenslogo hochladen

Themes exportieren

Motive, die im Motiv-Designer erstellt werden, können über **Theme • Exportieren** auch für die Nutzung außerhalb von SAP Build Work Zone verwendet werden. Beispielsweise können die Motive in einem On-Premise-SAP-System genutzt werden. Man kann über die Motiv-Werkzeuge (Transaktion /n/UI5/THEME_TOOL) exportierte Motive importieren und diese entsprechend verwenden.

Eigenes Motiv anwenden

Zum Abschluss gehen Sie zurück auf die Webseite und wählen über die Einstellungen erneut den Motiv-Manager aus (siehe Abbildung 7.116).

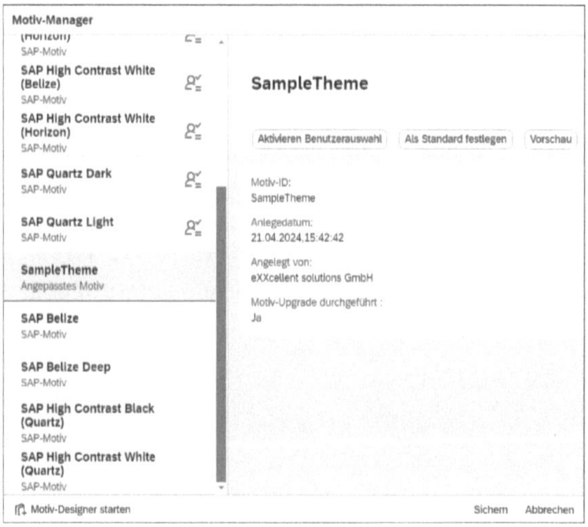

Abbildung 7.116 Motiv-Manager mit neu erstelltem Motiv

Wählen Sie das Motiv aus, um es zur Anwendung zu bringen. In Abbildung 7.117 sehen Sie die Webseite mit dem neuen Theme.

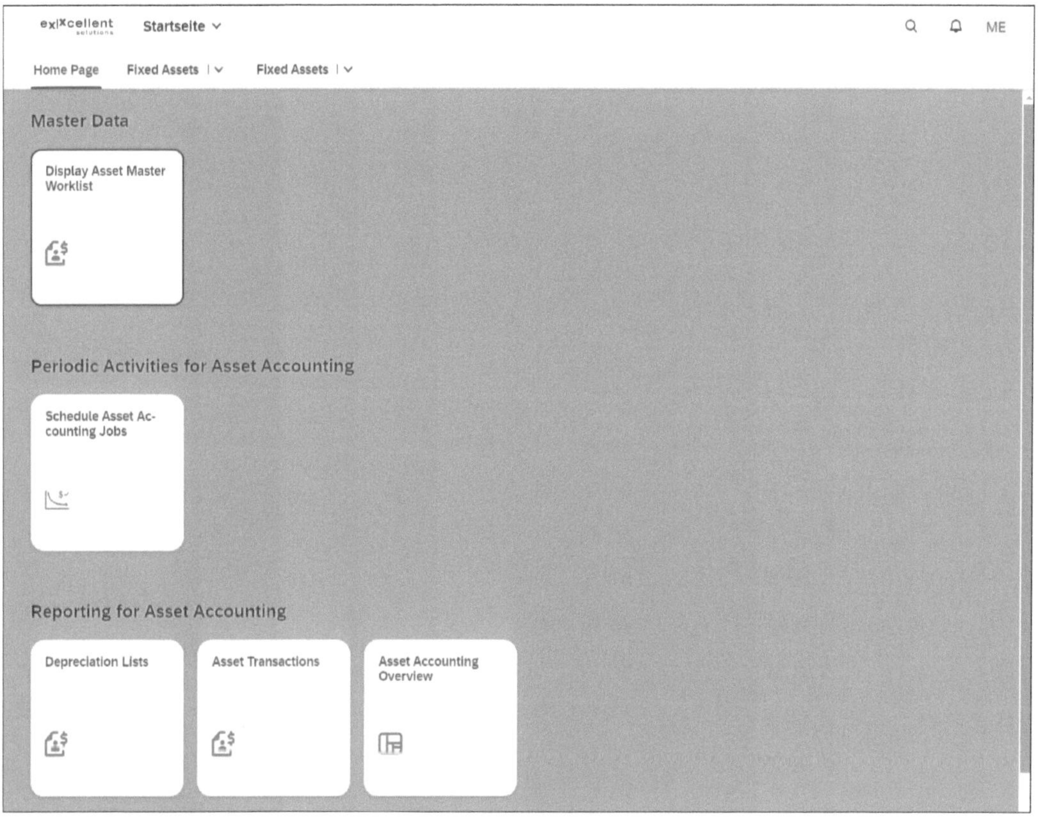

Abbildung 7.117 Webseite mit dem angewandtem Motiv

Kapitel 8
SAP Mobile Start

Die mobile Nutzung von Geschäftsanwendungen ist eine wichtige und zentrale Anforderung. SAP bietet mit SAP Mobile Start eine Anwendung für mobile Endgeräte an. Die Konfiguration und Administration der Anwendung ist ein weiterer Aspekt auf der Aufgabenliste der Administratoren und Administratorinnen.

Geschäftsanwendungen müssen nicht nur über den Browser zugänglich sein, sondern auch direkt über eine native Anwendung auf dem Endgerät genutzt werden können. Die Bereitstellung einer solchen Anwendung ermöglicht die direkte Nutzung der nativen Fähigkeiten des Endgeräts wie z. B. den Zugriff auf die Kamera oder das Adressbuch. SAP bietet hierzu die Anwendung *SAP Mobile Start* für iOS von Apple und für Android-Geräte von Google an. SAP Mobile Start erlaubt die direkte Interaktion mit unternehmenskritischen Prozessen auf dem mobilen Endgerät. Abbildung 8.1 zeigt die Sicht auf SAP Build Work Zone aus der Perspektive von SAP Mobile Start. Funktionen wie Push-Benachrichtigungen oder Events können direkt an SAP Mobile Start übergeben werden; lediglich die benötigten Dienste müssen entsprechend lizenziert und konfiguriert werden.

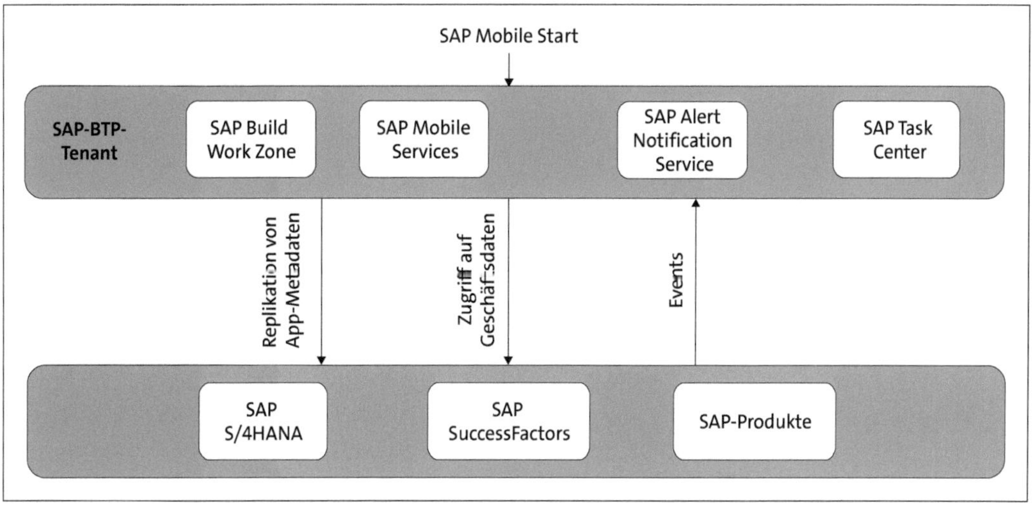

Abbildung 8.1 Übersicht über die Infrastruktur von SAP Mobile Start

In diesem Kapitel zeigen wir zunächst in Abschnitt 8.1, wie Sie SAP Mobile Start bereitstellen und wie Sie das Onboarding einfach gestalten. In Abschnitt 8.2 betrachten wir die Möglichkeiten der Administration von SAP Mobile Start und wie Sie mit der Protokollanalyse Fehler aufspüren.

8.1 Onboarding

Damit die Endanwenderinnen und Endanwender SAP Mobile Start nutzen können, muss zum einen die Anwendung auf dem mobilen Endgerät installiert sein, und zum anderen muss sich die Endanwenderin oder der Endanwender dediziert auf einer Webseite von SAP Build Mobile Start anmelden bzw. sich dort registrieren. Damit sich SAP Mobile Start an einer Website anmelden kann, muss dies entsprechend aktiviert werden, und zwar über die Einstellungen der Webseite im Website-Editor. Die Aktivierung bzw. Deaktivierung von SAP Mobile Start erfolgt über den Schieberegler der gleichnamigen Eigenschaft. Abbildung 8.2 zeigt die Einstellungen der Website. Wie Sie sehen, ist die Verwendung von SAP Mobile Start für diese Webseite aktiv.

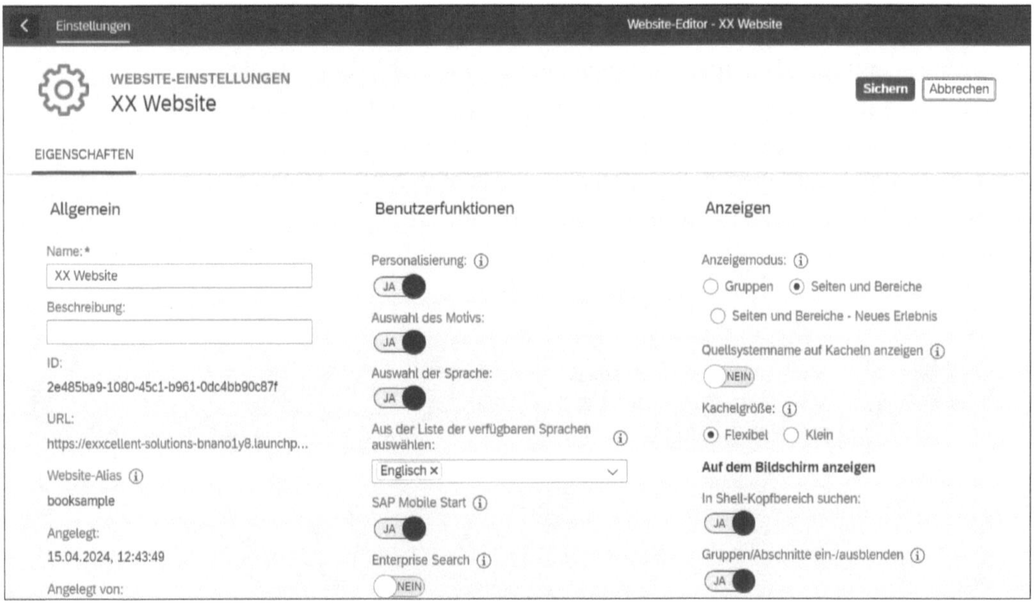

Abbildung 8.2 SAP Mobile Start aktivieren

Nachdem SAP Mobile Start aktiviert worden ist, erhält der Endanwender oder die Endanwenderin im Benutzermenü der Website den Eintrag **Anwendung »SAP Mobile Start«**. Wie Sie in Abbildung 8.3 sehen können, bietet der Menüpunkt die Wahl zwischen der Verwendung von SAP Mobile Start für iOS oder für Android. Je nach Art des Endgeräts kann der Benutzer auswählen. Innerhalb des jeweiligen Betriebssystems besteht die Möglichkeit, über den Button **Installieren** einen QR-Code zu scannen, um direkt zum entsprechenden App Store des jeweiligen Herstellers zu navigieren und von dort aus SAP Mobile Start auf dem Endgerät zu installieren. Ist SAP Mobile Start bereits auf dem Endgerät installiert, kann über den Button **Registrieren** ein QR-Code für das Onboarding gescannt werden.

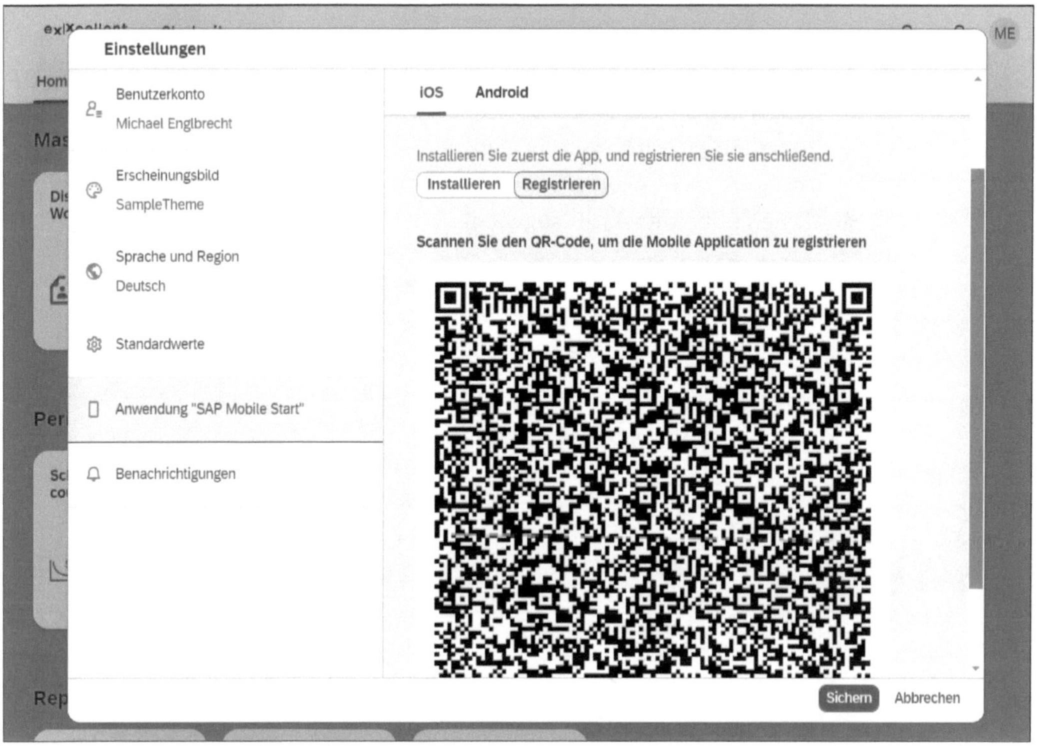

Abbildung 8.3 QR-Code zur Registrierung

Link für den Download von SAP Mobile Start

Zum Herunterladen von SAP Mobile Start können Sie die folgenden Links verwenden:

- für iOS-Endgeräte: *http://s-prs.de/v1016833*
- für Android-Endgeräte: *http://s-prs.de/v1016834*

[»]

Mobile Device Management

In Unternehmen werden Endgeräte oft zentral verwaltet. Das sogenannte *Mobile Device Management* stellt sicher, dass auf dem jeweiligen Endgerät nur vom Unternehmen erlaubte Anwendungen installiert oder zumindest zentrale Unternehmensanwendungen entsprechend verwaltetet werden. Auch für SAP Mobile Start ist dies möglich. Hierauf gehen wir in Abschnitt 8.2.3, »Mobile Device Management«, ein.

An dieser Stelle gehen wir davon aus, dass SAP Mobile Start bereits auf dem Endgerät installiert ist. Wenn Sie SAP Mobile Start auf dem Endgerät starten, sehen Sie das Bild in Abbildung 8.4. Über den Button **Scan** können Sie nun den QR-Code aus Abbildung 8.3 einscannen. Nach einer kurzen Wartezeit werden Sie gebeten, Benutzername und Passwort des SAP-Build-Work-Zone-Endbenutzers einzugeben.

Abbildung 8.4 Einstieg in die App »SAP Mobile Start«

Nach der Authentifizierung müssen die Endanwender und Endanwenderinnen im nächsten Schritt einen Code festlegen, über den sie SAP Mobile Start entsperren können. Dadurch müssen sich die Nutzerinnen und Nutzer nicht jedes Mal erneut mit Benutzernamen und Passwort authentifizieren, und der Zugriff auf die Anwendungen ist entsprechend schneller möglich. Nachdem der Code festgelegt und nochmals bestätigt worden ist, können die Nutzerinnen und Nutzer festlegen, ob zusätzlich noch die Entsperrung per Gesichtsscan aktiviert werden soll. Nach diesem Konfigurationsschritt wird die Startseite von SAP Mobile Start angezeigt (siehe Abbildung 8.5). Wie es in der Abbildung zu sehen ist, können die Endanwenderinnen und Endanwender zwischen der Startseite und allen für die Nutzung auf dem Telefon vorgesehenen Anwendungen wechseln.

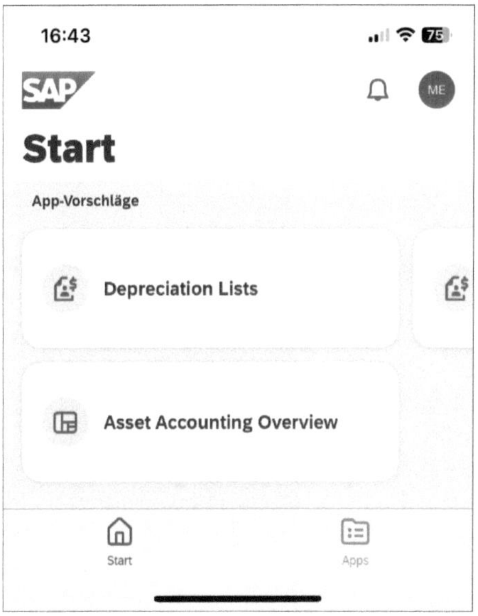

Abbildung 8.5 Startseite von SAP Mobile Start

Endgerätespezifische Anwendungen

Es wird auf dem Mobiltelefon unter Umständen nicht die gleiche Anzahl an Anwendungen angezeigt wie auf dem Desktop oder dem Tablet. Hintergrund ist, dass nicht alle Anwendungen auch für die Nutzung auf dem Mobiletelefon vorgesehen und entsprechend gestaltet und entwickelt wurden. Wie in diesem Buch schon einige Male erwähnt, kann im Rahmen der Implementierung bzw. auch der Konfiguration der Zielzuordnung entschieden werden, auf welchen Endgeräten die Anwendung genutzt werden können soll.

Die in SAP Mobile Start enthaltenen Anwendungen können dann im Anschluss wie gewohnt verwendet werden. Die Anwendungen werden, wie in Abbildung 8.6 gezeigt, entsprechend responsiv dargestellt. Dies bedeutet, dass im Fall der gezeigten Anwendung die Filteroptionen initial untereinander dargestellt werden und die zu erwartende Listendarstellung darunter durch Scrollen erreichbar ist.

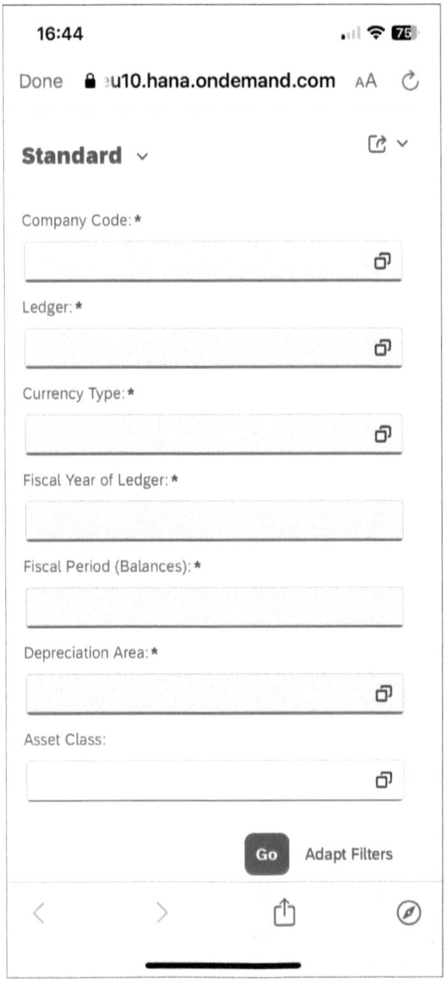

Abbildung 8.6 Anwendung in SAP Mobile Start

Über das Benutzermenü in der rechten oberen Ecke gelangen die Nutzerinnen und Nutzer in die Profilinformationen und Einstellungen von SAP Mobile Start. Wie Sie in Abbildung 8.7 sehen, sind die Konfigurationsmöglichkeiten eher begrenzt. Über den Menüpunkt **Face ID und Code** können die Nutzerinnen und Nutzer die Verwendung von Face ID, falls noch nicht geschehen, aktivieren bzw. – falls nicht mehr gewünscht – entsprechend deaktivieren. Ebenfalls kann hier der im Rahmen der Registrierung festgelegte Code geändert werden.

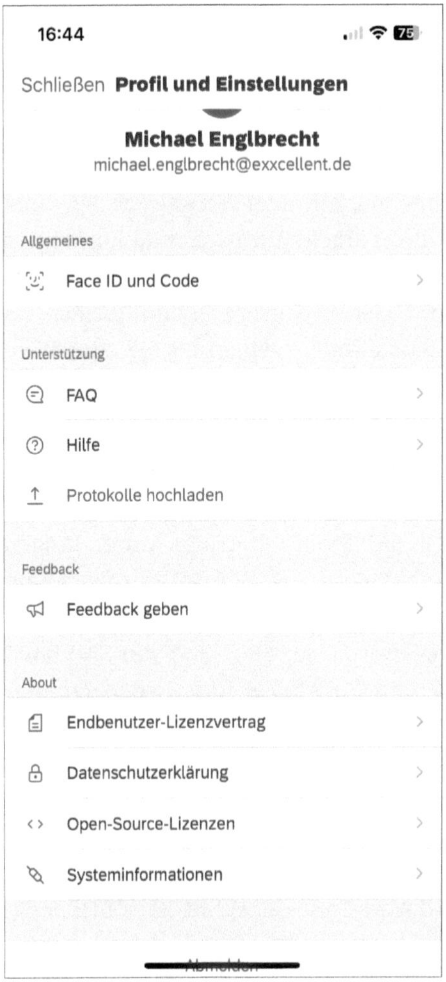

Abbildung 8.7 Einstellungen von SAP Mobile Start

Protokoll hochladen

Gelegentlich kann es bei der Nutzung von SAP Mobile Start zu Fehlern kommen. Dies kann z. B. eine einzelne Anwendung betreffen, aber auch die Darstellung eines kundenindividuellen Themes in SAP Mobile Start, um dem Corporate Design des Kunden zu entsprechen. Über die Funktion **Protokolle hochladen** können die Endanwenderinnen und Endanwender das clientseitige Protokoll zur Auswertung in die SAP BTP hochladen. Berechtigte Anwenderinnen und Anwender können dieses Protokoll dann in der Administrationszentrale von SAP Mobile Start einsehen und auswerten.

Systeminformationen

Über den Menüpunkt **Systeminformationen** können die Endanwenderinnen und Endanwender sehen, mit welcher Website sie in SAP Build Work Zone verbunden sind und welche Site ID diese besitzt. Diese Information kann hilfreich sein, wenn dem Endanwender oder der Endanwenderin nicht die Anwendungen zur Verfügung gestellt werden, die sie ihrer Meinung nach benötigen. Denn möglicherweise ist der Nutzer oder die Nutzerin lediglich mit einer falschen SAP-Build-Work-Zone-Website verbunden und hat daher keinen Zugriff auf die gewünschten Anwendungen.

Abmelden

Nutzerinnen und Nutzer können immer nur mit einer Website von SAP Build Work Zone verbunden sein und mit dieser arbeiten. Je nach Situation kann es vorkommen, dass Nutzerinnen oder Nutzer unterschiedliche Webseiten verwenden möchten. Wenn eine Nutzerin oder ein Nutzer z. B. zum Testteam im Unternehmen gehört, kann es sein, dass sie oder er einerseits mit einer Website für den Test und andererseits mit der produktiven Version der Website arbeitet. Über den Button **Abmelden** kann sich die Nutzerin oder der Nutzer von einer Website abmelden und sich dann wieder über den beschriebenen Onboarding-Prozess per QR-Code bei einer anderen Website registrieren.

Inhalte in SAP Mobile Start

Nutzerinnen und Nutzern werden in SAP Mobile Start nur Anwendungen angezeigt, die auch entsprechend mobilfähig sind. Wurde die Anwendung durch die Entwicklerin oder den Administrator nicht als mobilfähig gekennzeichnet, wird die Anwendung zwar in der Startseite von SAP Build Work Zone angezeigt, allerdings nicht in SAP Mobile Start. Neben dem An- und Abwählen des unterstützten Endgerätetyps kann bei lokalen Anwendungen auch der Parameter `mobilestart.tile.hidden` auf der Registerkarte **Visualization** in den Eigenschaften der Webseite unter **SAP BUILD Work Zone (Standard Edition)** auf `true` gesetzt werden. Hierdurch wird die Anwendung dann nicht in SAP Mobile Start zur Verfügung gestellt. Wie in Kapitel 7, »Konfiguration von SAP Build Work Zone«, erwähnt, ist es auch möglich, in SAP Build Work Zone Anwendungen zu konfigurieren, die nur für native Endgeräte bereitgestellt werden sollen. Diese werden wiederum nicht im Browser angezeigt.

[»]

Spracheinstellungen

Wenn Anwendungen, die in SAP Build Work Zone in der eingestellten Sprache, z. B. auf Deutsch, in SAP Mobile Start allerdings auf Englisch angezeigt werden, könnte dies daran liegen, dass die auf dem Endgerät eingestellte Region und Sprache nicht unterstützt wird.

8.2 Admin Cockpit

SAP bietet im Rahmen der SAP Mobile Services ein Cockpit zur Administration von mobilen Anwendungen wie beispielsweise SAP Mobile Start an.

Hierüber können berechtigte Personen einerseits die SAP-Mobile-Start-App zentral konfigurieren und anderseits auch im Fehlerfall Protokolle einsehen.

8.2.1 Berechtigung einrichten

Für den Zugriff auf das Admin Cockpit für SAP Mobile Start benötigen Benutzer die Rolle `MobileAdmin` (siehe Abbildung 8.8).

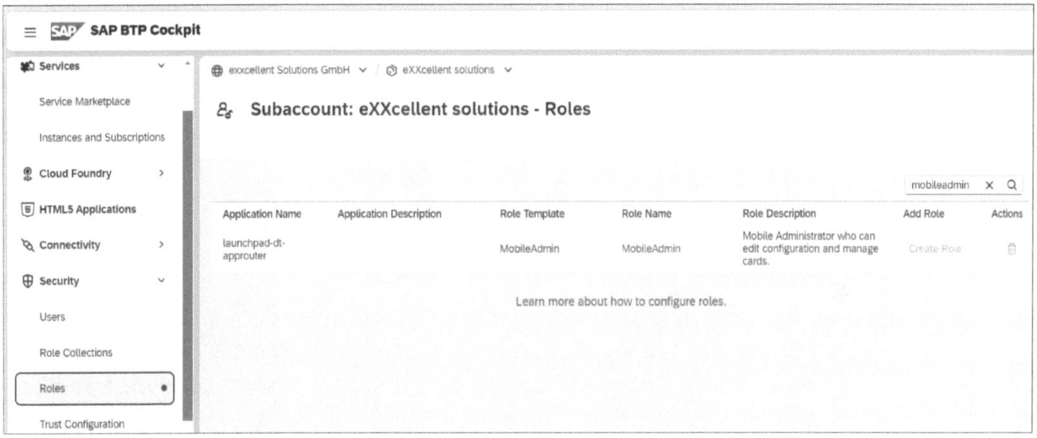

Abbildung 8.8 Die Rolle MobileAdmin

Für die Rolle `MobileAdmin` selbst gibt es im Moment noch keine Role Collection. Zur besseren Kontrolle der Berechtigungen ist es daher sinnvoll, eine eigene Role Collection für die Administration des Zugriffs anzulegen. Hierzu navigieren Sie zunächst über **Security • Role Collections** und klicken dort auf den Button **Create**. In diesem Bespiel geben Sie, wie in Abbildung 8.9 zu sehen, in das Feld **Name** den Wert »MobileAdmin« ein. Die Beschreibung lassen Sie leer. Zum Abschluss wählen Sie den Button **Create**, um die Role Collection anzulegen.

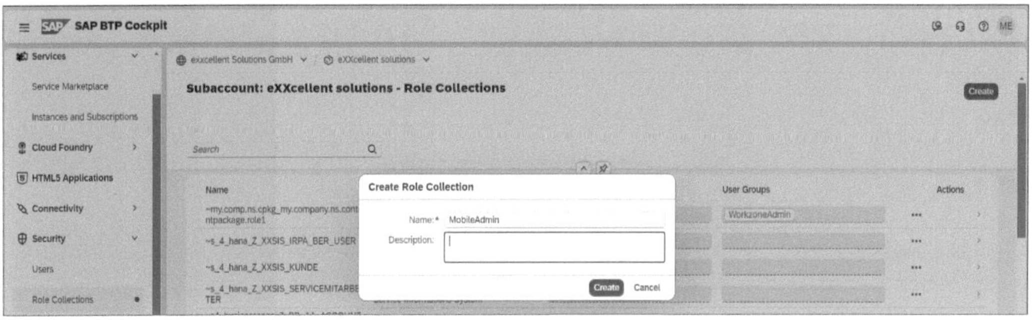

Abbildung 8.9 Role Collection anlegen

Nachdem die Role Collection angelegt worden ist, wählen Sie diese aus und wechseln über den Button **Edit** in den Bearbeitungsmodus der Role Collection. Standardmäßig sollte die Registerkarte **Roles** ausgewählt sein (siehe Abbildung 8.10).

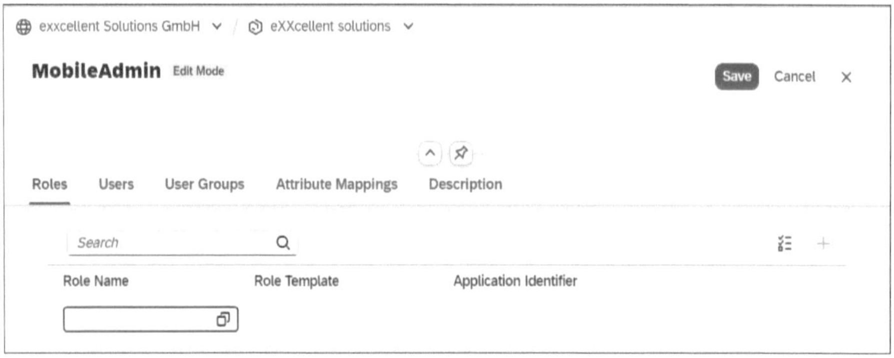

Abbildung 8.10 Bearbeitungsmaske der Role Collection MobileAdmin

Wählen Sie nun die Wertehilfe des Feldes **Role Name** an. Im daraufhin erscheinenden Dialog geben Sie in die editierbare Auswahlliste **Role Name** den Wert »MobileAdmin« ein. Wählen Sie im Anschluss, wie in Abbildung 8.11 gezeigt, die Rolle `MobileAdmin` aus der Vorschlagsliste aus, und klicken Sie auf den Button **Add**, um die Rolle der Role Collection zuzuordnen.

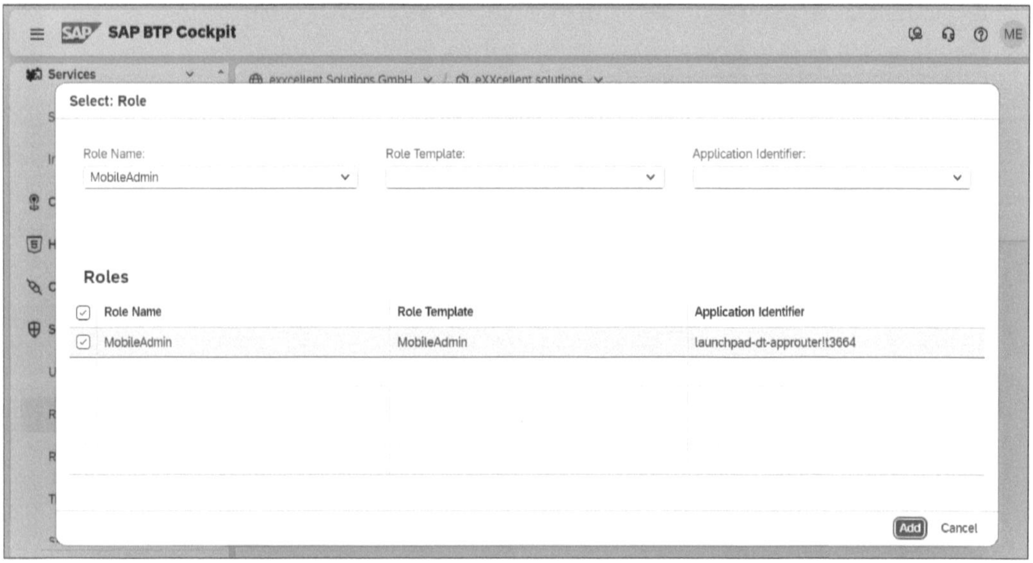

Abbildung 8.11 Rolle MobileAdmin aus der Vorschlagsliste auswählen

Nachdem die Role Collection angelegt worden ist, weisen Sie die Role Collection den entsprechenden Benutzern zu. Dies kann, wie bereits besprochen, entweder direkt im SAP BTP Cockpit erfolgen, oder, falls Sie mit den SAP Cloud Identity Services arbeiten, über die Benutzergruppenzuweisung.

8.2.2 Admin Cockpit für SAP Mobile Start

Das Admin Cockpit für SAP Mobile Start erreichen Sie über die URL *https://<tenant-subdomain>.m.launchpad.cfapps.<region>.hana.ondemand.com/mobileservices/Admin/index.html*. Den Wert für *<tenant-subdomain>* sowie für *<region>* finden Sie in der Übersichtsseite des Subaccounts. Nachdem Sie sich mit einem entsprechend berechtigen Benutzer angemeldet haben, wird Ihnen die Einstiegsmaske in Abbildung 8.12 angezeigt. Sie untergliedert sich grundsätzlich in fünf Bereiche:

- Info
- Benutzer
- Alert
- Protokolle
- Protokolleinstellungen

Info

Der Bereich **Info** ist im Wesentlichen ein Absprung zu weiteren Funktionen, die im Admin Cockpit für SAP Mobile Start angeboten werden. Wir finden diese im Bereich **Zugeordnete Funktionen**.

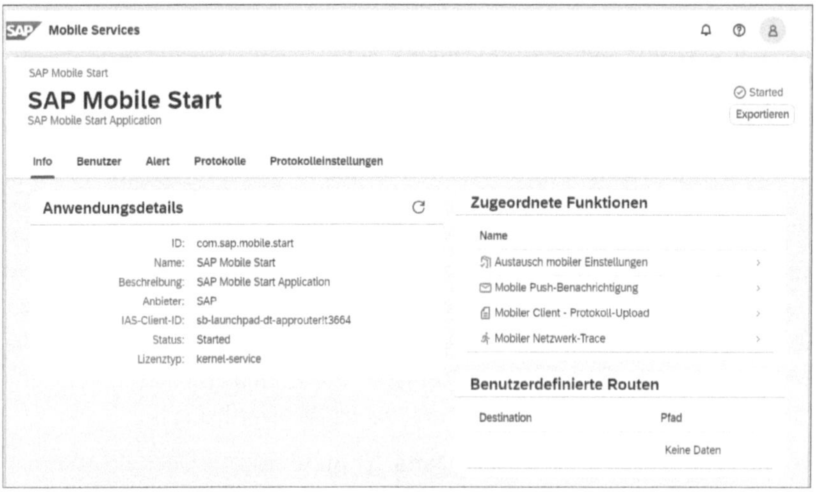

Abbildung 8.12 Einstiegsmaske des Admin Cockpits von SAP Mobile Start

Austausch mobiler Einstellungen

Der Bereich **Austausch mobiler Einstellungen** bietet wiederum fünf Registerkarten (siehe Abbildung 8.13):

- Client-Konfiguration
- JSON-Speicherung
- Benutzerregistrierungen
- Service-Schlüssel
- Info

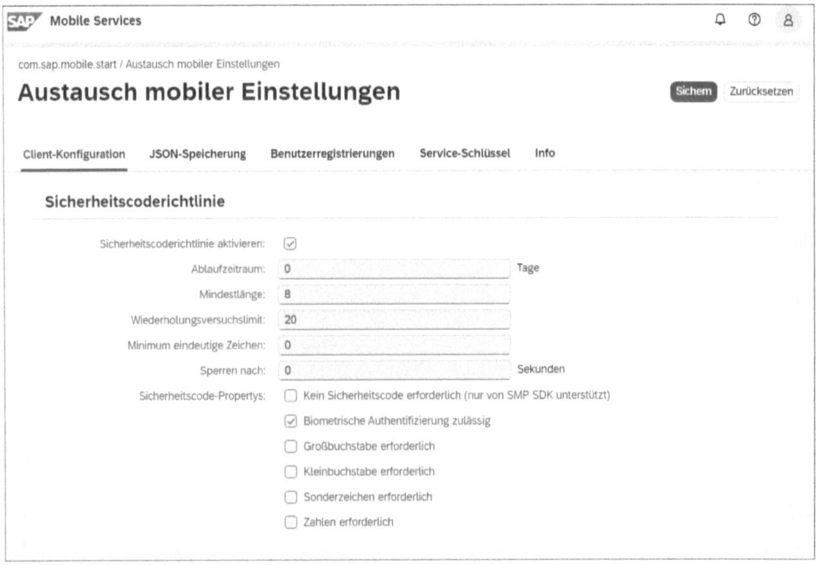

Abbildung 8.13 Sicherheitscoderichtlinien konfigurieren

Client-Konfiguration

Auf der Registerkarte **Client-Konfiguration** können Sie im Bereich **Sicherheitscoderichtlinien** diverse Einstellungen in Bezug auf den Code zum Entsperren von SAP Mobile Start treffen. Wir empfehlen, die Standardeinstellung bei **Sicherheitscoderichtlinie aktivieren** zu belassen, sodass der durch den Benutzer festzulegende Code den Richtlinien des Unternehmens folgt. Wie in Abbildung 8.13 gezeigt, können beispielsweise die Länge, der Aufbau sowie die Anzahl an Fehlversuchen festgelegt werden. Des Weiteren kann über das Kennzeichen **Biometrische Authentifizierung zulässig** festgelegt werden, ob der Nutzer oder die Nutzerin neben dem Code auch beispielsweise SAP Mobile Start mit Face ID entsperren können und die Verwendung des Codes lediglich als Fallback-Mittel verwendet werden soll.

Richtlinien für das Anwendungsmanagement

Wenn Sie weiter herunterscrollen, kann der Administrator oder die Administratorin im Bereich **Richtlinien für Anwendungsmanagement** über das Kennzeichen **Ermittlung der Geräte-Compliance** aktivieren, ob Anwendungen über eine API prüfen sollen, ob das Endgerät kompromittiert ist (siehe Abbildung 8.14). Falls dies der Fall ist, kann die SAP-Mobile-Service-Infrastruktur über eine API darüber informiert werden, dass das Gerät z. B. von Schadsoftware betroffen ist oder ein Jailbreak durchgeführt wurde. Die Funktion **Ausschneiden, Kopieren und Einfügen zwischen Apps einschränken** erlaubt es, zentral zu steuern, ob Anwendungen diese Funktionen nutzen dürfen oder nicht.

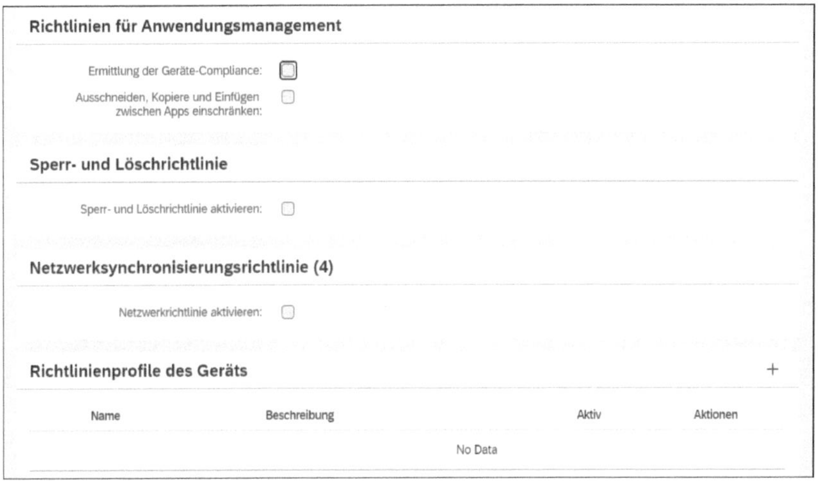

Abbildung 8.14 Geräterichtlinien konfigurieren

8

Sperr- und Löschrichtlinien

Durch die Aktivierung des Kennzeichens **Sperr- und Löschrichtlinie aktivieren** kann die Administratorin oder der Administrator festlegen, nach wie vielen Tagen ohne Nutzung von SAP Mobile Start (sogenannte Offline-Tage) der Zugang gesperrt oder gelöscht werden soll. Dies sorgt dafür, dass sich die Nutzerinnen und Nutzer erneut authentifizieren bzw. registrieren müssen, wenn die vorgegeben Dauer überschritten wurde.

Netzwerksynchronisationsrichtlinien

Durch eine Aktivierung der Netzwerkrichtlinien über die entsprechende Checkbox ist es möglich festzulegen, ob für bestimmte Module eine Synchronisation stattfinden soll. Aktuell werden die Module **Analyse**, **Client-Ressourcen**, **Protokolle** und **Offline-OData** zur Auswahl angeboten. Es kann jeweils festgelegt werden, ob die Funktion für **WLAN**, **Mobilfunk** oder **Roaming** aktiv sein soll. Anwendungen auf dem mobilen Endgerät können dann die Module entsprechend nutzen.

Richtlinien des Geräts

Neben den bis jetzt beschriebenen globalen Einstellungen bezüglich Sicherheitscode, Richtlinien für Anwendungsmanagement und Sperr- und Löschrichtlinien besteht auch die Möglichkeit, auf Basis von bestimmten SAML-

Attributen eine Richtlinie zu definieren. Enthält dieses Attribut einen bestimmten Wert, wird die Richtlinie für dieses Gerät entsprechend aktiv. Um eine Regel festzulegen, klicken Sie auf den Button + im Bereich **Richtlinienprofile des Geräts**. Daraufhin wird ein Assistent für die Erfassung einer Richtlinie angezeigt.

Funktionskennzeichen

Im Bereich **Funktionskennzeichen** können Erweiterungen (sogenannte Plugins) für SAP Mobile Start konfiguriert werden. Standardmäßig werden die in Abbildung 8.15 gezeigten Plugins für SAP Mobile Start angeboten. Die Namen der angebotenen Plugins sind im Prinzip selbsterklärend. Das Plugin `SAPMobileStartBrowserIOS` möchten wir uns jedoch dennoch etwas näher anschauen. Das Plugin ist standardmäßig deaktiviert. Dies führt dazu, dass in SAP Mobile Start der auf dem Smartphone festgelegte Standardbrowser genutzt wird. Dies erkennen Sie daran, dass in SAP Mobile Start in der Fußzeile u. a. der Button eingeblendet wird. Hierüber wird die aktuell ausgeführte Anwendung in einem neuen Browserfenster direkt im Browser ausgeführt. Durch die Aktivierung von `SAPMobileStartBrowserIOS` wird der für eine besseres Nutzererlebnis entwickelte In-App-Browser verwendet, der mit Version 1.6 eingeführt wurde. Bei langjährigen Kunden muss der Parameter manuell aktiviert werden; bei Neukunden ist der Parameter bereits gesetzt. Die Aktivierung des Parameters kann einige Probleme im Rahmen von clientzertifikatsbasiertem Single Sign-On (SSO) verursachen. Denn der neue Browser unterstützt aufgrund einer Einschränkung des iOS-Betriebssystems kein SSO über ein Client-Zertifikat. Wählen Sie stattdessen die Option **Remember Me**, wenn Sie SSO verwenden.

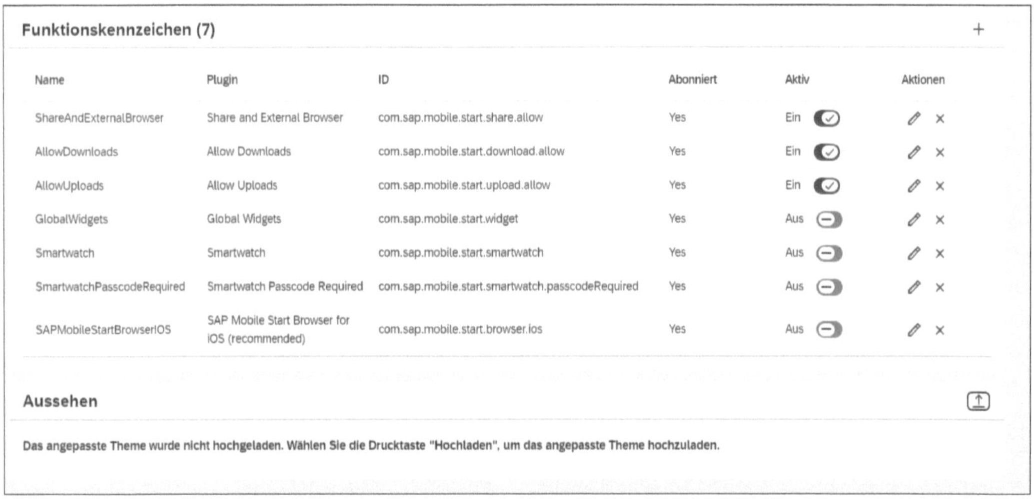

Abbildung 8.15 Funktionskennzeichen

Aussehen

Im Bereich **Aussehen** besteht die Möglichkeit, kundenindividuelle Motive für die Nutzung in SAP Mobile Start bereitzustellen. Wie in Kapitel 7, »Konfiguration von SAP Build Work Zone«, beschrieben, können Motive, die über den Motiv-Designer (UI-Theme-Designer) erstellt wurden, entsprechend als ZIP-Datei auf den lokalen Rechner geladen werden. Diese Dateien können über den Button dann auch in SAP Mobile Start zur Verfügung gestellt werden. Wenn Sie auf diesen Button klicken, gelangen Sie in einen Dialog, in dem Sie den Theme-Namen sowie ein Theme für den Dunkelmodus (Dark Theme) und einen hellen Modus (Light Theme) hochladen können. Falls Sie für beide Modi das gleiche Motiv nutzen möchten, müssen Sie das Motiv entsprechend zweimal hochladen.

JSON-Speicherung

Über die Registerkarte **JSON-Speicherung** kann die Konfiguration für einzelne Nutzerinnen und Nutzer geändert werden. Nachdem Sie den Nutzer oder die Nutzerin entweder direkt aus der Liste ausgewählt haben oder diese zunächst über die Suchoption gesucht haben, können Sie direkt ein JSON-Konfigurationsobjekt erstellen bzw. bearbeiten (siehe Abbildung 8.16).

Abbildung 8.16 JSON-Konfigurationsansicht

Benutzerregistrierung

Auf der Registerkarte **Benutzerregistrierung** (siehe Abbildung 8.17) sehen Sie eine Übersicht über die aktuell registrierten Benutzer bzw. Endgeräte. Im Bereich **Automatisches Entfernen** ist es möglich festzulegen, ob Endgeräte nach einem gewissen Zeitraum automatisch abgemeldet werden sollen. Die Aktivierung sowie den Entfernungszeitraum in Tagen legen Sie über den Stift-Button fest. Auf der Ebene der Benutzer in der Liste können diese über die Aktions-Buttons entsprechend bearbeitet werden. Es kann u. a. der Benutzer gesperrt, zum Löschen vorgemerkt oder direkt gelöscht werden. Über den Button kann der Benutzer mittels einer Push-Meldung auf das Endgerät angeschrieben werden.

Wenn Sie eine Zeile auswählen, gelangen Sie in die Details der Benutzerregistrierung. Hier finden Sie weitere Hinweise zu dem registrierten Endgerät.

Abbildung 8.17 Übersicht der registrierten Benutzer

Service-Schlüssel

SAP Mobile Services bieten die Möglichkeit, bestimmte Funktionen ohne Authentifizierung mithilfe von sogenannten Service-Schlüsseln nutzen zu können. Diese können über die Registerkarte **Service-Schlüssel** angelegt und verwaltet werden. Diese Funktion ist nur für native Anwendungen relevant.

Registerkarte »Info«

Auf der Registerkarte **Info** befindet sich ein Link zur detaillierten Dokumentation (siehe Abbildung 8.18). Dort wird Ihnen außerdem eine JSON-Konfiguration angezeigt, mit der es möglich ist, MDK-Clients aufzubauen. MDK steht für *Mobile Development Kit* und ist ein Entwicklungswerkzeugkasten für die Implementierung von nativen Anwendungen.

Ein Link **Support-URL** bringt Sie zur Einstiegsmaske für die Konfiguration der SAP Mobile Services (siehe Abbildung 8.19). Diese müssen entsprechend separat lizenziert sein.

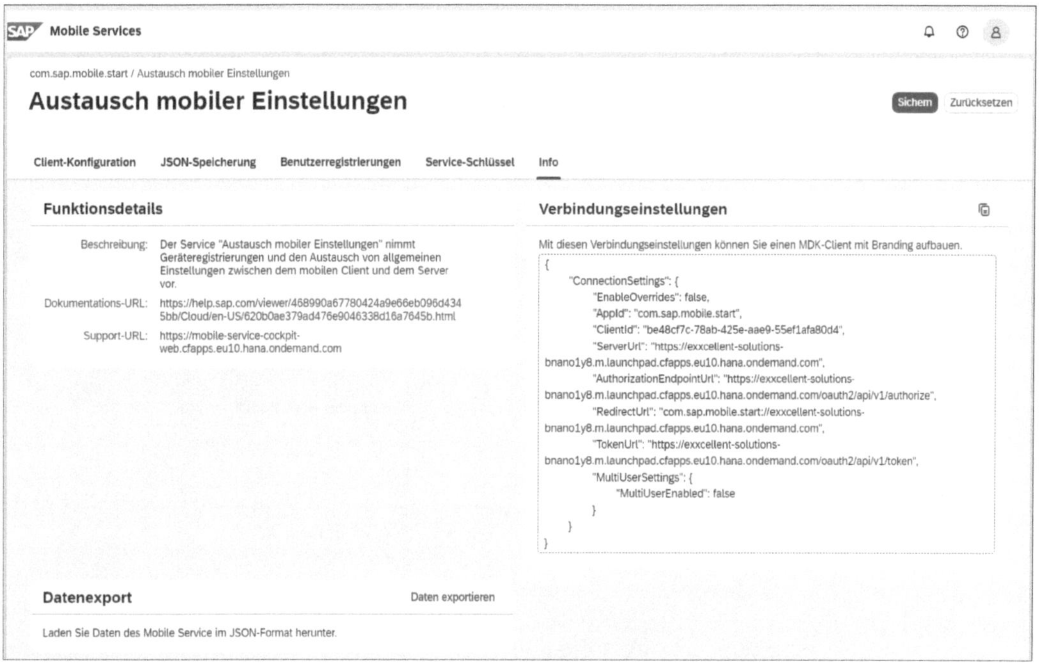

Abbildung 8.18 Weitere Informationen und Verweise auf die Dokumentation

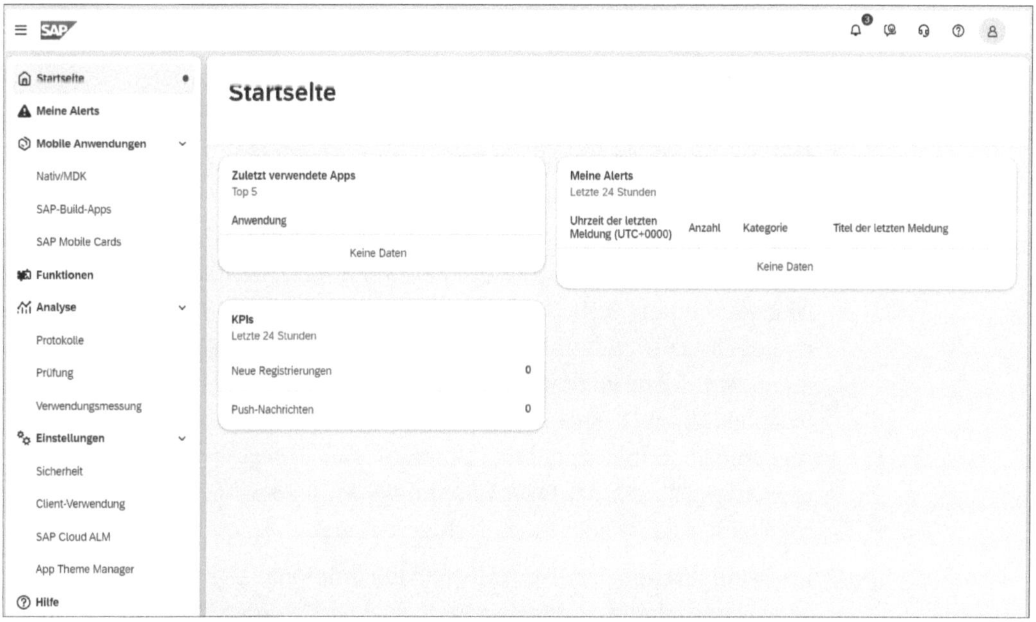

Abbildung 8.19 Einstiegsbild in die Administrationsseite für die SAP Mobile Services

Mobile Push-Benachrichtigung

In das Einstiegsbild des Administrationswerkzeugs von SAP Mobile Start gelangen Sie über den Link **Mobile Push-Benachrichtigung** zur Konfigurationsoberfläche für Push-Nachrichten (siehe Abbildung 8.20). Hier kann die Mobile-Push-Funktion aktiviert werden.

Abbildung 8.20 Konfiguration von Push-Nachrichten

Wenn Sie auf die Registerkarte **Push-Registrierungen** wechseln, sehen Sie eine Übersicht über die registrierten Benutzer. Der Administrator oder die Administratorin kann hierüber auch einzelnen Benutzern eine Nachricht auf das mobile Endgerät senden. Auf der Registerkarte **Service-Schlüssel** kann wiederum ein Schlüssel angelegt werden, über den die Entwicklerin oder der Entwickler auf die Push-Funktion via API zugreifen kann, ohne sich authentifizieren zu müssen.

Mobiler Client – Protokoll-Upload

Ein weiterer Bereich, den Sie in den zugeordneten Funktionen erreichen ist **Mobiler Client – Protokoll-Upload**. Durch einen Klick auf den Link gelangen Sie in den Bereich rund und um die Arbeit mit clientseitigen Protokollen (siehe Abbildung 8.21). Wie in Abschnitt 8.1, »Onboarding«, erwähnt, können die Endanwenderinnen und Endanwender je nach Konfiguration das Ereignisprotokoll vom mobilen Endgerät in die SAP BTP hochladen. Wie Sie in Abbildung 8.21 sehen, werden pro Meldung bereits im Einstiegsbild einige Informationen angezeigt. Durch die Auswahl einer Zeile gelangen Sie zu weiteren Details des Protokolleintrags. Es ist ebenfalls möglich, den Protokolleintrag auf den lokalen Rechner zu laden.

Die Konfiguration der Protokoll-Upload-Funktionalität kann sowohl benutzerweit als auch benutzerspezifisch aktiviert werden. Die Konfiguration hierzu finden Sie auf der Registerkarte **Konfiguration** (siehe Abbildung 8.22).

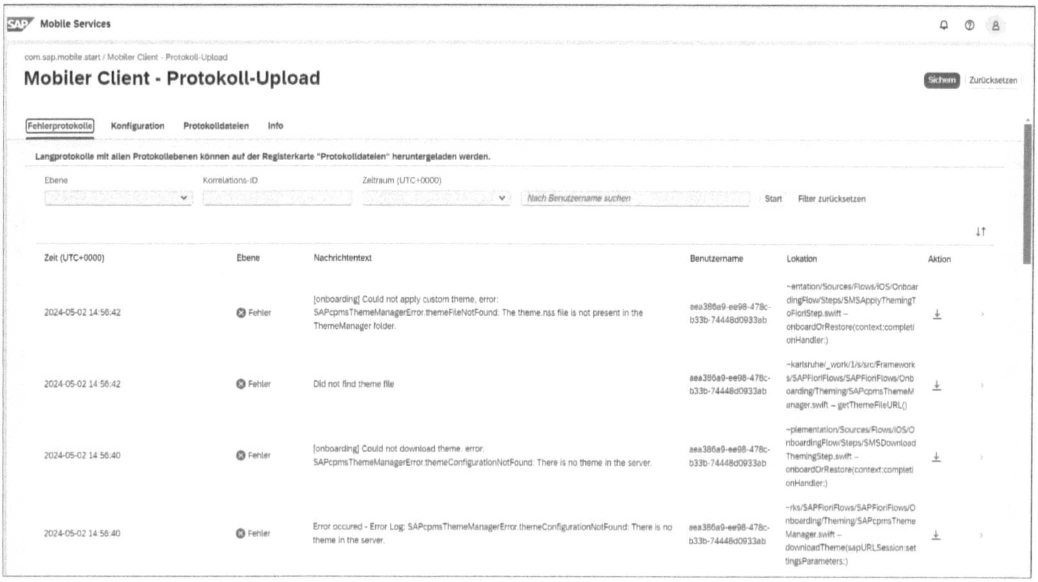

Abbildung 8.21 Einstiegsmaske des Protokoll-Uploads

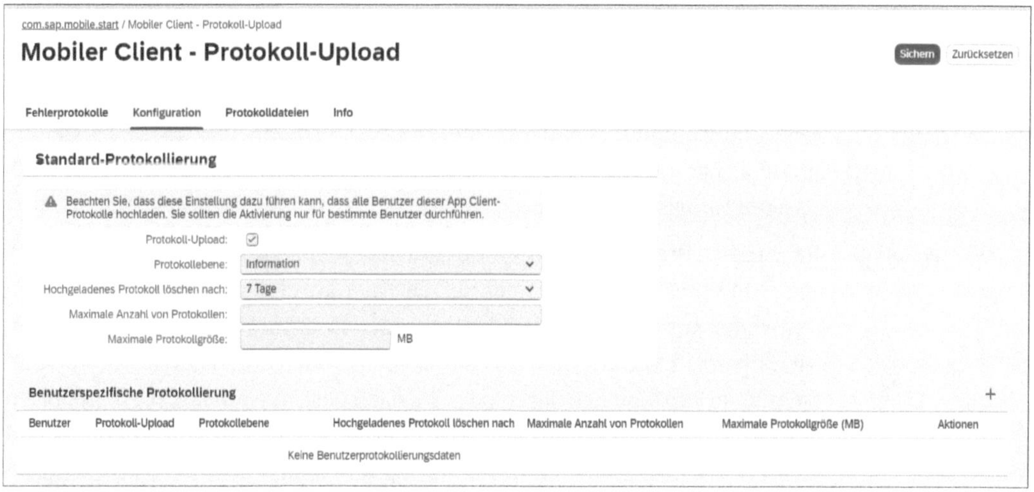

Abbildung 8.22 Protokoll-Upload-Funktion konfigurieren

Wie Sie der Abbildung entnehmen können, teilt sich die Oberfläche in zwei Bereiche. Im oberen Bereich kann die globale Konfiguration der Protokollierungs-Upload-Funktion definiert werden. Zum einen kann über das An- und Abwählen der Checkbox **Protokoll-Upload** festgelegt werden, ob Nutzer und Nutzerinnen von SAP Mobile Start das clientseitige Protokoll hochladen können sollen oder nicht. Über die Auswahlliste **Protokollebene** wird festgelegt, welcher Schweregrad des Protokolleintrags hochgeladen werden können soll. Im unteren Teil der Administrationsoberfläche kann die benutzerbezogene Konfiguration der Protokollnutzung eingestellt werden. Über den Button [+] und den daraufhin erscheinenden Dialog können die Administratorinnen oder Administratoren entsprechende benutzerspezifische Konfigurationen in unterschiedlicher Granularität – bezogen auf die Protokollebene – festlegen. Um auch tatsächlich einen guten Überblick zu behalten, ist diese Konfiguration auch auf der Benutzerebene zu empfehlen.

Über die Registerkarte **Protokolldateien** können vollständige Protokolle zur Analyse auf den lokalen Rechner geladen werden. Hierbei werden die einzelnen Eintragungen aus dem Bereich **Fehlerprotokolle** entsprechend zusammengefasst bereitgestellt. Über die Registerkarte **Info** erhalten Sie u. a. einen Link in die Dokumentation sowie die Möglichkeit, die Daten der SAP Mobile Services herunterzuladen.

Benutzer

Endgeräte, die sich über SAP Mobile Start mit der SAP BTP verbinden, senden an die SAP-Infrastruktur diverse Informationen, beispielsweise das Betriebssystem, die Version von SAP Mobile Start, gespeicherte Benutzerkonfigurationen und viele weitere Informationen. Diese Informationen können bei der Fehleranalyse hilfreich sein. Auf der Registerkarte **Benutzer** bietet das Admin Cockpit die Möglichkeit, diese Daten für einen konkreten Benutzer auf den lokalen Rechner zu laden. Hier geben Sie in das Eingabefeld den Namen des Nutzers oder der Nutzerin ein und klicken anschließend auf den Button **Exportieren**. Im Anschluss werden die zusammengefassten Informationen im JSON-Format auf der Festplatte gespeichert.

Protokolle

Im Bereich **Protokolle** werden im Admin Cockpit alle protokollierten Ereignisse in einer Übersicht angezeigt. Die hier gezeigten Ereignisse stammen entweder aus dem Protokoll-Upload oder sind durch andere Ereignisse in den diversen Funktionen von SAP Mobile Start verursacht worden. Wenn sehr viele Einträge existieren oder Sie nach bestimmten Eintragskategorien suchen möchten, kann die Liste über den Filter entsprechend eingeschränkt werden. Wie Sie in Abbildung 8.23 sehen, wurden in dieser SAP-Mobile-Start-Instanz drei Ereignisse protokolliert. Das erste Ereignis vom Typ **Informationen** wurde durch das Hochladen eines Protokolls verursacht. Die zweite Meldung der Kategorie **Debug** informiert darüber, dass sich ein neues Endgerät erfolgreich angemeldet hat. Die dritte Meldung, eine Warnung, gibt wiederum Auskunft darüber, dass die Push-Registrierung nicht erfolgreich war, weil keine Registrierung für den Benutzer gefunden werden konnte. Über den Button erreichen Sie die Details des Protokolleintrags und können hierüber weitere Informationen erhalten. Je nach Situation kann es erforderlich sein, die gesamte Liste von Ereignissen oder nur einzelne Ereignisse auf den lokalen Rechner zu laden. Die hierzu benötigen Download-Funktionen werden über den Button [⤓ ˅] angeboten.

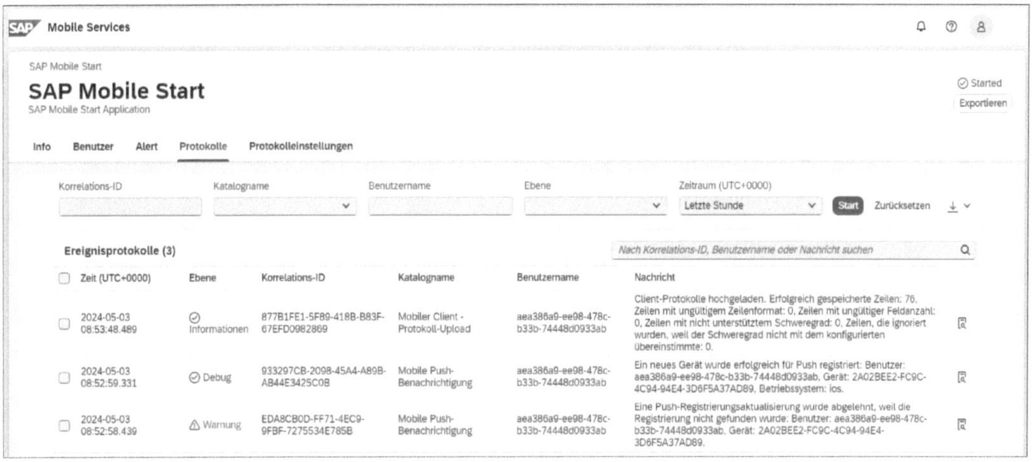

Abbildung 8.23 Übersicht über die protokollierten Ereignisse

Über die Registerkarte **Protokolleinstellungen** kann festgelegt werden, zu welchen Funktionen detaillierte Protokolleintragungen erstellt werden sollen. Nach dem Aufruf der Registerkarte sehen Sie zunächst die aktuelle Konfiguration in einer Übersicht. Mit einem Klick auf den Stift-Button [✎] gelangen Sie in den in Abbildung 8.24 gezeigten Dialog.

Protokolleinstellungen

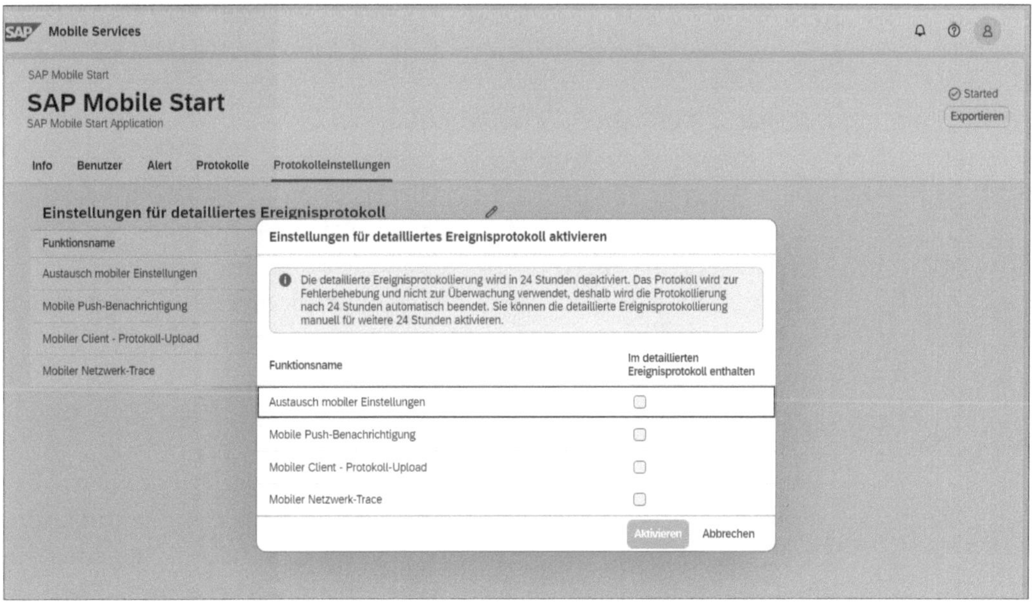

Abbildung 8.24 Ereignisprotokollierung aktivieren

Hier kann eingestellt werden, welche Arten von Ereignissen protokolliert werden sollen. Die hier vorgenommenen Einstellungen werden, wie in einem Hinweis angezeigt, nach 24 Stunden automatisch deaktiviert. Wichtig ist an dieser Stelle auch, darauf hinzuweisen, dass die Protokollierung tatsächlich nur für die Fehleranalyse gedacht ist und entsprechend nicht tagtäglich aufs Neue aktiviert werden sollte, um z. B. die Aktivitäten der Mitarbeitenden zu überwachen.

Mobiler Netzwerk-Trace

Über das Einstiegsbild der Administrationsoberfläche kann mit der Funktion **Mobiler Netzwerk-Trace** konfiguriert werden, ob für einzelne Anwenderinnen und Anwender ein Kommunikations-Trace mitgeschrieben werden soll. Abbildung 8.25 zeigt diese Administrationsoberfläche mit einem aufgezeichneten Kommunikations-Trace.

Abbildung 8.25 Netzwerk-Trace administrieren

Dieser kann als HAR-Datei auf den Client geladen und entsprechend mit geeigneten Werkzeugen analysiert werden. Bei der Anlage einer neuen Aufzeichnung kann festgelegt werden, für welchen Benutzer und für welche Inhaltstypen, z. B. XML oder JSON, die Kommunikation aufgezeichnet werden soll. Auch kann hier die Aufzeichnungsdauer bestimmt werden.

8.2.3 Mobile Device Management

In Abschnitt 8.1, »Onboarding«, haben wir gezeigt, wie Benutzer durch das Scannen eines QR-Codes die App SAP Mobile Start selbst installieren können, oder sich, wenn die Anwendung installiert ist, über die Registrierung mit der Startseite von SAP Build Work Zone verbinden können. Diese Art des Onboardings überlässt die Kontrolle und den Aufwand vollständig den

Mitarbeitenden. In vielen Unternehmen ist die Installation von Anwendungen auf dem Endgerät selbst aus Sicherheitsgründen und auch zur besseren Administration oft nicht erlaubt, oder es werden Geschäftsanwendungen in eigenen Containern auf dem Endgerät installiert und unterliegen damit der Kontrolle des Unternehmens. Dieses *Mobile Device Management* (MDM) erhöht die Sicherheit und die Verwaltung der mobilen Endgeräte.

MDM-Konfiguration

Für die Bereitstellung des MDM für SAP Mobile Start für iOS muss eine Datei mit der folgenden Konfiguration in der eingesetzten MDM-Lösung des Unternehmens bereitgestellt werden. Den Aufbau der Datei entnehmen Sie Listing 8.1. Den drei gezeigten Schlüsseln müssen entsprechend Werte zugewiesen werden. Dem Schlüssel *com.sap.mobile.start.mobileServicesHost* wird der tenantspezifische Wert des SAP-Mobile-Services-Hosts zugewiesen. Sie können den Wert entweder anhand der URL der Website von SAP Build Work Zone ableiten oder aus dem QR-Code zur Registrierung den Parameter `Host` auslesen. Dem Parameter `com.sap.mobile.start.launchpad.launchUrl` wird der Wert `sapMobileStart – launchpadStartEndpoint` aus dem QR-Code zugewiesen. Der Wert entspricht der URL für den Aufruf der SAP-Build-Work-Zone-Startseite. Dem Schlüssel `com.sap.mobile.start.launchpad.siteId` wird die Site ID zugewiesen. Diese erhalten Sie einerseits direkt aus den Einstellungen der Website in SAP Build Work Zone oder aus dem Parameter `sapMobileStart – siteID` aus dem QR-Code.

```
<dict>
    <key>com.sap.mobile.start.mobileServicesHost</key>
    <string>
      <!-- -->
    </string>
    <key>com.sap.mobile.start.launchpad.launchUrl</key>
    <string>
      <!-- -->
    </string>
    <key>com.sap.mobile.start.launchpad.siteId</key>
    <string>
      <!-- -->
    </string>
</dict>
```

Listing 8.1 Konfiguration für das MDM-Onboarding für iOS

Die Konfiguration für Android folgt dem gleichen Schema wie der Konfiguration von iOS. Beachten Sie, dass seit Version 1.5 von SAP Mobile Start die alten Konfigurationsdateien nicht mehr funktionieren.

Kapitel 9
SAPUI5 Flexibility

SAP ermöglicht es Endanwenderinnen und Endanwendern sowie Key Usern, ohne Entwicklungsaufwand an der Oberfläche einer SAP-Fiori-App Anpassungen vorzunehmen. Diese Anwendungsvarianten müssen verwaltet und in das SAP Fiori Launchpad integriert werden.

9

In diesem Kapitel geben wir Ihnen eine Einführung in die *SAPUI5 Flexibility* und zeigen, wie deren verschiedene Aspekte, wie z. B. Varianten, erstellt, verwaltet und integriert werden können. Der Grundgedanke hinter SAPUI5 Flexibility ist es, einfache Oberflächenanpassungen von SAP-Fiori-Apps durch die Anwenderinnen und Anwender vornehmen zu lassen, ohne dass die Entwicklungsebene involviert sein müsste, und damit Zeit und Kosten zu sparen.

Man kann dabei drei grundlegende Gruppen unterscheiden, die SAPUI5 Flexibility verwenden können: Endanwenderinnen, Key User und Entwickler. Endanwenderinnen und Endanwender personalisieren Apps für sich selbst, und Key User personalisieren Apps für eine größere Gruppe, z. B. für ihr jeweiliges Team, während Entwickler und Entwicklerinnen Anpassungen an Apps für alle Gruppen vornehmen können, ohne jedoch die Original-Apps zu verändern.

In diesem Kapitel möchten wir nach einer kurzen Einführung in Abschnitt 9.1 auf die drei Gruppen einzeln eingehen und die damit verbundenen Tätigkeiten erläutern. Dabei gehen wir zunächst in Abschnitt 9.2 auf die Endbenutzerinnen und Endbenutzer und im Anschluss in Abschnitt 9.3 auf die Key User ein. In Abschnitt 9.4 konzentrieren wir uns darauf, wie die von den Gruppen erstellten Varianten verwaltet werden. Abschnitt 9.5 greift nochmal auf die in Kapitel 4, »SAP-Fiori-Inhalte on-premise bereitstellen«, beschriebene Content-Bereitstellung zurück und betrachtet diese aus der Sicht von Anwendungsvarianten. Abschließend geben wir in Abschnitt 9.6 einen Ausblick auf die Perspektive der Entwicklung.

9.1 Einführung

SAPUI5 Flexibility erlaubt es individuellen Endanwendern und Endanwenderinnen, gezielt Änderungen vorzunehmen, z. B. bei der Auswahl der Daten und deren Darstellung, um eine Anwendung optimal an die für sie relevanten Arbeitsabläufe anzupassen. Dieses Vorgehen nennt man auch *UI Personalization*. Änderungen, die für alle Benutzer einer SAP-Fiori-App notwendig werden, können zunächst in den zuständigen fachlichen Stellen abgestimmt werden und dann von Key Usern vorgenommen und ohne größere Zeitverzögerungen allen Anwenderinnen und Anwendern zur Verfügung gestellt werden. Dabei spricht man von *Key User Adaptation*. In beiden Fällen wird das Durchlaufen klassischer Entwicklungszyklen eingespart; so entfallen z. B. entsprechende Workshops mit den Entwicklerinnen und Entwicklern, um diese mit den Änderungen vertraut zu machen, sowie deren Aufwand, die Änderungen umzusetzen, zu testen und einzuspielen. Dementsprechend bietet dieser Ansatz ein enormes Potenzial für Kosten- und Zeitersparnis.

Beispiel für UI-Anpassungen

In Abbildung 9.1 sehen Sie beispielsweise, wie Endanwenderinnen und Endanwender die Benutzeroberfläche einer SAP-Fiori-App auf ihre persönlichen Aufgaben, Bedürfnisse und Arbeitsweisen anpassen können. Auf der linken Seite sehen Sie die App vor der Personalisierung und auf der rechten Seite danach. Die Anwendung könnte durch die Anpassung beispielsweise direkt die für den konkreten Benutzer relevanten Einträge vorab filtern und gruppieren und so das Auffinden und Bearbeiten von einzelnen Datensätzen weiter erleichtern.

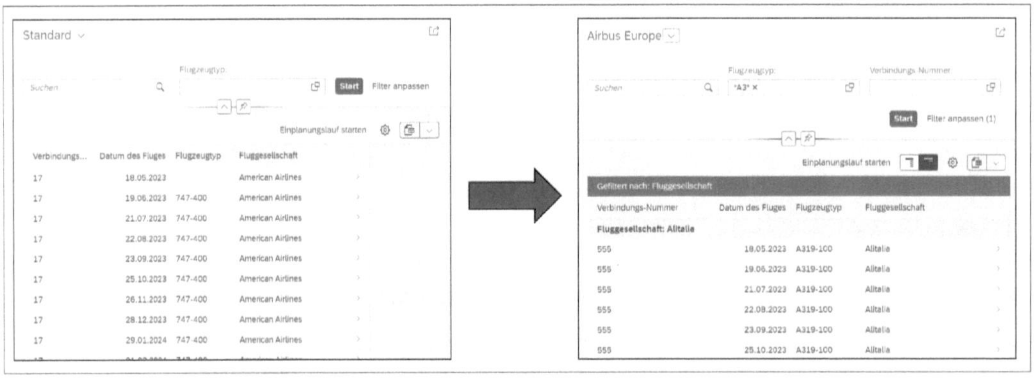

Abbildung 9.1 Personalisierung der Benutzeroberfläche durch Endanwenderinnen und Endanwender

Abbildung 9.2 zeigt einige Bearbeitungsmöglichkeiten, die Anwendungsexperten und -expertinnen als Key User vornehmen können, um alternative Anwendungsvarianten für alle Benutzer zu erstellen Hier könnten Key User z. B. einzelne Anzeige- bzw. Eingabefelder umbenennen und umgruppieren sowie nicht relevante Felder ausblenden, um die Anwendung gemäß ihrer Erfahrung auf die in ihrem Bereich etablierten Prozesse und Arbeitsweisen für alle Endanwenderinnen und Endanwender einheitlich anzupassen.

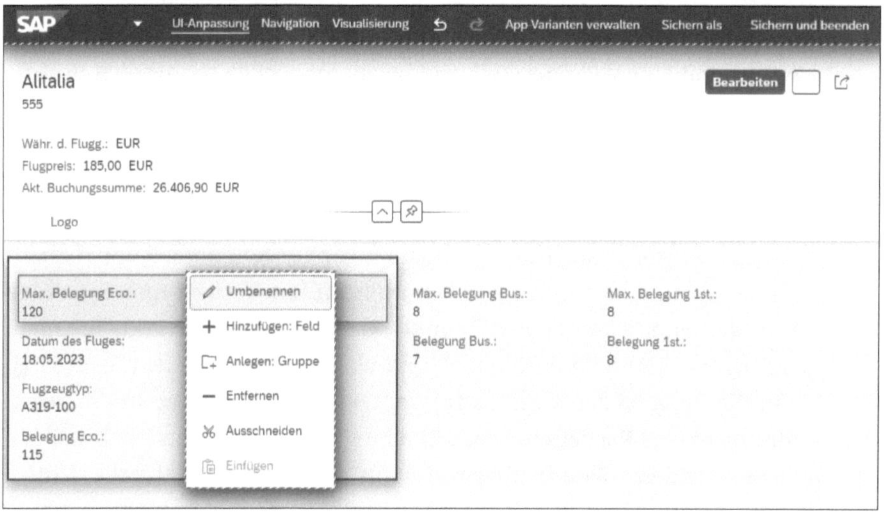

Abbildung 9.2 UI-Anpassung durch Key User

Auch für komplexere Anpassungen, die nicht ohne Einbeziehung der Entwicklerebene auskommen, bietet SAPUI5 Flexibility wertvolle Vorteile. Varianten, die durch Entwicklungserweiterungen angepasst wurden, können ebenso wie Varianten, die durch UI Personalization und Key User Adaptation erstellt wurden, für Endanwenderinnen und Endanwender nutzbar gemacht und zur Verfügung gestellt werden. Keine dieser drei Erweiterungsmöglichkeiten – UI Personalization, Key User Adaptation und Entwicklungserweiterungen – verändert dabei die Originalanwendung. Vielmehr werden die Änderungen einer oder mehrerer Varianten stattdessen zusätzlich zur Originalanwendung zur Laufzeit eingespielt. Varianten können entweder direkt auf der Originalanwendung oder wiederum auf anderen Varianten basieren. Dieses Erweiterungskonzept ermöglicht zum einen den parallelen Betrieb der Originalanwendung und der eingesetzten Varianten, und zum anderen bleiben die Anpassungen auch beim Durchführen von Updates der Originalanwendung bestehen.

Parallele Verwendung von Varianten

Stellen Sie sich vor, Sie möchten eine SAP-Fiori-App, sei es eine eigens entwickelte oder eine aus der SAP Fiori Apps Reference Library bereitgestellte Anwendung, nach dem erfolgreichen Ersteinsatz in Abteilung A für weitere

Abteilungen und Benutzergruppen erschließen. Abteilung B und C möchten die Anwendung grundsätzlich gleich nutzen, haben aber im Detail jeweils etwas andere Anforderungen an den Umgang damit. Dies kann z. B. durch unterschiedliche organisatorische Interessen, regionale Unterschiede oder Ähnliches begründet sein. So ist Abteilung B eventuell vor allem an Daten für eine bestimmte Region (EMEA, SEA usw.) interessiert, während Abteilung C zwar die Daten aller Regionen sehen möchte, sich jedoch insgesamt nur für einen kleinen Anteil der Anwendungen interessiert bzw. nur mit einem kleinen Teil der Eingabemöglichkeiten arbeitet und die restlichen Formulare gerne ausblenden möchte, um sich voll auf den für sie interessanten Aspekt fokussieren zu können. Je nach Umfang der dafür notwendigen Anpassungen an der Benutzeroberfläche oder am Backend, können diese von Key Usern oder in der Entwicklung vorgenommen werden. Nehmen wir weiter an, dass die Anpassungen für Abteilung B von der Entwicklungsabteilung in einem Adaptation Project vorgenommen werden kann, während für Abteilung C ein Key User über *UI Adaptation* die nicht benötigten UI-Anteile ausblendet und als Variante veröffentlicht. Es ist dann die Aufgabe des Administratorenteams, für beide Varianten Zielzuordnungen und Kacheln für das SAP Fiori Launchpad zu erstellen und die entsprechenden Rollen zu pflegen, um die richtige Variante für die richtige Benutzergruppe in den Abteilungen B und C verfügbar zu machen. Abteilung A nutzt weiterhin die Originalanwendung. Im SAP Fiori Launchpad könnten die dazugehörigen Kacheln dann aussehen, wie in Abbildung 9.3 gezeigt.

Abbildung 9.3 Kacheln einer SAP-Fiori-App mit zwei Varianten im SAP Fiori Launchpad

Update-Stabilität

Natürlich wird es immer wieder vorkommen, dass auch die Originalanwendung Updates erfährt, um neue Funktionalitäten zu bieten oder technologisch auf dem neuesten Stand zu bleiben. Auch dies kann sowohl für selbst entwickelte Apps gelten als auch für Apps, die aus der SAP Fiori Apps Reference Library bezogen werden und dort entsprechend direkt vom SAP-System aktualisiert werden. Abbildung 9.4 beschreibt ein einfaches Szenario, wie sich die erstellten Varianten in einem solchen Fall verhalten.

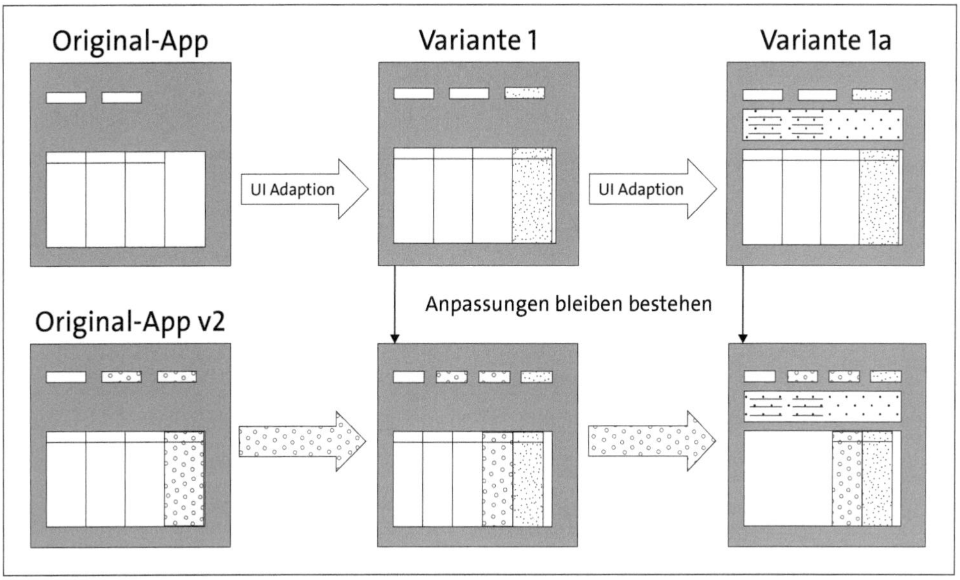

Abbildung 9.4 Verhalten von Varianten beim Updaten der Originalanwendung

In der Ausgangssituation bietet die Original-App z. B. eine List-Report-Anwendung, eine Tabelle mit den anzuzeigenden Daten sowie zwei voreingestellte Filter. Durch die Key User Adaptation werden standardmäßig ein weiterer Filter sowie eine weitere Tabellenspalte hinzugefügt (siehe Variante 1). Durch ein Adaptation Project wird noch eine Box mit zusätzlichen aggregierten Informationen hinzugefügt (siehe Variante 1a). Nehmen wir nun an, dass die Original-App ein Update erhält (siehe Original-App v2), das die Benutzeroberfläche wiederum leicht verändert und z. B. ebenfalls einen neuen Filter und eine weitere Tabellenspalte hinzufügt. Die in den Varianten vorgenommenen UI-Anpassungen werden dann jeweils auf Basis der neuen Original-App implementiert und bleiben somit über Updates bestehen.

SAPUI5 Flexibility bereits bei der Entwicklung berücksichtigen

Wir gehen davon aus, dass bei der Anpassung der Original-App alle Best Practices für die Anwendungsentwicklung unter SAPUI5-Flexibility-Gesichtspunkten beachtet wurden. Bei den von SAP entwickelten SAP-Fiori-Apps können wir dies voraussetzen. Bei Eigenentwicklungen sind jedoch einige Punkte zu beachten:

- SAPUI5 Flexibility für die jeweilige App muss explizit in deren App Descriptor (**manifest.json**) über den Parameter `flexEnabled` aktiviert werden.

- Die App muss stabile IDs für ihre Controls verwenden, um diese per Key User Adaptation anpassen zu können.
- Bei Bedarf können Controls explizit über Parameter vor Anpassungen geschützt werden.

Weitere Informationen hierzu finden Sie in der SAP-Dokumentation zu SAPUI5 unter: *http://s-prs.de/v1016835*

Layered Repository

Technisch gesehen werden solche Änderungen als Delta zur Original-App bzw. als Basisvariante in einer JSON-basierten Datei im sogenannten *Layered Repository* hinterlegt. Wie es der Name schon sagt, besteht dieses aus mehreren Schichten, die für die Speicherung unterschiedlicher Arten von Änderungen ausgelegt sind. Tabelle 9.1 gibt eine Übersicht über diese Schichten.

Schicht	Genutzt von	Geändert durch	Art der Änderungen
USER	Kunde	Endanwenderin	benutzerspezifische Änderungen (Personalisierung)
CUSTOMER	Kunde	Key User	UI-Anpassungen für alle Anwenderinnen einer App (Key User Adaptation)
		Endanwender	durch Endanwender veröffentlichte Varianten
CUSTOMER_BASE	Kunde	Entwicklerin	UI-Anpassungen durch Adaptation Projects (in SAP Business Application Studio)
VENDOR	SAP	SAP	z. B. Update einer SAP-Fiori-App

Tabelle 9.1 Schichten des Layered Repositorys

Anpassungen in diesen Schichten werden in der Reihenfolge `VENDOR`, `CUSTOMER`, `USER` angewendet. Änderungen aus den Schichten `CUSTOMER_BASE` und `CUSTOMER` werden zuerst auf eine Original-App aus der `VENDOR`-Schicht angewendet und gegebenenfalls für einzelne Endanwenderinnen und Endanwender durch deren persönliche Anpassungen überschrieben. Auf diese Weise wird sichergestellt, dass die spezifischsten Anpassungen für alle jeweiligen Benutzer erhalten bleiben.

[«]

Anschauungsbeispiel für das Layered Repository

Die SAPUI5-Dokumentation enthält ein anschauliches Beispiel, wie sich Anpassungen in den verschiedenen Schichten auf den Endzustand der jeweiligen Benutzeroberfläche auswirken und welche Änderungen Vorrang gegenüber anderen haben. Das entsprechende Beispiel dazu finden Sie unter: *http://s-prs.de/v1016839*

Im weiteren Verlauf des Kapitels betrachten wir die unterschiedlichen Perspektiven der beteiligten Gruppen (Endanwenderinnen, Key User und Entwickler) genauer und gehen jeweils auf die notwendigen administrativen Tätigkeiten ein, die SAPUI5 Flexibility begleiten bzw. befähigen.

9.2 Perspektive der Endanwenderinnen und Endanwender

Endanwender und Endanwenderinnen haben mit SAPUI5 Flexibility vor allem die Möglichkeit, die Ansichten (Views) ihrer verwendeten SAP-Fiori-Apps anzupassen und diese Änderungen für sich und gegebenenfalls für andere Benutzer zu speichern. Auf diese Art können beispielsweise verschiedene Arbeitsprofile für verschiedene Aufgaben angelegt werden, die die Benutzeroberfläche für den jeweiligen Fall optimieren und unwichtige Daten ausblenden bzw. gar nicht erst laden.

Selektionsvarianten

Das Laden von Daten wird über sogenannte *Selektionsvarianten* angepasst. Endanwenderinnen und Endanwender stellen die Filter, die eine SAP-Fiori-App zur Verfügung stellt, so ein, dass genau die von ihnen benötigten Daten geladen werden. Wird genau dieser Filter häufig benötigt, lohnt es sich, dafür eine Selektionsvariante zu speichern, die dann bei jeder späteren Nutzung wieder ausgewählt oder auch als standardmäßig genutzte Variante automatisch angewendet werden kann.

Nehmen wir die in Abbildung 9.5 gezeigte SAP-Fiori-App als Beispiel. Es handelt sich dabei um die Eigenentwicklung einer SAP-Fiori-Elements-List-Report-App, die auf dem bewährten Flugdatenmodell (Tabelle `SFLIGHT` und darauf aufbauenden CDS-Views) basiert, das auch gerne für Schulungs- und Anschauungsbeispiele seitens SAP verwendet wird. Ein Endanwender oder eine Endanwenderin möchte nur bestimmte Daten, z. B. Fluggesellschaften aus einer bestimmten Region, anzeigen. Hierzu öffnet der Anwender oder die Anwenderin über den Zahnrad-Button den *Personalization*-Dialog (P13n).

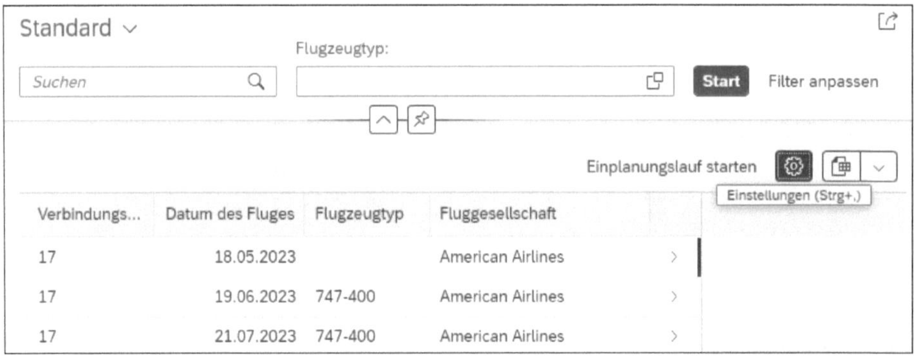

Abbildung 9.5 P13n-Dialog starten

Im P13n-Dialog stehen standardmäßig Einstellungsmöglichkeiten für die im List Report gezeigten Spalten und die Sortierung und Gruppierung der Daten zur Verfügung (Präsentation). Schließlich können auf der Registerkarte **Filtern** Filterausdrücke konfiguriert werden, um die Menge der gezeigten Daten einzuschränken (Selektion), wie in Abbildung 9.6 gezeigt. Die vorgenommenen Einstellungen können bei Bedarf entsprechend als Endanwendervariante gespeichert werden.

Abbildung 9.6 Datenfilter definieren

Zudem möchte unser Beispielanwender oder unsere Beispielanwenderin einen weiteren Schnellfilter, d. h. einen dauerhaft oberhalb der Liste angezeigten Filter anwenden. Diese Filter sind nochmals in einem eigenen Dialog verfügbar, der über den Button **Filter anpassen** gestartet wird (siehe Abbildung 9.7).

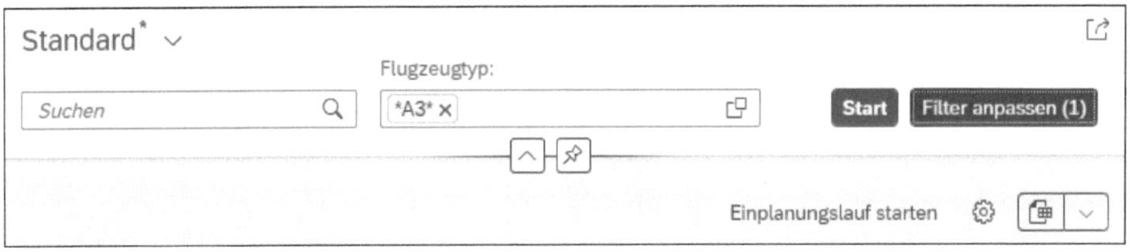

Abbildung 9.7 Filter anpassen

Im Dialog **Filter anpassen** können die Endanwenderinnen und Endanwender die gezeigten Filter ergänzen, entfernen oder umsortieren. In Abbildung 9.8 wird ein weiterer Filter hinzugefügt. Für unsere Beispielanwendung und deren Daten bedeutet dies, dass die Anwender und Anwenderinnen ihre angezeigten Daten neben dem Flugzeugtyp auch schnell nach gewissen Verbindungsnummern einschränken können.

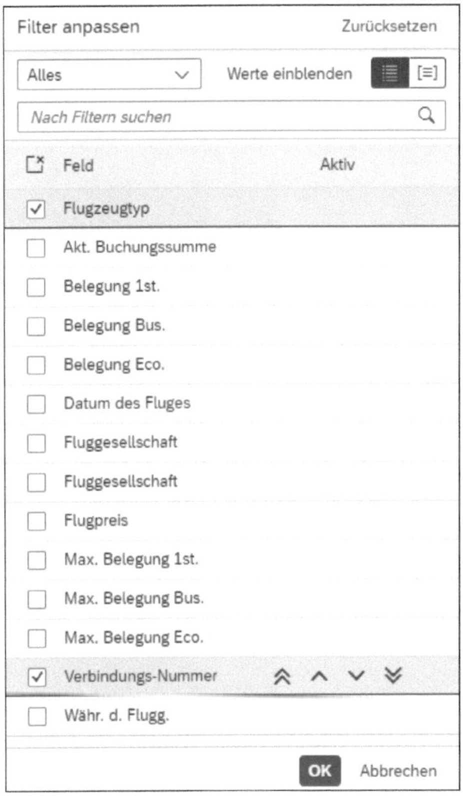

Abbildung 9.8 Weiteren Filter anzeigen

Dieser Filter ist anschließend in der Filterleiste sichtbar, wie in Abbildung 9.9 gezeigt. Mit dem gleichen Vorgehen können Filter auch wieder entfernt werden, wenn sie nicht mehr benötigt werden sollten. All diese Änderungen sind zunächst temporär und werden beim nächsten Laden der App bzw. einem Browser-Refresh wieder verworfen. Um häufig benötigte Anpassungen nicht ständig wiederholen zu müssen, können diese Varianten gespeichert werden, wie wir im Folgenden sehen.

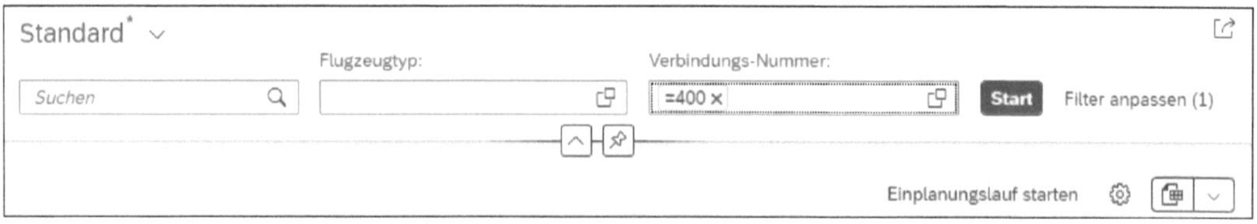

Abbildung 9.9 Hinzugefügter Schnellfilter in der Filterleiste

Präsentationsvarianten

Möchte der Endanwender oder die Endanwenderin nun noch anpassen, welche Daten angezeigt werden, können sie dies über eine *Präsentationsvariante* tun. In unserem Beispiel sollen in der Tabelle standardmäßig weitere Spalten angezeigt werden. Dies geschieht wiederum über den P13n-Dialog (siehe Abbildung 9.5). In diesem wählt die Endanwenderin oder der Endanwender die fehlenden Spalten aus, wie in Abbildung 9.10 gezeigt.

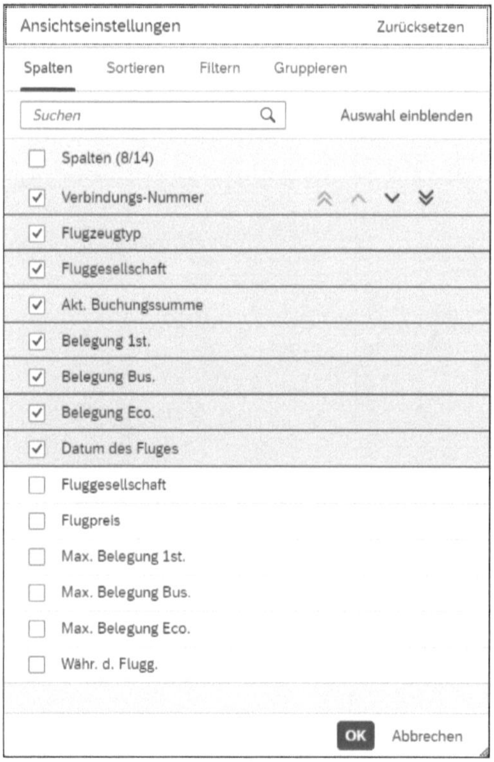

Abbildung 9.10 Angezeigte Tabellenspalten ändern

Bisher sind die vorgenommenen Änderungen zwar in der Anwendung sichtbar (siehe Abbildung 9.11), jedoch noch nicht als Variante gespeichert. Dies geht auch aus dem Sternchen (*) hervor, das neben der ausgewählten Variante (hier: **Standard**, d. h. die Originalanwendung) seit der ersten Anpassung durch den Endanwender oder durch die Endanwenderin auftaucht. Der jetzige Zustand soll als kombinierte Selektions- und Präsentationsvariante gespeichert werden. Über das danebenstehende Dropdown-Menü **Ansicht auswählen** können Anwenderinnen und Anwender ihre Ansichten bzw. Varianten auswählen und Änderungen als neue Varianten sichern.

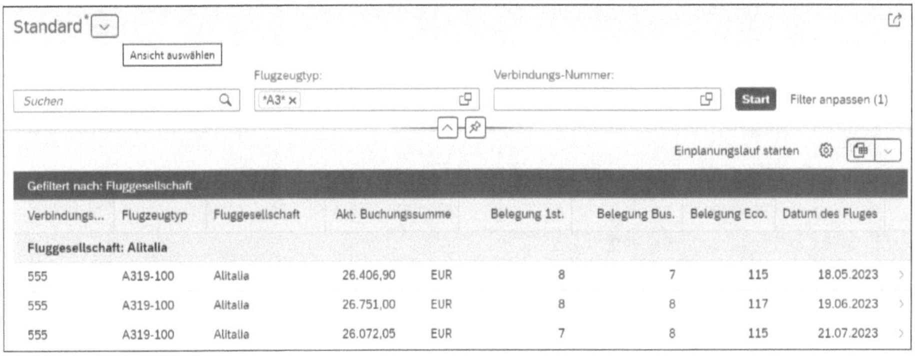

Abbildung 9.11 Angepasstes User Interface mit ungespeicherter Variante

Varianten sichern

Abbildung 9.12 zeigt das geöffnete Menü **Meine Ansichten**. Über den Button **Sichern als** speichern die Benutzer die aktuellen Änderungen als neue Variante. Über den Button **Verwalten** in der Fußleiste des Menüs öffnet sich der Dialog zum Verwalten der bisher vorhandenen Varianten.

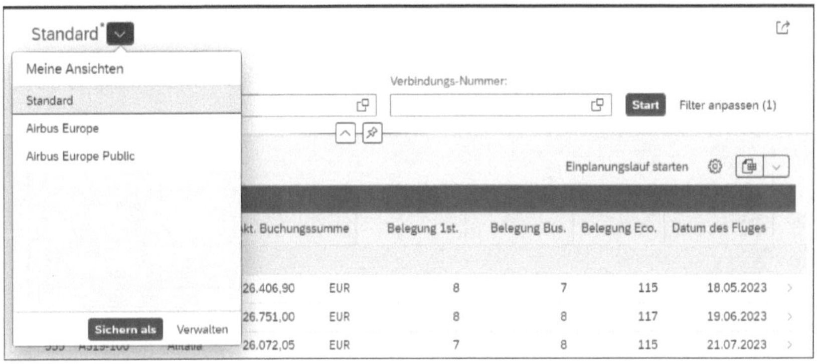

Abbildung 9.12 Varianten auswählen

Im Dialog **Ansicht sichern** legen die Benutzer einen eindeutigen Namen für die neue Variante fest, konfigurieren, wie die Variante angewendet werden und für wen sie sichtbar sein soll (siehe Abbildung 9.13). Die Option **Als Standard festlegen** öffnet beim nächsten Start der App genau diese Variante. Die Option **Öffentlich** macht die Variante auch für andere Anwenderinnen und Anwender sichtbar. Bleibt die Checkbox leer, ist die Variante nur für den Endanwender oder die Endanwenderin verfügbar, der oder die sie erstellt hat. Die Option **Automatisch anwenden** sorgt beim Laden der Variante dafür, dass die Daten mit den eingestellten Filtern direkt geladen werden, ohne dass der Nutzer oder die Nutzerin noch den Button **Start** betätigen müsste.

Abbildung 9.13 Varianten sichern

Varianten verwalten

Im Dialog **Ansichten verwalten** können Nutzerinnen und Nutzer ihre vorhandenen Varianten umbenennen, die standardmäßig angezeigte Variante ändern, die Option **Automatisch anwenden** einer Variante ändern und selbst angelegte Varianten löschen. Abbildung 9.14 zeigt diesen Dialog.

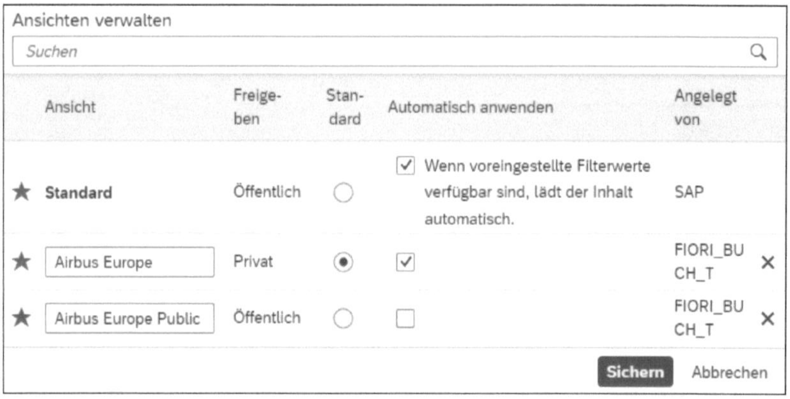

Abbildung 9.14 Personalisierung durch die Endanwenderinnen und Endanwender – Varianten verwalten

Öffentliche Varianten

Eine Variante, die beim Erstellen als **Öffentlich** markiert wurde, ist, wie bereits erwähnt, auch für andere Benutzer sichtbar. Abbildung 9.15 zeigt den Dialog **Ansichten verwalten** aus der Sicht eines anderen Benutzers. Dieser kann nicht selbst erstellte öffentliche Varianten für sich als Standard nutzen und automatisch anwenden, hat jedoch keine Möglichkeit, diese umzubenennen oder zu löschen. Über den Stern am linken Rand kann die Variante als Favorit ausgewählt werden und wird anschließend im Menü **Meine Ansichten** aufgeführt.

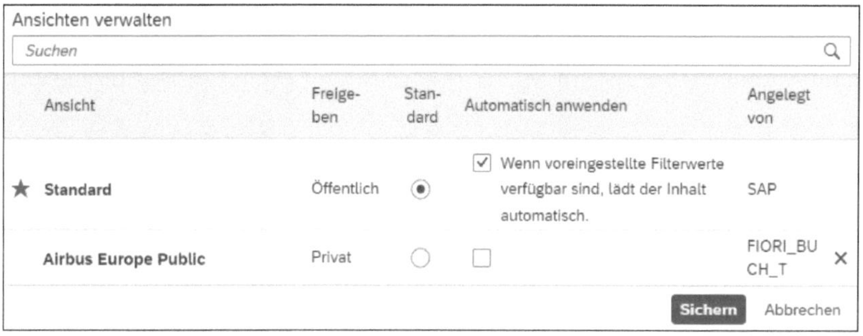

Abbildung 9.15 Varianten verwalten – öffentliche Variante aus Sicht eines anderen Benutzers

In Abschnitt 9.4, »Verwalten von Varianten«, befassen wir uns noch einmal dediziert mit der Verwaltung von Varianten durch die verschiedenen Benutzergruppen.

9.3 Perspektive der Key User

Key User sind häufig Anwendungsexperten, die tiefgreifendere Änderungen an SAP-Fiori-Apps vornehmen können, als dies durch die individuelle Personalisierung durch Endanwenderinnen und Endanwender möglich ist. Dazu gehören das Verschieben, Umbenennen und Entfernen einzelner Datenfelder oder -gruppen, das Hinzufügen von bisher nicht gezeigten Daten aus dem OData-Service, der der App zugrunde liegt, oder das Ein- oder Ausblenden bestimmter Controls oder Abschnitte.

Darüber hinaus stehen diese Varianten allen Anwendern und Anwenderinnen einer App zur Verfügung, ohne dass sie diese zunächst manuell aktivieren müssten, wie es bei öffentlichen Endanwendervarianten der Fall wäre. Allerdings ist auch hier ein administrativer Eingriff erforderlich.

9.3.1 Änderungen durch Key User

Key User Adaptation starten

Um eine SAP-Fiori-App anzupassen, starten Key User die Key User Adaptation über das Benutzermenü, wie in Abbildung 9.16 beispielhaft dargestellt, indem Sie auf den Menüeintrag **UI anpassen** klicken.

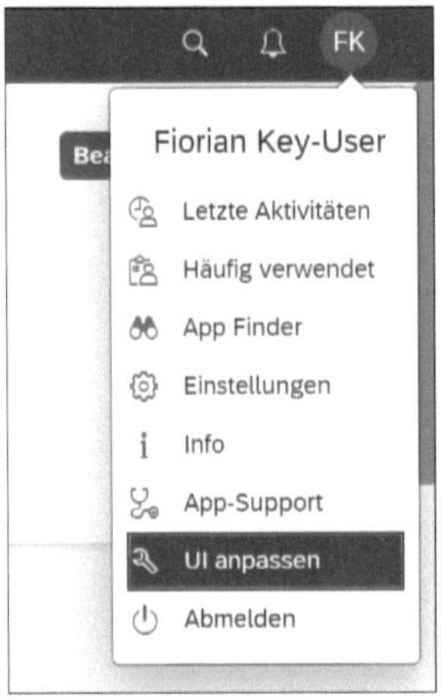

Abbildung 9.16 Start der Key User Adaptation über das Benutzermenü

Zur allgemeinen Steuerung dieser Anpassungen wird dem Key User ein entsprechender Anwendungs-Header eingeblendet, der in Abbildung 9.17 zu sehen ist.

Abbildung 9.17 Header mit Steuerungsmöglichkeiten für die Key User Adaptation

Steuerung der Key User Adaptation

Wenn die Registerkarte **UI-Anpassung** aktiviert ist, können an der aktuell angezeigten Anwendungsseite Änderungen im Stil *What You See Is What You Get* (WYSIWYG) vorgenommen werden. Ist es notwendig, innerhalb des aktiven Key-User-Adaptation-Modus zunächst in der Anwendung zu navigieren, z. B., um eine anzupassende Detailseite oder einen anzupassenden Dialog zu öffnen, kann zur Registerkarte **Navigation** gewechselt werden. Auf der Registerkarte **Visualisierung** können die Key User die bisherigen Änderungen an einer Seite einzeln nachverfolgen. Neben den Undo- und Redo-Buttons, mit denen einzelne Änderungen rückgängig gemacht bzw. wiederhergestellt werden können, haben Key User die Möglichkeit, über die Registerkarte **App-Varianten verwalten** ihre bisherigen Varianten einzusehen.

Abbildung 9.18 zeigt ein Beispiel dafür, wie Datenfelder einer Object Page im Modus **UI-Anpassung** geändert werden können. Die einzelnen Bereiche, Gruppen und Felder, an denen Änderungen möglich sind, werden umrahmt, sobald die Key User mit der Maus darüberfahren. Ein Klick oder Rechtsklick auf ein Element zeigt dann die möglichen Bearbeitungsoptionen.

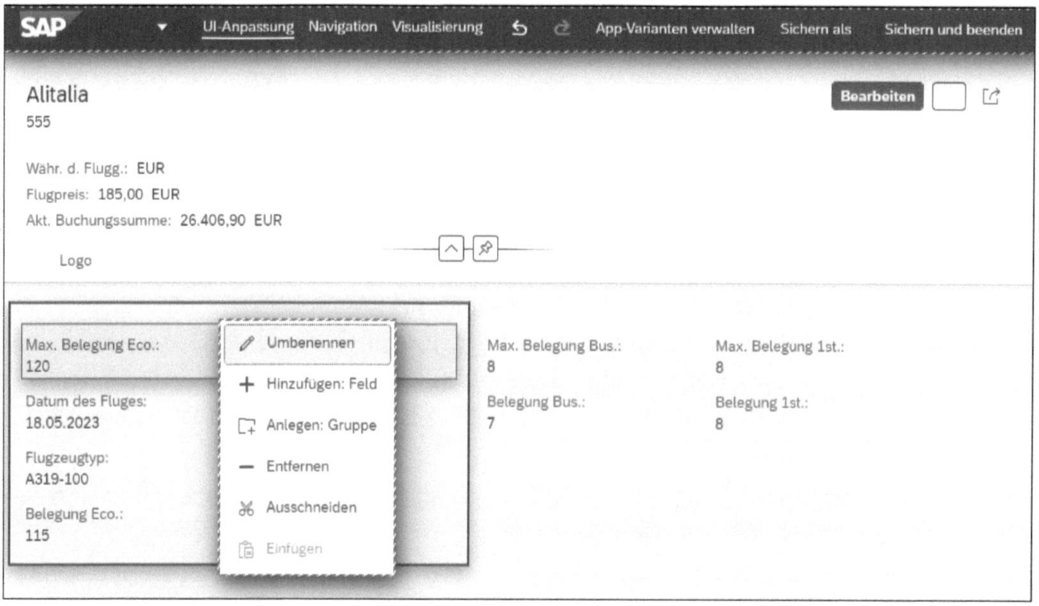

Abbildung 9.18 Anpassungen auf einer Object Page

Im Modus **Visualisierung** werden die Änderungen wie in Abbildung 9.19 dargestellt. Er dient als Übersicht und interaktive Vorschau über alle bisher in der aktuellen Bearbeitung erfolgten Änderungen. Dies erleichtert es den Key Usern, ihre Anpassungen nachzuverfolgen und gegebenenfalls gezielt noch einmal zu ändern oder rückgängig zu machen.

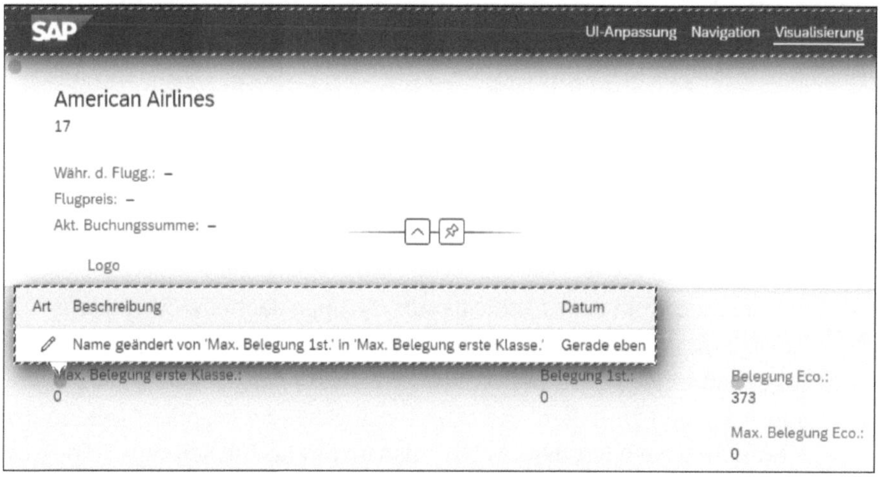

Abbildung 9.19 Visualisierung von Änderungen im Entwurfsmodus

[»]

Möglichkeiten der Key User Adaption

Die Gesamtheit der Änderungsmöglichkeiten für Key User ist wesentlich umfangreicher, als wir es an dieser Stelle zeigen können. Um ein detaillierteres Bild über die verschiedenen Optionen und Aktionen für Key User Adaptions zu erhalten, empfehlen wir Ihnen zusätzlich die SAP-Dokumentation zu UI-Anpassungen unter: *http://s-prs.de/v1016836*

Um unser vorangehendes Beispiel aus Abschnitt 9.1, »Einführung«, etwas weiter auszubauen, soll der Key User eine Variante für eine neue Verwendung der App erstellen, in der auf der Detailseite einige Informationen ausgeblendet werden. Abbildung 9.20 zeigt den Originalzustand der Detailseite.

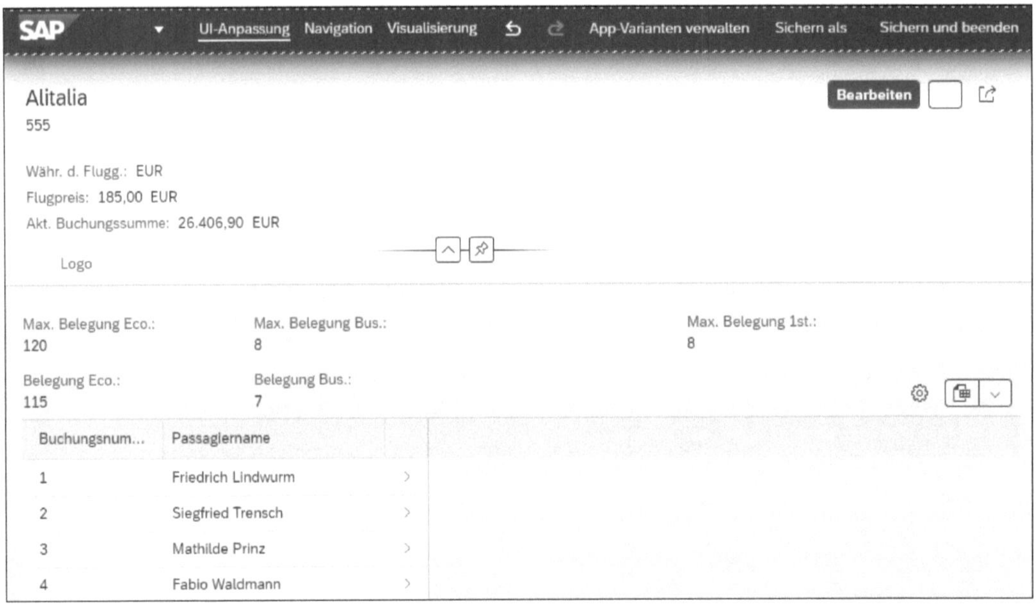

Abbildung 9.20 Detailseite der Original-App

Ergebnis der Key User Adaptation

Wir nehmen einmal an, für die Benutzergruppe der neuen Variante ist die Passagierliste im unteren Teil der Anwendung uninteressant und soll daher ausgeblendet werden. Dafür soll der Bereich mit den Belegungsdaten mehr Informationen enthalten und etwas ansprechender gruppiert sein. In der Anwendung navigiert der Key User also im Modus **Navigation** zu einer der Detailseiten und nimmt im Modus **UI-Anpassung** die entsprechenden Änderungen vor. Das Ergebnis ist in Abbildung 9.21 dargestellt.

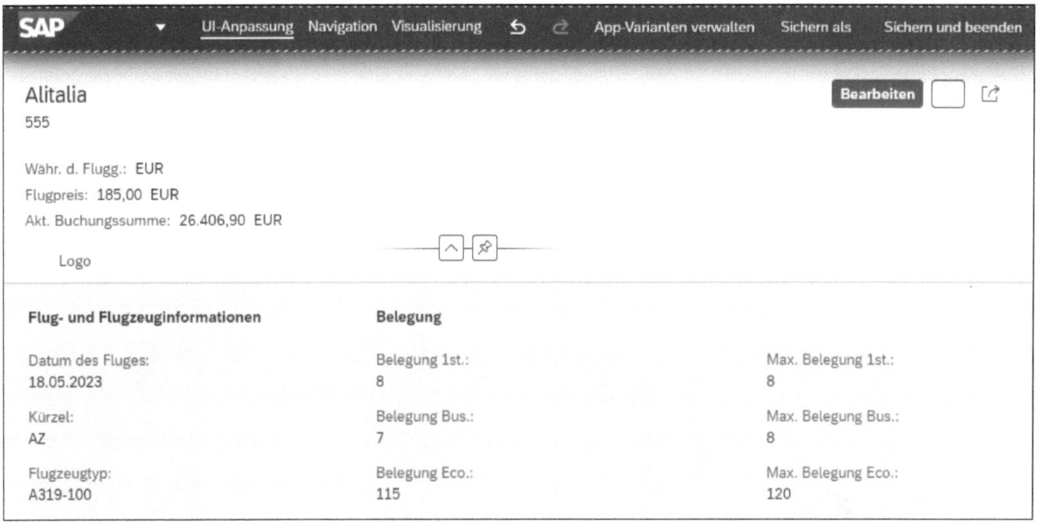

Abbildung 9.21 Detailseite der App nach der UI-Anpassung

Versionen transportieren

Während der Bearbeitung innerhalb einer Variante können Key User verschiedene Versionen dieser Variante erstellen und zwischen diesen wechseln. Über den Button (**Neue Version aktivieren**) im Key User Adaption Header wird eine neue Version der aktuell bearbeiteten Variante (bzw. der Original-App) erstellt. Der Wechsel zwischen den verschiedenen Versionen erfolgt über das nebenstehende Dropdown-Menü. Versionen können zudem über den Button (**Version veröffentlichen**) transportiert werden, sofern der Key User über die erforderliche Berechtigung zum Transportieren (Berechtigungsobjekt S_TRANSPRT) verfügt.

Hinweis zu Transporten

Anpassungen per Key User Adaptation sollten nicht direkt im Produktivsystem durchgeführt werden. Dort werden also gegebenenfalls auch keine Key User benötigt. Es wird stattdessen empfohlen, App-Anpassungen im jeweiligen Entwicklungssystem durchzuführen und über das Transportsystem von SAP in die weiteren Test- und Produktivumgebungen zu bringen. Auf diese Art können Anpassungen zum einen zunächst getestet werden, bevor sie die Produktivumgebung beeinflussen, und zum anderen vermeidet dieser Ansatz potenzielle Überschneidungen und Inkonsistenzen, die entstehen könnten, wenn Key User Adaptions sowohl über Transporte als auch per direkter Durchführung im Produktivsystem zustande kämen.

Wir beleuchten das Veröffentlichen von Varianten durch Transporte noch in Abschnitt 9.4, »Verwalten von Varianten«, beleuchten.

Variante sichern

Ist der Key User mit seinem Entwurf zufrieden, muss er diesen zunächst als Version aktivieren und kann dann über den Button **Sichern als** im Header eine neue Variante anlegen.

[»]

Kein Speichern von Entwürfen als Variante

Es können nur aktivierte Versionen als Variante gespeichert werden. Dies kann die aktuelle oder eine vorherige Version sein. Ein Entwurf kann nicht direkt als Variante gespeichert werden.

Den Dialog zum Sichern einer Variante sehen Sie in Abbildung 9.22. Hier wählt der Key User mindestens den Titel der neuen Variante, kann jedoch auch bereits Angaben wie den Untertitel, das Icon (**Symbol**) und eine Beschreibung ergänzen. Eine Vorschau zeigt, wie sich die Eingaben als Kachel darstellen können.

Abbildung 9.22 Key User Adaption – neue Variante sichern

Nachdem die Variante erfolgreich gespeichert worden ist, kann sie von einem Administrator oder einer Administratorin als neue Kachel angelegt werden. Als Administratorin oder als Administrator benötigen Sie den Namen der Original-App sowie die ID, die für die neue Variante erzeugt wurde. Key User haben die Option, die erzeugte ID direkt nach dem Speichern der Variante zu kopieren. Alternativ kann die ID auch im Nachhinein jederzeit über die Aktion **ID kopieren** im Dialog **App-Varianten verwalten** abgerufen werden (siehe in Abbildung 9.23).

Der Erstellung der Kachel für die neue Variante durch Administratoren und Administratorinnen widmen wir uns in Abschnitt 9.5, »Konfiguration von SAP-Fiori-Launchpad-Content«. Die Vorgehensweise ist grundsätzlich die gleiche wie bei der Erzeugung einer Kachel für Varianten, die durch Entwickleranpassungen (d. h. mithilfe eines *Adaptation Projects*) erstellt wurden.

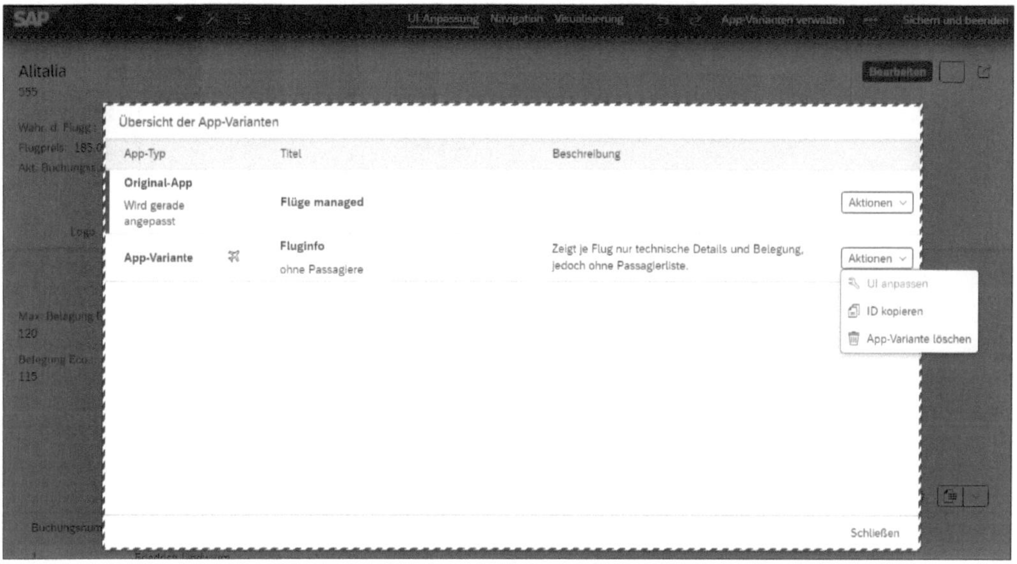

Abbildung 9.23 Dialog »App-Varianten verwalten«

Zunächst legen wir noch dar, was Sie als Administratorin oder als Administrator gegebenenfalls ausführen müssen, um die Key User Adaptation überhaupt zu ermöglichen.

9.3.2 Key User Adaptation ermöglichen

Als Administratorin oder als Administrator müssen Sie die folgenden Tätigkeiten durchführen, um Key User anzulegen und eine Key User Adaptation für diese zu ermöglichen:

1. die Key-User-Rolle zuweisen
2. das Layered Repository und notwendigen ICF-Knoten für SAPUI5 Flexibility aktivieren

Key-User-Rolle kopieren

Um Benutzer mit Key-User-Berechtigungen auszustatten, müssen Sie ihnen das Berechtigungsobjekt /UIF/FLEX zuweisen. Dieses ist bereits Bestandteil der standardmäßig ausgelieferten Rolle SAP_UI_FLEX_KEY_USER. Zwar können Sie die ausgelieferte Rolle direkt verwenden, um eigene Anpassungen ergänzen zu können, empfiehlt es sich jedoch, die Rolle von Anfang an zu kopieren und stattdessen eine Kopie zu verwenden.

Öffnen Sie hierzu Transaktion PFCG, und geben Sie im Feld **Rolle** die Bezeichnung »SAP_UI_FLEX_KEY_USER« ein. Wählen Sie dann die Aktion **Rolle kopieren** (⇧ + F11), wie in Abbildung 9.24 gezeigt.

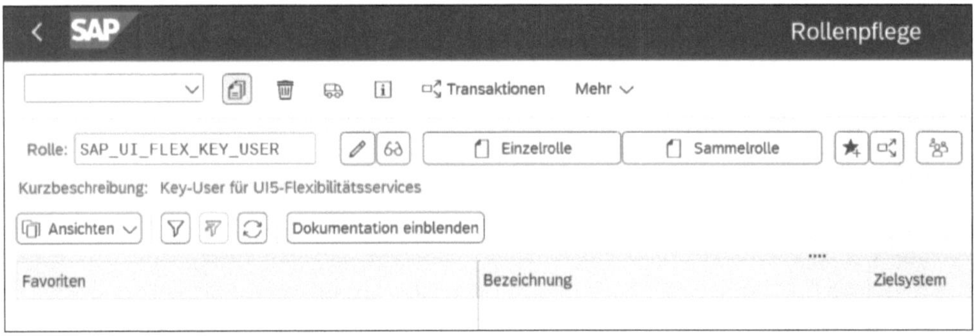

Abbildung 9.24 Transaktion PFCG mit ausgewählter Standard-Key-User-Rolle

Passen Sie das Präfix der neuen Rolle an Ihre Namenskonventionen an, z. B. Z_UI_FLEX_KEY_USER, und wählen Sie den Button **Alles kopieren** (siehe Abbildung 9.25).

Abbildung 9.25 Neuen Rollennamen eingeben

Die neue Rolle ist nun kopiert und in Transaktion PFCG ausgewählt. Wählen Sie **Rolle anzeigen**, und wechseln Sie auf die Registerkarte **Berechtigungen**. Mit einem Klick auf den Button **Berechtigungsdaten anzeigen** können Sie nun prüfen, ob das Berechtigungsobjekt /UIF/FLEX korrekt zugewiesen wurde (siehe Abbildung 9.26).

Key User Adaptions festlegen

Klappen Sie nun das Berechtigungsobjekt auf. Dort finden Sie noch zusätzlich den Eintrag **/UIF/CHTY** (Change Type). Klicken Sie auf den Button ✎ (**Ändern**), wie in Abbildung 9.27 gezeigt, und markieren Sie entweder feingranular, welche Arten von Änderungen Sie zulassen möchten (siehe Abbildung 9.28), oder Sie wählen **Gesamtberechtigung**.

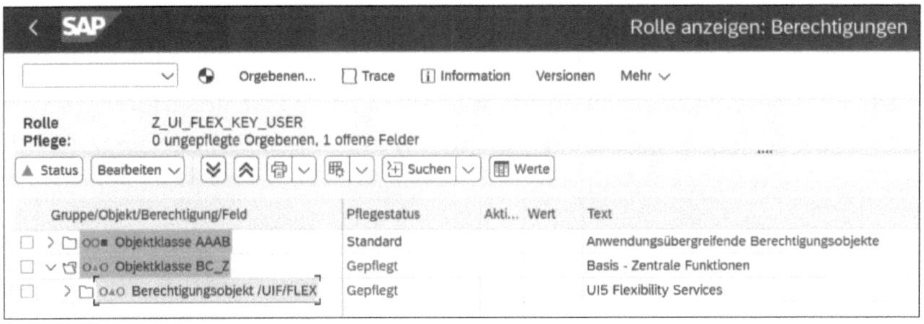

Abbildung 9.26 Berechtigungsobjekte der Key-User-Rolle

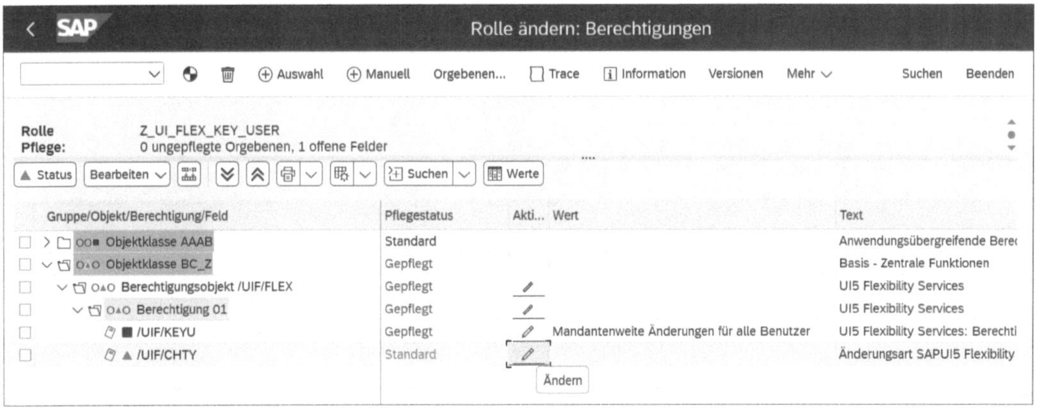

Abbildung 9.27 Berechtigung /UIF/CHTY (Change Type) ändern

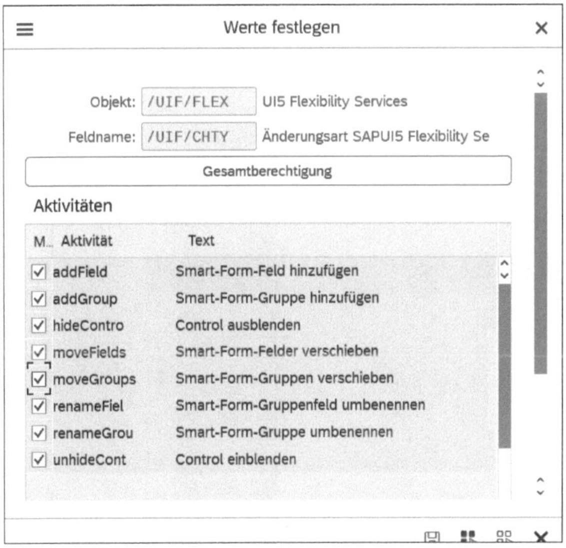

Abbildung 9.28 Werte für die Berechtigung /UIF/CHTY (Change Type) festlegen

Nachdem Sie die Änderungen gespeichert haben, müssen Sie als Letztes das Profil für die neue Rolle generieren, bevor diese voll einsatzfähig ist. Klicken Sie in der oberen Aktionsleiste auf den Button (**Profil generieren**), wie in Abbildung 9.29 gezeigt, wählen Sie im sich öffnenden Fenster einen geeigneten Namen (siehe Abbildung 9.30), und sichern Sie die Rolle.

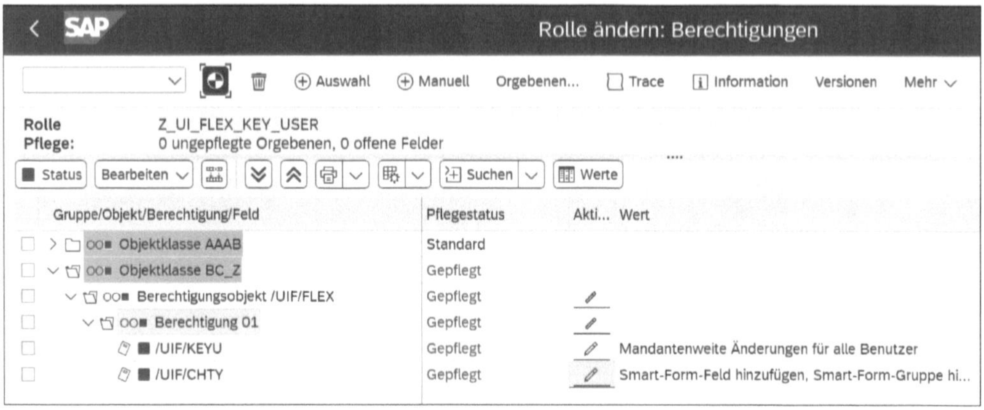

Abbildung 9.29 Profil generieren

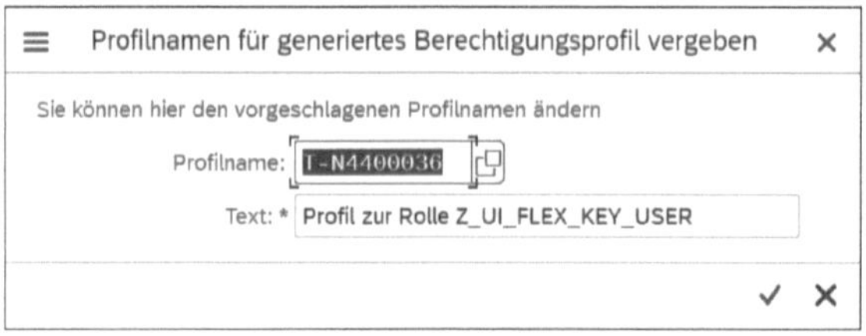

Abbildung 9.30 Profilnamen wählen

Key-User-Rolle zuweisen

Weisen Sie nun die kopierte Rolle den gewünschten Key Usern zu. Für unser Beispielsystem haben wir einen Benutzer `FIORI_BUCH_K` angelegt, dem wir in Transaktion SU01 die neue Rolle zuweisen, wie in Abbildung 9.31 gezeigt.

Abbildung 9.31 Transaktion SU01 – Key-User-Rolle zuweisen

ICF-Knoten aktivieren

Stellen Sie nun noch sicher, dass die notwendigen ICF-Knoten für das Layered Repository aktiv sind. Hier sehen Sie alle für die Nutzung des SAP Fiori Launchpads und die Nutzung von SAPUI5 Flexibility notwendigen Knoten:

- /default_host/sap/bc/ui2/start_up
- /default_host/sap/bc/ui5_ui5/ui2/ushell
- /default_host/sap/bc/ui2/flp
- /default_host/sap/bc/ui5_ui5/sap/arsrvc_upb_admn
- /default_host/sap/bc/ui5_ui5/sap/ar_srvc_news
- /default_host/sap/bc/ui5_ui5/sap/ar_srvc_launch
- /default_host/sap/public/bc/ui5_ui5/
- /default_host/sap/public/bc/ui2/
- /default_host/sap/bc/ui2/nwbc/
- /default_host/sap/bc/ui2/app_index
- /default_host/sap/bc/lrep

Hier ist insbesondere der letzte Knoten in der Auflistung zu beachten, der das Layered Repository (LREP) aktiviert.

Öffnen Sie zur Überprüfung Transaktion SICF, und suchen Sie im Feld **Service-Pfad** jeweils den entsprechenden Pfad. Sollte einer der ICF-Knoten inaktiv (= ausgegraut) sein, öffnen Sie für diesen das Kontextmenü und wählen dort **Service aktivieren**. Abbildung 9.32 zeigt, dass der ICF-Knoten für das Layered Repository aktiv ist.

Abbildung 9.32 Aktivierung des Layered-Repository-ICF-Knotens

Sie haben nun alle Einstellungen vorgenommen, um die Key User Adaptation zu ermöglichen.

9.4 Verwalten von Varianten

In diesem Abschnitt betrachten wir die Möglichkeiten noch etwas detaillierter, die Benutzern der unterschiedlichen Perspektiven zur Verfügung stehen, um bestehende Varianten zu verwalten.

Endanwenderansichten verwalten

In Abschnitt 9.2, »Perspektive der Endanwenderinnen und Endanwender«, haben wir den Dialog zum Verwalten der Präsentations- und Selektionsvarianten für Endanwender und Endanwenderinnen betrachtet (siehe Abbildung 9.14 und Abbildung 9.15). In diesem können Endanwenderinnen und Endanwender die persönliche Verwendung der Varianten verwalten, d. h. Favoriten und ihre Standardvariante markieren und die automatische Anwendung von Filtern einstellen. Eigene Varianten können zudem umbenannt oder gelöscht werden.

Für Endanwender und Endanwenderinnen ist es nicht möglich, die öffentlichen Varianten anderer Anwenderinnen und Anwender zu bearbeiten. Key User haben jedoch die Möglichkeit, öffentliche Varianten genauso zu bearbeiten, wie es der Ersteller oder die Erstellerin könnte, d. h., sie können die Varianten anderer Anwender und Anwenderinnen umbenennen und auch löschen. Dies gilt jedoch nur für öffentliche Varianten. Key User sehen keine als privat markierten Varianten anderer Anwender und Anwenderinnen. Abbildung 9.33 zeigt den Dialog **Ansichten verwalten** aus Sicht unseres Key Users.

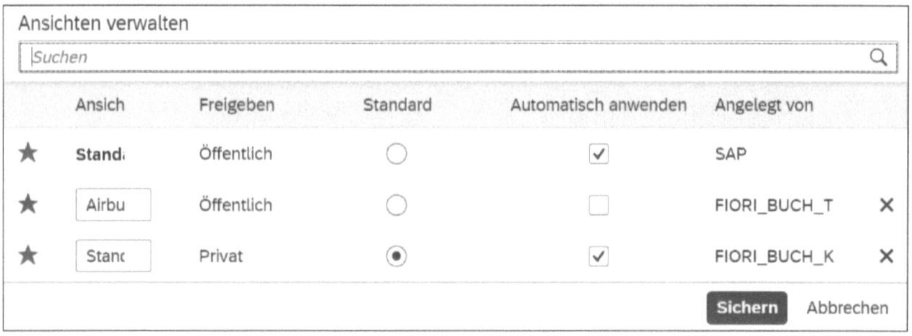

Abbildung 9.33 Endanwenderansichten aus Sicht eines Key Users verwalten

Launchpad-Support-Werkzeuge

Als Administratorin oder Administrator haben Sie zudem die Möglichkeit, Personalisierungen anderer Benutzer – darunter auch Einstellungen für SAP-Fiori-Apps – zu löschen. Hierzu bieten Ihnen die Unterstützungstools für UI-Technologien (Transaktion SUI_SUPPORT) entsprechende Programme. Zum Löschen von Endanwenderpersonalisierungen können Sie über den Pfad **SAP Fiori Launchpad • Launchpad-Supportwerkzeuge** die Option **Personalisierung von SAP FLP löschen** (Transaktion /UI2/FLP_DEL_PERS) wählen, wie in Abbildung 9.34 gezeigt.

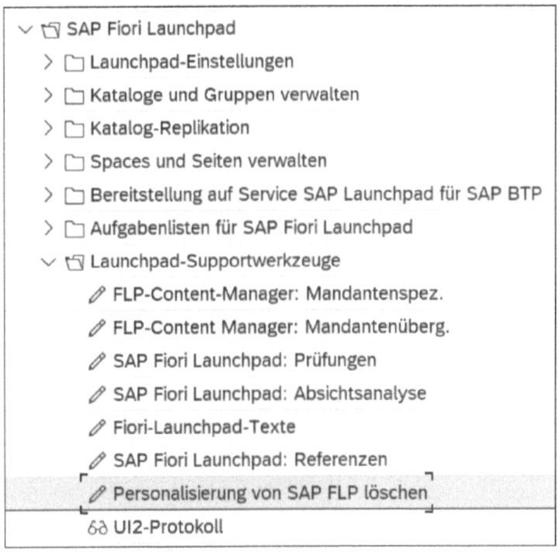

Abbildung 9.34 Transaktion SUI_SUPPORT – Menü für Launchpad-Support-Werkzeuge

9

Personalisierungsdaten löschen

Transaktion /UI2/FLP_DEL_PERS öffnet den Dialog **Personalisierungsdaten löschen** (siehe Abbildung 9.35). Um die Endanwenderansichten eines bestimmten Benutzers zu entfernen, tragen Sie dessen Benutzernamen im Feld **Benutzer** ein und wählen die Checkbox **Anwendungsspez. Personalisierung** aus. Damit werden die von den SAP-Fiori-Apps gespeicherten Personalisierungsdaten entfernt, wie z. B. Filterkriterien für Listen.

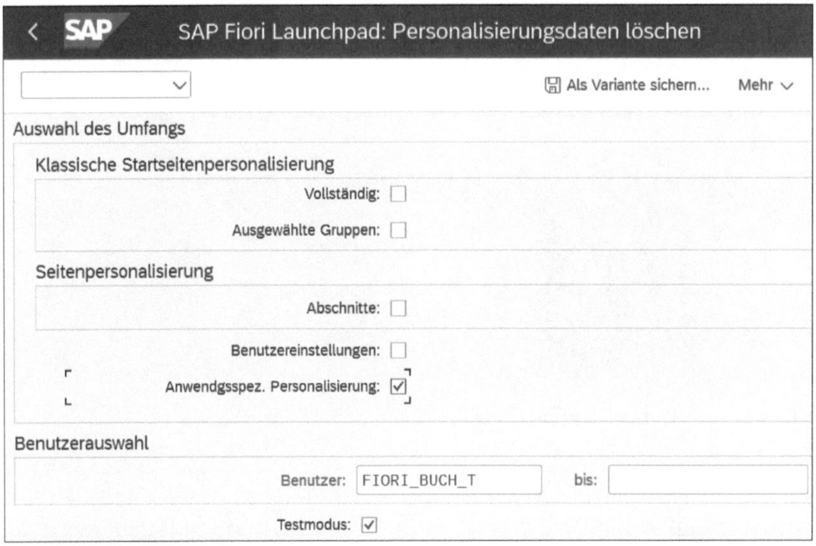

Abbildung 9.35 Transaktion /UI2/FLP_DEL_PERS –Endanwenderansichten eines anderen Benutzers löschen

Wählen Sie abschließend **Ausführen**, um den Löschvorgang durchzuführen.

Key-User-Varianten verwalten

Nach den Endanwenderansichten haben wir in Abschnitt 9.3, »Perspektive der Key User«, die Anpassungen über die Key User Adaptation betrachtet. Anwendungsvarianten, die auf diese Weise von Key Usern erstellt wurden, können von diesen über den Dialog **App-Varianten verwalten** weiterbearbeitet und auch wieder gelöscht werden (siehe Abbildung 9.36). Das Weiterbearbeiten über die Option **UI anpassen** im Aktionsmenü einer Variante ist erst möglich, wenn ein Administrator oder eine Administratorin eine Zielzuordnung zur Variante erstellt hat. Gleichermaßen wird die Option **App-Variante löschen** erst wieder aktiviert, nachdem die Zielzuordnungen entfernt worden sind. Das Löschen der Original-App über diese Option ist nicht möglich.

Abbildung 9.36 Key User Adaptation – Aktionsmenü für die Variante

Varianten veröffentlichen und löschen

Key User können eine Variante in ein Produktivsystem transportieren, indem Sie im Header für die Key User Adaptation den Button (**Version veröffentlichen**) anklicken, wie in Abbildung 9.37 gezeigt.

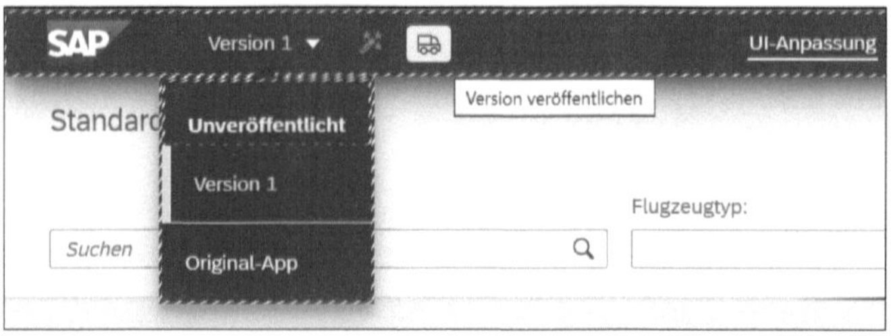

Abbildung 9.37 Key User Adaptation – Version veröffentlichen

Im Anschluss öffnet sich ein Dialog, in dem ein Transportauftrag (Customizing-Auftrag) angegeben werden kann. Je nach Systemlandschaft kann die Variante so zunächst in eine Test- und dann eine Produktivumgebung transportiert werden. Neben der Variante müssen auch die Zielzuordnung und die App-Launcher-Kachel transportiert werden. Dies ist gegebenenfalls wiederum Aufgabe des Administratorenteams. Das Löschen so veröffentlichter Varianten geschient auf dieselbe Weise: die App-Launcher-Kachel, die Zielzuordnung und die Variante werden im Entwicklungssystem gelöscht und die Löschungen dann in die nachgelagerten Systeme transportiert.

Dateien im Layered Repository betrachten

Manchmal ist es hilfreich, die Dateien im Layered Repository zu betrachten, z. B. um alle Dateien einsehen zu können, die zu einer Entwicklervariante gehören, oder um die zu dieser Variante gehörende ID nachträglich herauszufinden, ohne Zugriff auf die Entwicklerressourcen zu benötigen. Hierzu bietet Transaktion SUI_SUPPORT den Menüpunkt **Layered Repository**. In diesem können Sie eine Reihe von Optionen wählen, mit denen Sie bestimmte zusammengehörige Repository-Dateien betrachten möchten (siehe Abbildung 9.38).

Abbildung 9.38 Transaktion SUI_SUPPORT – Menüpunkt »Layered Repository«

Wenn Sie beispielsweise den Transportauftrag kennen, mit dem ein Adaptation Project deployt wurde, können Sie die dazugehörigen Dateien über die Option **Repository-Dateien eines Transports auflisten** gezielt finden. Abbildung 9.39 zeigt beispielhaft eine solche Dateiliste.

Zu den Dateien eines Adaptation Projects gehören u. a. die einzelnen gespeicherten Änderungsschritte (`change`), eventuell dazugehörige Controller-, UI- oder Übersetzungsänderungen (z. B. `xml`, `properties`) sowie der App Descriptor (**manifest.json**) der Variante (`appdescr_variant`).

Aus dem App Descriptor können zudem Informationen über die Variante herausgelesen werden (siehe Abbildung 9.40). Beispielsweise können Sie hier die ID einsehen, um die Variante im SAP Fiori Launchpad einzubinden oder um sie über den ABAP Editor (Transaktion SE38) zu löschen.

Repository files of the selected transport

TROBJNAME	NAMESPACE	NAME	TYPE	LAYER_TYPE
ZPNSBRVSX...	apps/de.exxcelle...	manifest	appdescr_variant	CUSTOMER_BASE
ZKOH672UY...	apps/de.exxcelle...	id_1707498958879_249_addXML	change	CUSTOMER_BASE
ZK6ZUIHMG...	apps/de.exxcelle...	id_1707507641856_120_addXML	change	CUSTOMER_BASE
ZQTX6422S...	apps/de.exxcelle...	id_1707507734531_122_rename	change	CUSTOMER_BASE
Z3K7A7DXN...	apps/de.exxcelle...	id_1707507738211_124_moveControls	change	CUSTOMER_BASE
ZB2ZYCRR...	apps/de.exxcelle...	id_1707507741867_126_moveControls	change	CUSTOMER_BASE
ZC4AHDMA...	apps/de.exxcelle...	FluginfoOccupationBlock.fragment	xml	CUSTOMER_BASE
ZUTPNVKCO...	apps/de.exxcelle...	passinfoToolbar.fragment	xml	CUSTOMER_BASE
ZZDQ5JVM...	apps/de.exxcelle...	i18n	properties	CUSTOMER_BASE

Abbildung 9.39 Transaktion SUI_SUPPORT – Dateien einer deployten Variante im Layered Repository

JSON-Data


```
{
 "fileName":"manifest",
 "layer":"CUSTOMER_BASE",
 "fileType":"appdescr_variant",
 "reference":"de.exxcellent.sap.school.sapschoolokuflights",
 "id":"customer.fluginfo.app.variant1",
 "namespace":"apps/de.exxcellent.sap.school.sapschoolokufligh
 "content":
 [
```


Abbildung 9.40 Layered Repository – Manifest-Kopfdaten eines Adaption Projects

Wir betrachten Anpassungsprojekte (Adaption Projects) im Rahmen der Entwicklerperspektive in Abschnitt 9.6, »Ausblick: Entwicklerperspektive«, noch eingehender.

9.5 Konfiguration von SAP-Fiori-Launchpad-Content

Um Anwendungsvarianten abseits der Originalanwendung für Endanwender oder Endanwenderinnen nutzbar zu machen, müssen diese, genau wie Standard-SAP-Fiori-Apps, durch berechtigte Administratorinnen und Administratoren in das SAP Fiori Launchpad eingebunden werden. Als Administratorin oder als Administrator erstellen Sie hierzu entsprechende Zielzuordnungen sowie eine Kachel für das SAP Fiori Launchpad, weisen diese Kachel einem Anwendungskatalog zu und vergeben die Berechtigung zum Zugriff auf den Katalog als Teil einer Rolle. Für Anwendungsvarianten gelten ein paar Besonderheiten, auf die wir in diesem Abschnitt eingehen.

Launchpad Designer

Das Anlegen der Zielzuordnung und der SAP-Fiori-Launchpad-Kachel geschieht in unserem Beispiel ausnahmsweise noch nicht über den App- bzw. Content-Manager, wie in Kapitel 4, »SAP-Fiori-Inhalte on-premise bereitstellen«, sondern über den *Launchpad Designer*, der über Transaktion /UI2/FLPD_CUST aufgerufen werden kann.

[«]

Neue Werkzeuge zum Einrichten von Launchpad-Inhalten

War in vergangenen Releases der Launchpad Designer noch das Werkzeug der Wahl für die meisten Einrichtungsschritte in Bezug auf die technischen Kataloge und die Anwendungskataloge, Gruppen, Kacheln und Zielzuordnungen, wird dieser nun nach und nach durch neuere Werkzeuge wie den Launchpad-App-Manager (Transaktion /UI2/FLPAM) und den Launchpad-Content-Manager (Transaktion /UI2/FLPCM_CUST) ersetzt.

Der Launchpad Designer wird jedoch noch weiterhin für einige Funktionen verwendet, wie die Verwaltung benutzerdefinierter Kacheln in Anwendungskatalogen. Welches Werkzeug für welche Aktionen empfohlen wird, können Sie SAP-Hinweis 3170196 oder der SAP-Dokumentation entnehmen: *http://s-prs.de/v1016837*

Zielzuordnung erstellen

Suchen Sie im Launchpad Designer zunächst den passenden Anwendungskatalog, in dem die Anwendungsvariante aufgeführt werden soll ❶, wechseln Sie in diesem zur Registerkarte **Zielzuordnungen** ❷, und wählen Sie **Zielzuordnung anlegen** ❸, wie in Abbildung 9.41 gezeigt.

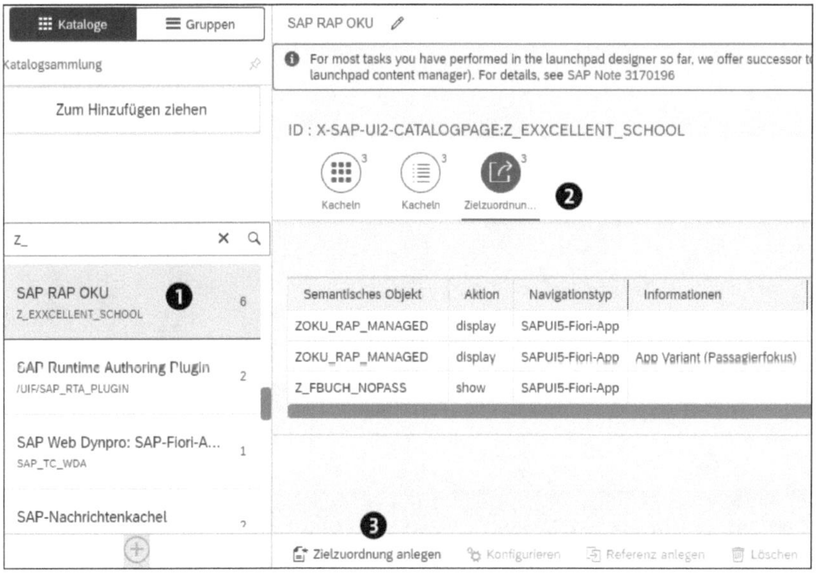

Abbildung 9.41 Launchpad Designer – Zielzuordnungen

Besonderheiten für Anwendungsvarianten

Beim Erstellen der Zielzuordnung geben Sie, wie für die *Intent-basierte Navigation* üblich (siehe Abschnitt 3.1, »Semantische Objekte und Aktionen«), das semantische Objekt und die Aktion an. Für Anwendungsvarianten haben Sie nun jedoch zwei Optionen, zwischen denen Sie sich entscheiden müssen:

1. identische Werte zur Originalanwendung
2. unterschiedliche Werte

Für Option 2 müssen Sie lediglich beachten, dass Sie eindeutige Werte wählen sollten, die entsprechend unterschiedlich zur originalen Zielzuordnung sind. Für Option 1 müssen Sie zusätzlich den Parameter `save-appvar-id` angeben. Es wird nicht empfohlen, die Optionen zu mischen. Sie sollten also entweder Option 1 oder Option 2 für das semantische Objekt und die Aktion gleichermaßen wählen.

Abbildung 9.42 zeigt die Einträge für unsere Zielzuordnung nach der erfolgten Key User Adaptation. Wir entscheiden uns hier für Option 1 und wählen dementsprechend die originalen Werte für **Semantisches Objekt** und **Aktion**, wählen **SAPUI5-Fiori-App** als Anwendungstyp und befüllen die Attribute **Titel** und **ID** mit den Werten, wie Sie uns vom Key User übermittelt wurden. Als Letztes tragen wir den Parameter `save-appvar-id` als obligatorisch ein und verwenden als Wert ebenfalls die ID der Anwendungsvariante.

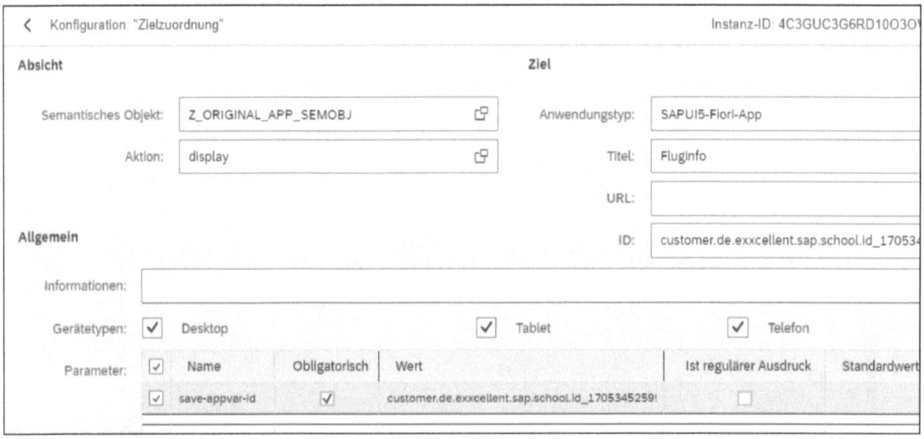

Abbildung 9.42 Launchpad Designer – Zielzuordnung für die Anwendungsvariante anlegen

Zusatzparameter ab Version 2023 FPS01 nicht mehr empfohlen

Ab der SAP-Fiori-Launchpad-Version 2023 FPS01 wird die Verwendung des zusätzlichen Parameters `save-appvar-id` nicht mehr empfohlen. Eine bereits in einer früheren Version angelegter Parameter kann jedoch weiterhin genutzt werden (siehe *http://s-prs.de/v1016838*).

Anwendungskachel anlegen

Nachdem die Zielzuordnung gespeichert worden ist, können wir die dazugehörige SAP-Fiori-Launchpad-Kachel erstellen. Wechseln Sie dafür zur Registerkarte **Kacheln**, und wählen Sie die Vorlage **App-Launcher – Statisch** (siehe Abbildung 9.43).

Abbildung 9.43 Launchpad Designer – Kachelvorlage auswählen

Auch beim Erstellen der Anwendungskachel müssen Sie die anzuwendende Varianten-ID über den Parameter `save-appvar-id` angeben. Die restlichen Werte entsprechen beispielsweise den Wünschen der Key User für die Kachel. Abbildung 9.44 zeigt die Angaben für die Kachel unseres Beispiels.

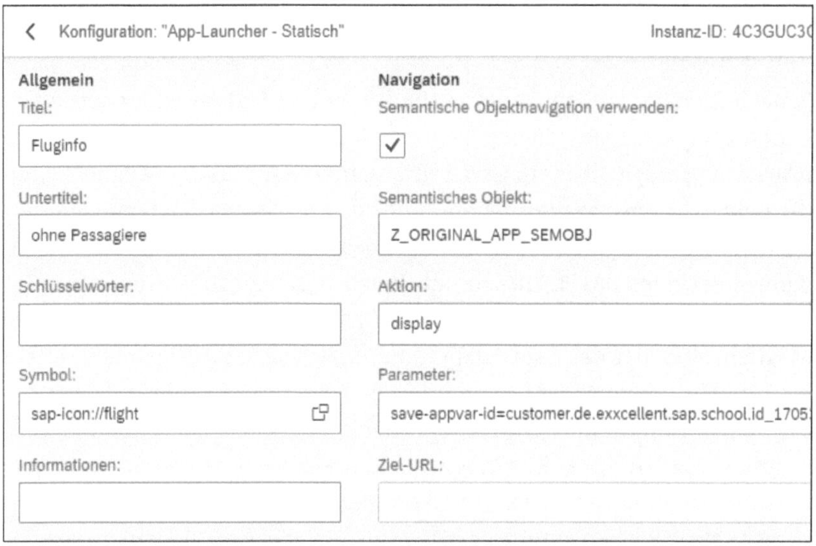

Abbildung 9.44 Launchpad Designer – Kachel für eine Anwendungsvariante anlegen

9

Nach dem Speichern der Kachel ist die Anwendungsvariante für alle Benutzer mit Berechtigungen für diesen Anwendungskatalog verfügbar und kann von diesen, etwa über den App-Finder, zu ihren persönlichen SAP-Fiori-Launchpad-Startseiten hinzugefügt werden.

Für Anwendungsvarianten wird empfohlen, denselben Anwendungskatalog zu verwenden wie für die Original-App. In diesem Fall müssen auch nicht zwingend neue Berechtigungen angelegt werden. Es ist aber durchaus möglich, bei Bedarf eine Variante in einem anderen Anwendungskatalog zur Verfügung zu stellen. In der Endansicht sieht das dann aus, wie eingangs in Abbildung 9.3 gezeigt.

9.6 Ausblick: Entwicklerperspektive

Auch Entwicklerinnen und Entwickler können die Vorteile des Erweiterungskonzepts von SAP-Fiori-Apps nutzen, um komplexere Anpassungen vorzunehmen, ohne sich um Änderungen an der Originalanwendung und eventuell damit verbundenen Auswirkungen auf die bisherige Nutzung kümmern zu müssen. Dieses Vorgehen verbindet die in Abschnitt 9.1, »Einführung«, beschriebenen Vorteile von SAPUI5 Flexibility wie der Update-Stabilität und der parallelen Verwendung von Anwendungen mit der Flexibilität und den kreativen Möglichkeiten, die auf der Entwicklungsebene zur Verfügung stehen. In diesem Abschnitt gehen wir auf einige dieser Möglichkeiten für Entwicklerinnen und Entwickler und die damit verbundenen administrativen Tätigkeiten ein.

Szenario für Entwickleränderungen

Je nach Szenario stoßen Endanwenderinnen und Endanwender sowie Key User früher oder später an die Grenzen der ihnen zur Verfügung stehenden Anpassungsmöglichkeiten. Generell beschränken sich die Möglichkeiten für beide Gruppen weitestgehend auf die Anpassung der Benutzeroberfläche und der dargestellten Daten. Dies bedeutet für Endanwender und Endanwenderinnen das Hinzunehmen, Weglassen oder Umsortieren von Tabellenspalten oder das Vorfiltern von Daten. Für Key User kommen die Möglichkeiten der Key User Adaptation hinzu, wie das Ausblenden, Umbenennen, Gruppieren oder Fusionieren von Feldern. Auch weitere Felder aus dem der Anwendung zugrundeliegenden OData-Service können neu hinzugefügt werden. Sind diese Möglichkeiten erschöpft und verlangt die verbesserte Nutzung der Anwendung komplexere Anpassungen, seien es neu berechnete Felder, erweiterte Controller-Logik, spezielle UI-Strukturen oder ein völliges Neudesign einer bestimmten Ansicht innerhalb der Anwendung, sind Entwickleranpassungen gefragt.

Adaptation Projects

Für SAP-Fiori-Apps geschieht dies standardmäßig über Adaptation Projects. Diese werden über die SAP-Fiori-Tools (beispielsweise in *SAP Business Application Studio*) auf Basis der zu erweiternden Anwendung erstellt. Auch hier wird das beschriebene Erweiterungskonzept beibehalten, indem die Originalanwendung nicht verändert wird. Neue Artefakte oder Anpassungen an den bestehenden Funktionen und UI-Feldern werden automatisch als Erweiterungsänderungen (sogenannte *Changes*) erstellt, die, ähnlich wie bei Varianten, zusätzlich auf die Original-App angewendet werden.

Um diese Änderungen zu erstellen, können Entwicklerinnen und Entwickler in SAP Business Application Studio im Rahmen eines Adaptation Projects den *SAPUI5 Visual Editor* für die jeweilige Anwendung nutzen. Dieser verhält sich ähnlich der Änderungsansicht während der Key User Adaptation, indem Entwicklerinnen und Entwickler durch die Originalanwendung navigieren können und die Stellen hervorgehoben werden, an denen bestimmte Änderungen möglich sind.

Anpassungsmöglichkeiten

Zusätzlich zu den bei der Key User Adaptation verfügbaren Änderungen sind u. a. die folgenden Anpassungen möglich:

- XML-Fragmente an vordefinierten Stellen, sogenannten *Extension Points*, einzufügen
- XML-Fragmente in Aggregationen bestehender Controls einzufügen
- neue Controller-Funktionalität für eine View bereitzustellen

SAPUI5 Visual Editor

Abbildung 9.45 zeigt einen Ausschnitt des SAPUI5 Visual Editors für die in diesem Kapitel genutzte Beispielanwendung.

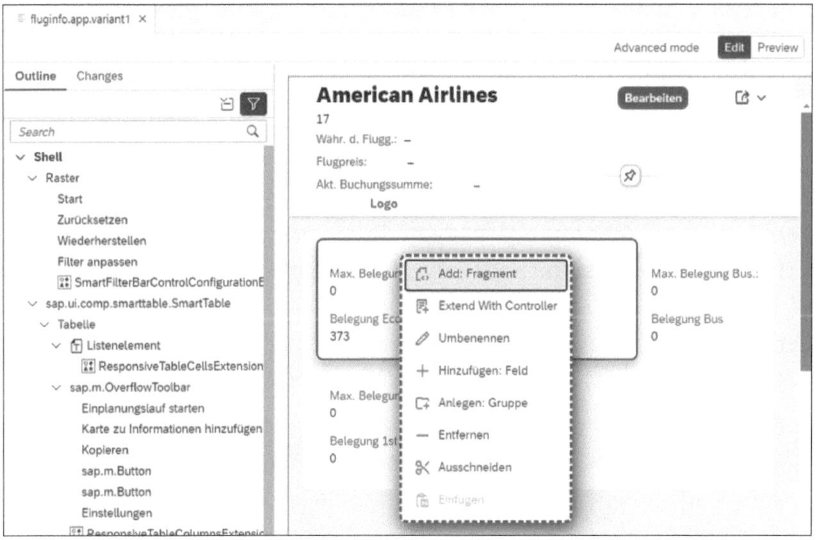

Abbildung 9.45 SAPUI5 Visual Editor

Darüber hinaus haben Entwicklerinnen und Entwickler hier die gleichen Möglichkeiten, wie sie der Editor für XML-Views während der Entwicklung einer Freestyle-App in SAP Business Application Studio bietet. So können beispielsweise Controls in einem View gezielt ausgewählt werden, um dessen Eigenschaften anzuzeigen und zu ändern.

Extension Points

Nicht jede Änderung lässt sich an jeder Stelle problemlos einfügen. Denn einige Änderungen innerhalb einer Applikation könnten beispielsweise deren Gesamtlayout gefährden oder aber aus User-Experience-Sicht fragwürdig sein. Aus diesem Grund können während der Entwicklung einer Anwendung bereits explizit Stellen vorgemerkt werden, an denen die Erstellerinnen und Ersteller mögliche Erweiterungen als sinnvoll erachten. Diese Stellen können durch *Extension Points* markiert werden. Listing 9.1 zeigt den Beispielcode, um in einem XML-View einen Extension Point zu platzieren.

```
<mvc:View
xmlns:mvc="sap.ui.core.mvc"
xmlns:core="sap.ui.core"
>
    <!-- View-Inhalte ... -->

    <core:ExtensionPoint name="" />

    <!-- Weitere View-Inhalte... -->
</mvc:View>
```

Listing 9.1 Extension Point in einem XML-View

Extension Points müssen mit einem eindeutigen Namen versehen sein. Unter diesem Namen können sie dann in einem Adaptation Project gefunden und an deren Stelle ein eigenes XML-Fragment eingefügt werden.

Erweiterungen in Standard-Apps

Nicht nur eigene Anwendungen können Extension Points vorsehen, sondern auch zahlreiche von SAP erstellte SAP-Fiori-Apps enthalten Extension Points, und können somit »ab Werk« durch eigene Inhalte ergänzt werden. Welche Extension Points eine Standard-SAP-Fiori-App bietet, können Sie den Anwendungsinformationen in der SAP Fiori Apps Reference Library (siehe *https://fioriappslibrary.hana.ondemand.com/*) entnehmen.

Wählen Sie hierfür die gewünschte SAP-Fiori-App aus ❶, und navigieren Sie zur Registerkarte **Implementation Information** ❷. Die Informationen zur Erweiterbarkeit der Anwendung stehen im Bereich **Extensibility** ❸. Abbildung 9.46 zeigt dies anhand des Beispiels der App **My Inbox**.

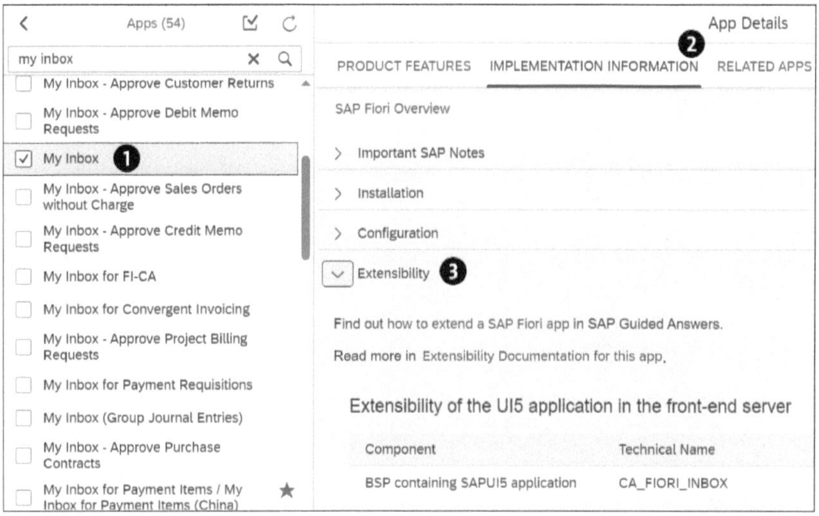

Abbildung 9.46 SAP Fiori Apps Reference Library – Informationen zur Erweiterbarkeit

Extension Points in Standard-Apps

Der Bereich **Extensibility** zeigt alle in der App vorhandenen Möglichkeiten, diese an vorgesehenen Stellen zu erweitern. Neben den bereits ausgeführten Extension Points sind dies beispielsweise Controller-Erweiterungen und OData-Service-Erweiterungen.

Abbildung 9.47 zeigt einige Angaben zu den Extension Points der App **My Inbox**. Neben den gezeigten existieren einige weitere Extension Points.

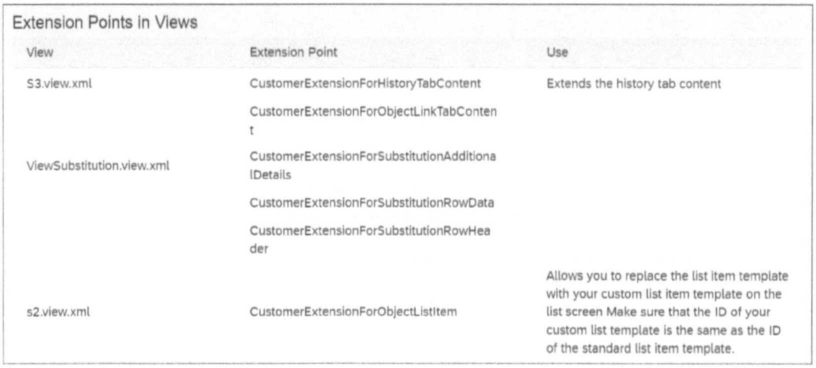

Extension Points in Views

View	Extension Point	Use
S3.view.xml	CustomerExtensionForHistoryTabContent	Extends the history tab content
	CustomerExtensionForObjectLinkTabContent	
ViewSubstitution.view.xml	CustomerExtensionForSubstitutionAdditionalDetails	
	CustomerExtensionForSubstitutionRowData	
	CustomerExtensionForSubstitutionRowHeader	
s2.view.xml	CustomerExtensionForObjectListItem	Allows you to replace the list item template with your custom list item template on the list screen Make sure that the ID of your custom list template is the same as the ID of the standard list item template.

Abbildung 9.47 Extension Points der App »My Inbox«.

Controller-Erweiterungen in Standard-Apps

Auch der Controller-Code einer App kann feste Stellen definieren, an denen dieser durch eigenen Code erweitert werden kann. Diese sogenannten *Controller Hooks* sind vordefinierte Methoden, die von der Standardanwendung aufgerufen werden, aber noch keine eigene Implementierung enthalten. Durch das Einfügen von Funktionalität in diese Hook-Methoden, kann die App entsprechend angepasst und erweitert werden. Abbildung 9.48 zeigt einige Controller Hooks der App **My Inbox**.

UI Controller Extensions

To plug in and execute custom code, the following hooks are available in the controller code:

Controller	Hook Name	Hook Use
Forward.controller.js	extHookChangeListSizeLimit	Allows you to change the number of recipients displayed on the Forward screen
S2.controller.js	extHookChangeFilterItems	Allows you to replace the standard filters with custom filters based on the filter key
	extHookChangeGroupConfig	Allows you to change those properties that can be used for grouping the workflow tasks
	extHookChangeMassApprovalButtons	Allows you to add, remove, and change the action buttons on the list screen in mass action mode

Abbildung 9.48 Controller Hooks der App »My Inbox«

Backend-Erweiterungen in Standard-Apps

Eine weitere Kategorie der explizit vorgesehenen Erweiterungsmöglichkeiten sind Backend-Erweiterungen. Als Beispiel hierfür seien, ebenfalls aus der App **My Inbox**, die OData-Service-Erweiterungen durch sogenannte Business Add-Ins (BAdIs) genannt (siehe Abbildung 9.49).

Extensibility of OData services in back-end server.

Business Add-Ins (BAdIs) for OData service extensions.

OData Service	Extension Point	Extend with Redefine/BAdI	Use
/IWPGW/TASKPROCESSING	/IWPGW/BADI_TGW_TASK_DATA	BAdI	You can use this BAdI to change the task title or task description on the detail screen.
	/IWPGW/BADI_TGW_TASK_QUERY		You can use this BAdI to change the task title for all items in the list.
	/IWPGW/BADI_TGW_USER_DETAIL		You can use this BAdI to change the user details.
	/IWWRK/BADI_WF_BEFORE_UPD_IB		Workflow BAdI used before update

Abbildung 9.49 OData-Service-Erweiterungen der App »My Inbox«

Adaptation Project deployen

Um ein Adaptation Project mit seinen Erweiterungen im gewünschten Zielsystem verfügbar zu machen, stellt SAP Business Application Studio den sogenannten *Deployment Wizard* zur Verfügung. Im Anschluss an einen erfolgreichen Deploy-Vorgang können Sie als Administrator oder Administratorin die dadurch erzeugte Anwendungsvariante für Benutzer verfügbar machen. Dies geschieht wie in Kapitel 4, »SAP-Fiori-Inhalte on-premise bereitstellen«, über den Launchpad-App-Manager bzw. den Launchpad-Content-Manager oder bedarfsweise noch über den Launchpad Designer, wie in diesem Kapitel gezeigt.

Aktualisierungen zu einem bestehenden Adaptation Project werden über den gleichen Vorgang durchgeführt. Die neue Version wird über den Deployment Wizard und dessen Operation **Update** deployt und in das Zielsystem transportiert.

Adaptation Project löschen

Möchten Sie ein nicht mehr benötigtes Adaptation Project löschen, stehen Ihnen verschiedene Möglichkeiten zur Verfügung, um dies zu initiieren. Zunächst können Sie, wie beim erstmaligen oder wiederholten deployen eines Adaptation Projects, den Deployment Wizard nutzen. Hierzu wählen Sie die Operation **Undeploy**, wie in Abbildung 9.50 gezeigt, und führen die weiteren Schritte des Wizards zu Ende.

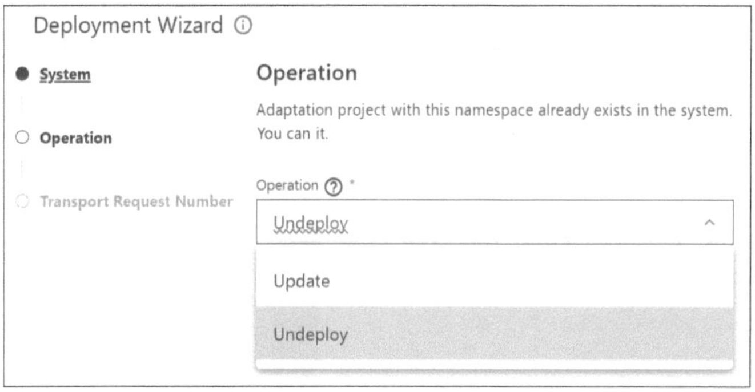

Abbildung 9.50 Optionen im Deployment Wizard für ein bestehendes Adaptation Project

Alternativ können Sie zum Löschen den ABAP Editor (Transaktion SE38) öffnen und in diesem das Programm /UI5/DEL_ADAPTATION_PROJECT ausführen. Hier geben Sie die App-Varianten-ID des Adaptation Projects ein oder nutzen die dazugehörige Wertehilfe. Abbildung 9.51 zeigt dies beispielhaft.

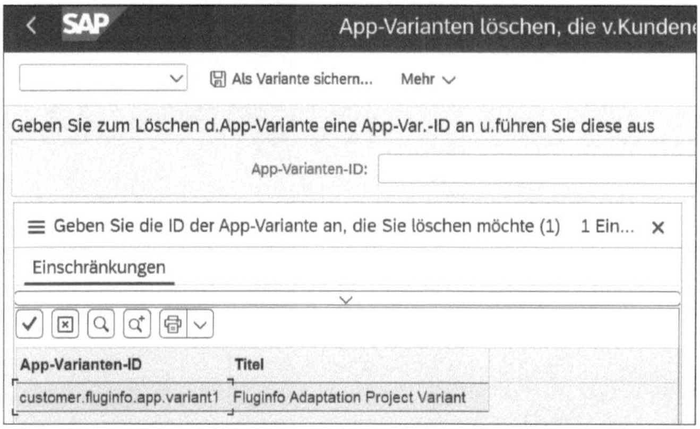

Abbildung 9.51 Transaktion SE38 – Adaptation Project mithilfe des Programms /UI5/DEL_ADAPTATION_PROJECT löschen

Im Anschluss erhalten Sie noch einmal einen Überblick über die zu löschenden Dateien (siehe Abbildung 9.52). Diese Liste können Sie gegebenenfalls mit der Dateiübersicht des Adaptation Projects im Layered Repository (siehe Abbildung 9.39 in Abschnitt 9.4, »Verwalten von Varianten«) vergleichen, um sicherzustellen, dass alle relevanten Dateien berücksichtigt wurden.

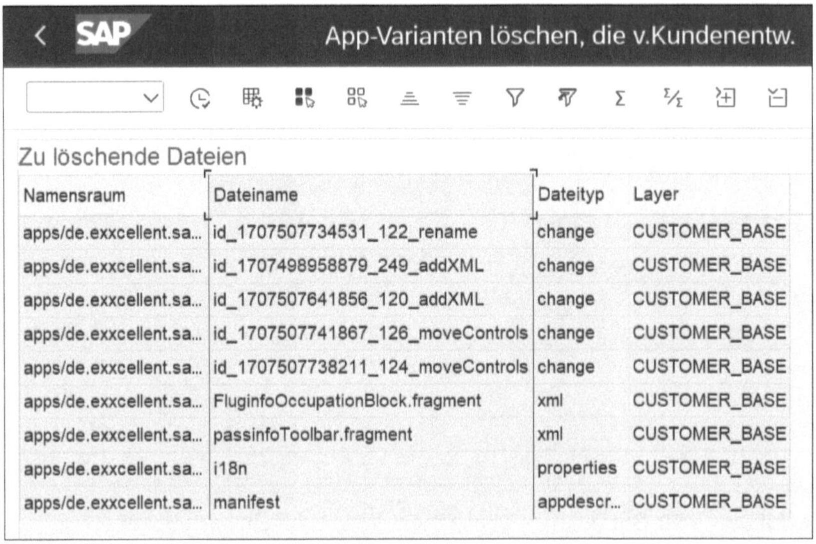

Namensraum	Dateiname	Dateityp	Layer
apps/de.exxcellent.sa...	id_1707507734531_122_rename	change	CUSTOMER_BASE
apps/de.exxcellent.sa...	id_1707498958879_249_addXML	change	CUSTOMER_BASE
apps/de.exxcellent.sa...	id_1707507641856_120_addXML	change	CUSTOMER_BASE
apps/de.exxcellent.sa...	id_1707507741867_126_moveControls	change	CUSTOMER_BASE
apps/de.exxcellent.sa...	id_1707507738211_124_moveControls	change	CUSTOMER_BASE
apps/de.exxcellent.sa...	FluginfoOccupationBlock.fragment	xml	CUSTOMER_BASE
apps/de.exxcellent.sa...	passinfoToolbar.fragment	xml	CUSTOMER_BASE
apps/de.exxcellent.sa...	i18n	properties	CUSTOMER_BASE
apps/de.exxcellent.sa...	manifest	appdescr...	CUSTOMER_BASE

Abbildung 9.52 Transaktion SE38 – Dateiliste des zu löschenden Adaptation Projects

Abschließend kann die Löschung gegebenenfalls in weitere Systeme transportiert werden, um die Variante vollständig zu entfernen.

Die Autoren

Michael Englbrecht ist Portfolio Manager SAP und Business Manager SAP bei der eXXcellent solutions GmbH in Ulm. Er ist dort für das Leistungsportfolio der eXXcellent solutions GmbH im Bereich SAP verantwortlich. In seiner Rolle als Business Manager SAP ist er gesamtverantwortlich für die Umsetzung von Kundenprojekten sowie die langfristige Betreuung der Kunden. Zuvor war er als Principal Managing Consultant bei der eXXcellent solutions GmbH tätig. Zu seinen Schwerpunkten gehört die Beratung von Unternehmen bei der Integration und Umsetzung von SAP Fiori. Michael Englbrecht arbeitet an der Konzeption, dem Design und der Implementierung von SAP-Fiori- und SAPUI5-Anwendungen mit und berät Kunden bei der Umsetzung der neuen User Experience. Weiterhin gehören die Integration von Systemen in die SAP-Landschaft sowie die Planung und Implementierung serviceorientierter Infrastrukturen zu seinen Themen. Auch in der Beratung bei SAP-Enterprise-Portal-Projekten und im Bereich SAP NetWeaver Knowledge Management and Collaboration verfügt er über langjährige Erfahrung. Michael Englbrecht hat zahlreiche Trainings zu SAP Fiori, SAP User Experience, SAPUI5, ABAP und dem ABAP-Programmiermodell für SAP Fiori, Java-Programmierung, Portalprogrammierung sowie Knowledge Management und Collaboration entwickelt und hält regelmäßig Schulungen zu den Themen. Er studierte Informatik an der FH Augsburg und arbeitete anschließend als Softwareentwickler und Consultant für die MATHEMA AG. Von 2002 bis 2009 war er Senior Consultant bei der AddOn Software GmbH in Neu-Ulm, von 2010 bis 2017 Director NetWeaver Consulting bei der 10 point software GmbH in Dornstadt.

Dr. **Andreas Pflugrad** ist Software Architect und Managing Consultant SAP bei der eXXcellent solutions GmbH in Ulm. Zu seinen Schwerpunkten gehören die Konzeption und Entwicklung individueller Kundenlösungen mit SAPUI5 und SAP HANA, die Entwicklung von SAP-Fiori-Anwendungen, sowie die Beratung und Betreuung von Unternehmen bei der Einführung und Umsetzung von Design- und Entwicklungsrichtlinien. Des Weiteren beschäftigen ihn Themen rund um integrative SAP-/Nicht-SAP-Lösungen, OData und Datenintegration. Andreas Pflugrad hält regelmäßig Schulungen zu SAPUI5 und SAP Fiori und ist als wissenschaftlicher Betreuer für die Duale Hochschule Baden-Württemberg tätig. Er studierte Medizinische Dokumentation und Informatik sowie Informationssysteme an der Technischen Hochschule Ulm und promovierte in Kooperation mit der Medizinischen Fakultät und dem Zentrum für Seltene Erkrankungen der Universität Ulm.

Index

A

B

C

D

E

F

G

H

I

J

K

L

M

N

O